新版

個人情報保護法の現在と未来

世界的潮流と日本の将来像

石井夏生利
Kaori Ishii

keiso shobo

個人情報保護法制の近未来像を論じるために

個人情報保護委員会委員長・一橋大学名誉教授
堀 部 政 男

　プライバシー・個人情報保護への関心が大きな高まりを見せている今日，その新たな世界的潮流が手に取るように分かる本書は，日本におけるプライバシー・個人情報保護法制の近未来像を議論するための極めて貴重な好著である．
　本書の初版が刊行された2014年7月の後，日本の当初の2003年個人情報保護法は，2015年9月に同法の改正法が成立したことによって，その内容が大きく変わった．これについては本書の「終章　個人情報保護法の将来像」でも紹介されているが，ここで改正の主なポイントとして重要であると私なりに考えるところを挙げると，次のようになる（ここでは，個人情報保護法を以下「法」という．また，条番号は，改正法の全面施行時のものとする．）．

1　個人情報保護委員会の設置（法第59条）
　　改正法の一部施行により，2016年1月1日に個人情報保護委員会が設置された．これは，特定個人情報保護委員会（2014年1月1日創設）を改組したもので，内閣府設置法上，公正取引委員会及び国家公安委員会と並ぶ委員会である．2003年法で主務大臣が有している監督権限は，改正法の全面施行時（2017年5月30日）に個人情報保護委員会へ一元化される．
2　個人情報の定義の明確化（法第2条）
（1）利活用に資するグレーゾーン解消のため，個人情報の定義に身体的特徴等が対象となることの明確化（法第2条第2項）
（2）要配慮個人情報（本人の人種，信条，病歴など本人に対する不当な差別又は偏見が生じる可能性のある個人情報）の取得については，原則として本人同意を得ることの義務化（法第2条第3項，法第17条第2項）
3　個人情報の有用性の確保（利活用）のための整備
　　匿名加工情報（特定の個人を識別することができないように個人情報を加工した情報）の利活用の規定の新設（法第2条第9項，法第4章第2節（法第

36条～法第39条）

4　個人データの第三者提供に係る確認記録作成等の義務化

第三者から個人データの提供を受ける際，提供者の氏名，個人データの取得経緯を確認した上，その内容の記録を作成し，一定期間保存することの義務付け，第三者に個人データを提供した際も，提供年月日や提供先の氏名等の記録を作成・保存することの義務付け（法第25条・第26条）．これは，いわゆる名簿屋対策のために設けられた．

5　個人情報データベース等を構成する個人情報によって識別される特定の個人の数が5,000以下である事業者を規制の対象外とする制度の廃止（法第2条第5項）

これに伴い「個人情報データベース等を事業の用に供している者」のすべてを「個人情報取扱事業者」として法の対象とするが，一方で，改正法の附則において，個人情報保護委員会はガイドラインの策定に当たって小規模事業者に配慮する旨（改正法附則第11条）が規定された．

6　オプトアウト規定を利用する個人情報取扱事業者は所要事項を委員会に届け出ることの義務化，委員会はその内容を公表（法第23条第2項から第4項まで）

7　外国にある第三者への個人データの提供の制限，個人情報保護法の国外適用（法第24条），個人情報保護委員会による外国執行当局への情報提供に係る規定の新設（法第78条）

8　本人の開示（法第28条），訂正等（法第29条）及び利用停止等（法第30条）の請求権の明確化

9　個人情報データベース等を不正な利益を図る目的で第三者に提供し，又は盗用する行為が「個人情報データベース提供罪」として処罰の対象（法第83条）

罰則は，1年以下の懲役又は50万円以下の罰金である．

これまで述べてきたところは，今日までに到達したプライバシー・個人情報保護の現段階の概要であるが，これから検討されるであろう事項で，今回の改正法の附則に明文化されているところを見ると，近未来の姿が浮かんでくるであろう．

改正法附則第12条は，「検討」すべきことを5項にわたって規定している．

少し長くなるが，その全文を掲げるので，それらがどのようなものであるかを認識していただきたい．法附則第12条は，表記を原文のまま掲げると，次のようになる（なお，キーワードをゴシックにした）．

「政府は，施行日までに，新個人情報保護法の規定の趣旨を踏まえ，行政機関の保有する個人情報の保護に関する法律第二条第一項に規定する行政機関が保有する同条第二項に規定する個人情報及び独立行政法人等の保有する個人情報の保護に関する法律（平成十五年法律第五十九号）第二条第一項に規定する独立行政法人等が保有する同条第二項に規定する個人情報（以下この条において「行政機関等保有個人情報」と総称する．）の取扱いに関する規制の在り方について，**匿名加工情報**（新個人情報保護法第二条第九項に規定する匿名加工情報をいい，行政機関等匿名加工情報（行政機関等保有個人情報を加工して得られる匿名加工情報をいう．以下この項において同じ．）を含む．）の円滑かつ迅速な利用を促進する観点から，**行政機関等匿名加工情報の取扱いに対する指導，助言等を統一的かつ横断的に個人情報保護委員会に行わせることを含めて検討を加え，その結果に基づいて所要の措置を講ずるものとする．**

2 政府は，この法律の施行後三年を目途として，個人情報の保護に関する基本方針の策定及び推進その他の個人情報保護委員会の所掌事務について，これを実効的に行うために**必要な人的体制の整備，財源の確保その他の措置の状況を勘案し，その改善について検討を加え，必要があると認めるときは，その結果に基づいて所要の措置を講ずるものとする．**

3 政府は，前項に定める事項のほか，**この法律の施行後三年ごとに，個人情報の保護に関する国際的動向，情報通信技術の進展，それに伴う個人情報を活用した新たな産業の創出及び発展の状況等を勘案し，新個人情報保護法の施行の状況について検討を加え，必要があると認めるときは，その結果に基づいて所要の措置を講ずるものとする．**

4 政府は，附則第一条第六号に掲げる規定の施行後三年を目途として，預金保険法（昭和四十六年法律第三十四号）第二条第一項に規定する金融機関が同条第三項に規定する預金者等から，又は農水産業協同組合貯金保険法（昭和四十八年法律第五十三号）第二条第一項に規定する農水産業協同組合が同条第三項に規定する貯金者等から，**適切に個人番号の提供を受ける方**

策及び第七条の規定による改正後の番号利用法の施行の状況について検討を加え，必要があると認めるときは，その結果に基づいて，国民の理解を得つつ，所要の措置を講ずるものとする．
5　政府は，新個人情報保護法の施行の状況，第一項の措置の実施の状況その他の状況を踏まえ，新個人情報保護法第二条第一項に規定する個人情報及び行政機関等保有個人情報の保護に関する規定を集約し，一体的に規定することを含め，個人情報の保護に関する法制の在り方について検討するものとする．」

　これらは，それぞれ重要であるが，ここでは，第3項について少し見ることにする．第3項の「個人情報の保護に関する国際的動向，情報通信技術の進展」は，正に「国際的動向」や「情報通信技術」を検討することが前提になっている．しかも「この法律の施行後三年ごとに」「新個人情報保護法の施行の状況について検討を加え，必要があると認めるときは，その結果に基づいて所要の措置を講ずるものとする」となっている．
　この新版が主として検討対象としているのは，国際的な機関や主要な国が，新たな時代状況にどのように対応するかに関連する提案・報告書・文書類である．また，それらを踏まえて，個人情報保護法の将来像を描いている．本書で論じられているところを参照するならば，個人情報保護法制の近未来像を議論することが可能となる．
　近年におけるプライバシー・個人情報保護研究の金字塔と評したことのある，著者の『個人情報保護法の理念と現代的課題——プライバシー権の歴史と国際的視点』（勁草書房，2008年）とともに，本書が広く参照されることを期待したい．

初版へのはしがき

　本書は,「ビッグデータ」時代の到来, 及び, ここ数年の間に次々と生じたプライバシー・個人情報保護法制をめぐる国内外の新動向を踏まえ, 日本の個人情報保護法の将来像を論じることを目的とする.

　構成は,「序章　プライバシー・個人情報保護の新たな世界的潮流と日本」, 第Ⅰ部「プライバシー・個人情報保護法の最新国際動向」(第1章-第6章), 第Ⅱ部「情報連携とプライバシー・個人情報保護」(第7章-第9章),「終章　個人情報保護法の将来像」とし, 次のような内容を論じた.

　序章では, OECD, EU, APEC におけるプライバシー・個人情報保護への新たな取組, 米国政府による監視強化と消費者プライバシー保護, 日本における共通番号法の制定と個人情報保護法の改正論議を概観し, 本書で検討する問題を述べた.

　第1章「OECD プライバシー・ガイドライン改正」では, OECD プライバシー・ガイドラインの見直し過程と同ガイドラインの内容を検討し, 世界的スタンダードの求める最低限の基準を明らかにした.

　第2章「EU 一般データ保護規則提案」では, 日本でも注目を集めた EU の同規則提案について, 1995年データ保護指令との比較, 規則制定の手続, 欧州委員会提案の概要, 欧州議会による修正案の概要, 関連する欧州司法裁判所判決を検討し, 世界の個人情報保護法制の集約版としての同規則提案が求める保護内容を明らかにした.

　第3章「欧州評議会第108号条約の見直し」では, 1980年の OECD プライバシー・ガイドラインと足並みをそろえる形で採択され, かつ, EU の1995年データ保護指令のモデルでもある上記条約について, 1980年の条約と比較しつつ, 現代化案の内容を検討した.

　第4章から第6章では, 米国のルールを取り上げた.

　第4章「セーフハーバーと APEC 越境プライバシー・ルール」では, 米国が EU と締結した2000年のセーフハーバー協定を締結するまでの交渉過程, 欧州委員会による見直し要求, APEC の越境プライバシーに向けた取組を整理

した.

　第5章「米国の国家安全と監視強化」では，2013年6月に発覚した「PRISM」問題，外国諜報監視法，愛国者法等の電子的監視に関する法令，令状主義の形骸化等を取り上げ，諜報機関が，テロ対策用に制定された法令上の根拠に基づき，事実上無制限で監視を行ってきた状況を論じた.

　第6章「米国の消費者プライバシー保護」では，米国政府の消費者プライバシー保護に関する政策文書，FTCの法執行権限，FTCのプライバシー・レポート等を取り上げ，民間部門におけるプライバシー保護に向けた政府機関の取組を整理した.

　第7章「英国IDカード法の制定と廃止」では，2006年IDカード法制定までの経緯，同法の概要，同法が廃止に至った理由等を取り上げ，同法の問題点を検討した.

　第8章「米国の社会保障番号」では，社会保障番号制度の導入及び利用拡大の経緯，なりすまし問題，それに対する各法的対策を整理し，同制度が抱える問題点を検討した.

　第9章「共通番号法」では，共通番号制度の実現過程，共通番号法の内容を整理し，同法の課題を論じた.

　終章では，個人情報保護法制の改正に向けた検討状況，各章の検討結果をまとめた上で，国際的にも通用し，国内的にも受け入れられる個人情報保護制度の実現に向けた将来像を論じた.

　本書は，2008年5月に勁草書房から発刊した『個人情報保護法の理念と現代的課題：プライバシー権の歴史と国際的視点』の続編に位置づけることができる．同書は，「プライバシー・個人情報保護法の歴史的発展と現代的課題」（2006年度中央大学大学院博士論文）を加筆修正等したものである．同書をまとめるに際しては，指導教授の堀部政男先生（一橋大学名誉教授・2014年1月1日より特定個人情報保護委員会委員長）に主題を付けていただいた．その際，堀部先生からは，現在の問題に焦点を当てた原稿に書き直すようご示唆をいただいたものの，それに応えるほどの整理を行うには至らなかったため，同書では取り上げなかった内容や，同書刊行後に生じた新たな動向を調査し，今般，改めて刊行することとした.

　堀部政男先生には，本書の出版に際してもご推薦の言葉を賜ったことに深謝

の意を表し，先生の一層のご健勝を祈念したい．

　本書は，公益財団法人KDDI財団の2012年著書出版助成を受けることにより出版することができた．プライバシー・個人情報保護法制に関して，国内外で多くの動きが見られる重要な時期に，出版の機会を頂戴したことに，心よりお礼を申し上げる．

　本書の出版に当たっては，勁草書房の鈴木クニエ氏に，迅速かつ精緻な編集作業を行っていただき，様々な場面でご配慮いただいた．この場をお借りして，衷心から謝意を表したい．

　最後に，本書の執筆過程のすべてを通じて，温かく見守り支援をしてくれた家族に感謝する．

2014年6月20日

石井夏生利

新版はしがき

『個人情報保護法の現在と未来：世界的潮流と日本の将来像』を出版してから約2年半が経過した．同書に関しては，筆者の予想を超える形で好評をいただいたことや，出版後に新たな状況が生じたことから，勁草書房の協力を得て，新版を出版することとした．また，筆者の力不足により，初版では訂正事項を多く出すことになったが，新版では可能な限り訂正事項が生じないように注意を払った．

新版の構成は，いくつかの点で初版と異なっている．第1に，第Ⅱ部「情報連携とプライバシー・個人情報保護」（第7章〜第9章）では，英国のIDカード制度の導入と廃止，米国の社会保障番号制度，日本の番号利用法を取り扱っていた．しかし，個人情報保護制度自体に大きな変化が生じており，それに注力する必要があったこと，及び，本書の分量上維持することが困難であることから，新版では第Ⅱ部を削除した．

第2に，初版第4章の「セーフハーバーとAPEC越境プライバシー・ルール」については，EU-U.S. プライバシー・シールドが新たに採択されたことから，別の章立てとした．新版では，第4章「セーフハーバーとEU-U.S. プライバシー・シールド」，第5章「APEC越境プライバシー・ルール」とした．

第3に，初版の第5章「米国の国家安全と監視強化」は，新版の構成上必要な部分のみを第4章に盛り込み，章自体は削除した．

本書の執筆に関する研究活動の過程では，指導教授である堀部政男先生（2016年1月1日より個人情報保護委員会委員長，一橋大学名誉教授）をはじめとする諸先生方から，引き続きご指導をいただいてきた．堀部先生には，本書の出版に際して推薦の言葉を賜ったことに改めて深謝し，先生のますますのご活躍を祈念したい．

また，新版の出版に際しても，勁草書房の鈴木クニエ氏に精緻かつ迅速な編集作業を行っていただいた．この場を借りて改めて感謝を申し上げる．

個人情報保護制度をめぐる国内外の状況は日々変化しており，本書出版後にも多くの新動向が出ると予想される．本書では，可能な限りで初版出版後の動

向を取り入れたが，その内容は世界のプライバシー・個人情報保護制度を網羅的に捉えたものではないことをご理解いただきたい．しかし，個人情報保護を取り巻く環境変化，及び，それにいかに対処すべきかを考える上で，本書が多少でも貢献できるのであれば望外の喜びである．

　最後に，新版の執筆過程を通じて，引き続き暖かく見守り支援をしてくれた家族に感謝する．

2017年1月13日

石井夏生利

目　次

個人情報保護法制の近未来を論じるために　　堀部政男

初版へのはしがき
新版はしがき

序　章　プライバシー・個人情報保護の新たな世界的潮流と日本…………1

第1章　OECDプライバシー・ガイドライン改正……………………………9
　第1節　改正の背景………………………………………………………………9
　　1　OECDプライバシー・ガイドライン改正の契機　9
　　2　改正案の検討・取りまとめ　12
　　3　改正ガイドラインと8原則　14
　第2節　越境執行協力の重要性………………………………………………16
　第3節　改正ガイドラインの概要……………………………………………19
　　1　勧告　20
　　2　勧告付属文書　21

第2章　EU一般データ保護規則………………………………………………37
　第1節　一般データ保護規則（GDPR）とその全体像……………………37
　　1　GDPRの採択　37
　　2　GDPRの特徴　41
　　3　規則の制定手続　44
　　4　全体構造　46
　第2節　目的・適用範囲・定義………………………………………………51
　　1　対象事項及び目的　51
　　2　実体的範囲　54
　　3　地理的範囲　55
　　4　定義　59
　第3節　諸原則……………………………………………………………………72

1　個人データの取扱いに関する諸原則　72
　　　2　適法な取扱い　73
　　　3　同意の条件　77
　　　4　特別な種類の個人データ　79
　　　5　識別を要しない取扱い　81
第4節　データ主体の権利……………………………………………81
　　　1　第3章「データ主体の諸権利」の構成　81
　　　2　第1節　透明性及び手続　82
　　　3　第2節　情報及び個人データへのアクセス　83
第5節　管理者及び取扱者………………………………………… 126
　　　1　第4章「管理者及び取扱者」の構成　126
　　　2　第1節　一般的義務　126
　　　3　第2節　個人データの安全性　137
　　　4　第3節　データ保護影響評価及び事前の許可　142
　　　5　第4節　データ保護責任者　146
　　　6　第5節　行動規範及び認証　150
第6節　第三国移転制限……………………………………………156
　　　1　データ保護指令の第三国移転制限　157
　　　2　GDPR 第5章　第三国又は国際機関への個人データの移転　166
第7節　独立監督機関……………………………………………… 179
　　　1　第1節「独立の地位」の構成　180
　　　2　第2節　管轄，職務及び権限　194
第8節　協力及び一貫性……………………………………………201
　　　1　第1節「協力」の構成　201
　　　2　第2節　一貫性　204
　　　3　第3節　欧州データ保護会議　208
第9節　救済，法的責任及び罰則…………………………………213
　　　1　救済方法　213
　　　2　行政上の制裁金　217
第10節　特別な取扱状況に関する規定……………………………222
　　　1　取扱いと表現及び情報の自由　222
　　　2　取扱いと公文書への一般のアクセス　223

3　国民識別番号の取扱い　223
　　4　雇用環境における取扱い　224
　　5　アーカイブ，研究，統計目的のための取扱い　224
　　6　守秘義務　226
　　7　教会及び宗教団体に関する現行のデータ保護規則　226
　第11節　委任行為及び実施行為，最終条項…………………………226
　　1　委任の実行　227
　　2　委員会の手続　227
　第12節　最終条項………………………………………………………228

第3章　欧州評議会第108号条約の見直し……………………………243
　第1節　第108号条約…………………………………………………243
　　1　欧州評議会　243
　　2　第108号条約　246
　第2節　第108号条約の現代化………………………………………249
　　1　見直し手続　249
　　2　現代化案　251

第4章　セーフハーバーとEU-U.S.プライバシー・シールド………288
　第1節　セーフハーバー交渉…………………………………………288
　　1　セーフハーバー協定と現在　288
　　2　セーフハーバー交渉　289
　第2節　セーフハーバー・スキームの見直し………………………297
　　1　見直しに向けた動き　297
　　2　PRISM計画の発覚　298
　　3　欧州委員会の勧告事項　301
　　4　見直しに際しての検討内容　304
　　5　セーフハーバー無効判決　305
　　6　EU-U.S.プライバシー・シールド　312

第5章　APEC越境プライバシー・ルール……………………………362
　第1節　2004年APECプライバシー・フレームワーク……………362

　　　　1　アジア太平洋経済協力　362
　　　　2　2004年プライバシー・フレームワーク　363
　　第2節　2007年パスファインダー計画……………………………………368
　　第3節　2010年越境プライバシー執行協定…………………………………370
　　第4節　2011年越境プライバシー・ルール…………………………………372
　　第5節　CBPR-BCR の相互運用に向けた交渉………………………………376

第6章　米国の消費者プライバシー保護……………………………381
　　第1節　消費者データプライバシー…………………………………………381
　　　　1　消費者プライバシー権利章典と公正情報実務諸原則　381
　　　　2　諸原則の内容　384
　　　　3　消費者データプライバシーの適用範囲　388
　　　　4　消費者プライバシー権利章典の実施方法　388
　　　　5　ビッグデータに関する報告書　389
　　　　6　消費者プライバシー権利章典法の提案　392
　　　　7　立法化の行方　407
　　第2節　連邦取引委員会の法執行権限………………………………………408
　　　　1　連邦取引委員会　408
　　　　2　FTC法第5条　409
　　　　3　自主的取組と法執行　418
　　第3節　FTCの取組……………………………………………………………421
　　　　1　消費者プライバシー保護への取組　421
　　　　2　PIIとnon-PII　422
　　　　3　FIPPs　426
　　　　4　プライバシー・レポート　429
　　　　5　IoTレポート　443
　　　　6　ビッグデータ・レポート　447

終　章　個人情報保護法の将来像……………………………………455
　　第1節　個人情報保護法の改正とその概要…………………………………455
　　　　1　個人情報保護法の改正　455
　　　　2　行政機関個人情報保護法の改正　462

3　国際的な取組に関する個人情報保護委員会の活動方針　　462
第2節　プライバシー・個人情報保護法の国際的動向と改正個人情報保護法
　　　の課題……………………………………………………………………464
　　　1　OECDプライバシー・ガイドラインの改正　　464
　　　2　EU一般データ保護規則（GDPR）　　466
　　　3　CoE第108号条約　　479
　　　4　セーフハーバーとプライバシー・シールド　　481
　　　5　APEC越境プライバシー・ルール　　485
　　　6　米国の消費者プライバシー保護　　485
第3節　改正個人情報保護法の評価と将来像………………………………488

索　引 ……………………………………………………………………………496

序章　プライバシー・個人情報保護の
　　　　新たな世界的潮流と日本

　本書の目的は，プライバシー・個人情報保護をめぐる国内外の動向を捉え，日本の個人情報保護法の将来像を論じることにある．個人情報の保護に関する法律（以下「個人情報保護法」という．）は，2005年4月1日に全面施行されてから11年を過ぎ，まもなく12年を迎えようとしている．2015年9月3日には，同法の改正法が成立し，同年9日に公布された．施行日は2017年5月30日である．

　インターネットは，1990年代中葉から急速に普及したが，ここ10年強を振り返ってみると，ネットワーク技術の高度化やそれに伴うサービス展開が目覚ましい．「ユビキタスネットワーク」，「クラウド・コンピューティング」，「ライフログ」，「スマートフォン」，「ビッグデータ」，「モノのインターネット」(Internet of Things, IoT) といった言葉やサービスが次々と登場し，個人を取り巻くネットワーク環境はめまぐるしく変化してきた．さらに最近では，人工知能（Artificial Intelligence, AI）とプライバシー・個人情報保護の問題も議論されるようになっている．ビッグデータやIoTとの関係では，ライフログ（蓄積された個人の生活の履歴）が専ら問題になるが，AIについては，AIロボットが生活のあらゆる場面で用いられるようになった場合における私生活の侵害や，自己学習による予測不可能な侵害可能性などが問題となる．こうした様々な状況が見られる中で，国内外のプライバシー・個人情報保護法制度の動きを捉え直し，日本の個人情報保護法制の将来像を論じようとするのが本書の狙いである．

　まず，国際的動向から見ると，2013年7月11日，経済協力開発機構 (Organisation for Economic Co-operation and Development, OECD) の1980年プライバシー・ガイドライン（プライバシー保護と個人データの国際流通についてのガイドラインに関する理事会勧告）が30年ぶりに理事会によって改正され，同

ガイドラインは，同年9月9日に公表された．越境データ流通の世界的スタンダードが改正された影響は大きい．

欧州連合（European Union, EU）では，2012年1月25日，欧州委員会から，1995年データ保護指令を改正するための提案が提出され，約4年3ヶ月後，「個人データの取扱いに係る自然人の保護と当該データの自由な移動に関する，また，指令95/46/EC を廃止する，2016年4月27日の欧州議会及び理事会の2016/679（EU）規則（一般データ保護規則）」へと改正された．これは，世界的に注目を集めた大改正である．欧州評議会（Council of Europe, CoE）においても，「自動処理される個人データに関する個人の保護のための条約」の見直し手続が進められている（2016年12月30日現在.）．なお，EU は，欧州議会選挙が行われる2014年5月までに一般データ保護規則を採択させる予定であったが，28ヶ国の規律を統一させるという難題に直面し，当初予定よりも大幅に遅れる形で改正を実現させた．同規則の施行日は同年5月24日，適用開始日は2018年5月25日である．

米国政府は，一般データ保護規則への改正提案が提出された約1ヶ月後の2012年2月23日，「ネットワーク社会における消費者データプライバシー：グローバル化したデジタル経済において，プライバシーを保護しイノベーションを促進するための枠組み」と題する政策大綱を発表した．連邦取引委員会（Federal Trade Commission, FTC）は，同年3月26日，「急変する時代の消費者プライバシー保護：事業者及び政策立案者向けの勧告」と題する報告書を取りまとめており，これは「プライバシー・レポート」といわれている．最近では，オバマ政権は，2015年2月27日，「2015年消費者プライバシー権利章典法」に関する討議草案を公表したものの，立法化には直結しなかった．国家監視の場面に目を転じると，2013年6月6日には，いわゆるPRISM問題が報道され，米国は欧州から厳しい批判を受けた．米国は，消費者プライバシー保護に向けた取組を進める一方で，「テロ対策」を名目に，国家安全のための情報監視を事実上無制限に行うことを常態化させており，その動きは国際的にも注目を集めてきた．しかし，2015年10月6日，欧州司法裁判所において，2000年の「セーフハーバー決定」が無効と判断され，同判決は米国に大きな衝撃を与えた（シュレムス判決）．その後，EU と米国間で交渉が進められ，2016年7月12日，プライバシー・シールドが採択されている．

アジア太平洋経済協力（Asia-Pacific Economic Cooperation, APEC）は，「プラ

イバシー・フレームワーク」(2004年),「パスファインダー計画」(2007年),「越境プライバシー執行協定」(2010年),「越境プライバシー・ルール」(2011年,Cross Border Privacy Rules, CBPR) というように,越境データ流通のための取組を進めてきた.米国は,CBPR を積極的に推進する国であり,2012年7月26日,同制度の最初の参加国として承認された.主たるプライバシー執行機関にはFTCが指名され,2013年6月25日には責任団体としてTRUSTeが認められた.その後,2013年1月16日にはメキシコ,2014年4月28日には日本,2015年4月15日にはカナダの参加がそれぞれ認められている.2016年1月19日,一般財団法人日本情報経済社会推進協会(JIPDEC)が責任団体としての承認を受けた.

　このような国際的な動きは,近接した時期に連続して発生しているが,必ずしも同じ方向を向いているわけではない.特に,欧州と米国の立場を意識しておく必要がある.

　人権思想発祥の地といわれる欧州は,個人データ保護を基本的権利ないしは人権であると捉えており,欧州連合の機能に関する条約(Treaty on the Functioning of the European Union) 第16条1項や,欧州連合基本権憲章(Charter of Fundamental Rights of the European Union) 第8条1項は,「何人も自らに関する個人データの保護を受ける権利を有する」旨の定めを設けている.また,CoE の人権及び基本的自由の保護のための条約(Convention for the Protection of Human Rights and Fundamental Freedoms) 第8条1項は「何人も,その私的な家庭生活,住居,及び通信を尊重してもらう権利を有する」と定めており,同条項はプライバシー権の根拠規定に位置づけられている.欧州連合基本権憲章第7条も同じ規定を置いている.

　そして,EU の一般データ保護規則は,加盟国の立法措置を必要とする「指令」から,立法措置なくして直接適用される「規則」への変更,第三国への越境適用,明示的同意の原則,「消去権(忘れられる権利)」,「データ・ポータビリティの権利」,「プロファイリングを含む,自動処理による個人に関する決定」,「データ保護・バイ・デザイン及びバイ・デフォルト」,「個人データ侵害の通知/連絡制度」及び「データ保護影響評価」の導入,第三国への個人データ移転に当たっての「十分な保護レベル」を認定する際の独立監督機関の必要性,第29条作業部会から欧州データ保護会議への改組,最大2,000万ユーロ,又は企業の場合は前会計年度の全世界の年間総売上の4％までの制裁金の措置

など，極めて多くの改正事項を設けた．EUは，同規則によって，データ保護が個人の基本的権利であることをより一層強調し，データ保護制度の強化を目指している．このことは，多数の巨大インターネット企業を抱える米国が，毎日のように膨大な個人情報を世界から収集している事態に対抗すべく，データ流通の覇権を握るための「人権」を用いた「プライバシー外交」と見られている[1]．

　他方，2016年6月，英国は，国民投票の結果を受けてEUを離脱する決断を下したため，加盟国の一貫した高い保護レベルを実現するという理想は遠のいたようにも思われる．

　EUに関しては，米国との間で，セーフハーバー協定を結び，特別扱いをしてきたという面もある．EUの1995年データ保護指令は，第25条1項において，「十分な保護レベル」に達していない第三国への個人データ移転を原則として禁止している．一方，同条6項では，欧州委員会の認定により，交渉の結果に基づいて締結した国際公約を理由として，「十分な保護レベル」を満たすことができる旨を定めている．そこで，米国商務省は，欧州委員会との厳しい交渉の末，自主規制に基づくセーフハーバー協定を締結し，2000年7月26日，セーフハーバー・プライバシー原則及び関連するFAQの十分性決定を受けた．

　セーフハーバーは，EU関係者には評判の悪い制度であった．しかし，欧州委員会と米国商務省は，一般データ規則への改正案が公表されてから約1ヶ月後の2012年3月19日，共同声明を発表し，セーフハーバーの枠組みへのそれぞれの責任を再確認した旨を明らかにしていた．欧州委員会による一般データ保護規則提案でも，EUデータ保護指令に基づく「十分な保護レベル」の決定は，欧州委員会が修正等をしない限りは効力を有する旨の規定を設け，セーフハーバーの枠組みを継続させる方針を認めていた．このように，EUは，対米国プライバシー外交において，表面上は人権保障の重要性を強調し，高い保護レベルを求めつつも，米国に関しては特別扱いを続けてきたといわざるを得ない．それに一石を投じたのが，PRISM問題であったといえる．欧州委員会は，2013年11月27日，欧州議会及び閣僚理事会への伝達文書を公表し，セーフハーバー・スキームの見直しを求めるために13項目の勧告事項を掲げるなどしていたが，2015年10月6日のセーフハーバー無効判決を受けて米国との交渉を進め，2016年7月12日にプライバシー・シールドに対する十分性決定を下した．

　APECのCBPR（Cross Border Privacy Rules）は，セーフハーバーの拡大版

と位置づけることが可能であり，米国主導で進められてきたといえる．CBPRについては，2012年より，EUデータ保護指令の第29条作業部会とAPECの電子商取引運営グループとの間で，データ保護指令に基づく拘束的企業準則（Binding Corporate Rules, BCR）との相互運用を行うための交渉が行われてきた．第29条作業部会は，2014年2月27日，CBPRとBCRの相互参照文書を採択し，APECエコノミーも，同年2月27日から28日の会合で，同文書を承認している．しかし，その後は目立った進展が見られないようである．

　以上のように，欧州と米国では，プライバシー・個人情報保護の考え方，取り組み方に大きな違いが存在する．他方，データ流通を阻害することは，欧州にも米国にも不利益をもたらすことから，両者は政治的交渉で妥協してきた．しかし，EUでは，一般データ保護規則の調印から約2ヶ月後に英国の離脱という事態が発生し，米国では，シュレムス判決によりセーフハーバー協定の見直しを強いられることとなった．APECのCBPRも活発な動きを見せているとは言い難いように思われる．

　国際的動向から示唆を得る際には，表面的なスタンスの違いにとらわれることなく，政治的交渉を含めた動きを注視しなければならないが，国際的な動向は一貫したものではなく，特にここ数年は混沌とした事態が続いている．

　以上のほかにも，いくつかの国際的な動きが見られる．日本は，2011年より，EUとの間で経済連携協定（EPA）に関する交渉を進めており，越境データ流通に関する議論も交わされている．環太平洋パートナーシップ協定（TPP）の電子商取引の章の中では，越境データ移転との関係で個人情報保護の重要性が確認されている．また，国際連合人権理事会の特別報告者であるジョセフ・A・カナタチ（Joseph A. Cannataci）氏は，2016年3月8日，プライバシー権に関する報告書を公表している[2]．

　日本では，個人情報保護法が全面施行された後，いわゆる「過剰反応」，大規模な情報漏えい事件，住民基本台帳ネットワークシステムの合憲性をめぐる多数の訴訟等，様々な問題が生じてきた．衆議院及び参議院の各個人情報の保護に関する特別委員会は，2003年5月23日に個人情報保護法を成立させる際の附帯決議において，「全面施行後3年を目途として，本法の施行状況について検討を加え，その結果に基づいて必要な措置を講ずること」を求めていたことなどから，内閣府の国民生活局第20次国民生活審議会個人情報保護部会（部会長・野村豊弘学習院大学教授）では，2005年11月30日から2007年6月11日にか

けて，施行状況の評価及び個人情報保護制度の見直しに向けた検討を行った．しかし，2007年6月29日の「個人情報保護に関する取りまとめ（意見）」では，現行法の枠組みのもとでの運用改善が必要であるとして法改正には踏み込まず，独立監督機関設置についても中長期的課題として位置づけられるにとどまった．独立監督機関の存在は，特に欧州を中心とする個人情報保護法制の先進国にとっては必須の条件とされており，係る機関を持たない日本は，長年にわたり，国際的に立ち後れていることが最大の課題となってきた．

しかし，2011年からは，いわゆる「番号利用法」（行政手続における特定の個人を識別するための番号の利用等に関する法律）制定の論議が本格化し，政府・与党社会保障改革検討本部は，2011年6月30日，「社会保障・税番号大綱」を決定した．番号利用法案は，2012年2月14日，他の関連二法案とともに閣議決定・国会提出され，一旦廃案となった後，2013年5月24日に法律として成立した．同法に基づき，2014年1月1日に特定個人情報保護委員会が設置され，初代委員長に，堀部政男一橋大学名誉教授が就任した．同委員会は，番号利用法に基づく機関ではあるが，日本初の独立した個人情報保護の監督機関であり，個人情報保護法制にとって大きな変革であったといえる．番号利用法附則第6条2項は，同法の施行後1年を目途として，特定個人情報保護委員会の所掌事務の拡大を検討し，その結果に基づいて所要の措置を講ずることを定めていた．

2012年からは，総務省や経済産業省において，「パーソナルデータ」に関する中央政府の検討が始まった．

2013年6月14日に閣議決定された「世界最先端IT国家創造宣言」では，「速やかにIT総合戦略本部の下に新たな検討組織を設置し，個人情報やプライバシー保護に配慮したパーソナルデータの利活用のルールを明確化した上で，個人情報保護ガイドラインの見直し，同意取得手続の標準化等の取組を年内できるだけ早期に着手するほか，新たな検討組織が，第三者機関の設置を含む，新たな法的措置も視野に入れた制度見直し方針（ロードマップを含む）を年内に策定する．」旨の方針が明らかにされた．高度情報通信ネットワーク社会推進戦略本部（IT総合戦略本部）は，同年9月2日より，「パーソナルデータに関する検討会」（座長・堀部政男一橋大学名誉教授）を開催し，匿名化の基準や独立した第三者機関の設置等に向けた検討を進めた．同検討会は，同年12月10日，「パーソナルデータの利活用に関する制度見直し方針案」を取りまとめ，IT総合戦略本部は，同年12月20日，同見直し方針を決定した．2014年6月19

日，パーソナルデータに関する検討会（2014年3月27日の第6回会合以降の座長は宇賀克也東京大学教授）は，「パーソナルデータの利活用に関する制度改正大綱（検討会案）」を公表した．それを受け，IT総合戦略本部は，同年6月24日に「パーソナルデータの利活用に関する制度改正大綱」を決定した．そして，2015年3月10日，「個人情報の保護に関する法律及び行政手続における特定の個人を識別するための番号の利用等に関する法律の一部を改正する法律案」が閣議決定され，第189回通常国会に提出された．改正法案は，同年9月3日に法律として可決・成立し，9月9日に公布された．この改正法により，2016年1月1日，特定個人情報保護委員会を改組する形で個人情報保護委員会が発足した（委員長は引き続き堀部政男一橋大学名誉教授）．

また，総務省では，2014年7月31日より，「行政機関等が保有するパーソナルデータに関する研究会」（座長・藤原静雄中央大学教授）を開催し，2016年3月7日，「行政機関個人情報保護法・独法等個人情報保護法の改正に向けた考え方」が取りまとめられた．翌日の3月8日，「行政機関等の保有する個人情報の適正かつ効果的な活用による新たな産業の創出並びに活力ある経済社会及び豊かな国民生活の実現に資するための関係法律の整備に関する法律案」が第190回国会に閣議決定・国会提出され，同年5月20日に可決・成立し，同年27日に公布された．

情報社会における技術・サービスの発展はめざましく，法制度やそれに準じた規範を設けるための国際的な議論も進められており，刻一刻と事態は動いている．そのため，本書の脱稿直後に大きな動きが出たとしても，その内容を取り上げることはできない．プライバシー・個人情報保護をめぐる制度的課題は，現在進行形で生じる新たな事象に常に目を向けなければならず，本書が何かしらの形で参照されることがあったとしても，それはごく短期間であるかもしれない．他方，ここ数年の間に国内外で矢継早に生じた新たな動向は，過去を振り返ってみても極めて稀なことと思われる．それは混沌とした事態をもたらすのか，新しい潮流を生み出すのかについて，客観的かつ俯瞰的な立場から評価し，今後の日本のプライバシー・個人情報保護議論に一定の方向性を示すことができれば，本書の意義はあると考えられる．

ところで，本書は，2014年7月に勁草書房から出版した『個人情報保護法の現在と未来：世界的潮流と日本の将来像』に所要の変更を加え，改めて出版するものである．2014年の出版段階では，第Ⅰ部「プライバシー・個人情報保護

法の最新国際動向」，第Ⅱ部「情報連携とプライバシー・個人情報保護」と題してそれぞれの検討を行った．しかし，今回は個人情報保護法をめぐる国内外の動向の整理に紙幅を割かざるを得なかったため，改訂版である本書では，第Ⅰ部のみを見直すこととした．番号利用法については，個人情報保護法とは異なる形で様々な変化があるため，別の機会に検討を行いたいと考えている．

　第1章「OECD プライバシー・ガイドライン改正」では，世界的スタンダードである OECD プライバシー・ガイドラインの見直し過程及び同ガイドラインの内容を検討した．第2章「EU 一般データ保護規則」では，日本でも注目を集めた EU の一般データ保護規則の内容及び論点等を整理した．この章の中では，「忘れられる権利」に関する欧州司法裁判所判決及びその後の対応，2017年1月31日に日本の最高裁判所が下した検索結果の削除請求に関する決定を取り上げている．第3章「欧州評議会第108号条約の見直し」では，1980年 OECD プライバシー・ガイドラインと足並みをそろえる形で採択され，かつ，1995年の EU データ保護指令のモデルにもなった上記条約について，現代化（案）との比較検討を行った．第4章は「セーフハーバーと EU-U.S. プライバシー・シールド」と題し，米国が EU と締結した2000年のセーフハーバー協定の締結，その見直し，セーフハーバー無効判決，プライバシー・シールド決定までの過程について，順を追って整理した．第5章の「APEC 越境プライバシー・ルール」では，米国主導で進められてきた APEC の CBPR を中心とした越境プライバシーに関する取組を取り上げた．第6章「米国の消費者プライバシー保護」では，民間部門の消費者プライバシー保護に向けた政府の取組や FTC の法執行，消費者プライバシー権利章典法の討議草案等を取り上げた．

　以上の検討に基づき，終章では，日本の改正個人情報保護法の評価と将来像を論じた．

注
（1）「プライバシー外交」は，堀部政男一橋大学名誉教授（現在は特定個人情報保護委員会委員長）が初めて用いた言葉である．最近の著書として，堀部政男「プライバシー・個人情報保護の国際的整合性」同編著『プライバシー・個人情報保護の新課題』（商事法務，2010年）1頁以下．
（2）U.N. Secretariat, *Report of the Special Rapporteur on the right to privacy, Joseph A. Cannataci*, U.N. Doc. A/HRC/31/64 (Mar. 8, 2016).

第1章　OECDプライバシー・ガイドライン改正

第1節　改正の背景[1]

1　OECDプライバシー・ガイドライン改正の契機

　経済協力開発機構（Organisation for Economic Co-operation and Development, OECD）は，2016年12月30日現在，EUに加盟する21ヶ国[2]，及び，米国，カナダ等の14ヶ国[3]で構成される国際機関であり，自由な意見交換・情報交換を通じて，①経済成長，②貿易自由化，③途上国支援に貢献することを目的としている．

　1980年9月23日に採択された「プライバシー保護と個人データの越境流通についてのガイドラインに関する理事会勧告」（以下「1980年ガイドライン」という．）は，2013年7月11日，約30年ぶりに改正され，同年9月9日に公表された（以下，2013年版のプライバシー・ガイドラインを「改正ガイドライン」という．）[4]．

　改正ガイドラインは，「OECDのプライバシーの枠組み」[5]と題する文書に公表されており，それぞれの構成は次のようになっている．

　　第1部「OECDプライバシー・ガイドライン」（The OECD Privacy Guidelines）
　　　第1章「プライバシー保護と個人データの越境流通についてのガイドラインに関する理事会勧告（2013年）」（Recommendation of the Council concerning Guidelines governing the Protection of Privacy and Transborder Flows of Personal Data (2013)）
　　　第2章「プライバシー保護と個人データの越境流通についてのガイドライ

ンに関する改正理事会勧告(2013年)の補足的な解説覚書」(Supplementary Explanatory Memorandum to the Revised Recommendation of the Council concerning Guidelines governing the Protection of Privacy and Transborder Flows of Personal Data (2013))

第3章「OECDプライバシー・ガイドライン(1980年)の当初の解説覚書」(Original Explanatory Memorandum to the OECD Privacy Guidelines (1980))

第4章「進化するプライバシーの風景：OECDプライバシー・ガイドラインから30年(2011年)」(The Evolving Privacy Landscape: 30 Years after the OECD Privacy Guidelines (2011))

第2部「越境プライバシー法執行協力」(Cross-Border Privacy Law Enforcement Cooperation)

第5章「プライバシー保護法の執行における越境協力に関する理事会勧告(2007年)」(Recommendation of the Council on Cross-border Cooperation in the Enforcement of Laws Protecting Privacy (2007))

第6章「プライバシー法執行協力についての2007年OECD勧告の実施に関する報告(2011年)」(Report on the Implementation of the 2007 OECD Recommendation on Privacy Law Enforcement Co-operation (2011))

OECDのガイドラインには数種類のものがある．プライバシー・ガイドラインは，プライバシー・個人情報保護及び情報セキュリティの中核をなすガイドラインであり，かつ，一般法としての位置づけを有する．特別法としてのガイドラインには，暗号政策やセキュリティに関するものがある．OECDにおけるプライバシー・個人情報保護関連の勧告は，図表1.1のように整理されている．

1980年ガイドラインは，プライバシー諸原則に関する初めての国際的合意であり，加盟国のみならず，世界のプライバシー保護立法に大きな影響を与えてきた．

しかし，制定から30年の時を経て，個人情報の取扱いをめぐる環境が大きく変化したことにより，改正への検討が求められるようになった．具体的には，膨大な個人データが収集，利用及び蓄積され，その量が増え続けていること，

第1章　OECDプライバシー・ガイドライン改正

図表1.1　OECDにおけるプライバシー・個人情報保護関連の勧告等

プライバシー・個人情報保護
・プライバシー保護と個人データの越境流通についてのガイドラインに関する理事会勧告（OECD プライバシー・ガイドライン）（1980年）（2013年7月11日に改正ガイドラインが理事会勧告として採択） 　➢ グローバル・ネットワークにおけるプライバシー保護宣言（1998年） 　➢ プライバシー・オンライン：政策及び実務的ガイダンス（2003年）
・プライバシーを保護する法の執行における越境協力に関する理事会勧告（2007年） 　➢ GPEN（Global Privacy Enforcement Network）　2010年3月設置 アルバニア，アルゼンチン，アルメニア，オーストラリア，ベルギー，ブルガリア，カナダ，中華人民共和国マカオ特別行政区及び同香港特別行政区，コロンビア，チェコ，EU（欧州連合），エストニア，フランス，ドイツ，ジョージア，ガーナ，ジブラルタル，ガーンジー，ハンガリー，アイルランド，マン島，イスラエル，イタリア，日本，ジャージー，韓国，コソボ，リトアニア，ルクセンブルク，マケドニア，マルタ，モーリシャス，メキシコ，モルドバ，モナコ，モロッコ，オランダ，ニュージーランド，ノルウェー，ポーランド，シンガポール，スロベニア，スペイン，スイス，ウクライナ，英国，米国（2016年12月時点で46ヶ国・地域及びEUが参加）
情報セキュリティ
・情報システム及びネットワークのセキュリティに係るガイドラインに関する理事会勧告（2002年）
・重要な情報インフラの保護に関する理事会勧告（2008年）
電子署名
・電子商取引における認証に関する宣言（1998年）
・電子署名に関する理事会勧告（2007年）
・電子署名に関するOECDガイダンス（2007年）
暗号政策
・暗号政策に係るガイドラインに関する理事会勧告（1997年）
RFID（Radio Frequency Identification）
・RFIDに関するOECDの政策ガイダンス（2008年）
迷惑メール
・スパム（迷惑メール）対策法執行における越境協力に関する理事会勧告（2006年）
青少年保護
・オンラインにおける児童の保護に関する理事会勧告（2012年）【日本主導により勧告採択】

新保史生「OECDプライバシーガイドライン（2013年改正）の解説」NBL第1017号（2014年）19頁表1を一部修正．

通信ネットワークによって，世界的規模でのアクセシビリティや，連続的かつ多点的なデータ流通が支えられていること，広範囲な分析の結果として，個人データの潜在的利用が増加し，個人の行動や利益に包括的な洞察を与えられるようになったこと，それと同時にプライバシーのリスクが増大し，収集時には予想しなかった態様で個人データがますます利用されるようになったこと，ほとんどの人間の活動は何かしらのデジタルデータ証跡を残し，個人の監視をより一層容易にしていること，個人データのセキュリティ侵害がよく発生していることなどから，プライバシー保護のための効果的な安全策の必要性が高まっている点が背景に存在する．

　2008年6月17日から18日にかけて，ソウルで閣僚会合が開かれ，「インターネット経済の将来のためのソウル宣言」[6]が公表された．この中で，技術，市場，利用者の行動の変化，及び，デジタル・アイデンティティの重要性が増したことに照らして，消費者保護，環境，プライバシーとセキュリティを取り扱った現行のOECD文書の適用を評価することが要請された．この宣言が，1980年ガイドラインの見直し開始の契機となった．

　また，2011年12月13日採択のインターネット政策決定のための諸原則に関するOECD勧告[7]は，世界レベルでのプライバシー保護の一貫性及び効率性を高めることを求めた．その添付文書である声明（Communiqué）は，「経済及び社会が，より簡単に収集，蓄積及び分析することのできる個人情報の広範かつ革新的な利用に，より多く依拠するようになると，現在のプライバシーの課題がより深刻になる見込みがある．」という認識を明らかにしている．この勧告の考えは，後述する2007年越境執行協力勧告とともに，改正ガイドラインに取り入れられている．

　さらに，EU，欧州評議会（CoE）などの国際機関が枠組みの見直しを行い，アジア太平洋経済協力（APEC）も新たな越境執行協力の取組を行っているほか，オーストラリア，ブラジル，中国，米国といった国内法レベルでも，プライバシーの枠組みが見直されていることから，OECDにおいても，プライバシー・ガイドラインを見直す時期に来ているとの判断がなされた．

2　改正案の検討・取りまとめ

　以上の状況を踏まえ，ガイドラインの30周年記念を契機に2010年から検討が開始された．所管委員会は，情報・コンピュータ及び通信政策委員会

(Committee for Information, Computer and Communications Policy, ICCP) であり, 具体的な検討は, ICCP のもとに設置された情報セキュリティ及びプライバシーに関する作業部会 (Working Party on Information Security and Privacy, WPISP)[8] を通じて行われた. なお, WPISP は, デジタル経済におけるセキュリティ及びプライバシーに関する作業部会 (Working Party on Security and Privacy in the Digital Economy, SPDE) へと改称している.

WPISP は, 2011年4月6日,「進化するプライバシーの風景:OECD プライバシー・ガイドラインから30年」[9] を公表した. そこで示された要点は図表1.2の通りである.

図表1.2「OECDプライバシー・ガイドラインから30年」の要点

1　OECDプライバシー・ガイドラインは著しい成功を収めた.
　→諸原則は, 簡潔かつ, 技術的に中立な言語で作成され, 行政的及び法的な構造の異なる諸国に適用可能であり, かつ, 社会的及び技術的な環境変化に適応可能であることを証明してきた.
2　個人データのより広範かつ革新的な利用は, 経済的及び社会的利益を増大させている.
　→信頼維持を支える面での個人データ保護諸原則の役割は, 個人データ流通の便益を持続させる上で不可欠である.
3　技術及び個人データの利用の発展は, プライバシー保護の適切な適用範囲を決定する際の課題を提起する.
　→適用範囲が広く, 責任の分担が不明確な場合, 中心的なプライバシー諸原則は, 実施及び執行するのが一層大変になる.
4　個人が, 自身の個人データの利用を理解し, 関連した選択を行うのはますます困難になっている.
　→より広範なプライバシー保護体制の中で, 自己のデータがどのように利用されるか, また, 個別のアクセスがどのように与えられるかに関して, 個人に選択を付与することに関連する課題 (例えば同意) は, さらなる調査が必要である.
5　世界的規模で利用しやすく, 豊富で持続的な個人データは, 便益を提供すると同時に, 個人及び組織が直面するプライバシー・リスクも増大する.
　→監視, 予期せぬ二次利用, 及び, データセキュリティ侵害が個人にもたらすプライバシー・リスクを軽減するため, さらに注意する必要がある.
6　技術の進歩と組織の実務の変化によって, 個人データの散発的な越境移転は, 継続的かつ多点的な越境流通へと変容した.
　→個人データの収集, 利用及び移転を統轄する効果的で, グローバルな, 実務的方法の重要性は, かつてなく増大している.
7　現在の課題の対処に向けて, 世界のプライバシー共同体は関心を有しており, 国際組織, 政府, 及び, プライバシー執行機関内の取組が存在する.

> →これらのイニシアティブは，プライバシー保護を改善し，それにより，個人データのより広範かつ革新的利用によって可能になる経済的及び社会的便益を高めるための，実務的，効果的方法を見いだす際に，役割を果たす可能性がある．

　この報告書は，1980年ガイドラインが果たしてきた歴史的意義を分析するとともに，①現状と制定当初の違いを明らかにすること，②プライバシー保護をめぐる現在の課題を整理すること，③それらの課題に対処するために必要な取組を明らかにすることを目的としている．ガイドライン制定当初から大きな変容を遂げた点は，①技術的進歩に伴う問題，②国際的なデータ流通，③組織の活動の変化，④個人の活動の変化という4つの傾向及び変化であり，これらの視点から改正に向けた検討を行うべきとされた[10]．

　WPISPは，上記報告書を踏まえ，2011年10月31日，見直しのための検討事項（図表1.3）を合意し，改正案を取りまとめた．

図表1.3　見直しのための検討事項

- 収集，利用及び蓄積される個人データの**量**．
- 個人及びグループの傾向，動向，関心及び活動に洞察を与える，個人データが関わる**分析の範囲**．
- 新技術と個人データの責任ある利用により可能となる社会的及び経済的利点の**価値**．
- プライバシーへの**脅威**の程度．
- プライバシーを危険にさらす又はプライバシーを保護する能力を持つ**関係者の数及び種類**．
- 個人が理解し，通過することが期待される，個人データに関する**やりとりの頻度及び複雑さ**．
- 連続的かつ多点的なデータ流通を可能にする通信ネットワーク及びプラットフォームにより支えられる，個人データの**世界的入手可能性**．

3　改正ガイドラインと8原則

　採択された改正ガイドラインは，2つの事項に要約される．第1は，リスクマネジメントに基づくアプローチを通じて，プライバシー保護の実務的実施に焦点を当てるということである．第2は，進歩した相互運用性を通じてプライバシーの世界的側面に対応するためにさらなる努力を要するということである．改正ガイドラインには，次の事項を含む新たな概念が導入された（図表1.4）．

第1章　OECDプライバシー・ガイドライン改正

図表1.4　改正ガイドラインの新たな概念

・**国家的プライバシー戦略**（National privacy strategies）——実効性ある法が不可欠だが，今日のプライバシーの戦略的重要性により，政府の最高レベルで調整された多面的国家戦略も求められる．
・**プライバシー管理プログラム**（Privacy management programmes）——この計画は，組織がプライバシー保護を実施する際の中核的な運用上の仕組みとして機能する．
・**データセキュリティ侵害通知**（Data security breach notification）——この規定は，機関への通知，及び，個人データに影響するセキュリティ侵害によって影響を受ける個人への通知の両方を対象とする．

他方，プライバシー・ガイドラインの8原則への変更は加えられなかった．8原則とは，1980年ガイドラインの第2部「国内適用における基本原則」（第7条～第14条）に定められた原則であり，世界的なプライバシー・個人情報保護の諸原則としての役割を果たしてきたものである（図表1.5）[11]．

図表1.5　OECDプライバシー・ガイドラインの8原則（第7条～第14条）

収集制限の原則（Collection Limitation Principle）
7　個人データの収集には，制限を設けるべきであり，いかなる個人データも，適法かつ公正な手段によって，かつ適当な場合には，データ主体に知らしめ又は同意を得た上で，収集されるべきである．
データ内容の原則（Data Quality Principle）
8　個人データは，その利用目的に沿ったものであるべきであり，かつ利用目的に必要な範囲内で正確，完全であり最新なものに保たれなければならない．
目的明確化の原則（Purpose Specification Principle）
9　個人データの収集目的は，収集時よりも遅くない時点において明確化されなければならず，その後のデータの利用は，当該収集目的の達成，又は，当該収集目的に矛盾せず，かつ，目的の変更ごとに明確化された他の目的の達成に限定されるべきである．
利用制限の原則（Use Limitation Principle）
10　個人データは，第9条により明確化された目的以外の目的のために，提供，利用，その他の使用に供されるべきではないが，次の場合はこの限りではない．
　a）データ主体の同意がある場合，又は，
　b）法律の規定による場合
安全保護の原則（Security Safeguards Principle）
11　個人データは，その紛失又は無権限のアクセス・破壊・使用・修正・提供等の危険に対し，適切な安全保護措置により保護されなければならない．
公開の原則（Openness Principle）

12 個人データに係る発展,運用及び政策については,一般的な公開の政策が取られなければならない.個人データの存在,性質及びその主要な利用目的とともにデータ管理者の識別,通常の住所をはっきりさせるための手段が容易に利用できなければならない.

個人参加の原則(Individual Participation Principle)
13 個人は次の権利を有する.
　　a)データ管理者が自己に関するデータを有しているか否かについて,データ管理者又はその他の者から確認を得ること.
　　b)自己に関するデータを,(Ⅰ)適切な期間内に,(Ⅱ)もし必要なら,過度にならない費用で,(Ⅲ)適切な方法で,かつ,(Ⅳ)自己にわかりやすい形で,自己に知らしめられること.
　　c)上記a)項及びb)項に基づく要求が拒否された場合には,その理由が与えられること,及び,そのような拒否に対して異議を申し立てることができること.かつ,
　　d)自己に関するデータに対して異議を申し立てること,及び,その異議が認められた場合には,そのデータを消去,修正,完全化,補正させること.

責任の原則(Accountability Principle)
14 データ管理者は,上記の諸原則を実施するための措置に従う責任を有する.

　改正に向けた議論の過程では,上記8原則の変更も検討された.変更されなかった理由は次のように説明されている.

　EUなどからは,人権としてプライバシー・個人情報を保障すべきであるという主張もなされた.しかし,クラウド・コンピューティング等,国際的に個人情報が流通する新たなサービスが出現し,日々利用される状況において,人権を根拠に個人情報の取扱いに絶対的な保障を与えることに対して各国から異論が唱えられ,結果的に調和点を見いだすことができなかった.また,各国では,上記8原則をもとに法整備がなされているため,原則の変更に伴う法改正の負担も影響した[12].

第2節　越境執行協力の重要性

　改正ガイドラインは,いくつかの修正を加えているが,その中でも,プライバシー執行機関による越境執行協力の重要性を強調し,2007年のプライバシー保護法執行における越境協力勧告の要素を取り入れた点が注目される.「OECDのプライバシーの枠組み」の第2部が越境執行協力勧告及びその報告書を取り上げている点からも,執行協力の重要性をうかがい知ることができる.

　2007年越境協力勧告の正式名称は,2007年6月12日に採択された「プライバ

シー保護法の執行における越境協力に関するOECDの勧告」である[13].
　ここでは, 以下のような勧告事項, 要請事項, 指示事項が示された.

「加盟国に, プライバシー保護法の執行における国境を越えた協力を行い, 次に掲げる適切な措置を講じることを勧告する.
　a）加盟国の機関が外国の機関とのよりよい協力を築けるようにするため, プライバシー法の執行に関する国内の枠組みを改善する.
　b）国境を越えたプライバシー法の執行協力を促進するために, 効果的な国際的仕組みを発展させる.
　c）適切な安全保護措置に従い, 通知, 苦情の照会, 調査援助及び情報共有を通じたものを含む, プライバシー保護法の執行において, お互いに相互協力を提供する.
　d）関連する利害関係人との間で, プライバシー保護法の執行における協力を促進することに向けられた議論及び活動に従事する.
　加盟国に, 詳細な事項を述べた付属文書に従い, この勧告を実施する.
　非加盟の経済圏は, 勧告を考慮に入れ, その実施において加盟国と協力することを要請する.
　ICCPに, 本勧告の実施に関する進捗及び経験についての情報を交換し, その情報を点検し, その採択から3年以内及びその後適宜, 理事会に報告することを指示する.」

　付属文書は,「Ⅰ 定義」（Definitions）,「Ⅱ 目的及び適用範囲」（Objectives and Scope）,「Ⅲ 協力を可能にするための国内的措置」（Domestic Measures to Enable Co-operation）,「Ⅳ 国際協力」（International Co-operation）から構成される.
　Ⅰの「定義」では,「プライバシー保護法」（Laws protecting privacy）及び「プライバシー執行機関」（Privacy enforcement authority）の定義が加えられ, 改正プライバシー・ガイドラインに取り入れられた.
　Ⅱの「目的及び適用範囲」では, 本勧告の主な焦点が, プライバシー執行機関の権限及び執行活動にあること, 及び, 本勧告が, 本質的には最も深刻な, プライバシー保護法の違反に関する協力に焦点を当てていることなどが述べられている.

Ⅲの「協力を可能にするための国内的措置」では，加盟国が，プライバシー法を執行するに当たっての越境協力を効率的に行うための国内的枠組みを見直すべきこと，個人がどこの場所に存在していても，プライバシー保護法違反によって損害を受けた場合に利用可能な法的救済を改善するための方法を考慮すべきことなどが述べられている．また，この項目は，「A 効果的な権限及び権能の付与」(Providing Effective Powers and Authority)，「B 協力のための能力の改善」(Improving the Ability to Co-operate) と題し，A では，プライバシー執行機関が，自国の領域内で犯されたプライバシー保護法違反を防止し，時宜を得た方法で行動するために加盟国に付与すべき権能，B では，加盟国において，プライバシー執行機関が外国のプライバシー執行機関と協力するための能力を改善する措置を講じるべきであることが説明されている．

Ⅳの「国際協力」では，加盟国及びプライバシー執行機関が，本勧告及び国内法の規定に従い，プライバシー保護法の執行から生じる越境的側面に対応するために，相互協力すべきことが記されている．この項目は，「A 相互援助」(Mutual Assistance)，「B 相互援助を維持するための共同戦略への従事」(Engaging in Collective Initiatives to Support Mutual Assistance)，及び，「C 他の機関や利害関係人との協力」(Co-operating with other Authorities and Stakeholders) で構成される．

A では，他のプライバシー執行機関に援助要請する場合の考慮事項として，援助要請に当たっての十分な情報提供，情報の利用目的の特定，予備的調査の実施等が挙げられた．B では，加盟国が，本勧告に基づく協力及び相互援助のための国内の連絡場所を指定し，係る情報を OECD の事務局長へ提供すべきこと，プライバシー執行機関が，執行結果に関する情報を共有すべきこと，加盟国において，プライバシー執行機関，及び，他の適切な利害関係人が，プライバシー法執行の協力に関する実務的な状況を議論することなどを目的とした非公式なネットワークの確立を促進すべきことなどが述べられている．C では，加盟国において，刑事法の執行機関，公的又は私的組織のプライバシー執行官及び民間部門の監視グループ，市民社会及び事業者との協議を推奨すべきことが記されている．

B のうち，GPEN は，越境執行協力において重要な位置づけを有している（図表1.1参照）．これは，越境執行協力勧告が，プライバシー執行機関の非公式なネットワークの設立を謳ったことを受けて設けられた．GPEN は，プライバ

シー法執行の協力に関する実務的側面を議論すること，越境的課題に対処するために優良な実務を共有すること，共有された執行の優先事項を展開するために取り組むこと，共同執行戦略及び意識向上キャンペーンを支援することを目的に，2010年3月10日に設置された．参加国及び機関について，2011年4月の段階では，15ヶ国及びEUであったが，その後，2013年10月には26ヶ国及びEU，2016年12月の段階では46ヶ国・地域及びEUへと拡大している．アジアでは，マカオ，香港，シンガポールや韓国が含まれており，日本も2016年5月に参加承認を受けた．

2011年4月27日には，科学技術産業局（Directorate for Science, Technology and Industry）より，執行協力に関する報告書が公表された[14]．ここでは，加盟国及びその法執行機関の継続的努力を促すとともに，次のような努力を行うことが求められている．

・越境的課題のために連絡を取れるようにするための連絡先の指定
・個々の越境事例に関する情報，並びに，技術的専門知識及び調査方法に関する情報の共有
・可能な場合には，比較を容易にする共通書式において，事例報告の公開による執行結果に関する情報の共有
・他の種類の刑事法の執行機関，民間部門の団体及び市民団体との協議
・地域的若しくは世界的な執行協定への参画検討，又は，他の機関との理解に関する双務的覚書の策定

執行協力に関しては，GPENの他にも，APECエコノミーが2010年に開始した越境プライバシー執行協定（Cross-border Privacy Enforcement Arrangement, CPEA）や，EUの第29条作業部会の取組が取り上げられている．

第3節　改正ガイドラインの概要[15]

改正ガイドラインは，勧告本文及び別添の勧告付属文書で構成される．1980年ガイドラインは，5部22条で構成されていたが，改正ガイドラインでは，6部23条へと変更された．1980年ガイドラインの規定の中には，一部削除されたものもあるが，全体的に見ると，新たに8項目が追加されている．また，後述

の通り，第3部「責任の履行」が設けられた．

1 勧告

最初に，勧告は，1960年12月14日のOECD条約[16]第5条b）号[17]，グローバル・ネットワークのプライバシー保護に関する閣僚宣言，情報システム及びネットワークのセキュリティのためのガイドラインに関する理事会勧告，プライバシー保護法の執行における越境協力に関する理事会勧告，インターネット経済の将来のための宣言（ソウル宣言），インターネット政策決定のための諸原則に関する理事会勧告，オンライン上の児童の保護に関する理事会勧告，規制政策及びガバナンスに関する理事会勧告を考慮に入れ，次の認識事項を明らかにした．

「加盟国は，プライバシー，個人の自由，国際的に自由な情報流通の基本的価値を促進及び保護することに，共通の利益を有すること，
個人データのより広範かつ革新的な利用は，さらなる経済的及び社会的便益をもたらすだけでなく，プライバシー・リスクも増大させること，
国際ネットワーク間で個人データが常時流通することにより，プライバシー枠組間の相互運用性を改善するだけでなく，プライバシー執行機関同士の国際協力を強化する必要性も増大すること，
プライバシーを保護するための政策及び保障措置の策定におけるリスク評価の重要性，
公開の，相互に接続した環境で，個人データがますます価値ある資産となる中，個人データのセキュリティにおける課題．」

3点目のプライバシー執行機関同士の国際協力強化は，2007年の越境執行協力勧告を踏まえた事項である．
そして，理事会は，加盟国間の自由な情報流通をさらに進展させ，加盟国間の経済的及び社会的関係の発展に対する不当な障壁の出現を避けることを決定し，ICCPの提案に基づき，次に掲げる勧告（Ⅰ），要請（Ⅱ），指示（Ⅲ）を行っている．

「Ⅰ 加盟国は，

・政府の最高レベルで，プライバシー保護と情報の自由な流通に向けた指導力と取組を示すこと
・すべての利害関係人が関与するプロセスを通じて，本勧告の別添に含まれ，その不可欠な部分を形成するものとしてのガイドラインを実施すること
・公的部門及び民間部門全体にわたり本勧告を広めること
を勧告する．
Ⅱ 非加盟国に，本勧告を遵守し，国境を越えて本勧告を実施する際に加盟国と協力するように要請する．
Ⅲ ICCPに，本勧告の実施を監視し，その情報を点検し，その採択から5年以内及びその後適宜，理事会に報告することを指示する．」

　勧告は，1980年ガイドラインでは4項目であったが，改正ガイドラインでは3項目へと変更された．1980年段階では，プライバシー・個人情報保護に関する法整備を整えていない加盟国も多かったため，4つの勧告事項（①ガイドラインに掲げた諸原則を国内法の中で考慮すること，②プライバシー保護の名目による個人データの越境流通に対する不当な障害を除去すること，③ガイドラインの履行について協力すること，④ガイドラインを適用するために，特別の協議・協力の手続について速やかに同意すること．）を掲げていた．しかし，30年を経過した段階では，すべてのOECD加盟国において法整備が完了したことから，勧告事項，要請事項，指示事項が掲げられることとなった[18]．

2　勧告付属文書

　勧告付属文書である「プライバシー保護と個人データの越境流通についてのガイドライン」は，「第1部 総則」(General)，「第2部 国内適用における基本原則」(Basic Principles of National Application)，「第3部 責任の履行」(Implementing Accountability)，「第4部 国際適用における基本原則：自由な流通と適法な制限」(Basic Principles of International Application: Free Flow and Legitimate Restrictions)，「第5部 国内実施」(National Implementation)，「第6部 国際協力と相互運用性」(International Co-operation and Interoperability) で構成される．1980年ガイドラインは5部構成であったが，改正ガイドラインでは第3部が追加されて6部構成となっている．

2.1 総則・国内適用における基本原則

第1部は,「定義」(Definitions)(第1条)及び「ガイドラインの適用範囲」(Scope of Guidelines)(第2条〜第6条)を定める.

「1. 本ガイドラインにおいて,
　a)「データ管理者」とは,国内法に従い,個人データの内容及び利用に関する決定資格を持つ当事者をいい,当該当事者又はその代理人が,当該データを収集し,蓄積し,処理し又は伝播させるか否かとは無関係である.
　b)「個人データ」とは,識別された又は識別され得る個人(データ主体)に関するあらゆる情報をいう.
　c)「プライバシー保護法」とは,国内の法律又は規則であって,当該法令の執行により,これらのガイドラインに適した個人データ保護の効果を有するものをいう.
　d)「プライバシー執行機関」とは,各加盟国が設置する公的機関であって,プライバシー保護法の執行に係る責任を有し,調査の実施又は執行手続を遂行する権限を有するものをいう.
　e)「個人データの越境流通」とは,国境を越えて,個人データが移動することをいう.」

c)項及びd)項は,2007年の越境執行協力勧告をもとに追加された規定である.後述する通り,いずれの定義も,柔軟に適用・解釈ができるようになっている.

「2. これらのガイドラインは,民間又は公的部門において,処理方法,又は,データの性質若しくはそれらが用いられる状況に鑑み,プライバシー及び個人の自由にリスクをもたらす個人データに適用する.」

1980年ガイドラインでは,プライバシー及び個人の自由への「危険」(danger)と表現されていたが,改正ガイドラインでは,「リスク」(risk)に変更された.この変更は,改正ガイドラインの中でリスクがますます強調されていることを反映している.ただし,この変更によって,加盟国において,プライバシー保護法の範囲又は他のプライバシー制度の範囲を,あらゆる態様の個

人データの取扱いへと拡大することを妨げるものとして解釈すべきではないとされている.

「3. これらのガイドラインの諸原則は相互に補完的な関係にあり,諸原則を全体的に解釈すべきである. これらのガイドラインは,
　　a) 個人データの性質及びその収集,蓄積,処理若しくは伝播の状況に依拠し,異なる種類の個人データに応じて,異なる保護措置を適用することを妨げるものとして,又は
　　b) 表現の自由を不当に制限する態様において,
解釈すべきではない.」

1980年ガイドラインでは,a)項に加えて,プライバシー及び個人の自由への何らのリスクも有さないことが明らかな個人データには適用されないこと(改正前の第3条b)項),個人データの自動処理のみにガイドラインを適用すること(改正前の第3条c)項)を,それぞれ妨げてはならない旨が定められていた. 改正前の第3条b)項が削除されたのは,第2条にその趣旨が含まれているためであり,改正前の第3条c)項が削除されたのは,加盟国は全般的に,自国のプライバシー法の範囲を個人データの取扱い一般を含める形で拡大したことが,その理由である.

また,改正ガイドラインでは,新規に第3条b)項が追加された. これは,個人データの取扱いが,今やどこでも行われるという性質が生じたことによって,プライバシー保護と他の基本的権利の間に生じる潜在的衝突を特定するためである. これは,インターネット政策決定のための諸原則に関する声明にも沿ったものである. この声明では,「プライバシーの規律は,表現の自由,報道の自由の権利,及び,開かれた透明性ある政府を含め,社会における他者の基本的権利をもまた考慮すべきである」ことを述べている.

こうした認識を踏まえ,表現の自由の保障に関する項目が新たに追加された.

「4. これらのガイドラインの適用除外は,国家の主権,国家の安全保障及び公の秩序に関係するものも含め,
　　a) できる限り少なくし,かつ,
　　b) 国民に知らしめる

べきである.」

「5. 連邦国家のように特別の場合には,これらのガイドラインの遵守は,連邦制における権力の分立によって影響を受けることがある.」

「6. これらのガイドラインは,最低限の基準とみなすべきであり,プライバシー及び個人の自由を保護するための追加的措置によって補完することができ,個人データの越境流通にも影響を与えるものである.」

第4条から第6条までは,1980年ガイドラインとほぼ同様である.

第2部「国内適用における基本原則」ついて,改正ガイドラインでは,前述の通り,8つの基本原則の変更は行われなかった(第7条~第14条).しかし,この8原則は,世界のプライバシー法の根底をなすものであり,普遍的な性質を持つと考えることもできる.

2.2 責任の履行

第3部「責任の履行」は,改正ガイドラインで導入された新設規定である(第15条).この中には,プライバシー・バイ・デザイン(Privacy by Design, PbD),プライバシー影響評価(Privacy Impact Assessment, PIA),セキュリティ侵害通知などが盛り込まれており,EUの一般データ保護規則でも取り入れられている.これらは,元々はカナダのオンタリオ州や米国のカリフォルニア州を発祥とするが(詳しくは本書第2章第5節参照),プライバシーや個人情報保護を組織的・体系的に組み込むための種々の仕組みは,国際的なスタンダードになりつつあるといえる.

「15. データ管理者は,次に掲げる事項を実施すべきである.
 a)次に掲げるプライバシー管理プログラムを構築すること.
  ⅰ.管理下にあるすべての個人データのために,これらのガイドラインを実施し,
  ⅱ.その管理の体制,規模,量,センシティビティにあわせて調整し,
  ⅲ.プライバシー・リスク評価に基づく適切な安全保護措置を実施し,
  ⅳ.ガバナンス体制への組み入れと内部監視の仕組みを確立し,
  ⅴ.問合せ及びインシデントへの対応計画を含め,

vi. 継続的なモニタリングと定期的評価に照らした更新を行う.
　b）当該プライバシー管理プログラムが適切であることを証明する準備を行うこと. 特に, 権限を有するプライバシー執行機関又は他の組織であって, 実施基準又はこれらのガイドラインに拘束力を与える類似の取決めの遵守促進に責任を負うものの求めに応じること.
　c）個人データに影響を及ぼす重大なセキュリティ侵害があった場合, 適切な場合にはプライバシー執行機関又は他の関連機関に通知すること. その侵害がデータ主体に悪影響を及ぼす見込みがある場合は, データ管理者は, 影響を受けるデータ主体に通知しなければならない.」

　第15条は, 責任の原則が, 時の経過を経て重要性を増してきたことを受け, プライバシー保護のための組織的責任を促し, 確認する手段として, 新たに設けられた規定である. それぞれの項については, 次のように説明されている.

2.2.1 プライバシー管理プログラムの構築

　a）項i号は, プライバシー管理プログラムが, データ管理者自身の業務のみならず, それが責任を負う可能性のあるすべての業務に対処すべきことを強調しており, その際にデータの移転先は問わない. 例えば, プライバシー管理プログラムは, データ管理者の代理人が個人データを取り扱う際に, 適切な安全保護措置を確実に維持させる仕組みを設けるべきである. 安全保護措置は, 特にガイドラインを実施する責任が共有される場合にも, 他のデータ管理者との関係で必要とされ得る. そして, 適切な安全保護措置には, データ管理者によるプライバシーポリシー及び実務の遵守を定める契約上の規定, セキュリティ侵害が発生した場合にデータ管理者に通知する取決め, 従業者訓練及び教育, 再契約のための規定, 及び, 監査実施のための手順などを含めることができる.
　a）項ii号は, プライバシー管理プログラムを実施する際の柔軟性の必要性を明確に示している. 例えば, 複数の管轄に所在する大規模データ管理者は, 内部監視の仕組みを別に検討する必要性があるかもしれない. プライバシー管理プログラムは, 管理者の業務の量及び機微性にも適応すべきである. 大量の個人データを取り扱うデータ管理者の計画は, より包括的である必要がある. 非常に小規模なデータ管理者でさえ, 極めて機微な個人データを取り扱うかもしれない.

a）項ⅲ号によると，必要な安全保護措置の決定は，個人のプライバシーへのリスクを確認，分析及び評価する手順を通じてなされるべきことを企図している．この手順は，新たな計画若しくはサービスが導入される前に，又は，データ利用の状況が大きく変更する場合に，「プライバシー影響評価」を実施することによって達成されることがある．「リスク」は，個人にもたらし得る様々な（wide range of）被害を考慮し，広範な概念であることを意図している．プライバシー管理プログラムは，後知恵として追加するよりもむしろ，プライバシーを保護するための技術，手順及び実務をシステム設計に組み入れるという「プライバシー・バイ・デザイン」のような概念を実際に実施する際の助けにすることもできる．

　a）項ⅳ号について，上級管理職からの支援及び約束を取り付けること，十分なリソース及びスタッフの利用を確保することが重要である．プライバシーオフィサーは，プライバシー管理プログラムを設計及び実施する際に重要な役割を果たすかもしれない．

　a）項ⅴ号について，個人データに影響を与えるセキュリティ侵害の頻度が増していることは，侵害通知を含め，インシデント対応計画を展開する重要性を裏付けている．「個人参加の原則」を支援するために，データ管理者は，データ主体による問い合わせ（苦情又は情報要請のいずれの態様においても）に適時に対応できるようにすべきである．

　a）項ⅵ号は，プライバシー管理プログラムが，現在のリスク環境に対して，適切であり続けるよう保障することを意図している．

2.2.2　プライバシー管理プログラムの適切性の証明

　b）項は，データ管理者において，プライバシー執行機関がデータ管理者への監督権限を有する場合に，当該機関の要請に応じて，自らのプライバシー管理プログラムを証明する用意をすべきことを強調するために，「適切な」及び「権限を有する」という文言を含んでいる．ただし，ガイドラインは，管轄，権限，及び法の抵触に関する法的問題には対応しない．

　プライバシー管理プログラムは，ガイドラインに拘束力を与える実施基準や類似の取決めの遵守促進に責任を負う主体に提示することもできる．係る取決めには，シールプログラム又は認証の仕組みが含まれ，個人データの越境流通とも関係し得る．第21条は，ガイドラインを実際に実施する国際的取決めの策

定を促すものである．EUの拘束的企業準則（Binding Corporate Rules, BCR），APECの越境プライバシー・ルール（Cross Border Privacy Rules, CBPR）制度は，係る取決めを策定するための2つの手本を提供している（BCRについては本書第2章第6節，CBPRについては第5章第4節参照）．

2.2.3 セキュリティ侵害通知

　c）項は，新たに追加されたセキュリティ侵害通知に関する規定である．これは，安全保護の原則と関係する．

　データ侵害は，例えば，不注意な従業員が適切な手順の遵守を怠る行為によって，保護されたデータベースに不正にアクセスするハッカーの行為によって，又は，安全対策の施されていないポータブル機器を盗む日和見主義的泥棒の行為によって生じる．しかし，その根本的原因——従業者訓練及び普及啓発の欠如，時代遅れの安全保護措置，個人データへのアクセスを対象とする不適切な規律，データの過剰収集及び不確定な保存期間，又は，適切な監視の欠如——は，データ管理者に帰することが多い．自らの個人データの誤用が個人にもたらす潜在的被害は，偶発的紛失又は意図的窃取を問わず，重大なものになるかもしれない．侵害を経験している組織は，それに対応し，その原因を決定し，再発防止措置を実施するために，多大な費用を負担することがよくある．信頼の喪失は，組織には深刻な結果をもたらす．結果として，個人データの安全性は，政府，事業者及び個人にとって大きな懸念事項となってきた．

　セキュリティ侵害が生じたときに，個人及び／又は機関に対し，侵害通知をデータ管理者に義務づける法は，多くの国で可決又は提案されてきた．これらの法は，データ管理者において，侵害の開示が自らの評価を貶める原因となり得ることを考慮すると，自主的に開示するインセンティブをほとんど持たないことを理由に，いつも正当化されてきた．通知を義務づけることで，個人は，なりすましその他の侵害という結果から自らを守る措置を講じることができる．通知義務は，情報を提供することで，プライバシー執行機関又は他の機関に，事故調査又は他の行動を取るか否かを決定させることもできる．理想をいえば，侵害通知法は，データ管理者が自らの保有する個人データの適切な安全保護措置を採用するインセンティブを作り出すことにも役立つ．データセキュリティへの貢献に加えて，データ侵害通知は，ガイドラインの第2部に定める，責任の原則，個人参加の原則及び公開の原則を含む，他の基本原則も強化する．

さらに，義務的なセキュリティ侵害通知は，セキュリティ侵害の数，深刻さ及び原因に関する情報を生成することによって，プライバシー及び情報セキュリティ政策のための実例（evidence base）を向上させることができる。

いかに小さなものであろうと，あらゆるデータセキュリティ侵害に通知を義務づけることは，対応する利益が限定的であるため，データ管理者及び執行機関に過大な負担を課すことになるであろう。加えて，データ主体への過剰な通知は，彼らが通知に無関心となる原因となり得る。

そこで，ガイドラインに新たに追加された第15条c）項は，通知に対するリスクベースのアプローチを反映している。個人が侵害によって「悪影響を受ける」（adversary addected）見込みがあるか否かを決定するために，「悪影響」という言葉は，単なる経済的損失以外の要素を含めて幅広く解釈されるべきである。通知義務は，さらなる損害を予防及び軽減できるようにするために柔軟であるべきである。例えば，データ主体へのリスクを増大させ，又は法執行調査を妨げる場合など，データ主体への通知が不適切な状況もあり得る。

現行の侵害通知法は，通知の発出最低基準，通知を受ける当事者，通知時期のほか，プライバシー執行機関及び他の機関の役割に関してばらつきがある。侵害通知義務を立案し，実施し又は修正する際に，管轄外に居住する可能性のある，影響を受ける個人の利益に特別の配慮をするべきである。とりわけ，相当な数の個人が知られている（known）又は影響を受けそうである場合に，他の管轄にあるプライバシー執行機関の通知は，有益であり得る。越境執行協力の仕組みは，そのための1つの方法である。

2.3　国際適用における基本原則

第4部「国際適用における基本原則――自由な流通と適法な制限」は，1980年ガイドラインから大幅に修正が加えられた（第16条～第18条）。

「16. データ管理者は，その管理下にある個人データに対して，当該データの所在にかかわらず，継続的に責任を負う。」
「17. 加盟国は，自国と他国との間における個人データの越境流通について，これらのガイドラインに適合した保護レベルを確実に継続するために，
　　a）他の国が実質的にこれらのガイドラインを遵守している場合，又は
　　b）効果的な執行の仕組み及びデータ管理者が講じる適切な措置を含め，

第 1 章 OECD プライバシー・ガイドライン改正

十分な保護措置が存在する場合,
係る流通の制限を控えるべきである.」
「18. 個人データの越境流通に対するいかなる制限も,顕在化したリスクと均衡を取るべきであり,データの機微性並びに処理の目的及び状況を考慮すべきである.」

　これらの規定については,次のように説明されている.
　今日,データは複数の地点で同時に処理され,世界中で蓄積するために拡散され,容易に再連結され,携帯デバイスを持ち運ぶ個人によって,国境を越えて移転される.「クラウド・コンピューティング」のようなサービスによって,組織及び個人は,世界の至る所で蓄積データにアクセスすることができる.越境データ流通の状況下で,個人の保護を確実にするための種々の仕組みのいくつかは,EU 内で採用された「十分性モデル」のような,国別の評価を含んでいる.他の仕組みは,国別の評価に基づくものではないが,代わりに,データ管理者が導入する安全保護措置に基づいている.係る仕組みには,例えば,BCR,モデル契約及び CBPR が含まれる.
　第 4 部に反映された改正規定は,個人データの越境流通への OECD のアプローチを単純化し統合しようとする.それは,データ管理者が,データの位置にかかわらず,その管理下にある個人データに責任を負い続けることを想起することから始まる(第16条).この規定は,越境データ流通の文脈で,第 2 部に設けられた責任に関する基本原則を言い直している.加盟国又は非加盟国への個人データの越境流通は,データ管理者が対処しなければならないリスクを提示する.データ流通の中には,データの機微性,又は,受領する管轄がプライバシー安全保護措置を実施するための意思若しくは能力のいずれかを欠如させていることを理由に,細心の注意を求める場合がある.
　第17条は,第 6 条の適用を排除することなく,加盟国が個人データの越境流通への制限を課すことを控えるべき 2 つの場合を特定している.同条 a)項は,他国が実質的にこれらのガイドラインを遵守している場合に,加盟国が自国と他国の間の越境データ流通の制限を控えるべきと定めることによって,1980年ガイドラインによる一般的アプローチを維持している.同条 b)項は,これらのガイドラインに沿った保護レベルを確実に継続するための十分な安全保護措置が存在する場合,制限を控えさせる.それは,データ管理者が保護レベルを

確実に継続するために講じることのできる措置であって，技術的及び組織的安全保護措置，契約，苦情処理手順，監査等のような，措置の組み合わせから生じ得るものを示している．

　しかし，データ管理者が提供する措置は，十分なものであることが必要であり，これらの措置が不十分であることが裏付けられた場合に，効果的な執行を確実にできる仕組みによって補完される必要がある．そこで，同条b）項は，考慮事項として，データ管理者が採用する措置を支える効果的な執行の仕組みの利用可能性を含んでいる．係る執行の仕組みは様々な態様を取ることができ，例えば，プライバシー執行機関間の越境執行協力と同様に，行政的及び司法的監督も含まれる．

　第16条及び第17条は独立に運用される．

　第18条は，「リスク」と「均衡性」に言及するため，1980年ガイドラインの文言を更新した．この文言は，加盟国が越境データ流通に課すいかなる制限も，データの機微性，処理目的及び処理状況を考慮に入れ，提示されたリスクに見合うべきものであることを示している（すなわち，個人データ保護のために必要な義務を超えない．）．その際，文言は，リスクベースのアプローチを実施するガイドラインの他の規定に一層整合するものとなった．

2.4　国内実施

　第5部は，「国内実施」を定める（第19条）．

　第19条a）項は，加盟国に，政府機関全体で調整したアプローチを反映させた国内のプライバシー戦略の展開を奨励している．OECDの規制政策及びガバナンスに関する勧告で強調したように，加盟国は，政府の様々なレベル間での規制の一貫性を促進すべきとされている．第19条b）項はプライバシー保護法の整備，同条c）項はプライバシー執行機関の設立を謳っている．両者の定義は，2007年越境執行協力勧告で合意したものを反映している．

　「プライバシー保護法」及び「プライバシー執行機関」の定義は，適用の際の柔軟性を認めている．「プライバシー保護法」は，加盟国において分野を問わず適用されるプライバシー法のみならず，分野別のプライバシー立法（信用報告又は電気通信法等）その他の種類の立法であって，ガイドラインを実際に実施するために個人データ保護規定を定めるもの（消費者保護法等）も該当し得る．同様に，「プライバシー執行機関」は，国内のプライバシー法執行をそ

の主たる職責とする公的部門の組織のみならず，例えば，消費者保護の職責を担う規制者が，「プライバシー保護法」を執行する状況で，調査を実施し又は手続を開始する権限を持つ場合にも拡大し得る[19]．

　第19条c）項は，加盟国に対し，プライバシー執行機関を設立及び維持し，当該機関の権限を効果的に行使し，「客観的，公正かつ一貫した基準」に基づく決定を下すために必要なガバナンス，リソース，技術的専門知識を備えさせるよう求めている．この規定は，2012年OECD規制政策及びガバナンスに関する勧告から採択された．それは，ガイドラインの文脈の中で，プライバシー保護法を執行する際に，プライバシー執行機関が指示，偏見又は利益衝突に煩わされないことの必要性を述べている[20]．

　c）項は，プライバシー執行機関において，自らの専門的判断，客観性又は完全性を危うくし得るという影響を受けることなく，確実に決定を下せるようにすべきことに焦点を当てている．いくつかの国では，「プライバシー執行機関」という文言は，プライバシー保護法を共同で執行する組織体をも意味し得る．例えば，公的部門のデータ管理者の監督は，政府の異なる部署の複数の組織が関わる可能性がある．それらは，ガイドラインを発し又は他のデータ処理要件を発する権限も有する可能性がある．同項で求める「ガバナンス，リソース及び技術的専門知識」は，係る場合に，単一の組織では編成されず，むしろ，全体の執行制度の中で見いだされるかもしれない．

　プライバシー執行機関のリソースは，その監督に服するデータ取扱業務の規模及び複雑さに相応しいものにすべきである．新たな規定は，プライバシー執行機関に，データ利用がますます複雑化したことに照らして必須となった，十分な技術的専門知識を付与することも求めている．このことは，プライバシー執行機関内が技術経験を備えた職員を維持するという近時の傾向を補足する．

　第19条d）項は，行動規範又はその他の形式による自主規制を奨励及び支援すること，e）項は，個人が権利を行使するための合理的な手段を提供すること，f）項は，プライバシー保護法違反の場合における適切な制裁及び救済を提供することを加盟国に求めている．

　第19条g）項は，加盟国に対し，教育及び普及啓発，能力開発並びにプライバシー保護に資する技術的措置の向上を含め，補完的措置の採用の検討を求めている．関連分野における最近のOECDの文書は，各政策枠組みの一部として，教育及び普及啓発のための措置を含んでいる．係る行動は，政府，プライ

バシー執行機関，自主規制団体，市民社会団体及び教育者を含め，広範な利害関係人を関与させるべきである．児童は特に脆弱なデータ主体の範疇に属するため，加盟国は，児童に，オンライン上で安全を保ち，インターネットをその利益に用いるために必要な知識及び技能を身につけさせるべく，プライバシー・リテラシ・イニシアティブを検討するよう特に奨励される．

プライバシーの専門家は，プライバシー管理プログラムの実施と管理において，ますます重要な役割を果たす．データ保護及びプライバシーにおける資格審査（credential）計画は，専門教育及び専門家育成のサービスとともに，必要な技能を高めるために貢献するかもしれない．同項は，明示的に，加盟国に対し，係る技能向上を支援するための措置の採用を検討するよう奨励している．

技術的措置もまた，プライバシー保護法を補完する際に，ますます重要な役割を果たす．同項は，プライバシー尊重技術及びプライバシー促進技術（privacy-respecting and privacy-enhancing technologies, PETs）の開発と発展を向上させるための措置を奨励している．国際基準のイニシアティブも，PETs内の技術的相互運用性を推進することができ，同じようにこれらの技術のより広範な採用を促進するのに役立つであろう．認証及びシール計画は，プライバシーに利益となる技術の採用をさらに促進するであろう．

第19条 h ）項は，「その個々の役割に適した態様で」データ管理者以外の当事者の役割を検討するよう，加盟国に奨励している．過去数年間にわたり，個人は消極的な「データ主体」の役割を超えて，SNS（social networking services），格付け制度及び位置ベースのアプリケーションを含む，無数の情報経路を超えて，自分自身，友人，親戚及び他者に関する個人データを作り出し，投稿し及び共有する際に，活動的に関与するようになった．この変化を議論する際，すべての当事者が必ずしも同じ方法で規制されるべきではないことが認識された．例えば，自らの私生活の状況下で行動する個人は，ガイドラインの権限外であると一般的には理解されている．なぜなら，個人同士の関係は，通常，個人と組織との関係とは基本的に異なるからだ．教育及び普及啓発を含む非立法措置は，個人の活動に関わるプライバシー・リスクに対処するために，より適切であると考えられてきた．個人が他者のプライバシーの利益に損害をもたらす場合，不法行為又は民事法が，可能な救済を提供し得るが，他の措置も同様に検討する必要があるかもしれない．

第19条 i ）項は，加盟国に対し，データ主体が不当な差別を受けないよう保

障することを求めている.

2.5 国際協力と相互運用性

第6章「国際協力と相互運用性」は，1980年ガイドラインから全体的に修正が加えられた（第20条～第23条）．

それぞれの規定については，次のような説明がなされている.

第20条は，プライバシー執行機関間の協力を促進するために，2007年勧告において加盟国が表明した約束を繰り返している．とりわけ，加盟国は——法的又は実務的に——調整された効果的な執行を促進するために，プライバシー執行機関間の情報共有への障壁に対処することを奨励される．情報共有への障壁を減らすことは，この点において特に懸念されてきた．プライバシー枠組みの世界的相互運用性を向上させることは，課題を提起するが，越境データ流通を促進させることを超える便益を有する．世界的相互運用性は，組織による遵守の簡易化を支援し，プライバシー要件の遵守を保障することができる．それにより，世界的環境における個人の認識と自らの権利の理解を向上させることもできる．

第21条では，加盟国において，ガイドラインを実際に実施する国際協定を通じたプライバシー枠組みの世界的相互運用性を促進させるという，加盟国の一般的目的を述べている.

プライバシー枠組みの間の相互運用性に対しては，様々な範囲のアプローチがある．EUが2000年に十分性制度に基づき承認し，実施した，米国のセーフハーバー枠組みは，初期の例である．それ以来，EU-BCRの枠組み内，及び，アジア太平洋地域でのAPEC-CBPR制度内での，プライバシー執行機関の取組を含め，保護に関する異なるアプローチ及び制度を結びつけるために，いくつかのイニシアティブが試みられてきた．本改正ガイドラインの公表時に，CoEは，個人データの自動処理に関する第108号条約の現代化に関する審議を続けている．世界的なプライバシーガバナンスへのより一貫したアプローチに向けた政策レベルでは，さらなる取組が必要である.

プライバシー執行機関が協同する強力な世界的ネットワークは，世界的相互運用性への最初の重要なステップである．ガイドラインの見直しのための検討事項は，世界的に活発なプライバシー執行機関のネットワークを発展させる努力を倍加するよう求めた．

第22条は，加盟国に対し，プライバシー及び個人データの国際流通に関する政策決定プロセスに知見を提供するために，国際的に比較できる評価指標の開発を推進することを求めている．

　プライバシー分野での政策決定のために現在利用できる実例は，公平ではない．全国統計局による世帯調査の範囲は，主に個人間で生じる問題への認識に焦点を当てているため，制限的である．プライバシー執行機関は，年次報告書を通じて，公開されている相当なデータを収集するが，国際比較に十分に適した書式ではない．例えば，苦情データ，データ侵害統計，並びに，罰金及び他の制裁がデータ管理者の行動にどのような影響を与えるかの理解を進めることは，もしかすると政策決定者の洞察に関する豊富な情報源となる可能性がある．

　第23条は，加盟国に対し，これらのガイドラインの遵守状況の詳細を公表すべきことを求めている．

　その他，1980年ガイドラインの第15条（個人データの国内処理及びその再伝達が，他の加盟国に及ぼす影響について考慮すべきこと）及び第16条（個人データの越境流通が阻害されず，安全であることを確保するための合理的かつ適切な手段を講じるべきこと）に関して，世界的な情報の自由な流通及びセキュリティへの加盟国の取組は，勧告の至る所で既に強調されていることを理由に，削除された．

注
（1）　改正の経緯，改正の概要は，新保史生「OECDプライバシーガイドライン（2013年改正）の解説」NBL第1017号（2014年1月）17頁以下，同「OECDプライバシーガイドライン2013年改正の背景とポイント」JIPDEC IT-Report 2013年冬号1-3頁，同「特集OECDプライバシー・ガイドライン2013年改正の概要」日本データ通信第195号（2014年1月）20頁以下，野村至「OECDプライバシーガイドライン改正について」堀部政男情報法研究会第9回シンポジウム資料（http://www.horibemasao.org/horibe9_Nomura.pdf）を主に参照した．また，堀部政男，新保史生，野村至による著書として『OECDプライバシーガイドライン：30年の進化と未来』（JIPDEC, 2014年）があり，同書では1980年ガイドライン，改正の背景，改正の詳解，各関連文書の翻訳が詳しくまとめられている．本章はこれらの先行研究に基づきまとめている．
（2）　アイルランド，英国，イタリア，エストニア，オーストリア，オランダ，ギリシャ，スウェーデン，スロヴァキア，スロベニア，スペイン，チェコ，デンマーク，ドイツ，ハンガリー，フィンランド，フランス，ベルギー，ポーランド，ポルトガル，ルクセンブルク．

(3) アイスランド，米国，イスラエル，オーストラリア，カナダ，韓国，スイス，チリ，トルコ，ニュージーランド，ノルウェー，日本，メキシコ，ラトビア．
(4) OECD Recommendation of the Council concerning Guidelines governing the Protection of Privacy and Transborder Flows of Personal Data, C(2013)79 (Jul. 11, 2013), http://www.oecd.org/sti/ieconomy/privacy.htm.
(5) OECD, *The OECD Privacy Framework* (2013), http://www.oecd.org/sti/ieconomy/oecd_privacy_framework.pdf.
(6) OECD, *The Seoul Declaration for the Future of the Internet Economy* (Jun. 17-18, 2008), http://www.oecd.org/sti/40839436.pdf.
(7) OECD Council Recommendation on Principles for Internet Policy Making, C(2011)154 (Dec. 13, 2011), http://www.oecd.org/sti/ieconomy/49258588.pdf.
(8) WPISPの副議長は，1996年から2008年までは，一橋大学の堀部政男名誉教授（2014年1月1日から特定個人情報保護委員会委員長，2016年1月1日からは個人情報保護委員会委員長），2008年から2016年までは慶應義塾大学総合政策学部の新保史生教授．
(9) OECD, *The Evolving Privacy Landscape: 30 Years after the OECD Privacy Guidelines*, OECD Digital Economy Papers No. 176 (Apr. 6, 2011), http://www.oecd-ilibrary.org/science-and-technology/the-evolving-privacy-landscape-30-years-after-the-oecd-privacy-guidelines_5kgf09z90c31-en.
(10) 新保・前掲「OECDプライバシーガイドライン（2013年改正）の解説」17頁．
(11) 詳細は，拙著『個人情報保護法の理念と現代的課題：プライバシーの歴史と国際的視点』（勁草書房，2008年）301-310頁．
(12) 新保・前掲「OECDプライバシーガイドライン（2013年改正）の解説」19頁，同「OECDプライバシーガイドライン改正の詳解」堀部・新保・野村・前掲『OECDプライバシーガイドライン』111-112頁．
(13) OECD Recommendation on Cross-border Co-operation in the Enforcement of Laws Protecting Privacy (Jun. 12, 2007), http://www.oecd.org/internet/ieconomy/38770483.pdf. 拙著・前掲『個人情報保護法の理念と現代的課題』311-315頁．
(14) OECD, Directorate for Science, Technology and Industry, *Report on the Implementation of the OECD Recommendation on Cross-Border Co-operation in the Enforcement of Laws Protecting Privacy* (Apr. 27, 2011), http://www.oecd-ilibrary.org/science-and-technology/report-on-the-implementation-of-the-oecd-recommendation-on-cross-border-co-operation-in-the-enforcement-of-laws-protecting-privacy_5kgdpm9wg9xs-en.
(15) 注(5)の文書に掲載されている勧告付属文書及び解説の邦訳は，堀部政男，新保史生，JIPDEC（野村至）の「プライバシー保護と個人データの国際流通についてのガイドラインに関する理事会勧告（2013）」仮訳（http://www.jipdec.or.jp/library/publications/u71kba0000002fym-att/01.pdf），及び，堀部・新保・野村・前掲『OECDプライバシーガイドライン』に基づき，必要部分を抜粋，整理，改訳した．
(16) Convention on the Organisation for Economic Co-operation and Development, Dec.

14, 1960, http://www.oecd.org/general/conventionontheorganisationforeconomicco-operationanddevelopment.htm.
(17) 加盟国への勧告について定めている．
(18) 新保・前掲「OECDプライバシーガイドライン（2013年改正）の解説」18頁参照．
(19) 新保・前掲「OECDプライバシーガイドライン（2013年改正）の解説」20頁，同・前掲「OECDプライバシーガイドライン改正の詳解」117-121頁参照．
(20) OECD Recommendation of the Council on Regulatory Policy and Governance（Mar. 22, 2012), http://www.oecd.org/gov/regulatory-policy/49990817.pdf.

第2章　EU一般データ保護規則 [1]

第1節　一般データ保護規則（GDPR）とその全体像

1　GDPRの採択

　2012年1月25日，欧州委員会は，「個人データの取扱いに係る個人の保護と当該データの自由な移動に関する欧州議会及び理事会の規則（一般データ保護規則）提案」[2] を欧州議会及び理事会に提出し，同規則提案は，「個人データの取扱いに係る自然人の保護と当該データの自由な移動に関する，また，指令95/46/ECを廃止する，2016年4月27日の欧州議会及び理事会の2016/679（EU）規則（一般データ保護規則）」(Regulation (EU) 2016/679 of the European Parliament and of the Council of 27 April 2016 on the protection of natural persons with regard to the processing of personal data and on the free movement of such data, and repealing Directive 95/46/EC (General Data Protection Regulation)) [3]（以下，General Data Protection Regulationの略称から「GDPR」というが，「本規則」ないしは「規則」と表現することもある.）として，2016年4月27日に成立し，同年5月4日，EU官報に掲載された．これは，デジタル時代における市民の基本的権利を強化するとともに，デジタル単一市場（Digital Single Market）で規律を単一化することにより企業の事業を促進させるためのEUのデータ保護法改正である．EUは，1951年，域内を共通かつ単一のマーケットとして，人，物，サービス，資本の自由移動を理念に掲げて創設された欧州石炭鉄鋼共同体（European Coal and Steel Community）から拡大して今日に至っている．加盟国間で異なる規制を統一し，デジタル経済を大きく成長させようとするデジタル単一市場は，EUの非常に重要な政策の1つである [4]．欧州委員会によると，単一の法令にすることで，規制の齟齬を解消して管理費用を抑制し，事業者は

年間約23億ユーロの費用を削減できること，欧州経済にとっては年間約4,150億ユーロの利益をもたらし，多くの雇用を創出することができることなどが説明されている(5)．

　GDPRは，2016年4月8日に閣僚理事会によって，同月14日に欧州議会によってそれぞれ採択され，同月27日に調印された．施行日は同年5月24日，適用開始日は2018年5月25日である．また，GDPRと同時に，警察・刑事司法協力に関する理事会枠組決定2008/977/JHAを改正するための指令も採択された．正式名称は，「刑事犯罪の予防，捜査，探知若しくは訴追又は刑事罰の執行を目的とする，所管機関による個人データの取扱いに係る自然人の保護と当該データの自由な移動に関する，また，理事会枠組決定2008/977/JHAを廃止する，2016年4月27日の欧州議会及び理事会の2016/680（EU）指令」(Directive (EU) 2016/680 of the European Parliament and of the Council of 27 April 2016 on the protection of natural persons with regard to the processing of personal data by competent authorities for the purposes of the prevention, investigation, detection or prosecution of criminal offences or the execution of criminal penalties, and on the free movement of such data, and repealing Council Framework Decision 2008/977/JHA)(6)である．同指令は，同年5月5日に施行され，加盟国は2018年5月6日までに国内法化を行う必要がある．

　1995年EUデータ保護指令（指令95/46/EC）(7)の見直しは，2009年5月19日から20日にかけて開催された，欧州委員会のブリュッセル会議に端を発する．その後，同年7月から12月の「基本的権利としての個人データ保護の法的枠組みに関する検討」，同年11月から2010年1月の「欧州連合における欧州委員会による個人データ保護に係る包括的アプローチ」という2つの側面から進められた(8)．同年11月4日には，欧州委員会から欧州議会，理事会，経済社会評議会，及び，地域委員会への伝達文書としての「欧州連合内の個人データ保護に関する包括的アプローチ」(9)が公表された．同文書は，急速な技術発展及びグローバル化によって，我々を取りまく世界が大きく変化したこと，また，①新技術の影響への対応，②データ保護の域内市場特性の強化，③グローバル化への対応とデータの越境流通の改善，④データ保護諸原則の効果的な執行に向けたより強力な制度設計の提供，⑤データ保護の法的枠組みの統一性向上という5つの課題が提起されたことを認識し，種々の方策を検討した．各方策の中には，「忘れられる権利」(the right to be forgotten) のほか，「データ・ポータ

ビリティ」(data portability), 個人データ侵害通知,「機微データ」(センシティブデータ) の見直し, プライバシー促進技術 (Privacy Enhancing Technologies, PETs) 及び「プライバシー・バイ・デザイン」(Privacy by Design, PbD), 国際データ移転に対する諸原則の明確化及び単純化などが掲げられている. この文書は, 2011年1月15日まで2ヶ月間の意見公募期間を経て, 305件の回答 (市民から54件, 公的機関から31件, 民間事業者から220件.) を得た. 同年7月6日には,「欧州連合における個人データ保護に係る包括的アプローチに関する欧州議会決定」[10] が出された. 欧州委員会は, この文書を踏まえて規則提案を閣僚理事会及び欧州議会に提出した.

欧州委員会による規則提案では, 急速な技術的発展及びグローバル化が個人データ保護に新たな問題をもたらし, 共有及び収集するデータの規模を劇的に増加させたことを指摘した. そして, 技術によって, 民間企業も公的機関も, 自らの活動を追求するために, 先例のない規模で個人データを利用できるようになったことなどを踏まえ, 強力な法執行を背景とした, 強固でより一貫したデータ保護の枠組みの構築が必要であること, また, デジタル経済を域内市場の全域で展開できるようにするという点で, 信頼の醸成が重要であること, 個人は自らの個人データをコントロールできるべきであり, 個人, 事業者及び公的機関のための法的・実務的確実性を強化すべきことが謳われていた.

欧州委員会の提案は, 保護レベルの同一性も強調した. すなわち, データ保護指令の目的及び原則は有効であり続けるが, 加盟国間の保護レベルの違いは, EU全域にわたる個人データの自由な流通を妨げる可能性があること, 一貫した高いレベルの個人の保護を確実にし, 個人データ流通の障害を取り除くために, 当該データの取扱いについての個人の権利及び自由の保護のレベルは, 全加盟国において同等であるべきこと, そして, 個人データの取扱いに関する原則をEU全域で一貫的かつ均等に適用すべきことが主張された.

欧州委員会によると, 90%を超えるヨーロッパ人がデータの取扱地域にかかわらず, EU全域で同じデータ保護の権利を望んでいるとのことであった[11].

また, 刑事司法分野の2016/680 (EU) 指令は, 刑事法の執行機関が個人データを用いる際に市民の基本的権利を保護するためのものである. この指令は, 被害者, 証人及び被疑者の個人データが適切に保護され, 犯罪及びテロへ対抗する場面での越境協力を促進することを意図している.

欧州委員会は, 欧州議会選挙が行われる2014年5月までに, 規則提案を規

則として成立させることを目指していた．しかし，英国やドイツをはじめとする関係者間の足並みは揃わず，採択に向けた手続は遅れていた．2013年6月のPRISM問題により一旦風向きが変わり，同年10月21日，欧州議会の市民的自由・司法・内務委員会（Committee on Civil Liberties, Justice and Home Affairs. 以下「LIBE委員会」という．）は，委員会提案を修正の上，可決した．欧州議会は，2014年3月12日，第1読会でLIBE委員会の修正案を可決した．

その後は閣僚理事会での検討が進められ，2015年6月15日に規則提案の方向性に関して部分的な合意が成立し，三者対話の段階に入った．

この間，2015年10月6日，EUと米国のセーフハーバー協定が欧州司法裁判所によって無効と判断され，両者の間で新たな枠組みに向けた協議が進められるなどの動きが見られた（本書第4章参照）．

2015年12月15日，欧州議会，閣僚理事会及び欧州委員会は，規則提案について大筋の合意に達した．欧州議会のLIBE委員会及び閣僚理事会の常駐代表委員会（Permanent Representatives Committee, Coreper）は，同年12月17日から18日にかけて，三者対話により到達した包括文書を承認した．

2016年2月12日，閣僚理事会は，規則提案に関する政治的合意に達し，同年4月8日，三者対話で合意した包括文書に沿う形で，第1読会でその立場を採択した．欧州議会は，同年4月14日の第2読会にてGDPRを採択し，同年4月27日，最終文書が調印された．同日，刑事司法に関する指令も採択された[12]．

採択されたGDPRは，欧州議会採択から20日後の同年5月4日に官報で公布された．上記の通り，GDPRは同年5月24日に施行され，2018年5月25日から加盟国への適用が開始される．

以上のような過程を経てようやく採択されたGDPRではあるが，英国は，2016年6月23日に実施された国民投票によりEUを離脱するという大きな決断を下した（各国のニュースでは，英国の離脱を意味する「Brexit」という用語が用いられている．）英国は，GDPRの関連の適用開始時点ではEU加盟国であるであろうことから，一旦はGDPRの適用開始を受けるが，その後の状況は明確ではないと言われている．英国の情報コミッショナー（Information Commissioner）の事務所は，GDPR及びそれに関する指針はいまだ英国組織にとって関連性を有すると述べているが，今後の動きは不確定である[13]．

EUは，統一性，一貫性，高い保護レベルを強調してきたが，Brexitは，こうしたGDPRの理念に水を差したように思われる．

2 GDPRの特徴

　GDPR の制定背景は，同規則の各制度に影響を与えており，とりわけ注目すべきは，次の各項目であるといえる．

- 加盟国の立法措置を必要とする「指令」から加盟国に直接適用される「規則」への変更[14]
- 越境適用
- 定義の新設
- データ保護諸原則における透明性の重視
- 明示的同意の原則化
- 特別な種類の個人データの取扱いに関するルールの明確化
- 忘れられる権利及び消去権
- データ・ポータビリティの権利
- プロファイリング
- データ保護・バイ・デザイン及びバイ・デフォルト
- 個人データ侵害の通知／連絡制度
- データ保護影響評価
- データ保護責任者
- 行動規範及び認証制度の重視
- 「十分な保護レベル」を決定する際の独立監督機関の必要性
- 拘束的企業準則（Binding Corporate Rules, BCR）の明文化
- 一貫した法適用・法執行制度の導入
- 第29条作業部会から欧州データ保護会議への改組及び権限強化
- 段階的かつ高額な行政上の制裁金制度

　これらは，全体的に，データ主体によるコントロールを強化し，データ保護制度を厳格化することを意図しているといえる[15]．

　ところで，GDPR は，欧州で展開されてきたデータ保護制度のみを取り入れたものではない．後述するように，個人データ侵害通知は米国のカリフォルニア州が発祥であり，データ保護・バイ・デザインは，カナダ・オンタリオ州の前プライバシー・コミッショナーのアン・カブキアン（Ann Cavoukian）博士が提案した考え方に基づいている．このように，GDPR は，データ保護指令成

立後に発展した欧州及び他国の制度を導入して作成されたものであり，世界の個人情報保護制度の集約版ということができる．

日本では，2015年9月3日に個人情報の保護に関する法律の改正法が成立し，2016年5月20日には，行政機関及び独立行政法人等の保有する個人情報の保護に関する各法律の改正法が成立した．日本では，欧州委員会からの十分性決定に向けた議論や，検索エンジンと忘れられる権利に関する議論などに注目が集まりやすいが，GDPRの日本に与える影響はそれだけではない．GDPRは，EU内に拠点を有しない管理者による個人データの取扱いにも適用されることとなっており，日本への大きな影響も否定し得ない（第3条2項）．日本の個人情報保護法は，附則に基づき施行後3年ごとに見直すこととなっているが，次回以降に見直しを行う際にも，GDPRがいかなる制度を導入したかを見ておく重要性は大きい．他方，GDPRは，従前の制度を一新するものではなく，多くの規定が1995年データ保護指令を継受していることにも留意が必要である．GDPRの各制度は，データ保護指令との関係を整理しつつ理解しなければならない．

図表2.1は，データ保護指令と，それに対応するGDPRの規定を示している．

図表2.1　データ保護指令とGDPRの対応関係

データ保護指令	GDPR
第1条「指令の目的」	第1条「対象事項及び目的」
第2条「定義」	第4条「定義」
第6条「データ内容に関する諸原則」	第5条「個人データの取扱いに関する諸原則」
第7条「データ取扱いの正当性の基準」	第6条「適法な取扱い」
第8条「特別な種類のデータの取扱い」	第9条「特別な種類の個人データの取扱い」
第10条「データ主体からデータを収集する場合の情報」	第13条「データ主体から個人データを収集する場合に提供すべき情報」
第11条「データがデータ主体から収集されなかった場合の情報」	第14条「データ主体から個人データを取得しなかった場合に提供すべき情報」
第12条「アクセス権」の(a)号（合理的な期間内に制約なく，及び過度の遅れ又は費用を伴うことなく，データの取扱いに関す	第15条「データ主体によるアクセス権」

る開示）	
第12条「アクセス権」の（b）号（本指令の規定に従わないで取り扱われたデータの修正，消去又はブロック）	第16条「訂正権」
第12条「アクセス権」の（b）号（同上）	第17条「消去権（「忘れられる権利」）」
第12条「アクセス権」の（c）号（データが開示されている第三者に対する修正，消去又はブロックの通知）	第19条「個人データの訂正若しくは消去又は取扱制限に関する通知義務」
第14条「データ主体の異議申立権」	第21条「異議申立権」
第15条「自動処理による個人に関する決定」の1項（データの自動処理にのみ基づき，ある者に関する個人的な側面の評価対象とならない権利）	第22条「プロファイリングを含む，自動処理による個人に関する決定」
第13条「適用除外及び制限」	第23条「諸制限」
第17条「取扱いの安全性」の2項（管理者が自己の利益のために取扱いを行う場合に，技術的及び組織的措置を保証する取扱者を選定し，措置の遵守を確保する義務）	第28条「取扱者」
第16条「取扱いの機密性」	第29条「管理者又は取扱者の許可に基づく取扱い」
第18条「監督機関への通知義務」の1項（自動処理作業及び一連の作業を実施する前における監督機関への通知義務） 第19条「通知の内容」	第30条「取扱行為の記録」
第17条「取扱いの安全性」の1項（偶発的な又は違法な破壊，偶発的な損失，変更，無権限の開示又はアクセスから個人データを保護するための技術的及び組織的措置の実施義務）	第32条「取扱いの安全性」
第20条「事前の調査」	第36条「事前の協議」
第27条「行動規範」の1項（行動規範の策定促進）	第40条「行動規範」
第25条「原則」（第三国への個人データ移転）	第45条「十分性決定に伴う移転」
第26条「例外」の4項（標準契約条項が十分な保護措置を提供する場合）	第46条「適切な安全保護措置による移転」の標準契約条項に関する規定

第26条「例外」	第49条「特定の状況による例外」
第28条「監督機関」の1項（監督機関による適用監視及び完全な独立性）	第51条「独立監督機関」
第28条「監督機関」の7項（職業上の守秘義務）	第54条「監督機関設置に関する規律」の2項（職業上の守秘義務）
第28条「監督機関」の6項（各監督機関の領域内における権限，監督機関の相互協力）	第55条（監督機関の）「管轄」
第28条「監督機関」の3項（調査権限，命令権限，仲裁権限，提訴権限等）	第58条（監督機関の）「権限」
第28条「監督機関」の5項（活動報告書の作成・公開）	第59条（監督機関の）「活動報告」
第28条「監督機関」の6項第2段落（相互協力）	第61条（監督機関の）「相互支援」
第29条「個人データの取扱いに係る個人の保護に関する作業部会」	第68条「欧州データ保護会議」
第30条1項（作業部会の職務：第三国の保護レベルに関する意見提出等）	第70条「欧州データ保護会議の職務」
第30条6項（年次報告書の作成・提出・公開）	第71条（欧州データ保護会議の）「報告」
第28条「監督機関」の4項（監督機関による主張の聴取）	第77条「監督機関への苦情申立権」
第22条「救済」	第78条「監督機関を相手とする効果的な司法的救済の権利」
第22条「救済」	第79条「管理者又は取扱者を相手とする司法的救済の権利」
第23条「責任」	第82条「損害賠償請求権と法的責任」
第9条「個人データの取扱いと表現の自由」	第85条「取扱いと表現及び情報の自由」

3 規則の制定手続

　規則の制定手続は，「欧州連合の機能に関する条約」（以下「EU機能条約」という.）[16]に定めが置かれている．

　EUの立法手続には，通常立法手続と特別立法手続があるが，ほとんどの場合に用いられるのは前者であり，GDPRも通常立法手続により成立した．

第2章　EU一般データ保護規則

　通常立法手続では，欧州委員会による規則，指令，又は決定の提案に対し，欧州議会と閣僚理事会が共同で採択するという手続が用いられる．リスボン条約が2009年12月1日に発効する前は，共同立法手続といわれていた[17]．

　通常立法手続は，三読会制で構成される（EU機能条約第289条1項，第294条）．

　第1読会では，欧州委員会が欧州議会及び閣僚理事会に提出した提案に対し，欧州議会がその立場を採択し，閣僚理事会に伝達する．欧州議会は，立法提案の拒否，無修正承認，修正付承認のいずれかの選択を行う．閣僚理事会は，欧州議会の立場に対し，後述する特定多数決（qualified majority）により，欧州議会の立場を承認するかしないかの決定を下す．欧州議会の無修正承認を閣僚理事会が承認した場合，当該立法は欧州議会の立場に沿った文言で成立する．閣僚理事会が欧州議会の立場を承認しない場合は，自らの立場を採択し，欧州議会に伝達する．その際，閣僚理事会は，欧州議会に対し，第1読会で採択した立場に至った理由を十分に伝えなければならない．欧州委員会は，欧州議会に自らの立場を十分に伝えなければならない．

　第2読会では，閣僚理事会が欧州議会の立場を承認しない旨を伝達したときから3ヶ月以内に，欧州議会が閣僚理事会による第1読会の立場を承認し，又は，決定を下さなかった場合，当該立法は閣僚理事会の立場に沿った文言で成立したものとみなされる．その期間内に，欧州議会が，構成員の過半数により，第1読会における閣僚理事会の立場を否決した場合，立法は成立しなかったものとみなされる．その期間内に，欧州議会が，構成員の過半数により，第1読会における閣僚理事会の立場に対する修正提案を出した場合，その修正文は，閣僚理事会及び欧州委員会に送られる．欧州委員会は，当該修正案に関する意見を伝えなければならない．

　欧州議会の修正案を受領してから3ヶ月以内に，閣僚理事会が，特定多数決により，すべての修正案を承認した場合，当該立法は，修正の通りに成立したものとみなされる．当該期間内に，閣僚理事会において，修正案をすべて承認することをしなかった場合，閣僚理事会議長は，欧州議会議長との合意により，6週間以内に調停委員会を招集する．閣僚理事会は，欧州委員会が否定的意見を述べた修正に関して，全会一致で行動しなければならない．

　調停委員会は，閣僚理事会の構成員又はその代表，及び，欧州議会を代表する同数の構成員で構成される．同委員会は，共同文書に基づき合意に達する責務を負い，それは，招集から6週間以内に，第2読会での欧州議会及び閣僚理

事会の立場に基づき，閣僚理事会の構成員又はその代表の特定多数決，及び，欧州議会を代表する構成員の多数決によって行われるものとする．

　欧州委員会は，調停委員会の手続に参加し，欧州議会及び閣僚理事会の各立場を調和させる観点から，必要とされるすべての働きかけを行うものとする．6週間以内に調停委員会が共同文書を承認しなければ，立法は成立しなかったものとみなされる．

　第3読会では，もし当該期間内に調停委員会が共同文書を承認した場合，欧州議会は投票数の過半数により，閣僚理事会は特定多数決により，共同草案の承認から6週間以内に，共同文書をそれぞれ採択しなければならない．もしそれらの機関が採択できなかった場合，立法は成立しなかったものとみなされる．

　上記の手続では，欧州議会又は閣僚理事会の提案により，3ヶ月は最大1ヶ月，6週間は最大2週間の延長を行うことができる．

　手続は上記の通りであるが，実際には，第1読会で，閣僚理事会・欧州議会・欧州委員会の各代表が非公式に「三者対話」を行い，なるべく第1読会での合意を目指す努力がなされており，第1読会での立法成立件数の割合は最近では約80％に上っている．また，第1読会の手続上，閣僚理事会は，欧州議会の立場に対する承認を行うか否かを決定するが，実際は，作業部会レベルで欧州委員会提案が検討されており，必要に応じて常駐代表委員会（Coreper）にも照会がなされている．欧州委員会の部局は，欧州議会と閣僚理事会の会合に参加し，情報伝達者としての重要な役割を果たすことができる[18]．GDPRは，第2読会における欧州議会の採択により成立した．

　閣僚理事会での決定は，全会一致を必要とする少数の案件を除いて，多くが各加盟国に割り振られた加重票（票数はおおまかに各加盟国の人口を反映．）を用いた特定多数決で行われる．特定多数決により議案を採択する場合には，国別352票中260票以上，加盟国数の過半数，EU人口の62％以上（参加構成員から要請があった場合などに適用．）という，三重の要件を満たす必要がある．将来的には加盟国数の55％以上とEU人口の65％以上の二重多数決制に移行することが予定されている[19]．「三者対話」には透明性が欠けるという批判がある．

4　全体構造

　GDPRは，前文173項，全11章，99条で構成されており，その目次は図表2.2の通りである．これは，データ保護指令が，前文72項，全7章，34条であるの

と比較すると，大幅な増加である．

図表2.2　GDPRの目次

第1章　総則（General Provisions）
　第1条　対象事項及び目的（Subject-matter and objectives）
　第2条　実体的範囲（Material scope）
　第3条　地理的範囲（Territorial scope）
　第4条　定義（Definitions）

第2章　諸原則（Principles）
　第5条　個人データの取扱いに関する諸原則（Principles relating to processing of personal data）
　第6条　適法な取扱い（Lawfulness of processing）
　第7条　同意の条件（Conditions for consent）
　第8条　情報社会サービスに関して児童の同意に適用される条件（Conditions applicable to child's consent in relation to information society services）
　第9条　特別な種類の個人データの取扱い（Processing of special categories of personal data）
　第10条　有罪判決及び犯罪に関する個人データの取扱い（Processing of personal data relating to criminal convictions and offences）
　第11条　識別を要しない取扱い（Processing which does not require identification）

第3章　データ主体の諸権利（Rights of the data subject）
　第1節　透明性及び手続（Transparency and Modalities）
　　第12条　データ主体が権利を行使するための情報，通知及び手続の透明性（Transparent information, communication and modalities for the exercise of the rights of the data subject）
　第2節　情報及び個人データへのアクセス（Information and access to personal data）
　　第13条　データ主体から個人データを収集する場合に提供すべき情報（Information to be provided where personal data are collected from the data subject）
　　第14条　データ主体から個人データを取得しなかった場合に提供すべき情報（Information to be provided where personal data have not been obtained from the data subject）
　　第15条　データ主体によるアクセス権（Right of access by the data subject）
　第3節　訂正及び消去（Rectification and erasure）
　　第16条　訂正権（Right to rectification）
　　第17条　消去権（「忘れられる権利」）（Right to erasure ('right to be forgotten')）
　　第18条　取扱制限への権利（Right to restriction of processing）
　　第19条　個人データの訂正若しくは消去又は取扱制限に関する通知義務（Notification obligation regarding rectification or erasure of personal data or restriction of processing）

第20条　データ・ポータビリティの権利（Right to data portability）
第4節　異議申立権及び自動処理による個人に関する決定（Right to object and automated individual decision-making）
　第21条　異議申立権（Right to object）
　第22条　プロファイリングを含む，自動処理による個人に関する決定（Automated individual decision-making, including profiling）
第5節　諸制限（Restrictions）
　第23条　諸制限（Restrictions）

第4章　管理者及び取扱者（Controller and processor）
第1節　一般的義務（General obligations）
　第24条　管理者の責任（Responsibility of the controller）
　第25条　データ保護・バイ・デザイン及びバイ・デフォルト（Data protection by design and by default）
　第26条　共同管理者（Joint controllers）
　第27条　EU内で設立されていない管理者又は取扱者の代理人（Representatives of controllers or processors not established in the Union）
　第28条　取扱者（Processor）
　第29条　管理者又は取扱者の許可に基づく取扱い（Processing under the authority of the controller or processor）
　第30条　取扱行為の記録（Records of processing activities）
　第31条　監督機関との協力（Cooperation with the supervisory authority）
第2節　個人データの安全性（Security of Personal Data）
　第32条　取扱いの安全性（Security of processing）
　第33条　監督機関への個人データ侵害の通知（Notification of a personal data breach to the supervisory authority）
　第34条　データ主体への個人データ侵害の連絡（Communication of a personal data breach to the data subject）
第3節　データ保護影響評価及び事前の許可（Data Protection Impact Assessment and Prior Consultation）
　第35条　データ保護影響評価（Data protection impact assessment）
　第36条　事前の協議（Prior consultation）
第4節　データ保護責任者（Data protection officer）
　第37条　データ保護責任者の指名（Designation of the data protection officer）
　第38条　データ保護責任者の立場（Position of the data protection officer）
　第39条　データ保護責任者の職務（Tasks of the data protection officer）
第5節　行動規範及び認証（Codes of conduct and certification）
　第40条　行動規範（Codes of conduct）
　第41条　承認された行動規範の監督（Monitoring of approved codes of conduct）
　第42条　認証（Certification）
　第43条　認証機関（Certification bodies）

第5章　第三国又は国際機関への個人データの移転
　　　（Transfers of personal data to third countries or international organisations）
　第44条　移転のための一般原則（General principle for transfers）
　第45条　十分性決定に基づく移転（Transfers on the basis of an adequacy decision）
　第46条　適切な安全保護措置による移転（Transfers subject to appropriate safeguards）
　第47条　拘束的企業準則（Binding corporate rules）
　第48条　EU法が許可していない移転又は開示（Transfers or disclosures not authorised by Union law）
　第49条　特定の状況による例外（Derogations for specific situations）
　第50条　個人データ保護のための国際協力（International cooperation for the protection of personal data）

第6章　独立監督機関（Independent supervisory authorities）
　第1節　独立の地位（Independent status）
　　第51条　監督機関（Supervisory authority）
　　第52条　独立性（Independence）
　　第53条　監督機関の構成員に関する一般的条件（General conditions for the members of the supervisory authority）
　　第54条　監督機関の設置に関する規律（Rules on the establishment of the supervisory authority）
　第2節　管轄，職務及び権限（Competence, Tasks and Powers）
　　第55条　管轄（Competence）
　　第56条　主監督機関の管轄（Competence of the lead supervisory authority）
　　第57条　職務（Tasks）
　　第58条　権限（Powers）
　　第59条　活動報告（Activity reports）

第7章　協力及び一貫性（Cooperation and consistency）
　第1節　協力（Cooperation）
　　第60条　主監督機関と他の関係監督機関の協力（Cooperation between the lead supervisory authority and other supervisory authorities concerned）
　　第61条　相互支援（Mutual assistance）
　　第62条　監督機関の共同運用（Joint operations of supervisory authorities）
　第2節　一貫性（Consistency）
　　第63条　一貫性の仕組み（Consistency mechanism）
　　第64条　欧州データ保護会議の意見（Opinion of the Board）
　　第65条　欧州データ保護会議による紛争解決（Dispute resolution by the Board）
　　第66条　緊急手続（Urgency procedure）
　　第67条　情報交換（Exchange of information）

第3節 欧州データ保護会議（European Data Protection Board）
  第68条 欧州データ保護会議（European Data Protection Board）
  第69条 独立性（Independence）
  第70条 欧州データ保護会議の職務（Tasks of the Board）
  第71条 報告（Reports）
  第72条 手続（Procedure）
  第73条 議長（Chair）
  第74条 議長の職務（Tasks of the chair）
  第75条 事務局（Secretariat）
  第76条 秘密性（Confidentiality）

第8章 救済，法的責任及び罰則（Remedies, liability and penalties）
  第77条 監督機関への苦情申立権（Right to lodge a complaint with a supervisory authority）
  第78条 監督機関を相手とする効果的な司法的救済の権利（Right to an effective judicial remedy against a supervisory authority）
  第79条 管理者又は取扱者を相手とする効果的な司法的救済の権利（Right to an effective judicial remedy against a controller or processor）
  第80条 データ主体の代理人（Representation of data subjects）
  第81条 手続の停止（Suspension of proceedings）
  第82条 賠償請求権及び法的責任（Right to compensation and liability）
  第83条 行政上の制裁金を科すための一般的条件（General conditions for imposing administrative fines）
  第84条 罰則（Penalties）

第9章 特別な取扱状況に関する規定（Provisions relating to specific processing situations）
  第85条 取扱いと表現及び情報の自由（Processing and freedom of expression and information）
  第86条 取扱いと公文書への一般のアクセス（Processing and public access to official documents）
  第87条 国民識別番号の取扱い（Processing of the national identification number）
  第88条 雇用環境における取扱い（Processing in the context of employment）
  第89条 公益におけるアーカイブ目的，科学的又は歴史的研究の目的，又は統計目的のための取扱いに関する安全保護及び例外（Safeguards and derogations relating to processing for archiving purposes in the public interest, scientific or historical research purposes or statistical purposes）
  第90条 守秘義務（Obligations of secrecy）
  第91条 教会及び宗教団体に関する現行のデータ保護規則（Existing data protection rules of churches and religious associations）

第10章 委任行為及び実施行為（Delegated acts and implementing acts）

第2章　EU一般データ保護規則　　51

　　第92条　委任の実行（Exercise of the delegation）
　　第93条　委員会の手続（Committee procedure）

　第11章　最終条項（Final Provisions）
　　第94条　指令95/46/ECの廃止（Repeal of Directive 95/46/EC）
　　第95条　指令2002/58/ECとの関係（Relationship with Directive 2002/58/EC）
　　第96条　過去に締結した合意との関係（Relationship with previously concluded Agreements）
　　第97条　欧州委員会報告（Commission reports）
　　第98条　データ保護に関する他のEU法の見直し（Review of other Union legal acts on data protection）
　　第99条　施行及び適用（Entry into force and application）

第2節　目的・適用範囲・定義

1　対象事項及び目的

　GDPRは，第1条「対象事項及び目的」について，次のように定めている．

「1　本規則は，個人データの取扱いに関連する自然人の保護，及び，個人データの自由な移動についての規定を定める．
　2　本規則は，自然人の基本的権利及び自由，並びに，とりわけ，彼らの個人データの保護の権利を保護する．
　3　EU内の個人データの自由な移動は，個人データの取扱いについての自然人の保護と関連する理由によって，制限又は禁止されてはならない．」

　GDPRでは，タイトル及び第1条の中で，「個人」ではなく「自然人」が用いられている．
　欧州のプライバシー・個人データ保護については，基本的権利ないしは人権であるという発想が根付いている．前文（1）項は，「個人データの取扱いに関する自然人の保護は，基本的権利である．」という言葉から始まり，EU基本権憲章[20]（以下「基本権憲章」という．）第8条1項及びEU機能条約[21]第16条1項が取り上げられている．基本権憲章第8条1項及びEU機能条約第16条1項は，「何人も，自己に関する個人データの保護を受ける権利を有する．」旨

を定めている．また，前文（1）項では引用されていないが，欧州評議会の欧州人権条約第8条1項は，「何人も，その私生活，家族生活，住居及び通信の尊重を受ける権利を有する．」と定めており[22]，プライバシー権を保障したものと解釈されている[23]．

前文は，第1条に関する解説に多くの紙幅を割いており，それを要約すると概ね次のようなことが記されている．

個人データの取扱いに関する自然人の保護は，国籍や居住地にかかわらず尊重される．本規則は，経済共同体の自由，安全及び正義の達成，経済及び社会の進展，域内市場経済の強化及び一体化，自然人の幸福に貢献することを意図している（前文（2）項）．

データ保護指令は，取扱行為に関する自然人の基本的権利及び自由の保護と加盟国間の個人データの自由な流通の保障を調和させようとしている（前文（3）項）．個人データ保護の権利は絶対的ではなく，社会におけるその機能との関係で検討されなければならず，また，均衡の原則に従い，他の基本的権利と衡量されなければならない．本規則は，特に，私的生活及び家庭生活，自宅及び通信の尊重，個人データ保護，思想，良心及び信教の自由，表現及び情報の自由，営業の自由，効果的な救済及び公正な審判を受ける権利，文化的，宗教的及び言語的多様性を遵守する（前文（4）項）．

域内市場の機能から生じた経済及び社会の統合は，個人データの越境流通，公的及び民間部門におけるデータ流通を大幅に増加させた．（前文（5）項）．急速な技術的発展及びグローバル化は，個人データ保護に新たな課題を提起した．個人データが収集され共有される規模が大きく増加し，民間部門及び公的機関は，個人データを前例のない規模で利用できるようになった．自然人は，ますます個人情報を公にまた世界的に入手できるようになった．高いレベルの個人データ保護を保障しつつ，EU内での個人データの自由な流通並びに第三国及び国際機関への移転をさらに促進すべきである（前文（6）項）．

域内市場全域でデジタル経済を発展させるべく，信頼醸成の重要性に鑑み，強力な執行を背景に，堅固かつより一貫したEU内のデータ保護の枠組みが求められる．自然人は，自己の個人データをコントロールできるようにすべきである（前文（7）項）．本規則が加盟国法の規律を具体化し又は制限する場合は，加盟国は，一貫性のため，また，国内規定を名宛人に理解させるために必要な限りで，本規則の要素を国内法に取り入れることができる（前文（8）項）．

データ保護指令の目的及び諸原則は適切であり続けるが，同指令は，EU全域にわたるデータ保護の実施における齟齬や法的不確実性を回避したり，オンライン活動に関する自然人の保護への重大なリスクに対処するものではない．また，加盟国における個人データ保護レベルの違いは，EU全体での個人データの自由な流通，ひいてはEUレベルでの経済活動追求への妨げとなる可能性がある．係る保護レベルの違いは，データ保護指令の実施及び適用における違いが存在するためである（前文(9)項）．そこで，個人データの取扱いに関する自然人の権利及び自由の保護レベルは，全加盟国内で同等であるべきであり，EU全域で一貫した規律を均等に適用すべきである（前文(10)項）．

　法的義務を遵守する場合や，公益目的又は公的権限を行使するために個人データを取り扱うことに関して，加盟国は国内規定を定めることを認められるべきである．規則は，特別な種類の個人データ（「センシティブデータ」）の取扱いを目的とする場合など，加盟国においてその規律を具体化する余地を与えている．本規則は，個人データの取扱いを適法にする条件をより正確に決定する場合を含め，加盟国が特定の取扱状況のための条件を定めることを排除するものではない（前文(10)項）．EU全域にわたる効果的な個人データ保護は，データ主体の権利並びに管理者及び取扱者の義務を強化し，詳細に定めること，また，同等の監督権限及び違反に対する同等の制裁を求めている（前文(11)項）．

　EU機能条約第16条(2)項は，欧州議会及び理事会に対し，個人データの取扱いに関する自然人の保護及び個人データの自由な移動に関する規律を定めるよう義務づけている（前文(12)項）．本規則は，中小零細企業を含めた経済活動体に対して，法的一貫性及び透明性を定める必要がある．規則は，個人データの取扱いに関する一貫した監督，及び，全加盟国内での同等の制裁を保障し，異なる加盟国の監督機関間での効果的協力を行うために，全加盟国の自然人に，同様のレベルで法的に執行可能な権利並びに管理者及び取扱者にとっての義務及び責任を定める必要がある．中小零細企業に関する特別の事情を考慮に入れ，本規則は，従業員が250名未満の組織に対し，記録保持に関する例外を含めている．加えて，EUの機関及び当局，並びに加盟国及びその監督機関は，本規則の適用において，中小零細企業に関する特別の必要性を考慮することが奨励される．中小零細企業の概念は，委員会勧告2003/361/EC[24]の別添第2条から導き出すべきである（前文(13)項）．

以上の各説明からは，個人データ保護の権利はすべての自然人に等しく保障されること，表現の自由などの他の諸権利との均衡を図るべきこと，グローバル化により個人データの利用規模が劇的に増大したことにより，個人データ保護と流通をより一層調和させるべきこと，強力な執行を背景に，一貫したデータ保護の枠組み及び一貫した法適用が求められており，同等の監督権限を行使し同等の制裁を科すべきこと，オンライン環境に照らして，指令を見直す必要があること，加盟国による規律の具体化又は例外的状況の規定を認めるべきこと，中小零細企業に配慮すべきこと等が謳われている．

また，前文(13)項の委員会勧告別添Ⅰの第2条によると，中小零細事業者は次のように定義されている．

中小零細事業者は，250名未満の従業員を雇用しており，年商5,000万ユーロを超えない，及び／又は年次の貸借対照表の合計が4,300万ユーロを超えない事業者をいう（同勧告別添第2条1項）．小規模事業者は，50名未満の従業員を雇用しており，かつ，年商及び／又は年次の貸借対照表の合計が1,000万ユーロを超えない事業者をいう（同条2項）．零細事業者は，10名未満の従業員を雇用しており，かつ，年商及び／又は年次の貸借対照表の合計が200万ユーロを超えない事業者をいう（同条3項）．

2　実体的範囲

第2条は，「実体的範囲」を定める．

本規則は，全部又は一部が自動的手段による個人データの取扱い，及び，自動的な手段以外であって，ファイリングシステムの一部を構成し，又はファイリングシステムの一部を構成することを意図した個人データの取扱いに適用される（1項）．本規則は，国籍又は居住地にかかわらず自然人に適用され，法人のデータには適用されない（前文(14)項）．また，自然人の保護は技術的に中立で，利用される手法には左右されない．「ファイリングシステム」のファイルが特定の基準に沿って構成されていない場合には，本規則の適用範囲に含めるべきではない（前文(15)項）．

個人データの取扱いであっても，（a）EU法の適用範囲外の活動状況，（b）加盟国がEU条約第5編第2章[25]の適用範囲内の活動を行う場合，（c）自然人が純粋に個人的又は家庭内の活動を行う場合，（d）所管機関が公共の安全への脅威からの保護等を含め，犯罪の防止，捜査，探知又は訴追，刑事罰の執行

を目的とする場合には，適用は除外される（2項）．（c）号の例外は，職業又は営利的活動とは関連のないことを理由とする．「個人的又は家庭内の活動」には，私信やアドレスの保有，又は，ソーシャルネットワーキング及びオンライン活動などが含まれ得る．ただし，こうした活動を行うために，管理者又は取扱者が個人データの取扱手段を提供する場合には，本規則が適用される（前文(18)項）．（d）号は，特に欧州議会及び理事会の指令（EU）2016/680[26]の規律によるべきことを理由とする．例えば，反マネーロンダリング又はフォレンジック研究など，民間組織において，上記犯罪予防等の目的で個人データを取り扱う場合に，民主的社会において必要かつ均衡の取れた措置が講じられるときには，加盟国法において一定の義務及び権利を制限する可能性がある（前文(19)項）．

　本規則は，裁判所又は司法機関の活動にも適用されるが，EU法又は加盟国法によって，個人データの取扱業務及び取扱手続を特定することができる．司法機関の独立性を保障するために，裁判所がその司法権限を行使しているときには，監督機関の権限を及ぼすべきではないが，監督機関は，加盟国の司法制度内の特定組織に，係る取扱業務の監督を委ねることができる．当該組織は，本規則の遵守を保障し，司法機関の職員に本規則を認識させ，データの取扱いに関する苦情を処理すべきである（前文(20)項）．

　次に，EUの機関等による個人データの取扱いには，規則（EC）No 45/2001[27]が適用される．同規則及び当該個人データの取扱いに適用できる他のEU法は，第98条の見直し規定に従い，本規則の諸原則及び規律に適合させなければならない（3項）．これは，EU内で強固かつ一貫性のあるデータ保護の枠組みを提供する必要性による（前文(17)項）．

　ただし，本規則は，指令2000/31/EC[28]の適用，特に，当該指令の第12条から第15条における中間サービス事業者の法的責任に関する規律の適用を妨げるものではない（4項）．加盟国間の情報社会サービスに関する自由な移動を保障することにより，域内市場の適切な機能に貢献することがその趣旨である（前文(21)項）．指令2000/31/ECは，いわゆる「電子商取引指令」といわれており，中間サービスプロバイダの責任制限等を定めている．

3　地理的範囲

　第3条は，「地理的範囲」を定める．特に2項は，第三国の組織や事業者に

適用されることから，日本にも影響を与える規定といえる．

「1　本規則は，取扱いがEU内で行われるか否かにかかわらず，EU内で管理者又は取扱者の事業所が活動を行う状況での個人データの取扱いに適用される．
　2　本規則は，次に掲げる取扱行為に関連する場合，EU内で設立されていない管理者又は取扱者による，EU内にいるデータ主体の個人データの取扱いに適用される：
　　（a）データ主体に支払いが要求されるか否かにかかわらず，EU内の当該データ主体へ商品若しくはサービスを提供する場合；又は，
　　（b）EU内でその活動が行われる限りにおいて，彼らの活動を監視する場合．
　3　本規則は，EU内では設立されていないが，加盟国法が国際公法によって適用される場所における，管理者による個人データの取扱いに適用される．」

1項の「事業所」は，安定的な仕組みを通じた効果的かつ現実の活動行使を含意している．係る仕組みの法的形式は，支店又は法人格を有する子会社のいずれであっても，この点では決定的な要素ではない（前文(22)項）．

2項（a）号について，適用の有無を決するためには，管理者又は取扱者が，EU内の1つ以上の加盟国のデータ主体に対し，明らかにサービスを提供しようとしているか否かを確認すべきである．管理者，取扱者又は媒介者のウェブサイト，電子メールアドレス又は他の連絡先に単にアクセスできることや，管理者が設立された第三国で一般に用いられる言語を使用しているにすぎない場合は，係る意図は十分に確認できない．一方で，1つ以上の加盟国内で一般に用いられる言語又は通貨を利用して，係る言語での商品又はサービスを提供する可能性がある場合や，EU内の消費者又は利用者に言及するといった要素は，管理者による意図を明らかにすることができる（前文(23)項）．この点について，EU関係者に確認したところによると，英語圏である英国の場合は（離脱の問題はあるものの），英語に加えてポンドでの取引を行えば適用され得るとのことであった．

2項（b）号については，その人物の嗜好，行動及び態度を分析又は予測して

その人物に関する決定を下すために，自然人がインターネット上で追跡されるか否かを確認すべきである．自然人のプロファイリングを構成する個人データ処理技術を後に利用する可能性も含まれる（前文(24)項）．

3項は，加盟国の外交使節や領事の地位にある人物などが該当する（前文(25)項）．

第3条の規定に対しては，クラウド・コンピューティングの場面での困難性をもたらすとの指摘がある．すなわち，後述するグーグル・スペインに関する欧州司法裁判所判決（本章第4節参照）によると，「事業所」は非常に広く適用されることに加え，取扱者にも適用される．そうすると，管理者である米国企業が米国の消費者の個人データを取り扱うためにEUの取扱者を利用した場合，「取扱いがEU内で行われるか否かにかかわらず」，係る取扱者にGDPRが適用されることとなる．この場合，EUの取扱者を選んだ米国企業にも管理者としての義務が課せられてしまうと，管理者がEUの取扱者を回避するか，EUの取扱者が事業を縮小するきっかけとなりかねない．仮にGDPRが取扱者にのみ適用されるとしても，取扱者に課せられる契約条件が管理者をも拘束することになり（第28条），米国州法の適用が妨げられかねない．管理者がクラウドサービスを利用する場面でGDPRが適用されると，取扱者は単に請求又はサポート目的で管理者の利用状況を管理していたとしても，管理者は，取扱いの対象事項及び期間，取扱いの性質及び目的，個人データの類型及びデータ主体の種類を取扱者に伝えざるを得なくなる（同条）．さらに，例えば，米国企業が電子商取引のウェブサイトを開設し，EU市民を含む消費者に商品やサービスを提供する際に，米国のホスティング・プロバイダのサービスを利用した場合であっても，係るプロバイダは取扱者に該当してしまい，損害賠償責任等を負う可能性が生じる．EU外の技術インフラ提供者にもGDPRを適用することは過度な規制である[29]．このように，EU内の事業者には幅広くGDPRが適用されるため，EUと取引を行う第三国の事業者がGDPRの影響を受ける場面は多く生じると考えられる．

また，第3条2項との関係では，第27条「EU内で設立されていない管理者又は取扱者の代理人」が，次のような重要な規定を置いている．

「1　第3条第2項が適用される場合，管理者又は取扱者は，書面によりEU内の代理人を指名しなければならない．

　2　本条1項に定める義務は，次に掲げる場合に適用されない：

　（a）取扱いの頻度が少なく，第9条（1）項に定める特別な種類のデータ又は第10条に定める有罪判決及び犯罪に関する個人データを大規模には取り扱わず，取扱いの性質，状況，範囲及び目的を考慮に入れ，取扱いが自然人の権利及び自由に危険をもたらしそうにない場合；又は，

　（b）公的機関又は組織．

　3　代理人は，データ主体が存在する場所で，彼らへの商品やサービスの提供に関連してその個人データが取り扱われるか，又はその行動が監視される加盟国の1つに拠点を持たなければならない．

　4　代理人は，特に，監督機関及びデータ主体による，本規則の遵守を保障する目的のための取扱いに関連する全事項に対処することについて，管理者若しくは取扱者に加え，又は，管理者若しくは取扱者から，信任を受けるものとする．

　5　管理者又は取扱者による代理人の指名は，管理者又は取扱者自身に対して講じられる法的行為を損なうことはない．」

　「代理人」とは，第27条に従い管理者又は取扱者によって書面で指名され，本規則に基づき管理者又は取扱者の各々の義務に関して，彼らを代理する，EU内に設けられた自然人又は法人をいう（第4条（17）項）．

　代理人の指名は，本規則に基づく管理者又は取扱者の責任には影響しない．代理人は，本規則の遵守を保障するための措置に関する所管の監督機関への協力を含め，管理者又は取扱者から受けた信任に沿ってその職務を遂行すべきである．代理人は，管理者又は取扱者による違反事象においても，執行手続に従うべきである（前文（80）項）．

　欧州委員会提案の段階では，十分な保護レベルを講じている第三国の管理者，従業員が250人未満の企業，EUに居住するデータ主体に商品又はサービスを時折提供するにすぎない管理者が対象外とされていた．

　代理人を指名しなかった場合には，1,000万ユーロ，又は，企業の場合は前会計年度の全世界の総売上の2％までのいずれかが高い方の制裁金が課せられ得る（第83条4項（a）号）．日本は，第三国として十分な保護レベルの決定を受

けていないことから，上記規定によると，日本の事業者は，受託者を含め，EU のデータ全体に向けて商品やサービスを提供したり，行動追跡を行う場合には，EU 内に代理人を設置しなければならず，それを遵守しない場合は制裁の対象となる．

4　定義

第4条は「定義」を定める．

データ保護指令は，「個人データ」，「個人データの取扱い」，「個人データファイリングシステム」，「管理者」，「取扱者」，「第三者」，「受領者」，「データ主体の同意」という8種類の定義を設けていたが，GDPR は26項目の定義を設けており，大幅な増加である．これは，個人情報保護制度における定義の重要性を示すとともに，その規律の難しさを表していると見ることもできる．26項目は，①情報，②主体，③行為，④制度に分けることができる．主な定義のうち，①は4.1～4.3，②は4.4～4.8，③は4.9～4.11，④は4.12～4.13がそれぞれ該当する．

4.1　個人データの範囲[30]

データ保護指令は，「個人データ」を「識別された，又は，識別され得る自然人（データ主体）に関するすべての情報をいう；識別され得る自然人とは，とりわけ，識別番号，又は，その人の身体的，生理的，精神的，経済的，文化的，若しくは社会的アイデンティティに特有な1つ以上の要素を参照することによって，直接又は間接に識別することができる者をいう．」（データ保護指令第2条(a)号）と定め，生存する個人を識別できる情報を「個人データ」と定義している．

日本の個人情報保護法制においても，生存する特定の個人を識別できる情報を「個人情報」と定義するが，その範囲の確定は容易ではなく，匿名化の要件とともに，特に法改正の過程において論議が高まった．米国では，個人識別可能であるか否かという基準は意味を失ってきているとの認識のもと，保護範囲を柔軟に捉える傾向が見られる（本書第6章第1節及び第3節参照）．

「個人データ」概念に関しては，データ保護指令に基づく「個人データの取扱いに係る個人の保護に関する作業部会」（以下「第29条作業部会」という．）が一次的な評価を行ってきた．第29条作業部会は，監督機関又は各加盟国が指名

した代表者，EU の機構等の代表者，欧州委員会の代表者で構成される助言機関である。同作業部会は，2007年6月20日に「個人データ概念に関する4/2007意見（WP136）」[31]，2014年4月10日に「匿名化技術に関する05/2014意見（WP216）」[32] を採択した。WP136は，ドイツの連邦データ保護・情報自由監察官であったペーター・シャール（Peter SCHAAR）氏が作業部会の代表を務めていた時期のものであり，「個人データ」の各要素を分析的に論じている。WP136は，19の事例を交えながら，「あらゆる情報」（any information），「関連する」（relating to），「識別された又は識別され得る」（an identified or identifiable），「自然人」（natural person）という4つの要件に基づく考察を行った。それを要約すると，概ね次のように整理されている。

- 「あらゆる情報」は，情報の性質及び内容の観点により検討され，広範な情報が含まれる。
- 「関連する」という要件は，当該個人に「関する」（about）場合に該当する。データと「個人との関連性」を検討する際には，内容の要素，目的の要素，又は，結果の要素という3つの選択的要素が考慮され，それらはすべて，「その具体的事例を取りまくすべての状況を考慮に入れ」て判断される。
- 「識別された又は識別され得る」の要件のうち，識別可能性が個人データ該当性を決する。
- 識別は，人の集団の中で，その人物が集団の他のすべての構成員から「選び出された」（single out）ときに認められる。
- 識別可能性は，通常，「識別子」と呼ばれる特定の情報を通じて達成される。
- 人の氏名は，「直接的」に識別する典型的な識別子である。ただし，氏名自体は，必ずしもすべての場合に個人を識別するわけではない。
- 「間接的」な識別は，組み合わせ次第による。情報の組み合わせ次第で，識別可能性は常に変化する。リトレース可能な仮名データは，間接的な識別可能性が認められる。
- IPアドレスは，原則として個人データとして扱われる。
- 匿名化（仮名化）は，二方向（two-way）暗号アルゴリズムを用いることで，可逆的に行うことができる。また，一方向暗号化を用いる場合など，再識

別化を不可能にする方法もある.
・識別可能性及び匿名性は,「管理者や他のあらゆる者が,当該者を識別するために合理的に実施することが見込まれるあらゆる手段」を考慮して決定される(データ保護指令前文(26)項).「直接的」又は「間接的」な識別可能性,及び,匿名化の有無は,特定の状況に左右されることから,上記手段が識別に用いられると合理的に見込まれる程度を参照して,事例ごとに分析すべきである.
・個人データ概念に含まれない情報の取扱いには,プライバシーを保護する欧州人権条約第8条の適用可能性がある.

　GDPRの「個人データ」は,「識別され又は識別され得る自然人(「データ主体」)に関連するあらゆる情報をいう.識別され得る自然人とは,とりわけ,氏名,識別番号,位置データ,オンライン識別子などの識別子,又は,当該自然人の身体的,生理的,遺伝的,精神的,経済的,文化的,若しくは社会的アイデンティティに特有な1つ以上の要素を参照することによって,直接又は間接に識別され得る者をいう」と定義されている(第4条(1)項).範囲については,データ保護指令と基本的な内容に変更はないと考えられる.
　前文では,識別性及び識別可能性については,概ね次のように説明されている.
　自然人を識別し得るか否かを決定するためには,管理者又は他者のいずれかが自然人を直接又は間接に識別するために,例えば選別(singling out)するなど,合理的に利用する可能性の高いすべての手段を考慮に入れるべきである.係る可能性を確認するためには,取扱いの時点で利用できる技術及び技術的発展を考慮に入れ,識別に要する費用及び総時間など,すべての客観的要素を考慮に入れるべきである.そのため,データ保護諸原則は,匿名情報,特に,識別され又は識別し得る自然人に関係しない情報や,データ主体をもはや識別できない態様に匿名化した個人データには適用すべきではない.したがって,本規則は,統計又は研究目的を含め,係る匿名情報の取扱いには関係しない(前文(26)項).
　また,本規則は,死者の個人データには適用されない.死者の個人データの取扱いに関しては,加盟国が規律を定めることができる(前文(27)項).
　識別可能性の判断及び匿名化データに諸原則が適用されないことに関しては,

データ保護指令の前文26項にも同旨の説明がある．そのため，識別性の解釈は，第29条作業部会の考え方と同様であると見ることができる．

　GDPRの「個人データ」の識別子の例には，氏名，位置データ，オンライン識別子が追加された．オンライン識別子には，IPアドレス，クッキー識別子又はRFIDタグなどがある．自然人は，デバイス，アプリケーション，ツール及びプロトコルから提供されるオンライン識別子と関連づけられ得る．このことは，履歴を残し，特に，固有識別子及びサーバから受け取る他の情報と結びついたときに，自然人のプロフィールを作り出し，彼らを識別するために利用することができる（前文(30)項）．

　WP216は，匿名化に関するいくつかの技術（ノイズ付加，置換，差分プライバシー，集約及びk-匿名性，l-多様性及びt-近似性，仮名化）について，個人に関する記録の選別（singling out），同じ個人に関する記録の紐付け（linkability），個人に関する推定（inference）という3つのリスクから分析を行い，利点，過誤，欠点などを整理している．特に，豊富な個人データセットから真に匿名化されたデータセットを作ることは困難であること，仮名データはいまだ個人を識別できる情報であること，匿名化技術には限界があること，最適解は各技術の組み合わせを用いつつケースバイケースで判断すべきこと，データ管理者は識別化のリスクを定期的に見直すべきことを述べている点が注目される．また，この意見書は，データ管理者が元データを残しつつ，データセットから識別可能データを除去し又はマスキングを施すなどして譲渡した場合に，元の生データにアクセスできる者がいる限り，残りのデータセットはいまだ個人データであること，データ管理者が個別事象レベルではもはや識別できない段階までデータを集約させた場合に限り，残りのデータは匿名化したと評価できることを述べている．

　次に，WP216の中でも取り上げられている「仮名化」とは，GDPRでは，「当該追加情報が別に管理され，個人データを識別され又は識別され得る自然人に帰属させないことを保障するための技術的及び組織的措置に服することを条件に，追加情報を利用しないと，個人データをもはや特定のデータ主体に帰属させることのできない態様による個人データの取扱いをいう．」と定義されている（第4条(5)項）．これについては，追加情報を利用することで自然人に帰属させることのできる仮名化された個人データは，自然人を識別し得る情報とすべきことを意味する（前文(26)項）．

第2章 EU一般データ保護規則

そして，GDPR の前文は，仮名化に関して，概ね次のような考え方を示している．

個人データへ仮名化を適用することは，データ主体へのリスクを低減し，管理者及び取扱者によるデータ保護義務遵守に役立てることができる．本規則における「仮名化」の明示的な導入は，他のいかなるデータ保護措置をも阻むものではない（前文(28)項）．個人データを取り扱う際に仮名化を用いさせるべく，管理者が，当該取扱いのために，本規則を確実に実施し，個人データを特定のデータ主体に帰属させるための追加情報を確実に分離するために必要な技術的及び組織的措置を講じた場合には，一般的な分析を認めつつも，同じ管理者内で仮名化を行えるようにすべきである．個人データを取り扱う管理者は，同じ管理者内で権限を持つ者を指定すべきである（前文(29)項）．このように，追加情報を用いることで個人に帰属し得るような仮名データは，原則として個人データに含まれるが，追加情報を確実に分離し，安全保護措置を講じれば，同じ管理者内で仮名化措置を講じて一般的な分析を行うことも認められ得る．

4.2 遺伝データ，生体データ，健康関連データ

GDPR では，医療情報の定義が新設された．

「遺伝データ」とは，「当該自然人の生理機能又は健康についての固有情報を与え，特に当該自然人からの生体試料の分析から得られる，継受又は取得した自然人の遺伝的特徴に関わる個人データをいう．」（第4条(13)項）．生体試料の分析とは，染色体，DNA 又は RNA の分析ないしは同等の情報を得られる他の要素分析を意味する（前文(34)項）．

「生体データ」とは，「顔画像又は指紋確証（dactyloscopic）データのような，当該自然人に固有の識別性が認められ又は確認される，自然人の身体的，生理的又は行動的特性に関して，特定の技術的処理から得られる個人データをいう．」（第4条(14)項）．

「健康関連データ」とは，「医療サービスの提供も含め，その人物の健康状態についての情報を表す，自然人の身体的又は精神的な健康に関する個人データをいう．」（第4条(15)項）．前文によると，欧州議会及び理事会の指令2011/24/EU[33] で言及されているように，医療サービスの登録又は提供の過程で収集される自然人に関する情報が含まれる．すなわち，医療目的で，当該自然人を固有に識別するために，自然人に割り当てられる番号，記号，項目や，遺伝デ

ータ及び生体試料によるものを含め，身体の一部又は身体の物質を検査し又は診察することから得られる情報，また，例えば，疾病，障害，疾病リスク，病歴，臨床治療，又は，その情報源からは独立したデータ主体の生理的又は生物医学的状態，例えば，医師又は他の医療専門職，病院，医療機器若しくは体外受精検査による情報などが含まれる（前文(35)項）．

　上記の各情報は，特別な種類の個人データに含まれる（第9条）．欧州委員会提案は，第9章の「特別なデータ取扱状況に関する規定」の中に「健康に関連する個人データの取扱い」の定めを置き（欧州委員会提案第81条），加盟国法に基づく取扱いを認めていたが，GDPRでは削除されている．

4.3　ファイリングシステム

　データ保護指令は，「個人データファイリングシステム（ファイリングシステム）」の定義を置いており，それは，「集約型であるか，非集約型であるか，又は機能的若しくは地理的に分散されたものであるか否かにかかわらず，特定の基準に基づいてアクセスすることができる構築された一群の個人データをいう．」と定めていた（データ保護指令第2条(c)項）．GDPRでは，同じ規定が「ファイリングシステム」として定義されている（第4条(6)項）．

　ファイリングシステムは，第2条の「実体的範囲」の中に登場する．GDPRは，あらゆる個人データの取扱いに適用されるわけではなく，手作業処理の情報については，ファイリングシステムの一部を構成し，又はファイリングシステムの一部を構成することを意図した個人データの取扱いに，その適用範囲を限定している．

4.4　管理者，取扱者，代理人

　「管理者」及び「取扱者」は，GDPRの主たる名宛人である．

　「管理者」とは，「単独で又は他者と共同して，個人データの取扱いの目的及び手段を決定する自然人，法人，公的機関，当局又は他の団体をいう．当該取扱いの目的及び手段がEU法又は加盟国法によって決定される場合には，管理者又はそれを指定するための特定の基準は，EU法又は加盟国法によって定めることができる．」（第4条(7)項）．「取扱者」とは，「管理者のために個人データを取り扱う自然人，法人，公的機関，当局又は他の団体をいう．」（第4条(8)項）．

第2章　EU一般データ保護規則

「代理人」とは，第27条に従い管理者又は取扱者によって書面で指名され，管理者又は取扱者の義務に関して彼らを代理する者である（第4条(17)項）．前記の通り，GDPRが域外適用される場合に，第三国の管理者は代理人を設けなければならない．

4.5　受領者，第三者

「受領者」及び「第三者」は，データ保護指令にも存在する規定である．ただし，義務の名宛人ではない．

データ保護指令では，「受領者」は，「第三者であるか否かにかかわらず，データの開示を受ける自然人，法人，公的機関，当局又はその他の団体をいう．ただし，特定の調査の枠内でデータを取得する機関は，取得者とみなされない．」と定義され（データ保護指令第2条(g)号），「第三者」とは，「データ主体，管理者，取扱者及び管理者又は取扱者の直接の許可のもとでデータを取り扱う権限を与えられている者以外の自然人，法人，公的機関，当局又はその他の団体をいう．」（同指令第2条(f)号）と定義されている．

GDPRにおける各定義は次の通りである．

「受領者」とは，「第三者であるか否かにかかわらず，個人データの開示を受ける自然人，法人，公的機関，当局又は他の団体をいう．ただし，EU法又は加盟国法に従って特定の調査の枠組み内で個人データを受領できる公的機関は，受領者とみなされない．これら公的機関による当該データの取扱いは，取扱いの目的に沿って適用可能なデータ保護基準に従わなければならない．」（第4条(9)項）．

前文によると，受領者については次のように考えられている．

法的義務を遵守するために個人データの開示を受ける公的機関，例えば，税務及び関税当局，金融調査部門，独立の行政機関，又は，証券市場の規制機関は，EU法又は加盟国法に従い，公益において特定の調査を行うために個人情報の受領を必要とする場合は，受領者とみなされるべきではない．公的機関による開示請求は，常に文書で，理由を付し，時折行うべきであり，ファイリングシステムと関連させるべきではない．これらの公的機関による個人データの取扱いはデータ保護基準を遵守すべきである（前文(31)項）．

「第三者」とは，「データ主体，管理者，取扱者，及び，管理者又は取扱者の直接の許可のもとで個人データを取り扱う権限を与えられている者以外の，自

然人，法人，公的機関，当局又は他の団体をいう．」(第4条(10)項)．この定義は協力手続の場面で登場する（第60条以下）．

4.6 主たる事業所，事業者，企業グループ

GDPRでは，事業者や企業に関わる定義が新設された．

「主たる事業所」(main establishment) については，管理者及び取扱者について，それぞれ次のように定められている（第4条(16)項）．

「(a) 複数の加盟国で事業所を持つ管理者については，EU内の中央本部が所在する場所をいう．ただし，個人データの取扱いの目的及び手段の決定がEU内の管理者の他の事業所で行われ，当該他の事業所がその決定を実施する権限を持っている場合はこの限りでない．この場合，当該決定が行われる事業所が主たる事業所と考えられる．
(b) 複数の加盟国で事業所を持つ取扱者について，EU内の中央本部が所在する場所，又は，もし取扱者がEU内に中央本部を持たない場合，取扱者が本規則に基づく特定の義務に服す範囲で，取扱者の事業所が活動を行う状況において，主な取扱行為が行われるEU内の取扱者の事業所．」

前文の説明は概ね次の通りである．

主たる事業所は客観的基準に従って決定すべきであり，安定した仕組みを通じて，効果的かつ実際に，取扱いの目的及び手段の決定を下していることを含意すべきである．その基準は，個人データの取扱場所に依拠すべきではなく，個人データを取り扱うための技術的手段や科学技術の存在及び利用は決定的基準ではない．管理者及び取扱者の双方が関係する場合，主監督機関は，管理者がその主たる事業所を置いている加盟国の監督機関とすべきである．取扱者の監督機関は，関係監督機関と考えるべきであり，当該監督機関は協力手続に参加すべきである．取扱者が1つ以上の事業所を持つ加盟国の監督機関は，当該決定草案が管理者のみに関わる場合には，関係監督機関と考えるべきではない．取扱いが企業グループにより行われる場合，他の事業者が取扱いの目的及び手段を決める場合を除き，管理側の事業者の主たる事業所を企業グループの主たる事業所とすべきである（前文(36)項）．

「事業者」(enterprise) とは，「法的形式にかかわらず，経済活動に従事して

いる自然人又は法人をいい，頻繁に経済活動に従事している組合又は団体を含む．」(第4条(18)項)．BCRや中小零細事業者との関係で用いられる．

「企業グループ」(group of undertakings) とは，「管理を行う企業及び管理される企業をいう．」(第4条(19)項)．「企業グループ」は，BCRの規定等で用いられる．GDPRの中で'group of undertakings'が用いられるときは，管理する側とされる側が明確に分離されている場合を指す．

管理側の企業は，所有，経済的参加，それを支配する規律，個人データ保護の規則を実施する権限を有する場合など，他の企業に圧倒的な影響力を行使できる企業であるべきである．関連企業内で個人データの取扱いを管理する企業は，これらの企業とともに，企業グループとみなされるべきである（前文(37)項）．

4.7 監督機関等

GDPRでは，監督機関に関する規定が追加された．後述する通り，EU加盟国の監督機関には強い独立性が求められており，第三国が「十分な保護レベル」を保障している旨の決定を得る際にも，独立性は重要な要素である．

「監督機関」とは，「第51条により加盟国で設立される独立した公的機関をいう．」(第4条(21)項)．

「関係監督機関」とは，「(a)管理者又は取扱者が当該監督機関の加盟国の領域上で設立されている；(b)当該監督機関の加盟国に居住するデータ主体が，取扱いによって実質的に影響を受けており，若しくはその可能性が高い；又は，(c)当該監督機関に苦情が申し立てられていることを理由に，個人データの取扱いによって関係を有する監督機関をいう．」(第4条(22)項)．

4.8 国際機関

「国際機関」とは，「国際公法によって統治されている組織及びその下部団体，又は，2ヶ国以上の国の協定によって若しくはそれに基づき設置されるその他の団体をいう．」(第4条(26)項)．データ保護指令では，十分性決定は「第三国」に対して行うことを前提としていたが，GDPRでは国際機関も十分性決定の対象に加えられている．

4.9 取扱い及びその制限

「取扱い」（processing）は，GDPRの主たる規制対象である．データ保護指令では，「個人データの取扱い（「取扱い」）とは，自動的な手段であるか否かにかかわらず，個人データに対して行われる作業又は一群の作業をいう．この作業とは，収集，記録，編集，蓄積，修正又は変更，復旧，参照，利用，移転による開示，周知又はその他周知を可能なものとすること，整列又は結合，ブロック，消去又は破壊することなどをいう．」（データ保護指令第2条（b）号）と定義されており，「処理」よりも広い意味合いであると理解できる．

GDPRでは，「取扱いは，自動的な手段であるか否かにかかわらず，個人データ又は一群の個人データに対して行われるあらゆる作業又は一群の作業をいう．この作業とは，収集，記録，編集，構成，蓄積，修正又は変更，復旧，参照，利用，移転による開示，周知又はその他周知を可能なものとすること，整列又は結合，制限，消去又は破壊することなどをいう．」（第4条（2）項）と定義されている．両者はほぼ同内容であるが，主な違いは，「構成」が追加され，「ブロック」が「制限」に変更された点である．

「取扱いの制限」とは，将来の個人データの取扱いを制限する目的で，蓄積された個人データに印をつけることをいう（第4条（3）項）．GDPRでは，データ主体の権利の1つに，取扱いを制限する権利が追加された（第18条）．この規定に基づき，データ主体は，個人データを消去したくない場合に，取扱いを制限するよう求める権利を行使できる．

4.10 プロファイリング

「プロファイリング」も「取扱い」の一種であり，個人情報の取扱いがプライバシー及び個人情報保護に与える侵害側面を最もよく表す言葉である．これに関しては，「異議申立権」（第21条）及び「プロファイリングを含む，自動処理による個人に関する決定」（第22条）が規定を置いている．

「プロファイリング」とは，「自然人に関するある一定の個人的な側面を評価するために，特に，当該自然人の業績，経済状況，健康，個人的嗜好，興味，信頼性，行動，位置又は移動に関連する側面を分析し又は予測するために，個人データの利用から構成されるあらゆる形態による個人データの自動的な取扱いをいう．」（第4条（4）項）．

4.11 データ主体の同意

データ主体の同意は，データ保護指令にも定めが置かれている．「データ主体の同意とは，データ主体が自己に関する個人データが取り扱われることへの同意を表明することによって，自由になされた特定のかつ十分に情報を提供された上での意思表示をいう．」（データ保護指令第2条(h)号）と定義されている．「自由」，「特定」，「十分に情報を提供された」という要件は厳格に解釈され，一般的な契約条件に署名をするような行為は「同意」に含まれない．ただし，指令は各国が国内法を制定することによって実施されるという性質を持つことから，加盟国間での捉え方には違いがあり，英国などでは黙示的同意も同意に含まれる場合があると理解されてきた[34]．

GDPRでは，「データ主体の同意」は，「自由になされた，特定の，十分に情報を提供された，かつ，明示的なデータ主体の意思表示であって，本人が，言明又は明らかに積極的な行動のいずれかによって，自己に関する個人データが取り扱われることへの同意を表明するものをいう．」と定められている（第4条(11)号）．データ保護指令と比較すると，「自由」，「特定」，「十分に情報を提供された」という要件に加え，「明示的な同意」が明文化された点に違いがある．

明示的同意には，電子的手段を含む，文書による表明や，口頭での表明などの方法があり，前文では次のように説明されている．

インターネット・ウェブサイトを訪問したときにボックスにチェックを入れることや，情報社会サービスの技術的設定を選択すること，その他，自己の個人データに関して提案された取扱いに，明示的にデータ主体の受諾を示す表明又は行動を含む．そのため，沈黙，事前にチェックされたボックス又は不作為は同意を構成しない．同意は，同じ目的のためのすべての取扱いを包含すべきである．取扱いが複数の目的を有する場合，同意はそのすべてに与えられるべきである．データ主体の同意が電子的手段により求められる場合，その求めは，提供されるサービスの利用に対して，明確，簡潔で，不必要に混乱させるものであってはならない（前文(32)項）．情報社会サービスは，欧州議会及び理事会の指令（EU）2015/1535[35]の第1条1項(b)号で定義されているサービスをいう（第4条(25)項）．それによると，通常は，報酬を伴う，遠隔からの，電子的手段によるサービスであって，サービス利用者が個別に要請するものをいうとされている．

科学研究目的に関しては，次のような同意も認められるべきとされている．

データ収集の時点で，科学研究目的のための個人データの取扱いに関する目的を完全には特定できないことがよくある．そのため，データ主体は，承認された倫理基準に沿っている場合には，一定の科学研究領域への同意を与えられるようにすべきである．データ主体は，意図する目的が許す範囲で，一定の研究領域又は研究計画の一部のみに同意を与える機会を得るべきである（前文(33)項）．

同意の条件は，後述の第7条により具体化されている．

4.12 個人データ侵害

「個人データ侵害」とは，「送信，蓄積又は他に取り扱われる個人データについて，偶発的又は違法な破棄，滅失，改変，無権限開示又はアクセスをもたらすセキュリティ侵害をいう．」（第4条(12)項）．

個人データ侵害が生じた場合には，監督機関への通知及びデータ主体に対する連絡義務が生じる（第33条・第34条）．欧州では，2002年電子通信プライバシー指令の2009年11月25日改正第2条により[36]，データ侵害通知の規定が設けられ，GDPRの中にも侵害通知の規定が盛り込まれた．個人データ侵害通知は，セキュリティ侵害通知と言われることもあり，2013年のOECD改正プライバシー・ガイドラインにも定められている．

「個人データ侵害」の通知義務は，カリフォルニア州が2002年9月26日に民事法典（California Civil Code）を改正することにより制定したセキュリティ侵害通知法がもととなっている[37]．同州のセキュリティ侵害通知法は，州の機関及び州の事業者に対し，州住民の暗号化されていない個人情報が無権限者によって取得されたときには，不当に遅延しない限りでの適切かつ可能な時期に，システムのセキュリティ侵害が生じた事実を本人に通知しなければならない義務等を定めている．500名を超える侵害の場合は，個人識別情報を消去した形で，侵害通知の見本を司法長官に提出しなければならない．この法律については，2015年10月6日に改正法が成立し，2016年1月1日に施行している[38]．

4.13 拘束的企業準則

「拘束的企業準則」（Binding Corporate Rules, BCR）は，データ保護指令のもとで，解釈により認められていた第三国移転方法である．GDPRは，BCRを

明確に定義し，それに関する規定も新設した（第47条）．

BCRとは，「加盟国の領域上に設立された管理者又は取扱者が遵守する個人データ保護方針であって，企業グループ（group of undertakings）又は共同経済活動に従事している事業グループ（group of enterprises）内で，1つ以上の第三国の管理者又は取扱者への個人データの移転又は一群の移転を行うためのものをいう．」（第4条(20)項）．

データ保護指令第25条1項は，個人データについて「十分なレベルの保護」を講じていない第三国に対しては，データの移転を禁じることを可能とする旨の規定を設け，世界的に注目を集めた．BCRは，監督機関により法的に執行可能であること，法令遵守を運用するなど実践的であること，などに留意した「国際データ移転に対する拘束的企業準則」又は「国際データ移転に対する法的に執行可能な企業準則」を策定し，EU内の監督機関が当該ルールを承認した場合には，主に多国籍企業間でのデータ流通が認められる仕組みをいう[39]．データ保護指令は，第26条2項において，管理者が十分な保護措置を示した場合には，十分な保護レベルを保障しない第三国への個人データの移転又は一群の移転を許可することができる旨を定めており，BCRは，この規定に基づき運用されてきたが，GDPRでは，BCRが明文化された．

4.14　その他

「越境的取扱い」（cross-border processing）は新設規定である．これは，（a）管理者又は取扱者が複数の加盟国にわたる個人データの取扱いを行う場合，あるいは，（b）管理者又は取扱者が単一の事業所で個人データを取り扱うが，複数の加盟国のデータ主体に重大な影響を及ぼすか，影響を及ぼす可能性が高い場合をいう（第4条(23)項）．この規定は，主監督機関を定める際に用いられる（第56条）．

「関連性があり理に適った不服申立て」とは，本規則違反が存在するか否か，又は，管理者又は取扱者に関して予定された活動が本規則を遵守するか否かに関する決定草案に対する不服申し立てをいい，データ主体の基本的権利及び自由並びにEU内の個人データの自由な流通に関し，決定草案がもたらすリスクの重大性を明らかに実証するものをいう（第4条(24)項）．監督機関相互の協力に関する規定（第60条）や，欧州データ保護会議による紛争解決（第65条）の規定の中で用いられている．

以上のほか，欧州委員会が提案した段階では，「児童」を18歳未満の者とする定義が設けられていたが，採択版では削除されており，その代わり，児童の同意条件に関する規定の中で，16歳未満と定められている（第8条1項）．

第3節　諸原則

第2章の「諸原則」は，第5条から第11条で構成される．

1　個人データの取扱いに関する諸原則

第5条「個人データの取扱いに関する諸原則」は，個人データを取り扱う際の中核となる原則である．

「1　個人データは，次に掲げる事項を満たさなければならない：
　（a）データ主体に関して，適法，公正，かつ透明性のある態様において取り扱われる（「適法性，公正性及び透明性」）；
　（b）特定の，明示的な，かつ適法な目的のために収集され，それらの目的に合致しない方法におけるさらなる取扱いはなされない．公益におけるアーカイブ目的でのさらなる取扱い，科学的若しくは歴史的研究目的，又は統計目的のためのさらなる取扱いは，第89条（1）項に従い，当初の目的に合致しないものとはみなされない（「目的制限」）；
　（c）それらが取り扱われる目的との関連で，適切であり，関連性があり，必要なものに限られる（「データ最小化」）；
　（d）正確かつ必要な場合には最新に保つ．不正確な個人データは，取扱目的を考慮に入れ，遅滞なく消去し又は訂正することを確実に行うためのあらゆる合理的措置を講じなければならない（「正確性」）；
　（e）個人データの取扱目的のために必要な期間に限り，データ主体を識別できる形式にて保持される．個人データが，データ主体の権利及び自由を保護するために，本規則が求める適切な技術的及び組織的措置が講じられることを条件に，第89条（1）に従い，公益におけるアーカイブ目的，科学的若しくは歴史的研究目的又は統計目的を達成するためだけに取り扱われる限りにおいて，それ以上の期間にわたり個人データを保存することができる（「保存制限」）；

（f）適切な技術的又は組織的措置を用いて，無権限又は違法な取扱い，及び，偶発的紛失，破棄又は損壊からの保護を含め，個人データの適切なセキュリティを保障する態様で取り扱われる（「完全性及び機密性」）．
2　管理者は，1項に責任を負い，その遵守を立証できなければならない（「説明責任」）．」

　前文では，透明性の原則について，特に紙幅を割いて説明が加えられている．自然人にとって，自己の個人データが収集され，利用され，参照され，その他取り扱われること，また，個人データがどの程度取り扱われ又は取り扱われようとしているかについて，透明であるべきである．透明性の原則は，個人データの取扱いに関するあらゆる情報が，容易にアクセス及び理解でき，かつ，明確かつ平易な言語を用いるよう求めている．その原則は，管理者の身元，取扱目的及びその他の情報のデータ主体への通知，並びに，自己に関して取り扱われている個人データについての確認及び情報を得る権利と特に関係する．自然人は，個人データの取扱いについてのリスク，規律，安全保護及び権利，並びに，自己の権利の行使方法を認識すべきである．特に，個人データを取り扱うための特定の目的は，明確かつ適法であるべきで，個人データ収集時に決定されるべきである（前文第(39)項）．

　保存制限については，特に，個人データの保存期間を厳格に最小限に限ることの保障が求められる．すなわち，個人データの取扱いは，他の手段では取扱目的を合理的に達成できない場合に限るべきであり，個人データが必要な期間を超えて保持されないようにすべく，管理者が保障するか定期的な見直し行うべきである（前文第(39)項）．

　GDPRの諸原則は，基本的にはデータ保護指令を引き継いでいるが，各原則に名称が付されたことと，透明性，完全性及び機密性が追加された点に違いがある．また，科学的若しくは歴史的研究目的又は統計目的について，目的制限や保存期間の制限が緩和される点は，データ保護指令にも類似規定が存在している．ただし，GDPRでは，データ最小化などの保護措置を定めた第89条1項の要件を満たす必要がある．

2　適法な取扱い

　第6条は「取扱いの適法性」を定め，そのうち1項は，前条1項(a)号の

「適法性」を満たすための要件を定めている．データ保護指令は，第6条「データ内容に関する諸原則」の中に5つの原則を掲げ，第7条において「データ取扱いの適法性の基準」を定めている．GDPRは，概ねデータ保護指令を踏襲する形で，第5条に諸原則を設け，第6条で適法性の基準を定めているが，より具体的に定めている．

　第6条1項の定めは次の通りである．

「1　取扱いは，少なくとも次に掲げる項目の1つが適用される場合に限り，そしてその範囲においてのみ，適法に取り扱われるものとする：
　（a）データ主体が，一つ以上の特定の目的のために自己の個人データを取り扱うことに同意を与えた場合；
　（b）データ主体が当事者である契約を履行するため，又は，契約締結前にデータ主体の要請に基づく措置を講じるために，取扱いが必要である場合；
　（c）管理者が服する法的義務を遵守するために取扱いが必要である場合；
　（d）データ主体又は他の自然人の重大な利益を保護するために取扱いが必要である場合；
　（e）公の利益，又は，管理者に付与された公的権限を行使する際に実施される業務を遂行するために取扱いが必要である場合；
　（f）管理者又は第三者によって追求される適法な利益のために取扱いが必要である場合．ただし，とりわけ，データ主体が児童である場合に，個人データ保護を求めるデータ主体の利益又は基本的権利及び自由が当該利益に優越する場合はこの限りでない．（f）号前段は，公的機関が職務を遂行する際に実施する取扱いには適用されない．」

　EUでは「同意」は非常に厳格に解釈されており，データ保護指令においても「特定の」「情報を与えられた」「自由な」という要件を満たすことが求められてきた．そのため，標準的な契約を事業者ないしは雇用者等があらかじめ用意しており，消費者ないしは従業員側に選択の余地がない場合や，約款の中に同意条項が含まれるような場合には，同意の要件を満たすことは困難である．また，同意は項目を列挙する形で個別に付与することが必要であり，包括的な

同意は認められない[40].

上記各号に関する前文の説明は，概ね次の通りである．

（c）号の管理者が服する法的義務については，個別の取扱いのための特別な法を求めるものではない．管理者が服する法的義務に基づく取扱業務のための根拠法か，公益のために取り扱われ，又は，公的権限を行使する際の職務遂行に必要であれば十分である．取扱目的を決定するためのEU法又は加盟国法もある．当該法は，個人データ取扱いの適法性に関する本規則の一般条件を指定し，管理者を決定する細目，個人データの類型，データ主体，個人データの開示先となる事業者，目的制限，保存期間及び適法かつ公正な取扱いを保障する他の措置を設けることができる．また，EU法又は加盟国法は，公益のために取扱いを行い又は公的権限を行使する管理者が，公法によって統制される公的機関等であるべきか，又は，職能団体などが公衆衛生，社会的保護，保健医療サービス管理等の公益活動を行う場合に，私法により規律すべきか否かを決定すべきである（前文(45)項）．

（d）号は，原則として，明らかに他の法的根拠に基づくことができない場合に限り適用される．伝染病及びその拡散の監視，又は，自然災害及び人為的災害に関する状況などの人道的な緊急事態に関する状況が含まれる（前文(46)項）．

（f）号は，データ主体が管理者の顧客である場合等，データ主体と管理者間に適切な関係がある場合に存在する．データ主体が，個人データ収集時とその状況において，当該目的のための取扱いが行われ得ることを合理的に予測できるか否かを含め，適法な利益の存在は慎重に評価すべきである．データ主体がさらなる取扱いを合理的に予測しない場合には，データ主体の利益及び基本的権利が優越する．公的機関の職務遂行に適用されないのは，立法機関が法的根拠を与えるからである．また，詐欺防止目的の場合は，管理者の適法な利益がある．ダイレクト・マーケティング目的のための個人データの取扱いは，適法な利益のために行うものとみなすことができる（前文(47)項）．管理者又は第三者が追求する適法な利益は，営利目的の場合にも認められる[41]．

ネットワーク及び情報セキュリティを保護するために，真に必要かつ均衡の取れた範囲で個人データを取り扱うことは，管理者の適法な利益を構成する．すなわち，ネットワーク及び情報システムが，蓄積又は移転される個人データの可用性，信憑性，完全性及び機密性を損なう故意又は偶発的事象に対し，一定の信頼レベルで抵抗する能力，並びに，公的機関，コンピュータ緊急対応チ

ーム（CERTs），コンピュータセキュリティ事象対応チーム（CSIRTs）等が行うセキュリティサービスである．これには，例えば，電子通信ネットワークへの無権限アクセスや悪意あるコードの拡散を防止すること，また，「サービス拒否」攻撃及びコンピュータ及び電子通信ネットワークシステムへの損害を止めることが含まれる（前文第(49)項）．

次に，2項及び3項は，1項(c)号（管理者が服する法的義務）及び(e)号（公益又は公的権限行使）に関する特別な規定を設けている．

加盟国は，1項(c)号及び(e)号を遵守するための国内法を制定することができる．すなわち，第9章で定める他の特別な取扱状況を含め，取扱いに関するより正確で具体的な義務及び適法かつ公正な取扱いを保障するための措置を定めることが認められる（2項）．

1項(c)号及び(e)号に定める取扱いの根拠は，(a)EU法，又は，(b)管理者が服する加盟国の国内法によらなければならない．1項(e)号について，EU法又は加盟国法は，取扱いの適法性を管理する一般的条件，データの種類，データ主体，個人データの開示を受ける事業者及び目的，目的制限，保存期間，第9章で定める特別な取扱い状況のための措置を含む取扱業務及び取扱手続等，本規則に適合させるための具体的規定を定めることができる．係る法は公益目的に合致し，追求される適法な目的と均衡が取れていなければならない（3項）．

ここでいう法的根拠又は立法措置は，必ずしも議会による立法行為である必要はなく，当該加盟国の憲法秩序に従った義務を侵すものではない．ただし，当該法的根拠又は立法措置は，明確かつ簡潔であるべきであり，その適用は，欧州司法裁判所（「司法裁判所」）及び欧州人権裁判所の判例法に従い，それに服する人にとって予見可能であるべきである（前文(41)項）．

4項は目的外の取扱いを定めている．個人データの収集目的以外の取扱いが，データ主体の同意に基づかず，又は，第23条1項（EU法又は加盟国法による適用制限）に基づかない場合，管理者は，目的外の取扱いが個人データの当初の収集目的に矛盾しない（compatible）ことを確認するため，特に，(a)個人データの収集目的とさらなる取扱目的の関連性，(b)特にデータ主体と管理者間の関係について，個人データが収集された状況，(c)個人データの性質であって，特に，第9条に基づく特別な種類の個人データ又は第10条に基づく有罪判

第2章　EU一般データ保護規則　　　　　　　　　　　　77

決又は犯罪に関する個人データが取り扱われるか否か，(d)さらなる取扱いがデータ主体にもたらし得る結果，(e)暗号化又は仮名化を含む適切な保護措置の存在を考慮に入れなければならない（4項）．

　前文の説明は概ね次の通りである．

　取扱いが，公益又は管理者に付与された公的権限を行使するために必要な場合は，EU法又は加盟国法は，矛盾しておらず適法であるとみなすべき職務と目的を定めることができる．公益，科学的若しくは歴史的研究目的，又は統計目的を達成するためのさらなる取扱いは，矛盾していないとみなすべきである．EU法又は加盟国法による場合も，さらなる取扱いのための法的根拠を提供することができる．データ主体が同意をした場合又は第23条に基づく場合，管理者は，目的の適合性にかかわらず，個人データのさらなる取扱いを認められるべきである．いずれにせよ，本規則の諸原則，及び，他の目的に関するデータ主体への情報，及び，異議申立権を含む個人の権利は保障されるべきである．管理者において，犯罪行為又は公共の安全へ脅威をもたらす可能性を示唆し，所管機関に対して関連する個人データを送信することは，管理者が追求する適法な利益があるとみなすべきである．ただし，係る取扱いが守秘義務に沿わない場合は禁止されるべきである（前文(50)項）．

3　同意の条件

　第7条の「同意の条件」は，データ保護指令には存在しなかった新設規定である．

「1　取扱いが同意に基づく場合，管理者は，データ主体が自身の個人データの取扱いに対して同意したことを証明できなければならない．
　2　データ主体の同意が他の事項にも関わる書面において与えられている場合には，その同意の要請は，明瞭かつ平易な文言を用いて，理解しやすくかつ容易にアクセスし得る形で，係る他の事項と明らかに区別できる態様によって示されなければならない．本規則違反を構成するあらゆる宣言は拘束力がないものとする．
　3　データ主体は，いつでも同意を撤回する権利を有する．同意の撤回は，撤回前の同意に基づく取扱いの適法性には影響を与えない．同意付与に先立ち，データ主体はその旨を通知されなければならない．同意付与と同じく同

意撤回は容易でなければならない．

　4　同意が自由になされているか否かを評価する際，特に，サービス提供を含め，契約の履行が当該契約の履行に必要のない個人データの取扱いに対する同意を条件としているか否かに最大限の考慮を払わなければならない．」

　GDPR 第7条は，「同意の条件」として，管理者の証明責任（1項），文書上の同意付与の際に他の事項と区別し，データ主体が理解しやすい態様で同意を要請すること（2項），データ主体の将来に向けた同意撤回権（3項），同意の任意性を判断する際に，契約履行に同意を条件づけているか否かを確認すること（4項）を定めている（本章第2節4.11参照）．
　前文は，同意について紙幅を割いて説明を行っている．
　2項について，管理者が事前に策定した同意の宣言は，理事会指令93/13/EEC[(42)]に従い，明確かつ平易な言語を用いて，理解しやすく容易に入手できる形式で与えられるべきであり，不公正な文言を含むべきではない．十分に情報を与えられた同意を行うために，データ主体は，少なくとも管理者の身元，及び，意図した個人データの取扱目的を認識すべきである．同意は，データ主体が本心からの自由な選択を行っておらず，又は，同意の拒否や撤回ができない場合は，自由に与えられたものとみなすべきではない（前文(42)項）．
　上記の理事会指令では，個々に交渉されておらず，当事者間の権利義務に重大な不均衡をもたらすような契約条件である場合や，事前に起草された標準契約などで，消費者が条件内容に影響を与えることができない場合は，不公正とみなされることなどが定められている．
　続いて，前文は，自由な同意付与に関して，次のように説明している．
　データ主体と管理者間に明確な不均衡がある場合，特に，管理者が公的機関であるために，特別の状況で同意を自由に与えた可能性が低い場合には，個人データを取り扱うための有効な法的根拠とすべきではない．また，同意は，もし個別に行うことが適切であるにもかかわらず，別の個人データ取扱業務で個別の同意を認めない場合，又は，サービス提供を含む契約履行の場合に，当該同意が係る履行に必要でないにもかかわらず，同意に依拠する場合には，自由に与えられなかったとみなされる（前文(43)項）．

　また，第8条は「情報社会サービスに関する児童の同意に適用できる条件」

第2章　EU一般データ保護規則　　　79

を定め，オンラインサービスを受ける児童に関する特別な規律を設けている．具体的には，情報社会サービスを児童に直接提供する際に，16歳以上の児童が同意を与えた場合，及び，16歳未満の場合は保護責任者の同意がある場合に，取扱いは適法となる．加盟国は，13歳未満でないことを条件に，低年齢者に関する法の定めを置くことができる（1項）．管理者は，利用可能な技術を考慮に入れ，同意を証明するための合理的努力を払わなければならない（2項）．1項は，加盟国の一般契約法には影響を与えない（3項）．

　米国には，1998年児童オンライン・プライバシー保護法[43]という法律がある．この法律は，商用目的のウェブサイトやオンラインサービスの管理者を対象として，13歳未満の児童からインターネット上を通じて個人情報を収集する場合に，事前に保護責任者の同意を得ることを義務づけるとともに，親に対しては，児童が提供した個人情報へのアクセス権を認めている[44]．GDPR第8条は，児童オンライン・プライバシー保護法の規定と部分的に類似しているが，取扱いを対象とすることと，児童を16歳以上としている点が異なる．

4　特別な種類の個人データ

　第9条「特別な種類の個人データの取扱い」は，いわゆるセンシティブデータに関する規定である．データ保護指令第8条にも類似の規定は存在するものの，GDPRでは，取扱禁止の原則以外は大幅に見直されている．

　同条は，人種又は民族的出自[45]，政治的思想，宗教又は信念，労働組合への加入を明らかにする個人データの取扱い，及び，遺伝データ，自然人を固有に識別することを目的とする生体データ[46]，健康関連データ又は自然人の性生活若しくは性的嗜好に関するデータの取扱いを原則として禁止する（1項）．遺伝データ，生体データ及び性的嗜好に関するデータが新たに追加された．

　1項の禁止は，基本的権利及び自由に重大な影響を与えることを理由とする．特別な種類の個人データには，特別の規定に加えて，適法な取扱いのための諸条件などの他の規律も適用される（前文(51)項）．

　ただし，(a)データ主体が明示的な同意を与えた場合[47]，(b)雇用及び社会保障並びに社会保護法の分野において，管理者又はデータ主体が義務を履行し及び特定の権利を行使するため[48]，(c)データ主体が物理的又は法的に同意を与えることができない場合に，データ主体又は他の自然人の重要な利益を保護するため，(d)政治，哲学，宗教若しくは労働組合の目的を持つ団体等に

よる適切な保護措置を備えた，適法な活動の過程で取扱いが実施される場合[49]，（e）データ主体が明示的に公開した個人データである場合，（f）法的請求の確定，行使若しくは防御[50]，又は，裁判所が司法権を行使するため，（g）EU法又は加盟国法[51]に基づき，重要な公の利益を理由とする場合，（h）予防医療又は職業医療のため[52]，（i）公衆衛生分野[53]における公益を理由に取扱いが必要な場合であって，データ主体の権利又は自由，特に職業上の守秘義務を保護するための適切かつ具体的措置を定めるEU法又は加盟法に基づく場合[54]，（j）公益，第89条1項に基づく科学的若しくは歴史的研究目的又は統計目的を達成するため[55]，という要件のいずれかに該当する場合は，取扱いが認められる（2項）．（a）号から（f）号まではデータ保護指令にも類似規定が置かれていたが，（g）号以下はGDPRで追加された．

特別な種類の個人データの取扱いに関する例外は，明示的に規定すべきとされている（前文(51)項）．

（j）号の公益には，憲法又は国際公法が定める目的を達成するために公的機関が個人データを取り扱う場合や，公に承認された宗教団体が個人データを取り扱う場合などが該当する（前文(55)項）．また，選挙活動の際に，加盟国での民主主義制度に基づき，政党が人々の政治的意見に関する個人データを集める必要がある場合には，適切な保護措置が講じられることを条件に，公益に該当し得る（前文(56)項）．

特別な種類の個人データは，EU法若しくは加盟国法に基づき専門家が守秘義務に服する場合等には，2項(h)号に定める目的で取り扱うことが認められる（3項）．加盟国は，制限を含め，遺伝データ，生体データ又は健康関連データの取扱いに関して，さらなる条件を維持又は導入することができる（4項）．

4項に関しては，加盟国の定める条件が当該データの越境的取扱いに適用されるときに，個人データの自由な流通を妨げるべきではないとの留保が付されている（前文(53)項）．

第10条「有罪判決及び犯罪に関する個人データの取扱い」は，特別な種類のデータではないが，取扱いに条件が付されている．有罪判決及び犯罪に関する個人データ若しくは第6条1項に基づく安全保護措置に係る個人データは，公的機関の管理下においてのみ取り扱われるか，又は，データ主体の権利及び自

由のために適切な保護措置を定めるEU法若しくは加盟国法によって認められている場合にのみ取り扱われる．有罪判決に関するあらゆる包括的記録は公的機関の管理下においてのみ保持される．

5　識別を要しない取扱い

　第11条「識別を要しない取扱い」は，管理者が個人データを取り扱う際に，データ主体の識別を要求しないか，又は，もはや要求しなくなった場合には，本規則を遵守するためだけに，追加情報を維持，取得又は取り扱う義務を課せられないことを定めた規定である（1項）．その場合，管理者は，データ主体を識別する立場にないことを立証できなければならず，可能であれば，それをデータ主体に通知しなければならない．また，データ主体が第15条から第20条に基づく権利（アクセス権，訂正権，消去権（「忘れられる権利」），取扱制限の権利，訂正等に関する通知義務，データ・ポータビリティの権利）を行使する目的で自らを識別できる追加情報を提供する場合を除き，これらの条項は適用されない（2項）．

　この規定について，管理者は，データ主体が権利行使を行うために追加情報を提供することを拒むべきではないとされている．また，識別情報には，オンラインサービスにログインするための資格情報など，データ主体のデジタル識別情報が含まれる（前文(57)項）．

第4節　データ主体の権利

1　第3章「データ主体の諸権利」の構成

　第3章「データ主体の諸権利」は，第1節「透明性及び手続」，第2節「情報及び個人データへのアクセス」，第3節「訂正及び消去」，第4節「異議申立権及び自動処理による個人に関する決定」，第5節「諸制限」で構成される．第1節から第4節までの権利に違反した場合は，最大2,000万ユーロ，又は企業の場合は前会計年度の全世界の年間総売上の4％までの，いずれか高い方の，制裁金の対象となる（第83条5項）．

　データ保護指令は，アクセス権を定めるにとどまっていたが，GDPRはその規定を充実させている．GDPRは，第5条の諸原則の最初に「透明性」という言葉を取り入れ，第3章でも，第1節に「透明性及び手続」という節を設けた

ことからすれば，透明性の重要性が認識されているものと考えられる．

2 第1節 透明性及び手続

第1節「透明性及び手続」は，第12条「データ主体が権利を行使するための情報，通知及び手続の透明性」で構成され，同条は，管理者に対し，データ主体への情報提供を義務づけた規定である．

管理者は，取扱いについて，データ主体に対し，特に児童に向けられたあらゆる情報に関しては，明瞭かつ平易な文言を用いた，簡潔で，透明で，理解しやすくかつ容易にアクセスし得る形態で，第13条及び第14条（データ主体から個人データを収集した場合及び取得しなかった場合に提供すべき情報）に定める情報，並びに，第15条から第22条（アクセス権，訂正権，消去権（「忘れられる権利」），取扱制限への権利，個人データの訂正等に関する通知義務，データ・ポータビリティの権利，異議申立権，プロファイリングを含む自動処理による個人に関する決定）及び第34条（データ主体への個人データ侵害の連絡）に基づく通知を提供するための適切な措置を講じなければならない．その情報は，電子的手段を含め，書面又は他の手段により提供されなければならない．データ主体の身元を証明できるときには，その求めに応じて情報を口頭で提供することができる（1項）．

管理者は，第15条から第22条に基づくデータ主体の権利行使を容易にしなければならない．第11条2項（識別を要しない取扱い）に定める場合，管理者は，自らがデータ主体を識別する地位にないことを証明しない限り，上記の各権利行使に関して，データ主体の請求を拒んではならない（2項）．管理者は，データ主体に対し，過度に遅滞することなく，また，請求を受領してから1ヶ月以内に，各請求により取った行動を伝えなければならない．当該期間は2ヶ月まで延長できるが，管理者からデータ主体に対し，その理由とともに延長の旨を伝えなければならない．データ主体の求めがある場合，可能であれば電子的手段により情報を提供しなければならない（3項）．個人データが電子的手段で取り扱われるときは，電子的な請求手段を与えるべきである（前文(59)項）．

管理者は，請求に応じない場合は，データ主体に対し，その理由，監督機関への不服申立及び司法救済が可能であることを，遅くとも請求受領から1ヶ月以内に通知しなければならない（4項）．

上記の情報提供ないし通知，及び，管理者の行為は無料で行われる．データ

主体の請求が明らかに根拠を持たず又は過度である場合，特に繰り返されるときには，管理者は，合理的な手数料を請求するか，請求を拒否することができる．管理者は，根拠がないこと等の証明責任を負う（5項）．管理者は，第15条から第21条に定める請求を行う自然人の身元に合理的疑いを持つ場合，データ主体に追加情報の提供を求めることができる（6項）．

第13条及び第14条に基づく情報は，わかりやすく明確に判読できる方法で提供され，標準化アイコンと組み合わせることができる（7項）．欧州委員会は，アイコンが示す情報及び標準化アイコンを提供するための手続を決定するために，第92条に基づく委任行為を採択する権限を有する（8項）．

3　第2節　情報及び個人データへのアクセス

第2節「情報及び個人データへのアクセス」は，第13条から第15条で構成される．

3.1　データ主体から個人データを収集する場合に提供すべき情報

第13条は，「データ主体から個人データを収集する場合に提供すべき情報」を定める．

データ主体に関する個人データがデータ主体から収集される場合，管理者は，取得の際に，データ主体に対し，（a）管理者又は代理人の身元及び連絡先，（b）データ保護責任者の連絡先，（c）予定する個人データの取扱目的，取扱いの法的根拠，（d）取扱いが第6条1項（f）号（管理者又は第三者によって追求される適法な利益のために取扱いが必要である場合）に基づく場合，管理者又は第三者が追求する適法な利益，（e）個人データの受領者又はその種類，（f）管理者が個人データを第三国若しくは国際機関に移転する意図を有している事実，及び，欧州委員会による十分性決定の存否に関する事実，又は，第46条（適切な安全保護措置）若しくは第47条（拘束的企業準則），若しくは第49条1項後段に定める移転（移転を十分性決定又は適切な安全保護措置に基づかせることができず，特定の状況のための例外規定を適用できない場合）の場合に，妥当な若しくは適切な保護措置への参照情報，及び，それらの写しを取得する方法等に関するすべての情報を提供しなければならない（1項）．

加えて，管理者は，追加情報として，（a）個人データの保存期間又は当該期間を決定するための基準，（b）個人データへのアクセス及び訂正若しくは消去，

データ主体に関する取扱いの制限，取扱いへの異議及びデータ・ポータビリティを管理者に求める権利の存在，（c）取扱いが第6条1項（a）号（データ主体が1つ以上の特定の目的のために自己の個人データを取り扱うことに同意を与えた場合）又は第9条2項（a）号（特別な種類の個人データの取扱いについてデータ主体が明示的な同意を与えた場合）に基づく場合に，いつでも同意を撤回する権利の存在[56]，（d）監督機関への不服申立権，（e）個人データの提供が制定法ないしは契約上の義務であるか否か，契約締結の必要条件，データ主体への個人データ提供義務の有無，当該データを提供しないことにより起こり得る結果，（f）プロファイリングを含む，自動処理による個人に関する決定の存在，その場合には，関連する論理についての意味ある情報，当該取扱いがデータ主体に与える結果の重大性及び予測される結果を提供しなければならない（2項）．管理者が，個人データを収集目的以外に取り扱おうとする場合，データ主体に対し，他の目的に関する情報，2項に定める追加情報を事前に提供しなければならない（3項）．

　1項から3項は，データ主体が既に情報を有している場合には適用されない（4項）．

3.2　データ主体から個人データを取得しなかった場合に提供すべき情報

　第14条は，「データ主体から個人データを取得しなかった場合に提供すべき情報」を定めている．提供すべき情報は第13条とほぼ同内容ではあるが，（d）号は，関連する個人データの種類とされている（1項）．

　管理者が提供すべき追加情報については，第13条と比較すると1項目多い．取扱いが第6条1項（f）号に基づく場合には，管理者又は第三者が追求する適法な利益（2項（b）号），個人データを生成した情報源，及び，該当する場合には，公にアクセスできる情報源から得られたものであるか否か（2項（f）号）を提供しなければならないとされており，第13条2項（e）号に相当するものはない．データ主体から直接に個人データを取得しなかった場合，管理者又は第三者が追求する利益（第6条1項（f）号）は，2項の追加情報に位置づけられている．

　2項（f）号については，様々な情報源が用いられてきたために個人データの情報源をデータ主体に提供できない場合には，一般的な情報を提供すべきとされている（前文(61)項）．

管理者は，1項及び2項に定める情報について，(a)個人データが取り扱われる具体的状況を考慮に入れ，個人データの取得後合理的期間内，ただし，遅くとも1ヶ月以内に，(b)データ主体に連絡を取るために個人データを用いる場合は，遅くとも当該データ主体に最初に連絡をした時点，又は，(c)他の受領者への開示を予定する場合は，遅くとも個人データが他の受領者に最初に開示される時点で提供しなければならない（3項）．

管理者が，個人データを収集目的外で取り扱おうとする場合，データ主体に対し，当該他の目的に関する情報及び2項に定めるあらゆる関連する追加的情報を事前に提供しなければならない（4項）．

1項から4項は，(a)データ主体が既に情報を有している場合，(b)情報提供が不可能又は過度に困難な場合であって，特に，第89条(1)項に定める条件及び保護措置に基づき，公益目的，科学的若しくは歴史的研究目的又は統計目的を達成するための取扱い[57]，(c)取得又は開示が管理者の服するEU法又は加盟国法に定められている場合，(d)EU法又は加盟国法に基づく職業上の守秘義務が課せられる場合等には適用されない（5項）．(b)号に関しては，データ主体の数，データの古さ，及び，採用されたあらゆる適切な保護措置を考慮すべきとされている（前文(62)項）．

3.3 アクセス権

第15条は，「データ主体のアクセス権」を定める．データ保護指令の「アクセス権」は，データ主体への情報提供，データの訂正，消去又はブロックを含んでいたが，GDPRではそれぞれの権利について独立の規定が設けられている．

第15条は，データ主体に対し，管理者から，自己に関する個人データが取り扱われているか否かの確認を得る権利，並びに，個人データ及び所定の情報にアクセスする権利を与えている（1項）．所定の情報とは，(a)取扱目的，(b)個人データの種類，(c)個人データの受領者又はその種類（特に第三国又は国際機関の受領者），(d)個人データの保存予定期間又は当該期間の決定に用いる基準，(e)個人データの訂正若しくは消去，個人データの取扱制限，異議申立に関する各権利の存在，(f)監督機関への苦情申立権，(g)個人データがデータ主体から収集されない場合の情報源，(h)プロファイリングを含む，自動処理による個人に関する決定の存在，その場合には，関連する論理についての意味ある情報，当該取扱いがデータ主体に与える結果の重大性及び予測される結

果である.

　前文によると，アクセス権は，取扱いの適法性を認識し，確認するための制度とされる．これには，例えば，診断，検査結果，治療を行う医師の評価，及び，あらゆる治療又は医療行為（intervention）を含む医療記録内のデータなど，データ主体が自己の健康に関するデータにアクセスする権利が含まれる．可能な場合には，管理者は，データ主体に対し，安全なシステムへのリモートアクセスを提供できるようにすべきである．管理者がデータ主体に関する大量の情報を取り扱っている場合には，管理者は，事前に，請求に関連する情報又は取扱行為を特定するようデータ主体に要求できるようにすべきである（前文(63)項）．

　次に，個人データが第三国又は国際機関に移転される場合，データ主体は，第46条に基づく適切な保護措置についての通知を受ける権利を有する（2項）．管理者は，取り扱っている個人データの写しを提供しなければならない．データ主体が追加の写しを要求した場合には合理的な手数料を徴収することができる．データ主体が電子的手段により請求した場合には，共通に用いられる電子的形式で情報を提供しなければならない（3項）．写しを得る権利は，他者の権利及び自由に悪影響を及ぼしてはならない（4項）．

　4項の関連で，影響を受ける他者の権利等は，営業秘密又は知的財産，及び，特にソフトウェアを保護する著作権を含むが，それらを考慮することで，データ主体へのすべての情報の提供を拒否すべきではない（前文(63)項）．

　管理者は，特に，オンラインサービス及びオンライン識別子の文脈において，アクセスを求めるデータ主体の身元を確認するために，すべての合理的手段を用いるべきである．管理者は，請求の可能性に対応するためだけに，個人データを保有すべきではない（前文(64)項）．

3.4 訂正及び消去

　第3節「訂正及び消去」は，第16条から第20条で構成される．この節の中に，日本でも注目を集めた「忘れられる権利」や「データ・ポータビリティの権利」が含まれている．

3.4.1 訂正権

　第16条「訂正権」は，データ主体に対し，過度に遅滞することなく，管理者

に自己に関する不正確な個人データを訂正させる権利を与えている．データ主体は，取扱目的を考慮に入れ，補足的説明を与える方法を含め，不完全な個人データを完全にする権利を有する．

3.4.2 訂正及び消去 —— 消去権（「忘れられる権利」）[58]
(1) GDPR
　第17条は，欧州委員会提案の当初から各国で話題に上ってきたが，最終採択版では次のような定めとなった．

「1　次に掲げる根拠の1つが適用される場合，データ主体は，過度に遅滞することなく，自己に関する個人データを管理者に消去させる権利を有し，また，管理者は，過度に遅滞することなく，個人データを消去する義務を負う：
　（a）その個人データが，収集され又は他に取り扱われる目的との関連で，もはや必要でない場合；
　（b）データ主体が，取扱いの根拠となる第6条1項（a）号又は第9条2項（a）号に基づく同意を撤回し，かつ，取扱いのための他の法的根拠がない場合；
　（c）データ主体が，第21条1項に基づき取扱いへの異議を申し立て，かつ，取扱いのための優越する法的根拠がない場合，又は，データ主体が第21条2項に基づき取扱いへの異議を申し立てた場合；
　（d）個人データが違法に取り扱われた場合；
　（e）管理者が服するEU法又は加盟国法における法的義務を遵守するため，個人データを消去すべき場合；
　（f）第8条1項に定める情報社会サービスの提供との関連で，個人データが収集された場合．
2　管理者が個人データを公開しており，1項に基づき個人データを消去する義務を負う場合，管理者は，利用可能な技術及び実施費用を考慮に入れ，その個人データを取り扱っている管理者に対し，データ主体が，当該個人データのあらゆるリンク又は写し若しくは複製の消去を当該管理者に請求した旨を通知するために，技術的措置を含む合理的措置を講じなければならない．
3　1項及び2項は，取扱いが次に掲げるものに必要な範囲で適用されな

い：
　（a）表現及び情報の自由の権利を行使するため；
　（b）管理者が服するEU法若しくは加盟国法により，取扱いが義務づけられる場合の法的義務を遵守するため，又は，公益若しくは管理者に委ねられた公的権限行使において実施される職務を遂行するため；
　（c）第9条2項(h)号及び(i)号，並びに第9条3項に従い，公衆衛生分野における公益を理由とするため；
　（d）1項に定める権利が不可能か，又は，当該取扱目的の達成を著しく損なう可能性が高い限りにおいて，第89条1項に従い，公益目的，科学的若しくは歴史的研究目的又は統計目的を達成するため；あるいは，
　（e）法的請求の確立，行使又は防御のため.」

　この権利は，特に，データ主体が児童の頃に，取扱いのリスクを十分に認識しないうちに同意を与え，後に，インターネット上でその個人データを消去したくなった場合に関係する．データ主体が児童でなくなったとしても当該権利を行使できるようにすべきである．ただし，表現の自由等の一定の場合には適用除外される．オンライン環境における忘れられる権利を強化するために，消去権は2項によって拡大されるべきである（前文(65)-(66)項）．

（2）　欧州委員会提案との比較
　欧州委員会提案の第17条「忘れられる権利及び消去権」との比較では，消去権の行使が認められる要件はGDPRと概ね共通するが，GDPRの1項(e)号及び(f)号は新たに追加されたものである．欧州委員会提案の中で，法文上に「データ主体が児童であった頃」という文言が用いられていた部分について，GDPRでは1項(f)号がそれに相当する．GDPRの2項については，欧州委員会提案にも同旨の規定が置かれていた．また，3項では(e)号が追加された．
　欧州委員会提案では，消去が行われた場合，管理者は，他の用途に当該データを用いてはならないことや，個人データを消去するための時間制限を設け，データ保存の必要性を定期的に審査するための仕組みを設けなければならないことなどが定められていたが，GDPRでは削除された．例外規定との関係では，欧州委員会提案とGDPRは概ね同旨であるが，同委員会提案は消去に代わる取扱制限の規定を4項で設けており，それを「忘れられる権利」の例外に位置

づけていた（GDPRの取扱制限は第18条.）.

　欧州委員会提案では，忘れられる権利に故意又は過失により違反した場合，監督機関は，50万ユーロ，又は，企業の場合は全世界の総売上の1％までの制裁金を課すことができるとされていたが，GDPRでは厳格化された.

　タイトルに用いられている「忘れられる権利」という言葉は，2014年3月12日の欧州議会採択版によって，「消去権」に修正されたが，GDPRでは，「消去権（「忘れられる権利」）」として復活した.

（3）　忘れられる権利に関する判決[59]

　日本国内で主に注目を集めたのは，「忘れられる権利」という言葉，管理者による第三者への消去要請の通知義務，高額な制裁金であった.

　しかし，「忘れられる権利」は確かに目を引く言葉ではあるが，必ずしも新しい権利ではなく，データ保護指令第12条(b)号及び同条(c)号を受け継いだものである. 同条の「アクセス権」は，データ主体に対し，(a)号に基づき，情報取得権，(b)号に基づき，データの訂正，消去又はブロックの権利，(c)号に基づき，データが既に開示されている第三者に対する訂正，消去又はブロックの通知を管理者に行わせる権利をそれぞれ付与している. ただし，(c)号は，それが不可能であり又は過度の困難を伴う場合はこの限りではないという留保が付されている.

　このように，個人データの消去権も拡散停止のための権利も，データ保護指令に定められており，忘れられる権利は，データ保護指令第12条(b)号の定める消去権を精緻化し，具体化したものとされる. また，GDPRは，第18条で取扱制限の権利も導入しており，多義的な用語である「ブロッキング」という言葉を回避している.

　ところで，この権利は，フランス法の忘却権（le droit à l'oubli: the right of oblivion）が起源であるといわれているが，インターネット上の情報消去ないしは表示停止を求める権利の存否をめぐっては，各国裁判所での判決等が報じられている[60].

　例えば，アイルランドの高等法院は，2013年5月16日，タクシー料金不払いの濡れ衣を着せられた者に関して，その原因となったビデオ及び誹謗中傷データを14日以内に消去するよう，ユーチューブ，グーグル，フェイスブックに義務づける判決を下したと報じられた[61]. フランスでは，2013年6月19日，最

高裁判所にあたる破毀院が，グーグルのサジェスト機能で名誉を毀損されたことを理由とする消去及び損害賠償の訴えに対し，名誉毀損を否定する判決を下した[62]．他方，ドイツでは，2013年5月14日，栄養補助剤販売会社の創業者が，ドイツ語のサイトで自分の氏名を入力すると，米国新興宗教の「サイエントロジー」，「詐欺」という語句が続いて表示されるとして，グーグルに表示の消去及び損害賠償を求めた訴訟で，連邦最高裁は，名誉毀損であれば同社は消去する義務があると判断していた[63]．

そのような中，欧州司法裁判所（Court of Justice of the European Union, CJEU）は，2014年5月13日，過去の不動産競売情報の消去の是非が争いになった事案において，グーグルに対し，第三者が公開したウェブページ上のリンクを消去するよう命じる先決裁定[64]を下し，注目を集めた．

EU機能条約第267条は，先決裁定の定めを置いている．それによると，CJEUは，条約の解釈，EUの諸機関が行った行為の有効性及び解釈が争われる事件について，先決裁定を下す権限を有している[65]．加盟国の国内法上，裁判所又は審判所の決定に司法的救済がない場合には，CJEUへの付託義務が発生する．先決裁定は，EU法の解釈や当該加盟国の国内法がEU法に適合しているか等を照会し，CJEUがそれに対する回答を出すことにより，EU全域にわたる統一的な解釈を担保するための制度である．

先決裁定には既判力（force of res judicata）があり，先決裁定を求めた国内裁判所のみならず，加盟国の他のすべての国内裁判所にも効力が及ぶ[66]．

(4) CJEU先決裁定の事案[67]

スペイン国民のマリオ・コステハ・ゴンザレス氏は，2010年3月5日，新聞社であるラ・バンガルディア・エディシオネスSL[68]並びにグーグル・スペイン社及び親会社であるグーグル・インクを相手取り，スペインのデータ保護庁に苦情を申し立てた．1998年1月19日と3月9日の同新聞の2頁にわたり，社会保障債務を回収する差押手続を受けて開かれる不動産競売の公告が掲載されており，利用者がグーグルサーチに同氏の氏名を入力すると，その公告が表示された．同氏は，自身に関する差押手続は完全に解決済みであり，それが参照されることはもはや全く関連性がないと主張し，①同新聞には，当該ページを消去し又は訂正すること，②グーグル両社には，同氏に関する個人データを消去し又は隠すことで，そのデータが検索結果に含まれず，同新聞へのリンク

に表示されないよう命じることを求めた．

　AEPD は，2010 年 7 月 30 日，新聞社に対する苦情を退けた．当該情報の公開は，多くの入札者を確保するために競売の事実を周知する意図を持って，労働・社会問題省の命令に基づき行われたことから，適法であると判断された．他方，グーグル両社に対する苦情は認められた．AEPD は，データの消去及びアクセスを不可能にする義務は，それが表示されるウェブサイトから情報を消去することを要さず，当該サイト上の情報を保有することが法律上正当化される場合を含め，検索エンジン事業者に直接課すことができると判断した．

　グーグル両社は，AEPD 及びゴンザレス氏を相手取って，2012 年 3 月 9 日，スペイン全国管区裁判所（Audiencia Nacional）に提訴し，AEPD の決定を取り消すように求めた．同裁判所は，同年 6 月 9 日に CJEU に本件を付託した．

　本件の争点は，①検索エンジン事業者は指令の適用を受ける「管理者」か，②グーグル・スペインはグーグル・インクの「事業所」であり，指令の地理的適用範囲を満たすか，③データの消去権及び異議申立権に基づく検索エンジン事業者の責任の範囲，④データ主体の権利の範囲である．

　本先決裁定に先立ち，CJEU は，2013 年 6 月 25 日，法務官意見を公表し，検索エンジンの活動は個人データの「取扱い」に該当するが，消去義務に関しては，グーグルが管理者ではないことを理由に否定していた[69]．しかし，本先決裁定によって法務官意見は覆され，グーグルの責任が認められることとなった．

(5) 各争点に対する CJEU の先決裁定要旨
争点①

　検索エンジン事業者は，インデックス作成プログラムの枠組みの中で，当該データを「収集し（collect）」，「読み込み（retrieve）」，「記録し（record）」，「体系づけ（organize）」，自らのサーバ上に「保存し（store）」，場合によっては，結果のリストの形で利用者に「提供し（disclose）」，「入手できるようにする（make available）」．これらの作業は「取扱い」に分類されなければならない．

　ウェブサイト公開者による個人データの取扱いは，インターネットのページ上にそれらのデータを上げることにあるのに対し，検索エンジン事業者による取扱いは，それとは区別され，かつ追加的なものである．検索エンジンの活動は，データ主体の氏名に基づく検索を行うあらゆるインターネット利用者をし

て，ウェブサイト公開者のページにアクセスさせるものであり，それがなければデータが公開されたウェブページを発見できなかったであろう点において，データの全般的な拡散に決定的な役割を果たしている．

指令の定める「個人データの取扱い」及び「管理者」は，次のような意味に解釈されるべきである．第1に，検索エンジンの活動は，第三者がインターネット上に公開し又は置いた情報を発見し，自動的にインデックス化し，一時的に保存し，そして最終的には，特定の選好順序に沿ってインターネット利用者が入手できるようにすることにあり，当該情報に個人データが含まれる場合には，個人データの「取扱い」として分類されなければならない．第2に，検索エンジン事業者は，当該取扱いに関する「管理者」とみなされなければならない．

争点②

グーグルサーチのような検索エンジンのサービス──事業体の運営は第三国で行われるが加盟国に事業所がある──のために個人データを取り扱うことについて，当該エンジンの提供するサービスが利益を上げるように，後者（筆者注：加盟国の事業所）が当該加盟国内で検索エンジンの提供する広告スペースの売り込み及び販売をしようとし，加盟国内の居住者に向けた活動を指向している場合には，個人データの取扱いは，当該加盟国の領域上で，管理者の事業所が「活動する状況下で」行われている．

争点③

個人の氏名に基づき検索が行われるときは，検索エンジン事業者は，プライバシーと個人データ保護の基本的権利に重大な影響を与えることに責任を負う．なぜなら，事業者が行う個人データの取扱いにより，インターネット利用者が個人名をもとに検索すれば，結果のリストを通じて，その者に関連するインターネット上の情報の体系的概要（structured overview）を入手できるからである．この情報は潜在的に，その者の私生活の多岐にわたる側面に関わっており，検索エンジンがなければ，情報を相互に結びつけるのは不可能か，可能であっても大変な困難を伴うであろう．インターネット利用者はそれにより，検索した人物の多少なりとも詳細なプロフィールを確立できる．加えて，インターネットと検索エンジンが現代社会で重要な役割を果たし，結果のリストに含まれ

る情報がユビキタスになるため，データ主体の権利に干渉する効果が強まる．

　消去権及び異議申立権により保護されるデータ主体の権利は，原則的にインターネット利用者の利益に優先するが，この均衡は，個別事例では，問題となる情報の中身（nature），データ主体の私生活の機微性や，当該情報を得る公衆の利益——特に，データ主体が公的生活の中で果たす役割に応じて，差異が生じ得る利益——に左右される．

　監督機関又は司法機関は，検索エンジン事業者に対し，氏名に基づく検索を受けて表示される結果のリストから，当該人物に関する情報が含まれ，第三者が公開したウェブページへのリンクを消去するよう命じることができる．そして，命令を有効にするための前提条件として，公開されたウェブページから——公開者が自発的に又はいずれかの機関の命令を受けて——氏名及び情報を事前に又は同時に消去する必要はない．

　検索エンジン事業者とウェブページ公開者には，①取扱いを正当化する適法な利益，②データ主体，特に，取扱いがその私生活にもたらす結果が必ずしも同じである必要はない．

　これらのことから，検索エンジン管理者は，個人の氏名に基づく検索を受けて表示された結果のリストから，第三者が公開し，その人物に関する情報が含まれるウェブページへのリンクを消去する義務を負う．また，それらのウェブページからその氏名又は情報が事前に又は同時に消去されない場合でも，そして，場合によっては，それらのページ上に公開すること自体が適法であったとしても同様である．

争点④

　データ主体において，当該情報が彼にとって偏見をもたらし，一定期間後に「忘れられる」（the "derecho al olvido"（the "right to be forgotten"））ように望んでいることを理由に，検索エンジン事業者に対し，ウェブページへのリンクを結果のリストから消去するよう求める権利を有するか否か．

　データ主体の請求を評価する際には，とりわけ，データ主体が現時点で，氏名に基づく検索を受けて表示される結果のリストにより，自身の情報と氏名をもはや関連づけるべきでないとする権利を有しているか否かを審理すべきであり，当該権利を認めるためには，そのリストに問題の情報を含めることがデータ主体に不利益をもたらす必要はないという意味に解釈されるべきである．

データ主体は，EU 基本権憲章第7条（私生活及び家庭生活の尊重）及び第8条（個人データの保護）に基づく基本的権利に照らし，問題の情報を当該結果のリストに含めるがために公衆が入手することがもはやできないように請求できることから，これらの権利は，原則として，検索エンジン事業者の経済的利益のみならず，一般公衆がデータ主体の氏名に関連する検索による当該情報を発見する利益に優越する．しかし，公的生活においてデータ主体が果たす役割のような特別の理由により，一般公衆が問題の情報にアクセスするという優越的利益が基本的権利への干渉を正当化させる場合はこの限りではない．

　結果のリストの表示に関して，データ主体の私生活にとって当該公告に含まれる情報が有する機微性，及び，最初の公表が16年前に行われたという事実を考慮すると，データ主体は，当該情報はもはやそのようなリストによる同人の氏名と紐付けられない権利を認められる．本件では，公衆が情報へアクセスするという優越的利益を裏付ける特別な理由は見られないようである．

　CJEU は概ね以上のような判断を下した．「忘れられる」という表現を用いたのは，スペインの国内裁判所であり，CJEU はその表現を引き継ぐ形で本判決を下している．

（6）　**CJEU 先決裁定後の対応**

　この事件は，データ保護指令第12条(b)号の消去権若しくはブロッキングの権利及び第14条(a)号前段の異議申立権の是非が争われたものである．先決裁定は，「忘れられる権利」（the 'right to be forgotten'）という言葉を用いて判決を下しており，同権利を GDPR 採択に先立ち判断したものといわれている．

　グーグルは，CJEU の先決裁定を受け，2014年5月29日に消去申請フォームを設けた．初日で約12,000件，4日で約40,000件の消去請求が出され，2016年12月31日現在，グーグルが消去のために評価した URL の総数は1,839,879件，グーグルが受け取ったリクエストの総数は667,307件と表示されている[70]．しかし，当初，グーグルが消去に応じたのは欧州のドメインのみであり，かつ，消去した旨を元のウェブサイト管理者に通知したことから，消去請求がかえって世間の耳目を集めるという場面が発生した．例えば，スコティッシュ・プレミアリーグで審判を務め，虚偽の審判があったとして退任に至ったドーギー・マクドナルド氏の記事[71] が英国版グーグルから消去された事例や，サブプライムローンの関係で巨額の損失を出したメリルリンチ社の前会長スタンレー・

オニール氏を取り上げたブログ記事が消去された事例[72]などがある．

　本先決裁定を骨抜きにするようなグーグルの対応を問題視する声も上がる一方で，欧州内では本判決に批判的な立場も見られた．英国貴族院は，2014年7月30日，EUに関わる問題を調査する内部委員会が取りまとめた報告書「EUデータ保護法：“忘れられる権利”？」を公表した[73]．この報告書は，本先決裁定及びその影響等を検討したものであるが，グーグルに与える負担や「データ管理者」の広範な解釈などを理由に，議員や有識者等の証言を引きつつ，本先決裁定への疑問を述べている．その結論及び勧告は次のようにまとめられている[74]．

　　データ保護指令も，裁判所による指令の解釈も，詳細な個人情報への世界的アクセスが生活の一部となっている，通信サービス事業の現状を反映していないことは明らかである．
　　プライバシー権を根拠として，正確かつ適法に入手できるデータへのリンクを消去する権利をデータ主体に与えることは，もはや合理的とはいえず，可能ですらない．
　　我々は，欧州委員会で提案され，欧州議会がより強い理由から修正を提案した「忘れられる権利」を消去しなければならないとする英国政府の見解に同意する．それは本質的に曖昧であり，実際の運用に耐えない．
　　我々は，政府において，新規則（筆者注：当時の規則提案）の「データ管理者」の定義が，検索エンジンの一般ユーザーを含まないことを明確にするよう修正すべきことを提言する．
　　検索エンジンはデータ管理者に分類されるべきではないと主張する強力な論拠がある．我々はそれらの論拠を反駁しがたい（compelling）と考える[75]．
　　我々は，さらに，政府において，規則（筆者注：当時の規則提案）では，欧州委員会のいう「忘れられる権利」や欧州議会のいう「消去権」に沿ったあらゆる規定をもはや含まないようにするという政府表明を保持すべきことを提言する．

　これに対し，英国情報コミッショナーの事務所は，本判決は十分機能するものであると反論しており，英国内では立場の対立が見られた[76]．EUの欧州委員会は，2014年9月18日，「神話を打ち壊す：EU司法裁判所と『忘れられ

る権利』」と題するファクトシートを公表し，6つの神話——①判決は市民に何の効果も与えない，②判決はコンテンツの消去を必然的に伴う，③判決は表現の自由と矛盾する，④判決は検閲を容認する，⑤判決はインターネットが機能する態様を変更する，⑥判決はデータ保護改革を無為にする——は取るに足りない懸念であることを説明している[77]．

(7) 第29条作業部会指針

1995年データ保護指令は，第29条に「個人データの取扱いに係る個人の保護に関する作業部会」の定めを置いている．同部会は，監督機関又は各加盟国が指名した代表者，EUの機構等の代表者，欧州委員会の代表者で構成される助言機関である．通称「第29条作業部会」といわれており，同部会が発する文書は，EUのデータ保護に関する法解釈を示すものとして，強い影響力を有している．

第29条作業部会は，2014年11月26日，本先決裁定を実施するための指針を公表した[78]．

第Ⅰ部はCJEU裁決の解釈として，「A 管理者としての検索エンジン及び法的根拠」，「B 権利行使」，「C 範囲」，「D 第三者への通知」，「E EUデータ保護機関（DPAs）の役割」がそれぞれ説明され，第Ⅱ部では，DPAsが苦情を処理するための共通基準の一覧が整理されている．本先決裁定の解釈を示した第Ⅰ部は次の通りである．

Aでは，主に，①データ管理者としての検索エンジン，②基本的権利及び利益の公正な衡量，③情報へのアクセスに消去が与える限定的影響が説明されており，①及び②は本先決裁定の内容そのものが引用されている．③は概ね次のように説明されている．

個人の権利を行使することが，元の公開者及び利用者の表現の自由に与える影響は，一般的に非常に限られているであろう．検索エンジンは，各請求をめぐる状況を評価する際に，情報へのアクセスを行う一般の利益を考慮に入れなければならない．しかし，特定の検索結果が消去される場合であっても，元のウェブサイトはいまだ利用可能であり，他の検索用語を用いることで，検索エンジンを通じた情報へのアクセスはいまだ可能である．

Bでは，個人は，検索エンジンに対して自らの権利を行使するために，事前に又は同時に，元のウェブサイトに接触する義務はない旨が記されている．

Cでは，①元の情報源からは何らの情報も消去されないこと，②データ主体の消去請求権，③消去決定の地理的影響がそれぞれ検討されている．
　①は，本人の氏名以外の検索には影響がないとの説明である．
　裁定によると，権利は個人の氏名により行われる検索について得られた結果にのみ影響を与えるのであって，決して検索エンジンのインデックスから完全にページを消去することが必要であることを示すものではない．ページは，他の検索用語を用いることでいまだアクセスできるべきである．裁定は「氏名」という用語を用いており，さらなる特定はしていない．家族の氏名又は異なるスペルも含め，権利は，あり得る他の氏名のバージョンに適用されると結論づけることができる．
　②については，EU基本権憲章第8条が引き合いに出され，「何人にも」保障されるデータ保護の権利などが取り上げられている．
　③では，検索エンジンの提供する個人情報が世界的に拡散しアクセスできることの影響を考慮し，次のように説明されている．
　具体的な結論は検索エンジンの内部組織及び構造によって異なり得るが，消去決定は，データ主体の権利の効果的かつ完全な保護を保障し，かつ，EU法を容易に回避できない方法で行わなければならない．その意味で，利用者が自国のドメインを通じて検索エンジンにアクセスする傾向があることを理由に，EUドメインに消去を制限するのは，本先決裁定に沿ってデータ主体の権利を満足に保障するための十分な手段であるとは考えられない．実際，このことは，いかなる場合でも，消去が'.com'を含むすべての関連ドメイン上でも有効であるべきことを意味する．
　Dでは，特定のリンクを消去することに関する，①一般への通知及び②ウェブサイト管理者への通知について，それぞれ考え方が示されている．
　①の一般への通知について，指針は，極めて制限的な条件下でのみ受容できる実務であると主張している．
　検索エンジンの中には，利用者に対し，いくつかの検索結果が個人の請求に応じて消去された事実を意図的に通知する実務を展開してきたようである．もしこの情報が，ハイパーリンクが実際に消去された場合にのみ検索結果に表れるのであれば，裁定の目的を強く損なうであろう．このような実務は，特定の個人が自らに関する結果を消去するよう求めたという結論に，利用者がいかなる場合にも到達できないような方法で情報が提供された場合にのみ，受容する

ことができる．

②のウェブサイト管理者への通知について，指針は，ウェブマスターへの通知は，EU データ保護法のもとでは何らの法的根拠も存在しないと批判している．人名による検索における検索結果内のハイパーリンクを消去することは，前記の通り，限定的な影響しか持たない．他方で，通知は，管理者が何らの統制又は影響を及ぼさない取扱行為に影響を与えることから，元のウェブマスターは，受領した通知を効果的に利用することができない．指針はこのように述べ，元のウェブマスターが通知を受領する利益に疑問を呈している．

ただし，特に難しい事案において，その状況について完全な理解を得るために必要なときには，検索エンジンが，消去請求についての決定に先立ち，元の公開者に連絡を取ることは適法かもしれない．そこで，指針は，このような事案では，検索エンジンは，影響を受けるデータ主体の権利を適切に保護するために必要なすべての措置を講じるべきであると述べている．

そして，第29条作業部会は，検索エンジンに対し，自身の消去基準を公開し，より詳細な統計を利用可能にするよう強く推奨している．

E では，DPAs が検索エンジンによる消去拒否を受けたデータ主体の苦情を，指令に基づき正式な苦情として取り扱うべきという考えが記されている．

第Ⅱ部は，DPAs が苦情処理を行う際の共通基準として，①検索結果が自然人に関連し，氏名を用いた検索結果であるか，②データ主体は公的生活における役割を果たしているか，データ主体は公人か，③データ主体は未成年か，④データは正確か，⑤データは関連性があり過剰ではないか（職務との関連，ヘイトスピーチ，中傷等の情報へのリンクか，個人的意見か検証された事実か），⑥機微情報か，⑦データは最新か，⑧データの取扱いがデータ主体に不利益を及ぼすか，⑨検索結果はデータ主体を危険にさらすか，⑩公開された情報の状況（データ主体が自発的に公開したか，公開を意図していたか），⑪元の内容の公開は報道目的によるものか，⑫データの公開者は個人データを公開する法的権限又は法的義務を有するか，⑬データは犯罪行為に関連するかという基準に沿って，作業部会のコメントが付されている[79]．

（8） グーグル諮問委員会の意見

こうした欧州の立場に対し，2015年2月6日，グーグルの諮問委員会は，本先決裁定に関する意見書を公表した[80]．諮問委員会のメンバーは，大学教授，

前閣僚のほか，メディア，慈善団体，国際連合からの各代表，そしてAEPDの前委員長[81]，グーグルの幹部2名である．

報告書は，全5章及び別添で構成されており，消去請求を判断するための基準（第4章）及び手続的要素（第5章）が重要である．諮問委員会への参加は任意であり，委員の報酬は無償である．

第4章では，①公的生活におけるデータ主体の役割，②情報の性質，③情報源，④時の経過について，それぞれ考え方が整理された．

①の公的生活におけるデータ主体の役割については，公的生活での役割が明らかな者（政治家，CEO，著名人，宗教指導者，花形スポーツ選手，一流の芸術家等）は消去を正当化する見込みが低くなり，そうでない者は見込みが高くなる．公的生活での役割が限定的であるか，又は状況による者（校長，公務員の一部，本人が管理できない事象により一般の関心を集める者，職業上特定のコミュニティで公的役割を果たす者）は，掲載された特定の内容が重視されるため，消去を正当化する見込みが低いとも高いともいえない．

②の情報の性質は，個人の強力なプライバシーの利益があるとの判断に傾く情報，公益があるとの判断に傾く情報の2種類に分けて整理されている．

前者には，私生活又は性生活，口座情報，個人の連絡先又は識別情報（個人の電話番号，住所，政府のID番号，PIN（Personal Identification Number），暗証番号又はクレジットカード番号等），児童に関する私的情報，虚偽情報やデータ主体に被害をもたらす危険のある情報（なりすまし又はストーカー等），画像又は動画形式で表示される情報などがある．ただし，金融情報であっても，資産・所得に関するより一般的な情報（公務員の給与及び資産や公営企業の株式保有など）は公益に当たる可能性がある．EUデータ保護法に基づきセンシティブとみなされる情報[82]は，データ主体の公的生活における役割と関係する場合は，氏名に基づく検索を通じたリンクへのアクセスに一般が強い関心を抱く場合がある．

後者のうち，政治的，宗教的又は哲学的主張に関する情報や，公衆衛生及び消費者保護に関する情報（一般公開される専門サービスのレビュー等），誰にも被害を与える危険のない事実・真実情報や，歴史的記録に不可欠な情報（歴史上の人物又は事象），消去が学術研究を歪曲させたり，内容が芸術的重要性を持つ場合（芸術的パロディの中にデータ主体が描かれる場合など），一般の議論に貢献する情報（労使紛争や不正行為等）は，消去を否定する方向に強く傾く．犯罪

情報は，特別法が明確な指針を示していればそれに従うべきであるが，何も適用されない場合は，犯罪の重大性，請求者が犯罪活動において果たした役割，情報の新しさや情報源，公の関心の程度など，状況に依存する．請求者が犯罪に荷担した者であるか被害者であるかによって，公益の評価は異なる．人権侵害や無慈悲な犯罪は消去しない方向に働く．

③の情報源については，報道事業者が管理する情報源や，政府が公開したものである場合は，公益が認められやすい．認知されたブロガーや評判の良い個人著者であって，相当な信頼とリーダーシップを有する者が公表した情報は，公益が認められやすい．特にソーシャルネットワークへ投稿した場合など，データ主体が自身で公表し又は同意した情報は，消去しない方向に働く．

④の時の経過の基準[83]は，犯罪問題にとりわけ関係する．無慈悲な犯罪のように，高い公的重要性を持つ場合には該当しない．何年も前に犯した軽微な犯罪のような場合は，犯罪の重大性及び時の経過の双方が消去に有利に働く．データ主体が詐欺を働いた後に，新たに信頼される地位に就く場合や，性犯罪者が，住居に入ることを伴うような，教職又は公的に信頼される職を求める可能性がある場合は，公益が継続する．

時は，データ主体の公的生活における役割を決定する際にも重視される．政治家が公職を離れ，私人としての生活を求める場合や，CEOが辞任する場合であっても，在職中の情報は時が経過しても公益性を持ち続ける．

この基準は，データ主体が児童であった頃の情報への消去要求を認める方向に働く．

第5章では，①情報消去要請，②ウェブマスターへの消去通知，③消去決定への異議，④消去の地理的範囲，⑤透明性が検討された．

①の情報消去要請について，データ主体は，検索エンジンが適切に請求を評価できるために十分な情報を提供すべきであり，係る情報の取扱いも同意しなければならない．その情報には，データ主体の氏名，国籍及び居住国，代理人の場合は請求者との関係，請求の動機，請求ドメイン，消去を求める検索用語（典型的にはデータ主体の氏名），身元の証明，消去対象の固有識別子（典型的にはURL），連絡先等が含まれる．

②のウェブマスターへの消去通知について，検索エンジンは法が認める範囲で公開者に通知すべきである．実際の消去決定に先立ち，検索エンジンがウェブマスターに通知することが適切な場合もあり，消去決定の正確性を高め得る．

③の消去決定への異議について，データ主体は，地域のデータ保護機関又は裁判所に対し，消去決定への異議を申し立てることができる．公開者側も異議申立手段を有するべきである．

④の消去の地理的範囲は，会合を通じて難しい問題を提起した．多くの検索エンジン事業者は，ドイツの利用者には google.de. フランスの利用者には google.fr. のように，特定国の利用者に向けた異なるバージョンを運営している．欧州の利用者が「www.google.com」とブラウザに入力しても，自動的に，グーグルの検索エンジンの地域バージョンにリダイレクト（転送）されることが通常である．欧州発信の全クエリの 95% 以上は，検索エンジンの地域バージョンに関するものである．原則として，消去を欧州の検索バージョンに適用すれば，現在の状況及び技術において，データ主体の権利は適切に守られると考える．

世界を含め，欧州諸国以外の利用者に向けた検索バージョンで消去をすれば，データ主体の権利をより完全に保障できるかもしれない．しかし，データ主体に与える追加的保護を上回る競合的利益（自国の法に基づき氏名に基づく検索を通じて情報にアクセスする欧州外の利用者側の利益）がある．また，欧州内の利用者が自国以外の検索バージョンにアクセスする競合的利益もある．

EU 内でのグーグルの検索サービスに関して，国別バージョンからの消去は，現段階では本判決を実施する適切な手段であると結論づける．

⑤の透明性について，検索結果が消去対象となった可能性があることを利用者に通知すべきか否かは，データ主体の権利が損なわれない限りにおいて，最終的には検索エンジンが決定することである．通知は，概して，特定のデータ主体が消去を要請したという事実を明らかにすべきではない．

公衆に向けた通知は，一般的に，特定のデータ主体が消去を請求したという事実を明らかにすべきでない．統計及び一般的方針は，法的制約とデータ主体のプライバシー保護の範囲内で，できる限り透明であるべきである．検索エンジンは，消去請求を評価するための手順及び基準も明らかにすべきである．データ主体の請求を退ける場合，決定に関する詳細な説明を示すことは最善の実務である．

（9） 監督機関の対応

EU 各国の監督機関の中では，フランスの「情報処理及び自由に関する国家

委員会」(Commission Nationale de l'Informatique et des Libertés, CNIL) が積極的な法執行を行うことで知られている．

CNIL は，グーグルが地理的ドメインに基づく消去のみに対応してきたことから，2015年5月，消去の範囲をすべての拡張子に拡大するよう正式に命令した．しかし，所定の期間内にグーグルがそれに従わなかったことから，制裁手続を開始した．グーグルは，2016年1月の段階で，検索を行っている者の地理的起点に基づく結果にフィルターをかけ，検索者からは結果を見られないようにすることを約束した．これは，例えば，ドイツ人が消去請求を出した際にはドイツから行うすべての拡張子による検索を不可能にすることを意味する．しかし，CNIL は，欧州外に居住する者がアクセスした場合や，欧州内に居住する者が，フランス以外のIP アドレス（英国，スペイン，スイスなど）と '.com' のような欧州外の拡張子を利用した場合には，いまだ検索結果へのアクセスが可能であり，また，インターネット利用者がIP アドレスの地理的起点を変更することでフィルタリングを容易に回避できることなどを理由に，グーグルの提案を拒否した．そして，2016年3月10日，CNIL は，グーグルに対して効果的な消去サービスを提供していないとして，10万ユーロの制裁金を課した．CNIL は，グーグルの検索エンジンサービスは単一の取扱業務であり，地理的ドメインごとに分離して取扱業務を考えることはできないと述べ，すべてのドメインに適用すべきとの立場を示した．その理由として，CNIL は，グーグルが '.com' の拡張子で事業を開始した後に国ごとの拡張子を設けたことを挙げている．

表現の自由との関係では，インターネットからコンテンツを消去しない限りは，表現の自由を損なうものではなく，氏名に基づく検索結果のリストからウェブページを消去するにすぎず，他の用語を用いればいまだアクセス可能であるとの立場が示された[84]．

CNIL は，グーグルがコンテンツを管理できる地位にあるという見解を述べたものの，グーグルは，これを受け入れられないとし，2016年5月19日，フランスの最高行政裁判所にCNIL の命令に対する不服申立を行ったと報じられている[85]．

英国情報コミッショナー (Information Commissioner) の 2015年〜2016年の年次報告書によると，370件を超える人々が消去請求を拒否されたことによる支援を求めており，そのうち3分の1が刑事犯罪に関するものであったこと，

事案の3分の1について，コミッショナーから検索エンジンに消去を要求したこと，ただし，最近の重大犯罪については消去を求めないことが記されている[86]。

情報コミッショナーの事務所（Information Commissioner's Office, ICO）によると，例えば，約10年前の刑事未成年の時期に犯した犯罪で，物的損害のみを引き起こした事案，及び，スポーツ観戦に伴う禁止命令から約8年を経過し，犯罪者更生法が適用されて無効になった事案は消去すべきとし，約6年前に傷害の罪で有罪となり，地方紙で報じられた事案，及び，児童に関するわいせつ罪を犯した教師については，消去の必要はないと判断している．諸事情を考慮して判断しているとのことであるが，児童へのわいせつ罪については，犯罪者更生法が適用されたとしても，犯罪の深刻さ等が勘案されている[87]。

また，情報コミッショナーは，2015年8月18日，グーグルに執行通知を発出し，英国から又は英国内で直接にアクセスできるグーグルの検索サービスに関するすべてのバージョンを消去するよう命じた[88]。この事案は，9歳の児童による軽微な犯罪に関するもので，犯罪者更生法が適用される事案であった．グーグルは検索結果からのウェブページのリンクにフィルターをかけ，ウェブページの公表者に連絡を取ったところ，かえって，第三者のウェブページが消去請求者を特定し，犯罪行為及びフィルターのかけられたページを取り上げる事態が生じた．グーグルは第三者のリンクに関する消去請求は別事案であり，事案は公益性があるという立場を取った．

ICO は，事案は公益性が認められるものの，消去請求者の特定は別であるとし，1998年データ保護法の第1原則[89]及び第3原則[90]に違反し，必要性，均衡性，公平性を欠くことを理由に上記命令を下している[91]。

(10) CJEU 裁決後の裁判例—オランダ[92]

CJEU 裁決後の国内裁判所の判決の中には，表現の自由を重視したものも登場している．

①有罪判決事例

第1は，2015年3月31日アムステルダム控訴裁判所判決である．この事件では，2012年に，敵対者を殺害する方法について，暗殺者と会話をしていた場面が隠しカメラに記録され，映像がテレビ放送された．番組内では，被疑者であるアーサー・ファン・Mは"Arthur van M."というように，姓の最初のイニシ

ャルと名が表示された．テレビ映像は裁判記録に使用され，2012年に，アーサーは6年の拘禁刑判決を受けたが，控訴し，判決を待つ状況であった．2013年，アーサーの氏名を用いた書籍が，アントン・エンゲルベルティンク（Antoon Engelbertink）氏によって，"The Amsterdam Escort-assassination" というタイトルで出版され，英語版も出版された．この書籍はフィクションも織り交ぜて構成されており，殺害を侵した人物としてアーサーと同じ氏名が用いられていた．検索者がアーサーのフルネームを用いて検索をかけると，エンゲルベルティンク氏の書籍を含むURLが表示され，検索用語にアーサーの氏名を入れると，サジェスト機能によって，番組レポーターであるペーター・R・デヴリース（Peter R. de Vries）氏の氏名がクエリに表示された．加えて，検索結果のページには，「いくつかの結果は欧州のデータ保護法に基づき消去された可能性があります」と表示された．

アーサーは，グーグルに対して氏名に基づく検索結果の消去を求めたが，同社から拒否されたため，グーグル・スペインのCJEU裁決を引用しつつ，同社を相手取り，アムステルダム地方裁判所に提訴した．同裁判所はアーサーの請求を退けたため，アーサーはアムステルダム控訴裁判所に控訴した．アーサーは，氏名検索に基づくURLの消去，検索結果のいくつかが消去された可能性があるというメッセージの削除，彼の氏名とレポーターであるペーターの氏名が結びつかないようにすること等を求めたが，控訴裁判所は，アーサーが重大な刑事犯罪で訴追され，一審裁判所で有罪判決を受けたことを注視し，次のように判示した．

アーサーの有罪判決に関するすべての公表事項は，有罪判決における公の利益と，本人の違法行為の結果であると想定される．公衆は，一般的に，重大な刑事犯罪に関する記載に大きな関心を持ち，アーサーの訴追及び有罪判決についても同様である．さらに，アーサーのフルネームの検索結果は，単に，同人のファーストネームとラストネームの最初の文字（イニシャル）を参照するウェブサイトを示すにすぎない．そのため，既にそのフルネームを知っている人々がアーサーに関する情報を探しても，ウェブページは単にイニシャルを含むにすぎないことから，ウェブサイト上の情報が，同人を参照するのか他の誰かを参照するのかについて確信を持つことができない．

例えば，アーサーの護衛組織の活動や，あるいは，同人が犯罪被疑者であることを示す他の情報を知っていることを理由に，何らかの状況下では，検索者

はウェブサイトの内容と同人を関連づけるかもしれない．しかし，アーサーが果たす公的生活における役割，そして，同人が侵した犯罪を理由に，同人は人々がそのような関連づけを行うことを甘受しなければならない．

これに対し，アーサーは，検索者はフルネームが用いられている書籍を利用して，アーサーと犯罪行為を結びつけることができると主張した．それに対し，裁判所は，書籍は事実とフィクションを織り交ぜたものとして出版されていると判示し，次のように述べた．書籍は，殺害手配の準備に代えて，実際の殺害を描いている．このようにして，書籍又はそこでの参照に基づいても，公衆はアーサーを犯罪と結びつけることはできない．しかし，もし，公衆がそのような関連づけを行ったとしても，アーサーはそれに耐えなければならない．また，検索結果は，単に書籍又はアーサーのイニシャルを含むウェブサイトを参照するにすぎず，書籍とその身元には明白な関連性はない．

②KPMG経営者の事例

2011年，オランダに本部を置く監査，税務，コンサルティング業務のKPMG社において，共同経営者であるエワルド・ファン・ハーメルスフェルト（Ewald van Hamersveld）氏は，建築業者と新居建築について合意を結んだ．建築中，同氏とその家族は，隣に居住した．追加スペースを設けるため，3つのコンテナが設置された．その後，同氏と建築業者の間で新居建築に関する紛争が発生した．建築業者は，同氏に対し，追加業務と支払遅延により，20万ユーロを支払うよう通知した．そして，建築業者は同氏が入室できないよう，ドアの鍵を取り替えた．そのため，同氏は，しばらくコンテナに滞在することを余儀なくされた．同氏及び建築業者は，紛争をオランダの建築産業調整委員会に持ち込み，解決した．解決の一部として，同氏は，建築業者に約6万ユーロを支払った．

オランダ最大規模の新聞社であるテレグラフ（De Telegraaf）紙は，2012年，新聞の1面に「KPMGの最高経営責任者がコンテナに滞在」という記事を掲載した[93]．テレグラフ紙は，未払請求の仕返しとして業者が鍵を付け替えたため，ハーメルスフェルト氏が新居に入ることができない旨を記事にした．2014年，同氏は，グーグルに対し，その氏名に基づく検索結果からテレグラフ紙の記事を消去するよう請求し，グーグルはそれを拒否した．同氏は，グーグルを相手取ってアムステルダムの地方裁判所に提訴した．同氏は，グーグルス

ペイン事件を引き合いに出しつつ，検索結果による URL，その他同氏とコンテナの話に関連する他のあらゆるウェブページを消去するよう，グーグルに命令するよう求めた．同氏は，予備的に，彼を参照する検索結果を最下位に移すことを求めた．

この事件において，ハーメルスフェルト氏は次のように主張した．建築業者は20万ユーロの正当な請求権を有しておらず，違法に鍵を付け替えた．同氏の子どもが新しいホッケーチームに入るときなど，同氏に会う多くの人がその話を参照することで，テレグラフ紙の記事に傷つけられた．新しいクライアントがハーメルスフェルト氏をグーグルで検索し，コンテナの話を見つけることが多いため，その記事によって，同氏のキャリアが傷つけられた．将来の労働機会も損なわれる．コンテナ問題は同氏のKPMGの地位とは無関係な私的問題と関連することから，一般公衆との関連性はない．情報は2年半経過したことから無関係である．

スペインのCJEU裁決とは対照的に，アムステルダム地方裁判所は，2015年2月13日，グーグルのような検索エンジンが社会に果たす重要な役割を強調し，次のように判示した．

インターネットは「情報の海」を含み，さらに，いつでも変化し得るものである．検索エンジンは，人々がオンライン上で情報を発見することを助ける．もし検索エンジンがあまりに多くの制約に服するのであれば，カタログ化する機能は損なわれ，検索エンジンの信頼性が損なわれる結果となる．

ここでは，欧州人権条約により保護されるハーメルスフェルト氏のプライバシー権と，グーグルの「情報自由」の権利（情報を受領し与える権利）が問題となる．インターネット利用者，ウェブマスター及びオンライン情報の著者の利益も考慮すべきである．検索結果の関連性が問題であって，報道機関の公表とは関連性がない．ハーメルスフェルト氏が公表内容の審査を求める場合には，元の公表者を訴えるべきである．人々は，データ保護指令第12条及び第14条を引き合いに出すことにより，報道機関の違法な公表に対する法的枠組みを回避すべきではない．これらの規定は，人々がその公表を嫌うという理由だけで消去請求を行うことにより，適法な公表を一般から隠すことを意図したものではない．

個人データの消去請求権（データ保護指令第12条(b)項）について，URLはハーメルスフェルト氏の氏名検索による正確な検索結果である．加えて，

URL 上に提供された情報は本質的に正確である．問題の検索結果は関連性があり過度でないとするのが妥当である．同氏の事例は，16年前の記事に関する CJEU 裁決にいまだ匹敵するものではない．

取扱いへの異議申立権（データ保護指令第14条（a）項）について，「消去権」はグーグルの情報自由の権利の例外であり，容易に認められるべきではない．ハーメルスフェルト氏が知人及び仕事関係者から何度もコンテナの話を見られるのは不愉快に思うとしても，それはグーグルの情報自由権に優越するものではない．加えて，公表は，同氏が業者と争いになったことを示唆するものであり，同氏への非難を示すものではなく，名誉を毀損しない．検索結果の消去に関する同氏の請求を棄却する．

次に，検索結果を最下位に移すという予備的請求について，裁判所は，グーグルが，特定の URL を特定の検索エンジン結果のページに載せるような方法で検索結果に影響を与えることは技術的に不可能であると述べたことに着目し，ハーメルスフェルト氏の請求を退けた[94]．

このように，オランダの裁判所は，公表内容が問題であれば検索エンジン事業者ではなく公表者を相手にするべきであるという立場を取り，公表自体が適法であっても，検索結果を消去すべきであると判断した CJEU 裁決とは対照的なアプローチを採用した．

(11) CJEU 裁決後の裁判例—ドイツ[95]

忘れられる権利は検索エンジンとの関係で争われることが多いが，ドイツでは，時が経過した古い記事について，ニュースアーカイブ事業者に対し，氏名検索による結果を表示しないようにすべきと判断したものもある．

2010年から2011年にかけて，被告である全国紙の発行社は，ある政治家を小児性愛者であると批判する匿名ファックスに関する刑事事件（予備的手続）の記事を公表した．この事件の被告人（本件の原告）は，2011年3月23日に4万ポンドを支払い，同手続は終了した．当初，原告は記事に掲載された批評に異議を述べており，その後，被告によってその批評は見直された．2012年，グーグルに本件原告の氏名を入力して検索をすると，検索結果の最初の項目に，当該記事を検索できる被告のウェブページが挙げられていた．原告は，被告にその結果の表示を控えるか，又は，その事件が終了した旨を追記するよう求めたが，被告はそれを拒否した．

第1審のハンブルク地方裁判所は，原告の請求を退けた．裁判所は，この請求は被告の報道の自由を著しく制約するものであって，原告の一般的な人格保護の権利によっても，被告の報道の自由を制限することはできないとした．そして，当該記事は公益に関するものであり，原告を犯人とするものではなく，単なる被疑者として扱っているにすぎないと述べた．

　控訴裁判所の手続において，原告は，請求を変更し，当該記事が検索エンジンによってアクセスできるのであれば，識別可能な方法によりインターネット上でアクセスできないようにすべきことを請求した．

　第2審の控訴裁判所は，2015年7月7日，この追加請求に関して，被告の情報の自由から生じる利益が原告の利益に優越すると述べ，地方裁判所の判断を支持した．裁判所は，記事の公開が原告の評判に与える潜在的悪影響を認めつつも，報道には真実が含まれており，公人に損害を与えようとした方法を知らせようとするものであることから重要な公益が認められ，また，事件の事実を明確化するためのものであると述べた．そして，将来同様の事件が起こり得ることから，公益は長期間継続すると判断した．この点で，裁判所は，CJEU裁決を明示的に引用し，適法にインターネット上に公表された記事は，原則として，公開した情報源のインターネットアーカイブの中に永久に保存することが許されると判断した．

　しかし，裁判所は，原告の氏名が検索エンジン上で把握されない方法にウェブサイトを修正すべきとする原告の主張については，次のように述べてそれを認容した．

　あらゆるインターネット利用者が永久的に記事を発見し，アクセスできることは，原告の名誉を損なうものであり，人格保護の権利を相当に干渉する．この干渉は，当該情報を受領するという強い公益が存在する限りでは受容される必要があるかもしれないが，この利益は時とともに減少し，当該人物が絶え間ない非難を受けないようにする利益が重要になる．

　他方，記事の事後修正や，一般のアクセスを完全に閉ざすことを義務づけられないという報道機関の利益も無視されてはならない．さもなければ，報道機関が最初から異なる形で，おそらく批判を薄める方法で報道するリスクが生じるからである．また，公衆全体の新たな関心を集める場合や，歴史その他の調査目的等，他の性質を有する場合には，現在の報道が検索可能な情報の集合として事後的に役に立つ．

グーグル・スペインに関するCJEU裁決に依拠し，報道の利益と当該人物の利益は，アーカイブの管理者に，氏名検索による記事を表示しない方法で，記事へのアクセスに制限をかけるよう義務づけることによって衡量できる．事象ベースのキーワードを検索にかければ，過去の事象を調べたい人物は関連情報を見つけることができる．

アーカイブ運営者は，検索結果のリストから1つの記事を除外するために，アーカイブに保存されたすべての記事を事前に調べることは義務づけられない．アーカイブに第三者の記事が含まれる場合，運営者は，意見を求めるために，まずこれらの人々に接触しなければならない．

(12) CJEU裁決後の裁判例―スペイン[96]

本件は，ドイツと同様，ニュースアーカイブ運営者において，検索結果をインデックス化しない技術的措置を講じるべきとの判断が下された事案である．検索エンジン事業者に対する判決と比較するのであれば，アーカイブと検索サービスを同列に評価できるか否かが論点の1つとなる．

2名のスペイン人が1980年代に薬物の密輸で有罪判決を受けたが，その後更生した．当時の全国紙には氏名とともに記事が掲載された．発行元は，2007年よりニュースアーカイブ・サービスを開始したものの，検索エンジンによりインデックス化されないような技術的措置は講じなかった．

原告らは，ニュースが検索結果の最初に表示されることから，2009年，発行元に対し，ウェブサイト上でのさらなる個人データの取扱いを停止し，又は，アーカイブ内の記事で用いられる氏名をイニシャルに変更するよう請求した．加えて，アーカイブ運営者に対し，検索エンジンによりインデックス化されないような技術的措置を求めた．アーカイブ運営者は，情報の自由と技術的措置の不存在を理由に請求を拒否した．

第1審判決は，請求を一部認容し，運営者に対し，さらなる記事の配信停止，及び，ウェブページのソースにnonindexのコマンドを入れるよう義務づけた．あわせて，原告らに各7,000ユーロを支払うよう命令を下した．第2審判決は，一審原告の控訴を認容し，原告のイニシャルに触れることすら禁止した．

スペイン最高裁判所は，2015年10月15日，CJEU裁決に依拠しつつ，氏名検索によりアーカイブに保存された記事を発見しにくくすることで，各ウェブページがインデックス化されないよう，アーカイブ運営者が技術的措置を講じな

ければならないという限りにおいて，原判決を支持した．判決理由の中では次のようなことを述べている．

1980年代に発生した出来事に関するデータは正確である．しかし，原告の個人データをさらに取り扱うことは，目的との関係で，不適切であり，関連性がなく，過度である．

報道機関の第一次的機能は，現在の事象についてのニュースを配信することにあり，公衆にアーカイブを提供することは二次的業務にすぎない．私生活を尊重する権利への侵害リスクは，印刷メディアよりもインターネット上の方が大きい．刑事犯罪に関する個人データを公開することが正当化されたとしても，時が経過すれば，これらのデータの公開は正当化理由を失うようになる．このような情報を一般的かつ永久に入手できることは，個人の名誉及びプライバシーを損害する．原告は公の人物ではなく，彼らの身元と報道事実を結びつけることについての歴史的な利益もない．

ただし，記事から原告の氏名を消去する義務はない．なぜなら，当時は正しく公表された情報を過去に遡って検閲することは，情報の自由への過度な干渉を意味するからである．同様に，アーカイブの内部検索エンジンによりインデックス化されないように各ウェブページを除外する義務もない．原告に関する情報は一般には見えないようにすべきであるが，情報検索に関連する場合には追跡可能にすべきである．

(13)　日本の動向[97]

日本でも，2013年頃より「忘れられる権利」に関係する判決や決定が下されるようになった．サジェスト機能による表示の差止が争われた事案において，地方裁判所では認容判決（東京地判平成25年4月15日）と棄却判決（東京地判平成25年5月30日）に分かれたが，高等裁判所では，いずれも表示の差止は認められないとの判断が下されていた（前者の判決につき，東京高判平成26年1月15日，後者の判決につき，東京高判平成25年10月30日．）[98]．

その後，京都地方裁判所は，2014年8月7日，ヤフー・ジャパンの検索サイトで自己の氏名による検索をかけると逮捕事実が表示されるとして，原告が同社を相手取って名誉毀損及びプライバシー侵害に基づき損害賠償及び差止を求めた事案において，棄却判決を下した[99]．この事案で，原告は，2012年11月にサンダルに仕掛けた小型カメラで女性を盗撮した罪で同年12月に逮捕され，

2013年4月に執行猶予付有罪判決を受けた．原告は，自己の氏名で検索をかけると，ヤフー・ジャパンのサイトには，リンク，スニペット，リンク先サイトのURLが表示されることから，1,100万円の損害賠償，及び，逮捕事実の表示とリンクの表示の差止を求めて訴えを提起した．

京都地方裁判所は，スニペット部分は「事実の摘示」ではないとした上で，仮に「事実の摘示」であったとしても，逮捕事実の特殊性から社会的関心が高く，逮捕からいまだ1年半程度しか経過していないことから「公共の利害に関する事実」に該当し，違法性が阻却されて名誉毀損の不法行為は成立しないと判断した．同裁判所は，プライバシー侵害に関して，検索結果の表示によって被告が摘示した事実が何であったかによるとしつつ，仮に本件検索結果の表示による被告の事実の摘示によって原告のプライバシーが侵害されたとしても，①摘示されている事実が社会の正当な関心事であり，②その摘示内容・摘示方法が不当なものでない場合には違法性が阻却されるとし，結論として不法行為の成立を否定した．

本件の控訴審である大阪高等裁判所は，2015年2月18日，「被控訴人がインターネット上に本件検索結果を表示することにより広く一般公衆の閲覧に供したものであり，かつ，控訴人の社会的評価を低下させる事実であるから，本件検索結果に係るスニペット部分にある本件逮捕事実の表示は，原則として，控訴人の名誉を毀損するものである」と判示しつつ，違法性を阻却すると判断している[100]．

上記の京都地裁判決から約2ヶ月後の2014年10月9日，東京地方裁判所は，グーグルに対する検索結果削除を認める仮処分決定を下し，耳目を集めた[101]．グーグルは，①URL，タイトル及びスニペットは，一定のアルゴリズムに基づいて，自動的かつ機械的に表示されているにすぎず，債務者の主観的な判断が入っていないため，削除義務はないこと，②本件ウェブページに表示されるコンテンツを管理しているコンテンツプロバイダではないことを主張していた．これに対し，東京地方裁判所は，「しかし，本件投稿記事中，主文第1項に列挙したものは，タイトル及びスニペットそれ自体から債権者の人格権を侵害していることが明らかである一方，このように投稿記事の個々のタイトル及びスニペットの記載自体を根拠として投稿記事について債務者に削除義務を課したとしても債務者に不当な不利益となるとはいえないし（現に，疎明資料〔甲7，乙5ないし7〕によれば，債務者は，本件サイトによる検索結果から債務者が違法

と判断した記事を削除する制度を備えていることが認められる.),また,他者の人格権を害していることが明白な記載を含むウェブサイトを検索できることが本件サイトを利用する者の正当な利益ともいい難い.」,「投稿記事の個々のタイトル及びスニペットそれ自体から債権者の人格権を侵害していることが認められるのであるから,本件サイトを管理する債務者に削除義務が発生するのは当然」などと述べ,その主張を退けた.

本件以外にも,日本では削除に関する仮処分が多く下されているとのことである.仮処分は,時には個人の人格権を迅速に救済する有用な手段となり得るが,多用されると検索エンジン事業者に行きすぎた削除を義務づけることになりかねず,危険な手法ともなり得る.また,「忘れられる権利」の立法化や,共同規制のような手法による基準策定も考え得るが,表現の自由への介入となりかねないため,慎重に考えざるを得ない.

ヤフー株式会社は,2015年3月30日,「検索結果とプライバシーに関する有識者会議」の報告書を公表し,「検索結果の非表示措置の申告を受けた場合のヤフー株式会社の対応方針について」を明らかにした[102].対応方針では,①プライバシー侵害に関する判断,②検索結果の表示内容自体(ウェブページのタイトル,スニペット)の非表示措置に関する判断,③プライバシー侵害とされる情報が掲載されているウェブページ(以下「リンク先ページ」という.)へのリンク情報の非表示措置に関する判断に分けて整理が行われた.

①のプライバシー侵害に関する判断については,被害申告者の属性(公職者か否か,成年か未成年かなど),記載された情報の性質,当該情報の社会的意義・関心の程度,当該情報の掲載時からの時の経過等が考慮される.被害申告者の属性は,公職者(議員,一定の役職にある公務員等),企業や団体の代表・役員等,芸能人,著名人などは公益性の高い属性に該当し,未成年者はプライバシー保護の要請が高い属性に該当する.情報の性質は,性的画像,身体的事項(病歴等),過去の被害に関する情報(犯罪被害,いじめ被害)はプライバシー保護の要請が高い情報であり,過去の違法行為(前科・逮捕歴),処分等の履歴(懲戒処分等)は公益性の高い情報にあたる.出生やそれに伴う属性は,文脈等に依存する.

②の検索結果の表示内容自体の非表示措置に関する判断については,検索結果の表示内容自体から(リンク先ページの記載を見るまでもなく)権利侵害が明白に認められる場合は,当該権利侵害記載部分について非表示措置を講じると

されている（検索キーワードは被害申告者の名前等に限定する.）．具体的には，特に理由なく一般人の氏名及び住所や電話番号等が掲載されている場合，特に理由なく一般人の氏名及び家庭に関する詳細な情報が掲載されている場合，一般人の氏名及び秘匿の要請が強い情報（例えば，病歴等）に関する情報が掲載されている場合（いずれも個人が特定でき，かつ非公開情報である場合に限る）が挙げられている．また，既に長期間経過した過去の軽微な犯罪に関する情報が掲載されている場合も権利侵害が明白に認められる場合に含まれる．

　③のリンク先ページについては，被害申告者からリンク先ページ管理者又はプロバイダに対して削除を命じる裁判所の判決（又は決定）の提出を受けた場合には，原則として非表示措置を講じるが，そうでない場合でも，リンク先ページの記載から権利侵害の明白性並びに当該侵害の重大性又は非表示措置の緊急性があるとヤフーにおいて認められる場合は，例外的に非表示措置を講じるとされている（検索キーワードの限定は行わない.）．権利侵害の重大性，緊急性が認められる場合には，特定人の生命，身体に対する具体的・現実的な危険を生じさせ得る情報が掲載されている場合や，第三者の閲覧を前提としていない私的な性的動画像が掲載されている場合が挙げられている．

　ところで，上記有識者会議の報告書には「忘れられる権利」への言及がある．それによると，「いわゆる「忘れられる権利」は基本的に欧州の法制度に関する議論の文脈において語られてきたものであること，また，その言葉の意味するところは論者によって異なりうることに留意が必要である．」との前提のもと，掲載時に適法だったウェブページの情報が，一定期間の経過により，ある時点から違法な情報になり得るのかという問題は，既存のプライバシー侵害の枠組みで判断できる場合が多いのではないかとの見解が多く見られた．他方，掲載情報が適法な時点で，既存のプライバシー侵害の枠組みとは異なる観点から検索結果を非表示にすべきケースがあり得るのか，という点については，そのような立論は難しいとの見解が多かったとのことである．そして，有識者会議は，いわゆる「忘れられる権利」については現時点で確定的な解釈を与えることは難しく，今後も議論と検討を重ねていくことが必要だという見解で一致したとの結論をまとめている．

　2016年12月末日現在，ヤフー・ジャパンは，「Yahoo! 検索ヘルプ」の中で「検索結果に情報を表示しないようにするには」というページを設けている．グーグルも同様に，ウェブ検索ヘルプの中で，「Googleからの情報の削除」と

いうページを設け，削除ポリシーを公開している．

さらに最近では，さいたま地方裁判所が，2015年12月22日，「忘れられる権利」を認容する決定を下したことで注目を集めた[103]．債権者（削除請求者）は，女子高生に対する児童買春・ポルノ禁止法違反の罪により，3年余り前に罰金50万円の略式命令を受けた男性であるが，氏名と住所の県名を用いてグーグルを用いて検索をかけると，3年余り前の児童買春の罪での逮捕歴に関する記事が，表題又はスニペットに表示された．債権者は，この検索結果の表示により「更生を妨げられない利益」が違法に侵害されるとして，グーグルを相手取って，人格権に基づく妨害排除又は妨害予防の請求を申し立て，さいたま地方裁判所は，2015年6月25日に，削除を認める仮処分を下していた[104]．これに対し，債務者であるグーグルが保全異議を申し立てたのが本件である．

同裁判所は，検索エンジンの公益的性質に配慮する一方で，検索結果の表示により人格権を侵害されるとする者の実効的な権利救済の点も勘案しつつ，諸般の事情を総合考慮して，更生を妨げられない利益についての受忍限度を超える権利侵害があるか否かによって判断すべきとした．そして，同裁判所は，「一度は逮捕歴を報道され社会に知られてしまった犯罪者といえども，人格権として私生活を尊重されるべき権利を有し，更生を妨げられない利益を有するのであるから，犯罪の性質等にもよるが，ある程度の期間が経過した後は過去の犯罪を社会から「忘れられる権利」を有するというべきである」と判断した．続いて，同裁判所は，「債権者は，既に罰金刑に処せられて罪を償ってから3年余り経過した過去の児童買春の罪での逮捕歴がインターネット利用者によって簡単に閲覧されるおそれがあり，原決定理由説示のとおり，そのため知人にも逮捕歴を知られ，平穏な社会生活が著しく阻害され，更生を妨げられない利益が侵害されるおそれがあって，その不利益は回復困難かつ重大であると認められ，検索エンジンの公益性を考慮しても，更生を妨げられない利益が社会生活において受忍すべき限度を超えて侵害されていると認められる．」とし，原決定を認可した．

この決定に対し，グーグルは保全抗告を申し立てた．東京高等裁判所は，2016年7月12日，さいたま地裁の決定を取り消し，仮処分命令を却下した[105]．東京高裁は，被保全権利について，人格権としての名誉権ないしプライバシー権に基づく差止請求権が考えられるとしつつ，「忘れられる権利」を内容とする人格権に基づく差止請求権については，次のように述べ，独立して判断す

る必要性を否定した.

「しかし,相手方が主張する「忘れられる権利」は,そもそも我が国において法律上の明文の根拠がなく,その要件及び効果が明らかではない.これを相手方の主張に即して検討すると,相手方は,インターネット及びそれにおいて抗告人が提供するような利便性の高い検索サービスが普及する以前は,人の社会的評価を低下させる事項あるいは他人に知られると不都合があると評価されるような私的な事項について,一旦それらが世間に広く知られても,時の経過により忘れ去られ,後にその具体的な内容を調べることも困難となることにより,社会生活を安んじて円滑に営むことができたという社会的事実があったことを考慮すると,現代においても,人の名誉又はプライバシーに関する事項が世間に広く知られ,又は他者が容易に調べることができる状態が永続することにより生じる社会生活上の不利益を防止ないし消滅させるため,当該事項を事実上知られないようにする措置(本件に即していえば,本件検索結果を削除し,又は非表示とする措置)を講じることを求めることができると主張しているものである.そうすると,その要件及び効果について,現代的な状況も踏まえた検討が必要になるとしても,その実体は,人格権の一内容としての名誉権ないしプライバシー権に基づく差止請求権と異ならないというべきである.」

そして,東京高裁は,被保全権利の有無について,本件犯行事実が児童買春行為という社会的関心の高い行為であること等を理由に名誉権に基づく差止請求を否定した.プライバシー権についても,検索結果の削除がウェブページ全体の閲覧を極めて困難ないし事実上不可能にして多数の者の表現の自由及び知る権利を大きく侵害し得るものであることなどを考慮し,表現の自由及び知る権利の保護を優越させる判断を下した.この決定に対し,削除請求者は,最高裁判所に許可抗告を申し立てた.

最高裁判所は,2017年1月31日,抗告を棄却する決定を下した[106].同裁判所は,先例を引きつつ「個人のプライバシーに属する事実をみだりに公表されない利益は,法的保護の対象となる」ことを認めつつも,「検索結果の提供は検索事業者自身による表現行為という側面を有する」こと,検索事業者による検索結果の提供は公衆による情報の発信及び入手を支援するものであり,現代社会においてインターネット上の情報流通の基盤として大きな役割を果たしていること,検索結果の削除を余儀なくされることは,表現行為及び上記役割を制約するものであることを述べ,次のように判断した.

「検索事業者が，ある者に関する条件による検索の求めに応じ，その者のプライバシーに属する事実を含む記事等が掲載されたウェブサイトのURL等情報を検索結果の一部として提供する行為が違法となるか否かは，当該事実の性質及び内容，当該URL等情報が提供されることによってその者のプライバシーに属する事実が伝達される範囲とその者が被る具体的被害の程度，その者の社会的地位や影響力，上記記事等の目的や意義，上記記事等が掲載された時の社会的状況とその後の変化，上記記事等において当該事実を記載する必要性など，当該事実を公表されない法的利益と当該URL等情報を検索結果として提供する理由に関する諸事情を比較衡量して判断すべきもので，その結果，当該事実を公表されない法的利益が優越することが明らかな場合には，検索事業者に対し，当該URL等情報を検索結果から削除することを求めることができるものと解するのが相当である.」

最高裁判所は，本件について，児童買春に基づき逮捕されたという事実は，プライバシーに属する事実であるが，児童買春が児童に対する性的搾取及び性的虐待と位置付けられており，社会的に強い非難の対象とされ，罰則をもって禁止されていることに照らし，今なお公共の利害に関する事項であること，また，本件検索結果は削除請求者の県の名称及び氏名を条件とした検索結果の一部であることなどからすると，本件事実の伝達範囲はある程度限られていることを認定し，高裁決定を是認する旨の判断を下した.

3.4.3 取扱制限への権利

第18条は，「取扱制限への権利」を定める．これは，個人データを消去せずに，その取扱いを制限させる権利である．データ主体は，（a）個人データの正確性に異議を唱えた場合に，管理者が個人データの正確性を確認する間，（b）違法な取扱いに関する個人データの消去に反対し，代わりにその利用制限を請求する場合，（c）法的請求の確立，行使又は防御のため[107]，（d）管理者の適法な根拠がデータ主体のそれに優越するか否かが未解明のときに，取扱いへの異議を唱えた場合において，管理者に取扱いの制限をさせる権利を有する（1項).この場合，当該個人データは，保存する場合を除き，データ主体の同意に基づく場合，法的請求の確立，行使若しくは防御のため，他の自然人若しくは法人の権利を保護するため，EU若しくは加盟国の重要な公益を理由とする

場合に限り，取り扱われなければならない（2項）．取扱いを制限させたデータ主体は，それが解除されるに先立ち，管理者からの通知を受けるものとする（3項）．

前文によると，個人データの取扱制限方法には，選択されたデータを他の処理システムに一時的に移すことや，選択されたデータを利用者が入手できないようにすること，又は，公開データをウェブサイトから消去することが含まれる．自動ファイリングシステムでは，原則的に，個人データがさらなる取扱行為の対象とならず，かつ，変更できない方法において，技術的手段を用いて取扱制限を保障すべきである．個人データの取扱いが制限されているという事実は，システム内で明示的に示されるべきである（前文(67)項）．

3.4.4 個人データの訂正若しくは消去又は取扱制限に関する通知義務

第19条は，第16条，第17条1項及び第18条に従い実施された，あらゆる個人データの訂正若しく消去，又は，取扱制限について，管理者に対し，個人データの各受領者に通知しなければならない旨を定める．管理者は，請求があれば，受領者についてデータ主体に通知しなければならない．

3.4.5 データ・ポータビリティの権利

第20条「データ・ポータビリティの権利」は，データ保護指令には存在しなかった新たな権利であり，クラウド・コンピューティングやソーシャル・ネットワーク・サービスの場面などで問題となり得る．この権利は，データ主体において，管理者に提供した自己に関する個人データについて，構造化され，共通に利用され機械で判読可能な形式により受け取る権利，及び，当該データを，個人データの提供を受けた管理者に妨害されることなく，他の管理者に移す権利である．この権利を行使できる場面は，（a）取扱いが第6条1項(a)号若しくは第9条2項(a)号による同意に基づく場合又は第6条1項(b)号による契約に基づいており，かつ，（b）取扱いが自動的手段により行われている場合である（1項）．1項の権利は，第17条の消去権（「忘れられる権利」）を侵害するものではない．この権利は，公益又は管理者に委ねられた公的権限行使に必要な取扱いには適用されない（3項）．1項の権利は，他者の権利及び自由に悪影響を与えてはならない（4項）．

1項の権利を行使する際に，データ主体は，技術的に実行可能であれば，個

人データをある管理者から他の管理者に直接に移行させる権利を有する（2項）．

前文によると，この権利は，データ主体のコントロール強化を趣旨とし，データ管理者は，データ・ポータビリティを可能にする相互運用可能な書式を策定すべきとされているが，制約条件も記されている．この権利は，3項に定める場合に加え，管理者が服する法的義務を遵守するために必要な個人データの取扱いには適用すべきではなく，また，管理者に対する，技術的に互換性のある処理システムを採用し又は維持するという義務を作り出すべきではない．さらに，個人データの消去権及びその制限を侵すべきではない．契約を履行するためにデータ主体が自ら提供した個人データは，その契約の履行に必要な範囲では消去させるべきではない（前文(68)項）．

4項は，ある一群の個人データに複数のデータ主体が関係する場合が想定されている（前文(68)項）．

前文によると，データ・ポータビリティの権利は制限的に解釈され，管理者に新たなシステム設置等を義務づけるものではないとのことであるが，実際にデータ主体が権利を行使するためには，共通フォーマットを設けることとなり，管理者にそのための負担をかけざるを得ないと考えられる．

3.4.6　第29条作業部会指針

第29条作業部会は，2016年12月16日，データ・ポータビリティの権利に関する指針及びそのFAQを公表した（文書の日付は13日付）．これは，2016年2月に決定されたアクションプランに基づき，データ保護責任者，主監督機関の管轄に関する指針とともに公表されたものである[108]．意見募集期間は2017年1月末までであったが，同年2月15日まで延長された．

この指針[109]は，データ・ポータビリティの主たる要素として，他の事業者へ個人データを移転させる権利は，「ロックイン」の防止により消費者に自立する力を与えることに加え，データ主体のコントロール下で，イノベーションの機会，及び，データ管理者間での安全かつ安定した方法での個人データ共有を促進することが期待されると説明している．他の管理者への個人データ移転は，API（Application Programming Interface）を利用可能にすることにより実施できるとされている[110]．

指針は，文言の解説を加えており，その中には，「データ主体が提供したデ

ータ」との関係で，データ・ポータビリティの権利から除外されるデータに関する説明がある．それによると，この文言は広く解釈され，データ管理者は，スマートメーターから発生した生データのように，データ・ポータビリティの要請に応じて，ユーザーのアクティビティから生成され又は収集された個人データを含めなければならない．しかし，収集した生のスマートメーターのデータを分析して生成されたユーザープロフィールなど，専らデータ管理者が生成したデータは含まない．また，データ主体が積極的に又は認識した上で提供したデータや，サービス又はデバイスの利用によりデータ主体が「提供した」観察データ，例えば，検索履歴，トラフィックデータ及び位置データ，フィットネス又はヘルストラッカーにより追跡した心拍などの生データなどは含まれる．他方で，推測データや派生データは含まれない．例えば，信用評価やユーザーの健康に関連する評価の結果は，典型的な推測データである[111]．

「構造化され」，「共通に利用され」，「機械で判読可能」であることについて，指針は，概ね次のようなことを述べている．データの種類が広範に及ぶ可能性があるため，GDPRは個人データの形式について特別な推奨事項を課していないものの，相互運用性は望ましい結果である．第29条作業部会は，データ・ポータビリティ権の要件を果たすための，一連の共通相互運用基準及び形式について，産業界の関係者及び事業者団体の間で協力することを強く推奨する．この取組は，欧州相互運用性枠組み（European Interoperability Framework）によって行われてきた．また，指針は，個人データは，抽象度の高い形式で提供されることが期待されていると述べている．データ・ポータビリティは，プラットフォームからデータを取り出し，ポータビリティの範囲外の個人データ（ユーザーパスワード，支払いデータ，生体パターン等）を取り除くために，データ管理者による追加的なデータ処理層を示唆している．この追加的なデータ処理は，データ管理者が定義する新たな目的を達成するために行うものではないため，主たるデータの取扱いに付随するものと考えられる[112]．

3.5 異議申立権及び自動処理による個人に関する決定

第4節「異議申立権及び自動処理による個人に関する決定」は，第21条「異議申立権」，及び，第22条「プロファイリングを含む，自動処理による個人に関する決定」で構成される．プロファイリングは，プライバシー・データ保護をめぐる問題の現代的側面を表している重要な権利といえる[113]．

データ保護指令の「アクセス権」には，データ主体に関するデータの自動処理に係る論理についての知識を得る権利，及び，データの不完全又は不正確な性質によるデータのブロックに関する定めが置かれている（データ保護指令第12条）．また，同指令の「自動処理による個人に関する決定」は，個人に関する法的効果を生じさせる，又は重大な影響を与える判断であって，かつそれが業績，信用度，信頼性，行為等，その者に関する個人的な側面を評価することを意図したデータの自動処理にのみ基づく場合に，当該個人に対し，その判断の対象とならない権利を与えている（同指令第15条）．第4節はこれらの権利を敷衍したものである．

3.5.1 異議申立権

第21条「異議申立権」は，データ主体に対し，プロファイリングを含め，第6条1項（e）号又は（f）号に基づく自己に関する個人データの取扱いに対して，何時でも異議を申し立てる権利を与えている．管理者は，データ主体の利益，権利及び自由に優越する取扱いのための，又は，法的主張の確立，行使又は防御のための説得力ある適法な根拠を証明しない限り，個人データを取り扱ってはならない（1項）．後段の証明責任は管理者側が負う（前文(69)項）．

第6条1項は適法な取扱いの条件を列挙しており，（e）号は，公の利益，又は，管理者が公的権限を行使する場合の取扱い，（f）号は，管理者又は第三者によって追求される適法な利益のために取扱いが必要である場合である．

次に，同条は，ダイレクト・マーケティングのための取扱いに，より厳格な定めを置いている．個人データが係る目的のために取り扱われる場合，データ主体は，それに関するプロファイリングを含め，当該マーケティングのための自己に関する個人データの取扱いに対し，何時でも異議を申し立てる権利を有する（2項）．この場合，ダイレクト・マーケティング目的のための取扱いは認められない（3項）．

1項及び2項に定める権利は，明示的にデータ主体の注意を引く形で，明確に，かつ他の通知とは分離して示されなければならない（4項）．データ主体は，情報社会サービスを利用する状況では，自動的手段を用いて異議申立権を行使することができる（5項）．データ主体は，公益のために取扱いが必要とされる場合を除き，個人データが第89条1項により科学的若しくは歴史的研究目的又は統計目的のために取り扱われる場合にも異議申立権を有する（6項）．

欧州委員会提案も類似の内容を定めていたが（GDPR の 5 項及び 6 項は新設.），異議申立権に違反した場合は，100万ユーロ，又は，企業の場合は全世界の年間総売上の 2 ％までの制裁金の対象となり，同提案の中では最も重い行政的制裁であった．しかし，GDPR では，最大 2,000万ユーロ，又は企業の場合は前会計年度の全世界の年間総売上の 4 ％までの，いずれか高い方の行政上の制裁金の対象となる（第83条 5 項）．

3.5.2 プロファイリングを含む，自動処理による個人に関する決定
（1） GDPR

第22条「プロファイリングを含む，自動処理による個人に関する決定」は，まず，データ主体に対し，プロファイリングを含め，自己に関する法的効果をもたらすか，又は，それに類する重大な影響を自己にもたらす，自動的手段による取扱いのみに基づく決定に服さない権利を与えている（1 項）．この権利は，決定が，（a）データ主体とデータ管理者間の契約締結又は履行に必要である，（b）管理者が服する EU 法又は加盟国法によって認められており，また，それが，データ主体の権利及び自由並びに適法な利益を保護するために適切な措置を定めている，（c）データ主体の明確な同意に基づく場合のいずれかに該当するときには適用されない（2 項）．

例外の（a）号及び（c）号に該当する場合，データ管理者は，データ主体の権利及び自由並びに適法な利益を保護するための適切な措置を実施しなければならず，少なくともそれには，管理者側で人を介在させる権利，データ主体が自己の意見を表明する権利，及び決定に異議を唱える権利が含まれる（3 項）．これらの例外に該当する場合，データ主体は自動的手段による決定に服するが，代替措置が用意されることとなる．

2 項の例外に該当する決定は，第 9 条 1 項に定める特別な種類の個人データに基づいてはならない．ただし，第 9 条 2 項（a）号の「データ主体が明示的な同意を与えた場合」又は（g）号の「EU 法又は加盟国法に基づき，重要な公益を理由とする場合」が適用され，また，データ主体の権利及び自由並びに適法な利益を保護するための適切な措置が講じられている場合は，この限りでない（4 項）．

本条の解釈に関しては，前文の中で次のような補足説明がなされている．

1 項の「法的効果をもたらすか，又は，それに類する重大な影響」には，オ

ンライン上の貸付申請の自動的拒否又は人間を介在させない採用活動などが該当する．係る取扱いには「プロファイリング」が含まれる．2項(b)号の「管理者が服するEU法又は加盟国法」には，EU諸機関又は国内の監視機関の規則，標準及び勧告に従って実施される，詐欺及び脱税の監視及び予防目的などが含まれる（前文(71)項）．

　3項との関係では，当該評価後に達した決定の説明を受ける権利も含まれる．ただし，3項に定める措置は，児童に関係させてはならない（前文(71)項）．

　データ主体に関して，公正かつ透明な取扱いを保障するため，個人データが取り扱われる具体的状況及び文脈を考慮に入れ，管理者は，プロファイリングに対する適切な数学的又は統計的手順を用いるべきであり，適切な技術的及び組織的措置を実施すべきである．それは，個人データが不正確な結果となる要素を正し，間違いのリスクを軽減し，データ主体の利益及び権利に関わる潜在的リスクを考慮に入れる方法で，かつ，人種又は民族的出自，政治的意見，宗教又は信念，労働組合への加盟，遺伝若しくは健康状態又は性的嗜好に基づく自然人への差別的効果を防ぐ方法で個人データを確実に保護するためのものである．特別な種類の個人データに基づく自動処理による決定及びプロファイリングは，特別な条件下でのみ認められるべきである（前文(71)項）．

　プロファイリングは，取扱いの法的根拠又はデータ保護諸原則など，個人データの取扱いを管理する本規則の規律に服する．本規則によって設立される欧州データ保護会議（「会議」）は，その文脈において指針を発することができるべきである（前文(72)項）．

　欧州委員会案では，第20条「プロファイリングに基づく措置」が定められており，違反した場合には，異議申立権違反と同じ行政的制裁が課せられることとなっていた．GDPRの第22条1項及び2項はほぼ同旨であるが，3項以下では，特別な種類の個人データのみに基づく評価を禁止し，例外が適用される場合にデータ主体へ提供すべき情報には，プロファイリングに関する措置を講じるための取扱いの存在や，当該取扱いがデータ主体に与え得る影響等が含まれていた．

（2）　CoEのプロファイリングに関する勧告

　ところで，「プロファイリングに基づく措置」は，CoEの閣僚委員会において，2010年11月23日に採択した「プロファイリングの状況における個人データ

の自動処理に関する個人の保護についての閣僚委員会の加盟国に対するCM/Rec（2010）13勧告」[114]を考慮に入れて設けられた．

勧告本文は，プロファイリングの状況下で利用される個人データの収集及び処理に対し，勧告付属文書を適用するとともに，同付属文書で述べた諸原則を普及させるべきこと，プライバシー及びデータ保護への尊重を確実にするための自主規制の仕組みを導入及び促進すべきことなどを勧告している．

そして，その前文は，プロファイリングのもたらす問題状況を次のように指摘した．すなわち，①情報通信技術によって，民間部門及び公的部門の両方において，個人データを含む大規模なデータの収集及び処理が可能となったこと，②こうした収集及び処理は，種々の目的のために種々の状況下で行われ，種々の類のデータに関わり得るものであること，③このようにして収集されたデータは，プロフィールを生成する目的で，計算，比較，統計上の相関関係ソフトウェアによって処理され，当該プロフィールは，何人かの個人に関するデータとマッチングされることにより，種々の目的や用途のための多くの方法において利用され得ること，④情報通信技術の発展によりこれらの操作が比較的低価格で実施できるようになったことなどである．こうした認識に基づき，次のような考慮事項が掲げられた．

　大量の個人に関するこうした組み合わせを通じて，たとえ匿名であり，観測するものであったとしても，プロファイリング技術は，関連する人々を前もって決められたカテゴリに置くことによって，彼らに影響を与える能力を有し，彼らはほとんどそのことに気づいていない．
　プロフィールがデータ主体に帰属する場合，新たな個人データであって，データ主体が管理者に伝えていないものや，当該人物において管理者に知られることを合理的に推測し得ないものを生成することが可能となる．
　プロファイリングに関して，透明性の欠如，又は，「目に見えないこと」でさえ，また，正確性の欠如であって，事前に定められた暗黙の基準に自動的に適用することから生じ得るものは，個人の権利及び自由に重大な危険をもたらし得る．
　とりわけ，基本的権利の保護，特にプライバシー権及び個人データの保護は，それぞれの独立した人生の領域が存在することを含意し，そこでは，各個人が自らのアイデンティティの利用をコントロールすることができる．

プロファイリングは，それを利用する者及びそれを適用される者の両方が適法な利益を有することができる．例えば，より良い市場分割の先導，リスク及び詐欺に関する分析の許容，より良いサービスの提供により需要を満たすために適した提案を行うことなどがある．また，プロファイリングは，このように，利用者，経済及び社会全体に利便性を提供することができる．

　しかし，ある個人をプロファイリングすることは，当該個人がある商品又はサービスを評価することを不当に阻み，それによって非差別の原則を破るという結果をもたらし得る．

　さらに，プロファイリング技術は，欧州評議会第108条約の第6条の意味における機微データと他のデータの相関関係に焦点を当てると，識別された又は識別され得る個人に関する新たな機微データの生成を可能とする．加えて，当該プロファイリングは，とりわけ差別並びに個人的権利及び尊厳の攻撃への高いリスクに個人をさらすことが可能となる．

　児童のプロファイリングは，児童の人生を通じて重大な結果をもたらし得るものであり，プロファイリング目的のために個人データが収集される場合に，彼らが，自らのために，自由な，特定の，情報提供を受けた上での同意をすることができない場合，国際連合の児童の権利条約に基づく児童の最大の利益及び彼らの人格の発展を考慮に入れ，児童を保護するための特定かつ適切な措置が必要である．

　プロフィールの利用は，適法であったとしても，予防措置及び特別の保護がなければ，人間の尊厳と同様に，経済的及び社会的権利を含む基本的権利及び自由に対し，重大な損害を与え得る．

　同文書は，係る考慮事項に基づき，個人の基本的権利及び自由，特にプライバシー権を保護し，性別，人種及び民族的出自，信仰又は信念，障害，年齢又は性的指向に基づく差別を防ぐために，個人データ保護に関するプロファイリングを規制する必要性を主張した．

　付属文書は，「定義，総則，プロファイリングの状況下における個人データの収集・処理のための条件（適法性，データ内容，機微データ），情報，データ主体の権利，適用除外及び制限，救済，データセキュリティ，監督機関」という項目にて構成されており，個人データ保護のための基本原則を包含している．

　この文書の中で，「プロファイリング」は，次のように定義されている．

「1　定義
　　d　「プロフィール」とは，個人のカテゴリを特徴づける一群のデータで，個人に適用することを意図したものをいう．
　　e　「プロファイリング」とは，プロフィールを個人に適用することで構成される自動データ処理技法であって，とりわけ，当該人物に関する決定を下したり，当該人物の個人的嗜好，行動及び態度を分析又は予想するためのものをいう．」

　また，プロファイリングは，2013年9月23日から26日にかけて開催された第35回データ保護・プライバシー・コミッショナー国際会議の中でも取り上げられ，「プロファイリングに関する決議」が採択されている．
　日本の個人情報保護論議は，情報漏えいによる安全管理措置違反や個人データの第三者提供を中心に行われてきたが，ビッグデータの時代では，大量の情報を蓄積・分析され，人物像を形成され，評価されるという侵害側面が顕在化している．

3.6　諸制限

　第5節「諸制限」は，第23条「諸制限」で構成される．
　データ管理者又は取扱者が服するEU法又は加盟法は，立法により，第12条から第22条，第34条，及び第5条の権利義務の適用範囲を制限することができる．ただし，係る規定は，第12条から第22条に定められた権利及び義務に合致し，当該制限が基本的権利及び自由の本質を尊重し，民主的社会において所定の項目を保護するために必要かつ均衡の取れた措置であるときに限られる（1項）．所定の項目は，（a）国家安全，（b）国防，（c）公共の安全，（d）犯罪の予防，捜査，探知若しくは起訴，又は刑罰の執行，（e）EU又は加盟国の一般的な公益に関する他の重要な目的であって，通貨，予算及び課税事項，公衆衛生及び社会保障を含む，EU又は加盟国の重要な経済的若しくは財政的利益，（f）司法権の独立及び裁判手続の保護，（g）規制職業に関する倫理違反の予防，捜査，探知及び起訴，（h）（a）号ないし（e）号及び（g）号に定める場合に，公的権限行使に関係する監視，点検又は規制機能，（i）データ主体の保護又は他者の権利及び自由の保護，（j）私法上の権利の執行である．

1項の法的措置は，少なくとも，(a)取扱目的又は取扱いの種類，(b)個人データの種類，(c)制限の範囲，(d)濫用的又は違法なアクセス若しくは移転を防ぐための保護措置，(e)管理者の詳細又は管理者の種類，(f)保存期間，取扱いの性質，範囲及び目的又は種類を考慮に入れた適用可能な保護措置，(g)データ主体の権利及び自由に対するリスク，(h)制限に関する通知を受けるデータ主体の権利に関する具体的規定を含まなければならない（2項）．

前文によると，1項(c)号の「公共の安全」には，特に自然災害又は人為的災害に対応した人命保護が含まれる．(e)号の「一般的な公益に関する他の重要な目的」は，公簿の保持や，過去の全体主義国家体制下における政治的行為に関連する特定の情報を提供するために，アーカイブされた個人データを取り扱う場合などが該当する．(i)号の「データ主体の権利及び自由の保護」には，社会的保護，公衆衛生及び人道目的が含まれる．これらの制限は，基本権憲章及び欧州人権条約に定める要件に従うべきである（前文(73)項）．

第5節　管理者及び取扱者

1　第4章「管理者及び取扱者」の構成

第4章「管理者及び取扱者」は，第1節「一般的義務」（第24条～第31条），第2節「個人データの安全性」（第32条～第34条），第3節「データ保護影響評価及び事前の許可」（第35条～第36条），第4節「データ保護責任者」（第37条～第39条），第5節「行動規範及び認証」（第40条～第43条）で構成される．第24条及び第40条を除き，違反行為は最大1,000万ユーロ，又は企業の場合は前会計年度の全世界の年間総売上の2％までの，いずれか高い方の行政上の制裁金の対象となる（第83条4項）．

2　第1節　一般的義務

第1節「一般的義務」は，第24条「管理者の責任」，第25条「データ保護・バイ・デザイン及びバイ・デフォルト」，第26条「共同管理者」，第27条「EU内で設立されていない管理者又は取扱者の代理人」，第28条「取扱者」，第29条「管理者又は取扱者の許可に基づく取扱い」，第30条「取扱行為の記録」，第31条「監督機関との協力」で構成される．

2.1 管理者の責任

第24条は，GDPRを遵守する一般的義務として，「管理者の責任」を定める．管理者は，取扱いの性質，範囲，状況及び目的並びに自然人の権利及び自由に対するリスクの様々な可能性及び重大性を考慮し，本規則に従った取扱いを保障し証明できるようにするため，適切な技術的及び組織的措置を講じなければならない．これらの措置は見直され，必要に応じて更新されなければならない（1項）．取扱行為との関連で均衡が取れる場合には，1項の措置には，管理者による適切なデータ保護方針の実施が含まれる（2項）．第40条の承認済み行動規範又は第42条の承認済み認証制度を遵守することは，管理者の義務遵守を証明する要素に用いることができる（3項）．

管理者は，本規則を遵守しそれを証明する責任を負うが，承認済みの行動規範又は認証制度を用いることで，その負担を軽減することができる．GDPRの遵守は，全体的には管理者に大きな負担をかけるものといわざるを得ない．しかし，上記の各仕組みは中小零細事業者に配慮することとされているため，GDPRの柔軟な運用に資することが期待される．

2.2 データ保護・バイ・デザイン及びバイ・デフォルト

第25条「データ保護・バイ・デザイン及びバイ・デフォルト」は，プライバシー・バイ・デザイン（PbD）のEU版と言ってよい．

PbDは，カナダ・オンタリオ州の前情報プライバシー・コミッショナーである，アン・カブキアン（Ann Cavoukian）博士が，1990年代から提唱してきた考え方である．カブキアン博士は，現在は，トロントにあるライアソン大学（Ryerson University）のプライバシー・ビッグデータ研究所（Privacy & Big Data Institute）の常任理事を務めている．

PbDの概要は次の通りである[115]．

PbDは，様々な技術に関する設計仕様の中に，プライバシーを組み込むという考え方及びアプローチをいう．これは，「公正情報実務」（Fair Information Practices, FIPPs）に関する諸原則を(1)情報技術，(2)事業活動，並びに，(3)物理的設計及びインフラに適用することで達成できると説明されている．

PbDは，プライバシー促進技術（Privacy Enhancing Technologies, PETs）に「ポジティブサム」のアプローチを加えた考え方であり，PbDは，プライバシー影響評価（Privacy Impact Assessment, PIA）のもととなる概念である．カブ

キアン博士の説明で最も強調されているのは,「ポジティブサム」への発想の転換と,PbD がプライバシーとセキュリティの「両者に有利」となることである.

最近では,PbD の認証制度も開始されており,認証を受けた事業者も登場している(116). PbD の目的は,次の基本 7 原則を遵守することで,プライバシーと個人の情報へのコントロールを保障し,組織が持続的に競争上の優位を得ることにある.

PbD の 7 原則は次の通りである(117).

「1　事後的ではなく**事前的**,救済的ではなく**予防的**であること.

プライバシー・バイ・デザイン (PbD) のアプローチは,事後的よりもむしろ事前的措置により特徴付けられる.それは,発生前にプライバシー侵害事象を予測し,予防する.PbD は,プライバシーリスクの顕在化を待つものでもなければ,プライバシー違反が一旦発生してからそれを解決するための救済を提供するものでもない——それは,それらの違反が発生するのを予防することを目的としている.要するに,プライバシー・バイ・デザインは,事象の後ではなく,前に来るものである.

2　**初期設定**としてのプライバシー

我々は皆,あること——初期設定ルール——を確信することができる！　プライバシー・バイ・デザインは,あらゆる所与の IT システム又は事業活動の中で自動的に個人データが保護されるよう保障することによって,最大限のプライバシーを提供しようとしている.個人が何もしない場合,彼らのプライバシーはいまだ無傷で維持される.自己のプライバシーを保護するために個人の側で求められることは何もない——それはシステムに初期設定で組み込まれている.

3　設計に**組み込まれる**プライバシー

プライバシー・バイ・デザインは,IT システム及び事業活動の設計及び構造に組み込まれる.それは事象が起きた後の付属として留めるものではない.その結果,プライバシーは,提供されている中心機能の本質的構成要素となる.プライバシーは,機能性を損なうことなくシステムに不可欠なものである.

4　全機能性——ゼロサムではなく**ポジティブサム**

プライバシー・バイ・デザインは,不必要なトレード・オフがなされるとき

に，時代遅れのゼロサムアプローチを通じるのではなく，ポジティブサムの「両者に有利な」(win-win) 態様で，すべての適法な利益及び目的を収めようとしている．プライバシー・バイ・デザインは，両者を有することが可能であると証明することで，プライバシー対セキュリティのように，誤った見せかけの対立を回避する．

5 　生成から廃棄までの安全性──**ライフサイクル全般の保護**

　プライバシー・バイ・デザインは，情報が収集される最初の要素に先立って，システムに組み込まれており，当該データの全ライフサイクルにわたり安全に拡張される──強力な安全保護措置は最初から最後までプライバシーにとって本質的である．このことは，すべてのデータが安全に保持され，そして，取扱いの最後の段階で，適時に安全に破棄されることを保障する．このように，プライバシー・バイ・デザインは，ゆりかごから墓場まで，端から端まで安全な情報管理のライフサイクルを保障する．

6 　**可視性と透明性──継続的開示**

　プライバシー・バイ・デザインは，すべての利害関係者において，いかなる事業活動又は技術が関係しようとも，実際に，独立の検査に従い，宣言した約束及び目的に従い運用していることを確実にしようとする．その構成部分及び運用は，利用者に対し，また，提供者にも同様に，可視性及び透明性を維持する．信用するが確認することを覚えておくこと．

7 　利用者のプライバシーを最大限に尊重すること──利用者中心の維持

　とりわけ，プライバシー・バイ・デザインは，設計者及び運用者に対し，強力なプライバシーの初期設定，適切な通知，及び利用者に親切な選択肢の付与といった措置を提供することで，個人の利益を最高に維持することを求める．利用者中心の維持.」

　PbDのプライバシーは，1983年のドイツの国勢調査判決が「情報自己決定権」に言及したことに由来している[118]．プライバシーは，何かを隠すこと（秘密性）ではなく，コントロールできることを意味する．

　PbDが国際的に広く認知を受けるきっかけとなったのは，2010年10月に開催された第32回データ保護・プライバシー・コミッショナー国際会議における，PbDに関する決議である[119]．PbDは，2012年3月26日に米国の連邦取引委員会が公表した「プライバシーレポート」[120]の3本柱の1つに掲げられ，

EUの一般データ保護規則[121]では，第25条「データ保護・バイ・デザイン及びバイ・デフォルト」として導入された．日本では，衆議院内閣委員会の2015年5月20日付「個人情報の保護に関する法律及び行政手続における特定の個人を識別するための番号の利用等に関する法律の一部を改正する法律案に対する附帯決議」[122]及び参議院内閣委員会の2015年8月27日付同法律案に対する附帯決議[123]の中で，PbDへの言及がある．PbDは，カナダの法令の中では立法化されておらず，また，そもそも立法化を前提とする考え方ではないが，その考え方は世界的な広がりを見せている．

　PbDの特徴は，「事前対策により体系的にプライバシーを組み込むこと」である．FTCのプライバシー・レポート（第6章第3節参照）の3本柱の中にも，PbDが置かれている．また，PbDは，プライバシー促進技術（PETs）をもとに発展してきた概念であり，後にプライバシー影響評価（PIA）へと発展することとなった．最近では，PbDの認証制度も開始されており，認証を受けた事業者も登場している[124]．

　PIAについては，GDPR第35条に定めが置かれており，日本のマイナンバー法（番号利用法）[125]の中でも，特定個人情報保護評価として導入された．

　GDPRの第25条の定めは次の通りである．

「1　技術水準，実施費用，取扱いの性質，範囲，状況及び目的，並びに，取扱いによって引き起こされる自然人の権利及び自由に対するリスクの様々な可能性及び重大性を考慮に入れ，管理者は，取扱手段を決定する時点及び取扱いそのものの時点の双方において，データ保護諸原則の実施を意図する仮名化や，データ最小化などの，適切な技術的及び組織的措置を実施しなければならず，それらは，本規則の義務を満たしデータ主体の権利を保護する目的で，効果的な方法において，また，必要な保護措置を取扱いの中に統合させなければならない．

　2　管理者は，初期設定により（by default），各個別の取扱目的に必要な個人データのみを取り扱うことを保障するための適切な技術的及び組織的措置を実施しなければならない．係る義務は，収集される個人データの量，その取扱範囲，その保存期間及びアクセス可能性に適用される．特に，係る措置は，個人データが個人の介在なしに不特定の自然人にアクセスされないよう，

初期設定により保障しなければならない.
　3　第42条に定める承認済みの認証制度は，本条1項及び2項に定める義務遵守を証明する要素として用いることができる.」

　1項の要点は，諸事情を考慮すること，取扱いの決定時又は取扱い時に，技術的及び組織的措置を実施すること，係る措置を取扱いの中に統合させることであり，2項の要点は初期設定である.
　PbDは，GDPR第25条のようなセキュリティに重点を置くものではなく，より幅広い概念である．その点についてカブキアン博士に意見を聞いたところ，同条によりPbDの第2原則と第5原則が遵守され，他の諸原則もGDPRによってカバーないしは含意されていること，GDPRとPbDは同じではないかもしれないがパラレルの枠組みであり，データ保護・バイ・デザインが導入されたことに満足している旨の回答を得た．
　3項は，承認済みの認証制度を用いることにより第25条の遵守を担保することを認める規定である．

　前文では，次のような補足説明がなされている.
　自然人の権利及び自由へのリスクは，個人データの取扱いにより生じ得る，物理的，物質的又は非物質的損害である．具体的には，取扱いによって，差別，なりすまし又は詐欺，経済的損失，名誉毀損，職業上の守秘義務により保護される個人データの秘密性の喪失，無権限での仮名化の復元，又は，その他重大な経済的又は社会的不利益が引き起こされる場合，データ主体が自己の権利及び自由を奪われ，又は，自己の個人データへのコントロール行使を妨げられる可能性がある場合，個人データの取扱いが，特別な種類のデータ又は有罪判決若しくは犯罪に関わるデータ等に関するデータの取扱いを暴露する場合，プロファイリングが行われるとき，弱者，特に児童に関する個人データが取り扱われるとき，取扱いが大量の個人データと関係し，大量のデータ主体に影響を与えるときである（前文(75)項）．リスクは，客観的に評価されるべきである（前文(76)項）．
　取扱いに関するリスクの特定，発生源，性質，可能性及び重大性に関するそれらの評価，及び，リスクを軽減するための最良の実務に関する適切な措置の実施，及び，管理者又は取扱者による遵守証明は，承認された行動規範や認証，

欧州データ保護委員会が定める指針，又は，データ保護責任者の指示によって，提供することができる（前文(77)項）．本則に定めがあるのは承認済みの認証制度のみであるが，前文によると，行動規範等他の手法による遵守証明も可能とされている．

また，欧州データ保護会議は，自然人の権利及び自由への高いリスクをもたらす可能性が高くないと考えられる取扱行為に関する指針を発し，係るリスクに対処するための十分な措置を指示することができる（前文(77)項）．

管理者は，第25条の諸原則を満たす内部方針を採用し，措置を実施すべきである．係る措置は，取扱いの最小化，可及的速やかな仮名化，個人データの役割及び取扱いに関する透明性，データ主体によるデータの取扱いへの監視，安全保護機能の設定及び実施により構成される．製品，サービス及びアプリケーションの製造者は，それらの開発及び設計の際に，データ保護権を考慮するよう奨励されるべきである．また，技術水準を考慮に入れ，管理者及び取扱者は，自己の義務遵守を確認することを奨励されるべきである．第25条の諸原則は，競争入札の状況もまた考慮に入れるべきである（前文(78)項）．

2.3 共同管理者

第26条は，「共同管理者」の定めを置いている．欧州委員会提案では包括的な定め方であったが，GDPRでは内容を具体化させている．

二者以上の管理者が共同で取扱いの目的及び手段を決定する場合，係る管理者は共同管理者となる．彼らは，データ主体の権利行使，並びに，第13条及び第14条（データ主体から個人データを収集する場合及び取得しなかった場合に提供すべき情報）に定める情報提供義務について，相互に協定を締結する方法により，透明な態様で，義務遵守のための各責任を決めなければならない．ただし，管理者の服するEU法又は加盟国法の定めがある場合はこの限りでない．協定は，データ主体のための連絡先を指定することができる（1項）．1項の協定は，データ主体との関係で，共同管理者の各役割及び関係を適切に反映しなければならず，協定の骨子はデータ主体が入手できなければならない（2項）．データ主体は，1項の協定にかかわらず，各管理者に対して自己の権利を行使することができる（3項）．

管理者及び取扱者の責任は，監督機関による監視及び措置との関係においても明確な割当てを必要とする（前文(79)項）．

2.4 EU内で設立されていない管理者又は取扱者の代理人

　第27条「EU内で設立されていない管理者又は取扱者の代理人」の定めは，第3条2項との関係で説明した通りである（本章第2節3参照）．

2.5 取扱者

　第28条は「取扱者」を定めている．「取扱者」は，日本ではいわゆる受託者に該当するような者が含まれる．1項は次のように定めている．

「1　管理者の代わりに取扱いが行われる場合，その管理者は，取扱いが本規則の義務を満たし，データ主体の権利を確実に保護する方法で，適切な技術的及び組織的措置を実施することを十分に保障する取扱者のみを用いなければならない．」

　取扱者の選任に際しては，特に，専門知識，信頼性及びリソースが考慮される（前文(81)項）．
　同条2項は，再委託の制限規定に相当する規定である．

「2　取扱者は，個別的又は一般的な文書による事前許可を管理者から得ることなく，他の取扱者を従事させてはならない．文書による一般的な許可の場合，取扱者は，他の取扱者の追加又は交替に関して，予定されるあらゆる変更を管理者に通知しなければならず，それによって管理者に当該変更への異議を唱える機会を提供する．」

　日本では，再委託先からの個人情報の漏えい等が多く発生したことから，番号利用法の中で，再委託の制限規定が設けられた（番号利用法第10条）．同法は，最初の委託者の許諾を得た場合に限り，再委託等を行うことを認めている．GDPR第28条2項は，文書によることを義務づけ，かつ，一般的な許可の場合には，取扱者に対し，あらゆる変更を管理者に通知するよう義務づけている．番号利用法には，これらの点に関する明示的な定めは置かれていない．しかし，個人情報保護委員会の説明によると，そもそも個人番号の利用範囲が限定的に定められていることから，業務委託契約においても番号法の認める事務の範囲内で委託業務の範囲を特定する必要があるとされており，再委託時に最初の委

託者の同意を取ることが原則とされている．また，委託者の許諾方法に制限はないが，安全管理措置を確認する必要性から，書面等により記録として残る形式をとることが望ましいと説明されている[126]．

また，第28条3項は，EU法若しくは加盟国法に基づく契約又は他の法律行為により，管理者との関係で取扱者を拘束するよう義務づけている．1項及び2項に類する規定は，欧州委員会提案にも定められていたが，3項以下は新設規定である．

上記の契約及び法律行為には，取扱いの対象事項及び期間，取扱いの性質及び目的，個人データの類型及びデータ主体の種類，並びに，管理者の義務及び権利を定めることとされているが，同項は，さらに，8項目の事項を定めるよう義務づけている．具体的には，(a)取扱者が服するEU法又は加盟国法が義務づける場合を除き[127]，第三国又は国際機関への個人データの移転を含め，管理者の文書による指示のみに基づき個人データを取り扱うこと，(b)守秘義務，(c)第32条（取扱いの安全性）に基づき義務づけられるすべての措置を講じること，(d)2項及び4項に定める条件の遵守，(e)データ主体の権利行使に対応するための，適切な技術的及び組織的措置による管理者の支援，(f)第32条から第36条（取扱いの安全性，監督機関への個人データ侵害通知，データ主体への個人データ侵害の連絡，データ保護影響評価，事前協議）の義務を遵守するための管理者の支援，(g)サービスの提供終了後にすべての個人データを抹消し又は管理者へ返還すること，及び，EU法又は加盟法が定める場合を除き，現存の写しを消去すること，(h)本条の遵守を証明するために必要な全情報を管理者が入手できるようにすること，また，監査人の点検・監査を可能にし，それに貢献することである．(h)号前段に関しては，取扱者において，指示が本規則又はEU若しくは加盟国のデータ保護規定を侵害するとの意見を有する場合には，直ちに管理者に通知しなければならない．

4項は，再委託に相当する取扱者の義務を定めている．取扱者は，特定の取扱行為を他の取扱者に従事させる場合，3項に定める契約又は法律行為に定めるデータ保護義務と同じものを，同様の契約又は他の法律行為により，当該他の取扱者に課さなければならない旨を定める．特に，本規則の義務を果たすような態様で，適切な技術的及び組織的措置の実施を十分に保障するよう定めなければならない．係る取扱者がデータ保護義務を果たさなかった場合，最初の取扱者は，当該他の取扱者の義務を履行するために，管理者に対して完全な法

的責任を負う（4項）．

　番号利用法にも，再委託を受けた者が最初の受託者と同様の義務を負うべきことを定めた規定，及び，受託者への監督義務を定めた規定が存在する（番号利用法第10条2項，第11条）．

　取扱者は，承認済の行動規範又は認証制度を遵守することは，1項及び4項の遵守を証明する要素として用いることができる（5項）．

　欧州委員会は，本条3項及び4項に定める事項に関して，実施行為の審査手続に従い，標準契約条項を定めることができる（7項）．監督機関は一貫性の仕組みに従い，係る事項に対して標準契約条項を採用することができる（8項）．上記契約又は他の法的行為は，電子的形式を含め，書面によらなければならない（9項）．

　7項の実施行為に関わる規定は他にも存在するが，手続は，第45条5項（十分性決定に伴う移転）に定める緊急事態を除き，第93条2項の手続に従って採択される．

　そして，本条3項及び4項に定める契約又は他の法律行為は，その全部又は一部を7項及び8項に定める標準契約条項に基づかせることができる（6項）．

　第82条（賠償請求権及び法的責任），第83条（行政上の制裁金を課すための一般的条件）及び第84条（罰則）にかかわらず，取扱者が取扱いの目的及び手段を決定することで本規則に違反した場合，その取扱者は当該取扱いとの関連では管理者とみなされる（10項）．

2.6　管理者又は取扱者の許可に基づく取扱い

　第29条「管理者又は取扱者の許可に基づく取扱い」は，取扱者，及び，管理者若しくは取扱者の許可に基づき行動するすべての者で，個人データにアクセスする者は，管理者から指示がある場合を除き，当該データを取り扱ってはならない旨を定めている．ただし，EU法又は加盟国法で取扱いが義務づけられている場合はこの限りでない．

　個人データの取扱責任者は，あくまで管理者であることを貫く趣旨と考えられる．

2.7　取扱行為の記録

　第30条「取扱行為の記録」は，管理者及び取扱者等に対する文書保管義務を

定めている.記録化の義務は,本規則の遵守を証明することを趣旨とする.管理者及び取扱者は,監督機関との協力を義務づけられるべきであり,監督に資するよう,請求があれば監督機関が入手できるようにすべきである(前文(82)項).欧州委員会提案では「文書化」として規定されていた(同提案第28条).

1項は,管理者ないしは代理人に対し,自己が責任を負う取扱行為に関する記録を保持するよう義務づけている.記録には,(a)管理者,共同管理者,管理者の代理人及びデータ保護責任者の氏名及び連絡先,(b)取扱目的,(c)データ主体の種類及び個人データの種類,(d)個人データの受領者の種類,(e)第三国又は国際機関への個人データ移転[128],(f)様々な種類のデータに関する消去予定期限,(g)第32条1項(取扱いの安全性)に定める技術的及び組織的安全保護措置に関するすべての情報が含まれる(1項).

取扱者ないし代理人は,管理者に代わって行う全種類の取扱行為に関する記録を保持しなければならない(2項).それには,(a)取扱者,取扱者が代理をしている各管理者,管理者又は取扱者の代理人,及び,データ保護責任者の氏名及び連絡先,(b)取扱いの種類,(c)第三国又は国際機関への個人データ移転[129],(d)第32条1項(取扱いの安全性)に定める技術的及び組織的な安全保護措置が含まれる.

1項及び2項の記録は,電子的形式を含め,書面によらなければならない(3項).管理者又は取扱者,及びそれらの代理人は,請求により監督機関が記録を入手できるようにしなければならない(4項).

1項及び2項の義務は,250人未満の者を雇用している事業者又は組織には適用されない.ただし,取扱いがデータ主体の権利及び自由へのリスクをもたらす可能性が高い場合,取扱いが稀ではない場合,又は,第9条の特別な種類のデータ若しくは第10条の有罪判決及び犯罪に関する個人データを含む場合は,この限りでない(5項).GDPRでは,中小零細事業者の定義は委員会勧告2003/361/EC[130]の別添第2条によることとなっているが,ここでは250人未満という基準が用いられている.

2.8 監督機関との協力

第31条「監督機関との協力」は,管理者及び取扱者,該当する場合には彼らの代理人に対し,監督機関の請求に基づきその職務遂行に協力しなければならない旨を定めている.

3 第2節 個人データの安全性

第2節「個人データの安全性」は，第32条「取扱いの安全性」，第33条「監督機関への個人データ侵害の通知」，第34条「データ主体への個人データ侵害の連絡」で構成される．

3.1 取扱いの安全性

第32条は，「取扱いの安全性」を定める．1項の規定は次の通りである．

「1　技術水準，実施費用，取扱いの性質，範囲，状況及び目的，並びに，取扱いによって引き起こされる自然人の権利及び自由に対するリスクの様々な可能性及び重大性を考慮に入れ，管理者及び取扱者は，リスクに適した安全保護水準を確保するため，適切な技術的及び組織的措置を実施しなければならない．とりわけ，次に掲げるものを適切に含む：
　（a）個人データの仮名化及び暗号化；
　（b）処理システム及びサービスの継続的な機密性，完全性，可用性及び復旧を保障する能力；
　（c）物理的又は技術的事故発生時に，適時に可用性及び個人データへのアクセスを復旧させる能力；
　（d）取扱いの安全性を保障するための，技術的及び組織的措置の効果を定期的に点検，判断及び評価する手順．」

リスクに適した保護レベルの判断について，2項は，個人データの偶発的又は違法な破壊，紛失，変更，無権限開示若しくはアクセスから生じるリスクを特に考慮に入れなければならないと定めている（2項）．

また，管理者及び取扱者は，それらの許可に基づき個人データにアクセスするあらゆる自然人が，管理者の指示以外に個人データを取り扱わないよう保障するための措置を講じなければならない．ただし，EU法又は加盟国法が義務づける場合はこの限りでない（4項）．

承認済の行動規範又は認証制度の遵守は，本条1項の義務遵守を証明する要素として用いることができる（3項）．

3.2 監督機関への個人データ侵害の通知
3.2.1 電子通信プライバシー指令

第33条は,「監督機関への個人データ侵害の通知」について定めている.

欧州の個人データ侵害通知は,欧州委員会提案に先立ち,2002年 EU 電子通信プライバシー指令の 2009年11月25日改正によって導入された.改正後の同指令第2条(h)号は,「個人データ侵害」を「共同体内において,公に利用可能な電子通信サービスの提供との関係で,送信され,保存され,又は他に取り扱われる個人データへの偶発的又は違法な破壊,紛失,改変,無権限開示又はアクセスをもたらすセキュリティ侵害をいう.」と定める.

そして,改正後の同指令第4条3項は,①個人データ侵害の場合,公衆電子通信サービスプロバイダは,過度に遅滞することなく,個人データ侵害を所管の国家機関に通知すること,②個人データ侵害が,加入者又は個人の個人データ若しくはプライバシーに有害な影響を与える見込みがある場合,プロバイダは,過度に遅滞することなく,加入者又は個人にも侵害を通知することを義務づけられる.ただし,プロバイダが,適切な技術的保護措置を講じ,その措置をセキュリティ侵害による当該データに適用したことを所管の機関に納得させた場合には,この限りではない.ただし,技術的保護措置は,アクセス権限を有さないすべての者がそのデータを判読できないようにするものでなければならない.

そして,プロバイダが個人データ侵害を加入者又は個人に通知していない場合には,所管の国家機関は,侵害に関する有害な影響の蓋然性を考慮し,通知を行うよう要求することができる.また,加入者又は個人への通知では,少なくとも,個人データ侵害の性質,及び,追加情報を得られる場合の連絡先を説明しなければならず,個人データ侵害に関する有害な影響の可能性を軽減するための措置を推奨しなければならない.加えて,所管の国家機関への通知では,個人データ侵害の結果,及び,個人データ侵害に対処するためにプロバイダが提案し又は講じた措置を説明しなければならない.

「有害な影響」には,なりすまし,物理的侵害,名誉に対する重大な侮辱又は侵害などがある[131].

プロバイダは,侵害をめぐる事実,その効果及び講じた救済措置を構成する個人データ侵害の一覧を保持するものとし,当該一覧は所管の国家機関が侵害通知の規定の遵守を十分確認できるものでなければならない.一覧は,この目

的のために必要な情報のみを含むものとする．その他，所管の国家機関はガイドラインを策定すること等ができる（同条4項）．この指令との関連では，「プライバシー及び電子通信に係る欧州議会及び理事会の2002/58/EC指令に基づく個人データ侵害の通知に適用可能な措置に関する2013年6月24日の（EU）611/2013委員会規則」が採択され，同年8月25日に施行された[132]．同委員会規則は，電子通信サービスプロバイダの所管国家機関への通知義務を，個人データ侵害を探知してから原則24時間以内にするなどの規定を設けている．

しかし，以上の規定は大幅に見直される予定である．欧州委員会は，GDPRの採択を受け，2016年4月12日から同年7月5日にかけて，電子通信プライバシー指令を見直すための意見募集を関係者に募り，その結果の要旨を公開している[133]．その後明らかになった同指令の改正草案では，ネットワーク及びサービスを損なうリスクを電子通信サービスプロバイダからエンドユーザーに伝える義務が創設されている．

3.2.2 GDPR

第33条1項の定めは次の通りである．

「1　個人データ侵害が発生した場合，管理者は，過度に遅滞することなく，実現可能であれば侵害に気づいてから72時間以内に，第55条に基づき個人データ侵害を所管の監督機関に通知しなければならない．ただし，個人データ侵害が自然人の権利及び自由にリスクをもたらす可能性が低い場合はこの限りでない．監督機関への通知が72時間以内になされない場合には，通知に遅延理由を付さなければならない．」

前文によると，この規定が設けられた趣旨は次の通りである．
　個人データ侵害は，適切かつ適時に対処されなければ，個人データのコントロールの喪失，彼らの権利の制限，差別，なりすまし又は詐欺，経済的損失，無権限による仮名化の復元，名誉毀損，職業上の守秘義務により保護される個人データの機密性喪失，又は，当該自然人に対する他のあらゆる重大な経済的又は社会的不利益など，物理的，物質的又は非物質的な損害を個人にもたらす（前文(85)項）．個人データ侵害が発生したか否かを直ちに裏付け，かつ，監督機関及びデータ主体に迅速に通知を行うための，適切な技術的保護及び組織的

措置が実施されてきたか否かを確認すべきである．通知が過度に遅滞することなく行われたという事実は，特に，個人データ侵害の性質及び重大性，並びに，その結果及びデータ主体への悪影響を考慮に入れて証明すべきである．係る通知は，本規則に定める任務及び権限に従い，監督機関が介入する結果になるかもしれない（前文(87)項）．

データ保護指令は，個人データの取扱いに関して，監督機関に通知を行う一般的義務を定めていた．しかし，係る義務は，管理上及び財政上の負担を発生させる一方で，すべての場合で個人データ保護を向上させることには貢献しなかったため，GDPRは一般的通知義務を廃止した．この点について，一般的な通知制度を運用してきたフランスのCNIL及びベルギーのプライバシー保護委員会（Commission for the Protection of Privacy）に確認を取ったところ，係る制度は完全に廃止し，それに代わる仕組みを導入する予定もないとのことであった．英国は1984年データ保護法の時代から一般的な通知制度を実施し，管理者から手数料を徴収してきたが，係る制度を今後も維持するか否かは定かでない．

GDPRでは，一般的な通知制度の代わりに個人データ侵害制度を導入し，その性質，範囲，状況及び目的により，自然人の権利及び自由に高いリスクをもたらす可能性の高い取扱業務の種類に焦点を当てた効果的な手順及び仕組みによって，置き換えることとした．係る種類の取扱業務は，特に，新技術又は新種のものであり，管理者がデータ保護影響評価を実施しておらず，又は，最初の取扱いから経過した時に照らして必要になるようなものかもしれないとされている（前文(89)項）．

なお，欧州委員会提案では，1項の時間制限は24時間とされていた．

また，1項の通知では，少なくとも，（a）データ主体及び個人データ記録に関する種類及び概数を含め，個人データ侵害の説明，（b）データ保護責任者の氏名及び連絡先等，（c）発生し得る結果の説明，（d）個人データ侵害に対処するために管理者が講じ又は講じる予定の措置の説明を行わなければならない（3項）．

2項は，取扱者に対し，個人データ侵害に気づいた後，過度に遅滞することなく管理者に通知することを義務づけている．

同時に情報を提供することが不可能である場合には，その限りで，さらに過度な遅延をすることなく，段階的に提供することができる（4項）．

管理者は，個人データに侵害に関連する全事実を記録しなければならず，監督機関が本条の遵守を確認できるようにしなければならない（5項）．

個人データ侵害の通知に適用可能な書式及び手順に関する細目基準を定める際には，個人データが適切な技術的措置により保護されており，なりすまし又は他の誤用可能性を効果的に制限してきたか否かを含め，当該侵害の状況を十分に考慮すべきである．さらに，早期の開示が個人データ侵害の状況調査を不必要に妨げる可能性がある場合には，係る基準及び手順の中で法執行機関の適法な利益を考慮に入れるべきである（前文(88)項）．

3.3 データ主体への個人データ侵害の連絡

第34条は，「データ主体への個人データ侵害の連絡」を定める．1項の規定は次の通りである．

「1 個人データ侵害が自然人の権利及び自由に高リスクをもたらす可能性が高い場合，管理者は，過度に遅滞することなく，データ主体に個人データ侵害を連絡しなければならない．」

1項の連絡は，個人データ侵害の性質を明白かつ平易な言語で説明し，少なくとも，第33条3項(b)号，(c)号及び(d)号に定める情報及び措置（(b)データ保護責任者の氏名及び連絡先等，(c)発生し得る結果の説明，(d)個人データ侵害に対処するために管理者が講じ又は講じる予定の措置の説明．）を含まなければならない（2項）．

監督機関への通知義務に例外規定は存在しないが，データ主体への連絡に関しては，(a)管理者が適切な技術的及び組織的保護措置を当該個人データに適用していた場合であって，暗号化など，無権限者が個人データを判読できないような措置を講じていた場合，(b)管理者が，1項の「データ主体の権利及び自由への高いリスク」を実現できないようにする事後的措置を講じていた場合，(c)連絡が過度な努力を伴う場合であって，代わりに，一般への通知又はその類似措置が講じられ，データ主体が同等に効果的な態様で通知を受ける場合には義務づけられない（3項）．

監督機関は，個人データ侵害をデータ主体に伝えていない管理者に対し，連絡を要求するか，又は，例外条件を満たす旨を決定することができる（4項）．

第34条は，データ主体が必要な予防措置を講じることができるようにすることを趣旨とする．データ主体への連絡は，適切に実現可能な限りで可及的速やかに行うべきであり，監督機関又は法執行機関などの他に関連する機関が発した指針を尊重し，監督機関と密に協力すべきである．例えば，直ちに損害リスクを軽減すべきときは，データ主体への迅速な連絡を必要とするが，継続中又は類似の個人データ侵害に適切な措置を実施すべきときは，連絡にさらなる時間を要しても正当化される可能性がある（前文(86)項）．

　通知が過度に遅滞することなく行われたという事実は，特に，個人データ侵害の性質及び重大性，並びに，その結果及びデータ主体への悪影響を考慮に入れて証明すべきである（前文(87)項）．この点について，欧州委員会提案では，「遅滞なき通知」か否かは，管理者において，個人的及び経済的利益への侵害が発生する前に，個人データ侵害が発生したか否かを直ちに裏付け，速やかに監督機関及びデータ主体に通知するための技術的・組織的措置を実施し，適用したか否かによるとされていた[134]．

4　第3節　データ保護影響評価及び事前の許可

　第3節「データ保護影響評価及び事前の許可」は，第35条及び第36条で構成される．

4.1　データ保護影響評価

　第35条は，「データ保護影響評価」を定めている．

　データ保護影響評価は，取扱行為に先立ち実施されるリスク評価制度である．この制度は，米国，カナダ，オーストラリア等で行われてきたPIAに相当するものであり，日本の番号利用法にも導入された．

　PIAとは，情報システムにおけるプライバシー保護策についての評価手法であり，この評価を通じて盲点を見つけ，改善することで，個人情報の適正な取扱いを確保し，個人のプライバシーを保護するための方策を最適なものに近づける仕組みである．米国では，内国歳入庁が管理する個人の納税情報などへの不正アクセスを防止するために，1999年に導入したのが最初といわれている．その後，2002年電子政府法[135]により，連邦政府のすべての行政機関に対してPIAの実施が義務づけられた．同法は，インターネットその他の情報技術を活用して，連邦政府の電子政府サービスの効果を高め内部処理の効率化を図る

ことを目的としており，その第208条(b)項は，PIAに関する定めを置いている(136)．同様に，2002年国土安全保障法第222条4項(137)にもPIAの定めが置かれている．前記の通り，PIAは，初期設定によってデータ保護の仕組みを取り入れるというPbDの発想を実現する制度である．

GDPR第35条1項の定めは次の通りである．

「1　ある種の取扱いが，とりわけ新たな技術を用いており，また，取扱いの性質，範囲，状況及び目的を考慮に入れ，係る取扱いが自然人の権利及び自由に高いリスクをもたらす可能性が高い場合，管理者は，取扱いに先立ち，個人データ保護に関する予定された取扱業務の影響評価を実施しなければならない．単一の評価は，同様の高いリスクを示す，一群の類する取扱業務に対処することができる．」

管理者は，データ保護影響評価を実施する際，指名している場合にはデータ保護責任者の助言を求めなければならない（2項）．

1項のデータ保護影響評価は，(a)プロファイリングを含む自動処理に基づく，自然人に関する個人的側面の体系的かつ広範囲の評価であって，その決定が，法的効果又は類似の重大な影響を自然人に与える場合，(b)第9条の特別な種類のデータ又は第10条の有罪判決及び犯罪に関する個人データを大規模に取り扱う場合，あるいは，(c)一般がアクセスできる場所で体系的な大規模監視を行う場合には，特に義務づけられる（3項）．

データ保護影響評価は，特に，地域，国，超国家的なレベルでの個人データの大量処理を目的とする大規模な取扱業務であって，多くのデータ主体に影響を与え得るもので，高いリスクをもたらす可能性が高いものに該当すべきである．例えば，新技術が大規模に利用され，その技術がデータ主体の権利及び自由に高いリスクをもたらす他の取扱業務にも用いられる場合に，情報が機微であることを考慮すると，特に，これらの取扱業務がデータ主体の権利行使をより困難にする場合がある（前文(91)項）．

欧州委員会提案では，(a)号及び(b)号に類する規定が存在し，(c)号に関しては，特に光電子装置（ビデオ監視）を大規模に行う場合が挙げられていた．また，(d)児童，遺伝データ又はバイオメトリックデータに関する大規模な個人データ・ファイリングシステムである場合，(e)他の取扱行為であって，監

督機関が事前協議を義務づけられる場合にも，特定のリスクが存在すると定められていた．

　ビデオ監視については，GDPR の前文に登場する．影響評価は，特に，光学電子機器又はその他の装置を用いる場合であって，所管の監督機関において，取扱いがデータ主体の権利及び自由に高いリスクをもたらす可能性が高いと考えており，特に，その考えが，それらの監視によってデータ主体が権利を行使したり，若しくは，サービス若しくは契約を利用することを妨げられたり，又は，それらの監視が体系的かつ大規模に実施されることを理由とする場合に義務づけられる（前文(91)項）．

　他方，個人データの取扱いは，個々の医師，他の医療専門職又は法律家が取り扱う，患者又は依頼主の個人データと関係する場合には，大規模とみなすべきではなく，影響評価は義務づけられない（前文(91)項）．

　データ保護影響評価の対象が広範であるほど，合理的かつ経済的となり得る場合がある．例えば，公的機関が共通のアプリケーション又は処理基盤を確立しようとしている場合や，複数の管理者が，共通のアプリケーション若しくは処理環境を事業分野若しくは部門全域に，導入しようと計画している場合などである（前文(92)項）．

　監督機関は，1項に基づくデータ保護影響評価の義務に服する取扱業務の種類一覧，及び，義務に服さない取扱業務の種類一覧を策定し，公開しなければならない．監督機関は，第68条に定める欧州データ保護会議に当該一覧を通知しなければならない（4-5項）．これらの一覧を採択するに先立ち，所管の監督機関は，当該一覧が，複数加盟国内のデータ主体への商品若しくはサービスの提供，若しくは，データ主体の行動監視に関わる取扱業務を伴うか，又は，EU 内の個人データの自由な移動に実質的に影響を与え得る場合に，第63条に定める一貫性の仕組みを適用しなければならない（6項）．

　評価は，少なくとも，（a）予定する取扱業務及び取扱目的の体系的概要[138]，（b）目的に関する取扱業務の必要性及び均衡性の評価，（c）データ主体の権利及び自由へのリスク評価，（d）リスクに対処するために予定される措置[139] を含むものとする（7項）．

　管理者又は取扱者による承認済行動規範の遵守は，データ保護影響評価の際に十分に考慮されなければならない（8項）．

　管理者は，予定する取扱いに関してデータ主体又はその代理人に意見を求め

第2章　EU一般データ保護規則

なければならない（9項）．

　1項から7項までの義務には例外が定められている．第6条1項(c)号又は(e)号に基づく取扱い（(c)管理者が服する法的義務を遵守するために取扱いが必要である場合，(e)公の利益，又は，管理者に付与された公的権限を行使する際に実施される業務を遂行するために取扱いが必要である場合）が，管理者の服するEU法又は加盟国法に基づいており，当該法が係る特定の取扱業務を規制しており，かつ，データ保護影響評価が一般的影響評価の一部として既に実施さていた場合には適用が除外される．ただし，加盟国が，取扱業務に先立ち当該評価の実施を必要とみなした場合はこの限りでない（10項）．

　管理者は，少なくとも取扱業務が示すリスクに変化がある場合，必要に応じて，取扱いがデータ保護影響評価に従っているか否かについて，評価の見直しを実施しなければならない（11項）．

4.2　事前の協議

　第36条は「事前の協議」を定める．同条は，管理者において，データ保護影響評価に基づき高いリスクを伴う取扱いを行う際に，管理者がリスク軽減措置を講じることができないときには，監督機関への事前協議を義務づけている（1項，前文(94)項）．高いリスクは，ある種の取扱い，取扱いの範囲及び頻度から生じる可能性が高く，また，自然人の権利及び自由への被害又は妨害を現実化させることもあり得る（前文(94)項）．

　監督機関は，管理者によるリスクの特定又はその軽減が不十分であり，意図される取扱いが本規則に違反するとの意見を有する場合，協議請求を受領してから8週間以内に，管理者及び適用可能な場合は取扱者に対し，文書による助言を提供しなければならず，また，第58条に定める監督機関の権限を行使することができる．当該期間は，意図された取扱いの複雑性を考慮に入れ，6週間まで延長することができる（2項）[140]．

　1項の協議に際して，管理者は，監督機関に対し，(a)管理者，共同管理者及び取扱者の各責任[141]，(b)意図される取扱いの目的及び手段，(c)データ主体の権利及び自由を保護するための措置，(d)データ保護責任者の連絡先，(e)データ保護影響評価，(f)監督機関が請求する他のあらゆる情報を提供しなければならない（3項）．

　監督機関は，所定の期間内に協議請求への対応を行うべきである．しかし，

所定期間内に監督機関の対応がなくとも，取扱業務を禁止する権限を含め，本規則に定める任務及び権限に基づく監督機関のあらゆる干渉を損なうべきではない．協議手順の一部として，問題の取扱いに関するデータ保護影響評価の結果，特に，自然人の権利及び自由へのリスクを軽減するために予定される措置を監督機関に提出することができる（前文(94)項）．

　加盟国は，立法措置又は係る措置に基づく規制措置を準備する間，取扱いに関して監督機関と協議しなければならない（4項）．1項の定めにかかわらず，加盟国法は，社会的保護及び公衆衛生に関する取扱いを含め，公益のために管理者が行う取扱いに関して，管理者に対し，監督機関との協議及び事前の許可取得を義務づけることができる（5項）．

　欧州委員会提案では，事前協議のみならず，事前許可の制度を置いていた（欧州委員会提案第34条）．同条1項は，管理者又は取扱者において，第三国若しくは国際機関への個人データ移転のために受領者との間で締結される契約条項を採用する場合，又は，係る個人データ移転を目的とした法的拘束力のある文書による適切な安全保護措置を講じていない場合には，個人データの取扱いに先立ち，監督機関から事前の許可を得るよう義務づけていた．GDPR では，事前許可は加盟国の立法措置によって行えることとされている．

5　第4節　データ保護責任者

　第4節「データ保護責任者」は，第37条から第39条で構成される．データ保護責任者は，選任された場合には，GDPR の遵守を保障するための重要な役割を果たす．

5.1　データ保護責任者の指名

　第37条は，「データ保護責任者の指名」を定める．1項の規定は次の通りである．

「1　管理者及び取扱者は，次に掲げるいずれかに該当するときは，データ保護責任者を指名しなければならない：
　（a）裁判所が司法上の権限を行使する場合を除き，取扱いが公的機関又は団体によって行われる場合；
　（b）管理者又は取扱者の中心的活動が，その性質，適用範囲及び/又は

目的により，データ主体の定期的かつ体系的な大規模監視を必要とする取扱業務で構成される場合；
（c）管理者又は処理者の中心的活動が，第9条に基づく特別な種類のデータ及び第10条に定める有罪判決及び犯罪に関する個人データの大規模な取扱いで構成される場合.」

データ保護責任者は1組織に1名である必要はない．企業グループにおいて，データ保護責任者が各企業に容易にアクセスできる場合や，管理者又は取扱者が公的機関等の場合にも，その組織構造及び規模を考慮に入れ，複数の当該機関等のために，1名のデータ保護責任者を指名することができる（2〜3項）．

1項の場合以外にも，管理者若しくは取扱者又はそれらの分野を代表する協会等は，データ保護責任者を指名することができる．EU法又は加盟国法が義務づける場合は，指名が義務づけられる．データ保護責任者は，係る分野を代表する協会等のために行動することができる（4項）．

データ保護責任者は，専門家としての資質，特に，データ保護法及び実務に関する専門知識並びに第39条に定める業務遂行能力に基づき指名される（5項）．データ保護責任者は，管理者若しくは取扱者の職員か，又は，サービス契約に基づき職務を遂行する者でも構わない（6項）．管理者又は取扱者は，データ保護責任者の連絡先の詳細を公開し，監督機関にそれを通知しなければならない（7項）．

データ保護責任者の制度は，データ保護法及び実務に関する専門知識を持つ者が，本規則遵守を内部で監視するために，管理者又は取扱者を支援するというものである．必要なレベルの専門知識は，特に，管理者又は取扱者が実施するデータ取扱業務，及び，取り扱う個人データに求められる保護に従って決められる（前文(97)項）．

欧州委員会提案では，250名以上の従業員を雇用する企業である場合にも選任が義務づけられていた．

5.2 データ保護責任者の立場

第38条は，「データ保護責任者の立場」を定める．

管理者及び取扱者は，データ保護責任者が，個人データ保護に関するすべての問題に，適切かつ適時に関与することを保障しなければならない（1項）．

管理者及び取扱者は，データ保護責任者を支援しなければならず，その支援は，当該業務を遂行し，個人データ及び取扱業務へアクセスし，及びその専門知識を維持するために必要なリソースを提供することによって行われる（2項）．管理者又は取扱者は，データ保護責任者がその職務の遂行に関してあらゆる指図を受けないよう保障しなければならない．当該データ保護責任者は，その職務遂行を理由に，管理者又は取扱者から解雇又は制裁を受けることがあってはならない．データ保護責任者は，管理者又は取扱者の最高経営レベルに直接に報告しなければならない（3項）．データ保護責任者が独立した態様でその義務及び職務を遂行する立場に立つべきという趣旨である（前文(97)項）．

データ主体は，自己の個人データの取扱い及び権利行使に関するすべての問題に関して，データ保護責任者に連絡を取ることができる（4項）．データ保護責任者は，EU法又は加盟国法に従い，職業上の守秘義務を負う（5項）．データ保護責任者には兼業が認められる．管理者又は取扱者は，当該兼業が利益相反を引き起こさないよう保障しなければならない（6項）．

5.3 データ保護責任者の職務

第39条は，「データ保護責任者の職務」を定める．

データ保護責任者は，少なくとも，（a）管理者又は取扱者及びそれらの従業員に対する，義務の通知及び助言，（b）管理者又は取扱者による遵守監視[142]，（c）データ保護影響評価に関する助言の提供及びその遂行の監視，（d）監督機関との協力，（e）監督機関との連絡先としての活動[143]を行わなければならない．

データ保護責任者は，取扱いの性質，状況及び目的を考慮に入れ，自己の職務遂行において，取扱業務に関するリスクを十分に配慮しなければならない（2項）．

5.4 第29条作業部会指針

第29条作業部会は，2016年12月16日，データ保護責任者に関する指針を公表した（文書の日付は13日付）[144]．これは，前記の通り，データ・ポータビリティ，主監督機関の管轄に関する指針と同時に公表されたものである．

指針は，第37条1項に基づきデータ保護責任者の指名が義務づけられる場合，係る責任者の立場及び職務について，順を追って説明を加えている．とりわけ，

正確な数字を与えることが困難な「大規模」について，指針は，次のように，いくつかの考慮要素を挙げている[145]．
- ・当該データ主体の数（特定の数又は関連する人口割合）
- ・データの量及び／又は取り扱われる各データ項目の範囲
- ・データを取り扱う期間又は永続性
- ・取扱いの地理的範囲

そして，指針は，大規模な取扱いに該当する例として，次のものを挙げている[146]．
- ・病院の通常業務の過程における個人データの取扱い
- ・街の公共交通機関を用いる個人の移動データの取扱い（トラベルカードを通じた追跡など）
- ・取扱者による，当該サービス提供に特化した，統計目的による国際ファーストフードチェーンの顧客のリアルタイムでの位置データの取扱い
- ・保険会社又は銀行による通常業務の過程において行う顧客データの取扱い
- ・検索エンジンによる行動広告のための個人データの取扱い
- ・電話又はインターネット・サービス・プロバイダによるデータ（コンテンツ，トラフィック，位置）の取扱い

他方，大規模な取扱いに当たらない例としては，個人の医師による患者データの取扱い，個人の弁護士による有罪判決及び犯罪に関する個人データの取扱いが挙げられている[147]．

また，指針は，「定期的かつ体系的な大規模監視」について，行動広告目的の場合を含め，GDPRが前文(24)項に基づきインターネット上の追跡及びプロファイリングを含めると明言していることを述べつつ，それらは例に過ぎないとし，「定期的」及び「体系的」に関する解釈を示している[148]．

「定期的」は，次の1つ以上を意味する．
- ・継続するか，又は，特定の期間に対して特定の間隔で発生すること
- ・固定の時期に繰り返すこと
- ・常に又は一定期間ごとに生じること

「体系的」は，次の1つ以上を意味する．
- ・システムに沿って生じること
- ・事前に手配され，準備され又は秩序だっていること
- ・データ収集のための全体計画の一部として生じること

・戦略の一部として実施されること

該当する例としては，電気通信ネットワークの運営，電気通信サービスの提供，電子メールのリターゲティング，リスク評価目的でのプロファイリング及びスコアリング（信用評価，保険料の設定，詐欺防止，マネーロンダリングの探知の目的等），モバイルアプリなどによる位置の追跡，行動広告，ウェアラブルデバイスを通じた健康，フィットネス及び医療データの監視，監視カメラ，接続デバイス（スマートメーター，スマートカー，ホームオートメーションなど）が挙げられている[149]。

その他，指針の中では，データ保護責任者について，GDPR違反の場合に個人的な責任を負わないこと，データ保護に関する全問題における最も早い段階から関与すべきこと，独立性を維持し，利益衝突を防ぐために，個人データの取扱目的及び手段を決定する立場に就けないことなどが記されている．

6　第5節　行動規範及び認証

GDPR第5節の「行動規範及び認証」は，新しい制度である．日本では，プライバシーマーク付与適格性審査制度や情報セキュリティマネジメントシステム適合性評価などの認証制度が普及しているため，認証制度は馴染み深いといえる．自主規制への取組及びEUの認証制度については，2010年11月4日の包括的アプローチの中でも言及されている．

GDPRでは，行動規範及び認証制度のいずれについても，監督機関及び欧州データ保護会議が関与する．

行動規範又はデータ保護認証制度，データ保護シール及びマークは，第三国等移転の根拠とすることができるほか，様々な義務を遵守していることの証明に用いこともできる．

第5節は，第40条から第43条で構成される．

6.1　行動規範

第40条の「行動規範」は，次のような定めを置いている．第三国移転の根拠に用いることができる仕組みであり，重要性は高いと考えられる．

1項及び2項の定めは次の通りである．

「1　加盟国，監督機関，欧州データ保護会議及び欧州委員会は，様々な取扱

分野の具体的特徴，並びに，零細及び中小事業の具体的要望を考慮に入れ，本規則の適切な適用に寄与することを意図した行動規範の策定を奨励する．
2　管理者又は取扱者の類を代表する組織及び他の団体は，本規則の適用を具体化する目的で，次に掲げる事項に関連した行動規範を策定し，又は，当該規範を修正若しくは拡大することができる：
　（a）公正かつ透明な取扱い；
　（b）特定の状況において管理者が追求する適法な利益；
　（c）個人データの収集；
　（d）個人データの仮名化；
　（e）一般及びデータ主体に提供される情報；
　（f）データ主体の権利の行使；
　（g）児童に提供される情報，児童の保護，及び，児童に対する保護責任を負う者の同意取得態様；
　（h）第24条及び第25条に定める措置及び手続，並びに，第32条に定める取扱いの安全性を保障する措置；
　（i）監督機関への個人データ侵害の通知，及び，データ主体への当該個人データ侵害の連絡；
　（j）個人データの第三国又は国際機関への移転；又は，
　（k）第77条及び第79条によるデータ主体の権利を侵害することなく，取扱いについて管理者及びデータ主体間の紛争を解決するための，裁判外手続及び他の紛争解決手続．」

　GDPRでは，行動規範の策定が奨励されており，事業者団体のような組織による策定が考えられる．その際，様々な取扱分野の具体的特徴，零細及び中小事業の具体的要望を考慮に入れることとされている．
　行動規範は，自然人の権利及び自由に対する高いリスクを考慮に入れ，管理者及び取扱者の義務を調整することができる（前文(98)項）．行動規範を策定等する際には，可能であれば，データ主体を含む利害関係人と協議し，要請や意見を考慮すべきである（前文(99)項）．
　第3条により本規則に服さない管理者又は取扱者であっても，本条5項により監督機関が承認し，9項により欧州委員会が一般的法的有効性を与えた行動規範を遵守することにより，個人データの第三国等への移転のための適切な安

全保護措置（第46条2項(e)号）を提供することができる．当該管理者又は取扱者は，データ主体の権利を含む適切な保護措置を適用するため，契約又は他の法的拘束力のある文書によって，拘束力ある執行可能な約束をしなければならない（3項）．

　GDPRの規律に服さない第三国等の管理者又は取扱者が，承認済みの行動規範を遵守することで，越境移転のためのソリューションを得られるという点は，十分性決定を受けていない日本の事業者にとって有用となる可能性がある．

　また，行動規範には，第41条1項に定める監督団体において，管理者又は取扱者が2項の行動規範を遵守することへの義務的な監視を行えるための仕組みを取り入れなければならない（4項）．

　本条2項の組織及び団体は，第55条に基づく所管の監督機関に，規範の草案，修正又は拡大案を提出しなければならない．監督機関は，係る草案等が本規則に遵守しているか否かの意見を提供し，満足のいく適切な保護措置を提供していると判断した場合，係る草案等を承認しなければならない（5項）．規範の草案，修正又は拡張案が5項に従って承認され，当該行動規範が複数の加盟国の取扱行為に関係しない場合には，監督機関は規範を登録及び発行する（6項）．

　行動規範案が複数加盟国の取扱行為に関わる場合，第55条に基づく所管の監督機関は，草案等を承認するに先立ち，第63条に定める一貫性の仕組みの手続において，草案等を欧州データ保護会議に提出しなければならない．同会議は，草案等が本規則を遵守しているか否か，又は，上記の3項に定める場合においては，適切な保護措置を提供しているか否かについて，意見を提供する（7項）．この意見において，草案等が本規則を遵守していること，3項の場合には適切な保護措置を提供していることを確認した場合，同会議は欧州委員会にその意見を提出する（8項）．

　欧州委員会は，実施行為の方法により，8項により提出された承認済の行動規範，その修正又は拡大がEU内で一般的法的有効性を有する旨を決定することができる（9項）．同委員会は，係る承認済の規範を適切に周知しなければならない（10項）．欧州データ保護会議は，すべての承認済行動規範等を登録しなければならず，適切な方法により，それらを一般の閲覧等に供しなければならない（11項）．

6.2 承認された行動規範の監督

第41条「承認された行動規範の監督」は，監督機関による監督団体の認定，及び，係る監督団体による行動規範の遵守監視に関する規定である．行動規範を監督する団体は，第43条の認証機関とは別の組織である．

1項の定めは次の通りである．

「1　第57条及び第58条に基づく所管の監督機関の任務及び権限を侵すことなく，第40条による行動規範の遵守監視は，規範の対象事項に関して適切なレベルの専門知識を有しており，当該目的のために所管の監督機関によって認定された団体によって，行うことができる．」

2項は，1項に定める団体が認定を受けるための要件を定めている．具体的には，（a）独立性及び専門知識を所管の監督機関に対して十分に証明していること，（b）規範適用に関する管理者及び取扱者の資格審査，規定遵守の監督，その運用の定期的な見直しについての手続を確立していること，（c）規範違反等について苦情を処理するための手続及び仕組みが確立しており，かつ，それらをデータ主体及び一般に対して明らかにしていること，（d）所管の監督機関に対し，その任務及び義務が利益と衝突する結果にならないよう十分に証明していることである（2項）．

所管の監督機関は，1項の監督団体の認定に関する基準案を，第63条に定める一貫性の仕組みに基づき，欧州データ保護会議に提出しなければならない（3項）．

所管の監督機関の任務及び権限並びに第8章（救済，法的責任及び罰則）を侵すことなく，1項の団体は，適切な保護措置に従い，当該管理者又は取扱者の規範からの停止又は除外を含め，管理者又は取扱者による規範違反に対する適切な措置を講じなければならない．係る団体は，所管の監督機関に対し，当該措置及びその理由を通知しなければならない（4項）．所管の監督機関は，認定条件を満たさない若しくはもはや満たしていない場合，又は，団体の講じた措置が本規則に違反する場合，1項の団体の認定を取り消す（5項）．

本条は公的機関及び団体によって実施される取扱いには適用されない（6項）．

6.3 認証

第42条「認証」は，いわゆる第三者認証制度であるが，監督機関等が関わる形となっており，日本とは異なっている．認証も第三国等移転の根拠となり得る．認証に関わるのは，第43条に定める認証機関である．

「1　加盟国，監督機関，欧州データ保護会議及び欧州委員会は，特にEUレベルで，管理者及び取扱者による取扱業務に関する本規則の遵守を証明する目的で，データ保護認証制度，並びに，データ保護シール及びマークの確立を奨励するものとする．零細及び中小企業の具体的要望は考慮されなければならない．」

これらが奨励される背景は，データ主体が関係する製品及びサービスのデータ保護レベルをすぐに評価できるようにするという意図がある（前文(100)項）．

第3条により本規則に服さない管理者又は取扱者であっても，本条5項により認証機関又は監督機関が承認したデータ保護認証制度，シール又はマークを用いて，個人データの第三国等への移転のための適切な安全保護措置（第46条2項（f）号）を証明することができる．当該管理者又は取扱者は，データ主体の権利を含め，適切な保護措置を適用するため，契約又は他の法的拘束力のある文書によって，拘束力ある執行可能な約束をしなければならない（2項）．行動規範と同様の仕組みが設けられている．

認証は任意であり，透明性のある手続が用いられる（3項）．管理者又は取扱者は，認証を受けても本規則遵守の責任を軽減されるわけではなく，第55条又は第56条による所管の監督機関の権限等にも変更はない（4項）．

認証は，第58条3項による所管の監督機関又は第63条による欧州データ保護会議によって承認された基準に基づき，第43条の認証機関又は所管の監督機関によって発せられる．欧州データ保護会議が基準を承認した場合には，共通認証の欧州データ保護シールとなる（5項）．認証を申請する管理者又は取扱者は，上記認証機関又は所管の監督機関に対し，認証手続に必要なすべての情報に加え，取扱行為へのアクセスを提供しなければならない（6項）．

認証期間は最大3年間であり，要件を満たし続けていれば，同条件で更新可能である．ただし，認証の要件を満たさない場合又はもはや満たさなくなった場合は，認証機関又は所管の監督機関により，認証は取り消される（7項）．

欧州データ保護会議は，すべての認証制度及びデータ保護シール及びマークを登録し，一般の閲覧等に供する（8項）．

6.4 認証機関
第43条「認証機関」は，認証機関の要件について定めを置いている．

「1　第57条及び第58条に基づく所管の監督機関の任務及び権限を侵害することなく，データ保護に関して適切なレベルの専門知識を有する認証機関は，必要に応じて第58条2項(h)号に基づくその権限を行使[150]できるように監督機関への通知を行った後に，認証の発行及び更新を行うものとする．加盟国は，当該認証機関が次に掲げるものの一方又は双方により認定されていることを確実にしなければならない：
　（a）第55条又は第56条による所管の監督機関；
　（b）ISO/IEC 17065/2012[151]，及び，第55条又は第56条に基づく所管の監督機関によって確立された追加要件に基づき，欧州議会及び理事会の規則（EC）No 765/2008[152]に従って指名された国内認定機関．」

認証機関の認定には，国内認定機関の関与が認められている．
　2項は，1項の認証機関が認定を受けるための要件を定めている．具体的には，(a)独立性及び専門知識を所管の監督機関に十分に証明していること，(b)第42条5項に定める基準の尊重を約束し，かつ，第55条若しくは第56条に基づく所管の監督機関又は第63条に基づく欧州データ保護会議によって承認されていること，(c)データ保護認証，シール及びマークの発行，定期的見直し，及び取消のための手続を確立していること，(d)認証違反等について，苦情を処理するための手続及び仕組みが確立しており，かつ，係る手続及び仕組みをデータ主体及び一般に明らかにしていること，(e)所管の監督機関に対し，その任務及び義務が利益と衝突する結果にならないよう十分に証明していることである（2項）．
　1項及び2項の認証機関の認定は，上記の所管の監督機関又は欧州データ保護会議が承認した基準に基づき行われる．国内認定機関が認定を行う場合，その要件は，規則（EC）No 765/2008で把握されるもの並びに認証機関の手法及び手続を記述する技術基準を補完しなければならない（3項）．

1項の認証機関は，管理者又は取扱者の責任を侵すことなく，適切な認証審査又は当該認証の取消に関して責任を負う．認定期間は最大5年間であり，認証機関が本条に定める要件を満たしている場合は同条件での更新が可能である（4項）．認証機関は，認証の付与又は取消の理由を所管の監督機関に提供しなければならない（5項）．

監督機関は，本条3項の認定要件及び第42条5項の認証基準について，容易に入手可能な形式で公開し，欧州データ保護会議に送付しなければならない．同会議は，すべての認証制度及びデータ保護シールを登録し，一般の利用等に供する（6項）．

所管の監督機関又は国内認定機関は，認定の条件を満たさず又はもはや満たさなくなった場合や，認証機関の行動が本規則に違反する場合には，認証機関の認定を取り消す（7項）．

欧州委員会は，データ保護認証制度の要件を具体化するために，第92条に基づき委任行為を採択する権限を有する（8項）．

欧州委員会は，認証制度及びデータ保護シール及びマークのための技術的標準等を定める実施行為を採択する権限を有する（9項）．

第6節　第三国移転制限[153]

GDPR 第5章は，「第三国又は国際機関への個人データの移転」と題し，第44条から第50条にかけて規定を設けている．同章は，データ保護指令の「第4章　第三国への個人データの移転」（データ保護指令第25条，同第26条）を受け継いだ規定であり，両者の枠組みに大きな変更はない．しかし，GDPR は，全体的に規定を詳細に定めるとともに，独立監視機関の必要性や BCR を明文化するなどの見直しを行っていることから，第三国である日本にとって，GDPRの求める要件を把握しておく必要性は高い．また，その解釈においても注意すべき事項がある．

後述するように，第三国が「十分な保護レベル」を講じるためには，独立監視機関の設置が必須の条件であり，第6章「独立監督機関」とともに，本章は重要な位置づけを有する．

1 データ保護指令の第三国移転制限
1.1 原則
　まず，データ保護指令は，EU の 28 加盟国及び欧州経済地域の 3 ヶ国[154]から第三国に対する個人データを移転するための要件として，第25条の原則及び第26条の例外に関する定めを設けている．第三国移転制限を設けたことで世界的に有名になったのは，第25条の「十分なレベルの保護措置」（以下「十分性」という．）という文言である．英国が EU から離脱すると 27 加盟国となる．

「第25条　原則
　1　加盟国は，取り扱われている又は移転後の取扱いが意図されている個人データの第三国への移転は，本指令の他の規定に従って採択された国内規定の遵守を侵すことなく，当該第三国が十分なレベルの保護措置を確保している場合に限って，行うことができることを定めなければならない．
　2　第三国によって保障される保護のレベルの十分性は，1 つのデータ移転業務又は一群のデータ移転業務を取り巻くあらゆる状況に照らして評価されなければならない．特に，データの性質，計画された取扱業務の目的及び期間，発信国及び最終の目的国，当該第三国において有効である一般的及び分野別の法規範，並びに当該第三国において遵守されている専門的規範及び安全保護対策措置が考慮されなければならない．
　3　加盟国及び欧州委員会は，第三国が 2 項の規定の意味における十分なレベルの保護を保障していないと考えられる事例について，相互に情報提供しなければならない．
　4　加盟国は，第31条 2 項に定める手続に基づいて，欧州委員会が，第三国が本条 2 項の定める意味における十分なレベルの保護を保障していないと認定した場合には，当該第三国への同一タイプのデータの移転を阻止するために必要な措置を講じなければならない．
　5　欧州委員会は，適切な時期に，4 項に基づく認定によってもたらされる状況を改善することを目的として，交渉を開始しなければならない．
　6　欧州委員会は，第31条 2 項に定める手続に従って，第三国が私生活，個人の基本的な自由及び権利を保護することを目的とした国内法，特に本条 5 項に定められた交渉の結果に基づいて締結した国際公約を理由として，本条 2 項の意味における十分な保護レベルを保障していると認定することができ

る.
　加盟国は，欧州委員会の決定を遵守するために必要な措置を講じなければならない.」

　1項は，十分性を満たしていない第三国への個人データ移転を原則として禁止している. 2項は，十分性が「1つのデータ移転業務又は一群のデータ移転業務を取り巻くあらゆる状況に照らして」個別的に評価されることを定める. 6項は，理事会及び欧州議会が，欧州委員会に十分性の認定権限を付与した規定であり，2015年10月6日に欧州司法裁判所が無効判決を下した米国のセーフハーバー・プライバシー原則も，6項に基づいて認定された（詳しくは本書第4章第1節参照）.

　十分性認定に際しては，第29条作業部会が第三国の保護レベルに関する意見を欧州委員会に提出する責務を担っており，一次的な評価を行ってきた. また，十分性認定には，加盟国の代表者によって構成され，欧州委員会の代表者が議長を務める専門委員会（The Committee）も関与する. 具体的な手続は，①欧州委員会の提案，②第29条作業部会の意見，③加盟国の多数決による第31条専門委員会の意見，④欧州委員会がその執行権限を適正に行使したかをチェックするための欧州議会による30日間の調査，⑤欧州委員会委員合議体（College of Commissioners）による決定の裁決，という流れである.

　データ保護指令第25条2項には，十分性評価の際の考慮事項が挙げられているものの，最も問題となるのは，具体的な評価基準である. その関連で，第29条作業部会は，1998年7月24日に「第三国への個人データの移転：EUデータ保護指令に関する第25条及び第26条の適用」という作業文書（以下「WP12」という.）[155]を採択し，十分性認定の基準を明らかにした. WP12は，適用原則としての「実体的諸原則」，特別な種類のデータを取り扱う際に適用される追加的諸原則の例，及び，効果的適用を確保する手段としての「手続・執行の仕組み」を検討事項に掲げている[156].

図表2.3　WP12の評価基準（実体的諸原則）

実体的諸原則	
目的制限原則	データは，特定の目的のために取り扱われ，その後の利用又はさらなる流通は，移転の目的と矛盾しない限りにおいて行われるべきである．このルールの例外は，指令第13条[157]に列挙した理由の一に基づき，民主社会において必要な場合に限られる．
データ内容及び均衡の原則	データは，正確であり，かつ，必要な場合には，最新のものとすべきである．データは，移転され又はさらに取り扱われるための目的との関連で，適切であり関連するべきであり，過度であってはならない．
透明性の原則	個人は，取扱目的及び第三国のデータ管理者の身元に関する情報，並びに，公正性を確保するために必要な限りにおけるその他の情報を提供されるべきである．許される例外は，指令第11条2項[158]及び同第13条に合致した場合に限るべきである．
安全性の原則	データ管理者は，取扱いが引き起こすリスクにとって適切な技術的及び組織的安全保護措置を講じるべきである．取扱者を含むデータ管理者の許可のもとで行動する人は，管理者からの指示がある場合を除き，データを取り扱ってはならない．
アクセス・訂正・異議申立の権利	データ主体は，自らに関して取り扱われるすべてのデータの写しを取得する権利，及び，不正確であることが明らかにされた場合には，それらのデータを訂正する権利を有するべきである．一定の場合には，当該データ主体は，自らに関するデータの取扱いに異議申立もできるようにすべきである．これらの権利の例外は，指令第13条に合致した場合に限るべきである．
再移転の制限	最初のデータ移転の受領者による個人データのさらなる移転は，第二の受領者（すなわち，転送先の受領者）もまた，十分な保護レベルを提供する諸原則に従っている場合に限り認められるべきである．許される例外は，指令第26条1項に合致する場合に限るべきである．

図表2.4　WP12の評価基準（追加的諸原則の例）

追加的諸原則の例	
機微データ	「機微」な種類のデータが関係する場合には（指令第8条に列挙されたもの）[159]，取扱いに対してデータ主体が明示的な同意を付与するという要件のように，追加的安全保護措置を講じるべきである．

ダイレクト・マーケティング	データがダイレクト・マーケティングの目的のために移転される場合には，データ主体は，いかなる段階でも，当該目的のために自らのデータが利用されることから「オプト・アウト」できるようにすべきである．
自動処理による個人に関する決定	移転の目的が，指令第15条[160]の意味するところの自動的決定を行うことにある場合，個人は，当該決定に関する論理を知る権利を与えられるべきであり，個人の適法な利益を保護するための他の措置が講じられるべきである．

　データ保護指令には，独立監督機関の必要性は明文化されていない．しかし，WP12によると，欧州では，データ保護諸原則を立法化するとともに，独立機関の形態を有する「外部監視」制度を有することが，データ保護遵守制度に関する必要な機能である旨の広範な合意が存在するとのことである．そこで，十分性評価を行うための手続上の仕組みとして，次の3点が求められている．

図表2.5　手続・執行の仕組み

手続・執行の仕組み
ルールの**善良なレベルの遵守**を提供すること（いかなる制度も100％の遵守は保証できないが，いくつかの制度は他よりも優良である）．善良な制度は，一般的に，データ管理者間での義務に関する認識，及び，データ主体間での権利及びそれらを行使する手段に関する認識が，高いレベルで存在することによって特徴づけられる．当局，監査人又は独立データ保護官による直接的な検査制度も当然のことながら，効果的かつ抑止的な制裁が存在することは，ルールを確実に尊重する際に重要な役割を果たすことができる．
個々のデータ主体が自らの権利を行使する際に，**支援及び援助**を提供すること．個人は，法外な費用を伴わずして，迅速かつ効果的に自らの権利を行使することができなければならない．そのために，遵守に関する独立の調査を可能にするある種の組織的な仕組みがなければならない．
ルールが遵守されなかった場合に，被害を受けた当事者への**適切な救済**を提供すること．これは主要な要素であって，適切な場合には，損害を賠償し，かつ，制裁を課すことを可能にする，独立の裁決又は仲裁の制度を伴わなければならない．

　2016年12月30日現在で十分性の認定を受けた国，地域は，以下の通りである．

2000年7月26日　　スイス
2001年12月20日　　カナダの個人情報保護及び電子文書法[161]
2003年6月30日　　アルゼンチン

2003年11月21日　ガーンジー
2004年4月28日　マン島
2008年5月8日　ジャージー
2010年3月5日　フェロー諸島
2010年10月19日　アンドラ
2011年1月31日　イスラエル
2012年8月21日　ウルグアイ
2012年12月19日　ニュージーランド
2016年7月12日　EU-U.S.プライバシー・シールド

　イスラエル以外は，欧州の国を共同元首とするユーロ圏の国（アンドラ），欧州系の民族がほとんどを占める国（アルゼンチン，ウルグアイ），英連邦王国に属する国（カナダ，ニュージーランド），デンマーク自治領（フェロー諸島），英国王室属領（ガーンジー，マン島，ジャージー），欧州の中心に所在する国（スイス）である。

　なお，十分性認定を否定された国・地域は，公式には公表されていないが，オーストラリアは，第29条作業部会から不十分であるとの一次的評価を受け，法改正を行うに至った。

　オーストラリアには，1988年連邦プライバシー法（Act no. 119）[162]が存在していたが，その後，民間部門における個人情報の取扱いも規制の対象とする法改正が行われ，同改正法は2001年12月21日に施行された。

　しかし，2001年1月26日に第29条作業部会が採択した「2000年オーストラリア　プライバシー改正（民間部門）法の保護レベルに関する3/2001意見」により，①小規模事業者（年間の総売上が300万オーストラリアドル以下）及び従業員データが適用除外されること，②法に基づく場合には収集目的外の二次利用及び提供が認められること，③一般に利用可能なデータにプライバシー保護諸原則の適用がないこと[163]，④データ主体に対する透明性が不十分であること，⑤ダイレクト・マーケティングを目的とする個人データの利用には，個人の同意を得ることを必ずしも必要としていないこと，⑥健康データ以外の機微データの利用又は提供に関し，特別の制限が存在しないこと，⑦EU市民のための訂正権が欠如していること，⑧オーストラリアから第三国へのデータ移転が制限されていないことを理由に，不十分であるとの見解が明らかにされた[164]。

その後，EU とオーストラリアの間では，2008年6月30日に乗客名簿のオーストラリア関税局への移転を認める合意に関する理事会決定が下されたが[165]，プライバシー法に関する十分性の認定は行われていない．

　その後，オーストラリアでは，法改正作業が行われた．2012年プライバシー改正（プライバシー保護強化）法案は，2012年5月23日に議会に上程され，修正が加えられた後，同年11月29日に法律として可決・成立し，同年12月12日に裁可された（Act no. 197）[166]．改正法は，2014年3月12日に施行された．

　改正法は，まず，政府機関向けの情報プライバシー諸原則及び企業向けの全国プライバシー諸原則を置き換え，13項目の統一オーストラリア・プライバシー諸原則を新設した．また，同法は，執行活動，民事的制裁，プライバシー遵守評価の実施等について，情報コミッショナーの権限を強化した．

　加えて，改正法は，信用報告法の改正，情報コミッショナーによる外部紛争処理スキームの認定，実務規約及び信用報告実務規約について，情報コミッショナーが公益に即して拘束力ある規約を策定し，登録する権限等を盛り込んでいる．

　米国に関しては，2015年10月6日の欧州司法裁判所によるセーフハーバー無効判決が国際的にも注目を集め，及び，その後，2016年7月12日にプライバシー・シールドが正式に採択され，同年8月1日から適用が開始された（本書第4章第2節参照）．

　十分性決定との関係では，カナダにも動きがある．カナダでは，米国がセーフハーバーの無効判決を受けたことや，2003年に PIPEDA と「実質的に類似」[167]する旨の認定を受けたケベック州のデータ保護法が，第29条作業部会によって7項目にわたる修正等の意見を受けたことから，PIPEDA の十分性決定を懸念する声が上がっている[168]．カナダの連邦プライバシー・コミッショナーは，ビッグデータや IoT（Internet of Things）の進展に伴い，PIPEDA が適法性の根拠として依拠してきた「同意」の有効性を論点に据え，コミッショナーの権限強化を含めた多くの事項について，PIPEDA の見直しを示唆している．その関係で，コミッショナーは，2016年5月，「同意とプライバシー」と題する討議文書を公表している．その中では，PbD をカナダのプライバシー法の中でどのように扱うべきかについても，問題を提起した[169]．

　また，コミッショナーからは，公的部門を所管する1983年プライバシー法についても，情報収集及び共有に関する新たな規律，安全保護措置，データ侵

害通知，プライバシー影響評価，啓発及び調査の義務化，適用範囲の拡大等，改正の必要性が主張された[170]。ただし，法改正の意見に関しては，関係者間に温度差がある。

　GDPR は，データ保護指令に基づき欧州委員会が採択した十分性決定について，同委員会により修正，差替又は廃止されるまで有効性を維持する旨の規定を置いている（第45条9項）。しかし，同規則は十分性決定のための要件を詳細に定めたことから，既に十分性決定を受けた国・地域であっても，見直される可能性はある。また，GDPR は，十分性決定を下した後も，少なくとも4年ごとに見直しを行う旨を定めている（同条3項）。

1.2　例外

　データ保護指令第25条の原則に対し，同指令第26条は，十分な保護レベルを保障していない第三国に対する個人データの移転を認めるための特例を定めている[171]。

「第26条　例外
　1　加盟国は，第25条の例外として，及び，特別な場合を規律する国内法に別段の定めがある場合を除き，第25条2項の意味における十分な保護レベルを保障しない第三国に対する個人データの移転又は一群の移転は，次に掲げる条件を満たした場合に行うことができることを定めなければならない。
　((a)～(f)号　省略)
　2　加盟国は，1項の規定を損なうことなく，管理者が個人のプライバシー並びに基本的な権利及び自由の保護，また，これらに相当する権利の行使に関して，十分な安全保護措置を示す場合，第25条2項の意味における十分な保護レベルを保障しない第三国への個人データの移転又は一群の移転を許可することができる。このような保護措置は，特に適切な契約条項から帰結することができる。
　(3　省略)
　4　欧州委員会が，第31条2項に定めた手続に従い，一定の標準契約条項が，本条第2項によって要求される十分な安全保護措置を提供していると決定する場合，加盟国は，委員会の決定を遵守するために必要な措置を講じなければならない。」

以上のうち，第三国移転のために欧州委員会や第29条作業部会が関連文書を公表している重要な仕組みとして，標準契約条項とBCRがある．これらはGDPRにも取り入れられている．

標準契約条項は，第26条2項及び4項に基づく仕組みであり，十分性の認定を受けていない第三国がこの方法を用いることにより，適法にデータ移転を受けることが可能となる．欧州委員会は，①EU内で設立された管理者からEU外で設立された管理者への移転に関する標準契約条項と，②EU内で設立された管理者からEU外で設立された取扱者への移転に関する標準契約条項の決定文書を公表している．

①に関する文書は，「95/46/EC指令に基づく第三国への個人データ移転のための標準契約条項に関する2001年6月15日の2001/497/EC委員会決定」[172]，「第三国への個人データ移転のため一群の代替的標準契約条項の導入に関して，2001/497/EC決定を改正する2004年12月27日の委員会決定」[173]がある．②に関しては，「第三国で設置された取扱者に対する個人データ移転のための標準契約条項に関する，欧州議会及び理事会の95/46/EC指令に基づく2010年2月5日の委員会決定」[174]がある．②は，個人データの外部委託にも用いられる．

欧州委員会が標準契約条項を採択する手続は，前記の十分性認定手続と同様である[175]．

標準契約を締結することにより，EU加盟国及び欧州経済地域の国で設立された管理者から，十分なレベルのデータ保護を確保していない国で設立された管理者又は取扱者に個人データを移転させることが可能となる．

標準契約条項については，2011年12月，マイクロソフトのOffice365に導入されたことが公表され，2012年12月より，Google Appsで利用可能になる等，大手インターネット企業等で用いられている．マイクロソフトは，Office365をはじめとするクラウドサービスについて，2014年4月2日，第29条作業部会より，新バージョンの標準契約条項が2010年の欧州委員会決定に沿っている旨の共同書簡を受領した[176]．同社は，2015年10月6日のセーフハーバー無効判決によっても，データ移転の制約を受けることがない旨を公表している[177]．

BCRは，先述の通り，主に多国籍企業を対象としており，監督機関により法的に執行可能であること，法令遵守を運用するなど実践的であること等に留

意した「国際データ流通に対する拘束的企業準則」を策定し，EU 内の監督機関が当該ルールを承認した場合には，多国籍企業間でのデータ流通が認められるという仕組みをいう．標準契約条項は契約に基づく仕組みであるのに対して，BCR は，次のような点にメリットがあるといわれている[178]．

- BCR が対象とするグループ内のすべてのデータ流通に対して，データ保護指令第25条及び第26条で述べた原則を遵守させることができる．
- グループ内の個人データ保護関連の実務を統一させる．
- 第三国へのデータ移転から生じるリスクを防ぐ．
- 移転の度に契約を交わす必要を避ける．
- 企業のデータ保護政策を外部に発信する．
- 個人データ管理に関して，従業員への内部指針を備える．
- 企業が事業を展開する上で，データ保護を欠かせないものにする．

　BCR は，第26条 2 項を根拠としており，第29条作業部会が一連の文書を公表している．
　BCR の最大の特徴は，「拘束力のある，又は，法的に執行可能な」という点であり，この性質があって初めて，第26条 2 項の「十分な安全保護措置」を保障しているとみなすことができる．「拘束力」は，企業内部と外部の両方の場面で，企業ルールに拘束的性質を持たせること（ルールの法的執行可能性）をいう．「企業内」には，グループの構成員，従業員，下請業者に対する拘束力が含まれ，「企業外」には，データ主体が，管轄の監督機関又は EU 内の管轄裁判所に苦情を申し立てることによって，遵守を強制する手段を有することが含まれる．また，管轄の監督機関に許可申請を行うことによって，企業グループは，自らが掲げた安全保護措置を尊重することに拘束される．
　BCR を申請しようとする企業グループは，①適用範囲，②定義，③目的の制限，④データ内容及び均衡性，⑤個人データの取扱いの法的根拠，⑥機微データを取り扱うための法的根拠，⑦透明性及び情報に関する権利，⑧データのアクセス，訂正，削除及び利用停止の権利，⑨自動処理による個人に関する決定，⑩安全保護及び機密性，⑪グループを構成する取扱者との関係，⑫外部の取扱者及び管理者（グループの構成員ではない）に対する移転及び転送の制限，⑬訓練プログラム，⑭監査プログラム，⑮遵守及び遵守の監督，⑯国内法が

BCR の尊重を妨げる場合の措置，⑰内部の苦情処理体制，⑱第三者（データ主体）の受益権，⑲責任，⑳データ保護機関（Data Protection Authority, DPA）との相互援助及び協力，㉑ルールの更新，㉒国内法と BCR の関係について，誓約ないしは説明を行わなければならない．

　BCR の申請は，主管の監督機関の指定，申請文書の作成・当該監督機関への提出，監督機関による協力手続の開始，相互認証参加国が BCR を受領すること等による協力手続の終結，各国の監督機関が採用した BCR に基づく移転の許可申請という段階を踏んで行われる．

　2016年12月30日現在，BCR の手続を完了させた企業は88社であり，主管の監督機関は，フランスの情報処理及び自由に関する国家委員会が28社，英国の情報コミッショナーが21社，オランダの DPA が16社，ドイツ・バイエルン州の DPA が4社，ベルギーの DPA が5社，ノルウェーの DPA 及びデンマークの DPA がそれぞれ3社，ドイツの連邦データ保護・情報自由監察官，ルクセンブルクの DPA がそれぞれ2社，アイルランドの DPA，ドイツのニーダーザクセン州の DPA，ドイツのノルトライン・ヴェストファーレン州，マルタの DPA がそれぞれ1社である．この時点では欧州委員会の BCR 企業リストには含まれていなかったが，2016年12月24日，楽天株式会社がルクセンブルクの DPA から BCR の承認を受けている [179]．

　BCR に関しては，APEC（アジア太平洋経済協力）の越境プライバシー・ルール（CBPR）との相互運用の取組が進められてきた（本書第5章第5節参照）．

2　GDPR　第5章　第三国又は国際機関への個人データの移転

　第5章「第三国又は国際機関への個人データの移転」は，第44条から第50条で構成される．

　第50条を除き，次に掲げる規定に違反した場合，最大2,000万ユーロ，又は企業の場合は前会計年度の全世界の年間総売上の4％までの，いずれか高い方の行政上の制裁金が課せられる（第83条5項）．

　国際データ移転の全体的な構成として，データ保護指令では，第25条で原則，第26条で例外を定めるというシンプルな枠組みであったが，GDPR では，データ移転を行うための三段階の規律が設けられている．

　第1に，原則として，欧州委員会が十分な保護レベルを決定することにより，第三国等へのデータ移転が認められる（第45条）．この規定に関しては，次の

各事項が新たに設けられた.

- 第三国又は国際機関から他の第三国又は国際機関への転送が含まれる.
- 十分な保護レベルの決定対象に,地域,取扱部門,又は国際機関が含まれる.
- 保護レベルの十分性評価に際する考慮事項の中に,治安,防衛,国家安全保障及び刑事法関連などの法規範,判例法,データ主体に対する効果的な行政的及び司法的救済,独立監督機関,国際公約が含まれる.独立監督機関が明文化された.
- 4年ごとの定期審査及び十分性決定後の継続監視が導入された.
- 欧州委員会が下した十分性の存否に関する決定は,欧州連合官報に公表される.
- データ保護指令に基づき採択された決定は,欧州委員会によって修正等されない限りは効力を有する.

第2に,欧州委員会が十分性の決定を下していない場合には,適切な安全保護措置を講じることにより,第三国等へのデータ移転が認められる(第46条).適切な安全保護措置には,BCRや欧州委員会が採択した標準データ保護条項(標準契約条項)が含まれる.BCRは,第47条「拘束的企業準則」の中で詳細に定められている.

さらに,GDPRは,第3段階として,欧州委員会の十分性決定が下されておらず,適切な安全保護手段がない場合には,第49条の「特定の状況による例外」に基づき,第三国等へのデータ移転を認める旨の規定を設けた.

2.1 移転の一般的諸原則

第44条は,「移転の一般的諸原則」を定める.

「取扱いが行われ,又は,移転後に取り扱うことを意図したあらゆる個人データの第三国又は国際機関への移転は,本規則の他の規定に基づき,本章に定める条件が管理者及び取扱者によって遵守されている場合に限り,行われるものとする.当該移転には,第三国又は国際機関から他の第三国又は国際機関への個人データの転送が含まれる.本章のすべて規定は,本規則が保障す

る自然人の保護レベルを低下させないことを確実にするために適用されるものとする.」

　個人データを EU 外の国及び国際機関の内外へと流通させることは, 国際取引及び国際協力の拡大のために必要であるが, 第三国又は国際機関への移転は, 転送を含め, 本規則で保障する自然人の保護レベルを脅かすべきではなく, 係る移転は, 本規則を完全に遵守している場合にのみ行うことができる (前文(101)項).

　本規則は, 個人データ移転を規律する EU 及び第三国の間で締結した国際合意を侵さない. 加盟国は, 当該合意が本規則又は他の EU 法に影響を与えず, また, データ主体の基本的権利のための適切な保護レベルを含む限りで, 第三国又は国際機関への個人データ移転に関する国際合意を締結することができる (前文(102)項).

　「移転」に関して, 欧州司法裁判所は, 2003年11月6日, ホームページ上に他者の個人情報を掲載する行為が「移転」に該当するか否かについての判断を下している. 同裁判所は, 他者の情報を掲載した者のページからアクセスを意図しない者に自動的に配信されるような技術的手段は講じられておらず, インターネット利用者は, その情報を得ようとすると, インターネットにアクセスし, かつ, そのページを調べるために自力で必要な行動を取らなければならないため, 第三国の者がアクセス可能であっても「移転」には当たらないとする判決を下している[180].

2.2　十分性決定に基づく移転

　第45条は, 「十分性決定に基づく移転」を定めており, これは, データ保護指令第25条を受けた規定である. 1項及び2項の定めは次の通りである.

「1　第三国又は国際機関への移転は, 第三国, 当該第三国における地域若しくは1つ以上の取扱部門, 又は当該国際機関において, 十分なレベルの保護措置を確保していると欧州委員会が決定した場合に行うことができる. 当該移転は, さらなる個別の許可を要求してはならない.
2　保護レベルの十分性を評価するに際して, 欧州委員会は, 特に, 次に掲げる要素を考慮しなければならない.

（a）人権及び基本的自由を尊重する法規範，一般及び分野別の関連法であって，治安，防衛，国家安全保障及び刑事法並びに公的機関の個人データへのアクセスに関連するものを含むもの，当該立法の実施，データ保護諸原則，専門的規範及び安全保護措置であって，他の第三国又は国際機関への個人データ転送に関する規則を含め，当該国又は当該国際機関において遵守されているもの，判例法，それと同様に，効果的かつ執行可能なデータ主体の権利，及び，自らの個人データを移転されるデータ主体に対する効果的な行政的及び司法的救済；

（b）データ主体が権利を行使する際に支援又は助言を行い，加盟国の監督機関と協力を行うための，適切な執行権限を含め，データ保護諸原則の遵守を保障しかつ執行する責任を負う，当該第三国における又は国際機関が服する1つ以上の独立監督機関の存在及び効果的な機能；並びに，

（c）特に個人データ保護との関係で，当該第三国若しくは国際機関が締結した国際公約，又は，法的拘束力ある条約若しくは文書，及び，多国間若しくは地域的制度への参加から生じる他の義務．」

1項について，十分性決定は，十分な保護レベルを提供するとみなされる第三国又は国際機関に関して，EU全域での法的確実性及び均一性を提供する．（前文(103)項）．

2項について，EUが基礎とする基本的価値，特に人権保護とともに，欧州委員会は，第三国又は第三国の地域若しくは特定部門の評価において，特定の第三国が，法規範，司法制度へのアクセス，国際人権規範及び基準，治安，防衛，国家安全保障に関する立法，公序及び刑事法を含む，一般及び分野別の法をいかに尊重しているかを考慮に入れるべきである．第三国における地域又は特定部門に関する十分性決定の採択は，特定の取扱行為及び適用可能な法的基準の範囲，及び，その第三国で有効な立法など，明確かつ客観的な基準を考慮に入れるべきである．第三国は，特に個人データが1つ以上の特定部門内で取り扱われる場合，EU内で保障されるものと本質的に同等な十分な保護レベルを確実にする保障を提供すべきである．特に，第三国は，効果的な独立したデータ保護機関を保障すべきであり，また，加盟国のデータ保護機関と協力する仕組みを提供すべきである．また，データ主体は，効果的かつ執行可能な権利並びに効果的な行政上及び司法上の救済の提供を受けるべきである（前文

(104)項).

1項及び2項に関して，欧州委員会提案でも概ね同旨の規定を置いていたが，GDPRは2項の考慮要素の中に「人権及び基本的自由」という文言を使い，また，判例法を考慮する旨を追加している．

2項(c)号については，十分性決定を受けようとする第三国等において，欧州評議会の第108号条約に加盟していることが積極的に評価される可能性がある．

前文では，同号に関して，特に，個人データの自動処理に関する個人保護のための1981年1月28日付欧州評議会条約及びその追加議定書への第三国の加入を考慮すべきこと，欧州委員会は，第三国又は国際機関における保護レベルを評価する際に，欧州データ保護会議と協議すべきことが記されている（前文(105)項）．筆者がEU関係者への訪問調査を行った際に，ある加盟国の監督機関の担当者，及び，データ保護に詳しい研究者から，十分性の決定を受ける場合には第108号条約に加盟していることが有利に働く旨の意見を得た．日本では，GDPRへの関心は高いといえるが，見直しが進められている第108号条約が，十分性決定を得るために重要性を増している．

これまで十分性認定を受けた国・地域のうち，第108号条約を批准しているのは，アンドラ，スイス，ウルグアイである．英国王室属領であるガーンジー，マン島，ジャージーは，英国の一部ではないが，英国による第108条約批准の効果は及ぶ．デンマークは同条約を批准しているが，批准時の宣言により，フェロー諸島には適用されない．アルゼンチン，カナダ，イスラエル，ニュージーランド，米国は署名・批准を行っていない．

3項は，欧州委員会の十分性決定の採択手続及びその後の見直しについて，次のように定めている．4年ごとの定期審査は，欧州委員会提案には存在しなかった規定であり，十分性決定後の継続的な保護レベルの維持が求められている．

「3　欧州委員会は，保護レベルの十分性を評価した後に，実施行為の方法により，第三国，当該第三国における地域若しくは1つ以上の特定の取扱部門，又は国際機関において，2項の意味の範囲内での十分な保護レベルを保障していると決定することができる．実施行為は，第三国又は国際機関内のすべ

ての関連する進展を考慮に入れ，少なくとも4年ごとの定期審査を行うための仕組みを提供しなければならない．実施行為は，その地域的及び分野的な適用を特定しなければならず，適切な場合には，本条2項(b)号に定める監督機関又は機関を特定するものとする．実施行為は，第93条2項に定める審査手続に沿って採択される．」

前文の補足説明は次の通りである．
　すべての監視及び定期審査を実施する目的で，欧州委員会は，欧州議会及び理事会並びに他の関連団体及び情報源の見解及び認定を考慮に入れるべきである．欧州委員会は，適切な期間内に，データ保護指令第25条6項又は第26条4項の決定の機能を評価し，あらゆる関連する認定を，欧州議会及び理事会の(EU) No 182/2011[181]の意味する範囲内において，本規則に基づき設けられた委員会（Committee），欧州議会及び理事会に報告すべきである（前文(106)項）．

　加えて，十分性決定後の継続監視に関する規定も導入された．

「4　欧州委員会は，継続的に，本条3項に基づき採択された決定及び指令95/46/ECの第25条6項に基づき採択された決定の機能に影響を及ぼし得る，第三国及び国際機関における進展を監視しなければならない．」

　次に，5項は欧州委員会による十分性決定の将来的な撤回等について定めている．

「5　欧州委員会は，特に本条3項に定める審査に基づき，入手可能な情報によって，第三国，第三国内の地域若しくは1つ以上の特定分野又は国際機関が，本条2項の意味の範囲内で十分な保護レベルをもはや保障していないことを明らかにする場合には，遡及効果を伴わない形で，実施行為の方法により，必要な範囲で，本条3項に定める決定を，廃止，修正又は停止しなければならない．これらの実施行為は，第93条2項に定める審査手続に沿って採択される．
　正当かつ必須の緊急性を根拠に，欧州委員会は，第93条3項に定める手続

に従い，適用可能な実施行為を直ちに採択しなければならない．」

　通常，実施行為は第93条2項の定めに基づくが，緊急時には同条3項が適用される．
　欧州委員会は，十分性決定を将来的に取り消した場合には，その決定から生じる状況を救済するために，第三国又は国際機関と協議に入らなければならない（6項）．本条5項の決定は，第46条から第49条に基づく，第三国，当該第三国内の地域若しくは1つ以上の特定分野，又は当該国際機関への個人データ移転を損なうものではない（7項）．
　5項及び6項について，十分性決定が覆された場合には，拘束的企業準則を含む適切な保護措置及び特定の状況のための例外に従い，移転に関する本規則の要件が満たされない限り，結果的に，当該第三国又は国際機関への個人データ移転は禁止されるべきである．欧州委員会は，適時に，第三国又は国際機関に理由を通知し，状況を改善するための協議に入るべきである（前文(107)項）．
　欧州委員会は，十分な保護レベルの有無に関する決定を下した場合，欧州連合官報及びそのウェブサイト上に，当該第三国等の一覧を公表しなければならない（8項）．
　データ保護指令第25条6項に基づき欧州委員会が採択した決定は，本条3項又は5項の欧州委員会決定によって修正され，置き換えられ，又は廃止されるまでの間は効力を有する（9項）．

2.3　適切な安全保護措置による移転
　第46条は「適切な安全保護措置による移転」を定める．十分性決定が得られていない場合における，第2段階の移転手段である．この手段は，監督機関の許可を要しないものと要するものに分けられる．
　1項の定めは次の通りである．

「1　第45条3項に基づく決定が下されていない場合，管理者又は取扱者は，適切な安全保護措置であって，執行可能なデータ主体の権利及びデータ主体のための効果的な法的救済を利用できるという条件に基づくものを提供した場合に限り，第三国又は国際機関に個人データを移転することができる．」

2項は，移転手段として，拘束力のある執行可能な取決め，BCR，標準データ保護条項，行動規範，認証制度を認めている．監督機関の許可を必要としない．

「2　1項に定める適切な安全保護措置は，監督機関による特定の許可を要求することなく，次に掲げるものにより提供することができる：
　（a）公的機関又は団体との間での法的に拘束力ある執行可能な文書；
　（b）第47条に基づく拘束的企業準則；
　（c）第93条2項に定める審査手続に基づき，欧州委員会が採択した標準データ保護条項；
　（d）監督機関が採択し，第93条2項に定める審査手続に基づき，欧州委員会が承認した標準データ保護条項；
　（e）データ主体の権利に関するものを含め，適切な安全保護措置を適用するための，第三国の管理者又は取扱者による拘束力ある執行可能な約束を伴う，第40条に基づき承認された行動規範；又は，
　（f）データ主体の権利に関するものを含め，適切な安全保護措置を適用するための，第三国の管理者又は取扱者による拘束力のある執行可能な約束を伴う，第42条に基づき承認された認証制度．」

これらの保護措置は，EU内での取扱いに適した，データ保護義務及びデータ主体の権利の遵守を保障すべきであり，データ主体の権利には執行可能な権利及び効果的な法的救済の利用可能性が含まれ，法的救済には，EU又は第三国において，効果的な行政上及び司法上の救済を得ること及び補償を求めることが含まれる．それらは，とりわけ，個人データの取扱いに関する一般的諸原則，データ保護・バイ・デザイン及びバイ・デフォルトに関する諸原則の遵守と関係する．データ主体に執行可能かつ効果的な権利を与える了解覚書のように，行政的取決めに挿入すべき規定に基づくことも含め，移転は，公的機関又はその部門が，第三国の公的機関若しくは部門又は国際機関とともに，義務又は権能に対応する形で行うこともできる．行政的取決めに定める保護措置に法的拘束力がない場合は，所管の監督機関の許可を得るべきである（前文(108)項）．執行可能な権利行使及び効果的な法的救済が重要視されているといえる．

　2項（c）号及び（d）号について，管理者又は取扱者において，委員会又は監

督機関が採択した標準的なデータ保護条項を用いる場合，取扱者と他の取扱者間の契約のように，より広い契約の中に標準的なデータ保護条項を含めることを防止すべきではない．また，委員会又は監督機関が採択した標準契約条項と直接又は間接に矛盾せず，又は，データ主体の基本的権利又は自由を侵さない場合に，他の規定又は保護措置を追加することも防止すべきではない．管理者又は取扱者は，標準保護条項を補足する契約上の取決めを通じて，追加的保護措置を提供するよう奨励されるべきである（前文(109)項）．

3項は，監督機関の許可を条件に移転を認める方法を定める．

「3　所管の監督機関からの許可に基づき，1項に定める適切な安全保護措置は，特に，次に掲げるものによっても提供することができる：
　　（a）管理者若しくは取扱者と，第三国若しくは国際機関の管理者，取扱者若しくは個人データ受領者の間における契約条項；又は，
　　（b）執行可能かつ効果的なデータ主体の権利を含む，公的機関又は団体との間の行政的取決めに挿入べき諸規定．」

この場合，監督機関は，本条3項に定める場合において，第63条に定める一貫性の仕組みを適用しなければならない（4項）．
　また，データ保護指令第26条2項に基づく加盟国又は監督機関の許可は，必要な場合に，当該監督機関によって修正され，置き換えられ又は廃止されるまでの間は効力を有する．同指令第26条4項に基づく欧州委員会決定は，必要な場合に，本条2項に基づき採択された欧州委員会決定が修正され，置き換えられ又は廃止されるまでの間は効力を有する（5項）．第45条9項と同旨の規定である．

2.4　拘束的企業準則

第47条は，「拘束的企業準則」（BCR）を定める．第2段階の適切な安全保護措置の一手段であり，データ保護指令の時代から用いられてきた手段であるが，GDPRでは明文化された．
　1項の定めは次の通りである．一貫性の仕組みを用いることが要件とされている．

「1　所管の監督機関は，次に掲げる場合，第63条に定める一貫性の仕組みに従い拘束的企業準則を承認しなければならない：
　（a）法的拘束力があり，従業員を含め，企業グループ又は共同経済活動に従事する事業グループに関連するすべてのメンバーに適用され，遵守されている；
　（b）自己の個人データの取扱いに関して，データ主体に対して執行可能な権利を明示的に与えている；及び，
　（c）2項に定める義務を満たしている.」

　2項は，1項に基づき，BCRを得るための要件が掲げられている．要件は多岐にわたっているが，要約すると，(a)企業グループ等に関する構成及び連絡先，(b)第三国移転に関する情報，(c)内外での法的拘束力，(d)データ保護諸原則の適用，(e)データ主体の権利及び法的救済，(f)EU外のメンバーがBCRに違反した場合における，加盟国上の管理者又は取扱者の責任，(g)データ主体への情報提供方法，(h)データ保護責任者等の任務，(i)苦情申立手続，(j)データ保護監査等を含むBCRの遵守確認，(k)規則変更の報告及び記録，(l)監督機関との協力，(m)第三国にある企業グループ等が服する法的義務であって，BCRの保障に実質的な悪影響を及ぼす可能性が高いものを所管の監督機関に報告する仕組み，(n)職員へのデータ保護訓練である．
　欧州委員会は，実施行為の審査手続に従い，BCRのために，管理者，取扱者及び監督機関間の情報交換に関する形式及び手続を指定することができる（3項）．

2.5　EU法が許可していない移転又は開示

　第48条は，「EU法が許可していない移転又は開示」を定める．第三国の判決や審決等に基づき，管理者又は取扱者に対して個人データの移転又は開示が要請されたときは，係る移転又は開示は，刑事共助条約などの国際合意に基づく場合に限り認められる．
　前文では次のような補足説明が加えられている．
　第三国の中には，加盟国の管轄下で，自然人及び法人の取扱業務を直接に規制する法律，規則等を採択するものがある．これには，管理者又は取扱者に対

して個人データの移転又は開示を要求し，要求側の第三国と EU 又は加盟国間での有効な刑事共助条約などの国際合意に基づいていない，第三国における裁判所の判決又は行政機関の審決若しくは決定が含まれる．これらの法律等の越境適用は，国際法を侵害し得るものであり，本規則により EU が保障する自然人保護の達成を妨げ得る．移転は，第三国移転のための本規則の条件を満たす場合にのみ認められるべきである．このことは，とりわけ，管理者が服する EU 法又は加盟国法で承認されている公益に関する重要な根拠のために開示が必要な場合に当てはまる（前文(115)項）．

2.6 特定の状況による例外

第49条は，「特定の状況による例外」を定める．これは第3段階の移転方法であるが，「特定の状況」というように限定されており，1項の文言にも「のみ」と定められている点に注意しなければならない．本条は，大量，構造的，反復的な移転には適用されないと解釈されている．

「1　第45条3項に定める十分性決定がなされていない場合，又は，拘束的企業準則を含め，第46条に基づく適切な安全保護措置がない場合，第三国又は国際機関への個人データの移転又は一群の移転は，次に掲げる条件の1つを満たしている場合にのみ行われなければならない：

（a）十分性決定及び適切な安全措置がないことにより，データ主体が当該移転により被る可能性のあるリスクの通知を受けた後，提案された移転に明示的な同意を与えた場合；

（b）移転が，データ主体と管理者間における契約履行，又は，データ主体の請求により講じられる契約前措置の実施のために，移転が必要な場合；

（c）管理者及び他の自然人又は法人の間で，データ主体の利益において結ばれる，契約の締結又は履行のために，移転が必要な場合；

（d）公の利益に関する重要な理由のために移転が必要な場合；

（e）法的請求の確立，行使又は防御のために移転が必要である場合；

（f）データ主体が物理的又は法的に同意を与えることができないときに，データ主体又は他者の重要な利益を保護するために移転が必要な場合；

（g）EU法又は加盟国法により，一般公衆に情報を提供することを意図し

た記録であり，一般公衆又は適法な利益を証明できる者による公開協議に付される記録からなされる移転．ただし，その特定の場合において，協議に関するEU法又は加盟国法が定める条件を満たす範囲に限られる．

　拘束的企業準則に関する規定を含め，移転が第45条又は第46条に基づかせることができない場合であって，本項の前段に定める特定の状況のための例外のいずれも適用できない場合には，第三国又は国際機関への移転は，移転が反復されるものではなく，ごく限られたデータ主体に関するものであり，管理者によって追求されるやむにやまれぬ適法な利益の目的のために必要であって，データ主体の利益又は権利及び自由に優越されない場合であり，また，管理者において，データ移転を取り巻くすべての状況を評価し，当該評価に基づき個人データ保護に関する適切な保護措置を提供した場合にのみ行うことができる．管理者は，監督機関に移転を通知しなければならない．管理者は，第13条及び第14条に定める情報提供に加え，データ主体に対し，移転及び追求するやむにやまれぬ適法な利益について，通知しなければならない．」

　1項後段について，欧州委員会提案の1項(h)号に類似の規定が置かれていた．ただし，GDPRでは，ごく限られたデータ主体に関するものであること，「やむにやまれぬ」(compelling) 適法な利益であること，データ主体の権利等が優越しないこと，データ主体に通知することなどの要件が追加されている．実質的に1項後段を適用できる場面は極めて限定されていると考えられる．

　2項から4項は，1項各号のさらなる条件等を定めている．
「2　1項前段(g)号による移転は，記録に含まれる個人データすべて又は個人データの全種類を伴ってはならない．記録が適法な利益を持つ人々による協議に向けられている場合，移転は，係る人々の請求によるか，又は係る人々が受領者になる場合に限り行われるものとする．
3　1項前段(a)号，(b)号及び(c)号並びにその後段は，公権力行使において公的機関が行う活動には適用されない．
4　1項(d)号に定める公の利益は，管理者が服するEU法又は加盟国法で認められなければならない．」

1項（d）号に関しては，例えば，競争規制機関，租税又は関税機関，金融監督機関，接触感染疾病の接触追跡を行う場合やスポーツのドーピングを減少させ又は／及び排除する目的等，社会保障問題又は公衆衛生を所管するサービスの間での国際的なデータ交換がある（前文(112)項）．

（f）号に関して，個人データ移転は，データ主体が同意を与えることができない場合に，身体的完全性又は生命を含め，データ主体又は他者の重要な利益を保護するために必要な場合にも適法とみなされるべきである．ジュネーブ条約による責任を負う職務を達成し，又は，武力衝突の際に適用可能な国際人道支援法を遵守するため，物理的又は法的に同意を与えることのできないデータ主体の個人データに関する国際人道支援機関へのあらゆる移転は，データ主体の重要な利益に含まれるため，公益に関する重要な理由のために必要とみなすことができる（前文(112)項）．

1項後段について，管理者は，個人データの性質，予定される取扱業務の目的及び期間，並びに，発信国，第三国及び最終目的国の状況に特別の配慮を払うべきであり，また，個人データの取扱いに関する自然人の基本的権利及び自由を保護するための保護措置を提供すべきである．係る移転は，他の移転理由のいずれも適用できない残余の場合にのみ可能とすべきである．科学的若しくは歴史的研究目的又は統計目的に対しては，知識涵養への適法な社会の期待を考慮に入れるべきである．（前文(113)項）．

いずれにせよ，欧州委員会が第三国のデータ保護に関する十分なレベルについての決定を下していない場合は，管理者及び取扱者は，ひとたびこれらのデータが移転されても，データ主体が基本的権利及び保護措置から継続的な利益を得られるよう，EU内でのデータの取扱いに関して，データ主体に執行可能かつ効果的な権利を付与するという解決手段を用いるべきである（前文(114)項）．

そして，本則6項に基づき，管理者又は取扱者は，第30条に定める記録の中に，本条1項後段に定める評価及び適切な保護措置を文書化しなければならない（6項）．

5項は，十分性決定が存在しない場合におけるセンシティブデータの移転制限を定める．

EU法又は加盟国法は，十分性決定が存在しない場合，公益に関する重大な

理由により，特別な種類の個人データの第三国又は国際機関への移転を明確に制限することができる．加盟国は当該規定を欧州委員会に通知するものとする（5項）．

2.7 個人データ保護のための国際協力

第50条は，「個人データ保護のための国際協力」を定める．

欧州委員会及び監督機関は，第三国及び国際機関に関して，(a)効果的な法執行を促進するための国際協力の仕組みの展開，(b)個人データ保護のための法執行における国際的な相互支援の提供，(c)国際協力のための活動等に利害関係者を従事させること，(d)個人データ保護法及びその実務に関するやりとり及び文書化を促進させるための，適切な措置を講じなければならない（第50条）．

個人データがEU外へと越境移転する場合，自然人のデータ保護権に高いリスクを及ぼす可能性がある．監督機関は，国境外の活動に関する苦情を追求し，調査を実施することができないと考えるかもしれない．越境的状況において協働する努力も，不十分な予防権限又は救済権限，不統一な法的制度，及びリソース不足のような実際上の障害によって損なわれるかもしれない．そこで，データ保護監督機関において，国際上の対応相手との間で，情報を交換し調査を実施することを支援するための緊密な協力を推進する必要がある（前文(116)項）．第50条の国際協力はそのための仕組みである．

第7節 独立監督機関

監督機関の独立性は，十分な保護レベルを達成するための考慮要素として明文化されており，GDPR第6章に詳細な規定が設けられている．日本でも2016年1月1日に個人情報保護委員会が発足したことから，EUが加盟国の監督機関に関していかなる条件を課しているかを見ることは，重要な意義を有する．

第6章の「独立監督機関」は，第1節「独立の地位」（第51条〜第54条）及び第2節「管轄，職務及び権限」（第55条〜第59条）で構成される．第51条「監督機関」は，各加盟国に対し，1つ以上の独立監督機関を設置するよう義務づけている．同条は，監督機関の相互協力，欧州委員会との協力を義務づけるとともに（1-2項），複数の監督機関が設置された場合において，一貫性の仕組み

を遵守するための仕組みの整備（3項），及び，本章に従って採択する法の規定及びその後の改正に関する欧州委員会への通知義務（4項）等を定める．

　第52条の「独立性」は，監督機関の独立性の要件を明らかにしている．これは，ドイツの監督機関の独立性が否定された欧州司法裁判所の判決，及び，共同体の機関に関する45/2001（EC）規則が影響している．同規則の正式名称は，「共同体の機関及び団体による個人データの取扱いに関する個人の保護と当該データの自由な移動についての2000年12月18日の欧州議会及び理事会の45/2001（EC）規則」[182]である．この判決については後述する．

1　第1節「独立の地位」の構成

　第1節「独立の地位」は，第51条から第54条で構成される．

1.1　監督機関

　第51条は，「監督機関」を定める．1項の定めは次の通りである．

「1　各加盟国は，取扱いに関する自然人の基本的権利及び自由を保護し，また，EU内における個人データの自由な流通を促進するため，本規則の適用を監視する責任を負う1つ以上の独立した公的機関を用意しなければならない（「監督機関」）．」

　独立監督機関の設置は，個人データの取扱いに関する自然人保護の本質的な構成要素であり，加盟国は，その憲法上，組織上及び行政上の構造を反映させた，1つ以上の監督機関を設立できるようにすべきである（前文(117)項）．
　2項は，各監督機関に対し，EU全域での本規則の一貫した適用に寄与すること，またそのために，第7章（協力及び一貫性）に従い，相互にまた欧州委員会と協力しなければならない旨を定める（2項）．1つの加盟国内に複数の監督機関がある場合，当該加盟国は，欧州データ保護会議で代表する監督機関を指名し，第63条の一貫性の仕組みに関連する規則を他の監督機関に遵守させるための仕組みに着手しなければならない（3項）．
　加盟国は，本章に基づき採択する加盟国法の規定を2018年5月25日までに，また，加盟国法に影響を与えるその後のあらゆる修正を遅滞なく，欧州委員会に通知しなければならない（4項）．

1.2 独立性
1.2.1 GDPR
　第52条は，「独立性」を定める．独立性は監督機関の本質的な要素であり，1項から3項にかけて，監督機関に求められる性質が定められている．

「1　各監督機関は，本規則に基づきその職務を遂行し，及び，その権限を行使する際に，完全に独立して行動しなければならない．
　2　各監督機関の構成員又は諸構成員は，本規則に基づきその職務を遂行し，また，その権限を行使する際に，直接又は間接の外部的影響から自由であり続け，他者に指示を求め又は他者の指示を受けてはならない．
　3　各監督機関の構成員又は諸構成員は，自己の義務にそぐわないあらゆる行動を控え，また，その任期中，報酬の有無にかかわらず，相容れない職に従事してはならない．」

　1項の「完全に独立して」という文言は，データ保護指令第28条1項後段及び欧州委員会提案の第47条1項にも定めが置かれている．後述する欧州司法裁判所判決では，完全な独立性が争われ，2項の「直接又は間接の外部的影響から自由」であり続けるべき旨の解釈が示された．GDPRはそれを取り入れたものである．
　前文では，監督機関の独立性は，監督機関がその財政上の支出に関する管理・監視又は司法審査に服することができない旨を意味すべきではないと説明されている（前文(118)項）．
　3項は兼業規制である．欧州委員会提案では，上記に加え，監督機関の構成員は，在任期間満了後に，指名を受諾し，また利益を受けることに関して，誠実かつ慎み深く行動しなければならない旨を定めていた．
　4項から6項までは，加盟国の義務を定めている．

「4　各加盟国は，各監督機関に，相互支援，協力及び欧州データ保護会議への参加に関する状況において実施するものを含め，効果的な職務遂行及び権限行使に必要な人的，技術的及び財政的リソース，施設及び基盤設備を提供するよう保障しなければならない．
　5　各加盟国は，各監督機関において，当該監督機関の構成員又は諸構成員

の独占的指示に服する自己の職員を選任し保有するよう保障しなければならない．

6　各加盟国は，各監督機関がその独立性に影響を受けない財務管理に服し，監督機関が別枠の公的年度予算を有するよう保障しなければならないが，それは州又は国家予算総額の一部であることが認められる．」

前文は，加盟国が複数の監督機関を設置する場合に言及している．

一貫性の仕組みへの監督機関の効果的参加を保障するための仕組みを，法制度によりに設けるべきである．加盟国は，他の監督機関，欧州データ保護会議及び欧州委員会との迅速かつ円滑な協力を確実にすべく，特に，その仕組みにこれらの監督機関が効果的に参加するため，単一の連絡先として機能する監督機関を指名すべきである（前文(119)項）．

1.2.2　「完全な独立性」に関する判決
ドイツの監督機関の「完全な独立性」
①事案の概要

監督機関の独立性は，第三国の十分性認定に関する最も重要な要素である．この解釈をめぐっては，GDPR採択前に，注目すべき2つの判決が出されていた．

第1のケースは，ドイツの監督機関に関する欧州司法裁判所大法廷2010年3月9日判決である[183]．ドイツでは，連邦の公的部門に対しては，連邦データ保護・情報自由監察官が監督権限を行使し，州の公的部門に対しては，州のデータ保護監察官が監督権限を有している．非公的機関，及び，一般法の規制に基づき市場競争を行う事業者による個人データの取扱いについて，その監督機関は州により異なる．この事件では，公的部門以外の個人データの取扱いを監督するドイツ各州の監督官庁が，州の政府機関の検査に服している点が問題となった．この事件で争われたのは，データ保護指令第28条1項後段の「完全な独立性」（complete independence）の要件である．

「各加盟国は，1つ又は2つ以上の公的機関が，本指令に従って加盟国が採択した規定の範囲内で，その適用を監視する責任を負うことを定めなければならない．これらの機関は，委任された職権を行使する上で，完全に独立して

活動しなければならない.」

　判決は，まず，データ保護指令の前文を取り上げた．そこでは，加盟国間の個人データの自由な流通のみならず，個人の基本的権利の保護も求められること（データ保護指令前文3項），個人データの取扱いに対する権利と自由，特にプライバシー権の保護レベルに関する加盟国間の相違が，加盟国間のデータ移転の妨げになりかねないこと（同7項），個人データ移転上の障害を取り除くためには，当該データの取扱いに関する個人の権利及び自由の保護レベルが，すべての加盟国において同等（equivalent）であるべきこと（同8項），加盟国において監督機関を設立し，完全な独立性をもってその権限を行使させることは，個人データの取扱いに関する個人の保護にとって本質的な構成要素であること（同62項）を確認している.
　本件に関連しては，欧州データ保護監察官（European Data Protection Supervisor, EDPS）[184]の権限について定めた前記共同体の規則がある．同規則の第44条は，次のように定めている.

「（1）欧州データ保護観察官は，自らの義務を遂行するに際して，完全に独立して行動するものとする.
（2）欧州データ保護観察官は，自らの義務を遂行する際に，誰からの指示を仰ぐことも受けることもない.」

　欧州委員会は，訴訟前手続を経て，2007年11月22日，欧州司法裁判所に提訴した．2008年10月14日，欧州委員会の立場を支持するEDPSの訴訟参加が許可された.
　欧州委員会及びEDPSは，「完全な独立性」を広範に捉え，監督機関は，他の機関又は行政外の機関が行使するあらゆる影響から自由でなければならないという意味であると主張した．これに対し，ドイツ政府は上記文言を狭く捉え，「完全な独立性」は機能的な独立性（functional independence）を意味しており，監督機関は，監督対象である公的部門の外にある独立した組織でなければならず，外部的影響にさらされてはならないことを意味すると主張した．ドイツ政府の主張は，州が行う検査は外部的影響を構成するものではなく，むしろ，政府の内部監視の仕組みであって，監督機関と同様の行政機関に付与された権限

を行使するものであり，それは，監督機関がデータ保護指令の目的を果たす義務を負うのと同様であると反論した．

②裁判所の判断

上記の主張・反論に対し，裁判所は，監督機関の独立性の要件の範囲について，次のような判断基準を示した．

本件訴訟の実質を評価するに際しては，データ保護指令第28条1項の文言自体並びに同指令の目的及び構造を考慮に入れるべきである．

第1に，データ保護指令第28条1項後段の文言について，「完全な独立性」は指令には定義されていないため，通常の意味を考慮することが必要となる．公的機関との関係で，「独立性」は，通常，当該組織が完全に自由に行動できることであって，何らかの指示又は圧力下に置かれていない立場を確実にすることをいう．

ドイツ連邦共和国の取る立場とは反対に，独立性の要件は，監督機関と当該監督に服する組織間の関係のみに関することを示唆しない．反対に，「独立性」の概念は，形容詞の「完全な」により補われ，それは，決定権限が，監督機関に対するあらゆる直接又は間接の外部的影響から独立していることを示唆している．

第2に，データ保護指令の目的との関連で，3項，7項，8項の前文では加盟国間の自由なデータ流通を主として確保しようとしているが，他方，自由なデータ流通は，欧州人権条約第8条及び共同体の一般法において認められている私生活への権利を侵害する可能性が高いこと，そして，そのような理由から，データ保護指令前文10項及び本文第1条に基づき，後者（欧州人権条約第8条及び共同体の一般法）は，既存の国内法が保障する保護を弱めることではなく，反対に，欧州共同体が，個人データの取扱いに関する基本的権利及び自由の高い保護レベルを確実にすることを求めている．

したがって，データ保護指令第28条に定める監督機関は，基本的権利及び自由の保護者であり，加盟国におけるそれらの存在は，同指令の前文62項にあるように，個人データの取扱いについての個人の保護に関する本質的構成要素として考えられる．

国の監督機関の独立性を保障することは，個人データの取扱いに関する個人の保護についての規定遵守に対する監督の効率性及び信頼性を確実にすること

を意図しており，当該目的に照らした解釈を行わなければならない．それ（独立性）が設けられたのは，当該機関や執行官に特別の地位を与えるためではなく，当該機関の決定により影響を受ける個人や組織の保護を強化するためである．したがって，義務を遂行するに際して，監督機関は客観的かつ公平に行動しなければならない．その目的のために，彼らは，国家や州からの直接又は間接の影響を含む外部的影響から自由であり続けなければならず，それは監督対象組織のみの影響ではない．

第3に，データ保護指令の仕組みは，EC条約第286条（筆者注：個人データ保護に関する規定．EU条約第16条．）及び共同体規則と同等に理解されなければならない．

国レベルで存在する監督機関と同じ方法で，欧州共同体レベルでもまた，個人データの取扱いに関する個人の保護についての規定を確実に適用することに責任を負う監督機関が定められている．すなわち，EDPSである．共同体規則第44条1項に基づき，当該組織は完全に独立して義務を遂行しなければならない．2項は，義務を遂行するに際して，EDPSが誰からの指示を仰ぐことも受けることもない旨を追加することによって，独立性の概念を明らかにしている．

共同体規則第44条及びデータ保護指令第28条が同じ一般的概念に基づくことに鑑み，これらの2つの規定は同等に解釈されるべきである．そのため，EDPSの独立性のみならず，国の監督機関の独立性は，当該機関が義務を遂行することとの関連で何らの指示をも受けないことを含んでいる．

裁判所は，上記の理由づけに基づき，独立性の判断基準を次のように判示した．

「以上述べたことに照らし，データ保護指令第28条1項後段は，公的部門以外の個人データの取扱いを監督する責任を負う監督機関は，外部の影響から自由に義務を遂行できるという独立性を享受しなければならない，という意味に解釈される．その独立性は，監督対象組織により行使されるあらゆる影響のみならず，直接・間接を問わず，あらゆる指示又は他のあらゆる外部的影響であって，私生活への権利の保護と個人データの自由な流通の間の公平なバランスを確立することにより構成される監督機関の職務の遂行に疑問を投げかけるものを排除することである．」

続いて，裁判所は，係る判断基準に基づき，州の監督機関が服する検査は，直接又は間接に監督機関の決定に影響を与えること，監督機関が個人データの取扱いに関する規定を客観的に解釈・適用する際の妨げとなることを指摘した．裁判所は，「第1に，委員会が述べたように，監督機関の意思決定実務を検査することに照らして，監督機関の側で「事前遵守」(prior compliance) を行う可能性がある．第2に，私生活の権利を保護する機関として採用された役割のために，当該決定，またそれゆえに機関そのものが，上記の不公平を疑われてはならない．」ことを述べている．

以上を踏まえ，欧州司法裁判所は，ドイツ政府の他の主張も排斥し，公的部門以外の組織による個人データの取扱いを監督する州の監督機関の独立性を否定する判決を下した．

(2) オーストリアの監督機関の「完全な独立性」

第2のケースは，オーストリアの監督機関の独立性に関する欧州司法裁判所2012年10月16日付大法廷判決である[185]．この事件でも，ドイツの判決と同様に，オーストリアのデータ保護委員会（Datenschutzkommission, DSK）が，前記データ保護指令の「完全な独立性」を満たすか否かが争われた．

①関連規定

本件に関係する規定を抜粋すると，次の通りである．

・共同体規則第43条3項
「欧州データ保護観察官の予算は，EU一般予算第8節の個別予算項目に示すこととする．」
・オーストリア連邦憲法（Bundes-Verfassungsgesetz, BVG）第20条(2)項（以下は抜粋である．）[186]
「(2) 法律により，次の各号に掲げる事項について，下級機関は上級機関による指示への遵守義務の免除を受けることができる．
2　行政の法律適合性の確保のための監督及び公共調達の事項に係る監督．
3　当該下級機関が合議体であり，少なくとも1名の裁判官が所属し，その裁決が行政による廃止又は変更の対象とならない場合には，最上級審の裁決．
8　その他欧州連合法の基準により求められるもの．

州の憲法法律により，他の独立機関を設置することができる．法律により，最上級機関による，独立機関の任務に適した監督権，少なくとも，独立機関の職務遂行について報告を受ける権利，並びに，2号，3号，及び8号に規定する機関が対象となっていない場合に限り，独立機関を重要な理由で解任する権利を規定することができる．」[(187)]

・1979年公務員の職務条件に関する法律（Beamten-Dienstrechtsgesetz 1979, BDG 1979）第45条（1）項
「階級組織の上官は，その職員に対し，確実に，法を遵守させ，効率的かつ経済的に自らの職務を遂行させなければならない．上官は，職員が義務を果たす際に指導を行い，必要な場合には指示を下し，失敗及び手抜かりを正さなければならず，確実に勤務時間を遵守させなければならない．上官は，実績に応じて自らの職員の昇進を促進しなければならず，職員の能力に最も適した業務を命じなければならない．」

・2000年データ保護法（Datenschutzgesetz 2000, DSG 2000）
「DSKは，連邦政府の提案に基づき連邦大統領に指名された6名の委員により構成されるものとし，その任期は5年とする．再任は許可されるものとする．すべての委員は，法律の専門家とする．1名は裁判官とする．」（第36条（1）項）
「DSKの委員を指名するための連邦政府の提案は，連邦首相により準備されるものとする．連邦首相は，次に掲げる各提案から選ぶものとする．
　1　最高裁判所長官が裁判官のために行う3名の候補者の提案．
　2　州による2名の委員の提案．
　3　連邦労働協議会が1名の委員のために行う3名の候補者の提案．
　4　オーストリア連邦経済協議会が1名の委員のために行う3名の候補者の提案．
　提案されたすべての者は，データ保護の分野での経験を有していなければならない．」（第36条（2）項）
「1名の委員は，法律を専門とする連邦政府の公務員から提案されるものとする．」（第36条（3）項）
「DSKの委員は，彼らの他の専門的職務に加えてこの権能を行使する．」（第36条(3a)項）
「DSKの委員は，独立しなければならず，自らの義務を遂行する際にいかな

る指示にも拘束されてはならない.」（第37条（1）項）
「DSK の事務所で働く職員は，DSK の委員長及び業務執行委員による専門的な職務に関する指示のみに拘束されるものとする.」（第37条（2）項）

　第38条（1）項に基づき，DSK は，業務執行委員の1名に，日常業務の運営を委ねる旨の内部規則を採用する.
「連邦首相は，DSK の業務を支援するために，事務所を設置し，必要な職員及び設備を用意するものとする．連邦首相は，何時でも，委員長及び業務執行委員から，DSK の業務に関する行動について，すべての事柄における情報を得る権利を有するものとする.」（第38条（2）項）
・DSK の内部規則
　DSK の内部規則第4条（1）項によると，業務執行委員の地位は，DSG2000の第36条（3）項に基づき指名された連邦政府の職員が有する旨を定める．内部規則第7条（1）項は，連邦首相の監督にかかわらず，DSK の事務所で働く職員は，DSK の委員長又は業務執行委員からのみ指示を受ける旨を定める．

②提訴と当事者の主張

　欧州委員会は，訴訟前手続を経て，2010年12月22日，本件訴訟を提起した．その後，ドイツ連邦及び EDPS の訴訟参加が認められた．
　本件訴訟における当事者の主張・反論は以下の通りである．

〈欧州委員会及び EDPS の主張〉

　第1に，DSK の業務執行委員は，法律に基づき常に連邦首相府の職員でなければならない．DSK のすべての日常業務は，事実上連邦職員によって運営され，係る職員は雇用主の指示に拘束され，BDG1979 の第45条（1）項による監督に服する．DSG2000 の第37条（1）項は，監督機関の運営上の自律のみを定めている．

　第2に，DSK の事務所は，構造的に連邦首相府の部門と一体化されている．係る一体化の結果，DSK は，構造的又は実質的な関係において，独立していない．すべての DSK の職員は，DSG2000第38条（2）項及び内部規則第7条（1）項から明らかなように，連邦首相府の権限下に置かれており，その監督に服している．

第3に，連邦首相には，BVG第20条（2）項及びDSG2000の第38条（2）項に基づく情報取得権が認められている

〈オーストリア及びドイツの反論〉
　DSKは，BVGの意味するところの「司法機能を伴う団体組織」である．係る機関は，EU機能条約第267条及び欧州人権条約第6条（1）項の独立した裁判所又は審判所を構成することから，データ保護指令の独立性の要件を満たす．
　データ保護指令の規定は，機能的な独立性と関連する．DSKは，DSG2000第37条（1）項に基づき，その構成員は独立しており，自らの義務を遂行する際にいかなる種類の指示にも拘束されない．
　欧州委員会の提出したいずれの要素も，DSKの独立性に疑問を投げかけることはできない．
　第1に，DSKの業務執行委員は，必ずしも連邦首相府の職員である必要はない．内部規則第4条（1）項及びDSG2000第36条（3）項に基づき，業務執行委員は，連邦行政府の法律家の中から推薦される．DSKは，自主的に内部規則を改正することにより，業務執行委員に指名すべき者を自由に決めることができる．業務執行委員は，他の職員と同様，昇進目的のために，階級組織の上官の決定に依存しており，最終的に，首相は業務執行委員の独立性に影響を与えない．
　第2に，連邦行政府のすべての組織は，予算法の観点から，政府部局のもとに置かれている．政府は，議会と協力して，様々な行政機関が適切な設備及び職員を確実に有するようにしなければならない．DSKの事務所は，その活動計画の運営に対して排他的に責任を負う．DSKの職員は，委員長及びDSKの業務執行委員から発せられた指示に従う．職員が，法的な意味において，階級及び報酬のいずれの意味においても連邦首相府に属していることは，彼らの独立性に影響しない．規律上の管理の観点から，監督は，DSKの効率的な運営を保障している．
　第3に，連邦首相の情報取得権は，自律機関と議会の間の一定の民主的関連性を確実にするためである．情報取得権は，DSKの権能への影響を与えない．加えて，情報取得権は，裁判所又は審判所に適用される独立性の要件には反しない．

③裁判所の判断

　裁判所は，前記ドイツの判決を引用しつつ，概ね次のような判決理由を示した．

　加盟国における独立監督機関の設置は，個人データの取扱いについての個人の保護に関する本質的構成要素である．そして，DSK が裁判所や審判所の資質を有することから，EU 機能条約第267条に内在する独立性の条件，ひいてはデータ保護指令の独立性をも満たすという主張は排斥する必要がある．

　データ保護指令の定める「完全な独立性」は，実際の文言並びに指令の目的及び構造に基づき，上記条約第267条からは独立して，自律的な解釈を与えられなければならない．

　DSG2000第37条（1）項に基づく限りにおいて，DSK が機能的独立性を有するという事実，すなわち，その職員が「独立であり自らの義務を遂行する際にいかなる種類の指示にも拘束されない．」ことは，当該機関が指令の定める独立性の基準を満たすために本質的な条件である．しかし，係る機能的な独立性は，それ自身では，すべての外部的影響から当該監督機関を保護するに十分ではない．

　データ保護指令に基づき要求される独立性は，ドイツの前記判決で示されたように，指示の形態を伴う直接的な影響のみならず監督機関の決定に影響を与えることを免れないあらゆる間接的な影響をも排除することを意図している．

　しかし，欧州委員会の申立に含まれる3つの主張に基づき，DSK は，すべての間接的影響から自由に義務を遂行できるものとはみなされない．

　第1の主張に関して，DSG2000第36条（3）項及び第38条（1）項を DSK の内部規則第4条（1）項とあわせ読むことにより，業務執行委員は連邦政府の職員であるということとなる．

　次に，DSG2000第38条（1）項に基づき，連邦政府の職員は DSK の日常業務を運営している．確かに，現行の規制枠組みのもとでは，必ずしも DSK の業務執行委員は連邦首相府の職員である必要はない．しかし，DSK の業務執行委員の所属が連邦の機関であるか否かにかかわらず，業務執行委員と当該連邦機関の間には職務に関連するつながりが存在しており，そのことによって，業務執行委員は自らの階級組織の上官に監督されることが容認される．

　留意すべきは，BDG1979第45条（1）項は，階級組織の上官に対し，自らの部門の職員に対して拡大された監督権限を付与していることである．DSG2000

第37条(1)項は，階級組織の上官により発せられる業務執行委員への指示を防止することを意図したとしても，BDG1979第45条(1)項は，階級組織の上官にDSKの運用上の独立性を妨げざるを得ない監督権限を付与している．

階級組織の上官が，昇進を促進する目的でDSKの業務執行委員を評価することは，業務執行委員の側に「事前遵守」の態様をもたらし得る．

さらに，DSKの業務執行委員が，DSKの監督に服する政治組織と関連することから，DSKは偏向に関する疑いを超えられない．監督機関がプライバシーの権利の保護者として採用された役割に照らし，データ保護指令は，監督機関の決定及びその結果としての機関そのものが，偏向に関するすべての疑いを超え続けなければならないことを義務づけている．

裁判所は，上記の判決理由に基づき，DSKは「完全な独立性」の要件を満たさないと判示した．

ところで，45/2001（EC）規則第43条(3)項との関連で，オーストリア連邦は，「完全な独立性」の基準を満たすために予算を分割する必要はないと主張した．これに対し，裁判所は，予算法の観点からは一定の理解を示しつつも，DSKの事務所の職員は，連邦首相府の職員で構成されており，BDG1979第45条(1)項の規定に基づき，連邦首相府の監督下に服すると述べ，上記主張を排斥した．

また，連邦首相の情報取得権に関しては，第1に「DSKの業務の全状況」を対象としていること，第2に，それが無制限であることから過剰である旨の認定が下された．

裁判所は，以上の各認定に基づき，次の結論を宣言した．

「上記に述べたことのすべてに照らして，オーストリアで有効な法律がDSKに関する独立性の要件を確実に満たすために必要なすべての措置を講じていないことに基づき，より具体的には，規制枠組みにおいて次に掲げる事項が定められていることにより，
・DSKの業務執行委員が監督に服する連邦職員である，
・DSKの事務所が，連邦首相府の部門と一体化している，そして，
・連邦首相はDSKの業務に関する全状況を対象とした情報を無制限で得る権利を有する．
オーストリア連邦は，データ保護指令第28条1項後段に基づく義務を果た

していないと宣言する.」

(3) ハンガリーのコミッショナー解任と「完全な独立性」

上記2つの判決との関係で, 欧州司法裁判所大法廷は, 2014年4月8日, ハンガリー政府がデータ保護監督官であるユーリ・アンドラーシュ (András Jóri) 氏を退任させた事例において, データ保護機関の独立性に違反する旨の判断を下している[188].

アンドラーシュ氏は, 2008年9月29日, 監督官に選任され, その任期は2014年9月末日までの6年間を予定していた. しかし, 政府は, 2011年12月31日付でアンドラーシュ氏を解任し, 2012年1月1日, 新たに, データ保護・情報自由のための国家機関 (National Authority for Data Protection and Freedom of Information) を設置した. 同機関の長にはアッティラ・ピーターファルビ (Attila Péterfalvi) 氏が就任し, その在任期間は9年を予定していた.

欧州司法裁判所は, 加盟国が, 在任期間を保護するために設けられた法律上の安全保護措置に違反して, 任期満了前に監督機関の職を空位にすることを強制できるとすれば, 監督機関に政治機関への「事前遵守」をさせることにつながり, 独立性に違反すると判断した. また, 仮にそれが制度的変更によるものであったとしても同様であるとされた.

ハンガリー政府がアンドラーシュ氏を退任に追い込んだのは, 同氏が, 在任期間中に政府のデータ保護実務を目立つ形で調査したことが理由であると報じられている.

GDPRは欧州司法裁判所の判決とともに理解すべきであるが, 2000年から2015年にかけて, 欧州司法裁判所が下したデータ保護に関する判決は, 欧州委員会の不正対策局 (European Anti-Fraud Office) が2016年1月28日のデータ保護記念日の10周年を記念して公表した「2000年から2015年のデータ保護に関する欧州司法裁判所の判決要旨」にまとめられている[189].

(4) ノルウェーの監督機関の「完全な独立性」

以上のほか, 欧州自由貿易連合監視局 (European Free Trade Association (EFTA) Surveillance Authority)[190] は, 2016年4月6日, ノルウェーの地方自治省 (Norwegian Ministry of Local Government and Modernisation) に対し,

監督機関が完全な独立性を維持していないことを理由に，データ保護指令の正確な実施を行っていないとして，ノルウェーに正式通知を発した[191]．同局は，2015年3月18日，ノルウェー政府に対して，データ保護指令に基づく独立性を審査する旨の書簡を送付し，調査は上記3件の判決を参照しつつ行われた．EFTA 監視局は，概ね次のような判断を下した．

第1に，地方自治省は，監督機関であるデータ検査官（Data Inspectorate）に対し，データ保護分野における同省の優先事項を強調する許可状を毎年送付し，それが監督機関の業務の指針となり，翌年の優先事項を定めている．2016年に向けた許可状の中では，PbD，及び，データ主体及び事業者による適用可能な規則への認識を保障することに焦点が当てられていた．

第2に，地方自治省は，データ検査官及びプライバシー不服申立委員会[192]から伝えられる特別の必要性を「十分に考慮」するものの，それらの関連予算を提案する権限を持ち，提案はその後，議会の承認に服する．

第3に，地方自治省とデータ検査官及びプライバシー不服委員会は，それぞれ年2回及び1回の会合を開催し，資源管理等の行政問題を議論している．そして，年1回又は半年ごとに省への報告書が提出されている．その際に省からの指示は下されない．

EFTA 監視局は，以上の事情を踏まえ，地方自治省がデータ保護法の関連規定に基づく特定の事案に指示を下しておらず，データ監視委員会が高い機能的独立性を満たしていることは認めた．しかし，同局は，構造上，いまだデータ監視委員会が地方自治省の下部組織にあり，外部からの直接間接の影響を排除するという意味での「完全な独立性」は満たさないと判断した．

1.3 監督機関の構成員に関する一般的条件

第53条は，「監督機関の構成員に関する一般的条件」を定める．

同条は，加盟国において，監督機関の構成員が透明性ある手続によって指名されるよう定めること（1項），構成員は，特に個人データ保護の分野において求められる資質，経験及び技能を備えなければならないこと（2項），構成員の退任時期（3項），非違行為等による構成員の解任（4項）を定めている．

欧州委員会提案では，構成員の独立性に疑いがないことや，退任の場合に新構成員が任命されるまで職務を継続すること等が定められていた．

1.4 監督機関の設置に関する規律

第54条は,「監督機関の設置に関する規律」を定める.

加盟国は, (a)監督機関の設置, (b)構成員の資格及び適格要件, (c)構成員の指名手続, (d)少なくとも4年以上の在任期間, (e)構成員の再任の適格要件及び再任回数, (f)構成員及び職員の義務, 禁止行為, 兼業規制, 雇用停止等を法律で規定しなければならない (1項).

(d)号について, 原則4年の任期に対し, 2016年5月24日以後に最初に指名された場合は例外となる. 構成員の一部について, 監督機関の独立性を守るために必要な場合は, 任命手続をずらす方法を用いてより短期間で指名することができる. なお, 米国の連邦取引委員会 (Federal Trade Commission, FTC) では, 毎年1名ずつ退任するよう, 初代委員の任期により調整が行われている[193].

監督機関の構成員及び職員は, 任期中及び任期満了後における職業上の守秘義務に服する. 任期中の守秘義務は, とりわけ, 本規則違反に関する自然人からの報告に適用されなければならない (2項).

2 第2節 管轄, 職務及び権限

第2節「管轄, 職務及び権限」は, 第55条から第59条で構成される.

2.1 管轄

第55条は,「管轄」を定める.

各監督機関は, 自己の加盟国の領域上で, 本規則に基づき自己に割り当てられた職務を遂行し, 与えられた権限を行使する (1項).

取扱いが, 公的機関又は第6条1項(c)号(管理者による法的義務の遵守)若しくは(e)号(公益又は管理者に付与された公的権限を行使)に基づき行動する民間団体によって行われる場合, 当該加盟国の監督機関は権限を有する. この場合, 第56条(主監督機関の管轄)は適用されない (2項). 監督機関は, 裁判所の司法権行使に関する取扱業務への監督権限を有しない (3項).

2.2 主監督機関の管轄

第56条は,「主監督機関の管轄」を定める.

第55条(管轄)を侵すことなく, 管理者又は取扱者の主たる事業所又は単一事業所の監督機関は, 第60条(主監督機関と他の関係監督機関の協力)の手続に

従い，国境を超えた取扱いに関し，主監督機関（lead supervisory authority）として行動する管轄を有する（1項）．

　個人データが，EU内の管理者又は取扱者の事業所が活動する状況において取り扱われ，かつ，複数の加盟国内に管理者又は取扱者が設置されている場合，又は，取扱いが，EU内の管理者又は取扱者の単一事業所が活動する状況で行われ，複数の加盟国のデータ主体に実質的な影響を与えるか，その可能性が高い場合には，管理者又は取扱者の主たる事業所若しくは単一事業所の監督機関は，主監督機関として行動すべきである（前文(124)項）．

　しかし，対象事項がその加盟国内の事業所のみに関係しているか，又は，その加盟国内のデータ主体のみに実質的な影響を及ぼす場合には，例外として，各監督機関が，申し立てられた苦情又は本規則違反の可能性を処理する権限を有する（2項）．この場合，監督機関は，管理者との間で平和的な解決を求めるべきであり，もしこれが功を奏しない場合は，あらゆる種類の権限を行使すべきである．このことは，監督機関の加盟国の領域上で行われる特定の取扱い，又は，当該加盟国の領域上のデータ主体に関して行われる特定の取扱い，監督機関の加盟国の領域上のデータ主体に特に向けられた商品又はサービスを提供する文脈で行われる取扱い，又は，加盟国法に基づく義務を考慮に入れて評価されるべき取扱いを含むべきである（前文(131)項）．

　2項の場合，監督機関は，当該事項に関して主監督機関に遅滞なく通知する．主監督機関は，通知受領から3週間以内に，通知を行った監督機関の加盟国内に管理者又は取扱者の事業所があるか否かを考慮に入れ，第60条の手続に従い，事案を処理するか否かを決定しなければならない（3項）．

　主監督機関が事案を処理すると決定する場合，第60条の手続が適用される．通知を行った監督機関は，主監督機関に対し，決定草案を提出することができる．第60条3項に定める決定案を準備する際に，主監督機関は，当該草案を最大限考慮する（4項）．主監督機関が事案を処理しないと決定した場合，通知を行った監督機関は，第61条（相互支援）及び第62条（監督機関の共同運用）に従って事案を処理する（5項）．主監督機関は，越境的取扱いに対して管理者又は取扱者の唯一の対話先でなければならない（6項）．

　主監督機関は，管理者又は取扱者がその加盟国の領域上に事業所を有していること，その領域上に居住するデータ主体が実質的な影響を受けること，又は，苦情が申し立てられたことを理由に，他の関係機関と協力すべきである．加盟

国に居住していないデータ主体が苦情を申し立てた場合，苦情申立を受領した監督機関は，関係監督機関となる（前文(124)項）．

　欧州データ保護会議は，特に，問題の取扱いが，複数の加盟国のデータ主体に実質的な影響を与えるか否か，及び，関連性があり理に適った不服を構成するのは何かを判断する基準について，指針を発することができるべきである（前文(124)項）．

　主監督機関は，本規則に従い自己に付与される権限に適用する措置について，拘束力ある決定を下す権限を有するべきである．主監督機関は，その意思決定過程において，関係監督機関と深く関わり，協働すべきである．決定がデータ主体の苦情の全部又は一部を拒否する場合，当該決定は苦情を申し立てられた監督機関によって採択されるべきである（前文(125)項）．決定は，主監督機関と当該監督機関が共同で合意すべきであり，管理者又は取扱者の主たる事業所又は単一の事業所に向けられるべきであり，また，当該管理者及び取扱者を拘束すべきである．管理者又は取扱者は，本規則遵守を保障するための必要な措置を講じ，及び，主監督機関から通知された決定を実施すべきである（前文(126)項）．

　主監督機関以外の各監督機関は，管理者又は取扱者が複数の加盟国で設立されているものの，特定の取扱いに関する対象事項が単一の加盟国内のみに関わりを持ち，当該加盟国のデータ主体のみに関係する場合には，現地の事案を処理する権限を持つべきである．例えば，加盟国での特定の雇用状況において従業員の個人データを取り扱う場合が該当する．この場合，監督機関は，その事項に関して主監督機関に遅滞なく通知すべきである．通知を受けた後，主監督機関は，自身と他の関係監督機関間の協力の規定（「ワン・ストップ・ショップの仕組み」）に従って事案を処理するか，あるいは，通知をした監督機関が現地レベルで事案を処理するかを決定すべきである．主監督機関は，その事案を処理するか否かを決定する際，決定の効果的執行を保障するために，通知をした監督機関の加盟国内に，管理者又は取扱者の事業所が存在するか否かを考慮に入れるべきである（前文(127)項）．

　主監督機関及びワン・ストップ・ショップの仕組みは，公的機関又は公益において民間団体が取り扱う場合には，適用すべきではない．この場合，唯一の監督機関は，公的機関又は民間団体の設置された加盟国の監督機関であるべきである（前文(128)項）．

2.3 第29条作業部会指針

　第29条作業部会は，2016年12月16日，主監督機関の管轄に関する指針を公表した（文書の日付は13日付）[194]．これは，前記の通り，データ・ポータビリティ，データ保護責任者に関する指針と同時に公表されたものである．主監督機関とは，データ主体が自己の個人データの取扱いに関する苦情を申し立てる場合などに，越境的なデータの取扱いに対処するための主たる責任を負う機関をいう[195]．主監督機関を決定して監督を行うことを「ワン・ストップ・ショップ」という．

　この指針は，主監督機関が関係するのは，管理者又は取扱者が個人データを越境的に取り扱う場合のみであることを冒頭に述べた上で，各文言の解説に入っている．指針は，GDPRが定義付けていない「実質的」又は「影響する」について，監督機関が事例ごとに解釈するとしつつ，取扱いの状況，データの種類，取扱目的，及び，取扱いが与える様々な影響に関する要素を考慮に入れるとしている．また，取扱いが与える影響には，次のようなものがあるとされている[196]．

- 個人に損害，損失又は苦痛をもたらし，又はもたらしそうか否か；
- 権利の制限又は機会の拒否に関して実際の影響を有し，又は有しそうか否か；
- 個人の健康，幸福又は安らぎに影響を与え，又は与えそうか否か；
- 個人の財政的若しくは経済的立場若しくは状況に影響を与え，又は与えそうか否か；
- 個人を差別又は不正な扱いにさらすか否か；
- 特別な種類の個人データ又は他の侵害的データ，特に児童の個人データの分析を伴うか否か；
- 個人の行動を大幅に変更させ，又は変更させることになりそうか否か；
- 思いがけない，予想外の又は望まない結果を個人に与えそうか否か；
- 名誉の侵害を含め，当惑又は他の否定的な結果を生み出すか否か；又は，
- 広範囲の個人データの取扱いを伴うか否か．

　指針は，管理者の主監督機関の指定方法，管理者及び取扱者それぞれについて主監督機関を決定するための基準等を整理している．

2.4 職務

　第57条は,「職務」を定める. 同条は, 各監督機関に対し, その領域上で実施すべき様々な職務を課している.

　具体的には, (a)本規則の適用の監視及び執行, (b)一般の認識向上及び児童に関する特別な配慮, (c)議会や政府等に対する立法上及び行政上の措置についての助言, (d)管理者又は取扱者の意識向上, (e)権利行使に関するデータ主体への情報提供及び他の加盟国の監督機関との協力, (f)データ主体が申し立てた苦情の処理及び報告等, (g)他の監督機関との協力, (h)本規則の適用に関する調査実施, (i)情報通信技術及び商慣行の進展の監視, (j)取扱者及び越境移転に関する標準契約条項の採択, (k)データ保護影響評価の義務についての一覧の策定及び保持, (l)事前協議に基づく助言の提供, (m)行動規範の策定奨励及び承認, (n)データ保護認証の仕組み及びデータ保護シール及びマークの確立の奨励, 並びに, 認証基準の承認, (o)認証に関する定期的審査の実施, (p)行動規範の監視団体及び認証機関を認定するための基準の作成及び公開, (q)上記の監視団体及び認証機関の認定, (r)越境移転に関する契約条項及び規定の許可, (s)BCRの承認, (t)欧州データ保護会議の活動への貢献, (u)本規則違反及び是正権限に基づき講じられた措置に関する内部記録の保持, (v)個人データ保護に関するあらゆる他の職務の遂行である.

　(f)号の苦情について, 各監督機関は, 電子的に策定できる申立書式などにより, 苦情提出を推進しなければならない (2項).

　監督機関の職務遂行は, データ主体及びデータ保護責任者に対し, 無料で行わなければならない (3項). 反復されることを理由に, 請求が明らかに根拠を持たず又は過剰である場合, 監督機関は, 管理費用に基づく合理的な手数料を徴収するか, 又は, 請求に基づく行動を拒否することができる. 監督機関は, 請求に根拠がないこと又は過剰であることの証明責任を負う (4項).

　欧州委員会提案では, 1項の項目は(a)号から(j)号までであったが, GDPRでは大幅に増加した.

　(b)号について, 零細, 小規模及び中規模企業を含む, 管理者及び取扱者に宛てた特定の措置を含むべきである (前文(132)項).

2.5 権限

第58条は,「権限」を定める.同条は,調査(1項),是正権限(2項),許可及び助言(3項)に分け,多くの権限を付与している.

1項は,監督機関に対し,(a)管理者及び取扱者並びにその代理人に対する情報提供命令,(b)データ保護監査の態様による調査実施,(c)認証に基づく審査実施,(d)管理者又は取扱者への本規則違反の通知,(e)職務遂行のために必要なすべての情報へのアクセス,(f)管理者又は取扱者のあらゆる敷地への立入を行うための調査権限を付与している(1項).

監督機関は,管理者又は取扱者に対し,(a)本規則違反の蓋然性を警告すること,(b)取扱業務が本規則に違反した場合に譴責すること,(c)データ主体の権利行使要請の遵守を命令すること,(d)特定の手段かつ期間内で,本規則を遵守する形での取扱業務を行うよう命令することに加え,(e)管理者に対して個人データ侵害をデータ主体へ通知するよう命じることに関する是正権限を付与している.また,監督機関は,(f)取扱禁止を含む,一時的又は終局的な制限を課すこと,(g)個人データの訂正若しくは消去又は取扱いの制限,並びに,個人データの開示を受けた受領者に,係る行動を取った旨を通知するよう命令すること,(h)認証を取り消すか若しくは認証機関へ認証を取り消すよう命令すること,又は,認証要件に合致しない等の場合に,認証機関に認証を発行しないように命令すること,(i)事案の状況に応じて,行政上の制裁金を科すこと,(j)第三国又は国際機関内の受領者へのデータ流通の停止を命じることについての各是正権限を有している(2項).

3項は,監督機関に対し,(a)事前協議手続に服する管理者への助言,(b)個人データの保護に関するあらゆる問題について,議会や加盟国政府,一般等に向けて意見を発すること,(c)加盟国法の義務に基づき取扱いを許可すること,(d)行動規範案への意見発出及び承認,(e)認証機関の認定,(f)認証の発行及び認証基準の承認,(g)標準データ保護条項の採択(第28条8項及び第46条2項(d)号),(h)契約条項の許可(第46条3項(a)号),(i)行政協定の許可(第46条3項(b)号),(j)BCRの承認に関する権限を付与している.第46条は越境移転に関する安全保護措置を定めた規定であり,その2項は,監督機関の許可を要せず,3項は許可を要する.

本条に基づく監督機関の権限行使は,効果的な司法救済及び適正手続を含め,EU憲章に従ったEU法及び加盟国法に定める適切な保護措置に従う(4項).

加盟国は，法により，監督機関において，本規則違反について司法機関の注意を喚起する権限等を定めなければならない（5項）．各加盟国は，法により，1項から3項の追加的権限を定めることができる．これらの権限行使は，第7章の効果的な運用を侵してはならない（6項）．

　前文では，監督機関の権限に関する諸条件が概ね次のように説明されている．本条はEU全域で本規則の一貫した監視及び執行を保障することを趣旨とし，監督機関は各加盟国内で同じ職務及び効果的権限を有するべきである．加盟国は，本規則に基づく個人データ保護に関する他の職務を特定することができる．監督機関の諸権限は，公平，公正かつ合理的期間内に，EU法及び加盟国法に定める適切な手続的保護措置に従って行使されるべきである．係る措置は，本規則遵守を保障するために，個別事案の状況を考慮に入れ，適切，必要かつ均衡の取れたものであるべきであり，不利な影響を及ぼす個々の措置を講じるに先立ち，各人が発言する権利を尊重すべきであり，また，当該人物への不必要な費用及び過剰な不便を回避すべきである．建物への立入調査権限は，事前に裁判所の許可を得る義務等，加盟国の手続法における特定の要件に従って行使されるべきである．法的拘束力のある監督機関の措置は，文書により，明確かつ明快に，その措置を講じた監督機関，措置の発行日を示し，長の署名又は長から権限を付与された監督機関の構成員の署名があり，措置の理由を述べ，また，効果的救済を得る権利に言及すべきである．このことは，加盟国の手続法に基づく追加的要件を排除すべきではない．法的拘束力ある決定の採択は，決定を採択した監督機関の加盟国内で司法審査を申し立てることができる旨を示唆している（前文(129)項）．

　欧州委員会提案では，監督機関の権限は，命令権限等と調査権限に分ける形で規定されていたが，GDPRでは3種類に分類され，各権限が詳細に列挙されている．

2.6　活動報告

　第59条は，「活動報告」を定める．

　監督機関は，その活動に関する年次報告書を作成しなければならず，それには，通知を受けた違反の種類及び第58条2項に従って講じられた措置の種類に関する一覧を含めることができる．報告書は，議会，政府等に送付し，一般，欧州委員会及び欧州データ保護会議が入手できるようにしなければならない．

第8節　協力及び一貫性

　第7章「協力及び一貫性」は，EU加盟国間で一貫した法の適用及び執行を行うための制度である．GDPRの多くの規定の中で，一貫性の仕組みを利用するよう義務づける規定が存在する．

　同章は，第1節「協力」（第60条～第62条），第2節「一貫性」（第63条～第67条），第3節「欧州データ保護会議」（第68条～第76条）で構成される．

1　第1節「協力」の構成

　第1節「協力」は，第60条から第62条で構成される．

1.1　主監督機関と他の関係監督機関の協力

　第60条は，「主監督機関と他の関係監督機関の協力」を定める．複数加盟国が関わる際の主監督機関の管轄は，第56条に定めが置かれている．

　主監督機関は，関係監督機関と協力し，合意に達するよう努めなければならず，両者はすべての関連情報を相互に交換しなければならない（1項）．主監督機関は，他の加盟国に拠点を持つ管理者又は取扱者に関する監督を行うために，関係監督機関に対して，第61条の相互支援を何時でも要請することができ，第62条に基づく共同運営を実施することができる（2項）．

　主監督機関は，遅滞なく，事案の関連情報及び決定案を関係監督機関に提出しなければならない．決定案については，関係監督機関の意見を求めその見解を十分に考慮しなければならない（3項）．3項の協議後，4週間以内に，関係監督機関のいずれかが決定案に異議を表明した場合に，主監督機関は，異議に従わないか，又は，異議が不適切若しくは不合理という意見を持つ場合，第63条の一貫性の仕組みに事案を送付する（4項）．主監督機関は，異議に従う場合，関連監督機関に決定案の修正を送付し，その意見を求めなければならない．修正案は，2週間以内に4項の手続に従う（5項）．関係監督機関のいずれもが，4項及び5項の期間内に，主監督機関の決定案に異議を唱えなかった場合，当該決定案を合意したものとみなされ，拘束力が生じる（6項）．

　主監督機関は，決定を採択し，管理者又は取扱者の主たる事業所等，関係監督機関及び欧州データ保護会議に当該決定を通知するものとし，その決定には

関連事実及び根拠の要旨を含むものとする．苦情申立を受けた監督機関は，決定を申立人に通知しなければならない（7項）．ただし，苦情を退ける場合，苦情を受領した監督機関は，決定を採択してそれを申立人に通知し，管理者にその旨を知らせなければならない（8項）．主監督機関及び関係監督機関が，苦情の一部を退け，他の部分を受け入れて対応することとした場合，分離された決定は，事案の各部分に関して採択される．この場合，主監督機関は，それぞれの決定を採択し，加盟国の領域上の管理者又は取扱者，及び苦情申立人にそれを通知する（9項）．

7項及び9項の決定を通知した後，管理者又は取扱者は，EU内の全事業所の取扱行為との関連で，決定を遵守するために必要な措置を講じなければならない．管理者又は取扱者は，決定を遵守するために講じた措置を主監督機関に通知しなければならず，主監督機関は関係監督機関に通知しなければならない（10項）．

関係監督機関において，データ主体の利益を保護するために緊急の必要性があると考えた場合，例外的に第66条の緊急手続が適用される（11項）．

主監督機関及び関係管轄機関は，電子的手段により，標準化された形式を用いて，本条に基づき要求される情報を相互に提供しなければならない（12項）．

主監督機関は，自らが苦情申立を受けた監督機関ではない場合，協力及び一貫性の規定に沿って，係る監督機関と緊密に協力すべきである．この場合，主監督機関は，行政上の制裁金を含め，法的効果の発生を意図した措置を講じる場合，苦情申立を受けた監督機関の見解を最大限考慮し，また，所管の監督機関と緊密に連絡を取り合い，自己の加盟国の領域上でのあらゆる調査を実施する管轄を持ち続けるべきである（前文(130)項）．

1.2 相互支援

第61条は，「相互支援」を定める．

監督機関は，一貫した方法で本規則を実施・適用するため，関連情報の相互提供及び相互支援を行わなければならない．相互支援は，特に，例えば事前の許可及び事前協議の実施，検査及び調査の要請などの情報要請及び監督措置を含む（1項）．

各監督機関は，遅くとも要請を受けてから1ヶ月以内に，他の監督機関の要請に回答するために必要なすべての適切な措置を講じなければならず，当該措

置には，調査実施の関連情報の送信を含めることができる（2項）．支援要請には，要請の目的理由を含め，必要なすべての情報を含まなければならない．交換された情報は，要請された目的のためにのみ用いる（3項）．

　要請を受けた監督機関は，（a）管轄権を有しない場合，又は，（b）本規則又はEU法若しくは加盟国法に違反する場合を除き，その要請を拒否してはならない（4項）．当該監督機関は，要請側の監督機関に対し，要請に応えるために講じた措置の結果又はその進捗状況を通知しなければならない．

　要請を受けた監督機関は，拒否する場合には理由を付さなければならない（5項）．当該監督機関は，原則として，電子的な標準化形式を用いて，他の監督機関に情報を提供しなければならない（6項）．当該監督機関は，相互支援の要請に応じて講じたあらゆる行為に対して，費用を請求してはならない．例外的状況による特定の支出に対しては，相互に補填する規定を合意することができる（7項）．

　監督機関が，他の監督機関の要請を受領してから1ヶ月以内に，5項の情報を提供しない場合，要請側の監督機関は，第55条1項に従い，その加盟国の領域上で，暫定的措置を講じることができる．その場合，第66条1項による緊急の必要性が推定されなければならず，同条2項に基づく欧州データ保護会議の緊急拘束決定（urgent binding decision）を求めなければならない（8項）．

　欧州委員会は，実施行為により，相互支援のための形式及び手続，並びに，6項の標準形式において，監督機関相互及び監督機関と欧州データ保護会議の間で，電子的手段による情報交換のための取決めを定めることができる（9項）．

1.3　監督機関の共同運用

　第62条は，「監督機関の共同運用」を定める．

　監督機関は，適切な場合には，他の加盟国の監督機関の構成員又は職員とともに，共同調査及び共同執行措置を含め，共同運用を実施する（1項）．管理者又は取扱者が複数加盟国に事業所を有する場合，又は，複数加盟国における著しい数のデータ主体が，取扱業務によって重大な影響を受ける可能性が高い場合，各加盟国の監督機関は，共同運用に参加する権利を有する．第56条に基づき管轄権を有する監督機関は，各加盟国の監督機関に共同運用への参加を要請するものとし，監督機関の参加要請に遅滞なく対応する（2項）．

監督機関は，加盟国法及び補佐監督機関（seconding supervisory authority）の許可に基づき，共同運用に関わる補佐監督機関の構成員等に調査権限を含む権限を与えることができ，又は，主要監督機関（host supervisory authority）の国内法が許容する範囲内で，補佐監督機関の構成員等に，当該機関の加盟国法に従った調査権限の行使を許可することができる．係る調査権限は，主要監督機関の構成員等の指針に従い，また，その立会いのもとでのみ行使することができる．補佐監督機関の構成員等は，主要監督機関の加盟国法に服する（3項）．

1項に従い，補佐監督機関の職員が他の加盟国で業務を行う場合，主要監督機関の加盟国は，業務中に生じた損害に対し，業務を行う領域内の加盟国法に従い責任を負う（4項）．損害が発生した加盟国は，自己の職員が引き起こした損害に該当する条件に基づき，当該損害を補償する．補佐監督機関の加盟国の職員が他の加盟国の領域内の者に損害を与えた場合は，補佐監督機関の加盟国は，他の加盟国が補償した合計額をその国に償還しなければならない（5項）．5項に該当するときには，各加盟国は，共同運用時に生じた4項の損害について，他の加盟国への償還請求を控えなければならない（6項）．

共同運用が予定されており，監督機関が1ヶ月以内に2項後段の義務を遵守しない場合，他の監督機関は，第55条1項に従い，その加盟国の領域上で，暫定的措置を講じることができる．その場合，第66条1項に基づく緊急の必要性が推定されなければならず，同条2項に基づく欧州データ保護会議からの意見又は緊急拘束決定を求めなければならない（7項）．

欧州委員会提案では，監督機関の共同運用を定めた規定は，理事会の2008/615/JHA決定第17条[187]に示唆を受けて設けられたと説明されていた．

2　第2節　一貫性

第2節「一貫性」は，第63条から第67条で構成される．一貫性の仕組みは，データ保護影響評価に関する取扱業務一覧の採択，行動規範の承認，標準データ保護条項の決定，BCRの承認の際などに用いられる．

2.1　一貫性の仕組み

第63条は，「一貫性の仕組み」を定める．同条は，EU全域で本規則を一貫して適用するため，監督機関の相互協力及び欧州委員会との協力を定める．し

かし，欧州委員会提案と比べると，GDPR では，措置案を停止させる規定が存在しないなど，欧州委員会の役割は弱められている[198]．

一貫性の仕組みは，特に，監督機関において，複数加盟国内での大多数のデータ主体に重大な影響を与える取扱業務に関して，法的効果を生じさせることを意図する措置を採用しようとするときなどに適用される．係る仕組みは，欧州委員会が条約に基づく権限を行使する際の措置を損なうものではない（前文(135)項）．

2.2 欧州データ保護会議による意見

第64条は，「欧州データ保護会議の意見」を定める．欧州データ保護会議は，データ保護指令に基づく第29条作業部会に代わる組織であるが，同作業部会と異なり，拘束力ある決定を下すことができる点において，強い権限を有しており，また，その権限の範囲も広がっている．欧州委員会提案では，同会議の意見は非拘束的であり，国内の監督機関はそれを考慮する義務を負うとされていた．

所管の監督機関において，（a）データ保護影響評価の義務に服する取扱業務一覧の採択，（b）行動規範の草案又は修正若しくは拡張に関する，本規則遵守の有無，（c）行動規範を監督する団体，又は，認証機関の認定基準の承認，（d）取扱者及び越境移転に関する標準データ保護条項の決定，（e）越境移転に関する契約条項の許可，（f）BCR の承認を行おうとする場合に，欧州データ保護会議は意見を発出しなければならない．そのために，所管の監督機関は，同会議に決定案を通知しなければならない（1項）．

監督機関，欧州データ保護会議の議長又は欧州委員会は，所管の監督機関が相互支援又は共同運用の義務を遵守しない場合や，一般適用事項又は複数加盟国に影響を生じさせる場合に意見を求めるため，欧州データ保護会議の審査を求めることができる（2項）．

1項及び2項の場合，欧州データ保護会議は，同種事案への意見を発していないときには，提出を受けた事項への意見を発しなければならない．当該意見は，構成員の単純多数決により，8週間以内に採択されなければならない．複雑な事案の場合には6週間まで延長できる．5項に基づき構成員に回付された1項の決定案に関して，議長が示した合理的期間内に異議を唱えなかった構成員は，決定案に合意したものとみなされる（3項）．所管の監督機関は，3項

の期間内に，1項の決定案を採択してはならない（6項）．

監督機関及び欧州委員会は，過度に遅滞することなく，欧州データ保護会議に，標準化形式を用いて，事実の要旨，決定案，当該措置を必要とする根拠，他の関係監督機関の見解を含む，あらゆる関連情報を電子的手段により通知しなければならない（4項）．

欧州データ保護会議の議長は，過度に遅滞することなく，電子的手段により，（a）構成員及び欧州委員会に対し，標準化形式を用いて，通知を受けたあらゆる関連情報[199]，（b）1項及び2項の監督機関，欧州委員会に対し，その意見を通知する（5項）．（b）号は公表される．

1項の監督機関は，欧州データ保護会議の意見を最大限考慮しなければならず，また，意見受領後2週間以内に，議長に対し，電子的手段により，標準化形式を用いて，決定案等の支持又は修正を通知しなければならない（7項）．関係監督機関が，7項の期間内に，同会議の議長に対し，関連する根拠を提供して，同会議の意見の全部又は一部に従うつもりがないことを通知する場合，第65条1項（拘束力ある決定）が適用される（8項）．

2.3 欧州データ保護会議による紛争解決
第65条は，「欧州データ保護会議による紛争解決」を定める．

「1　個々の事例において本規則の正確かつ一貫した適用を保障するため，欧州データ保護会議は，次に掲げる場合に，拘束力ある決定を採択するものとする：

（a）第60条4項に定める場合に，関係監督機関が，主監督機関の決定案に対して適切かつ合理的な異議を唱えた場合，又は，主監督機関が当該異議を適切ではないか，又は合理的ではないとして退けたとき．拘束的決定は，適切かつ合理的な異議の対象となる全事項，特に，本規則違反の有無を考慮に入れなければならない；

（b）主たる事業所に対して関係監督機関のいずれが管轄権を有するかについて，見解が対立する場合；

（c）所管の監督機関が，第64条1項に定める場合に，欧州データ保護会議の意見を要請しないとき，又は，第64条に基づき発せられた同会議の意見に従わないとき．この場合，関係するあらゆる監督機関又は欧州委員会

第2章　EU一般データ保護規則

は，同会議に問題を通知することができる.」

　1項の決定は，対象事項の照会から1ヶ月以内に，欧州データ保護会議の構成員の3分の2の多数によって採択される．複雑な事案の場合は，1ヶ月延長することができる．1項の決定は，主監督機関及びすべての関係監督機関に対して理由を付して発せられ，また，係る機関を拘束する（2項）．
　拘束的決定は，特に，主監督機関と関係監督機関の協力枠組みにおいて，本規則違反の実体的事項について，監督機関間で意見衝突がある場合に発せられる（前文(136)項）．
　欧州データ保護会議が2項の期間内に決定を採択できなかった場合，同会議は，延長期間を含む2ヶ月の満了から2週間以内に，構成員の単純多数決により，その決定を採択しなければならない．構成員が分裂した場合，決定は議長の投票によって採択される（3項）．
　関係監督機関は，1項に基づき欧州データ保護会議に送付された事項について，2項及び3項に定める期間内に決定を採択してはならない（4項）．
　欧州データ保護会議の議長は，過度に遅滞することなく，1項の決定を関係監督機関に通知し，その旨を欧州委員会に通知しなければならない．決定は，監督機関が6項に定める最終決定を通知した後，欧州データ保護会議のウェブサイト上に，遅滞なく公開されなければならない（5項）．主監督機関，場合によっては苦情申立を受けた監督機関は，本条1項の決定に基づく最終決定を，遅くとも欧州データ保護会議の決定通知から1ヶ月以内に，採択しなければならない．それらの監督機関は，各管理者又は取扱者及びデータ主体に最終決定を通知した日付について，欧州データ保護会議に通知しなければならない．関係監督機関の最終決定は，第60条7項から9項に基づき採択されなければならない．最終決定は，1項の決定を参照するものとし，その決定が，5項に従い欧州データ保護会議のウェブサイト上で公開されることを明記しなければならない．最終決定には，本条1項に定める決定を添付する（6項）．

2.4　緊急手続

　第66条は，「緊急手続」を定める．1項は，データ主体の権利の執行が大きく損なわれ得る危険が存在する場合に，データ主体の権利及び自由を保護するために，監督機関が暫定的措置を採択できることを定めた規定である（前文

(137) 項).

「1　例外的状況において，関係監督機関は，データ主体の権利及び自由を保護するために緊急に対応する必要があると考えた場合，第63条，第64条及び第65条に定める一貫性の仕組みの例外，又は，第60条に定める手続によって，自己の領域上で法的効果を発生させることを意図した暫定的措置を，3ヶ月を超えない所定の有効期間内で，直ちに採択することができる．監督機関は，遅滞なく，当該措置及びその措置を採択した理由を他の関係監督機関，欧州データ保護会議及び欧州委員会に通知しなければならない．」

　監督機関は，1項の措置を講じ，最終措置の緊急採択が必要と考えた場合，請求理由を添えて，緊急時意見又は緊急時拘束的決定を欧州データ保護会議に求めることができる（2項）．所管の監督機関が，緊急性があるにもかかわらず適切な措置を講じない場合にも，あらゆる監督機関が理由を添えて緊急時意見又は緊急時拘束的決定を求めることができる（3項）．2項及び3項の緊急時意見又は緊急時拘束の決定は，欧州データ保護会議の構成員の単純多数決によって，2週間以内に採択されなければならない（4項）．

　越境が関わる他の事案では，主監督機関と関係監督機関の間の協力の仕組みを適用すべきである（前文(138)項）．

2.5　情報交換

　第67条「情報交換」を定める．欧州委員会は，第64条の標準化形式を用いて，監督機関相互及び監督機関と欧州データ保護会議の間で，電子的手段による情報交換を取り決めるべく，一般的範囲に関する実施行為を採択することができる．

3　第3節　欧州データ保護会議

　第3節「欧州データ保護会議」は，第68条から第76条で構成される．

3.1　欧州データ保護会議

　第68条は，「欧州データ保護会議」を定める．同会議は，第29条作業部会に代わる組織であるが，拘束的決定を発することができる点などにおいて権限が

強化されており，また，第70条に定めるように，極めて広範囲の権限を有している．

　欧州データ保護会議（「会議」）は，EUの組織として設置され，法人格を有する（1項）．会議は，議長を代表とする（2項）．会議は，各加盟国の1つの監督機関の長，及び，欧州データ保護監察官（EDPS），又は，それらの各代理人によって構成される（3項）．1つの加盟国において複数監督機関が本規則の監視責任を負う場合，当該加盟国の国内法に従って共同代表者を指名しなければならない（4項）．

　欧州委員会は，会議の活動及び会合への投票権を持たずに参加する権利を有する．同委員会は代表者を指名する．会議の議長は，欧州委員会に会議の活動を通知する（5項）．

　第65条（欧州データ保護会議による紛争解決）に定める場合，EDPSは，本規則の諸原則及び規定に実質的に対応する，EUの諸機関に適用される諸原則及び規定に関する決定に限り，投票権を有する（6項）．EDPSは，EUの諸機関によるデータ保護を監督する機関である．

　欧州データ保護会議は，とりわけ，第三国又は国際機関の保護レベルに関する欧州委員会への助言を含め，EU全域にわたって本規則の継続的な適用に貢献し，また，EU全域の監督機関との協力を促進すべきである（前文(139)項）．

3.2　独立性

　第69条は，「独立性」を定める．監督機関の独立性と同旨であるが，欧州データ保護会議については，欧州司法裁判所判決による「直接又は間接の外部的影響から自由であり続け」る旨の文言はない．

「1　欧州データ保護会議は，第70条及び第71条に基づく職務を遂行し又は権利を行使する際に，独立して行動しなければならない．
　2　第71条1項(b)号及び第70条2項に定める欧州委員会による要請を侵すことなく，欧州データ保護会議は，職務の遂行又は権限の行使において，誰かに指示を求めることも，誰かから指示を受けることもしてはならない．」

3.3　欧州データ保護会議の職務

　第70条は，「欧州データ保護会議の職務」を定める．1項は，同会議が本規

則の一貫した適用を保障しなければならないことを定め,自発的に又は欧州委員会の求めにより行うべき業務を列挙している.

それらは非常に多岐にわたっており,いくつかの種類に分けることができる.

図表2.6 欧州データ保護会議の職務の種類

本規則の適用監視	(a)第64条(欧州データ保護会議の意見)及び第65条(同会議による紛争解決)に定める場合における,本規則の正しい適用の監視及び保障
欧州委員会への助言	(b)本規則の改正提案を含め,EUの個人データ保護に関するあらゆる問題についての欧州委員会への助言 (c)BCRに関する管理者,取扱者及び監督機関間の情報交換のための形式及び手続に関する,欧州委員会への助言
データ主体の権利	(d)公に利用可能な通信サービスから個人データのリンク,コピー又は複製を消去する手続に関する,指針,提言及び最良の実務を発出すること(第17条2項) (r)第12条7項(データ主体の権利行使に関する透明性)に定める図形記号に関する意見を委員会に提供すること
指針,提言及び最良の実務の発出	(e)自発的に又は構成員若しくは欧州委員会の要請により,本規則の適用に関するあらゆる問題を調査すること.また,本規則の一貫した適用を推奨するために; (f)プロファイリングに基づく決定に関する基準及び条件を具体化するために; (g)個人データ侵害の立証,及び,第33条1項及び2項(監督機関への個人データ侵害の通知)に定める過度な遅滞の判断,管理者又は取扱者が個人データ侵害の通知を義務づけられる状況に関し; (h)第34条1項(データ主体への個人データ侵害の連絡)に定める自然人の権利及び自由への高いリスクをもたらす可能性が高い個人データ侵害における状況に関し; (i)管理者及び取扱者が遵守するBCRに基づく個人データ移転のための基準及び要件,及び,BCRに関係するデータ主体の個人データ保護を保障するための追加的要件をさらに具体化するために; (j)第49条1項(特定の状況による例外)に基づく個人データ移転に関する基準及び要件をさらに具体化するために; (m)自然人が本規則違反を報告するための共通手続を設けるために;

第2章　EU一般データ保護規則

	指針，提言及び最良の実務を発出すること （f）号以下は，（e）号の手続に従って発せられる．その関係で；（e）号及び（f）号に定める指針，提言及び最良の実務に関する実務的適用を再検討することも業務に含まれる（（l）号）.
指針策定	（k）第58条1項，2項及び3項（権限）に定める措置の適用，並びに，第83条に基づく行政上の制裁金の決定に関与する監督機関のために，指針を策定すること
行動規範，認証制度	（n）行動規範の策定，並びに，データ保護認証の仕組み及びデータ保護シール及びマークの確立を奨励すること （o）認証機関の認定及びその定期的な見直しを行い，認定された機関の公簿，及び，第三国に設置され，認証を受けた管理者又は取扱者の公簿を維持すること （p）認証機関を認定するための要件を具体化すること （q）認証要件に関する意見を欧州委員会に提供すること
十分性評価	（s）第三国又は国際機関等が十分な保護レベルを保障していないかどうかの評価を含め，保護レベルの十分性の評価に関する意見を欧州委員会に提供すること[200]
協力・一貫性	（t）一貫性の仕組みによる監督機関の決定案，送付された事案に関する意見を述べ，かつ，拘束的決定を発令すること （u）監督機関間における協力，効果的な情報及び最良実務の交換を促進すること （v）共通の訓練プログラムを促進し，監督機関間の人材交流を推進すること[201] （w）データ保護立法及び実務に関する知識及び文書を世界のデータ保護監督機関と交換するよう促進すること （x）EUレベルで策定される行動規範に関して意見を述べること （y）一貫性の仕組みにおいて処理される問題に関して，監督機関及び裁判所が下した決定に関する電子的記録を公に入手できるよう保持すること

　欧州委員会提案は，7項目の任務を掲げていたが，GDPRでは，図表2.6のように大幅に増加している．

　2項以下では，欧州委員会は，欧州データ保護会議に助言を求める場合に，事案の緊急性を考慮に入れて期限を指定できること（2項），会議は，その意見，指針，提言及び最良の実務を，欧州委員会及び第93条に定める委員会（Committee）に送付し，公開すること（3項），会議は，適切な場合には，利害関係者と協議を行い，合理的期間内に意見を述べる機会を提供し，協議手続

の結果を公開しなければならないことが定められている（4項）．

3.4　報告

第71条は，「報告」を定める．

　欧州データ保護会議は，EU内，関連する場合には第三国及び国際機関の取扱いに関する自然人の保護についての年次報告を策定しなければならない．当該報告は公開され，欧州議会，欧州理事会及び欧州委員会に送付されなければならない（1項）．年次報告には，第70条1項（1）号の指針，提言及び最良の実務，並びに，第65条の拘束的決定に関して，実務的適用の見直しを含める（2項）．

3.5　手続

第72条は，「手続」を定める．

　欧州データ保護会議は，本規則で他に定めがある場合を除き，構成員の単純多数決で決議をとる（1項）．同会議は，構成員の3分の2の多数により手続規則を採択し，その運用の取決めをまとめなければならない（2項）．

3.6　議長

第73条は，「議長」を定める．

　会議は，単純多数決により，その構成員の中から議長1名及び副議長2名を選出する（1項）．議長及び副議長の任期は5年とし，一度の再任が認められる（2項）．

3.7　議長の職務

第74条は，「議長の職務」を定める．

　1項は，議長の職務として，（a）データ保護会議の招集及び議事の準備，（b）第65条に基づく決定を主監督機関及び関係監督機関へ通知すること，（c）第63条の一貫性の仕組みに関連して，時宜に適った職務遂行を保障するよう定めている（1項）．同会議は，その手続規定において，議長及び副議長間の職務分担を定めなければならない（2項）．

3.8 事務局

第75条は,「事務局」を定める.

欧州データ保護会議は,EDPSが提供する事務局を有する(1項).事務局は,同会議の議長の指示に基づき排他的に職務を遂行し,職員はEDPSとは異なる指揮命令系統に服する(2-3項).適切な場合には,同会議とEDPSは,両者の協力条件等を定める了解覚書を策定し,公開する(4項).

欧州データ保護会議の支援を行う事務局は,(a)日常業務,(b)同会議の構成員,議長及び欧州委員会の間の連絡,(c)他の機関及び一般の人々との連絡,(d)内外との通信を行うための電子的手段の利用,(e)関連情報の翻訳,(f)会合の準備及び事後対応,(g)監督機関間の紛争決着に関する意見,決定,その他文書に関する準備,立案並びに公表を担当する(6項).

3.9 秘密性

第76条は,「秘密性」を定める.

欧州データ保護会議での議論は,会議がそれを必要とみなし,その手続規定に定められている場合には,機密にしなければならない(1項).構成員等に送付された文書へのアクセスは,欧州議会及び理事会の規則(EC)No 1049/2001[202]により管理される(2項).

第9節　救済,法的責任及び罰則

1　救済方法

第8章「救済,法的責任及び罰則」は,第77条から第84条で構成されており,特に,監督機関による行政上の制裁の中で,最大2,000万ユーロ,又は企業の場合は前会計年度の全世界の年間総売上の4％までの制裁金を科すことができるという規定が設けられた関係で注目を集めている.ただし,第8章の規定は,行政上の制裁に限らず,種々の救済手段を用意している.

第1は,監督機関への苦情申立権である(第77条).データ主体は,他の行政的又は司法的救済を妨げられることなく,自己に関する個人データの取扱いが本規則に違反すると考える場合に,特に自己の居住地,勤務地,又は侵害があったと主張される場所の加盟国において,監督機関に対し苦情を申し立てる権利を有する(1項).苦情を受けた監督機関は,申立人に対し,第78条に基

づく司法的救済の可能性を含め，苦情の進捗及び結果を通知しなければならない（2項）．

　第2は，監督機関を相手とする効果的な司法的救済の権利である（第78条）．自然人又は法人は，他の行政的又は非司法的救済を妨げられることなく，自己に関して監督機関が下した法的拘束力を持つ決定に対し，効果的な司法的救済を得る権利を有する（1項）．同様に，第55条及び第56条に基づき管轄権を持つ監督機関が苦情を処理せず，又は，第77条により申し立てられた苦情の進捗又は結果に関して，3ヶ月以内にデータ主体に通知しない場合，データ主体は効果的な司法的救済を得る権利を有する（2項）．監督機関に対する訴訟は，監督機関が設立された加盟国の裁判所に提起する（3項）．この訴訟提起に先立ち，一貫性の仕組みにおいて，欧州データ保護会議の意見又は決定が下されていた場合，監督機関は当該意見又は決定を裁判所に提出する（4項）．

　第1及び第2の手段は，EU基本権憲章第47条（効果的救済及び公正な裁判に対する権利）に基づいており，次のように説明されている．

　苦情に伴う調査は，司法審査に服し，特定の事案に適切な範囲で実施しなければならない．監督機関による申立人への通知義務について，事案によってはさらなる調査又は他の監督機関との調整を要する場合があり，途中経過の情報がデータ主体に提供されるべきである．各監督機関は，他の通信手段を排除しないようにしつつ，電子的な苦情申立書式を提供するなどの措置を講じるべきである（前文(141)項）．

　また，前文では，第2の救済手段との関係で，欧州機能条約第263条（筆者注：欧州司法裁判所に対する取消訴訟）に基づく不服申立についての言及がなされている（以下，前文(143)項）．

　自然人又は法人は，欧州データ保護会議の決定を停止するために，欧州機能条約第263条に基づき，欧州司法裁判所に訴訟を提起する権利を有する．名宛人たる監督機関は，決定に異を唱えようとするときは，決定の通知を受けてから2ヶ月以内に訴訟を提起しなければならない．

　欧州データ保護会議の決定が，管理者，取扱者又は不服申立人と直接かつ個別に関係する場合，不服申立人は，同会議のウェブサイト上にその決定が公開されてから2ヶ月以内に，決定の停止を求めて訴訟を提起することができる．

　自然人又は法人は，同条の権利を侵すことなく，監督機関の決定に対して司法的救済を求める権利を有する．係る決定は，特に，監督機関による調査，是

正及び許可権限，又は，苦情の却下又は拒否に関係する．ただし，監督機関が講じた法的拘束力のない意見や助言などは，司法的救済の対象ではない．

提訴は監督機関が設立された加盟国の裁判所に提起すべきであり，手続は，加盟国の手続法に従って行われるべきである．裁判所は，当事者間の紛争に関連する事実及び法についてのすべての問題を審理する権限を含め，すべての権限を行使すべきである．国内裁判所において必要であると考えた場合には，欧州司法裁判所に，本規則を含む EU 法の解釈についての先決裁定を求めることができ，欧州機能条約第267条が適用される場合には，先決裁定を求めなければならない．さらに，欧州データ保護会議の決定を実施する監督機関の決定が国内裁判所で争われており，同会議の決定の有効性が争点になっている場合，当該国内裁判所は，同会議の決定を無効と考えるときには，それを無効と宣言する権限を持たず，有効性の問題を欧州司法裁判所に付託しなければならない．ただし，自然人又は法人が，欧州データ保護会議の決定の無効を求めて訴訟を提起する機会を有していたにもかかわらず，欧州機能条約第263条の定める期間内にそれを行わなかったときには，国内裁判所は，同会議の決定の有効性に関する問題を付託してはならない．

第3は，管理者又は取扱者を相手とする効果的な司法的救済の権利である（第79条）．データ主体は，本規則に違反する自己の個人データの取扱いの結果として自己の権利が侵されたと考える場合，効果的な司法的救済の権利を有する．この場合，第77条に基づく監督機関への苦情申立権を含め，利用可能な行政的又は非司法的救済を妨げられない（1項）．管理者又は取扱者に対する訴訟は，それらの者が事業所を有する加盟国の裁判所に提起されるが，データ主体が居住する加盟国の裁判所に提起することもできる．ただし，管理者又は取扱者が加盟国の公的機関である場合はこの限りでない（2項）．

第4は，賠償請求権及び法的責任（第82条）である．本規則違反の結果として有形的又は無形的損害を受けた者は，被った損害に対し，管理者又は取扱者から賠償を受ける権利を有する（1項）．取扱いに関与する管理者は，本規則違反の取扱いによって生じた損害に法的責任を負う．他方，取扱者は，特に取扱者を名宛人とする本規則の義務に違反している場合，又は，管理者の適法な指示以外若しくはそれに反する行動を取った場合に責任を負う（2項）．取扱者の責任は管理者より制限されている．

管理者又は取扱者は，損害を引き起こした事象に何ら帰責事由がないことを

証明する場合，2項に基づく法的責任を免除される（3項）．複数の管理者若しくは取扱者，又は管理者及び取扱者の双方が，同じ取扱いに関与しており，2項及び3項に基づく責任を負う場合，各管理者又は取扱者は，全損害に法的責任を負う（4項）．管理者又は取扱者が，4項に従って，損害の全額を賠償した場合，同じ取扱いに関与した他の管理者又は取扱者に対する求償権を有する（5項）．賠償請求権を行使するための訴訟手続は，第79条2項に定める加盟国法に基づく管轄裁判所に提起される（6項）．

　損害賠償に関する説明は次の通りである．

　損害の概念は，本規則の目的を十分に参照する方法で，司法裁判所の判例法に照らして広範に解釈されるべきである．また，賠償請求は，EU法又は加盟国法の他の規律違反から生じる損害に対するあらゆる請求を侵害しない．本規則に違反する取扱いは，本規則に基づく委任行為及び実施行為，並びに，本規則を具体化する加盟国法に違反する取扱いを含む（前文(146)項）．

　第5は行政上の制裁金である（第83条）．これについては後述する．

　第6は罰則である（第84条）．加盟国は，特に第83条の対象とならない違反に対して，本規則違反に適用可能な罰則基準を定め，その実施を保障するために必要なすべての措置を講じなければならない．係る罰則は効果的であり，均衡しており，かつ抑止的でなければならない（1項）．各加盟国は，2018年5月25日までに，本項に従って採択された国内法の規定を欧州委員会に通知しなければならず，遅滞なく，それらに影響を与える改正を同委員会に通知しなければならない（2項）．

　刑事罰に関しては，本規則違反を通じて得られた利益を没収することもできる．しかし，国内規則の違反に対する刑事処分，及び行政的制裁の賦課は，一事不再理の原則違反をもたらすべきではない（前文(149)項）．

　ところで，第1から第4に共通するルールとして，データ主体には，公益目的の非営利団体等に権限行使を委任することが認められている（第80条1項）．係る団体等は，データ主体の委任とは無関係に賠償請求の代理を行ってはならない（前文(142)項）．他方，加盟国は，データ主体の権利が侵害されていると考える場合，上記団体等に，データ主体の委任とは別に，当該加盟国内で，第77条の苦情申立権，並びに，第78条及び第79条に定める権利を行使する権利を与えることができる（2項）．

　訴訟に関しては，同じ事項に関する訴訟手続が重複している場合において，

矛盾した判断を避けるための手続停止のルールがある（第81条及び前文(144)項）．

　管轄については，特に司法的救済に関して，特別な規則が本規則に定められている場合，欧州議会及び理事会の（EU）No 1215/2012[203]が定める一般規則は，係る特則の適用を妨げるべきではない（前文(147)項）．

2　行政上の制裁金

　第83条は，各監督機関に対し，違反行為の一覧に応じた行政的制裁を科す権限を付与している．制裁金を科す権限は，個別事例の状況を考慮に入れることが前提となるものの，その金額の高さから，第三国の関心を集めることとなった．

　欧州委員会提案では，GDPRと同様に，諸事情を考慮しつつ違反行為の類型に応じて段階的な制裁規定を設ける手法を取っていた．制裁金のレベルは，①25万ユーロ，又は，企業の場合は全世界の年間総売上の0.5％まで，②50万ユーロ，又は，企業の場合は全世界の年間総売上の1％まで，③100万ユーロ，又は，企業の場合は全世界の総売上の2％までであった．その後，欧州議会修正案では段階的な制裁金制度は採用せず，（a）初回の，故意によらない違反の場合は，文書による警告，（b）定期的なデータ保護監査，（c）1億ユーロ，又は企業の場合は全世界の年間総売上の5％までの制裁金のうち，いずれか高い方を科すこととされた．閣僚理事会の2015年6月15日付妥協案では，再び欧州委員会提案と同様の金額で段階的な制裁金制度が取り入れられ，最終的には現在の採択版に落ち着いた．当初提案と比較すると，金額が大幅に増加している．

　第83条1項から3項までの規定は次の通りである．「個々の事案において効果的で，均衡が取れており，抑止的である」こと，多くの考慮要素に基づき個別事情に配慮すること，複数の違反がある場合には最も重大なものに関する総額を超えてはならない旨の上限が定められている．

「第83条　行政上の制裁金を科すための一般的条件
　1　各監督機関は，4項，5項及び6項に定める本規則違反に関して，本条に基づく制裁金の賦課が，個々の事案において効果的で，均衡が取れており，

抑止的であることを保障しなければならない．

2　制裁金は，個々の事案の状況に依拠し，第58条2項(a)号から(h)号及び(j)号に定める措置に加え，又はそれに代わり科されるものとする．制裁金を科すか否かを決定するとき，及び，個々の事案において行政上の制裁金の総額を決定するときは，次に掲げる事項を十分に考慮しなければならない：

（a）当該取扱いの性質，範囲又は目的，並びに，影響を受けたデータ主体の数及びデータ主体が受けた損害の程度を考慮に入れ，違反の性質，重大さ及び期間；

（b）違反の性質が故意か過失か；

（c）データ主体が被った損害を軽減させるために管理者又は取扱者が取ったあらゆる行動；

（d）第25条及び第32条に基づき管理者又は取扱者が実施した技術的及び組織的措置を考慮に入れた，管理者及び取扱者の責任の程度；

（e）管理者又は取扱者による，関連するあらゆる過去の違反；

（f）違反の是正及び違反の潜在的悪影響を軽減するため，監督機関と協力する程度；

（g）違反によって影響を受けた個人データの種類；

（h）監督機関が違反を知るに至る態様であって，特に，管理者又は取扱者が違反を通知したか否か，もし通知したならその程度；

（i）同じ対象事項について，関連する管理者又は取扱者に対して，第58条2項に定める措置が過去に命じられていた場合に，それらの措置の遵守；

（j）第40条に基づき承認された行動規範又は第42条に基づき承認された認証制度の遵守；及び，

（k）直接又は間接を問わず，違反から得られた財政上の利益又は回避した損失のように，事案の状況に適用可能な，その他のあらゆる悪化又は軽減要素．

3　管理者又は取扱者が故意又は過失により，同じ又は関連する取扱業務に関して，本規則のいくつかの規定に違反した場合，行政上の制裁金の総額は，最も重大な違反と指定された総額を超えてはならない．」

第 2 章　EU 一般データ保護規則

4 項から 6 項にかけては，段階的な行政上の制裁金が定められている．

図表2.7　行政上の制裁金

次に掲げる規定に違反した場合，最大1,000万ユーロ，又は企業の場合は前会計年度の全世界の年間総売上の2％までの，いずれか高い方の行政上の制裁金（4項）	（a）次に掲げる規定に基づく管理者及び取扱者の義務 　第8条　情報社会サービスに関して児童の同意に適用される条件 　第11条　識別を要しない取扱い 　第25条　データ保護・バイ・デザイン及びバイ・デフォルト 　第26条　共同管理者 　第27条　EU内で設立されていない管理者又は取扱者の代理人 　第28条　取扱者 　第29条　管理者又は取扱者の許可に基づく取扱い 　第30条　取扱行為の記録 　第31条　監督機関との協力 　第32条　取扱いの安全性 　第33条　監督機関への個人データ侵害の通知 　第34条　データ主体への個人データ侵害の連絡 　第35条　データ保護影響評価 　第36条　事前の協議 　第37条　データ保護責任者の指名 　第38条　データ保護責任者の立場 　第39条　データ保護責任者の職務 　第42条　認証 　第43条　認証機関 （b）第42条（認証）及び第43条（認証機関）に基づく認証機関の義務 （c）第41条（承認された行動規範の監視）の4項に基づく監督団体の義務
次に掲げる規定に違反した場合，最大2,000万ユーロ，又は企業の場合は前会計年度の全世界の年間総売上の4％までの，いずれか高い方の行政上の制裁金（5項）	（a）第5条（個人データの取扱いに関する諸原則），第6条（適法な取扱い），第7条（同意の条件），第9条（特別な種類の個人データの取扱い）に基づく，同意条件を含む，取扱いに関する基本的諸原則 （b）次に基づくデータ主体の権利 　第12条　データ主体が権利を行使するための情報，通知及び手続の透明性 　第13条　データ主体から個人データを収集する場合に提供すべき情報 　第14条　データ主体から個人データを取得しなかった場合に提供すべき情報 　第15条　データ主体によるアクセス権

	第16条　訂正権 第17条　消去権（「忘れられる権利」） 第18条　取扱制限への権利 第19条　個人データの訂正若しくは消去又は取扱制限に関する通知義務 第20条　データ・ポータビリティの権利 第21条　異議申立権 第22条　プロファイリングを含む，自動処理による個人に関する決定
	（ｃ）次に掲げる規定に基づく第三国又は国際機関の受領者への個人データ移転 第44条　移転のための一般原則 第45条　十分性決定に伴う移転 第46条　適切な安全保護措置による移転 第47条　BCR 第48条　EU法が許可していない移転又は開示 第49条　特定の状況による例外
	（ｄ）第９章（特別な取扱状況に関する規定）で採択された加盟国法によるあらゆる義務 第85条　取扱いと表現及び情報の自由 第86条　取扱いと公文書への一般のアクセス 第87条　国民識別番号の取扱い 第88条　雇用環境における取扱い 第89条　公益におけるアーカイブ目的，科学的又は歴史的研究の目的，又は統計目的のための取扱いに関する安全保護及び例外 第90条　守秘義務 第91条　教会及び宗教団体に関する現行のデータ保護規則
	（ｅ）第58条２項に基づく監督機関による命令，若しくは，取扱いに関する一時的若しくは終局的制限，若しくは，データ流通中止の不遵守，又は，第58条１項違反のアクセス提供の不履行
第58条２項に定める監督機関の命令違反の場合は，本条２項に従い，最大2,000万ユーロ，又は企業の場合は前会計年度の全世界の年間総売上の４％までの，いずれか高い方の行政上の制裁金に処する（６項）．	

　７項から９項までは，制裁金に関するその他の規定である．

「7　第58項２項に基づく監督機関の是正権限を侵すことなく，各加盟国は，当該加盟国に設立された公的機関又は団体に行政上の制裁金を科すことができるか否か，及び，その範囲に関して，基準を定めることができる．
　8　本条に基づく監督機関によるその権限の行使は，EU法及び加盟国法に従い，効果的な司法救済及び適正手続を含め，適切な手続的保護措置に従うものとする．
　9　加盟国の法制度が行政上の制裁金を定めていない場合，制裁金は，所管の監督機関が提起し及び管轄の国内裁判所が科すという方法で，本規則を適用することができる．他方，これらの法的救済は，効果的であり，監督機関が科す行政上の制裁金と同等の効果を持つよう保障する．いずれにせよ，科される制裁金は，効果的で，均衡しており，抑止的でなければならない．当該加盟国は，2018年５月25日までに，本項に従って採択された国内法の規定を委員会に通知しなければならず，また，遅滞なく，その後の改正法又はそれらに影響を与える改正を欧州委員会に通知しなければならない．」

　前文では，制裁金に関して，概ね次のような説明が加えられている．
　本規則の執行を強化するため，本規則のあらゆる違反に対して行政的制裁金を含む制裁を科すべきである．違反が軽微である場合，又は，科される可能性の高い制裁金が自然人に対して均衡を欠く負担を科す場合，制裁金に代えて譴責を発することができる．制裁金の賦課は，EU法及び基本権憲章の一般諸原則に従い，効果的な司法上の保護及び適正手続を含め，適切な手続的安全保護に服すべきである（前文(148)項）．
　「企業」は，欧州機能条約第101条及び第102条[204]によって理解されるべきである．行政上の制裁金が企業以外に課せられる場合，監督機関は，適切な制裁金の総額を検討する際，その人物の経済的状況とともに，加盟国内の一般的な収入基準を考慮すべきである．一貫性の仕組みもまた用いられるべきである．行政上の制裁金や警告は，監督機関の他の権限又は本規則に基づく他の制裁の適用に影響を与えない（前文(150)項）．
　行政上の制裁金を定めていないデンマーク及びエストニアに関しては，次の措置を講じることが認められている．
　デンマークでは，刑事罰として管轄の国内裁判所によって罰則を科し，エストニアでは，軽罪手続の枠内で監督機関によって罰金を科すという方法で適用

することができる．ただし，これらの加盟国でこうした規律を適用することが，監督機関による行政上の制裁金と同等の効果を有する場合とする．そのため，管轄の国内裁判所は，制裁金を科す監督機関の勧告を考慮に入れるべきである（前文(151)項）．

　第三国である日本の個人情報保護法制にも行政上の制裁金は設けられていないため，こうした代替措置は参考になると考えられる．

第10節　特別な取扱状況に関する規定

　第9章「特別な取扱状況に関する規定」は，第85条から第91条で構成される．EU法又は加盟国法により，個人データ保護と表現の自由等の利益を調整することを認めた規定である．

　欧州委員会提案では，健康に関する個人データの取扱いに関する規定が設けられており，所定の条件のもとで，（ a ）守秘義務を負う医療専門家等による予防医学又は職業医学，介護，医療の提供又は保健医療サービスの管理，（ b ）健康に対する国境を越えた深刻な脅威からの保護のような，公衆衛生分野における公益，（ c ）健康保険制度の給付金請求手続の品質及び費用対効果の確保等，社会保護のような分野における他の公益のための調和的原則を設けることが認められていた．GDPRではこの規定は削除されているが，第89条が医学研究に関係する．他方，第86条及び第87条は新設規定である．

1　取扱いと表現及び情報の自由

　第85条は，「取扱いと表現及び情報の自由」を定める．

　加盟国は，法によって，本規則に基づく個人データ保護の権利と，報道目的及び学術的，芸術的又は文学的表現を目的とする取扱いを含む，表現及び情報の自由の権利を調和させなければならない（1項）．これらの目的で行われる取扱いのために，加盟国は，係る調和を必要とする場合，第2章（諸原則），第3章（データ主体の諸権利），第4章（管理者及び取扱者），第5章（第三国又は国際機関への個人データの移転），第6章（独立監督機関），第7章（協力及び一貫性）及び第9章（特定のデータ取扱い状況）からの例外又は適用除外を定めなければならない（2項）．加盟国は，2項により採択した国内法の規定及びその後の改正を遅滞なく，欧州委員会に通知しなければならない（3項）．

第2章　EU一般データ保護規則

表現及び情報の自由は EU 基本権憲章第11条で謳われている．適用除外又は例外は，特に，視聴覚分野並びにニュースアーカイブ及び報道資料における個人データの取扱いに適用すべきである．係る例外又は適用除外が加盟国ごとに異なる場合は，管理者が服する加盟国法を適用すべきである．民主主義社会における表現の自由の重要性を考慮するために，ジャーナリズムのような，当該自由に関わる概念の解釈を広く行うことが必要である（前文(153)項）．ニュースアーカイブについては，ドイツ及びスペインで「忘れられる権利」との関係で加盟国の判決が出ているが，法令による例外規定を設ける余地がある．

欧州委員会提案でも同旨の規定が設けられていた．それによると，個人データ保護との調和は，EU 基本権憲章第11条が保障する情報受領権及び情報伝達権との間で図られなければならないこと，調整規定は，データ保護指令第9条に関する欧州司法裁判所の解釈に基づいていることが説明されていた[205]．

2　取扱いと公文書への一般のアクセス

第86条は，「取扱いと公文書への一般のアクセス」を定める．

公的機関又は公益活動を行う民間団体が保有する公的文書内の個人データは，パブリックアクセスと個人データ保護の権利を調和させるために，EU 法又は公的機関等が服する加盟国法に従い，機関又は団体によって開示することができる（第86条）．

公的文書へのパブリックアクセスは，公益による．ここでいう公的機関及び団体は，文書へのパブリックアクセスに関して加盟国法が対象とするすべての機関・団体を含めるべきである．欧州議会及び理事会の指令 2003/98/EC[206]は影響を受けず，EU 法及び加盟国法に基づく個人データの保護レベルには何ら影響を与えない．本規則に定める義務及び権利を変更するものでもない．上記指令は，個人データ保護により適用除外又は制限される文書，及び，アクセス可能な文書の一部に個人データが含まれており，その再利用が，個人データ保護に関する法に合致しないものには適用すべきではない（前文(154)項）．

3　国民識別番号の取扱い

第87条は，「国民識別番号の取扱い」を定める．

加盟国は，国民識別番号又は一般に適用される他のあらゆる識別子の取扱いに関する具体的条件を定めることができる．識別番号ないしは識別子は，本規

則に基づくデータ主体の権利及び自由のための適切な保護措置のもとでのみ，利用されなければならない（第87条）．

4　雇用環境における取扱い

第88条は，「雇用環境における取扱い」を定める．

加盟国は，法令又は団体協定によって，雇用状況全般における従業員の個人データの取扱いに関する具体的な規定を設けることができる（1項）．団体協定には労使協定が含まれる（前文(155)項）．

上記規定は，特に，取扱いの透明性，企業グループ等での個人データ移転，及び，職場での監視システムに関して，データ主体の人間の尊厳や基本的権利・適法な利益を保護するための措置を含まなければならない（2項）．

各加盟国は，2018年5月25日までに，1項の法令及びその後の改正を遅滞なく，欧州委員会に通知しなければならない（3項）．

5　アーカイブ，研究，統計目的のための取扱い

第89条は，「公益におけるアーカイブ目的，科学的又は歴史的研究の目的，又は統計目的のための取扱いに関する安全保護及び例外」を定める．

係る取扱いは，適切な保護措置を遵守しなければならない．当該保護措置は，特にデータ最小化の原則を保障するための技術的及び組織的措置を講じなければならない．上記目的を満たすことができる場合には，当該措置に仮名化を含むことができる．データ主体を識別しない取扱いによって上記目的を満たす場合は，その方法によって目的を満たされなければならない（1項）．識別情報を必要としない場合には，識別性のない状態で個人データを取り扱うべきという趣旨である．

個人データが上記目的で取り扱われる場合，EU法又は加盟法は，1項の条件等に基づき，第15条（データ主体によるアクセス権），第16条（訂正権），第18条（取扱制限への権利）及び第21条（異議申立権）に定める権利の適用除外を定めることができる．ただし，これらの権利が目的達成を不可能にさせるような場合でかつ，適用除外が必要な場合に限られる（2項）．

3項では，個人データが公益目的のために取り扱われる場合にも2項と同様の規定が設けられているが，適用除外の対象は，第15条，第16条，第18条，第19条（個人データの訂正若しくは消去又は取扱制限に関する通知義務），第20条

(データ・ポータビリティの権利)及び第21条とされている(3項参照).2項及び3項の取扱いが,同時に他の目的にも役立つ場合であっても,適用除外は当該目的のための取扱いにのみ適用される(4項).

2項及び3項については,均衡性及び必要性の原則に従って,データ主体が権利を行使するための特定の手続を含むことができる.科学的目的のための個人データの取扱いは,臨床試験などの他の関連立法も遵守すべきである(前文(156)項).

レジストリからの情報と組み合わせることにより,研究者は,心臓血管疾患,がん及び鬱病のような広範な健康状態に関し,重要な新知識を得ることができる.レジストリによって,多くの人々が研究結果を利用できる.社会科学分野では,レジストリに基づく研究によって,研究者は,失業及び教育等のいくつかの社会条件と他の生活条件についての長期の相関関係に関する本質的な知識を得ることができる.レジストリから得られる研究結果は,確固たる高品質の知識を提供し,知識に基づく政策形成と実施の根拠を与えることができ,多数の人々の生活の質を向上させ,社会サービスの効率性を高めることができる.科学研究を促進するため,個人データは,EU法又は加盟国法で定める適切な条件及び保護措置に基づき,科学研究目的で取り扱うことができる(前文(157)項).

アーカイブ目的に関して,死者には本規則は適用されない.公的機関又は公益に関する記録を保有する団体は,EU法又は加盟国法に基づき,一般の公益のための価値に耐える記録の取得,保存,評価,配置,説明等を行う法的義務を負う事業であるべきである.加盟国は,例えば,過去の全体主義国家体制に基づく政治的行為,大量殺戮,人類に対する犯罪,特にホロコースト又は戦争犯罪に関する特定の情報を提供するために,アーカイブ目的のためのさらなる取扱いを定める権限を有するべきである(前文(158)項).

本規則は,科学研究目的のためにも適用されるべきである.係る目的での個人データの取扱いは,広範に解釈されるべきであり,例えば,技術開発及び実証,基礎研究,応用研究及び非公式の助成研究を含む.加えて,EU機能条約第179条1項(欧州の科学技術研究の強化)に基づくEUの目的を考慮すべきである.科学研究目的は,公衆衛生分野で実施する調査も含むべきであり,個人データの公開・開示に関して,特定の条件を適用すべきである.特に,医療制

度の文脈における科学研究の結果が，データ主体の利益においてさらなる措置の根拠を与える場合，本規則の一般原則はそれらの措置を考慮して適用すべきである（前文(159)項）．

「公衆衛生」は，公衆衛生並びに業務上の健康及び安全についての共同体統計に関する2008年12月16日の欧州議会及び理事会の（EC）No 1338/2008規則[207]による．

本規則は，歴史研究目的での個人データの取扱いには，歴史研究及び系図学目的を含む（前文(160)項）．

6 守秘義務

第90条は，「守秘義務」を定める．

加盟国は，職業上の守秘義務又は他の同等の守秘義務に服する管理者又は取扱者に関して，第58条1項(e)号及び(f)号に定める監督機関の権限を定めることができる．当該規定は，守秘義務の対象となる活動において管理者又は取扱者が得た個人データのみに適用される（1項）．第58条1項(e)号は，職務遂行のために必要なすべての情報へのアクセス，同項(f)号は，管理者又は取扱者のあらゆる敷地への立入を行うための調査権限を定めている．

加盟国は，1項に基づく規則は2018年5月25日までに，その後のあらゆる改正は遅延なく，欧州委員会に通知しなければならない（2項）．

7 教会及び宗教団体に関する現行のデータ保護規則

第91条は，「教会及び宗教団体に関する現行のデータ保護規則」を定める．

教会及び宗教組織又は団体が，本規則に沿う形で，既に個人データ保護に関する包括的規則を適用している場合には，加盟国でその当該規則を適用し続けることができる（1項）．教会等は独立監督機関の監督に従う（2項）．

これは，EU機能条約第17条に沿って，加盟国内の教会等に関する国内法を本規則が侵害しないようにする趣旨である（前文(165)項）．

第11節 委任行為及び実施行為，最終条項

第10章の「委任行為及び実施行為」は，第92条及び第93条によって構成され

1 委任の実行

第92条は,「委任の実行」を定める．欧州委員会提案では,26項目もの規定が委任の対象とされていたが,欧州議会及び理事会修正によって削られ,採択版では第12条8項（データ主体への情報提供のためのアイコン）及び第43条8項（データ保護認証制度の要件）のみが委任対象とされた．

EU機能条約第290条1項は,立法行為の非本質的な要素を補足等するために,一般に適用される非立法行為を採択する権限を欧州委員会に与えることができる旨を定めている[208]．立法行為は委任対象の条件を明示的に定めなければならず,係る条件は,(a)欧州議会又は理事会が委任をいつでも取り消すことができ,(b)所定の期間内に欧州議会又は理事会が何らの異議も表明しなかった場合に限り施行されるというものである．欧州議会は構成員の多数,理事会は特定多数により行動する（同条2項）．

EU機能条約第290条の条件は,GDPR第92条に定められている．

委任行為の採択権限は,2016年5月24日から期間の定めなく,欧州委員会に付与される（1項-2項）．権限の委任は,欧州議会又は欧州理事会により何時でも取り消すことができるが,既に効力を発したあらゆる委任行為の有効性には影響を与えない（3項）．欧州委員会は,委任行為の採択後直ちに,欧州議会及び欧州理事会に通知する（4項）．採択された委任行為は,欧州議会又は理事会において,通知を受けてから3ヶ月以内に異議を表明しない場合,又は,それに先立ち,異議を唱えないことを欧州委員会に通知した場合に限り,効力を発する．当該期間は,欧州議会又は欧州理事会の発意により3ヶ月延長される（5項）．

委任行為に際しては,欧州委員会が,その準備作業の過程で,専門家レベルを含め,適切な協議を行うことが特に重要である．欧州委員会は,委任行為を準備及び策定する際,同時に,時宜に適った適切な形で,欧州議会及び理事会へ関連文書を送信するよう保障すべきである（前文(166)項）．

2 委員会の手続

第93条は,「委員会（Committee）の手続」を定める．実施行為に関わる規定である．

実施行為は，本規則を実施するための統一条件を保障することを目的とする．欧州委員会は，零細，小規模及び中規模事業者のための特別な措置を考慮すべきである（前文(167)項）．

EU機能条約第291条には，加盟国は，法的に拘束力あるEU法を実施するために必要な国内法に関するすべての措置を講じなければならないこと（同条1項），係るEU法を実施するための統一条件が必要である場合は，これらの立法は実施権限を欧州委員会に委任しなければならないこと（同条2項）などを定めている．

GDPR第93条1項によると，欧州委員会は，規則（EU）No 182/2011の定める委員会（Committee）[209]によって補佐される．この委員会は，各加盟国代表により構成され，欧州委員会の代表が議長を務める組織である（規則（EU）No 182/2011第3条2項）．欧州委員会の代表には投票権は与えられない．

GDPR第93条2項が参照される場合には，規則（EU）No 182/2011第5条が適用される．同条は，実施行為の採択手続を定めた規定であり，GDPRの実施行為に関する規定のほとんどが関係する．

GDPRの中で本項に基づく実施行為の採択を定めているのは，第28条7項，第40条9項，第43条9項，第45条3項及び5項，第46条2項(c)-(d)号，第47条3項，第61条9項，第67条である（前文(168)項参照）．

3項が参照される場合，規則（EU）No 182/201第8条が，同第5条とあわせて適用される（3項）．同規則第8条は，即時に適用される実施行為の手続を定めている．

欧州委員会は，入手可能な証拠によって，第三国等が十分な保護レベルを保障していない場合には，直ちに適用可能な実施行為を採択すべきとされており（前文(169)項），GDPR第45条5項にその旨の規定がある．

第12節　最終条項

第11章の「最終条項」は，第94条から第99条で構成される．

第94条は，「指令95/46/ECの廃止」として，データ保護指令が2018年5月25日にその効力を失うこと（1項），廃止指令への参照は本規則への参照として解釈されること，第29条作業部会への参照は，欧州データ保護会議への参照として解釈されることを定めている（2項）．

2項前段について，データ保護指令の同意に基づく取扱いで，同意の付与方法が本規則に沿っているときには，再度の同意取得は必要とされない．データ保護指令に基づき欧州委員会が採択した決定及び監督機関の許可は，修正，置換又は廃止されるまでは有効である（前文(171)項）．

第95条は，「2002/58/EC 指令との関係」として，EU 内の電子通信サービスの提供に関する取扱いについて，本規則が電子通信プライバシー指令の追加的義務を課してはならないことを定めている．ただし，同指令も改正に向けた検討が進められている．

第96条は，「過去に締結した合意との関係」として，2016年5月24日より前に加盟国が締結した越境移転に関する国際合意は，修正され，置換され又は失効するまで有効に維持される旨を定める．

第97条は，「欧州委員会報告」と題し，十分性決定に関する4年ごとの見直しを定めている．

2020年5月25日まで，及び，その後4年ごとに，欧州委員会は，本規則の評価及び見直しに関する報告書を欧州議会及び欧州理事会に提出するものとし，報告書は公開される（1項）．

欧州委員会は，特に，（a）本規則及びデータ保護指令に基づく十分性決定に関する第5章，（b）協力及び一貫性に関する第7章の適用及び機能を調査しなければならない（2項）．

欧州委員会は，加盟国及び監督機関に情報を求めることができ（3項），1項及び2項の評価及び見直しの際，欧州委員会は，欧州議会，欧州理事会の立場等を考慮する（4項）．欧州委員会は，必要な場合には，本規則の適切な改正提案を送付するものとし，特に，情報技術の発展及び情報社会の進展状況の観点を考慮に入れる（5項）．

第98条は，「データ保護に関する他の EU 法の見直し」を定める．

欧州委員会は，適切な場合には，自然人の統一的及び一貫した保護を保障するために，個人データ保護に関する他の EU 法を改正するための立法提案を提出する．これは特に，EU の機関等の規則に関係する（第98条）．この関係で，電子通信プライバシー指令の見直しが予定されている（前文(173)項参照．）．

第99条は，施行及び適用として，本規則は，EU 官報内で公表された日から20日目に発効すること（1項），2018年5月25日から適用されることを定める（2項）．

最後に，本規則は，すべての加盟国において全面的及び直接的な拘束力を有すると述べて締めくくられている．

注
（1） 1995年EUデータ保護指令は，堀部政男研究室「欧州連合（EU）個人情報保護指令の経緯とその仮訳」新聞研究1999年9月号17頁以下に基づき，必要に応じて改訳した．GDPRは，一般財団法人日本情報経済社会推進協会による仮訳（2016年8月）(https://www.jipdec.or.jp/archives/publications/J0005075)，明治大学の夏井高人教授による私訳がある．夏井教授の私訳のうち，前文はKDDI総合研究所の調査レポートR&A (https://rp.kddi-research.jp/article/GN2016001)，本文は法と情報雑誌第1巻第3号（2016年9月25日発行）1-186頁において公開されている．本書におけるGDPRの訳出は筆者が行ったが，校正段階でこれらの翻訳を参照し，数ヶ所で用語を一部修正した．前文及び本則のうち，鍵括弧を付した箇所以外は必要に応じて要約した．本章の中で条文番号を示す場合，特段の指定を行っていないものはすべてGDPRの条文を指す．
（2） European Commission, *Commission Proposal for a Regulation of the European Parliament and of the Council on the Protection of Individuals with regard to the Processing of Personal Data and on the Free Movement of Such Data* (General Data Protection Regulation), COM (2012) 11 final (Jan. 25, 2012), http://ec.europa.eu/justice/data-protection/document/review2012/com_2012_11_en.pdf.
（3） Parliament and Council Regulation 2016/679, 2016 O.J. (L 119) 1-88 (EU).
（4） *See* European Commission, *Digital Single Market* (http://ec.europa.eu/priorities/digital-single-market_en); Committee on Industry, Research and Energy Committee on the Internal Market and Consumer Protection in the European Parliament, *Report on Towards a Digital Single Market Act*, 2015/2147 (INI)(Dec. 21, 2015), http://www.europarl.europa.eu/sides/getDoc.do?pubRef=-//EP//NONSGML+REPORT+A8-2015-0371+0+DOC+PDF+V0//EN.
（5） European Commission, *Reform of EU data protection rules*, http://ec.europa.eu/justice/data-protection/reform/index_en.htm (last visited Dec. 30, 2016).
（6） Parliament and Council Directive 2016/680, 2016 O.J. (L 119) 89-131 (EU).
（7） Parliament and Council Directive 95/46, 1995 O.J. (L 281) 31-50 (EC).
（8） 新保史生「EUの個人情報保護制度」ジュリスト第1464号（2014年3月）38頁以下参照．
（9） European Commission, *Communication from the Commission to the European Parliament, the Council, the Economic and Social Committee and the Committee of the Regions, A Comprehensive Approach on Personal Data Protection in the European Union*, COM (2010) 609 final (Nov. 4, 2010), http://ec.europa.eu/justice/news/consulting_public/0006/com_2010_609_en.pdf.
（10） European Parliament, *European Parliament Resolution of 6 July 2011 on a Comprehensive Approach on Personal Data Protection in the European Union*,

2011/2025（INI）（Jul. 6, 2011), http://www.europarl.europa.eu/sides/getDoc. do?pubRef=-//EP//TEXT+TA+P7-TA-2011-0323+0+DOC+XML+V0//EN.
(11) European Commission, *supra* note 5.
(12) 採択までの手続は，欧州議会のLegislative Observatory（http://www.europarl. europa.eu/oeil/popups/ficheprocedure.do?reference=2012/0011（COD)&l=en））及びHunton & WilliamsのEU Data Protection Regulation Tracker（https://www. huntonregulationtracker.com/legislativescrutiny/#ScrutinyCouncilEU）を参照．後者のウェブページでは，EU諸機関の関連文書へのリンクとともに，立法までの過程が機関及び時系列に沿って整理されている．
(13) Steve Wood, *GDPR still relevant for the UK*, INFORMATION COMMISSIONER'S OFFICE BLOG (Jul. 7, 2016), https://iconewsblog.wordpress.com/2016/07/07/gdpr-still-relevant-for-the-uk/.
(14) EUの立法形式には，すべての構成国に直接適用される「規則」，達成すべき結果について，これを受領するすべての加盟国を拘束するが，方式及び手段については構成国の機関の権限に任せられる「指令」，特定の加盟国，企業，個人に対象を限定し，限定された対象に対して直接に効力を有する「決定」，法的拘束力を持たない「勧告・意見」がある．
(15) 規則提案及び刑事司法分野のデータ保護指令提案に関する主要な項目は，欧州委員会副委員長（当時）であるヴィヴィアン・レディング氏による次の文献参照．Viviane Reding, *The European Data Protection Framework for the Twenty-First Century*, 2 (3) INT'L DATA PRIVACY L. 119 (Jun. 25, 2012), https://idpl.oxfordjournals.org/content/2/3/119.full. 規則提案の概要をまとめた邦語文献は，藤原静雄「EUデータ保護一般規則提案の概要」NBL第975号（2012年）4-7頁．
(16) Consolidated Version of the Treaty on the Functioning of the European Union, Oct. 26, 2012, 2012 O.J. (C 326) 1-390. EU基本権憲章及びEU機能条約，欧州評議会の欧州人権条約（抄）の和訳は，岩澤雄司編『国際条約集（2016年版）』（有斐閣，2016年）に掲載されている．
(17) 庄司克宏『新EU法　基礎編』（岩波書店，2013年）81頁以下，総務省「世界情報通信事情　欧州連合（EU）」（http://www.soumu.go.jp/g-ict/country/eu/）．
(18) General Secretariat of the Council, *Guide to the Ordinary Legislative Procedure* (Nov. 2011), http://www.consilium.europa.eu/uedocs/cms_data/librairie/PDF/QC3212175ENrevGPO2012.pdf.
(19) EU MAG「EUの法律はどのように決められていますか？」（http://eumag.jp/question/f0813/）．
(20) Charter of Fundamental Rights of the European Union, Oct. 26, 2012, 2012 O.J. (C 326) 391-407.
(21) *Supla* note 16.
(22) Convention for Protection of Human Rights and Fundamental Freedoms, Nov. 4, 1950, CETS No. 005.

(23) 基本権憲章第 8 条 1 項及び欧州人権条約第 8 条 1 項和訳は，岩澤・前掲『国際条約集 (2016年版)』(有斐閣，2016年) をもとに改訳した.
(24) Commission Recommendation of 6 May 2003 concerning the Definition of Micro, Small and Medium-sized Enterprises, 2003 O.J. (L 124) 36-41 (EC).
(25) 共通外交安全政策に関する個別規定.
(26) GDPRと同日に調印された 2016/680 (EU) 指令.
(27) Parliament and Council Regulation 45/2001, 2001 O.J. (L 8) 1-22 (EC).
(28) Parliament and Council Directive 2000/31, 2000 O.J. (L 178) 1-16 (EC).
(29) Kuan Hon, *GDPR's Extra-Territoriality Means Trouble for Cloud Computing*, 140 PRIVACY LAWS & BUSINESS 25 (2016).
(30) 欧州委員会，欧州議会，閣僚理事会によるそれぞれの案における「個人データ」概念及び匿名化を検討したものとして，拙稿「EUの個人データ概念と匿名化：最新の調査結果を踏まえて」堀部政男編著『情報通信法制の論点分析』別冊NBL第153号 (2015年) 119頁以下.
(31) Article 29 Data Protection Working Party, *Opinion 4/2007 on the Concept of Personal Data*, WP 136 (Adopted on Jun. 20, 2007), http://ec.europa.eu/justice/policies/privacy/docs/wpdocs/2007/wp136_en.pdf.
(32) Article 29 Data Protection Working Party, *Opinion 05/2014 on Anonymisation Techniques*, WP216 (Adopted on Apr. 10, 2014), http://ec.europa.eu/justice/data-protection/article-29/documentation/opinion-recommendation/files/2014/wp216_en.pdf.
(33) Parliament and Coucil Directive 2011/24, 2011 O.J. (L 88) 45-65 (EU).
(34) EU関係者へのヒアリング結果による.
(35) Parliament and Coucil Directive 2015/1535, 2015 O.J. (L 241) 1-15 (EU).
(36) Parliament and Coucil Directive 2002/58, 2002 O.J. (L 201) 37-47 (EC), *amended by,* Directive 2009/136, 2009 O.J. (L 337) 11-36 (EC).
(37) CAL. CIV. CODE §§1798.29, 1798.82. 拙著『個人情報保護法の理念と現代的課題：プライバシー権の歴史と国際的視点』(勁草書房，2008年) 444-445頁.
(38) 侵害通知の書式及び内容を定める改正 (S.B.570)，自動ナンバー認識システムから入手した情報を追加する改正 (S.B.34)，暗号化の定義を定める改正 (A.B.964) が行われた．*See* Kamala D. Harris, *California Data Breach Report* (Feb. 2016), https://oag.ca.gov/breachreport2016.
(39) BCRの制度的概要については，消費者庁「国際移転における企業の個人データ保護措置調査報告書」(2010年3月)(筆者担当) 58-91頁参照.
(40) EU関係者へのヒアリング結果による.
(41) 同上.
(42) Council Directive 93/13, 1993 O.J. (L 95) 29-34 (EEC).
(43) Children's Online Privacy Protection Act of 1998, 15 U.S.C. §§6501-6506 (2017).
(44) 入江晃史「オンライン上の児童のプライバシー保護の在り方について：米国，EUの

動向を踏まえて」情報通信政策レビュー第6号（2013年3月）18-19頁参照．
(45) 「民族的出自」は，別々の人種の存在を決定づけようとする理論をEUが受け入れるものではないとされている（前文(51)項）．
(46) 写真の処理は，システマティックに「特別な種類の個人データ」に含まれるわけではないが，自然人固有の識別又は認証を許すような特別な技術的手段を通じて処理される場合には，「生体データ」に該当する（前文(51)項）．
(47) EU法又は加盟国法が同意による例外を禁じた場合はこの限りでない．
(48) EU法若しくは加盟国法，又は，データ主体の基本的権利及び利益のための適切な安全保護を定めた加盟国の国内法による共同合意によって許可されている場合に限る．
(49) その取扱いが，団体の構成員若しくは前構成員，又は，その目的との関連でその団体と定期的に連絡を取る人々に関連しており，個人データがデータ主体の同意なく団体外に開示されないことを条件とする．
(50) 裁判所の手続又は行政的若しくは裁判外の手続が含まれる（前文(52)項）．
(51) 追求される目的と均衡し，データ保護の権利の本質を尊重し，かつ，データ主体の基本的権利及び利益を保護するための適切かつ特定の措置を定めることが求められる．
(52) 従業員の就労能力の評価，医療診断，医療，社会保護，若しくは治療の提供，又は，医療若しくは社会保護制度及びサービスの管理のために，EU法若しくは加盟法に基づくか，あるいは，医療専門家との契約に従い，かつ，3項に定める条件及び保護措置に服することに基づく場合を条件とする．
(53) 健康への重大な越境的脅威からの保護，又は，医療及び医薬品又は医療機器の質及び安全性を高水準で保障する場合などを指す．
(54) 公衆衛生に関係する用語の解釈は，欧州議会及び理事会の規則（EC）No 1338/2008による（Parliament and Council Regulation 1338/2008, 2008 O.J. (L 354) 70-81(EC).）．また，公の利益による健康関連データの取扱いは，雇用主又は保険会社及び銀行などの第三者によって，他の目的のために取り扱われないようにすべきとされている（前文(54)項）．
(55) (g)号と同様の条件が付されている．
(56) 撤回前の同意に基づく取扱いの適法性には影響を与えない．
(57) 管理者は，データ主体の権利等を保護するための適切な措置を講じなければならない．
(58) 「忘れられる権利」に関係する法律として，米国カリフォルニア州のいわゆる「消しゴム法」が取り上げられることがある．同法については，拙著『個人情報保護法の現在と未来：世界的潮流と日本の将来像』（勁草書房，2014年）63頁参照．
(59) 拙稿「「忘れられる権利」をめぐる論議の意義」情報管理第58巻4号（2015年）271頁以下．
(60) 詳しくは，奥田喜道『ネット社会と忘れられる権利：個人データ削除の裁判例とその法理』（現代人文社，2015年）参照．
(61) Cynthia O'Donoghue, *European Union: Court Ruling Reinforces The 'Right To Be Forgotten' On Social Media Sites*, MONDAQ, http://www.mondaq.com/x/274428/data+protection/Court+Ruling+Reinforces+The+Right+To+Be+Forgotten+On+Social

(62)　破毀院の判決については，右記のウェブ・ページ（http://www.courdecassation.fr/jurisprudence_2/premiere _chambre_civile_568/625_19_26825.html）参照．石川裕一郎「フランスの「忘れられる権利」」奥田・前掲『ネット社会と忘れられる権利』140頁以下．

(63)　實原隆志「ドイツの「忘れられる権利」」奥田・前掲『ネット社会と忘れられる権利』154頁以下，鈴木秀美「「忘れられる権利」と表現の自由：ドイツ連邦通常裁判所の判例を手がかりに［2012.11.13判決，2013.5.14判決］（特集 ビッグデータ時代の社会・経済・政策の行方）」慶応義塾大学メディア・コミュニケーション研究所紀要第66号（2016年3月）15頁以下．

(64)　先行判決といわれることもある．

(65)　Article 267 of the Consolidated version of the Treaty on the Functioning of the European Union, Oct. 26, 2012, 2012 O.J. (C 326) 1-390.

(66)　*See* PAOLO BIAVATI, EUROPEAN CIVIL PROCEDURE (2011) 68-69; Court of Justice of the European Union, *Recommendations to National Courts and Tribunals in relation to the Initiation of Preliminary Ruling Proceedings*, Nov. 6, 2012, 2012 O.J. (C 338) 1-6 (EU). リース・ジュディケイタ（res judicata）とは，既判事項，既判力，判決された事項を意味する．管轄を有する裁判所の本案判決が，以後，同一当事者（privy（承継人）を含む）間で，当該請求について最終的な拘束力を持つことをいう．田中英夫編『英米法辞典』（東京大学出版会，1991年）726頁．

(67)　Case C-131/12, Google Spain SL and Google Inc. v. Agencia Española de Protección de Datos (AEPD) and Mario Costeja González, 2014 EUR-Lex CELEX LEXIS 317 (May 13, 2014). 忘れられる権利に関する論稿は数多く出されているが，主に，宇賀克也「「忘れられる権利」について：検索サービス事業者の削除義務に焦点を当てて（特集 個人情報・プライバシー保護の理論と課題）」論究ジュリスト第18号（2016年夏号）24-33頁，宮下紘「忘れられる権利と検索エンジンの法的責任」比較法雑誌第50巻1号（2016年6月）35-75頁，成原慧「「忘れられる権利」をめぐる日米欧の議論状況」行政＆情報システム第51巻6号（2015年12月）54-58頁，山口いつ子「EU法における「忘れられる権利」と検索エンジン事業者の個人データ削除義務：グーグル・スペイン社事件EU司法裁判所2014年5月13日先決裁定を手掛かりにして」堀部・前掲『情報通信法制の論点分析』（2015年12月）181頁以下，中村民雄「EU法判例研究（1）忘れられる権利事件：Case C-131/12, Google Spain SL and Google Inc. ECLI:EU:C:2014:317［EU司法裁判所2014.5.13先決裁定］」法律時報第87巻5号（2015年5月）132-135頁，今岡直子「「忘れられる権利」をめぐる動向」国立国会図書館「調査と情報」第854号（2015年3月）1-14頁（http://dl.ndl.go.jp/view/download/digidepo_9055526_po_0854.pdf?contentNo=1），中西優美子「GoogleとEUの「忘れられる権利（削除権）」(62)EU法における先決裁定手続に関する研究（7）Case C-131/12 Google v. AEPD［2014］ECR I-nyr（二〇一四年五月一三日先決裁定）」自治研究第90巻9号（2014年9月）96-107頁，中島美香「Googleの検索サジェスト機能をめぐる訴訟の動向と影響について」InfoCom

REVIEW 第63号（2014年 8 月）58-71頁等を参照した.
(68) スペイン，特にカタルーニャで，大きな発行部数を有する日刊紙の発行元.
(69) Case C-131/12, Google Spain SL v. Agencia Española de Protección de Datos, opinion of Advocate General Jääskinen (Jun. 25, 2013), http://curia.europa.eu/juris/documents.jsf?num=C-131/12.
(70) グーグル透明性レポート (https://www.google.com/transparencyreport/removals/europeprivacy/?hl=ja).
(71) James Ball, *EU's right to be forgotten: Guardian articles have been hidden by Google*, THE GUARDIAN (July 2, 2014), http://www.theguardian.com/commentisfree/2014/jul/02/eu-right-to-be-forgotten-guardian-google. 後にこの記事は復活している (http://uk.mobile.reuters.com/article/idUKKBN0F82L920140704?irpc=932).
(72) *Google responds to BBC "right to be forgotten" blunder*, IT PRO (Jul. 4, 2014), http://www.itpro.co.uk/security/22638/google-responds-to-bbc-right-to-be-forgotten-blunder.
(73) European Union Committee-Second Report, *EU Data Protection Law: A 'Right to be Forgotten'?* (Jul. 23, 2014), http://www.publications.parliament.uk/pa/ld201415/ldselect/ldeucom/40/4002.htm.
(74) 中島美香「「忘れられる権利」判決後における最新の動向の紹介」情報通信総合研究所InfoCom Law Report（2014年11月12日）(https://www.icr.co.jp/newsletter/law/2014/law201410.html) 参照.
(75) 小規模事業者への作業負荷や，公知のデータを収集するあらゆる事業者，スマートフォン，タブレット，ノートパソコンの所有者が法の適用対象になり得ることを理由とする.
(76) David Smith, *Update on our response to the European Google judgment* INFORMATION COMMISSIONER'S OFFICE BLOG (Aug. 7, 2014), https://iconewsblog.wordpress.com/2014/08/07/update-on-our-response-to-the-european-google-judgment/.
(77) European Commission, *Myth-Busting: The Court of Justice of the EU and the "Right to be forgotten"* (Sep. 18, 2014), http://ec.europa.eu/justice/data-protection/files/factsheets/factsheet_rtbf_mythbusting_en.pdf.
(78) Article 29 Data Protection Working Party, *Guidelines on the Implementation of the Court of Justice of the European Union Judgment on "Google Spain and Inc v. Agencia Española de Protección de Datos (AEPD) and Mario Costeja González"* C-131/12, WP225 (Adopted on Nov. 26, 2014), http://ec.europa.eu/justice/data-protection/article-29/documentation/opinion-recommendation/files/2014/wp225_en.pdf. 第29条作業部会の指針とは別に，2014年10月10日，司法内務理事会は，第3336会合において，グーグル・スペインに関する議論を交わしている (http://video.consilium.europa.eu/en/webcast/2819f7ca-f87a-4774-acf4-e79214a3791f).
(79) 第Ⅱ部については，今岡・前掲「「忘れられる権利」をめぐる動向」12-13頁参照.
(80) The Advisory Council to Google on the Right to be Forgotten (Feb. 6, 2015), https://drive.google.com/file/d/0B1UgZshetMd4cEI3SjlvV0hNbDA/view.

(81) ジョセ・ルイス・ピナル（José Luis Piñar）氏．委員長在任期間は2002年から2007年．
(82) 人種又は民族的出自，政治的意見，宗教又は哲学的信念，労働組合への加入，健康，性生活に関する情報．
(83) ある時点では関連性のある情報であったとしても，状況変化によりその情報の関連性が薄れるという基準．
(84) CNIL, *Decision no. 2016-54 of March 10, 2016 of the Restricted Committee issuing Google Inc. with a financial penalty* (Mar. 10, 2016), https://www.cnil.fr/sites/default/files/atoms/files/d2016-054_penalty_google.pdf; CNIL, *Right to be delisted: the CNIL Restricted Committee imposes a €100,000 fine on Google* (Mar. 24, 2016), https://www.cnil.fr/fr/node/22489.
(85) *See, e.g.,* Julia Fioretti, *France fines Google over 'right to be forgotten'*, REUTERS (Mar. 24, 2016), http://mobile.reuters.com/article/idUSKCN0WQ1WX; Julia Fioretti and Mathieu Rosemain, *Google appeals French order for global 'right to be forgotten'*, REUTERS (May 19, 2016), http://www.reuters.com/article/us-google-france-privacy-idUSKCN0YA1D8.
(86) ICO, *Information Commissioner's Annual Report and Financial Statements 2015/16* (Jun. 28, 2016), https://ico.org.uk/media/about-the-ico/documents/1624517/annual-report-2015-16.pdf.
(87) ICOでのインタビュー結果による．
(88) ICO, *Supervisory Powers of the Information Commissioner, Enforcement Notice* (Aug. 18, 2015), https://ico.org.uk/media/action-weve-taken/enforcement-notices/1560072/google-inc-enforcement-notice-102015.pdf.
(89) 個人データは，公正かつ適法に取り扱われなければならず，特に，(a)少なくとも附則2に掲げる条件の1つが満たされ，かつ，(b)センシティブな個人データについては，少なくとも附則3に掲げる条件の1つもまた満たされなければ，取り扱ってはならない．附則2は，個人データ全体の取扱いに適用される条件，附則3は，センシティブデータの取扱いに適用される条件をそれぞれ定めている．
(90) 個人データは，それが取り扱われる目的又は諸目的に関して適切で，関連していなければならず，かつ，過剰であってはならない．
(91) Press Release, Information Commissioner's Office, ICO orders removal of Google search results, (Aug. 20, 2015), https://ico.org.uk/about-the-ico/news-and-events/news-and-blogs/2015/08/ico-orders-removal-of-google-search-results/; Enforcement Notice from Information Commissioner to Google Inc., (Aug. 18, 2015), https://ico.org.uk/media/action-weve-taken/enforcement-notices/1560072/google-inc-enforcement-notice-102015.pdf; Margaret Briffa, *UK Regular the ICO serves first 'right to be forgotten' enforcement notice on Google*, PRIVACY EUROPE (Sep.17, 2015) (on file with author), https://www.privacy-europe.com/blog/uk-regular-the-ico-serves-first-right-to-be-forgotten-enforcement-notice-on-google/.
(92) Stefan Kulk and Frederik Zuiderveen Borgesius, *Freedom of Expression and 'Right*

to Be Forgotten' Cases in the Netherlands After Google Spain, 2/2015 EDPL 113, 118-121 (2015). 本件の紹介は，上記文献による英語の解説に基づいている．
(93)　記事のURLは次のウェブページを参照（http://www.telegraaf.nl/binnenland/20051811/__Topman_KPMG_in_container__.html）．
(94)　ハーメルスフェルト氏が反証に失敗したことが原因のようである．ただし，本件を紹介したStefan Kulk氏らは，グーグルの主張に疑問を抱いている．
(95)　Sebastian Schweda, Hamburg Court of Appeal Obliges Press Archive Operator to Prevent Name Search in Archived Articles, 4/2015 EDPL 299 (2015). 本件の紹介は，上記文献による英語の解説をもとにしている．
(96)　Sebastian Schweda, Right to Be Forgotten Also Applies to Online News Archive, Supreme Court Rules, 4/2015 EDPL 301 (2015). 本件の紹介は，上記文献による英語の解説をもとにしている．
(97)　総務省ICTサービス安心・安全研究会報告書「インターネット上の個人情報・利用者情報等の流通への対応について」（平成27年7月）5頁以下．
(98)　富田寛之・髙橋未紗「グーグルサジェスト削除請求等事件：サジェスト機能と「忘れられる権利」」奥田・前掲『ネット社会と忘れられる権利』72頁以下．
(99)　京都地判平成26年8月7日判例時報第2264号（2015年9月）79頁以下．島崎哲朗「ヤフー検索結果削除請求事件：名誉毀損，プライバシー侵害の法的責任を問う」奥田・前掲『ネット社会と忘れられる権利』93頁以下．
(100)　森亮二「検索とプライバシー侵害・名誉毀損に関する近時の判例」法律のひろば「特集：インターネットと人権侵害」第68巻3号（2015年3月）51頁以下．
(101)　神田知宏「ネット検索が怖い」（ポプラ新書，2015年），同「グーグル検索結果削除処分命令申立事件──検索サイト管理者の検索結果の削除義務の有無など」奥田・前掲『ネット社会と忘れられる権利』111頁以下．
(102)　各文書については，次のウェブページを参照（http://blogos.com/article/109056/）．
(103)　さいたま地決平成27年12月22日判時第2282号78頁．
(104)　さいたま地決平成27年6月25日判時　第2282号83頁．
(105)　東京高決平成28年7月12日判タ第1429号112頁．
(106)　最決 平成29年1月31日（http://www.courts.go.jp/app/files/hanrei_jp/482/086482_hanrei.pdf）．
(107)　管理者は個人データを必要としない場合．
(108)　Press Release Issued by the Article 29 Working Party (Dec. 16, 2016), http://ec.europa.eu/information_society/newsroom/image/document/2016-51/press_release_12-13_december_plenary_1_40853.pdf.
(109)　Article 29 Working Party, Guidelines on the Right to Data Portability, WP 242 (Adopted on Dec. 13, 2016), http://ec.europa.eu/information_society/newsroom/image/document/2016-51/wp242_en_40852.pdf.
(110)　Id. at 5.
(111)　Id. at 8-9.

(112) *Id.* at 13-14.
(113) 山本龍彦「インターネット時代の個人情報保護：個人情報の「定義」とプロファイリングを中心に」松井茂記ほか編『自由の法理 阪本昌成先生古稀記念論文集』(2015年) 539頁以下，同「ビッグデータ社会とプロファイリング」論究ジュリスト第18号「個人情報・プライバシー保護の理論と課題」(2016年) 34頁以下ほか.
(114) *Recommendation CM/Rec (2010) 13 of the Committee of Ministers to Member States on the Protection of Individuals with regard to Automatic Processing of Personal Data in the context of Profiling*, CM/Rec (2010) 13 (Nov. 23, 2010), https://wcd.coe.int/ViewDoc.jsp?id=1710949.
(115) Ann Cavoukian, *Privacy by Design: The 7 Foundational Principles* (Jan. 2011), https://www.ipc.on.ca/wp-content/uploads/Resources/7foundationalprinciples.pdf.
(116) Privacy and Big Data Institute, http://www.ryerson.ca/pbdi/privacy-by-design/certification/ (last visited Jan. 20, 2017).
(117) Information & Privacy Commissioner, Ontario, Canada, *Privacy by Design, 7 Foundational Principles*, http://www.privacybydesign.ca/index.php/about-pbd/7-foundational-principles/ (last visited Dec. 30, 2016). 邦訳は，堀部政男・JIPDEC編・前掲『プライバシー・バイ・デザイン－プライバシー情報を守るための世界的新潮流』参照.
(118) 国勢調査判決については，藤原静雄「西ドイツ国勢調査判決における「情報の自己決定権」」一橋論叢第94巻5号 (1985年) 728-746頁参照.
(119) 32nd International Conference of Data Protection and Privacy Commissioners, Resolution on Privacy by Design (Oct. 2010), https://icdppc.org/wp-content/uploads/2015/02/32-Conference-Israel-resolution-on-Privacy-by-Design.pdf.
(120) Federal Trade Commission, *Protecting Consumer Privacy in an Era of Rapid Change: Recommendations For Businesses and Policymakers* (Mar. 26, 2012), https://www.ftc.gov/sites/default/files/documents/reports/federal-trade-commission-report-protecting-consumer-privacy-era-rapid-change-recommendations/120326privacyreport.pdf.
(121) Parliament and Council Regulation 2016/679, 2016 O.J. (L 119) 1-88 (EU).
(122) http://www.shugiin.go.jp/internet/itdb_rchome.nsf/html/rchome/Futai/naikaku28215527A5B4800A49257E4C00043F53.htm.
(123) http://www.sangiin.go.jp/japanese/gianjoho/ketsugi/189/f063_082701.pdf.
(124) Sylvia Kingsmill, *Ryerson, Deloitte partner to offer privacy certification*, http://www2.deloitte.com/ca/en/pages/risk/articles/Privacybydesign.html (last visited Sep 17, 2016).
(125) 行政手続における特定の個人を識別するための番号の利用等に関する法律 (平成25年5月31日法律第27号).
(126) 個人情報保護委員会「特定個人情報の適正な取扱いに関するガイドライン (事業者編)」(平成26年12月11日，平成28年1月1日一部改正) (http://www.ppc.go.jp/files/

pdf/160101_guideline_jigyousya.pdf），及び，同「マイナンバーについて（Q＆A）」（http://www.ppc.go.jp/legal/policy/answer/）．
(127) 法的義務がある場合，取扱者は，当該法が重要な公益を根拠に係る通知を禁止する場合を除き，取扱いに先立ち，当該法的義務を管理者に通知しなければならない．
(128) 第49条1項後段に定める移転の場合には，適切な保護措置に関する文書．
(129) 同上．
(130) Commission Recommendation 2003/361, 2003 O.J. (L 124) 36-41 (EC).
(131) 2009年改正指令の前文(61)項．
(132) Commission Regulation 611/2013, 2013 O.J. (L 173) 2-8 (EU).
(133) European Commission, *Public Consultation on the Evaluation and Review of the ePrivacy Directive, Digital Single Market, Digital Economy & Society* (Apr. 11, 2016), https://ec.europa.eu/digital-single-market/en/news/public-consultation-evaluation-and-review-eprivacy-directive.
(134) 欧州委員会提案の前文(68)項．
(135) E-Government Act of 2002, 44 U.S.C. §3501 note (2017).
(136) 新保・前掲「プライバシー保護におけるプライバシー・バイ・デザインの意図：PbD, PIA, PETsの相互関係」48頁．
(137) Homeland Security Act of 2002, 6 U.S.C. §142 (a) (4) (2017).
(138) 該当する場合には，管理者が追求する適法な利益が含まれる．
(139) データ主体及び関連する他者の権利及び適法な利益を考慮に入れ，個人データ保護を保障し，本規則の遵守を証明するための保護措置，安全対策及びその仕組みを含む．
(140) 監督機関は，管理者及び適用可能な場合は取扱者に，延長及びその理由を，協議請求を受領してから1ヶ月以内に通知しなければならない．当該期間は，監督機関が協議を行うために請求した情報を入手するまでの間，停止することができる．
(141) 特に企業グループ内の取扱いのための各責任．
(142) 責任の割当て，取扱業務に関わる職員の意識向上及び訓練，並びに関連する監査を含む．
(143) 第36条に定める事前協議及び他のあらゆる事項に関する協議が含まれる．
(144) Article 29 Working Party, *Guidelines on Data Protection Officers* ('*DPOs*'), WP243 (Adopted on Dec. 13, 2016), http://ec.europa.eu/information_society/newsroom/image/document/2016-51/wp243_en_40855.pdf.
(145) *Id.* at 7.
(146) *Id.* at 8.
(147) *Id.*
(148) *Id.*
(149) *Id.* at 9.
(150) 認証の取消権限等を定める規定．
(151) International Organization for Standardization, Conformity assessment – Requirements for bodies certifying products, processes and services, ISO/IEC

17065:2012.
(152) Parliament and Coucil Regulation 765/2008, 2008 O.J. (L 218) 30-47 (EC).
(153) 越境データ移転に関する施策，制度調査，定量分析等を網羅的に行ったものとして，経済産業省「平成27年度我が国経済社会の情報化・サービス化に係る基盤整備（越境データフローに係る制度等の調査研究）：報告書（平成28年3月）」(http://www.meti.go.jp/committee/kenkyukai/shoujo/kibanseibi_dataflow/pdf/report_01_01.pdf) 参照.
(154) ノルウェー，リヒテンシュタイン，アイスランド．
(155) Article 29 Data Protection Working Party, *Transfers of Personal Data to Third Countries : Applying Articles 25 and 26 of the EU Data Protection Directive*, WP12 (Adopted on Jul. 24, 1998), http://ec.europa.eu/justice/policies/privacy/docs/wpdocs/1998/wp12_en.pdf.
(156) 堀部政男「個人情報保護制度における国際的水準の実践面〈1〉欧州委員会〈1-1〉国際的水準の意義」消費者庁「個人情報保護制度における国際的水準に関する検討委員会・報告書」(2012年3月) 55-77頁, 67頁以下．
(157) 加盟国に対し，国家安全保障，防衛，公共の安全等の場合に，立法措置によって，データ内容に関する原則等の適用除外及び制限を設けることを認めている．
(158) データ主体から直接に情報収集されなかった場合における，当該データ主体に対する情報提供義務について，統計目的又は歴史的，科学的研究を目的とする場合等の適用除外を認めている．
(159) 人種又は民族的出自，政治的見解，宗教又は思想的信条，労働組合への加入を明らかにする個人データ，及び健康又は性生活に関するデータ．
(160) 自動処理による個人に関する決定．
(161) Personal Information Protection and Electronic Documents Act, S.C. 2000, c. 5 (Can.).
(162) Privacy Act 1988 (Cth) (Austl.).
(163) 収集制限の原則は適用される．
(164) Article 29 Data Protection Working Party, *Opinion 3/2001 on the Level of Protection of the Australian Privacy Amendment (Private Sector) Act 2000*, WP40 (Adopted on Jan. 26, 2001), http://ec.europa.eu/justice/data-protection/article-29/documentation/opinion-recommendation/files/2001/wp40_en.pdf. 詳細は，堀部・前掲「個人情報保護制度における国際的水準の実践面」69-70頁．
(165) 乗客名簿に関しては，米国とも2007年7月23日に合意が締結されている．
(166) Privacy Amendment (Enhancing Privacy Protection) Act 2012 (Cth) (Austl.).
(167) 実質的に類似する旨の認定を受ければ，連邦法であるPIPEDAに代わり州法を適用することができる (PIPEDA第26条(2)項(b)号).
(168) 2016年IAPPプライバシー・シンポジウム (https://iapp.org/conference/iapp-canada-privacy-symposium/) の議論等による．
(169) Office of the Privacy Commissioner of Canada, *Consent and Privacy* (May 11, 2016), https://www.priv.gc.ca/en/opc-actions-and-decisions/research/explore-privacy-research/2016/consent_201605/.

(170) Office of the Privacy Commissioner of Canada, *Finding a 21st Century solution to today's consent conundrum*（May 11, 2016), https://www.priv.gc.ca/media/sp-d/2016/sp-d_20160511_e.asp.
(171) 詳細は，消費者庁「国際移転における企業の個人データ保護措置調査報告書」(2010年3月)（http://www.caa.go.jp/seikatsu/kojin/H21report1a.pdf）参照．
(172) Commission Decision 2001/497, 2001 O.J. (L 181) 19-31 (EC).
(173) Commission Decision amending Decision 2001/497/EC, 2004 O.J. (L 385) 74-84 (EC).
(174) Commission Decision 2010/87, 2010 O.J. (L 39) 5-18 (EU).
(175) 標準契約条項の詳細は，武井一浩ほか「モデル契約の概要」消費者庁「国際移転における企業の個人データ保護措置調査報告書」(2010年3月) 58-91頁．
(176) Letter from Article 29 Data Protection Working Party to Dorothee Belz（Apr. 2, 2014)（on file with author), http://ec.europa.eu/justice/data-protection/article-29/documentation/other-document/files/2014/20140402_microsoft.pdf.
(177) マイクロソフト最高法務責任者ブラッド・スミス「EUとアメリカが締結したセーフハーバー協定に関するお客様へのメッセージ」(2015年10月6日)（https://www.microsoft.com/ja-jp/mscorp/legal/issues-ja20151006.aspx).
(178) European Commission, *Overview on Binding Corporate Rules*, http://ec.europa.eu/justice/data-protection/international-transfers/binding-corporate-rules/index_en.htm (last visited Dec. 30, 2016).
(179) 楽天株式会社「楽天，EUデータ保護機関より拘束的企業準則（Binding Corporate Rules）の承認を取得－日本企業では初の取得－」(2016年12月26日)（https://corp.rakuten.co.jp/news/update/2016/1226_02.html).
(180) Case C-101/01, Bodil Lindqvist, 2003 E.C.R. I-12971.
(181) Parliament and Council Regulation 182/2011, 2011 O.J. (L 55) 13-18 (EU).
(182) Parliament and Council Regulation 45/2001, 2001 O.J. (L8) 1-22 (EC).
(183) Case C-518/07, European Commission v. Federal Republic of Germany, 2010 E.C.R. I-1885. 本判決については，消費者庁「諸外国等における個人情報保護制度の監督機関に関する検討委員会・報告書（平成22年度)」(平成23年3月) 69-76頁（加藤隆之担当）参照．
(184) EDPSは，45/2001（EC）規則に基づき，EUの諸機関による個人データの取扱いを監督し（監督業務)，データ保護に影響を与える政策及び立法に関してEUの諸機関への助言を行い（協議)，継続的なデータ保護を確実にするために，第29条作業部会をはじめとする他のデータ保護機関と協力を行う（協力）組織である．
(185) Case C-614/10, European Commission v. Republic of Austria, EU:C:2012:631.
(186) 改正規定であり，2008年1月1日に施行された．
(187) 邦訳は，「基本情報シリーズ⑨　各国憲法集（3）　オーストリア憲法」(国立国会図書館調査及び立法考査局) (2012年)（http://dl.ndl.go.jp/view/download/digidepo_3487776_po_201101c.pdf?contentNo=1）によった．
(188) Case C-288/12, European Commission v. Hungary, ECLI:EU:C:2014:237.

（189） Laraine Laudati, *Summaries of EU Court Decisions relating to Data Protection 2000-2015*, Jan. 28, 2016, https://ec.europa.eu/anti-fraud/sites/antifraud/files/caselaw_2001_2015_en.pdf.
（190） EUの域内市場への参加を可能にするために，欧州経済地域（アイスランド，リヒテンシュタイン，ノルウェー）におけるEEA協定の遵守監視を行う機関（http://www.eftasurv.int/）.
（191） Letter from EFTA Surveillance Authority to Norwegian Ministry of Local Government and Modernisation（Apr. 6, 2016）（on file with author）, http://www.eftasurv.int/media/esa-docs/physical/792769.pdf.
（192） 監督機関の決定に対する不服申立を審査する機関.
（193） 小向太郎「米国FTCの消費者プライバシーに関する法執行の動向」堀部・前掲『情報通信法制の論点分析』151頁以下.
（194） Article 29 Working Party, *Guidelines for Identifying a Controller or Professor's Lead Supervisory Authority*, WP244（Adopted on Dec. 13, 2016）, http://ec.europa.eu/information_society/newsroom/image/document/2016-51/wp244_en_40857.pdf.
（195） *Id*. at 4.
（196） *Id*.
（197） Council Decision 2008/615/JHA, 2008 O.J.（L 210）1-11（EU）. 第17条は，所管機関の共同監視等を定める.
（198） 欧州委員会提案の段階における一貫性の仕組みの概要は，欧州委員会のウェブサイト（http://ec.europa.eu/justice/newsroom/data-protection/news/130206_en.htm）参照.
（199） 事務局は，必要な場合には，関連情報の翻訳を提供しなければならない.
（200） そのために，欧州委員会は，会議に対し，第三国政府との往復書簡を含め，当該第三国，領域若しくは特定分野，又は国際機関に関するすべての必要な文書を提供しなければならない.
（201） 適切な場合には，第三国又は国際機関の監督機関との人材交流を促進する.
（202） Parliament and Council Regulation 1049/200, 2001 O.J.（L 145）43-48（EC）.
（203） Parliament and Council Regulation 1215/2012, 2012 O.J.（L 351）1-32（EU）.
（204） いずれも競争規制に関わる規定であり，第101条は，競争阻害行為，第102条は，市場支配的地位を濫用する行為への規制をそれぞれ定めている.
（205） Case C-73/07, Satakunnan Markkinapörssi v. Satamedia, 2008 E.C.R. I-9831.
（206） Parliament and Council Directive 2003/98, 2003 O.J.（L 345）90-96（EC）.
（207） Parliament and Council Regulation 1338/2008, 2008 O.J.（L 354）70-81（EC）.
（208） 植月献二「リスボン条約後のコミトロジー手続：欧州委員会の実施権限の行使を統制する仕組み」外国の立法第249号（2011年9月）3頁以下.
（209） Parliament and Council Regulation 182/2011, 2011 O.J.（L 55）13-18（EU）.

第3章　欧州評議会第108号条約の見直し

第1節　第108号条約

1　欧州評議会
1.1　概要

　プライバシー・個人情報保護を論じる際，1980年 OECD プライバシー・ガイドラインは，必ずといってよいほど引き合いに出されるが，同時期に採択された欧州評議会（Council of Europe, CoE）の「個人データの自動処理に係る個人の保護のための条約」（以下「第108号条約」という．）は，特にヨーロッパ諸国の法制を見る上で重要な役割を果たしてきた．

　CoE は，ヨーロッパ統合の理想を経済・社会・文化・科学・行政の領域で達成し，人権，基本的自由を維持し，一層実現することを目的として，1949年にストラスブールで発足した国際組織である．2016年12月30日現在，欧州連合（EU）の28加盟国，旧ユーゴスラビア諸国，ロシア，ウクライナ，トルコ等を含む47ヶ国で構成されている[1]．

　日本は，加盟国ではないが，1996年11月20日，CoE のオブザーバーとなった[2]．オブザーバーは，原則として，閣僚委員会以外の会合，専門家委員会に参加することが可能であり，投票権はないが発言権を有する立場に立つ．CoE からの招待があれば，部分協定や拡大協定会合等への参加も可能である．また，各会議ホスト国からの招待があれば，それらの会合に参加することもできる．なお，日本は，招請があれば閣僚委員会（Committee of Ministers）に出席することも可能である[3]．

　CoE の主な組織には，閣僚委員会，議員会議（Parliamentary Assembly Council of Europe, PACE）[4]，欧州人権裁判所（European Court of Human

Rights)⁽⁵⁾, 欧州地方自治体会議 (Congress of Local and Regional Authorities of Europe, CLRAE)⁽⁶⁾, 人権コミッショナー (Commissioner for Human Rights), 国際NGO会議 (Conference of International Non-Governmental Organisations, INGOs), 事務総局 (Secretariat General) がある. 第13代事務総長 (Secretary General) はトルビョルン・ヤーグラン (Thorbjorn Jagland) 氏[7], 副事務総長 (Deputy Secretary General) はガブリエラ・バッターニ・ドラゴーニ (Gabriella Battaini-Dragoni) 氏である.

CoEの意思決定を担う機関は閣僚委員会である[8]. 同委員会は, 全加盟国の外務大臣で構成されるが, 普段は, ストラスブールに常駐している各国の駐在代表 (Permanent Representative) が代役を務める. 大臣の代理 (Minister's Deputy) が駐在代表を兼ねることが多い. 2016年11月から2017年5月までの議長国はキプロスであり, 半年ごとに加盟国が持ち回りで議長国を務める.

この委員会には3つの役割があり, それぞれは, ①欧州社会が直面する問題について, 各国政府が平等な立場で自国のアプローチを表明できる意見発出の場とすること, ②係る問題に対する欧州の対応をまとめる全体討議の場とすること, ③PACEとともに, CoEが立脚する価値の守り手となることである.

具体的な活動としては, 政治対話, PACEやCLRAEとのやりとり, 新加盟国の承認, 加盟国による約束の履行の監視, 条約の締結, 加盟国への勧告の採択, 予算の承認, 協力支援計画の実施, 欧州人権裁判所の判決の履行の監督がある. 下部機関として各種運営委員会や専門家会合を設置する.

欧州評議会憲章 (Statute of the Council of Europe)[9] 第15条a項は, 閣僚委員会が「条約や協定の締結を含め, 欧州評議会の目的を推進するのに必要な行動を討議するものとする.」と定めている. 条約を採択するためには, 投票した代表の3分の2の多数及び投票資格のある代表の過半数による可決が必要とされる (同憲章第20条d号)[10]. 条約の文言は, 委員会で採択されたときに最終的なものとなる.

CoEの条約のうち, 最も有名なのは, 欧州人権条約である. 欧州人権条約は, 正式名称を「人権及び基本的自由の保護のための条約」[11] という. 同条約は, 1948年12月10日に国連総会で採択された世界人権宣言 (Universal Declaration of Human Rights) を考慮に入れ, 人権及び基本的自由の維持及び一層の実現を目指している. 1950年11月4日にローマで署名に付され, 1953年9月3日に発効した. 同条約第8条1項は「私生活及び家庭生活を尊重される

権利」として,「すべての者は,その私的な家庭生活,住居,及び通信を尊重してもらう権利を持つ.」と定める.これは,プライバシー権を保障したものと解釈されている.

1.2 EUとの関係[12]

　CoEとEUは,同じ欧州の国際機関であるが,異なる組織である.しかし,両者ともに人権,民主主義,法の支配という基本的価値を共有し,相互補完的な役割を果たす関係にある.

　前記の通り,CoEは,ヨーロッパ統合の理想を実現することを目的とする組織である.CoEは,広範な領域における最低限の法的基準を合意することで,加盟国政府・非加盟国を結び付け,各国の署名した基準がうまく適用されているかを監督する.また,CoEは,加盟国による基準の適用に向けた専門的支援を行っており,その際にEUと協力することが多い.

　一方のEUは,域内を共通かつ単一のマーケットとして,人,物,サービス,資本の自由移動を理念に掲げて創設された欧州石炭鉄鋼共同体 (European Coal and Steel Community) を起源とする政治・経済共同体である.EUは,CoEと同じ価値を共有し,法的文書や合意を起草する際にはCoEの基準に立脚することが多い.さらに,EUは,28ヶ国以外の近隣諸国(その多くはCoEの加盟国であることが多い.)に対応する際,CoEの基準及びその監督業務に必ず照会をかけている.

　リスボン条約は,CoEが既に多くの経験及び知見を有する多くの領域で,EUの活動範囲を拡大させることとなった.このことにより,人身売買,児童の性的搾取及び女性への暴力などの問題に対処する場面などでの協力が強化され,また,EU自身が加入できるように,欧州人権条約や他の合意が署名のために開放されることとなった[13].

　2007年5月23日,CoEとEUは,「欧州評議会と欧州連合の間の理解に関する覚書」[14]に署名した.この覚書は,多元的民主主義,人権及び基本的自由の尊重,法の支配,政治的及び法的協力,社会的一体化及び文化的交流のような,共通の利害を有する領域において,協力を強化するための組織的枠組みを作るものである.覚書は,CoEが,欧州の民主主義,人権及び法の支配のための基準を示す役割を果たすことを確認し,また,人権及び基本的自由の領域において,EUの立法とCoEの関連条約を統一する必要性を明記している.

覚書は，EU が欧州人権条約に早期に加入することは，欧州の人権分野における統一性に大きく貢献するであろうことを強調している．

2 第108号条約
2.1 第108号条約

　CoE の閣僚委員会は，1980年9月17日，第108号条約を採択した[15]．この条約は，1981年1月28日，ストラスブールで各国の署名に付され，1985年10月1日，発効した[16]．同条約は，CoE 非加盟国であっても参加が可能であり，2016年7月26日現在，EU に加盟する28ヶ国を含む46の加盟国が同条約に批准又は加入している．ウルグアイは，CoE の非加盟国として，2012年に初めて第108号条約に加入し，条約は2013年4月10日に批准された．2012年10月23日から24日にかけてウルグアイで開催されたデータ保護・プライバシー・コミッショナー国際会議ではその加入を祝福する会が開催された．欧州評議会は，このように加入国を CoE の非加盟国にも広げ，拘束力を持つ条約によってデータ保護を図ろうとしている．他に批准した国は，モーリシャス（2016年10月1日発効），セネガル（2016年12月1日発効）がある．モロッコ，チュニジア，カーボヴェルデは閣僚委員会から第108号条約への加盟を招請されている．

　日本では，1980年 OECD プライバシー・ガイドラインが有名であり，世界的なスタンダードでもあるが，欧州では，加盟国を拘束する第108号条約が，各国の法律のもととなるという意味で大きな役割を担ってきた[17]．また，この条約は，欧州の「データ保護基本権」(fundamental right to protection of personal data) に関する最初の法的枠組みであると考えられており，EU の1995年個人データ保護指令のモデルということができる[18]．

　また，第108号条約は，OECD プライバシー・ガイドラインの約1週間前に採択されている．その関係で，OECD の「越境的なデータの障壁とプライバシー保護に関する専門家会合」(Group of Experts on Transborder Data Barriers and Privacy Protection) は，プライバシー・ガイドラインの草案を作成するに当たって，CoE と緊密な接触を保ち，2つの機関が作成する文書間に不必要な相違が生じないよう努力を払った旨を述べている[19]．

　第108号条約は，前文に続き，全7章27条から構成されている．

　　前文

第1章　総則（General provisions）
　第1条　目的（Object and purpose）
　第2条　定義（Definitions）
　第3条　適用範囲（Scope）
第2章　データ保護のための基本原則（Basic principles for data protection）
　第4条　締約国の義務（Duties of the Parties）
　第5条　データ内容（Quality of data）
　第6条　特別な種類のデータ（Special categories of data）
　第7条　データの安全保護（Data security）
　第8条　データ主体のための追加的安全保護措置
　　　　　（Additional safeguards for the data subject）
　第9条　適用除外及び制限（Exceptions and restrictions）
　第10条　制裁及び救済（Sanctions and remedies）
　第11条　保護の拡大（Extended protection）
第3章　越境データ流通（Transborder data flows）
　第12条　個人データの越境流通と国内法
　　　　　（Transborder flows of personal data and domestic law）
第4章　相互援助（Mutual assistance）
　第13条　締約国間の協力（Co-operation between Parties）
　第14条　外国に居住するデータ主体への援助
　　　　　（Assistance to data subjects resident abroad）
　第15条　指定機関が行う援助に関する安全保護措置
　　　　　（Safeguards concerning assistance rendered by designated authorities）
　第16条　援助要請の拒否（Refusal of requests for assistance）
　第17条　援助の手数料及び手続（Costs and procedures of assistance）
第5章　諮問委員会（Consultative Committee）
　第18条　委員会の構成（Composition of the committee）
　第19条　委員会の権能（Functions of the committee）
　第20条　手続（Procedure）
第6章　改正（Amendments）
　第21条　改正（Amendments）

第 7 章　最終条項（Final clauses）
　第22条　発効（Entry into force）
　第23条　非加盟国の加入（Accession by non-member States）
　第24条　地域条項（Territorial clause）
　第25条　留保（Reservations）
　第26条　廃止宣言（Denunciation）
　第27条　通知（Notifications）

2.2　追加議定書[20]

　第108号条約に関しては，2001年に「個人データの自動処理に係る個人の保護のための条約への追加議定書：監督機関と越境データ流通」[21]が採択された．追加議定書は，2001年11月8日，各国の署名に付され，2004年7月1日に発効した．この議定書は，第108号条約を締結した国であれば，CoE 非加盟国であっても参加が認められており，2016年12月30日現在，CoE 非加盟国のウルグアイ，モーリシャス及びセネガルを含む46ヶ国が同追加議定書に批准又は加入している[22]．

　その内容は，3条から構成されるが，欧州ルールに関する非常に重要な規定を含んでいる．

　第1条「監督機関」（Supervisory authorities）
　第2条「条約締結国の管轄に服さない受領者に対する個人データの国際流通」（Transborder flows of personal data to a recipient which is not subject to the jurisdiction of a Party to the Convention）
　第3条「最終条項」（Final provisions）

　これらのうち，特に第1条及び第2条が重要である．
　第1条について，監督機関とは，本条約の第2章及び第3章並びに本議定書に規定された諸原則を実施する国内法上の措置に関して，その遵守を確実にすることに責任を負う機関をいう（1項）．監督機関は，調査権限，仲裁権限及び法的手続を起こす権限，又は，国内法の規定の違反に対して管轄権を有する司法機関の注意を喚起する権限を有する（2項 a 号）．また，個人データの処理に関する苦情を受ける権限も有する（b 号）．監督機関は，完全に独立して

その職務を執行するものとされ（3項），監督機関の決定に不服がある場合は，裁判所を通じて上訴することができる（4項）．

第2条は，本条約の締約国ではない国又は機構の管轄に服する受領者への個人データの移転を行うのは，当該国又は機構が，意図したデータの移転に対して「十分なレベルの保護」(adequate level of protection) を確保している場合に限ると定めている．適用除外される場合は，国内法が，「データ主体の特定の利益」，若しくは「適法な一般的利益，特に重要な公の利益」を理由としたデータ移転を定めている場合（a項），又は，移転に責任を有する管理者が，特に契約条項の結果として生じた安全保護措置を提供し，かつ，国内法に従って権限を有する機関がその保護措置を十分であると認定した場合とされている（b項）．

独立した監督機関及び「十分なレベルの保護」基準に関する規定は，EUの1995年データ保護指令で取り入れられたものであるが，CoEも，これに足並みを揃えるべく，第108号条約に盛り込んだ．これによって，両者の制度は，欧州の個人情報保護法の中では，重要かつ基本的な地位を確立することとなった(23)．

第2節　第108号条約の現代化

1　見直し手続(24)

第108号条約もOECDプライバシー・ガイドラインと同様，採択後30年を迎えたことから，関係者から見直しの声があがるようになり，2011年1月28日のデータ保護記念日（Data Protection Day）に公聴会（public consultation）が開催されたことを皮切りに，現代化（modernisation）のための見直し論議が進められるようになった．

第108号条約の見直し手続では，新たな情報通信技術を利用することから生じるプライバシーの問題に対処するとともに，条約のフォローアップの仕組みを強化することを主な目的としている．加えて，追求すべき目的については，公聴会等においても，以下の項目で多くの意見の一致が見られた．

・原則レベルでは条約の規定を維持し，より詳細な分野別文書を勧告又は指針の方法により補完する．

・EUの法的枠組みとの一貫性及び両立性を保障する．
・技術的に中立な規定を維持する．
・条約が世界的基準となる可能性を再確認する．

　CoEの諮問委員会では，2012年10月16日，第108号条約の現代化に関する最終文書が提出され，同年11月27日から30日にかけて開催された第29回総会において，同条約の現代化の最終文書を承認する採決がなされ，閣僚委員会に提出された．その後，GDPR，刑事犯罪の予防，捜査等に関する改正指令，第108号条約の追加議定書との一貫性を維持するための見直しが進められることとなった．見直しの過程では，欧州司法裁判所によるセーフハーバー無効判決（シュレムス判決）[25]に加え，国の監視行為について，欧州人権条約第8条に違反すると判断した欧州人権裁判所の諸判決[26]が考慮されている．

　第三国にとって，欧州の個人情報保護といえばEUの制度を想起しがちであるが，前記の通り，欧州では，CoEの加盟国の方がはるかに多く，かつ，その条約は加盟国を拘束する効果を有する．欧州のデータ保護制度を見る際には，CoEが果たす役割も重要であり，欧州では，一般データ保護規則提案の検討と第108号条約の見直しが同時期に進められたことにも留意すべきである．

　諮問委員会は，第108号条約発効後に構成された委員会であり，各締約国が指名した代表者及び代理で構成される（第18条1項，2項）．同委員会は，本条約の適用を促進し又は向上させるための提案を行い，本条約の改正を提案し，本条約改正提案への公式見解を述べ，締約国の要請により本条約の適用に関する問題に意見を述べる役割を担う（第19条，第21条）．締約国ではない加盟国は，オブザーバーとして諮問委員会に出席する権利を有し，また，同委員会は全会一致の決定で，非加盟国であり条約を締結していない国に対し，所定の委員会のオブザーバーとして出席するよう要請することができる（第18条2項，3項）．

　手続に関して，諮問委員会は事務総長が招集する．会合は，本条約施行後12ヶ月以内に開催され，その後は少なくとも2年に1回，及び，加盟国代表の3分の1が招集を要請したときに開かれる．定足数は，締約国代表の過半数で満たされる．各会合の後，諮問委員会は，閣僚委員会に対し，その活動及び条約の運用に関する報告を提出しなければならない．諮問委員会は，手続規則を定めなければならない（第20条）．

　本条約の改正は，締約国，閣僚委員会又は諮問委員会が提案することができ

る(第21条1項).改正提案は,事務総長から,加盟国及び本条約に加入し又は加入を招請されたすべての非加盟国へと伝達される(同条2項).締約国又は閣僚委員会による改正提案は,諮問委員会へと伝達され,同委員会は,閣僚委員会に改正提案に関する意見書を提出する(同条3項).閣僚委員会は,改正提案及び諮問委員会から出された意見を検討し,改正を承認することができる(同条4項).4項に基づき閣僚委員会が採択した改正文書は,受諾のために加盟国へと送付される(同条5項).4項に基づき承認された改正は,全締約国が事務総長に受諾を通知してから30日後に発効する(同条6項).

　閣僚委員会は,2013年7月10日,欧州評議会憲章第17条並びに政府間委員会及び下部組織,その付託事項及び作業方法に関するCM/Res(2011)24決議[27]に基づき,データ保護に関する特別委員会(Ad hoc Committee on Data Protection, CAHDATA)を設置し,非加盟国やオブザーバー国等を含めた幅広い関係者で検討を進めることを決定した.

　その後,特別委員会は,2013年11月から2014年12月にかけて3回の会合を開催した.その間,EUやロシアの立場が示されるなどしたが,特別委員会は,2016年6月15日から16日の会合で現代化案を終局化し,採択のために閣僚委員会に送付した[28].

　解説草案のIでは,現代化の背景及びこれまでの手続が説明されており(1~5項),同草案のIIでは,前文及び各条文の解説が行われている(6~166項).現代化案の条文数は全27条であり,GDPRの全99条と比較すると3分の1にも満たないが,解説草案の説明は,全般的にGDPRに倣ったものとなっている[29].

2　現代化案[30]
2.1　全体構成
　現代化案の目次は以下の通りである.下線は主な改正部分である.

前文
第1章　総則(General provisions)
　第1条　目的(Object and purpose)
　第2条　定義(Definitions)
　第3条　適用範囲(Scope)

第 2 章　個人データ保護のための基本原則（Basic principles for the protection of personal data）
　第 4 条　締約国の義務（Duties of the Parties）
　第 5 条　データの取扱いの適法性及びデータ内容
　　　　　（Legitimacy of data processing and quality of data）[31]
　第 6 条　特別な種類のデータ（Special categories of data）
　第 7 条　データの安全保護（Data security）
　第 7 条の 2　取扱いの透明性（Transparency of processing）
　第 8 条　データ主体の権利（Rights of the data subject）
　第 8 条の 2　追加的義務（Additional obligations）
　第 9 条　適用除外及び制限（Exceptions and restrictions）
　第10条　制裁及び救済（Sanctions and remedies）
　第11条　保護の拡大（Extended protection）
第 3 章　個人データの越境流通（Transborder flows of personal data）
　第12条　個人データの越境流通（Transborder flows of personal data）
第 3 章の 2　監督機関（Supervisory authorities）
　第12条の 2　監督機関（Supervisory authorities）
第 4 章　相互援助（Mutual assistance）
　第13条　締約国間の協力（Co-operation between Parties）
　第14条　データ主体への援助
　　　　　（Assistance to data subjects）
　第15条　指定監督機関が行う援助に関する保護措置
　　　　　（Safeguards concerning assistance rendered by designated supervisory authorities）
　第16条　援助要請の拒否（Refusal of requests for assistance）
　第17条　援助の手数料及び手続（Costs and procedures of assistance）
第 5 章　条約委員会（Convention Committee）
　第18条　委員会の構成（Composition of the committee）
　第19条　委員会の権能（Functions of the committee）
　第20条　手続（Procedure）
第 6 章　改正（Amendments）
　第21条　改正（Amendments）

第7章　最終条項（Final clauses）
　第22条　発効（Entry into force）
　第23条　非加盟国及び国際機関の加入
　　　　　（Accession by non-member States and international organisations）
　第24条　地域条項（Territorial clause）
　第25条　留保（Reservations）
　第26条　廃止宣言（Denunciation）
　第27条　通知（Notifications）

　現代化案は，現行の第108号条約（以下，「第108号条約」というときには，1980年の現行条約のことをいう．）の大部分に修正を加えているが，重要なのは，第2章の「個人データ保護のための基本原則」，第3章の「個人データの越境流通」を修正した箇所である．
　第2章との関係では，データの取扱いに関する透明性及び均衡性（第5条4項a～b号），データ侵害の通知義務（第7条2項），取扱いの透明性（第7条の2），自動処理のみに基づき重大な決定に服さない権利，個人データの取扱いへの異議申立権のようなデータ主体の権利（第8条），プライバシー・バイ・デザイン（PbD）に相当する規定（第8条の2）などが設けられた．
　第3章は，2001年の追加議定書を採用した修正案であり，監督機関を定めた第3章の2とともに，欧州ルールの特徴を表す章である．越境データ流通は，OECDの改正プライバシー・ガイドラインやEUの一般データ保護規則提案との関係でも最重要のテーマである．
　その他，EU及び他の国際機関の加入に関する規定が設けられたほか，定義や範囲等にも修正が加えられた．
　条文数については，監督機関の章が追加されたことに加え，3ヶ所に枝番が付された（第7条．第8条．第12条）．

2.2　前文

　前文の定めは次の通りである．

「本条約の署名国である欧州評議会の加盟国は，
　欧州評議会の目的が，特に法の支配の尊重並びに人権及び基本的自由の尊

重を基礎として，加盟国間のより大きな統合を達成することにあることを考慮し，

　すべての個人に関する人間の尊厳並びに人権及び基本的自由を保護し，また，データの取扱い及び個人データ流通が多様化，激化及びグローバル化したことに鑑み，自己の個人データ及び当該データの取扱いをコントロールする個人の権利に基づくその自律性を保護することが必要であることを考慮し，

　社会における役割との関連で，個人データ保護の権利を考慮すべきこと，並びに，表現の自由を含む他の人権及び基本的自由と調和すべきであることを想起し，

　本条約が，そこに定められた規律を実施する中で，公文書へのアクセス権の原則への配慮を認めていることを考慮し，

　プライバシー及び個人データ保護を尊重することの基本的価値をグローバルレベルで促進させ，それにより，人々の間での自由な情報流通に貢献することの必要性を認識し，

　条約の締約国間での国際協力を強化させる利益を認識し，

　次の通り協定した.」

　解説草案は上記の前文を確認する内容であるが，特に，次の点を付記している（8～12項）.

　データ保護の権利は，欧州人権条約第10条の「表現の自由」と並び考慮されるべきであり，この自由には，意見を有し，情報を受領し伝達することが含まれる.

　情報通信社会における個人データの流通は，個人の基本的権利及び自由を尊重しなければならず，革新的技術の開発及び利用もまた，これらの権利を尊重すべきである．そのことは，イノベーション及び新技術並びにそれらのさらなる発展における信頼の醸成に寄与する．

　監督機関間の国際協力が個人の効果的保護のための鍵となる．条約は，特に，両当事国に相互支援を求め，調査及び執行のための協力枠組み及び情報交換を行うための適切な法的根拠を提供することにより，係る協力の強化を目指している．

2.3 第1章「総則」
2.3.1 目的（第1条）
「本条約は，その国籍又は居住地のいかんを問わず，個人データの取扱いに関するすべての個人を保護すること，それに伴い，彼らの人権及び基本的自由，そしてとりわけプライバシー権への尊重に寄与することを目的とする.」

　第108号条約は，個人データの自動処理を対象としていたが，今回の現代化案では，すべての個人データの取扱いへと拡大されている．

　解説草案によると，データ保護は，EU基本権憲章第8条の基本的権利に含まれている．条約の定める保障は，国籍や居住地にかかわらず，すべての個人に拡大される．市民と第三国国民との間に差別を設けることは許されず，データ保護を自国民又は適法に居住する外国人に制限する条項は，本条約と両立しない（13〜14項）．

2.3.2 定義（第2条）
「本条約の目的において，
　a．「個人データ」（personal data）とは，識別された又は識別され得る個人（「データ主体」）に関するあらゆる情報をいう．
　b．「データの取扱い」（data processing）とは，個人データに対して行われるあらゆる作業又は作業群であって，例えば，当該データの収集，蓄積，保存，変更，検索，開示，利用の提供，消去若しくは破棄，又は，当該データに対する論理的及び／若しくは数理的操作の実施をいう．
　c．自動処理がなされない場合，データの取扱いは，特定の基準に基づきアクセス又は検索可能な，当該データの構造化した集合（structured set）の中で個人データに実施される作業又は一群の作業をいう．
　d．「管理者」（controller）は，自然人又は法人，官公庁（public authority），官庁の部局（service），機関又は他のあらゆる団体であって，単独又は他者と共同で，データの取扱いに関する決定権を有する者をいう．
　e．「受領者」（recipient）とは，自然人又は法人，官公庁，官庁の部局，機関又は他のあらゆる団体であって，データの開示を受け又は利用することができる者をいう．
　f．「取扱者」（processor）とは，自然人又は法人，官公庁，官庁の部局，

機関又は他のあらゆる団体であって，管理者に代わって個人データを取り扱う者をいう．」

解説草案では，主に次のような説明が加えられている（16〜23項）．

個人の識別に不当な時間，努力又はリソースを必要とする場合，個人は「識別可能」とはみなされない．例えば，データ主体の識別が，過度に複雑で，長期かつ費用のかかる作業を必要とする場合に該当する．「不当な時間，努力又はリソース」を構成するものは事案ごとに評価され，取扱目的や，客観的基準としての識別にかかる費用及び識別の利点，管理者の種類，利用される技術等を考慮に入れることができる．「不当な時間，努力又はリソース」を構成する技術その他の発展は変化し得る（16項）．

「識別可能」は，個人の識別性のみならず，他者から 1 人を「個別化」（individualise）又は選別（single out）（それにより異なる扱いを認める）ものも意味する．「個別化」は，その人物特有の，又は，装置若しくは装置の組み合わせ（コンピュータ，携帯電話，カメラ，ゲーム装置等）であって，識別番号，仮名，生体若しくは遺伝データ，位置データ，IP アドレス等の識別子を参照することによって行うことができる．仮名又はデジタル識別子を用いても識別又は個別化は可能であるため，データは匿名化されない．仮名データは個人データとみなされる．仮名化技術の質は，データ主体へのリスクを軽減するために実施される安全保護を評価する際に十分考慮すべきである（17項）．

データは，取扱時に利用可能な技術及び技術開発を考慮に入れ，データ主体の識別が不可能か，又は，再識別に不当な時間，努力又はリソースを要する場合に限り，匿名とみなされる．明らかな識別要素を何ら伴わないとしても，特定の場合には（不当な時間，努力又はリソースを要さずに）識別可能である．例えば，物理的，生理的，遺伝的，経済的，社会的データ（年齢，性別，職業，地理的位置，家族状態等）などの組み合わせを通じて，管理者又は他の者が個人を識別できる場合である（18項）．

データが匿名化される場合には，データ主体の再識別を避けるために適切な措置を講じなければならない．急速な技術開発に照らして，定期的に再評価されるべきである（19項）．

「管理者」は事案ごとに判断され，複数の管理者又は共同管理者が存在する場合がある．管理者の該当性は，取扱いの正当化理由，すなわち取扱いの目的

及びその利用手段を決定するか否かを特に考慮に入れる．他には，個人又は団体が取扱方法を管理するか否か，取り扱うデータの選択及び誰がアクセスを許可されるかという点が評価要因となる．管理者に代わって取扱いを行う者は，管理者の指示に完全に従う場合に取扱者とみなされる．その場合でも，管理者は取扱いに責任を負う（21項）．

「受領者」は，管理者又は取扱者のいずれでもよい．受領者は公的機関又は公的機能を行使できる主体であっても良いが，係る受領者が法に基づく特定の枠内で取り扱う場合，その公的機関等を受領者とみなしてはならない．公的機関からの開示請求は，理由付き文書で時折実施されるものとし，ファイリングシステム全体に関係するものや，又は，係るシステムを相互接続させるものであってはならない（22項）．

2.3.3 適用範囲（第3条）

「1　各締約国は，公的及び民間部門がその管轄に服するデータの取扱いに本条約を適用する責任を負い，それにより，すべての個人に関する自己の個人データ保護の権利を守る．
　1項の2　本条約は，個人が純粋な個人的又は家庭内の活動をするために実施するデータの取扱いには適用されないものとする．」

解説草案では，主に次のような説明が加えられている（24～29項）．

公的部門によるデータの取扱いは，締約国の直轄下で行われるもの，民間部門における取扱いは，締約国の領土との十分な関係を有する場合に，締約国の管轄内に含まれる．係る関係性は，管理者が当該締約国の領土内に設立された場合や，データの取扱いが当該領土内で行われ，若しくは，当該領域内で行われるデータ主体の行動監視に関係する場合，又は，取扱いが当該領土内に位置するデータ主体へのサービス又は商品の提供に関係する場合に認められる（24項）．

1項の2は，私的な活動に対する不当な義務負担を回避することを目的とする．個人的又は家庭内の活動は，個人の私生活に密接かつ客観的に関連し，他者の個人的領域に重大な影響を及ぼさない活動をいう．家族又は個人の写真をコンピュータに保存すること，友人及び家族の連絡先リストを作成すること等が該当する．個人的領域は，家族，限定的な友人の集団，個人的又は特定の信

頼関係に基づく限定規模の集団を含む (26項).

「純粋な個人的又は家庭内の活動」は状況に依存し，インターネット上の公開ウェブサイトなどは該当しない．人のビデオ記録については，私的な目的であっても，部分的にでさえ公的空間を対象とし，当該人物の個人的環境から外に向けられたときには，該当しない (27項).

締約国は，国内法により，法人や死者に保護範囲を拡張することができる (29項).

2.4　第2章「個人データ保護のための基本原則」
2.4.1　締約国の義務 (第4条)
「1　各締約国は，その法の中で，本条約に定めた規定を発効させ，かつ，その効果的な適用を確実にするために必要な措置を講じるものとする．

2　本条約の批准又は加入までに，各締約国はこれらの措置を講じ，かつ発効させるものとする．

3　各締約国は，次に掲げる事項を保障する．
　　a．第5章に定める条約委員会が，本条約の規定に効果を与えるために，その法において講じた措置の効果を評価できるようにする．また，
　　b．この評価手続に積極的に寄与する．」

解説草案では，主に次のような説明が加えられている (30～37項).

「締約国の法」は，特定の国の法制度及び憲法制度に従い，制定法又は判例法を問わず，すべての執行可能な法を表す．アクセシビリティ及び予見可能性の質的要件を満たさなければならない (31項). 係る法は，行動規範又は職業倫理規範等の自主規制措置で強化されるかもしれないが，条約の完全な遵守には不十分である (32項). 条約実施措置の効果的適用は極めて重要であり，監督機関の役割及びデータ主体の救済は，条約の効果的実施を全体的に評価する際に考慮されるべきである (34項).

2.4.2　データの取扱いの適法性及びデータ内容 (第5条)
「1　データの取扱いは，追求される適法な目的との関連で均衡が取れており，かつ，取扱いの全段階で，公的又は私的利益のいかんを問わず，関係するすべての利益と問題となる権利や自由との間の公平なバランスを反映させなけ

ればならない.
2 各締約国は,自由で,特定の,情報を与えられた,かつ,曖昧さのないデータ主体の同意,又は,法が定める何らかの他の適法な根拠に基づき,データの取扱いを実施できる旨を定めるものとする.
3 取り扱われる個人データは,適法に取り扱われなければならない.
4 取り扱われる個人データは,次を満たさなければならない.
 a.公正かつ透明性ある態様で取り扱われる.
 b.明確で,特定かつ適法な目的のために収集され,それらの目的と合致しない方法では取り扱われない.公益目的,科学的若しくは歴史的研究目的又は統計目的を達成するためのさらなる取扱いは,それらの目的に矛盾しないよう,適切な保護措置に服する.
 c.取り扱われる目的との関係で,十分で,関連性があり,過度ではない.
 d.正確であり,かつ,必要な場合には,最新なものに保たれる.
 e.当該データが取り扱われる目的のために必要とされる期間より長く,データ主体を識別できる形では保存されない.」

 解説草案では,主に次のような説明が加えられている(38~52項).
 1項の均衡性の原則は,取扱いの最初の段階,すなわち,取り扱うか否かを決める時を含め,全段階で尊重されるべきである(38項).1項から4項は累積的であり,データの取扱いの適法性を保障するために尊重されなければならない(39項).
 データ主体の同意は,表明(電子的手段を含む文書,若しくは口頭で行うことができる)又は明示的な積極的行動による,意図的な選択の自由な表明でなければならず,特定の文脈で提案された個人データの取扱いを受諾することを明確に示すものでなければならない.単なる沈黙,無為又は事前に組み込まれた書式又はボックスは,同意を構成しない.同意は,同じ目的の取扱いをすべて対象とすべきであるが,複数の目的がある場合や,目的が同じでもデータの性質が異なる場合には,異なる同意があり得る.データ主体は,同意の対象事実や同意の範囲等,自己の決定が意味するところの通知を受けなければならない.直接間接の不当な影響又は圧力(経済的又は他の性質があり得る)がある場合は,同意は自由に与えられたとみなすべきではない(40項).
 科学研究の文脈では,データ収集時に取扱目的を完全に特定できないことが

多いため，データ主体は，承認された倫理基準に沿って，一定の科学研究分野への同意を与えられるようにすべきである（41項）．

データ主体は，いつでも同意を撤回する権利を有し，その場合，他の適法な根拠がない限り，その後の取扱いは許されない（43項）．

2項の「適法な根拠」は，データ主体が当事者である契約の履行又はデータ主体が要請した契約締結前の措置を実施するため，データ主体又は他者の重大な利益を保護するため，管理者が服する法的義務を遵守するために必要なデータの取扱い，及び，公益に基づくデータの取扱い，又は管理者若しくは第三者の優越する適法な利益のための取扱いを含む（44項）．

公益のための取扱いは法に定めるべきであり，予算及び税務事項，公衆衛生及び社会保障，犯罪の予防，捜査及び訴追，刑事罰の執行，国家安全保障，司法権の独立及び司法手続の保護，人道目的等が含まれる（45項）．

3項及び4項について，特定された「目的」は，不明確，不正確又は曖昧な目的のためのデータの取扱いを許さないことを意味する（46項）．

合致する利用という概念は，取扱いの透明性，法的確実性，予見可能性又は公正性を妨げてはならない．管理者は，当初の収集目的とさらなる取扱目的の適合性を確実にするため，管理者は，目的相互の関連性，個人データの収集状況，追加的利用に関するデータ主体の合理的期待，個人データの性質，追加的取扱いがデータ主体に与える結果，適切な保護措置の存在を考慮すべきである（47項）．

4項b号に定める，公益目的，科学的若しくは歴史的研究目的又は統計目的によるさらなる取扱いは，匿名化又は仮名化等の保護措置が存在し，かつ，特定の個人に関する決定又は措置のために取得された情報を原則的に利用させない場合には，予め適合性があると考えられる．「統計目的」とは，統計調査の詳述又は統計的な集計結果を生成することを示す．統計は，対象人口における大量又は集合的現象を分析及び特徴付けることを目的としている．「科学的研究目的」は，様々な学問分野（疫学，心理学，経済学，社会学，言語学，政治学，犯罪学等）における現象の理解に資する情報を研究者に提供し，永続的諸原則等を確立することを目的としている．「歴史的研究目的」には系図学研究が含まれる．「公益におけるアーカイブ目的」には，公益に関する場合に民間事業者から生じるアーカイブも含めることができる（48項）．

4項c号の「過度ではない」は，取扱いを目的に必要なものに限定すべきこ

とを要求する．個人データを含まない情報の取扱いでは目的を合理的に達成できない場合に限る．この要件は，個人データの量のみならず質にも関係している．個人データに十分性及び関連性があっても，基本的権利及び自由に不当な干渉を伴う場合は，過度であるとみなされる（50項）．同項e号は，取扱目的達成時にデータを消去するか，データ主体を識別しない方法でのみ保持すべきことを意味する（51項）．

2.4.3 特別な種類のデータ（第6条）

「1 遺伝データ，犯罪・刑事手続及び有罪判決及び関連する保安上の措置に関わる個人データ，個人を一意に識別する生体データ，人種又は民族的出自，政治的意見，労働組合の加入，宗教又は他の信条，健康又は性生活に関して明らかにする情報のための個人データの取扱いは，適切な保護措置が，本条約の保護措置を補完する法に定められている場合に限り，認められるものとする．

2 当該保護措置は，当該機微データの取扱いが，データ主体の利益，権利及び基本的自由にもたらすかもしれないリスク，とりわけ差別のリスク，を防止しなければならない．」

解説草案の説明は次の通りである（53～59項）．

特別な種類のデータの取扱いによる侵害は，個人の尊厳や身体的完全性への差別や苦痛を与える可能性がある場合，データ主体の性生活など，最も親密な領域が影響を受ける場合，データの取扱いが無罪推定に影響する場合に生じる（53項）．

適切な保護措置は，データ主体の明示的同意，取扱目的及び取扱手段を規律する法又は当該データの取扱いを許容する例外を定める法，職業上の守秘義務，リスク分析による措置，組織的又は技術的保護措置（暗号化等）がある（54項）．

特別な種類のデータは，データ主体に特別のリスクを伴う可能性がある．例えば遺伝データは，個人が残すものであり，その人物及び第三者の健康又は親子関係を明らかにし得る．遺伝データは個人の遺伝的特性に関する全データであり，出生前に継承又は取得されたものである．そのデータは当該個人の生体試料の分析結果（染色体，DNA又はRNA分析等）から生成される．刑事犯罪や有罪判決，関連する保護措置（自由の剥奪など）等に関するデータの取扱い

も同様のリスクをもたらす（55項）．生体データ，すなわち，個人に固有の識別又は認証を可能にする，個人の身体的，生物学的又は生理学的特性に関するデータに関する特定の技術的処理の結果として生じるデータの取扱いもまた，データ主体を一意に識別するため，機微であるとみなされる（56項）．

画像処理は，一般的には機微データの処理と関係しないが，個人に固有の識別又は認証を可能にする特定の技術的手段を通じて処理される場合には，生体データの定義に含まれる．画像処理が人種，民族，又は健康情報を明らかにしようとする場合には，機密データの取扱いとみなされる．買物エリア内での安全保護目的でビデオ画像を処理する場合には，一般に機微データの処理とはみなされない（57項）．

氏の処理は個人へのリスクを有さない場合が多いものの（給与支払い等），氏の言語的起源に基づき個人の民族的出自又は宗教的信念を明らかにする目的の場合には機微データを含む．健康関連情報には，個人の過去，現在，未来の，身体的又は精神的健康に関する情報が含まれる．厚い眼鏡，骨折した脚，焼けた肌，その他視覚的な健康要素を有する人の画像を処理する場合には，その処理が写真から抽出できる健康情報に基づく場合にのみ，機密データの取扱いと考えられる（58項）．

統計目的による機微データの取扱いについて，データ主体を識別できない方法で収集すべきである．識別データを持たない機密データの収集は，第6条の保護措置である．統計目的で機密データを識別可能な形式で収集するための適法な必要性がある場合（反復又は長期の調査実施など），適切な防護措置を講じるべきである（59項）．

2.4.4 データの安全保護（第7条）

「1　各締約国は，管理者及び適切な場合には取扱者が，個人データの偶発的又は無権限のアクセス，破壊，紛失，利用，改変又は拡散などのリスクに対して，適切な安全保護措置を講じるよう定めるものとする．

2　各締約国は，管理者において，少なくとも，本条約第12条の2の意味するところの所管の監督機関に対し，データ主体の権利及び基本的自由に重大な影響を及ぼし得るデータ侵害を遅滞なく通知しなければならない旨を定めるものとする．」

解説草案では，主に次のような説明が加えられている（60～64項）．

管理者は，安全保護措置を講じる際に，個人への潜在的な悪影響，個人データの性質及び量，技術的構成の脆弱性の程度，アクセス制限の必要性，長期保存要件などを考慮に入れるべきである（60項）．安全保護措置は，データの安全保護手法及び技術の最新状況を考慮すべきであり，その費用は潜在的リスクの深刻さ及び確率と均衡を取るべきである．安全保護措置は見直され，必要に応じて更新すべきである（61項）．

2項については，例えば，職業上の守秘義務の対象となるデータの開示，財政，名誉，物理的な侵害又は屈辱をもたらす可能性のあるデータの開示が「重大な」侵害とみなされ得る（62項）．データ侵害が発生した場合の監督機関への通知義務は最低要件であるが，また，管理者は，侵害及びその潜在的結果に対処するための措置を監督機関に通知すべきである（63項）．

監督機関への通知は，他の補完的通知を排除するものではない．管理者は，データ侵害が，差別，なりすまし，財産的損失，名誉毀損，職業上の守秘義務によって保護されるデータの機微性喪失等，個人の権利及び自由への重大なリスクをもたらす可能性が高い場合には，データ主体への通知の必要性を認識するであろう．管理者がデータ主体への通知を自主的に行わない場合，監督機関は，侵害の悪影響の可能性を考慮し，管理者に対して連絡を要求できるべきである．コンピュータシステムの安全性を担当する他の関係機関への通知も望ましい（64項）．

2.4.5 取扱いの透明性（第7条の2）

「1　各締約国は，管理者に対し，データ主体に次の事項を通知するよう定めなければならない：
　　a．管理者の身元及び現住所又は事業所；
　　b．意図する取扱いの法的根拠及び目的；
　　c．取り扱われる個人データの種類；
　　d．もしあれば，個人データの受領者又は受領者の種類；及び，
　　e．第8条に定める権利を行使する方法；
　　　並びに，個人データの公正かつ透明な取扱いを保障するために必要なあらゆる追加情報．
　1の2　1項は，データ主体が関連情報を既に有している場合は適用されな

い．
　2　取扱いが明示的に法に定められ，又は，当該情報提供が不可能であると証明され若しくは過度の努力を伴う場合には，個人データがデータ主体から収集されなくてもなお，管理者は当該情報の提供を義務づけられないものとする．」

　第7条の2は新設規定である．
　解説草案では，主に次のような説明が加えられている（65〜68項）．
　透明性は，公正な取扱い，及び，データ主体が自己の権利を理解して行使することを目的とする（65項）．
　必須情報は，直接又は間接（第三者を通じて）に収集する際に，積極的方法によりデータ主体に提供されなければならない．1項の情報は，データ主体に公正かつ効果的に示される限りにおいて，あらゆる形式（ウェブサイトや個人のデバイスの技術的ツール）で提供することができる．情報は，容易にアクセスでき，判読及び理解可能であり，当該データ主体に適したもの（必要に応じて児童に優しい言語等）であるべきである．保存期間，データの取扱いの基礎にある論理的知識，又は，他国の受領者へのデータ移転に関する情報（適切な保護レベルを含む）等の追加情報も提供すべきである（66項）．
　2項は，間接収集の取扱いが明示的に法定されているか，又は，データ主体を直接に識別できないか若しくは管理者がデータ主体に連絡を取る方法がないために，不可能又は過度な努力を伴うことを理由とする．こうした不可能性は，法的性質（犯罪捜査など）又は実務的性質（管理者が写真のみを処理しておりデータ主体の氏名及び連絡先を知らない場合）のいずれもあり得る（67項）．
　データ管理者は，まとめて（ウェブサイト又は公の通知を通じて）又は個別に，利用可能な，合理的かつ手頃な方法を用いてデータ主体に連絡を取ることができる．取扱い開始時の連絡が不可能な場合には，管理者がデータ主体に新たな理由で連絡を取る際など，後の段階で行うことができる（68項）．

2.4.6　データ主体の権利（第8条）

「1　すべての個人も，次に掲げる権利を付与される．
　　a．自己の見解が考慮されないままに，データの自動処理のみに基づき，その者に著しい影響を与える決定に服さない．

b．合理的な間隔で，かつ，過度の遅滞又は費用を伴うことなく，請求により，自己人物に関連する個人データの取扱いの確認，取り扱われるデータに関するわかりやすい形式での通知，データの出所や保存期間についての入手可能な全情報，及び，第7条の2の1項に基づき管理者が取扱いの透明性を保障するために提供を義務づけられる他のあらゆる情報を得る．

c．請求に基づき，当該取扱いの結果が自己に適用された場合，データの取扱いの根拠となる論理に関する知識を得る．

d．自己の利益又は権利及び基本的自由に優越する，取扱いのための適法な根拠を管理者が証明した場合を除き，自己の状況に関連する根拠に基づき，いつでも自己に関する個人データの取扱いに対して異議を述べる．

e．当該データが本条約の規定に違反して取り扱われており又は取り扱われてきたとき，場合によっては，請求に基づき，無料でかつ過度に遅滞することなく，当該データの訂正又は消去を得る．

f．本条約に基づく自己の権利が侵害されたときに，第10条に基づく救済を得る．

g．国籍又は居住地にかかわらず，本条約の定める権利を行使する際に，第12条の2の意味するところの監督機関の支援による利益を得る．

2　管理者が服する法によって決定が許可された場合であって，その法がデータ主体の権利及び自由並びに適法な利益を保護するための適切な措置を定めている場合は，1項a号は適用されない.」

解説草案では，主に次のような説明が加えられている（69～81項）．

第8条の権利は，他の権利及び適法な利益と調和させる必要があるかもしれない．他の権利利益は，第9条の要件に従って限定することができる．例えば，個人データの消去権について，取扱いを義務づける法的義務を遵守するため，又は，公益において実施する業務の遂行若しくは管理者に付与された公的権限を行使するために取扱いが必要な範囲で，制限することができる（71項）．

条約は，データ主体の権利行使の相手を特定していないが，ほとんどの場合は管理者又は取扱者である．例外的に監督機関の仲介を伴う．健康データに関する権利は，直接のアクセス以外の方法，例えば，データ主体の利益になる場合は，医療専門職の支援を得て権利を行使することができる（72項）．

1項a号について，個人が自己の見解を述べることにより自動的決定を争う

権利は必須である．特に，データ主体は，利用前の個人データが不正確である可能性，自己の特定の状況に適用されるプロフィールの無関係さ，又は，自動的決定の結果に影響を及ぼす他の要因を立証する機会を有するべきである．特に，個人が，アルゴリズム論理を適用することで権利を制限され若しくは社会的利益を拒否される場合，又は，個人の信用能力がソフトウェアのみによって評価される場合に，個人は汚名を着せられる（73項）．

1項b号の権利は，原則として無料で行使できるべきである．管理者は，請求が過剰な場合には，データ主体の権利行使を妨げない範囲で合理的な手数料を請求することができる．管理者又は取扱者は，特に繰り返されることを理由に，明らかに根拠がないか又は過剰な請求を拒否することもできる．拒否を正当化するのは管理者である．「分かりやすい形式で」での連絡は，標準化されたデジタル通信の形式のみならず，コンテンツにも適用される（74項）．

1項c号について，取扱いの根拠となる理由には，特に，プロファイリングを含む自動的決定のためのアルゴリズムの利用を伴う場合に，結論を導いた当該論理の結果を含む．クレジット評価の場合，データ主体は，決定自体に関する単純な情報ではなく，データ処理を支える論理，その結果としての諾否の決定を知る権利を付与されるべきである．これらの要素を理解することは，異議申立権や所管機関への苦情申立権のような，他の本質的な保護措置の効果的行使に寄与する（75項）．

1項d号について，例えば，法的請求の確立，行使若しくは防御，又は，公共の安全を理由とする場合は，取扱いの継続を正当化する適法な優越的根拠とみなされ得る．これは，事案ごとに証明されなければならず，適法な根拠の証明に失敗すると，取扱いの追求は違法とみなされ得る．同項e号について，異議申立権は，訂正又は消去権とは異なる方法で運用される（76項）．

マーケティング目的のためのデータの取扱いへの異議があった場合には，異論対象の個人データを無条件で消去又は除去すべきである（77項）．

異議申立権は，刑事犯罪の捜査又は訴追の目的等の場合に，法によって制限され得る．データ主体は，取扱いの根拠となる適法性を争うことができる．データ主体は，取扱いが同意に基づいている場合，異議申立権の代わりに同意撤回権を行使することができる．データ主体は，同意を撤回した場合，管理者への補償義務等，他の法的文書から生じ得る結果を想定する必要がある．取扱いが契約に基づく場合，データ主体は契約を取り消すために必要な手順を取るこ

とができる(78項).

同項 e 号に基づき訂正又は消去がなされた場合には不可能又は不当な努力を伴うことが証明された場合を除き,元の情報の受領者の注意を引くべきである(79項).

同項 g 号は,データ主体の効果的保護の保障を目指している.データ主体が別の締約国の領域内に居住する場合には,当該締約国の指定機関を仲介して請求を出すことができる.支援要請には,問題の取扱いを特定するための十分な情報を含むべきである(80項).

2.4.7 追加的義務(第8条の2)

「1 各締約国は,管理者又は適切な場合には取扱者において,本条約の義務を遵守し,また,特に第12条の2に定める所管の監督機関に対して,自己の管理下にあるデータの取扱いが本条約の規定を遵守していると証明できるようにするため,すべての適切な措置を講じる旨を定めるものとする.

2 各締約国は,管理者又は適切な場合は取扱者において,当該取扱いの開始に先立ち,意図したデータの取扱いがデータ主体の権利及び基本的自由に与える潜在的影響を評価し,かつ,それらの権利及び基本的自由を妨げるリスクを防止し又は最小化する方法によるデータの取扱いを設計する旨を定めるものとする.

3 各締約国は,管理者又は適切な場合は取扱者において,データの取扱いのすべての段階で,個人データ保護の権利の実施を考慮に入れた,技術的及び組織的措置を実施することを定めるものとする.

4 各締約国は,データ主体の利益,権利及び基本的自由にもたらすリスクを考慮に入れ,データの性質及び量,取扱いの範囲及び目的,並びに,適切な場合には,管理者又は取扱者の規模に従い,本条約の規定に効果を与える法において,1項から3項の規定の適用を採択する.」

本条はプライバシー・バイ・デザイン(PbD)の考え方を取り入れた新設規定である.2項はプライバシー影響評価(PIA)に相当する規定であると考えられる.

解説草案では,主に次のような説明が加えられている(82〜87項).

1項の適切な措置には，従業員の監督，適切な通知手順の設定（データの消去時期等），取扱いが委任されている場合における契約条項の策定，遵守の確認と立証を可能にするための内部手続の設定などがある（83項）．

遵守の確認と立証を促進するために管理者が講じることのできる措置は，「データ保護責任者」の指定である．データ保護責任者は，管理者の内外で選任できる（84項）．

2項は，取扱いに先立ち，データ主体の権利及び基本的自由への潜在的影響を検討しなければならないことを明確にしている．この検討は過剰な形式を伴わずに行うことができる．予定する取扱いの包括的概要に基づき，均衡の原則を尊重する必要がある．取扱者も関与する場合，管理者はリスクを検証しなければならない場合もある．セキュリティ専門家又は設計者を含むITシステム開発者は，ユーザー及び法律専門家と協力し，リスク検証を支援することができる（85項）．

3項は，管理者及び取扱者に対し，データ保護要件が可能な限り早期に－つまり，理想的には構成及びシステム設計の段階で－技術的及び組織的措置を通じて，データ取扱業務に統合されるよう保障すべきと定めている（データ保護・バイ・デザイン）．このデータ保護要件は，取扱いのために用いる技術に限らず，関連する業務及び管理プロセスについても実施すべきである．適用法の遵守を促進するための，使いやすい機能を設ける必要がある．例えば，データ主体に，自己のデータへの安全なオンラインアクセスを提供すべきである．また，データ主体は，自らが選択した他のプロバイダに自己のデータを持ち込むか，又は，データを自ら維持するための使いやすい手段を持つべきである（データ・ポータビリティ・ツール）．初期設定のための技術的要件を設定する際，管理者及び取扱者は，アプリケーション及びソフトウェアの用法がデータ主体の権利を侵害しないよう（データ保護・バイ・デフォルト），特に適法な目的を達成するために必要なものを超えてデータを取り扱わないようにするために，プライバシーに優しい標準構成を選択する必要がある．ソーシャルネットワークは，インターネット全体ではなく，選択した制限的集団とのみ投稿又は画像を共有できるよう，初期設定すべきである（86項）．

4項について，1項から3項の追加的義務の適用は，データの性質及び量，取扱いの性質，範囲及び目的，場合によっては取扱事業者の規模を考慮して行われるべきである．例えば，中小零細事業者において，営利活動の枠組内で顧

客から受領した機密性のない個人データのみを取り扱い，他の目的のために再利用をしない場合には，過度な費用をかけないように，義務を適合させることができる．データ主体に何らのリスクを伴わない取扱いなどは，追加的義務の一部を免除されることすらある（87項）．

2.4.8 適用除外及び制限（第9条）

「1　第5条4項，第7条2項，第7条の2及び第8条1項の規定を除き，本章に定められた規定へのいかなる適用除外も認められない．係る例外は法により定められ，基本的権利及び自由の本質を尊重し，かつ，民主社会において次に掲げる事項のために必要かつ適切な措置を構成する場合に限る．

　　a．国家安全保障，防衛，公共の安全，国の重要な経済的及び財政的利益，司法の公正及び独立の保護，又は，犯罪の予防，捜査及び訴追，及び刑事罰の執行，並びに，他の本質的な一般の公益目的．

　　b．データ主体の保護，又は，他者の権利及び基本的自由，とりわけ表現の自由の保護．

2　公益，科学的若しくは歴史的研究目的又は統計目的を達成するためのデータの取扱いに関して，データ主体の権利及び基本的自由を侵害するはっきりとしたリスクが存在しない場合に，第7条の2及び第8条に定める規定の適用の制限を法により定めることができる．

3　国家安全保障及び防衛目的のための取扱行為を参照する本条1項が認める例外に加え，各締約国は，法により，また，それが当該目的を満たすために民主社会において必要かつ適切な措置を構成する範囲に限り，第12条5項及び6項並びに第12条の2の2項a，b，c号及びd号の例外を定めることができる．

　　これは，国家安全保障及び防衛目的の取扱行為が独立かつ効果的な審査及び監督に服するという義務を妨げるものではない．」

解説草案では，主に次のような説明が加えられている（88〜95項）．

1項について，「民主社会において必要な」措置は，適法な目的を追求しなければならず，より侵害的でない手段では達成できない差し迫った社会的必要性を満たさなければならない．係る措置は，さらに，追求される適法な目的と均衡しており，それを正当化するために国家機関が提出する理由は関連性及び

適切性を有するべきである．係る措置は，アクセス及び予見できる法によって定めなければならず，十分に詳細でなければならない（88項）．

取扱いの適法性，公正性及び透明性，並びに目的の制限は，1項の要件を満たす限りにおいて，法執行当局による秘密捜査やビデオ監視などを妨げるものではない（89項）．例外の必要性は，事案ごとに，一般的な公益の本質的目的に照らして検討する必要がある．

1項a号は，国又は国際機関の一般的な公益に関するいくつかの目的を列挙している（90項）．「国家安全保障」の概念は，欧州人権裁判所の関連する判例法を考慮して解釈され，関係当事国の国家主権を保護するという意味で理解されるべきである（91項）．「重要な経済的及び財政的利益」は，特に，課税要件及び為替管理を対象としている．「犯罪の予防，捜査及び訴追，及び刑事罰の執行」には，犯罪の訴追及び制裁の適用が含まれる．「他の本質的な一般の公益目的」用語は，規制職業の倫理違反の予防，調査，探知及び訴追，並びに民事法の請求の執行を対象としている（92項）．

1項b号は，私人の権利及び基本的自由，例えばデータ主体自身（例えば，データ主体が行方不明になったことによりその重大な利益が脅かされている場合など）又は第三者の権利及び基本的自由，例えば，ジャーナリスティック，学術的，芸術的又は文学的表現を含む表現の自由，情報の受領及び伝達の自由，通信の秘密，又は，企業秘密その他法的に保護される秘密と関係する．これは，視聴覚分野及びニュースアーカイブおよびプレスライブラリにおける個人データの取扱いに適用する必要がある（93項）．

2項は，例えば，統計目的のためのデータが集約形式で公表され，適切な保護措置が設けられている限りにおいて，公的及び民間部門において，データを統計業務のために利用する場合が該当する（48項参照）（94項）．

3項の例外は，監督機関の独立性及び審査の効率性に関する適用可能な要件を損なうものではない（95項）．

2.4.9 制裁及び救済（第10条）

「各締約国は，本条約の規定違反に対して，適切な司法的・非司法的制裁及び救済を設ける責任を負う．」

解説草案では，主に次のような説明が加えられている（96～97項）．

各締約国は，司法的及び非司法的制裁の性質（民事，行政，刑事）の決定を委ねられている．係る制裁は，効果的であり，均衡が取れており，抑止的であるべきである．データ主体は，決定又は実務，締約国に委ねられている手順の制限を司法上争う可能性を有しなければならない．非司法的救済は，データ主体も利用できるようにすべきである．適用できる場合には，取扱いにより生じる物質的又は非物質的な損害への金銭的補償及び集団訴訟もまた考慮することができる（97項）．

2.4.10　保護の拡大（第11条）
「本章のいずれの規定も，締約国が，本条約に明記されたもの以上に広範な保護措置をデータ主体に与える可能性を制限するもの，あるいは，他に影響を及ぼすものとは解釈されないものとする．」

　この規定は，第108号条約と同じである．
　解説草案では，条約は，全締約国が採択できる基本的なデータ保護諸原則を確認したものであるため，「より広範な保護措置」は，条約が既に要求しているものよりも高い保護の基準を示すと説明されている（98項）．

2.5　第3章「個人データの越境流通」
　第3章「個人データの越境流通」，及び，その関係で，第3章の2「監督機関」は，日本にも特に影響を与えるものである．

2.5.1　個人データの越境流通（第12条）
「1　締約国は，個人データ保護を唯一の目的として，本条約の他の締約国の管轄下にある受領者への当該データ移転を禁じたり，特別な許可を課したりしてはならない．ただし，当該締約国が，地域的国際機関に属する諸国の共有する，調和的保護規則に拘束される場合は，この限りではない．
2　受領者が，本条約の締約国でない国や国際機関の管轄下にあるとき，個人データ移転は，本条約の規定に基づく適切な保護レベル（an appropriate level of protection）が保障されるときのみ，行うことができる．
3　適切な保護レベルは，以下によって確保し得る．

a．準拠する国際条約や協定を含め，その国若しくは国際機関の法；又は，
　　b．移転及びその後の取扱いに関与する者が導入及び実施した，法的拘束力があり，執行可能な措置によって与えられる，特別な若しくは認可された標準的な安全保護措置．
4　前各項の規定にかかわらず，各締約国は，次に掲げる場合には，個人データ移転を行うことができる旨を定めることができる．
　　a．データ主体が，適切な予防措置を欠くときに生じるリスクを伝えられた後に，明確で，特定かつ自由な同意を与えた場合；又は，
　　b．データ主体の固有の利害が，その特定の事例において，それを必要としている場合；又は，
　　c．優越的な適法な利益，特に重要な公益が，法により定められており，当該移転が民主社会での必要かつ均衡の取れた措置を構成している場合；又は，
　　d．表現の自由のために民主社会において必要かつ適切な措置を構成している場合．
5　各締約国は，本条約第12条の2の意味するところの所管監督機関が，3項b号，及び請求に基づき，4項b号及び4項c号で定められた，データ移転に関するすべての関連情報の提供を受けるように定めるものとする．
6　各締約国は，監督機関がデータの移転者に対して，保護措置の効果又は優越的な適法な利益の存在を証明するように請求する権限を得ること，及び，監督機関が，データ主体の権利及び基本的自由を保護するために，当該移転を禁止する，停止する，又はそれに条件を付けられる旨を定めるものとする．」

　解説草案では，主に次のような説明が加えられている（99〜110項）．
　越境データ移転は，他の国又は国際機関の管轄下にある受領者に個人データが開示され，又は，受領者が利用可能になったときに生じる（99項）．
　越境流通制度の目的は，締約国の管轄内で最初に取り扱われた個人データ（収集又は保存されたデータ等）が，その後に非締約国の管轄下に置かれても，適切な保護措置を伴って取り扱われ続けるよう保障することにある．重要なことは，締約国の管轄内で取り扱われるデータが，関連するデータ保護諸原則によって常に保護され続けることである．グローバリゼーション及び越境データ

流通によって，人権が影響を受けないような保護の質を有しなければならない（100項）．

第12条は，データの流出にのみ適用され，流入には適用されない．流入データは受領国のデータ保護体制の対象となるからである（101項）．

1項は，締約国間のデータ流通に適用される．同項の調和的保護規則は，特にEU加盟国に適用される．係る諸国は，EUレベルで採択した，越境データ流通の規則に拘束されている．本条の基本的根拠は，条約のデータ保護規定に共通する中核部分に署名をした，全締約国において，適切と考える保護レベルを提供することである．データ流通を規律する，追加的な，地域的拘束力のある調和的規則がない場合，締約国間の個人データ流通は自由に運用されるべきである（102項）．

2項は，非締約国の受領者への越境データ流通を定めている．越境流通するあらゆる個人データについては，適切な保護レベルを保障すべきである．非締約国の受領者へのデータ移転に対しては，データ保護レベルを適切にするための2つの仕組みを設けている[32]（103項）．

3項の定める法には，条約に規定するデータ保護の関連要素が含まれていなければならない[33]．保護レベルは，移転又は移転の種類ごとに評価すべきである．移転に関する種々の要素は，データの種類，データ移転のための取扱いの目的及び期間，最終目的国による法規範の尊重，当該国又は組織に適用可能な一般的及び分野別法令，そこに適用される専門的規範及び安全保護規範等を検証すべきである（104項）．

特別な又は標準化された安全保護措置の内容には，データ保護の関連要素が含まれていなければならない[34]．例えば，データ主体がデータ移転責任者に関する連絡担当者の情報提供を受け，実質的な保護基準を遵守するよう責任を負わせるなどの契約条件があり得る．データ主体は，いつでも無料でこの人物と自由に連絡を取ることができ，適切な場合には，権利を行使する際の支援を受けることができる（105項）．

保護レベルの適切性を評価する際には，条約の諸原則，特定の移転に関して受領国又は組織がそれを満たす範囲，データ主体の権利の執行可能性及び効果的な行政的及び司法的救済の規定を考慮すべきである．国全体又は組織全体の評価を行い，それらの目的地への全データ移転を許可することができる（106項）．

4項の例外は，必要性及び均衡性の諸原則を尊重すべきである（107項）．
データ流通の継続的増加及び個人データ保護を高める必要性もまた，所管の監督機関間の国際執行協力の強化を要求する（110項）．

2.5.2 監督機関（第12条の2）

本条も条約の中では主要な規定である．

「1　各締約国は，本条約の規定の遵守保障に責任を負う1つ以上の機関を設けるものとする．
　2　この目的のため，当該機関は：
　　a．調査及び介入の権限を持つものとする；
　　b．第12条に基づき定められたデータ移転に関連した職務，特に標準的な安全保護措置の認可を行うものとする；
　　c．本条約の規定違反についての決定を発布する権限を持つものとし，特に行政上の制裁を科すことができる；
　　d．本条約の規定違反につき，法的手続を起こす，又は，所管する司法当局の注意を喚起する権限を持つものとする．
　　e．次に掲げる事項を促進する．
　　　ⅰ．その活動とともに，職務及び権限を一般に周知する；
　　　ⅱ．データ主体の権利及び当該権利の行使に関して一般に周知する；
　　　ⅲ．管理者及び取扱者に，本条約に基づく責任に関する認識を向上させ，特に児童及び他に保護を要する個人のデータ保護権に注意を払うよう周知する．
　2の2　所管の監督機関は，個人データの取扱いを定める，あらゆる立法及び行政上の措置の提案に関し，相談を受ける．
　3　各監督機関は，自己のデータ保護権についてデータ主体から申し立てられた請求及び苦情を取り扱い，データ主体に進捗を伝え続けるものとする．
　4　監督機関は，職務を遂行し権限を行使する際に，完全に独立し，かつ公正に行動し，その際に，指示を仰ぎまた受けてはならない．
　5　各締約国は，監督機関が，効果的に自己の職務を遂行し，かつ，効果的にその権限を行使するために必要なリソースの提供を受けるよう保障する．
　5の2　各監督機関は，その活動を概説する定期報告書を作成及び公開する

ものとする．
5の3　監督機関の構成員及び職員は，その義務を遂行し及び権限を行使する際に，アクセスする又はアクセスした機密情報に関して，守秘義務に拘束されるものとする．
6　監督機関の決定に対しては，裁判所を通じて上訴することができる．
7　第4章の規定に従い，監督機関は，義務遂行及び権限行使のために必要な範囲で互いに協力するものとし，特に以下によってそれを行う．
　a．関連性があり有用な情報の交換による相互支援の提供，及び，個人データ保護に関して，本条約のすべての規則及び保護措置を遵守するという条件に基づく相互協力；
　b．調査若しくは介入の連携，又は共同行為の実施；
　c．データ保護に関する法律及び行政面の実務に関する情報及び文書の提供．
7の2　7項に定める情報には，取扱い中の個人データは含まれない．ただし，当該データが協力に不可欠な場合，又は，データ主体がその提供に対して明示的な，特定の，自由かつ情報を与えられた上での同意を付与した場合を除く．
8　前項に定める協力を手配し，また，職務を遂行するため，締約国の監督機関はネットワークを創設する．
9　監督機関は，司法権を行使する組織が行う取扱いに関して，権限を持たないものとする．」

　解説草案では，主に次のような説明が加えられている（111～134項）．
　本条は，個人の効果的な保護を保障することを目的とする．監督機関は，単独のコミッショナー又は合議体があり得る．監督機関が適切な救済を提供できるようにすべく，効果的な権限及び機能を有し，職務を遂行する際に真の独立性を享受する必要がある．それらは，民主社会におけるデータ保護監督制度の不可欠な要素である．第9条3項が適用される限りでは，締約国は審査及び監督のための他の適切な仕組みを提供することができる（111項）．
　1項は，法制度が異なる場合（連邦制の国など）に複数の機関が必要となる可能性があることを明記している．特定分野（電子通信部門，医療部門，公的部門など）に限定した特定の監督機関を置くこともできる．監督機関は，迅速か

つ効果的な行動をとるために必要な設備，財政，技術，人的リソース（弁護士，情報通信技術の専門家）を有するべきである．リソースの妥当性は審査に服するべきである．第9条3項の例外は，審査及び監督の仕組みの独立性と有効性に関する適用可能な要件を損なうものではない（112項）．

締約国は，権限の設定についての一定の裁量権を有するが，2項によると，少なくとも，調査権限及び介入権限，並びに，条約の規定違反に関する決定を発出する権限を有さなければならない．後者は，罰金を含む行政的制裁を含むかもしれない．締約国の法制度が行政上の制裁を定めていない場合，2項は，所管の監督機関が制裁を提案し，所管の国内裁判所がそれを科すといった方法で適用され得る．いずれにせよ，科された制裁は効果的であり，均衡しており，抑止的である必要がある（113項）．

機関は，管理者及び取扱者に個人データの取扱いに関する情報を訊ね，それを取得する可能性等の調査権限を与えられなければならない．第8条の権利を行使したいデータ主体において，監督機関に要請を出したときに，当該情報を利用できるようにすべきである（114項）．

1項の介入権限は，締約国の法において様々な形をとることができる．例えば，監督機関は，管理者に対し，不正確又は違法に取り扱われたデータを自己責任で訂正，消去又は破棄するよう義務づけるか，又は，データ主体が個人で権利を行使できない場合に，訂正等を義務づける権限を与えられる方法などがある．

合理的期間内に情報を伝えようとしない管理者に対して行動を起こす権限は，介入権限を効果的に証明する．この権限には，データの取扱いに先立って意見を発する可能性も含まれる（取扱いが権利及び基本的自由に特定のリスクを示す場合には，監督機関は取扱いを設計する初期段階から管理者の相談を受けるべきである）．適切な場合には，関係する管轄機関に事案を回付する可能性も含まれる（115項）．

3項によると，データ主体は，個人データの取扱いに関して，監督機関に対し，自己の権利及び自由に関する主張を調査するよう要求できるべきである．これは，第8条及び第10条に沿った適切な救済を受ける権利を保障するのに役立つ．監督機関は，そのために必要なリソースの提供を受けるべきであり，利用可能なリソースにより，データ主体の請求及び苦情に対処するための優先度を定められるようにすべきである（116項）．

法的手続を起こす権限は，調査実施権限に由来しており，監督機関において，個人の保護権の侵害を発見することができる[35]．締約国は，機関が決定を下せるようにすることで，義務を履行することができる（117項）．

行政上の決定が法的効力を生ずる場合，影響を受けるすべての者は，適用される国内法に従って効果的な司法救済を受ける権利を有する（118項）．

2項e号の文脈では，監督機関がその活動，機能，権限の可視性を積極的に保障することが特に重要である（119項）．

2項の2は，個々の措置ではなく，一般的な措置を対象とする（120項）．2項の2に基づき予見されるこの協議に加え，個人データの取扱いに関する他の措置，例えば，行動規範や技術的規範などが準備されている場合，機関はまた意見提供を求められることもある（121項）．

第12条の2は，監督機関への他の権限の配分を妨げるものではない（122項）．

4項は，権限の構成を含む多くの要素が，監督機関における権限行使の独立性を保護することに貢献する．それは，構成員の選任方法，過度な制限なくして関係会合に参加できること，技術者又は他の専門家との協議を選択するか，外部との相談を持つこと，権限行使の期間及びその機能停止の条件，十分なリソースの利用可能性，自己の職員を雇用する可能性，外部からの直接的又は間接的な干渉を受けることなく決定を採用することがある（123項）．指示を仰ぎ又は受けることの禁止は，監督機関が必要とみなされる場合に専門的助言を求めることを妨げるものではない（124項）．

第5項の2は，監督機関の業務及び活動に対する透明性を義務づけている（125項）．

監督機関による司法手続への介入（又はその欠如）は，影響を受ける個人が司法上の救済を求めることを妨げてはならない（118項参照）（127項）．

7項の協力は，各監督機関の行為の適法性が不可欠であるデータ保護法の執行などの「厳格な」形態から，意識向上，訓練，職員交換などのいくつかの「緩やかな」形態など，様々な形態をとることができる（第12条の2の7項b号の「共同行為」を参照）（128項）．協力活動の一覧は網羅的ではない（129項）．

関連性のある有益な情報の提供に加えて，協力の目的は，共同行為とともに，調整された調査又は介入によって達成できる．適用可能な手続のために，監督機関は，係る協力に入るための法的立場を評価し，行政的，民事的若しくは刑事的手続の規範，又は，その管轄が拘束されている国際的な約束（相互法的支

援条約など）などの適用可能な国内法を参照しなければならない（131項）．

監督機関間の相互援助に関する規定は，第13条から第17条の規定と併せて読まれなければならない（132項）．

8項は，単数形の「ネットワーク」を示していることに注意すべきである．締約国に由来する監督機関が他の関連するネットワークに参加することを禁止するものではない（133項）．

9項の例外は，国内法に従って，真の司法的活動に厳格に制限されるべきである（134項）．

2.6 第4章「相互援助」

第4章は，第13条から第17条で構成される．

2.6.1 締約国間の協力（第13条）

「1 締約国は，本条約を実施するために相互支援を与えることに合意する．
 2 その目的のために，
  a．各締約国は，本条約第12条の2の意味するところの一又は複数の監督機関を指定し，それぞれの名称及び所在地を欧州評議会の事務総長に通知するものとする；
  b．複数の監督機関を指定した各締約国は，前号で定めた通知の中で，それぞれの機関の権限を定めるものとする．」

解説草案によると，第4章は，締約国間の協力に関する第2の規定群を形成している．相互援助は第16条を除いて義務的である（135項）．締約国が第13条の規定を発効させるために他の機関を指定することは排除できない（136項）．協力と一般援助は，（例えば，特定のデータ管理者の活動を確認するための）事前の管理及び事後の管理と関係する．交換される情報は，法的なものでも事実上のものであってもよい（137項）．

2.6.2 データ主体への援助（第14条）

「1 各締約国は，その国籍又は居住地にかかわらず，あらゆるデータ主体に対し，本条約第8条に基づく権利を行使するための支援を行うものとする．
 2 データ主体が他の締約国の領域に居住する場合，同人は当該締約国が指

名した監督機関を介して請求を出す選択肢を付与される.
3 支援請求は，とりわけ次に掲げるものに関し，すべての必要な項目を含まなければならない：
　a 氏名，住所及び他のあらゆる関連項目であって，請求を出すデータ主体を特定するもの；
　b 請求に関連する取扱い，又はその管理者；
　c 請求目的.」

解説草案によると，2項について，海外に居住するデータ主体は，自国の外交官又は領事代理人の助力を得て，自己の権利を追求する機会を得ることができる（140項）.

2.6.3 指定監督機関が行う援助に関する保護措置（第15条）[36]

「1　1つの締約国により指定された監督機関が他の締約国により指定された機関から情報を受け取った場合は，援助要請に伴うものであろうと自らの援助要請に対する回答であろうと，当該情報をその援助要請書の中に記載された以外の目的のために利用してはならない.
2　いかなる場合においても，指定監督機関は，自発的かつ当該データ主体の明示的承認なしに，データ主体に代わって援助要請を行うことは認められない.」

2.6.4 援助要請の拒否（第16条）

「本条約の第13条に基づき，援助要請の提出を受けた指定監督機関は，次に掲げる場合を除き，それに応じることを拒んではならない：
　a．その要請が，その権限にそぐわない場合；
　b．その要請が本条約の規定に従っていない場合；
　c．その要請に応じることが当該機関を指定した締約国の国家主権，国の安全保障若しくは公の秩序にそぐわないか，又は，当該締約国の管轄下にある者の権利及び基本的自由とそぐわない場合.」

解説草案によると，要請拒否の根拠は網羅的に列挙されている（144項）. c号の「応じること」は広い意味であり，要請への回答のみならず，それに先立

つ措置も含むものと理解されるべきである．例えば，要請受領機関は，要請側機関への情報移転のみならず，情報を探すという事実自体が，個人の権利及び基本的自由を侵害し得る場合に，措置を拒否することができる．要請受領機関は，他の公序（警察捜査の機密性を保障するなど）の保護を義務づけられることがある．そのため，援助要請への回答では，一定の情報又は文書を省略するよう義務づけられることがある（145項）．

2.6.5 援助の手数料及び手続（第17条）

「1　締約国が第13条に基づき相互に供与する相互援助並びに第8条及び第14条に基づきデータ主体に供与する援助は，いかなる費用又は報酬の支払いをも発生させるものではない．ただし，専門家及び通訳に関して発生するものはこの限りでない．後者の当該費用又は報酬は，援助要請を行う監督機関を指定した締約国が負担する．

2　データ主体は，相手方締約国の居住者が法律上支払うこととされているものを除き，当該相手方締約国の領域内でその者のために講じられた措置に関するいかなる費用又は報酬の支払いも求められない．

3　特に，方式，手続及び使用言語に関する援助についてのその他の細目は，直接，関係両締約国間で定めるものとする．」

解説草案によると，第17条は，相互支援に関する他の国際条約の規定に類するものである（146項）．3項の援助形態は場合によって異なり得る．機密の医療情報への移転請求には，明らかに，人口記録への登録に関する日常的な照会とは異なる要件がある（147項）．

2.7　第5章「条約委員会」
2.7.1　委員会の構成（第18条）

「1　条約委員会は，本条約の発効後に設置されるものとする．

2　各締約国は，委員会への代表者1名及びその副代表1名を指定するものとする．本条約の締約国ではない欧州評議会の加盟国は，すべて，オブザーバーを委員会に出席させる権利を有する．

3　条約委員会は，締約国の代表の3分の2の多数決で，その会合にオブザーバーの出席を招請することができる．

4 欧州評議会の加盟国ではない締約国は，当該締約国との合意において閣僚委員会が設けた態様に基づき，条約委員会の活動資金に貢献するものとする.」

解説草案によると，条約委員会は，締約国の協力に関する第3の方法を構成している（148項）．

2.7.2 委員会の権能（第19条）[37]

「条約委員会は：
　a．本条約の適用を促進し又は向上させるための勧告を行うことができる．
　b．第21条に従って本条約の改正を提案することができる；
　c．第21条3項に基づく付託を受け，本条約へのあらゆる改正提案に対し，委員会としての公式見解を表明するものとする；
　d．本条約の解釈又は適用に関するあらゆる問題について，意見を表明することができる；
　e．条約への新たな加入に先立ち，加入候補の個人データ保護レベルに関し，閣僚委員会への意見を準備し，また，必要な場合には，本条約の規定を遵守させるために講じるべき措置を勧告するものとする；
　f．国若しくは国際機関の要請により，前者の提供する個人データ保護レベルが本条約の規定を遵守しているか否かを評価し，また，必要な場合には，当該遵守に達するために講じるべき措置を勧告することができる；
　g．第12条に定める標準的な保護措置のひな型を策定し又は承認する；
　h．締約国による本条約の実施を審査し，また，締約国が本条約を遵守していない場合に講じるべき措置を勧告する；
　i．必要な場合は，本条約の適用に関連するすべての難事を友好的に解決するよう促すものとする.」

解説草案によると，条約は絶え間なく進化する課題に取り組んでいるため，条約の実務的適用（第19条a号）及びその意味（同条d号）の両方に関して問題が生じることが予想される（151項）．e号に基づく条約の遵守レベルに関する意見を提供する際に，条約委員会は，公平，透明かつ公開の手続に基づいて活動する（154項）．

2.7.3 手続（第20条）

「1 条約委員会は，欧州評議会事務総長により招集される．その最初の会合は，本条約の発効後12ヶ月以内に開催される．その後は少なくとも1年に1回，及び，締約国の代表者の3分の1が招集を要請したあらゆる場合に開催される．

2 締約国の代表者の過半数をもって，条約委員会の会合の定足数とする．

3 未定[38]

4 条約委員会は，各会合の後，欧州評議会閣僚委員会に対し，その活動及び本条約の運用に関する報告書を提出するものとする．

5 条約委員会は，自らの手続規則を起草し，特に，客観的基準に基づき，第4条3項に定める評価手続及び第19条に定める保護レベルの審査手続を設けるものとする．」

2.8 第6章「改正」[39]

第6章は，第21条「改正」のみで構成される．

「1 本条約の改正は，締約国，欧州評議会閣僚委員会又は条約委員会が，それぞれ提案することができる．

2 いかなる改正提案も，欧州評議会事務総長によって，条約の締約国，欧州評議会の他の加盟国，欧州連合，及び，第23条の規定に従い本条約への加入を招請されたすべての非加盟国又は国際機関に通知される．

3 さらに，締約国又は閣僚委員会によるあらゆる改正提案は，条約委員会に通知され，条約委員会は，当該改正提案に関する意見を閣僚委員会に提出するものとする．

4 閣僚委員会は，条約委員会により提出された改正提案及びあらゆる意見を考慮するものとし，その改正を承認することができる．

5 本条4項に基づき閣僚委員会が承認した改正条文は，受諾を求めるため，締約国に送付される．

6 本条4項に基づき承認されたあらゆる改正は，すべての締約国が事務総長あてに当該改正の受諾を通知した後30日目に発効する．

7 さらに，閣僚委員会は，条約委員会と協議した後，特定の改正が受諾のため解放された日から2年間の期間満了時に発効する旨を決定することがで

きる．ただし，締約国がその発効への異議を欧州評議会事務総長に通知した場合はこの限りでない．もし，係る異議が通知された場合，改正は，異議を通知した条約の締約国が，欧州評議会事務総長にその受諾文書を寄託した日の翌月の初日に発効する．」

2.9 第7章「最終条項」
第7章は，第22条から第27条で構成される．

2.9.1 発効（第22条）
「1 本条約は，欧州評議会加盟国及び欧州連合によって，署名のために開放される．本条約は，批准，受諾，又は，承認に服する．批准書，受諾書又は承認書は，欧州評議会事務総長に寄託される．

2 本条約は，欧州評議会の5の加盟国が，前項の規定に基づき本条約に拘束されることへの同意を表明した日の後3ヶ月の期間を満了した翌月の初日に発効する．

3 その後に本条約に拘束されることへの同意を表明する加盟国に関して，本条約は，批准書，受諾書又は承認書の寄託された日の後3ヶ月の期間を満了した翌月の初日に発効する．」

解説草案によると，条約の有効性には広い地理的範囲が不可欠であるため，5ヶ国の同意を要件としている（160項）．

2.9.2 非加盟国及び国際機関の加入（第23条）[40]
第23条「非加盟国及び国際機関の加入」は，次の通り定めている．

「1 本条約の発効後，欧州評議会閣僚委員会は，本条約の締約国と協議を行い，当該国の全会一致の合意を得た後に，かつ，第19条e号に基づき条約委員会の提出した意見に照らし，欧州評議会憲章第20条d号に規定された過半数による決定及び同委員会に出席する資格のある締約国代表者の全会一致の議決により，欧州評議会非加盟国又は国際機関に対し，本条約への加入を招請することができる．

2 前項に従い本条約に加入する国又は国際機関に関して，本条約は，欧州

評議会事務総長へ加入書が寄託された日の後3ヶ月の期間を満了した翌月の初日に発効する.」

2.9.3 地域条項（第24条）[41]
「1 すべての国, 欧州連合又は他の国際機関は, 署名の際に, 又は, 批准書, 受諾書, 承認書若しくは加入書を寄託する際に, 本条約の適用される領域を特定することができる.
　2 すべての国, 欧州連合又は他の国際機関は, 後日, 欧州評議会事務総長に宛てた宣言により, 本条約の適用を当該宣言の中で特定した他の領域にも拡張することができる. 当該領域に関して, 本条約は, 事務総長が当該宣言を受領した日の後3ヶ月の期間を満了した翌月の初日に発効する.
　3 前2項に基づきなされたいかなる宣言も, その宣言の中で特定した領域に関しては, 事務総長に対する通知によりこれを撤回することができる. 撤回は, 事務総長が当該通知を受領した日の後6ヶ月の期間を満了した翌月の初日に発効する.」

　この規定は, 第108号条約とほぼ同じであるが, EUと国際機関が追加されている点で異なっている.

2.9.4 留保・廃止宣言・通知（第25条 – 第27条）[42]
　第25条「留保」, 第26条「廃止宣言」, 第27条「通知」の定めは次の通りであり, 第108号条約からの変更はない.

「第25条　留保
本条約の規定に関しては, いかなる留保も付することができない.」
「第26条　廃止宣言
　1 すべての締約国は, いつでも欧州評議会事務総長に対する通知を行うことによって, 本条約を廃止することができる.
　2 当該廃止は, 事務総長が通知を受領した日の後6ヶ月の期間を満了した翌月の初日に発効する.」
「第27条　通知
　1 欧州評議会事務総長は, 欧州評議会加盟国及び本条約の締約国に対して,

第3章　欧州評議会第108号条約の見直し

次に掲げる事項を通知するものとする：
　a　あらゆる署名；
　b　あらゆる批准書，受諾書，承諾書又は加入書の寄託；
　c　第22条，第23条，第24条に基づく本条約のすべての発効日；
　d　本条約に関連する他のすべての行為，通知又は連絡.」

注
（1） Council of Europe, *Our member States,* http://www.coe.int/en/web/about-us/our-member-states（last visited Dec 30, 2016）.
　　　フランス，イタリア，英国，ベルギー，オランダ，スウェーデン，デンマーク，ノルウェー，アイルランド，ルクセンブルク（原加盟国）のほか，ギリシャ，トルコ（1949年），アイスランド（1950年），ドイツ（1951年），オーストリア（1956年），キプロス（1961年），スイス（1963年），マルタ（1965年），ポルトガル（1976年），スペイン（1977年），リヒテンシュタイン（1978年），サンマリノ（1988年），フィンランド（1989年），ハンガリー（1990年），ポーランド（1991年），ブルガリア（1992年），エストニア，リトアニア，スロベニア，チェコ，スロバキア，ルーマニア（1993年），アンドラ（1994年），ラトビア，モルドバ，アルバニア，ウクライナ，マケドニア（1995年），ロシア，クロアチア（1996年），ジョージア（1999年），アルメニア，アゼルバイジャン（2001年），ボスニア・ヘルツェゴビナ（2002年），セルビア（2003年），モナコ（2004年），モンテネグロ（2007年）が加盟している．
（2）　オブザーバーは，日本のほかに，ローマ教皇庁（1970年），米国（1995年），カナダ（1996年），メキシコ（1999年）．イスラエル（1957年）は，議員会議のオブザーバー．
（3）　外務省「欧州評議会（Council of Europe）の概要」（http://www.mofa.go.jp/mofaj/area/ce/gaiyo.html）.
（4）　加盟各国の国会議員で構成される立法権を有さない諮問・モニタリング機関である．議員は324名（予備議員324名）で構成され，年4回の本会議，9つの一般委員会その他委員会を通じて活動する．活動内容としては，閣僚委員会への勧告，新規加盟国の加盟時の誓約に関する遵守状況の監視がある．
（5）　欧州人権条約に基づき創設された人権救済機関である．
（6）　地方レベルにおける民主化強化を目的とする，閣僚委員会及び議員会議の諮問機関をいう．各国地方代表議員で構成され，議員324名（予備議員324名）で構成される．
（7）　ノルウェー前国会議長／前首相である．2009年9月に選任され，任期は5年である．2016年12月30日現在は2期目を務めている．事務総局には，加盟国出身の職員約2,100人が執務している．
（8） Council of Europe, *About the Committee of Ministers,* http://www.coe.int/en/web/cm（last visited Dec. 30, 2016）.
（9） Statute of the Council of Europe, May 5, 1949, ETS No. 001, http://www.coe.int/en/web/conventions/full-list/-/conventions/treaty/001.

(10) 同じ多数は,注解 (explanatory report) の公開を認める際も必要とされる.
(11) Convention for Protection of Human Rights and Fundamental Freedoms, Nov. 4, 1950, CETS No. 005, http://www.coe.int/en/web/conventions/full-list/-/conventions/treaty/005.
(12) Council of Europe, *The Council of Europe and the European Union: different roles, shared values*, http://www.coe.int/en/web/portal/european-union (last visited Jul 26, 2016). *See also* CoE, *External Relations of the Council of Europe*, http://www.coe.int/web/derl/home (last visited Dec. 30, 2016).
(13) 2016年12月30日現在,欧州人権条約の批准国は47ヶ国であるが,EUは含まれていない (http://www.coe.int/en/web/conventions/full-list/-/conventions/treaty/005/signatures).
(14) Council of Europe, *Memorandum of Understanding between the Council of Europe and the European Union* (May 23, 2007), http://ec.europa.eu/justice/international-relations/files/mou_2007_en.pdf.
(15) Convention for the Protection of Individuals with regard to Automatic Processing of Personal Data, Jan. 28, 1981, CETS No. 108, http://www.coe.int/en/web/conventions/full-list/-/conventions/treaty/108/signatures. 第108号条約の邦訳は,総務庁行政管理局(当時)監修『新訂版 逐条解説 個人情報保護法』(第一法規, 1991年)[資料14] 368頁以下.
(16) 第108号条約第22条2項.
(17) CoEの個人保護条約は,主に堀部政男一橋大学名誉教授・個人情報保護委員会委員長によって繰り返し紹介されてきた.代表的なものとして,堀部政男『現代のプライバシー』(岩波書店, 1980年)106頁,同『プライバシーと高度情報化社会』(岩波書店, 1988年)76-82頁.その他,拙著『個人情報保護法の理念と現代的課題:プライバシー権の歴史と国際的視点』(勁草書房, 2008年)315-319頁等.
(18) 堀部政男「EU データ保護指令と個人データの国際移転」消費者庁「国際移転における企業の個人データ保護措置調査報告書」(2010年3月)11頁以下.
(19) 拙著・前掲『個人情報保護法の理念と現代的課題』317-318頁.
(20) 拙著・前掲『個人情報保護法の理念と現代的課題』318-319頁.
(21) Additional Protocol to the Convention for the Protection of Individuals with regard to Automatic Processing of Personal Data: regarding supervisory authorities and transborder data flows, Nov. 8, 2001, CETS No. 181, http://www.coe.int/en/web/conventions/full-list/-/conventions/treaty/181/signatures?p_auth=wJwbr2dj.
(22) 署名のみで未批准の加盟国は7ヶ国.
(23) *See* European Union Agency for Fundamental Rights & Council of Europe, *Handbook on European Data Protection Law* (2013), http://www.echr.coe.int/documents/handbook_data_protection_eng.pdf.
(24) Council of Europe, *Modernisation of Convention 108 (CAHDATA)*, http://www.coe.

第3章　欧州評議会第108号条約の見直し

int/en/web/data-protection/modernisation-convention108; *Modernisation of the Data Protection "Convention 108"*（*Factsheet*）, http://www.coe.int/en/web/portal/28-january-data-protection-day-factsheet（last visited Dec. 30, 2016）.

(25) Case C-362/14, Maximillian Schrems v. Data Protection Commissioner, Digital Rights Ireland Ltd, [2015] ECLI:EU:C:2015:650.
(26) Szabó and Vissy v. Hungary, App. No. 37138/14 Eur. Ct. H.R. 014（2016）; Roman Zakharov v. Russia, App. No. 47143/06 Eur. Ct. H.R. 382（2015）.
(27) *Resolution CM/Res（2011）24 on Intergovernmental Committees and Subordinate Bodies, Their Terms of Reference and Working Methods,* CM/Res（2011）24（Nov. 9, 2011）, https://search.coe.int/cm/Pages/result_details.aspx?ObjectId=09000016805cbc50.
(28) 特別委員会の検討経緯については，CoE, Ad Hoc Committee on Data Protection（CAHDATA）（http://www.coe.int/t/dghl/standardsetting/dataprotection/Cahdata_en.asp）参照．
(29) なお，解説草案の6項及び7項では，現代化文書及び解説文書の目的が記されている．
(30) 現代化案及び解説草案のオリジナルテキストは右記のウェブページから入手することができる．現代化案の翻訳及び解説草案の要約は筆者が行った．解説草案の多くは要約であるため，詳細は本文を参照されたい．
Council of Europe, *Draft modernised Convention for the Protection of Individuals with Regard to the Processing of Personal Data*（Sep. 2016）, https://rm.coe.int/CoERMPublicCommonSearchServices/DisplayDCTMContent?documentId=09000016806a616c; Council of Europe, Draft Explanatory Report（Aug. 24, 2016）, https://rm.coe.int/CoERMPublicCommonSearchServices/DisplayDCTMContent?documentId=09000016806b6ec2. Japanese translation of the convention draft and summary of the draft explanatory report was done by Kaori Ishii（Dec. 30, 2016）.
(31) 第5条は，OECDプライバシー・ガイドラインの定める収集制限の原則，データ内容の原則，目的明確化の原則及び利用制限の原則に対応した規定を置いている．
(32) 第12条3項参照．
(33) 第12条3項a号参照．
(34) 第12条3項b号参照．
(35) 2項d号参照．
(36) 解説草案142-143項参照．
(37) 解説草案151-156項参照．
(38) 投票権に関する規定が導入されるものと推測される．
(39) 解説草案157-159項参照．
(40) 解説草案161-162項参照．
(41) 解説草案163項参照．
(42) 解説草案164-166項参照．第26条の廃止宣言は，条約法に関する国際連合ウイーン条約第80条に基づいている．

第4章　セーフハーバーと
　　　　EU-U.S.プライバシー・シールド

第1節　セーフハーバー交渉

1　セーフハーバー協定と現在

　EUの1995年データ保護指令は，第25条1項において，十分な保護レベルに達していない第三国への個人データ移転を原則として禁止する一方，同条6項では，交渉の結果に基づく欧州委員会の認定により，データ移転を認める余地がある旨を定めている．プライバシーに関するセーフハーバー協定は，この規定に基づいていた．

　「セーフハーバー」とは，税務や規制などで，企業の行動が違法や違反とされない範囲を示したルールをいう．当局が企業活動に包括的規制を敷く際に，適法な範囲が明確でなければ，企業は予見可能性を得られないため，安全策を取って活動自体を避けるようになる．係る事態を避けるため，セーフハーバーを設けて適法性の範囲を明確にする慣行が米国を中心に取り入れられている．

　プライバシー保護の分野については，米国商務省は，欧州委員会との間で，セーフハーバー協定に向けた交渉を行い，2000年7月26日，セーフハーバー・プライバシー諸原則及び関連するFAQについて，データ保護指令第25条6項に基づく十分性の認定を受けた[1]．しかし，このセーフハーバー・スキームは，連邦取引委員会（Federal Trade Commission, FTC）の法執行により担保されるものの，その執行活動は必ずしも活発ではなかったことや，スキーム自体が企業の自主規制及び自己認証に基づく仕組みであることから[2]，欧州関係者の評判は悪い制度であった．現在においても，米国以外の国で同じスキームを認められた国は存在せず，第三国にとって，セーフハーバー・スキームは，米国のみに認められた特権的制度のような位置づけであったということができ

る[3].

　EU は，2012年1月25日に一般データ保護規則提案を公表した後，同年3月19日，米国との間で共同声明[4]を発表し，セーフハーバー枠組みの継続的運用及び発展的更新を確実に行うための緊密な協力を継続する旨を確認している．同規則提案の中にも，特段の事情がない限り継続する旨の定めが置かれている（第41条8項）．しかし，2013年の PRISM 問題を契機に，セーフハーバー見直しの議論が進められてきた．そして，欧州議会は，2014年3月12日，米国国家安全保障局（National Security Agency, NSA）の監視計画及び加盟国の監視機関，そしてそれらが EU 市民の基本的権利並びに司法及び内務における環大西洋協力に与える影響についての決議を採択した[5]．この決議は，現在の状況下では，セーフハーバー諸原則及び FAQ は EU 市民に対して十分な保護を提供するものではないとし，欧州委員会に対し，十分性決定を即刻停止することを求めるとともに，同年12月までに，米国のプライバシーの枠組みを包括的に評価し，総合的なデータ保護法が存在しないことに基づく具体的な勧告を出すことを求めるなどしている．また，欧州議会が環大西洋貿易投資パートナーシップ（Transatlantic Trade and Investment Partnership）の最終合意に同意できるのは，EU 憲章の認める基本的権利を完全に尊重する場合に限ることなどが強調されている．

　このように，セーフハーバー諸原則についての状況は，十分性認定を受けた後，現在では状況が変わりつつある．しかし，今後，日本がプライバシー外交を行っていく上で，まずは米国と EU がどのような交渉経過をたどってセーフハーバー協定を締結するに至ったかを見ておく必要は大きいと考えられる．

2　セーフハーバー交渉

　ジョンズ・ホプキンス大学政治学部国際学科（Johns Hopkins University, Department of Political Science, International Studies Program）で副学科長を務めていたドロシー・ハイゼンベルグ（Dorothee Heisenberg）氏は，2005年，『プライバシーの交渉：欧州連合，アメリカ合衆国，及び，個人データ保護』[6]と題する著書を発表した．同書では，セーフハーバーの交渉過程，合意の締結に至るまでの背景事情，合意が与えた影響，合意締結後の動きなどをテーマに，政治学的な分析が行われている．その内容は，セーフハーバーの位置

づけを捉える上で参考にすることができる．

同書のうち，交渉経過を取り上げた第4章「プライバシー擁護者を蚊帳の外へ：セーフハーバー合意の交渉」(Keeping Privacy Advocates out of the Loop: Negotiating the Safe Harbor Agreement) によると，交渉は，概ね次のような経過をたどったと説明されている．

2.1 セーフハーバー交渉の開始

EUを単一の国と見た場合には，GDP (Gross Domestic Product) 第1位となり，米国にとっては最大の取引相手となる．第三国移転制限条項が適用された場合，約1,200億ドル ($ 120 billion) のEU-米国間取引が危険にさらされると推計される．

セーフハーバー交渉は，この取引障壁を取り除くために行われたものであった．また，商務省 (Department of Commerce) では，既存のプライバシー法では「十分性の判断」がもたらされそうにないとの見方で一致しており，また，個人データ保護指令を非関税貿易障壁だとして世界貿易機関 (World Trade Organization, WTO) に提訴しても，却下されるとのコンセンサスができていた．なぜなら，サービスの貿易に関する一般協定 (GATS) は明確な例外規定を置き，「個人データの取扱い (processing) 及び公表 (dissemination) に関連した個人のプライバシーの保護，並びに個人の記録及び勘定の秘密性の保護」としていたからである．

2.2 セーフハーバー交渉の経過
2.2.1 1995年～1997年

データ保護指令が採択された1995年から1997年までの間は，EU加盟国や欧州委員会側は米国に強く働きかけ，データ保護指令の重大性を認識させようと努めていた．

米国政府において，データ保護指令に最も強く懸念を抱いたのは，商務省国際貿易行政局の電子商取引担当次官顧問を務めたバーバラ・ウェルベリー (Barbara Wellbery) 氏であった．彼女は1995年に指令の最終的な条文を通読した後，EU法の幅広さ，特に国際データ移転を停止できることについて，信じがたい気持ちであった．ウェルベリー氏は，1996年，広範な指令の背景にある欧州側の考え方の感触をつかむため，欧州のデータコミッショナー数名と会談

した. 十分性の認定をどう運用可能にするかをめぐって，第29条作業部会の議論は始まっていたが，同部会が1998年7月に，指令第25条及び第26条の適用に関する文書を発表するまで，正式な基準は存在しなかった．

　欧州委員会は，米国との最初のやりとりで，米国の新たな規制機関がインターネット上のプライバシー違反を監視し，消費者からの苦情に対して行動するように求めたが，クリントン政権は，直ちにこの案を退けた．一見したところ，米連邦レベルがプライバシー法策定に無関心なのは，それ自体，新技術への知識や政策スタンスを売り物にしていた（また，政治的風向きがどちらにあるかを知っている）政権にとって，やや矛盾していた．アル・ゴア（Al Gore）副大統領は，技術，特にインターネットに強い関心を抱いていたし，クリントン政権は積極的に，国の情報インフラや他の技術政策問題を考え始めていた．ビル・クリントン（Bill Clinton）大統領は，1995年，政権の国際電子商取引顧問にアイラ・マガジナー（Ira Magaziner）氏を起用した．マガジナー氏の従前の著作や政策文書は，公共政策問題について政府規制による解決策を強く支持する旨を示唆していたが，係る問題に対するクリントン政権のアプローチの背景にある推進力は，ハイテク産業であった．シリコンバレーなどのハイテク企業は，クリントン大統領が1996年に再選を果たした際の選挙活動で，多額の献金を行っていた．クリントン大統領は，政治的支持や専門知識のため，技術問題では彼らに従った．

　1997年6月26日，第29条作業部会は，「第三国への個人データ移転に関する第1の方向づけ―十分性評価に向けた可能な方策」（First orientations on Transfers of Personal Data to Third Countries : Possible Ways Forward in Assessing Adequacy）と題する文書を公表した．この文書には，どの国が十分性の基準を満たすのかをEUが判断する際の手順が明らかにされていた．

　マガジナー氏は，1997年7月1日，「国際電子商取引のための枠組み」（A Framework for Global Electronic Commerce）と題する政策声明を発表した．この文書は，電子商取引に対する政府の関与を限定し，指令の要求に暗に反対するものであった．枠組み文書の文案作成過程には，電子商取引への規制を最小限にとどめようとする多くのハイテク企業が関与していた．

　1997年10月，非公式の上級レベル会合が，ウェルベリー氏とEUとの間で行われていた．EUからは，欧州委員会の域内市場・金融サービス総局長を務めるジョン・モグ（John Mogg）氏が参加した．指令が施行されるまであと1年

しか残されていない中で,「十分性」の問題は何ら解決されていなかった. 一方で, 米国が新規立法を行わない限りは, 十分性の認定をほぼ受けられないであろうことは広く認識されていた.

　商務省は, 同年12月, 欧州の民間部門や政府当局者を招き, 米国がどう対応すべきかを話し合う円卓会議に出席してもらった. ウェルベリー氏は, EU企業の間でさえ, 米国が指令を修正するとの期待があったと述懐する. しかし結果は行き詰まった. 素晴らしい解決策は出なかった. 円卓会議の参加者は, 彼らの間で何らかの合意を得る際の基盤として, OECDプライバシー・ガイドラインを用いることで合意し, その原則を米国法やEU法にどうあてはめるかを明確化することに, 会議を費やした. しかしこれには, 執行や第三国移転ルール (onward transfer rules) に関する規定がなく, それゆえ円卓会議では実質的進展がなかった.

2.2.2　正式交渉の開始

　1997年11月, デイビッド・アーロン (David Aaron) 氏が商務次官 (国際貿易担当) として着任し, EU側との交渉にあたることとなった. 同氏は, 1993年から1997年にかけて駐OECD米国政府代表部大使を務め, OECDプライバシー・ガイドラインを知悉した人物である. また, 税務分野の「セーフハーバー」概念に関する経験も有していた. アーロン氏は, 1998年初頭の正式会合の頃に, セーフハーバー構想を思いついていた.

　なお, 商務省は, 助言はできるものの, 本来は正式な交渉権限を有する機関ではなく, 執行権限も有していなかった. 協定を詰める段階で, ある程度障害になる点ではあったが, プラス面を挙げれば, アーロン氏はかなり自由な立場で交渉することができた. セーフハーバー構想が提案された当時, 米政府の立場は必ずしも確定しておらず, アーロン氏の自主規制容認は同氏の個人的志向にすぎないと受け止められているが, それは誤りである. マガジーナー氏の前記枠組みが政権の国際的立場であり, マガジーナー氏自身も欧州で相当な時間を費やし, 冷淡な欧州の聞き手に向かって, 自主規制のアプローチを説明していた. これらのことから, 米国の初期の省庁間会合で, 米国が欧州の要請を受けて包括的なプライバシー法を制定することはないとのコンセンサスができあがっていたことも, ほとんど驚きではなかった. アーロン氏は, 米国企業からの圧力を受け, 細い道 (線) をたどらなければならず, 難航の予想される交渉

をまとめるために尽力した.

上記のコンセンサスは,部分的に,侮辱は「許さない」というある種国家主義的な空気が参加者にあったのは確かであるが,議会は是が非でも避けるべきという政権側の現実的判断の方がはるかに大きかった.議会には既に,立法の提案が複数出されており,クリントン政権は,党派や利益団体を刺激したくなかった.また,多くのプライバシー法案がかつて,委員会で棚上げ・廃案にされた経験から,政権は,立法以外のアプローチで「指令」に対処するのが最善と信ずるに至った.この感触は1998年1月,モニカ・ルインスキー事件が発覚したとき,完全に裏付けられた.同年を通じて,政権と議会の関係は悪化した.

強いロビー活動を行ったのは,主に,通常業務の中で対EU間取引を行わなければならない企業と,データを販売したい企業であった.前者のグループは,提訴の危険に対する保障と遵法に伴うコストの抑制を求めて自主規制を主張した.後者は,米国内で包括立法が制定されて,廃業に追い込まれることを危惧しており,欧州データ保護指令はEU法の域外適用であって,米国の主権を守るという旗印のもと,指令を完全に拒否すべきだと主張した.

1998年1月14日,商務省は「業界の自主規制の判断:第三国におけるデータ保護レベルへの意味ある貢献をいつ行うか.」(Judging Industry Self-regulation: When Does it Make a Meaningful Contribution to the Level of Data Protection in a Third Country?)と題する作業文書を公表した.

この頃,プライバシー擁護派が急激に勢力を伸ばし,80％の多数がインターネット上のプライバシー保護を支持したという世論調査結果を持って,プライバシー保護立法を主張した.擁護派は,業界団体ほど強くクリントン政権へのつながりを持っていたわけではないが,弱体化した政権が80％の支持に関心を抱く可能性があった.

また,米政府の中でも,FTCは,1998年3月の時点において,大多数のウェブサイトが,最も基本的なプライバシー保護である個人情報の取扱いに関する通知を行っていないことなどを理由に,自主規制への懐疑的な見解を有していた.

EU側の交渉の中心人物は,ジョン・モグ氏,及び,データプライバシー担当局長のスーザン・ビンズ(Susan Binns)氏であった.しかし,欧州委員会にとって,指令が要求する水準より緩やかな形で米国と合意するのは,極めて慎重にならざるを得ないものであった.指令に自主規制の例外を設ければ,有効

性が台無しになる恐れがある．他国が追従するかもしれず，セーフハーバーが危険な先例となることも懸念された．しかし，通商障壁を避けるための代替手段は乏しく，モグ氏はセーフハーバー構想の検討に同意し，条件の交渉を開始した．

なお，米国企業と政策当局者の中には，国内法制定の履行期限である1998年10月24日を経過しても，国内法化に至らなかった加盟国があることから，指令の厳格な適用は避けられるであろうという見通しもあった．

2.2.3 草案作成と合意の締結

商務省は，欧州委員会からのフィードバックを受け，1998年11月4日，セーフハーバー協定の第1草案を作成した．アーロン氏は，草案を産業界の代表へ送り，コメントを求めた．これに対し，企業や業界団体は，草案が極めて曖昧であり，指令を遵守しようとする事業者に安心を与えるものではないと批判した．おそらく最も多かったのは，民間の自主規制制度を運用するOPA (Online Privacy Alliance) が掲げたプライバシーポリシーにもっと近づけるべきという批判であった．一方，プライバシー擁護派からは，事前に諮問されなかったことに，抗議の声があがった．欧州委員会が個人データ保護指令を制定した際に，欧州の事業者団体が置き去りにされたと不満を述べたのと変わらない点が興味深い．

欧州では，第29条作業部会が欧州委員会に対し，同部会の批判的意見を検討するように促した．それは，狭い範囲の業種別の法律と自主規制のつぎはぎでは，EUから移転される個人データを常に十分保護することはできないと指摘していた．

セーフハーバーの第2草案は，1999年4月19日に発表された．アーロン氏は，あらためてフィードバックを求めた．その際，対立点を明記した交渉文書を揃え，合意を解釈する際のFAQも提示した．同氏は，同年6月21日に開催される米国 - EU首脳会議で調印できるように，合意が成立することを期待していた．

プライバシー擁護派は，データ保護指令の遵守をめぐる流れが米国のプライバシー保護拡大に関係しないことや，産業界が米欧交渉での商務省の立場を事実上支配していることに気づいていた．「規制の乗っ取り」という語は，商務省の交渉戦略に当てはめるには狭すぎるが，業界団体が過程を支配し，セーフ

ハーバー原則をまとめる際も，他のグループを犠牲にしながら重要な役割を担ったという事実から，規制の乗っ取りは近い言葉（analogy）として使いやすい．擁護派の中で第1草案に意見を出した者も，第2草案では見送る者がほとんどであった．

1999年11月，交渉は概ね，詰めの段階にたどり着いた．

2000年3月末には，アーロン氏が商務省を去ることとなっており，交渉締結のデッドラインとなった．細かい修正を加えた同年3月17日付の最終案は，加盟国に提示され，同年3月31日，加盟国代表は全員一致でセーフハーバー協定を承認した．

しかし，FTCが2000年5月，議会向けの報告書で，オンライン・プライバシーに関する消費者保護立法を行うべきであると予想外の主張を行った．FTCはそれまで2年間，インターネットに関する事業者の自主規制を支持していたが，政権の自主規制賛成のアプローチに造反して，方針転換に踏み切った．

欧州議会のLIBE（市民的自由・司法・内務）委員会は，2000年6月21日，セーフハーバー協定を強く批判する報告書を提出した．欧州議会では，同議会の観点から「十分性」を備えていない個別項目を再交渉するように欧州委員会に要求する決議が提出された．欧州議会は，同年7月に決議を審議し，①法的に欧州議会の同意を要する国際協定の交渉に近いものを欧州委員会と米商務省が行っていたこと，②委員会が，専門知識のある第29条作業部会の批判を十分汲まなかったこと——を批判した．欧州議会は決議を可決したが，結果として拘束力を伴わなかった．

欧州委員会は，同年7月26日，セーフハーバー諸原則は十分性基準を満たすと公表し，同原則は，同年11月1日，施行された．

なお，交渉開始前の1997年4月に行った米国人対象の世論調査で，米国人とヨーロッパ人のプライバシーへの関心に大きな違いは見られないという結果が明らかになっている．具体的には，①58％のコンピュータ利用者は，インターネット上の個人情報の収集利用方法について，政府が法律を今制定すべきであると考えている，②24％は，政府がインターネット上のプライバシー標準を勧告すべきであるが，現時点で立法化は必要ない，③15％は，政府は団体が自主的にインターネット上のプライバシー標準を定めるのに任せて，問題が起きないように監視すべきであるが，法律制定は必要ないと回答したとのこ

とである.

2.3 セーフハーバーの効果

以上の交渉過程を踏まえ，ハイゼンベルグ氏は次のようにまとめている．

セーフハーバー交渉を決した本質的要素は，事業者団体の強力なロビー活動であった．交渉は，もともと正式な協定交渉権限を有しない商務省が，産業界をバックに半ば強引に進めた交渉であったと見ることができる．EU個人データ保護指令が，欧州の事業者団体への意見照会が行われないまま採択されたのと対照的に，セーフハーバー協定は，事業者団体の意見をほぼ鵜呑みにする形で交渉が進められ，消費者団体の意向は取り上げられずに締結に至っている．米国のセーフハーバー交渉担当者は，自主規制派のハイテク企業と接触し，法的規制を支持するプライバシー擁護派は，システマティックに無視された．

データ保護指令が成立した後も，米政府内の大半は，指令の与える影響力を理解していなかった．その中でも，係る影響力に最も懸念を抱いたのは，ウェルベリー氏であった．しかし，クリントン政権下では，マガジーナー氏が1995年の段階で電子商取引顧問に就任していた．マガジーナー氏の従前の著作は，政府規制を支持する立場を示唆していたが，1997年7月に公表された同氏の名を冠した政策文書は，ハイテク企業主導の自主規制を重んじる内容で構成されており，この文書が米政府の公式の姿勢となった．

米政府は，米企業側が自主規制の仕組みを整えていない段階でも，他の選択肢を模索しなかった．

セーフハーバー協定が発効する前に，EU・米国双方から反対意見が出されている．米国側では，FTCが造反し，消費者保護を法制化するように求める報告書を議会に提出しており，自主規制アプローチに関する政府内のコンセンサスは得られていなかった．EU側では，欧州議会から批判の声があがっていた．このように，セーフハーバー協定は，EU及び米国双方に火種を残す形で押し切られた合意といえる．

セーフハーバー協定の最大の成果は，米欧貿易が滞らなかったことである．一般的に，セーフハーバーは，政府規制への信頼度が米国と欧州の間で異なることによる産物といわれている．しかし，世論調査によると，米市民は，大衆レベルで政府規制を望んでおり，「米国人は，政府が正しく規制することなどないと思っている．」との見方は誤りである．

第4章 セーフハーバーとEU-U.S.プライバシー・シールド

セーフハーバー協定は，短期的に見れば，欧州型の規制の流入を止め，多大な取引障壁を取り除いた米国産業界の勝利であるといえる．しかし，長期的に見れば，セーフハーバー諸原則への署名を求めて多くの企業が押し寄せたという事実もなく，セーフハーバー協定は，他国が追従するような新たな自主規制基準とはならなかった．

第2節　セーフハーバー・スキームの見直し

1　見直しに向けた動き

2013年以降，セーフハーバー・スキームは，その見直しが求められるようになった．

欧州委員会は，2013年11月27日，「EU市民とEU内で設立された企業の観点によるセーフハーバーの機能に関する委員会から欧州議会及び閣僚理事会への伝達文書」[7]（COM847）を公表した．

この文書は，欧州委員会が十分性決定を下したセーフハーバー・プライバシー諸原則及びそのFAQの見直しを求めることを内容としており，「1．導入」(Introduction)，「2．セーフハーバーの構造と機能」(Structure and Functioning of Safe Harbour)，「3．企業のプライバシーポリシーの遵守に関する透明性」(Transparency of Adhered Companies' Privacy Policies)，「4．企業のプライバシーポリシーにおけるセーフハーバー・プライバシー諸原則の統一」(Integration of the Safe Harbour Privacy Principles in Companies' Privacy Policies)，「5．公的機関による執行」(Enforcement by Public Authorities)，「6．セーフハーバー・プライバシー諸原則の強化」(Strengthening the Safe Harbour Privacy Principles)，「7．セーフハーバー・スキームの枠組み内で移転されたデータへのアクセス」(Access to Data Transferred in the Framework of the Safe Harbour Scheme)，「8．結論及び勧告」(Conclusions and Recommendations) によって構成される．

この文書によると，セーフハーバーの枠組みは，①データ流通の速度が急速に早くなったこと，②大西洋の経済にとって，データ流通が必要不可欠であること，③セーフハーバー・スキームを利用する米国企業の数が急速に増加したこと，④いわゆるPRISM問題を契機に，セーフハーバーの取決めが保障すると考えられている保護レベルに疑問が生じたことから，見直しが求められることとなった．

2004年段階で，セーフハーバー・スキームに参加する企業は約400件であったのに対し，2013年9月26日時点で3,246件に達しており，約8倍に増加していた．参加企業には著名なインターネット事業者も含まれる．しかし，このスキームの見直しに最も影響を与えたのはPRISM問題であったといえる．前節で述べた通り，セーフハーバー・スキームは，以前から評判の悪い制度であったが，それでもEUは，2012年1月25日に公表した一般データ保護規則提案の中で，特段の事情がない限りセーフハーバーを継続する旨の定めを設け，かつ，同年3月19日に共同声明を公表し，このスキームの継続を容認する姿勢を見せていた．その方針に変化をもたらしたのがPRISM問題及びその後の監視計画であった．

2 PRISM計画の発覚

PRISM問題は，2013年6月5日から6日にかけて，英国ガーディアン紙と米国ワシントン・ポスト紙において，米国の国家安全保障局（National Security Agency, NSA）による「PRISM」計画を報道し，世界的な注目を集めことに端を発する[8]．また，ガーディアン紙は，PRISM以外にも，NSAが，1978年外国諜報監視法（Foreign Intelligence Surveillance Act of 1978, FISA）[9]の裁判所命令に基づき，米国の通信大手ベライゾンから米国の顧客数百万人の通話記録を収集していることも報道した[10]．この命令は，米国内外の通話を対象に，発信者・受信者の番号，位置データ，通話時間，固有識別子等[11]を3ヶ月にわたって収集することを認める内容であるといわれている．

ワシントン・ポスト紙は，PRISM計画の内容をより詳細に取り上げた．それによると，同計画は，テロ対策の名目のもと，マイクロソフト，グーグル，ヤフー，フェイスブック，パルトーク，ユーチューブ，スカイプ，AOL，アップルの各社から，外国の標的が利用する電子メール，チャット（動画，音声），ビデオ，写真，蓄積データ，VoIP（Voice over Internet Protocol），ファイル交換，ビデオ会議，ログインなど標的の活動に関する通知，ソーシャルネットワーキングの詳細などをNSAと連邦捜査局（Federal Bureau of Investigation, FBI）が収集するという計画である．収集される情報には，蓄積された情報のみならず，リアルタイムの情報も含まれる．PRISMの仕組みは必ずしも明らかにされておらず，NSAやFBIが各社のサーバに直接アクセスする方法で収集したと報じるものもあれば，これらの機関に電子的に送信されたと報じるも

第4章　セーフハーバーとEU-U.S.プライバシー・シールド

のもある.

　ワシントン・ポスト紙によると, この計画は, 2007年9月11日にマイクロソフトが参加したことに始まり, 2012年10月までの間には上記各社が参加を済ませたこと, ドロップボックスも加わる予定であったことが明らかにされた. 計画の費用は年間2,000万ドルとされている. また, 2013年4月5日時点において, PRISMの標的は11万7,675件存在していたと報じられている. その他, 米国ウォール・ストリート・ジャーナル紙は, AT＆Tやスプリントも, 顧客の通話記録をNSAに提供していたことを報じた. NSAは, クレジット会社からも情報を収集していたとされている[12].

　2013年6月8日, 米国国家情報長官 (Director of National Intelligence) のジェームズ・R・クラッパー (James R. Clapper) 氏は, PRISMに関する概要報告書を公表した. それによると, PRISMは秘密のデータ収集又はデータマイニング計画ではなく, 「裁判所の監視のもと, 電子通信サービスプロバイダから, 政府が法律上認められた外国諜報情報の収集を容易にするために利用される政府内部のコンピュータシステム」であると述べている. 概要報告書では, 法律上の根拠は2008年FISA改正法の第702条であると記載され, 米国政府は一方的に電子通信サービスプロバイダのサーバから情報を収集せず, 法律上の要件に則って収集していること, 「米国人」(United States Person) を意図的に標的とすることは許されていないこと, 第702条に基づく諜報情報の収集は立法・行政・司法分野による広範な監督制度に服していることなどが説明されている[13]. 第702条は, PRISM計画開始から間もない2008年FISA改正法で追加された規定であり, 同法は, 2007年合衆国保護法[14]を引き継ぐ形で制定されている.

　米国政府がテロ対策のために情報を収集する際には, 国家安全保障令状 (National Security Letter, NSL) の方法を用いることもできる. 2001年10月26日に制定された「2001年テロリズム活動を阻止及び防止するために求められる適切な手段を提供することにより, 合衆国を団結し, 強化する法」(以下「愛国者法」という.)[15]は, 1986年10月21日に制定された電子通信プライバシー法 (Electronic Communications Privacy Act of 1986, ECPA)[16]の「電話料金及び取引記録への対諜報目的のアクセス」[17]の規定を改正し, 捜査機関がテロやスパイ活動を防止するための情報収集を行えるようにした. また, 愛国者法はFISAを改正し, 「国際テロリズム又は秘密諜報活動に対抗するための授権さ

れた捜査活動」に関する場合には，電話のメタデータ等を提出させるための裁判所命令を申請できるようにした[18]．

　PRISM 計画を暴露したのは，中央情報局（Central Intelligence Agency, CIA）の元技術職員であったエドワード・スノーデン（Edward Snowden）氏であり[19]．この人物は，2013年8月1日，ロシアから滞在許可を受け，2016年11月現在，ロシアに滞在している．

　例えば，ドイツの連邦及び州のデータ保護コミッショナーの会議では，2013年7月24日，プライバシー諸原則が破られている実質的可能性が高いという懸念が明らかにされた[20]．また，アイルランドやルクセンブルクなどでも，米国の監視プログラムに関する監督機関への苦情申立や，司法審査の申立などが行われた．

　セーフハーバー・プライバシー諸原則は，国家安全保障，公の利益，法執行義務等を果たすために必要な範囲で制限することが認められている．しかしその場合，上記スキームは，企業がEU 市民の個人データを米国に移転させる際の導管として使われ，企業から米国の諜報機関にデータを移転されることが懸念される．上記の伝達文書の背景には，こうした米国の監視問題が強く影響したと考えられる．

　また，前記の伝達文書と同日の2013年11月27日，欧州委員会は，「EU-USのデータ流通における信頼の再醸成に関する欧州委員会から欧州議会及び理事会への伝達文書」[21]（COM846）を公表した．この伝達文書には，同じく同日に公表された「データ保護に関する EU-US 臨時作業部会のEU 共同議長による結果についての報告書」[22]が添えられている．同報告書は，米国の監視計画が明らかになった後に，監視計画及び米国の公的機関による個人データの収集及び取扱いの法的根拠を詳細に検討したものである．

　上記伝達文書は，「1．導入：EU-US のデータの処理環境の変化」(Introduction: The Changing Environment of EU-US Data Processing)，「2．データ移転手段への影響」(The Impact on the Instruments for Data Transfers)，「3．効果的なデータ保護の保障」(Ensuring the Effective of Data Protection)，「4．結論及び勧告」(Conclusions and Recommendations)で構成される．項目3は，さらに，「3.1　EU データ保護改革」(The EU Data Protection Reform)，「3.2　セーフハーバーを安全にする」(Making Safe Harbour Safer)，「3.3　法執行協力におけるデータ保護の安全対策の強化」(Strengthening Data Protection

Safeguards in Law Enforcement Cooperation)，「3.4　継続的な米国の改革過程における欧州の懸念への対処」(Addressing European Concerns in the on-going US Reform Process)，「3.5　国際的なプライバシー標準の推進」(Promoting Privacy Standards Internationally)の細目に分かれている．

　「1．導入」において，欧州委員会は，十分性決定について，商業的取引に向けられたものであり，セーフハーバー・プライバシー諸原則を遵守してきたこと，米国で設立された企業へEUから個人データを移転するための法的根拠を与えるものであること，デジタル経済の進展に伴い個人データの流通が増加し，それにより，データ処理活動の量，性質，多様性及び種類において急激な成長を導いたことを述べている．

　「2．データ移転手段への影響」では，セーフハーバー・スキームに基づき米国へ移転されるEU市民の個人データ保護レベルに関する懸念が高まっており，スキームの自主的かつ宣言的な性格は，透明性及び執行への注目を鮮明にしたことが記されている．さらに，同項目は，セーフハーバーに基づき米国に移転されたEU市民の個人データは，米国機関によって，EUで元々収集された根拠，及び，米国に移転する目的にそぐわない方法でアクセスされ，さらに取り扱われることが可能である点，そして，大多数の米国インターネット事業者は，より直接に監視計画と関わるが，セーフハーバー・スキームに基づき承認を受けている点を述べている．

　「3.2　セーフハーバーを安全にする」では，欧州委員会の十分性決定に対し，いくつかの弱点が指摘された．第1に，セーフハーバー諸原則を遵守していない米国企業があるため，「透明性及び執行，本質的なセーフハーバー諸原則，並びに国家安全の例外の運用に関する構造的欠陥」を改善する必要性がある．第2に，セーフハーバーは，企業がEU市民の個人データをEUから米国に移転する導管としての役割を果たし，その企業は米国諜報収集計画に基づき米国諜報機関にデータを引き渡すことを要求される．欧州委員会は，指摘した弱点を考え，現在のセーフハーバーの実施を維持することはできないが，それを廃止すると，EU及び米国の加盟企業の利益に悪影響を与えるとし，米国の機関との間で特定された欠点を議論する旨を述べている[23]．

3　欧州委員会の勧告事項

　COM847の伝達文書による欧州委員会の勧告事項は以下の通りである．米

国は，2014年夏までに改善策を特定するよう求められていた．

透明性

①**自己認証企業は，自社のプライバシーポリシーを公開すべきである．**企業が商務省に自社のプライバシーポリシーを説明するだけでは不十分である．プライバシーポリシーは，その企業のウェブサイトに，明確かつ目に留まりやすい言葉で公開すべきである．

②**自己認証企業のウェブサイト上のプライバシーポリシーに，スキームの「現在適格な」（current）全加盟企業を列挙する，商務省のセーフハーバー・ウェブサイトへのリンクを必ず加えるべきである．**これにより，欧州のデータ主体は，追加検索を行わずに，企業がセーフハーバーに現在加盟しているか否かを直ちに確認することができる．これは，セーフハーバーへの遵守を偽って主張する可能性を減らすことで，スキームへの信頼性を高めるのに役立つであろう．商務省は，2013年3月より，これを企業に要請し始めたが，その進行を強化すべきである．

③**自己認証企業は，クラウド・コンピューティングサービス等，下請事業者と締結したすべての契約に関するプライバシー条件を公開すべきである．**セーフハーバーは，セーフハーバーの自己認証企業から，クラウドサービス事業者などの「代理人」として行動する第三者に向けて転送することを認めている．我々の理解によれば，そのような場合，商務省は，自己認証企業に契約締結を義務づける．しかし，係る契約を締結する際，セーフハーバー企業は，商務省にも通知すべきであり，プライバシー安全保護措置を公開することも義務づけられるべきである．

④**商務省のウェブサイトに，スキームの現在不適格のメンバーである企業をすべて，明確に示さなければならない．**商務省のセーフハーバー加盟企業リスト上での「現在不適格」という表記には，企業が現在セーフハーバーの義務を満たしていないという明示的な警告を加えるべきである．ただし，「現在不適格」の場合，企業は，引き続き，セーフハーバーに基づき受領したデータにセーフハーバーの要件を適用するよう義務づけられる．

救済

⑤企業のウェブサイト上のプライバシーポリシーには，**裁判外紛争解決手続（Alternative Dispute Resolution, ADR）事業者及び／又はEUデータ保護パネル**

(EU Data Protection Panel) へのリンクを含めるべきである．これにより，欧州のデータ主体は，問題が生じた際に，ADR 又は EU パネルに直ちに連絡を取ることができる．商務省は，2013年3月に，これを企業に要請し始めたが，その進行を強化すべきである．

⑥ ADR は，利用しやすく，手頃な対価で提供されるべきである．セーフハーバー・スキーム内の一部の ADR 組織は，苦情処理のために――個人利用者にとって極めて手痛い出費となり得る――（200ドルから250ドルの）手数料を個人から徴収し続けている．対照的に，欧州では，セーフハーバーに基づく苦情を解決することが見込まれるデータ保護パネルは，無料で利用できる．

⑦商務省は，ADR 提供者が用いる手続及び苦情に対する事後処理（follow up）について，その提供する情報の透明性及び入手しやすさに関して，より体系的に ADR 提供者を監視すべきである．それにより，紛争解決が，成果を挙げる効果的かつ信頼される仕組みとなる．違反認定の公開を ADR の義務的制裁の範囲に含めるべき旨も強調するべきである．

制裁

⑧セーフハーバーに基づく企業の認証又は再認証の後，係る企業の一定割合は，プライバシーポリシーの有効な遵守について，職権に基づく調査を受けるべきである（正規の義務に基づく遵守統制とは別に）．

⑨企業は，苦情又は調査によって，違反認定がなされたときは必ず，1年後に特別の追跡調査を受けるべきである．

⑩企業の遵守に関して疑義があり，又は，苦情が係争中である場合，商務省は，管轄の EU データ保護機関に伝達すべきである．

⑪セーフハーバー遵守の主張が虚偽であった場合には，調査を継続すべきである．自社のウェブサイトでセーフハーバーの要件を遵守していると主張しているのに，商務省から同スキームの「現在適格な」メンバーとして挙げられていない企業は，消費者に誤解を与え，その信頼を裏切っている．虚偽の主張は，係る仕組み全体の信頼性を損なうものであり，企業のウェブサイトから直ちに削除すべきである．

米国の機関によるアクセス

⑫自己認証企業のプライバシーポリシーには，米国法が公的機関に対し，セーフ

ハーバーに基づき移転されるデータの収集及び処理を認めている範囲に関する情報を盛り込むべきである．とりわけ，企業は，自社のプライバシーポリシーの中で，国家安全保障，公の利益又は法執行上の義務を満たすために，諸原則に対する例外を適用する場合を示すように奨励されるべきである．

⑬セーフハーバー決定が予測する国家安全保障上の例外は，必要性又は均衡性を厳格に満たす範囲でのみ用いられることが重要である．

4 見直しに際しての検討内容

見直しに際しては，特に，プライバシーポリシーの透明性，及び，効果的な法執行に不備があるという点が課題とされた．

透明性について，自己認証企業がプライバシーポリシーを十分な形で公開しなかった場合，EU外にデータを移転された個人にとっては，自らの権利や企業が服するべき義務を認識することができず，FTCにとっても，不公正又は欺瞞的行為を犯した企業に効果的法執行を行うことが困難となる．そのため，透明性確保の重要性が改めて強調されている．

伝達文書は，自己認証企業がプライバシーポリシーを記載していない場合や，適格性を有さない加盟企業がセーフハーバーを宣言している場合に[24]，是正への取組強化を行うよう，商務省に求めている．後者は，スキームに加盟したことがない場合と，加盟したものの，1年ごとの更新を怠っていた場合の2種類があり，それぞれFTCによる法執行の対象となる．

また，すべての自己認証企業において，2014年3月までの間に，セーフハーバーの要件を完全に遵守するよう，商務省の取組の迅速化が求められた．

セーフハーバーのプライバシーポリシーを正しく取り入れていない企業も多かった．商務省は，2009年1月1日より，認証更新の際に審査を行うなどしたが，その評価範囲は限定されており，審査を通らなかった企業は少ない．2010年には，513件の新規申請のうち，6％（33）の企業，2013年には，605件の新規申請のうち，12％（75）の企業が基準を満たさないと判断された．伝達文書は，商務省に対し，執行活動の契機を個人の苦情申立のみに委ねるよりもむしろ，セーフハーバー諸原則を企業のプライバシーポリシーへ効果的に導入するための，積極的なフォローアップを行うよう求めた．

伝達文書では，法執行に関するFTCの取組が取り上げられた．セーフハーバー違反を理由とするFTC法第5条の法執行は，苦情申立がなかったことに

より，最初10年間は実施されなかった．そこで，FTCは，その実施するプライバシー及びデータセキュリティ調査において，セーフハーバー違反を調査するようになった．その結果，2009年から伝達文書が公表されるまでの間に，セーフハーバー違反企業に対する10件の執行が行われている．

執行活動では主に同意命令の方法が採用され，具体的には，不実表示の禁止，包括的プライバシー計画の実施，20年間の監査，プライバシー計画の評価及びFTCへの報告，セーフハーバー又は類似のプライバシー・スキームへの参加を禁止することなどが含まれる．

FTCは，2012年に，グーグル，フェイスブック，マイスペースの事例で法執行を行ったほか，2013年6月26日，アイルランドのデータ保護コミッショナーとの間で，民間部門の個人情報保護法の執行における，相互支援への理解に関する覚書に署名し[25]，同年8月には，個人情報の大規模データベースを有する企業の監督強化や，米国企業に関する苦情を申し立てられるポータルサイトの設置[26]等に取り組んだ．

また，FTCは，2013年11月12日，欧州委員会に対し，「もし企業のプライバシーポリシーがセーフハーバーの保護を約束していた場合，当該企業が登録又はその維持を怠ることは，それ自体によって，その企業がセーフハーバーの約束に関するFTCの法執行から免除される見込みは低くなる．」[27]旨を伝えている．商務省も，同日，再認証の1ヶ月前にセーフハーバー参加者に連絡を取る手続を開始し，再認証しない場合に講じなければならない措置を説明する意向を明らかにした．その場合，商務省は，同省のセーフハーバー認証マークの利用を含め，企業のプライバシーポリシー及びウェブサイトから，セーフハーバー参加に係るすべての事項を取り除くよう企業に警告し，それを怠った場合にはFTCの執行に服することを明示的に通知すると述べている．

伝達文書では，こうした法執行の取組を踏まえつつ，セーフハーバー諸原則の遵守に対する職権調査を増やす必要があること，FTCへの苦情申立もさらに促進すべきことが記されている．

その他，電気通信事業者がセーフハーバー・スキームから除外されたことも，欧州の電気通信事業者にとっての懸念事項とされた．

5　セーフハーバー無効判決

前記のような見直しが進められる中，欧州司法裁判所大法廷は，2015年10月

6日，セーフハーバーを無効と判断する判決を下し，米国に衝撃を与えた[28]。

5.1　事案の概要と争点[29]

マキシミリアン・シュレムス（Maximillian Schrems）氏は，オーストリア在住のオーストリア人であり，2008年よりフェイスブックを利用していた。EU内に居住するフェイスブック利用者は，米国のフェイスブック・インクの子会社であるフェイスブック・アイルランドと契約を結ぶこととなり，全部又は一部の利用者のデータは米国にあるフェイスブック・インクのサーバに移転される。

2013年6月25日，シュレムス氏は，コミッショナーに対して苦情を申し立て，フェイスブック・アイルランドから米国へのデータ移転を禁止する旨の制定法上の権限行使を要請した。同氏は，NSAによる監視活動に触れ，米国の法と実務は個人データの十分な保護レベルを保障していないと主張した。

アイルランドのコミッショナーは，シュレムス氏の個人データがNSAによってアクセスされている根拠がないこと，データ保護の十分性の問題は2000年の十分性認定によって決められるべきであり，欧州委員会は米国の十分性を認めていることを理由に，その苦情申立を退けた。

そこで，シュレムス氏は，アイルランド国内の第一審裁判所（High Court）に提訴した。国内裁判所は，この問題はEU基本権憲章第51条（筆者注：基本権憲章の適用範囲）の解釈に関わること，十分性決定は基本権憲章や欧州司法裁判所の先例から生じる要件を満たしていないこと，シュレムス氏がセーフハーバー制度の適法性の問題を裁判所の手続に持ち込んだこと等を理由に，本件を欧州司法裁判所に付託した。付託事項は次の2点である。

①個人が第三国（米国）の法と実務についてデータ主体への十分な保護を与えていないと主張している場合に，データ保護法の執行を担う独立監督機関は，その第三国への個人データ移転に関する苦情を審査する過程において，欧州委員会の十分性決定に縛られるのか。

②あるいは，委員会決定が最初に公表されてから期間が経過すると，事実の進展に照らしてその問題の調査を独自に行うことができる，又は行う義務を負うのか。

本判決に先立ち，2015年9月23日に法務官意見が公表され，十分性は無効と判断されていた[30]。

欧州司法裁判所は，①欧州委員会が指令95/46/EC（1995年データ保護指令）

第25条（6）項に基づき決定を下していた場合に，同指令第28条が意味する範囲内での国の監督機関の権限，②セーフハーバー決定の有効性という2つの争点を立てた．そして，①については，欧州委員会決定が下されていても，国内の監督機関は，第三国移転に関して，当該第三国が十分な保護レベルを保障していない旨の苦情を調査することは可能と判断し，（2）についてはセーフハーバーを無効と結論づけた．

5.2 争点①

欧州司法裁判所は，争点①について，次のような理由を述べている[31]．

指令 95/46/EC のすべての規定は，欧州基本権憲章で保障される基本的権利（私生活の保障）に照らして解釈すべきである．

指令 95/46/EC の第1条及びその前文（2）項から(10)項によると，自然人の基本的権利及び自由，特に個人データの取扱いに関する私生活を尊重する基本的権利の効果的かつ完全な保護のみならず，係る基本的権利及び自由の高いレベルの保護を保障しようとしていることは明らかである．基本権憲章第7条が保障する私生活を尊重する基本的権利，及びその第8条が保障する個人データ保護の基本的権利の重要性は，さらに，欧州司法裁判所の判決で強調されている[32]．

個人データの第三国移転に関する国の監督機関の権限について，指令 95/46/EC の第28条（1）項は，完全な独立性をもって，個人データ保護に関する EU の基準を監督する責任を負う公的機関を設けるよう義務づけている[33]．独立監督機関の独立性は，個人を保護するという目的に照らして解釈すべきであり，独立監督機関の設置は，個人データ保護に関する個人の保護にとって不可欠な構成要素である．そして，係る国の監督機関は，その目的のために，情報収集等の調査権限，一時的又は終局的なデータ処理の禁止等の介入権限，及び，法的手続を開始する権限など，広い権限を有している．監督機関の権限は第三国で行われる個人データの取扱いには及ばないが，加盟国から第三国への個人データ移転は，指令 95/46/EC 第2条（b）項に定める「個人データの取扱い」に該当し，監督機関は個人データの第三国移転が指令 95/46/EC の条件を満たしているか否かを確認する権限を有する[34]．

欧州委員会決定が裁判所により無効と宣言されるまでは，確かに，独立監督機関を含めてその決定に反する措置を講じることはできない．しかし，欧州委

員会決定であっても，個人が国内の監督機関に対して自らのデータを第三国移転されることに関する不服申立を妨げることはできず，欧州委員会決定は，国内の監督機関に明示的に付与された権限を除外し又は減じることはできない．そのため，監督機関は，個人データの取扱いに関する苦情を受けたときは，完全な独立性をもって，当該データ移転が指令の定める要件を遵守しているか否かを審査できなければならない[35]．

　EUは，その機関のすべての行動が，特に，条約，法の一般原則及び基本的権利に沿う形で審査に服するという法の支配に基づいている．そのため，採択された委員会決定は，係る審査を免れることはできない．EU法の統一的適用を保障するために，欧州司法裁判所は，単独で，欧州委員会決定のようなEUの行為を無効と宣言する排他的権限がある．国内裁判所には，欧州委員会決定の有効性を検討する権限はあるが，無効と判断する権限はない．国内の監督機関は，さらに委員会決定を無効と判断する権限はないが，苦情申立があれば相当な注意を持って検討する責任を負う．国内の監督機関が，苦情に根拠がないとして退ける場合は，苦情申立人は国内裁判所に司法的救済を求める権利を有する．国内裁判所は，申立の根拠に理由があると考える場合には，手続を停止し，欧州司法裁判所に先決裁定を求めなければならない．反対に，国内の監督機関が苦情に理由があると判断したときには，法的手続を開始する権限を有する[36]．

5.3　争点②
5.3.1　十分な保護レベルの解釈
　欧州司法裁判所は，争点②に関しては次のような理由を述べている．

　指令95/46/ECは，十分な保護レベルの定義を置いておらず，第三国の十分性はデータ移転をめぐるすべての事情を考慮することとしており，排他的な考慮要素も挙げていない．しかし，同指令第25条（6）項の文言からは，第三国に対し，十分な保護レベルを「保障」し，それは「個人の私生活及び基本的権利及び自由のため」に評価することが義務づけられる．そのため，同条項は，個人データが第三国に移転されるときに高い保護レベルの継続を保障させることを意図している[37]．

　指令95/46/EC第25条（6）項の「十分性」は，確かに，第三国に対してEUの法秩序において保障されるものと同じ保護レベルを保障するよう義務づけら

第4章　セーフハーバーとEU-U.S.プライバシー・シールド　　309

れないことを意味している．しかし，「十分な保護レベル」は，第三国に対して，その国内法又は国際約束を理由に，基本権憲章に照らして読まれる指令95/46/ECによりEU内で保障されるものと本質的に同等な基本的権利及び自由の保護レベルを実際に保障するよう求めるものとして理解しなければならない．もし係る義務がなければ，本決定で述べた同条項の目的が無視されてしまう．さらに，基本権憲章に照らして読まれる指令95/46/ECの高い保護レベルは，個人データを取り扱う目的でEUから第三国に移転される個人データが巧みに回避されてしまう[38]．

そのため，欧州委員会は，第三国の保護レベルを審査する際に，指令95/46/EC第25条（2）項に基づき，国内法又は国際約束から生じる適用可能な規律の内容，及び，それを遵守するための実務を評価しなければならず，同条（6）項に基づく決定を採択した後も，その認定が事実的及び法的に正当化されるか否かの定期的な確認義務を負う．その点に疑問を抱かせる証拠が生じたときに，係る確認が求められる[39]．

この点において，第1に，私生活を尊重する基本的権利に照らして個人データ保護が重要な役割を果たすこと，第2に，十分な保護レベルを保障しない第三国に個人データが移転した場合に，多くの個人の基本的権利が侵害されることから，保護レベルの十分性に関する欧州委員会の裁量は制限され，結果的に，指令第25条から生じる要件の審査は厳格にすべきである[40]．

5.3.2　セーフハーバー決定の有効性

次に，判決は，欧州委員会決定第1条（セーフハーバーの十分性を認めた条項）について，次のように述べている．

第三国が自主規制の仕組みに依拠すること自体は，第三国が「国内法又は［略］国際約束を理由に」十分な保護レベルを保障しなければならないとする，指令第25条（6）項の要件に反するものではないが，係る制度の信頼性は，同条の要件に照らして，基本的権利の保護，特に，私生活を尊重する権利及び個人データ保護の権利を保障する規律へのあらゆる侵害を特定し，実際に処罰することのできる，効果的な探知及び監督する仕組みを確立することに基づき，本質的に認められる[41]．

本件では，セーフハーバー諸原則はEUから個人データを受領する米国の自己認証組織のみに適用され，米国の公的機関は同諸原則を遵守する義務を負わ

ない．加えて，諸原則の適用は，「国家安全，公益，又は法執行目的を満たすために必要な範囲で」，また，「制定法，政府の規制又は判例法において，矛盾する義務を設け又は明示的な許可を与え，組織が，係る許可を用いる際に，それによる優越する適法な利益を満たすために必要な範囲で，諸原則違反の制限を証明することができる場合に，制定法，政府の規制又は判例法により」制限され得る．そのため，十分性決定は，「国家安全，公益，又は法執行目的」がセーフハーバー諸原則に優越することを定めており，EUから個人データを受領する米国の自己認証組織は，これらの義務と矛盾する場合に，制限なくしてこれらの諸原則を無視しなければならない．十分性決定の例外に照らして，同決定は，国家安全及び公益の義務又は米国の国内法に基づき，EUから米国に個人データを移転される個人の基本的権利への介入を可能にしている．私生活を尊重する基本的権利への介入が存在することを証明するために，私生活に関わる当該情報が機微であるか否か，又は，当該個人が係る介入を理由に何かしらの悪影響を被ったか否かは問題とならない[42]．

　欧州委員会決定は，個人データをEUから米国に移転される個人の基本的権利への干渉，国家安全等の適法な目的を追求する際に米国の機関が行うことのできる干渉を制限するために，米国が採択した規律の存在に関して，何らの認定も行っていない．同決定は，また，係る干渉に対する効果的な法的保護にも触れていない．FTCの権限は，商業的紛争，及び，米国企業によるセーフハーバー諸原則の遵守に関わる民間の紛争解決の仕組みに制限され，政府が行う措置から生じる基本的権利への干渉の適法性に関する紛争には，適用することはできない[43]．

　さらに，欧州委員会は，2013年に発した2通の伝達文書（COM846及びCOM847）により，米国の公的機関は，国家安全を保護するために厳格に必要であり均衡が取れているものを超えて，移転目的に矛盾する態様で，EUから米国に移転された個人データにアクセスすることができ，それを取り扱える旨を，自身で評価している．また，同委員会は，データ主体において，自己のデータにアクセスし，場合によっては修正又は消去することのできる行政的又は司法の救済手段を有さない点に注目している[44]．

　EU内で保障される基本的権利及び自由の保護レベルに関して，基本権憲章第7条及び第8条が保障する基本的権利への干渉に関わるEU法は，その濫用及び個人データへの違法なアクセスから個人が効果的な保護を受けられるよう

に，明確かつ正確な基準を定めなければならない．係る保護は，個人データが自動処理される場合や当該データへの違法アクセスの重大なリスクがある場合に，より一層大きくなる．さらに，EU レベルで，私生活を尊重する基本的権利の保護は，個人データ保護に関する例外及び制限を厳格に必要な限りにおいて適用するよう要求する[45]．

立法は，追求される目的に照らして設けられる区別，制限又は例外なくして，また，公的機関がデータにアクセスし，後にそれを利用することに関する制限を定めるために設ける客観的基準なくして，一般的根拠に基づき，EU から米国にデータを移転された全個人に関する全個人データの保存を許可する場合に，特定の，厳格に制限され，かつ，当該データへのアクセスとその利用の両方を含む干渉を正当化できる目的のために，厳格に必要とされるものには制限されない[46]．一般的根拠に基づき，公的機関による電子通信の内容へのアクセスを認める立法は，基本権憲章第 7 条及び第 8 条により保障される私生活を尊重する基本的権利の本質を損なうものとみなさなければならない[47]．

同様に 個人が自己のデータにアクセスし，係るデータを修正又は消去するための法的救済を追求する可能性を与えない立法は，基本権憲章第47条に謳っている効果的な司法的救済への基本的権利の本質を尊重していない．欧州委員会は，指令 95/46/EC の第25条（6）項の定めに基づく決定を採択するためには，適切な理由を述べ，実際に国内法又は国際約束を根拠に，当該第三国が EU の法秩序において保障されるものと本質的に同等の基本的権利の保護レベルを保障している旨を認定しなければならない．しかし，同委員会は，セーフハーバー決定の中で，国内法又は国際約束を根拠に，十分な保護レベルを米国が実際に「保障している」旨の認定を行わなかった．結果として，セーフハーバー諸原則の内容を検討するまでもなく，十分性決定の第 1 条は，基本権憲章に照らして読まれる指令 95/46/EC の第25条（6）項に定める要件について，その遵守を怠っていると結論づけられ，従って無効である[48]．

次に，判決は，欧州委員会決定第 3 条（諸原則違反の場合に，加盟国の所管機関が自己認証組織へのデータ流通を停止できる権利を定めた条項．）について，次のように判断し，同様に無効との結論を導いている．

基本権憲章第 8 条に照らして読まれる指令 95/46/EC の第28条は，国の監督機関に，完全な独立性を持って，個人データの取扱いに関する個人の権利及び自由の保護についてのあらゆる請求を審査できることを義務づけている．係る

請求を提起する際に，十分性に関する委員会決定の適合性についての疑問を提起する場合には，特に該当する．しかし，欧州委員会決定第3条（1）項第1段落は，国の監督機関が行使できる権限に関する特別の規則を設けている．それによると，国の監督機関は，「指令95/46/EC第25条以外の規定に基づき採択された国内規定の遵守を保障するために措置を講じる権限に影響を及ぼすことなく［略］（十分性決定の諸原則）を遵守することを自己認証した組織へのデータ流通を停止する．」ことができると定められており，制限的な条件が介入への高い境界を設けている．当該規定は，これらの機関が指令95/46/ECに基づき採択した国内規定の遵守を保障するための措置を講じる権限を侵さない一方で，指令95/46/EC第25条の遵守を保障するための措置を講じる可能性については，それを除外している．そのため，指令95/46/EC第28条に基づき請求を出した者において，委員会決定が個人のプライバシー並びに基本的権利及び自由に適合しているか否かに関する問題を提起したとき，欧州委員会決定第3条（1）項第1段落は，指令95/46/EC第28条から生じる国内監督機関の権限を否定するものとして理解される．EU法が欧州委員会に付与した指令95/46/EC第25条（6）項の実施権限は，係る国内機関の権限を制限する権限を付与していない．そのため，欧州委員会決定第3条を採択する際に，同委員会は，基本権憲章に照らして読まれる指令95/46/EC第25条（6）項に基づき付与される権限を超えており，それゆえ無効である[49]．

　欧州司法裁判所は，欧州委員会決定の第1条及び第3条は，同決定の第2条及び第4条並びにその別添と不可分であるため，その無効は決定全体の有効性に効果を与えると判断し，欧州委員会のセーフハーバー諸原則に係る十分性決定を無効と結論づけた[50]．

6　EU-U.S.プライバシー・シールド

6.1　EU-U.S.プライバシー・シールドの採択

　セーフハーバー無効判決後の経緯は次の通りである．

　2015年10月15日，欧州委員会副委員長のアンドラス・アンシップ（Andrus Ansip）氏（デジタル単一市場担当），エッティンガー（Oettinger）委員及びジョウロバ（Jourová）委員は，判決の明確かつ統一的な解釈とともにデータ移転のために利用できる手段に関する一層の明確化を求め，事業者代表と会合を持った．

第4章　セーフハーバーとEU-U.S.プライバシー・シールド

同年10月16日，第29条作業部会は，判決の結果に関する声明を発表した．

同年11月6日，委員会は，新たな枠組みを設けるまでの，判決に基づく大西洋横断のデータ移転の可能性についての指針を発表した．

同年12月2日，委員会委員合議体（College of Commissioners）は，交渉の進展を議論した．ジョウロバ委員は，米国との間で，新たに安全な枠組みに関する交渉を遂行する責務を担った．

欧州委員会は，2016年2月29日，新たな枠組みとして，EU-U.S.プライバシー・シールド（以下「プライバシー・シールド」という．）の草案を公表した．手続上，EUデータ保護指令第30条（1）項（c）号に基づき，欧州委員会の最終決定に先立ち，第29条作業部会が意見を出すこととなっている．しかし，第29条作業部会は，2016年4月13日，欧州委員会の草案に対してさらなる明確化を求める意見を公表し，同委員会に対して修正を求めた[51]．

2016年5月30日，欧州データ保護観察官からも意見書が提出された[52]．

プライバシー・シールドに関しては，その後も交渉が進められ，一部修正の上，2016年7月12日，欧州委員会により正式に採択され，同年8月1日に施行された．米国では，米国議会による司法救済法が可決され，2016年2月24日にバラク・オバマ（Barack Obama）大統領の署名により成立している．

6.2　欧州委員会実施決定の採択

欧州委員会は，2016年7月12日，「EU-U.S.プライバシー・シールドにより提供される保護の十分性に関する欧州議会及び理事会の指令95/46/ECに基づく2016年7月12日の委員会実施決定」を採択した[53]．

同決定は，155項の前文及び6条の決定事項で構成される．

前文の構成及び該当する項目は，次の通りである．

1．導入（Introduction）前文（1）-（13）項
2．EU-U.S.プライバシー・シールド（The "EU-U.S. Privacy Shield"）前文（14）-（63）項
3．米国の公的機関によるEU-U.S.プライバシー・シールドに基づき移転される個人データへのアクセス及び利用（Access and use of personal data transferred under the EU-U.S. Privacy Shield by U.S. public authorities）前文（64）-（135）項

4．EU-U.S.プライバシー・シールドに基づく十分な保護レベル（Adequate level of protection under the EU-U.S. Privacy Shield）前文(136)-(141)項

5．データ保護機関の行動及び欧州委員会への通知（Action of Data Protection Authorities and information to the Commission）前文(142)-(144)項

6．十分性認定の定期審査（Periodic review of adequacy finding）前文(145)-(149)項

7．十分性決定の停止（Suspension of the adequacy decision）前文(150)-(155)項

2016年2月29日の草案と比較すると，前文は30項目ほど増加している．

十分性決定には別添ⅠからⅦが付されており，自己認証機関が遵守しなければならない諸原則は，別添Ⅱに掲げられている(54)．

別添Ⅰ　米国商務省長官ペニー・プリッカー（Penny Pritzker）氏から欧州委員会司法・消費者担当委員のベラ・ジョウロバ（Věra Jourová）氏に宛てた2016年7月7日付書簡（Letter from U.S. Secretary of Commerce Penny Pritzker）

別添Ⅱ　商務省が発出したEU-U.S.プライバシー・シールド枠組諸原則（EU-U.S. Privacy Shield Framework Principles Issued by the U.S. Department of Commerce）

別添Ⅲ　米国国務長官ジョン・ケリー（John Kerry）氏からジョウロバ委員に宛てた2016年7月7日付書簡（Letter from U.S. Secretary of State John Kerry）

別添Ⅳ　連邦取引委員会長官イーディス・ラミレズ（Edith Ramirez）氏からジョウロバ委員に宛てた2016年7月7日付書簡（Letter from Federal Trade Commission Chairwoman Edith Ramirez）(55)

別添Ⅴ　米国運輸長官アンソニー・フォックス（Anthony Foxx）氏からジョウロバ委員に宛てた2016年2月19日付書簡（Letter from U.S. Secretary of Transportation Anthony Foxx）

別添Ⅵ　国家情報長官局法務責任者ロバート・リット（Robert Litt）氏から米国商務省顧問のジャスティン・S・アントニピライ（Justin S. Antonipillai）氏及び国際貿易局次官補のテッド・ディーン（Ted Dean）氏に宛てた2016年2月22日付書簡（Letter from General Counsel Robert Litt Office of the Director of National Intelligence）

別添Ⅶ　米国司法省副司法次官補兼国際問題顧問のブルース・シュワルツ（Bruce Swartz）氏から米国商務省顧問のアントニピライ氏及び国際貿易局次官補のディーン氏に宛てた2016年2月19日付書簡（Letter from Deputy Assistant Attorney General and Counselor for International Affairs Bruce Swartz, U.S. Department of Justice）

6.2.1　導入

　十分性決定文書の「1．導入」は，前文（1）項から（13）項で構成されており，概ね次のように，本決定に至るまでの背景が説明されている．

　指令95/46/EC第1条及び前文2項から10項は，個人データの取扱いに関する私生活尊重の基本的権利のみならず，その高い保護レベルも求めている．EU基本権憲章第7条（私生活尊重の権利）及び第8条（個人データ保護の基本的権利）は，欧州司法裁判所の判例によって重要視されてきた．

　2000年の欧州委員会決定により，指令95/46/EC第25条2項に基づき，セーフハーバー・プライバシー諸原則は，FAQと称する実施指針とともに，十分な保護レベルを保障している旨の認定を受けた．

　2013年に欧州委員会が発出した2つの伝達文書（COM846及びCOM847）の中で，欧州委員会は，データ流通の増大及び大西洋経済におけるその重要性，セーフハーバー自己認証企業の急速な増加，米国の監視計画の規模及び範囲に関する新たな情報が，保障する保護レベルに疑問を提起したため，セーフハーバーの見直しといくつかの点で強化を図るべきことを示し，同見直しのための13の勧告事項を設けた．

　2015年10月6日，欧州司法裁判所は，シュレムス事件の判断によって，セーフハーバーに関する欧州委員会決定を無効と判断した．裁判所は，「十分な保護レベル」はEUの法秩序において保障されるものと同一の保護レベルを意味するわけではないが，EU基本権憲章に照らして解釈されるデータ保護指令を根拠に，EU内で保障されるものと「本質的に同等」な基本的権利及び自由の保護を保障するよう要求し，欧州委員会決定の不十分な認定を批判した．

　2014年に，欧州委員会は，2013年の通知文書（COM847）に含まれる13の勧告とともに，セーフハーバー・スキームの強化を議論するためにEUの機関と協議に入った．

欧州委員会は，公的表明及び約束を含む，米国の法及び実務を慎重に分析し，プライバシー・シールドに基づき EU から米国内の自己認証組織に移転される個人データ保護について，米国は十分な保護レベルを保障していると結論づけた．

6.2.2　EU-U.S.プライバシー・シールド
①概要

　プライバシー・シールドは，別添Ⅱの諸原則を含むプライバシー・シールド枠組み原則への約束を米国組織が自己認証する仕組みに基づいている．諸原則は，管理者及び取扱者（代理人）の双方に適用され，米国法の範囲に含まれない米国組織による個人データの取扱いのみに適用される．

　プライバシー・シールドの仕組みは，商務省によって運用され，諸原則の執行は，FTC 及び運輸省（Department of Transportation）が担う．

②プライバシー諸原則（Privacy Principles）

　前記の通り，十分性決定には，別添Ⅰから\Ⅶが付されている．その別添Ⅱの中に，プライバシー諸原則及び補則が掲載されている．それによると，プライバシー・シールドの主たる原則は，次の7つの原則であるとされ，それぞれは次のように説明されている（別添Ⅱ「Ⅱ　プライバシー諸原則」より）[56]．なお，欧州委員会の十分性決定前文(19)から(29)項にはその概要が説明されている．

「第1原則　通知（Notice）
　　a．組織は，次に掲げる事項を個人に通知しなければならない：
　　　ⅰ．プライバシー・シールドへの参加，及び，プライバシー・シールド・リストへのリンク又はそのウェブアドレスの提供；
　　　ⅱ．収集される個人データの類型，及び，適用可能な場合には，同じく諸原則を遵守している事業体又は機関に従属する組織；
　　　ⅲ．プライバシー・シールドに依拠してEUから受領するすべての個人データについて諸原則に服する約束；
　　　ⅳ．彼らに関する個人情報を収集し利用する目的；
　　　ⅴ．係る質問又は苦情に対応できるEU内のあらゆる関係組織を含め，あらゆる質問又は苦情について組織に連絡を取る方法；

vi. 個人情報を開示する第三者の種類又は身元，及び開示の目的；
vii. 個人が自己のデータにアクセスする権利；
viii. 自己の個人データの利用及び開示を制限するために，組織が個人に提供する選択及び手段；
ix. 苦情に対処し，個人が無料で適切に依拠できるようにするために設けられた独立の紛争解決機関，及び，それが（1）データ保護機関により設けられたパネルであるのか，（2）EUに基礎を置く代替的紛争解決機関であるのか，又は，（3）米国に基礎を置く代替的紛争解決機関であるのか；
x. FTC，運輸省又はその他米国が権限を付与した制定法上の機関による調査及び執行権限に従うこと；
xi. 一定の条件下で，個人が拘束的仲裁を求める可能性；
xii. 国家安全又は法執行義務を充足することを含め，公的機関による適法な請求に対応して個人情報を開示する義務；並びに，
xiii. 第三者へ転送される場合の責任．
b．この通知は，個人が組織から個人情報を提供するよう最初に求められたとき又はその後可及的速やかに，明確かつ目立つ言葉で提供されなければならないが，いずれにせよ，組織が当初の収集目的以外のために係る情報を利用し，又は，移転側の組織がそれを取り扱い，又は，組織が第三者にそれを最初に開示する前に行わなければならない．」

「第2原則　選択（Choice）
a．組織は，個人に対し，彼らの個人情報が，（i）第三者に提供されるか否か，又は，（ii）当初の収集目的又はその後個人が許可した目的とは大きく異なる目的のために利用されるか否かへの選択（オプトアウト）の機会を提供しなければならない．個人は，選択を行使するために，明確に，目立つ形で，かつ容易に利用できる仕組みの提供を受けなければならない．
b．前項の例外により，組織に代わり及び組織の指示のもとで，職務を遂行するために代理人として行動する第三者に開示する時は，選択を提供する必要はない．しかし，組織は常に代理人と契約を締結するものとする．
c．機微情報（すなわち，治療又は健康状態，人種又は民族的出身，政治的意見，宗教的又は哲学的信念，労働組合への加盟を特定する個人情報，又は，個人の性生活を特定する情報）に対して，組織は，当該情報が（i）第三者に提供され

る場合，又は，（ⅱ）当初の収集目的若しくは個人がオプトイン選択の行使を通じて事後的に許可した目的とは異なる目的のために利用される場合には，積極的な明示的同意（オプトイン）を個人から取得しなければならない．加えて，組織は，第三者がその情報を特定し機微なものとして扱っている場合には，第三者から受領したあらゆる個人情報を機微なものとして取り扱うべきである．」

オプトアウトは異議を述べることを意味する．ダイレクト・マーケティングに関しては，個人データの利用を「いつでも」一般的にオプトアウトできるという特則が適用される[57]．

「第3原則　転送に対する責任（Accountability for Onward Transfer）
　a．管理者として行動する第三者に個人情報を移転する場合，組織は通知及び選択の原則を遵守しなければならない．組織はまた，第三者の管理者との間で，当該データは個人が与えた同意に沿って限定かつ特定された目的のためだけに取り扱うことができること，かつ，受領者は諸原則と同じ保護レベルを提供し，この義務をもはや満たすことができないと決定した場合には組織に通知をする旨を定めた契約を締結しなければならない．契約は，係る決定が下される際に，第三者の管理者が取扱いを停止し，又は，他に改善するための合理的かつ適切な措置を講じる旨を定めるものとする．
　b．代理人として行動する第三者に個人データを移転するために，組織は，（ⅰ）限定かつ特定された目的のためだけに当該データを移転し，（ⅱ）代理人は，少なくとも諸原則が求めるものと同じプライバシー保護レベルを提供するよう義務づけられることを確認し，（ⅲ）代理人は，諸原則に基づく組織の義務に沿う態様で移転された個人情報を効果的に取り扱うことを保障するための，合理的かつ適切な手段を講じ，（ⅳ）代理人に対し，それが諸原則の求めるものと同じ保護レベルをもはや提供できない旨を決定した場合には，組織に通知するよう義務づけ，（ⅴ）通知に基づき，（ⅳ）に基づく場合を含め，違法な取扱いを停止及び改善するための合理的かつ適切な措置を講じ，かつ，（ⅵ）当該代理人との間で締結した契約についての関連するプライバシー条項の要旨又は関連部分の写しを，請求に基づき商務省に提出しなければならない．」

いわゆる「転送」――すなわち，組織から個人データを第三者の管理者又は取扱者に移転することであって，後者が米国内にあるか米国外の第三国（及びEU）にあるかを問わない――には特則が適用される．これらの規律の目的は，EU のデータ主体の個人データを第三者に渡すことにより，そのデータに保障される保護を脅かさず，また，巧みに回避させないよう保障することにある．このことは，特に，今日のデジタル経済にとっては典型的な，より複雑な取扱いの連鎖と関係する(58)．

転送に対する責任の原則は，通知及び選択の原則とともに読むべきである(59)．

「第 4 原則　安全性（Security）

　a．個人情報を作成し，保持し，利用し又は提供する組織は，個人データの取扱い及び性質に関するリスクを十分に考慮に入れ，その紛失，誤用及び無権限アクセス，開示，変更及び破棄から保護するために，合理的かつ適切な措置を講じなければならない．」

二次的取扱いの場合，組織は，下請け処理者との間で，諸原則が提供するものと同レベルの保護を保障する契約を締結し，その適切な実施のための措置を講じなければならない(60)．

「第 5 原則　データの完全性及び目的制限（Data Integrity and Purpose Limitation）

　a．諸原則に従い，個人情報は取扱目的のために関連する情報に限定されなければならない．組織は，収集目的又は個人が事後的に許可した目的にそぐわない方法で個人情報を取り扱ってはならない．これらの目的に必要な範囲で，組織は，個人データがその意図した利用のための信頼性を有し，正確であり，完全であり，現在のものであることを保障するために合理的な措置を講じなければならない．組織は，係る情報を保持する限り，諸原則を遵守しなければならない．

　b．情報は，第 5 原則 a 項の意味する範囲内での取扱目的に資する限りでのみ，個人を識別し又は識別できる(61)形態で保持することができる．この義務は，組織において，係る取扱いが，公益，ジャーナリズム，文学及び芸術，科学的又は歴史的研究，及び統計分析を達成する目的に合理的に役立つ範囲

で，長期にわたり個人情報を取り扱うことを妨げない．これらの場合，係る取扱いは，枠組みの他の諸原則及び規定に服する．組織は，この規定を遵守する際の合理的かつ適切な措置を講じるべきである．」

データ完全性及び目的制限原則に基づき，諸原則が保障するものと同レベルの保護を提供する義務は，第三者が，収集当初の目的又はその後個人が許可した目的と適合する目的で移転を受けた個人情報のみを取り扱えることを前提としている[62]．

「第6原則　アクセス（Access）
　a．個人は，組織が保有する自己に関する個人情報へアクセスし，かつ，当該情報が不正確又は諸原則に違反して取り扱われている場合に，訂正し，修正し，又は消去できなければならない．ただし，問題となっている事例における個人のプライバシーへのリスクに対してアクセスを与える負担や費用が過度である場合や，又は，その個人以外の者の権利を侵害する場合はこの限りでない．」

アクセス権は例外的状況の場合にのみ制限され，係る制限は必要かつ適切に正当化されなければならず，組織が係る要件を満たすことを証明する責任を負う[63]．

欧州委員会は，実施決定の中で，プロファイリングに関して，次のような認識を示している．

「企業が，個人に影響を与える決定を下すために個人データの自動処理に頼る可能性が最も高い場合（例えば信用貸し，住宅ローンの提供，雇用など），米国法は係る決定に対して特別な保護を提供する[64]．これらの法は，個人がその決定（例えば信用貸しの拒否など）の根底にある特定の理由を伝えられる権利，（違法な要素への依拠と同様に）不完全又は不正確な情報を争う権利，及び救済を求める権利を標準的に定めている．これらの規律は，自動的決定をプライバシー・シールド組織自身が下す場合に，おそらくむしろ制限的な数の事案において，保護を与える[65]．それでもなお，現代のデジタル経済において個人に影響を与える決定を下すための根拠として，自動処理（プロフ

ァイリングを含む）の利用が増加する場合，これは注意深く監視する必要の
ある領域である．この監視を促すために，この点におけるEUと米国間のア
プローチの類似点と相違点に基づくやりとりを含め，自動的決定に関する対
話が，最初の年次審査の一部となり，また，適切な場合にはその後の審査も
同様であろうことについて，米国機関との間で合意が交わされた[66]．」

「第7原則　救済，執行及び責任（Recourse, Enforcement and Liability）
　a．効果的なプライバシー保護は，諸原則への遵守を保障する強固な仕組み，
諸原則違反により影響を受ける個人の救済，及び，諸原則が遵守されない場
合に組織に与える結果を含まなければならない．最低限，次に掲げる措置を
含まなければならない：
　　i．各個人の苦情及び紛争を調査し，個人に費用負担をかけず，かつ諸原
則を参照することで迅速に解決する，容易に利用できる独立の救済措置，
及び，適用可能な法又は民間部門のイニシアティブが提供する場合の損害
賠償；
　　ii．自らのプライバシー実務に関して行った組織の証明及び宣言が真実の
ものであり，とりわけ，違反事例との関係で，プライバシー実務が示され
た通りに実施されてきたことを確認するための追跡手続；及び，
　　iii．諸原則への遵守を宣言した組織による諸原則遵守懈怠から生じる問題，
及び，係る組織にもたらされる結果を修復する義務．制裁は組織の遵守を
保障するために十分に厳格であること．
　b．組織及びその選択された独立救済の仕組みは，商務省によるプライバシ
ー・シールドに関する情報への質問及び要請に迅速に対応する．すべての組
織は，商務省を通じてEU加盟国の機関から照会のあった諸原則遵守に関す
る苦情に迅速に対応しなければならない．人事データを取り扱う組織を含め，
データ保護機関に協力することを選んだ組織は，調査及び苦情解決に関して
当該機関に直接に対応しなければならない．
　c．個人が問題となっている組織に通知を送付し，手続に従うことにより拘
束的仲裁を申し立て，別添Iに述べた条件に服する場合には，組織は苦情を
仲裁し，別添Iに述べた条件に従うことを義務づけられる．
　d．転送の状況において，プライバシー・シールド組織は，プライバシー・
シールドに基づき受領する個人情報の取扱い，及び，その代理人として行動

する第三者へのその後の移転に責任を負う．プライバシー・シールド組織は，その代理人が当該個人情報を諸原則にそぐわない態様で取り扱う場合には，諸原則に基づく法的責任を負い続ける．ただし，その組織が損害を生じさせた事象への責任を負わないことを証明した場合は，この限りでない．

　ｅ．組織が違反によりFTC又は裁判所命令に服することとなった場合，その組織は，守秘義務に沿う範囲で，あらゆる関連するプライバシー関係部門に，FTCに提出した遵守又は評価報告書を公開しなければならない．商務省は，プライバシー・シールド組織によるあらゆる遵守問題に対して，データ保護機関のために専門の連絡先を設けた．FTCは，商務省及びEU加盟国機関による，諸原則違反に関する照会を優先的に検討し，照会をかけた国の機関と，時宜に沿い，既存の守秘義務に服しつつ，照会に関する情報を交換する．」

　諸原則が求めるものと同レベルの保護を提供する義務は，例えば下請け処理目的で，本来の受領者がそれらのデータを他の第三者に移転する場合も同様に，その位置（米国内又は他の第三国）にかかわらず，移転を受けたデータの取扱いに関与するすべての第三者に適用される．第三者としての受領者がこの義務をもはや満たすことができないと決定した場合には，プライバシー・シールド組織に対し通知をする旨を定めなければならない．係る決定がなされた場合，第三者による取扱いは停止するか，又は，状況を改善するために他の合理的かつ適切な措置を講じなければならない．（下請け）処理の連鎖により遵守問題が発生する場合，個人データの管理者として行動するプライバシー・シールド組織は，損害を引き起こす事象に責任を負わないことを証明しなければならず，さもなくば法的責任を負う．第三者の代理人への転送の場合には，追加的保護が適用される[67]．

　十分性決定文書別添Ⅱの補則（Supplemental Principles）は，次のような構成が取られている．

1．機微データ（Sensitive Data）[68]
2．ジャーナリズム目的の例外（Journalistic Exceptions）
3．二次的責任（Secondary Liability）

4. デューディリジェンスの遂行及び監査の実施（Performing Due Diligence and Conducting Audits）
5. データ保護機関の役割（The Role of the Data Protection Authorities）
6. 自己認証（Self-Certification）
7. 確認（Verification）
8. アクセス（Access）
9. 人事データ（Human Resources Data）
10. 転送に対する義務的契約（Obligatory Contracts for Onward Transfers）
11. 紛争解決及び執行（Dispute Resolution and Enforcement）
12. オプトアウトの選択時期（Choice -Timing of Opt Out）
13. 旅行情報（Travel Information）
14. 医薬品（Pharmaceutical and Medical Products）
15. 公的記録及び公に利用可能な情報（Public Record and Publicly Available Information）
16. 公的機関によるアクセス要求（Access Requests by Public Authorities）

③ EU-U.S.プライバシー・シールドの透明性，運営及び監視[69]

　欧州委員会の実施決定文書は，諸原則を解説した後に，プライバシー・シールドの透明性，運営及び監視についての措置を説明している．

　プライバシー・シールドの適切な適用を保障するために，諸原則を遵守する組織は，データ主体，データ移転者及び国のデータ保護機関などの関係当事者を特定できなければならない．そのために，商務省（又はその指名を受けた者）は，自己認証組織のリスト（「プライバシー・シールド・リスト」）を保持して一般に公開し，係る組織は本決定別添Ⅰ及びⅡに掲げられた執行機関の少なくとも1つの管轄下に置かれる．商務省は，年次の再認証の提出に基づき，また，組織がプライバシー・シールドから退いたときはいつでも，リストをアップデートする．同省はまた，リストから除名された組織についても，除名理由を事例ごとに特定しつつ，リストを保持し一般に公開する．同省は，FTCのウェブサイト上で保持されている，プライバシー・シールドに関するFTCの事例リストへのリンクを提供する．

　プライバシー・シールド・リスト及び再認証提出は，商務省の専用ウェブサイトを通じて一般公開され，自己認証組織は，係るリストのアドレスを提供し

なければならない．オンライン上で可能な場合には，組織のプライバシーポリシーには，プライバシー・シールドのウェブサイトとともに，苦情調査のための独立救済の仕組みに関する，ウェブサイト又は苦情提出書式への各ハイパーリンクを含まなければならない．商務省は，組織の認証及び再認証の際に，プライバシーポリシーが諸原則に適合しているか否かを体系的に確認する．

　諸原則遵守を継続的に怠った組織は，プライバシー・シールド・リストから除名され，プライバシー・シールドに基づき受領した個人データを返還するか消去しなければならない．消去以外の場合，例えば，参加の撤回や再認証を懈怠した場合であっても，組織はデータを保持できる場合がある．それは，毎年，諸原則の継続適用を商務省に約束した場合や，他に許可される手段（例えば欧州委員会の承認する標準契約条項の要件を完全に満たす契約の利用等）により，個人データへの十分な保護を提供する場合である．この場合，組織は，質問対応のための連絡先を内部で特定しなければならない．

　商務省は，自主的な撤回又は認証切れにより，プライバシー・シールドを脱退した組織において，プライバシー・シールドに基づき受領した個人データを返還，消去又は保持しているか否かを確認するために，係る組織を監視する．

　組織は，プライバシー・シールドを退く際，同枠組みへの参加を継続していること又はその資格を示唆する公の宣言，特にプライバシーポリシーにおける同枠組みへの言及を削除しなければならない．商務省は，過去の会員を含め，枠組み参加への虚偽の主張を検索し，対処する．組織が諸原則遵守に関して公に虚偽表示を行った場合は，FTC，運輸省又は他の関連する米国の執行機関により執行され得る．商務省への虚偽表示は虚偽宣言法（False Statements Act）により執行可能である[70]．

　商務省は，プライバシー・シールドへの参加に関する虚偽の主張又は同枠組みの認証マークに関する不適切な利用を職権で監視する．また，データ保護機関は，組織を商務省の審査にかけることができる．商務省は，組織が枠組みのリストから削除された場合，公開のプライバシーポリシーから枠組みへの参加継続を示唆する言及が削除されたことを継続的に確認する．その組織が虚偽の主張を行っている場合には，FTC，運輸省その他の執行機関に，事案の照会をかける．商務省は，脱退組織に対し，枠組みに参加していた間に受領した個人データを返還し，消去し，又は，そのデータに諸原則を適用し続けるか否かを確認するために照会をかける．組織が個人データを保持する場合は，組織内

の連絡先を確認する．

　商務省は，自己認証組織の遵守審査を職権で継続監視する．また，同省は，特定の（看過できない）苦情を受けたとき，組織が質問に回答しないとき，組織が諸原則を遵守していない可能性を示唆する証拠が信頼に足るときは，体系的に審査を行う．適切な場合には，商務省は遵守審査に関してデータ保護機関と協議する．

④救済の仕組み，苦情処理及び執行[71]

　セーフハーバー無効判決で問題視された点の１つに，データ主体に救済手段が用意されていない点が挙げられる．この点について，プライバシー・シールドでは，幾層にもわたる救済手段が用意されている．

　プライバシー・シールドは，救済，執行及び法的責任の原則，並びに，商務省，FTC及び運輸省が負う約束に基づき，自己認証組織が諸原則を確実に遵守するための仕組みを提供する．これには，商務省，FTC及びデータ保護機関等を通じた監視及び執行とともに，EUのデータ主体が自己認証企業の違反に苦情を申し立て，効果的な救済を与える決定により，苦情を解決させる可能性が含まれる．自己認証組織は，個人の苦情等を調査し，無料で迅速に解決するような，効果的かつ容易に利用できる独立救済の仕組みを提供しなければならない．組織は，係る仕組みについて，EUか米国を選択することができる．これにはEUの監督機関への自発的な協力の可能性を含むが，人事データの取扱いの場合は協力を義務づけられる．他の選択肢としては，代替的紛争解決手段，又は，諸原則をその規則に盛り込んだ民間部門のプライバシー計画がある．後者には執行の仕組みを含まなければならない．FTC，運輸省，米国の他の制定法上の機関のいずれの調査執行権限に服するかを特定しなければならない．

　個人は，組織，係る組織が指定した独立紛争解決機関，国の監督機関又はFTCに対し，直接に苦情を申し立てることができる．

　いずれの機関によっても解決されない場合には，個人は，プライバシー・シールド・パネルの仲裁を申し立てることができる．仲裁パネルへの申立には，事前に一定の救済手段を用いることが求められるものの，それ以外の救済手段の選択は自由であり，特定の順序に従う必要はない．ただし，次に述べるように，一定の論理的な順序に従うよう助言することができる．

　第１に，EUのデータ主体は，自己認証企業に対し，自己の権利を証明し，

諸原則違反の事案を追求することができる．組織は，効果的な救済の仕組みを提供するために，個人に対し，苦情を処理する組織内外の連絡先と，独立した苦情処理の仕組みをプライバシーポリシーにより明示的に通知しなければならない．組織は，個人から直接に又は商務省を通じて苦情を受領した場合，EUのデータ主体に対し，45日の期間内に回答しなければならない．この回答は，苦情の実体の評価と，問題を調整する方法に関する情報を提供しなければならない．また，組織は，商務省や，データ保護機関へ協力することを約束した場合には同機関からの質問や要請に，迅速に対応しなければならない．組織は，独立救済の仕組み又はFTC等の機関に対して，違反又は苦情調査に関する記録を利用可能にしなければならない．

　第2に，個人は，組織が指名した独立の紛争解決機関（米国又はEU）に対し，それらが明らかに根拠を持たず又は軽微な場合を除き，直接に苦情を申し立てることもできる．係る団体による苦情と救済は十分に厳格でなければならない．状況に応じて，問題となっている個人データのさらなる取扱いを停止し，違反認定の公表と同様に，個人データの消去を行うべきである．独立の紛争解決機関は，自己のウェブサイト上に，プライバシー・シールドに関する情報及び提供するサービスを含めなければならない．係る機関はサービスに関する統計を提供する報告書を毎年公表しなければならない．

　遵守審査手続の一部として，商務省は，独立救済の仕組みに自己認証組織が実際に登録しているか否かを確認する．独立救済機関は，商務省の質問及び要請に迅速に回答しなければならない．

　組織が紛争解決の取決めを遵守せず又は自主規制団体の規律に違反した場合，後者は係る違反を商務省及びFTC等の機関又は管轄の裁判所に通知しなければならない．組織が自主規制，独立紛争解決若しくは政府機関による最終決定への遵守を拒否した場合，又は，政府機関において組織が諸原則に頻繁に違反していると決定した場合，商務省は，30日間の通知を送り，遵守懈怠組織に対応の機会を与えた後，組織をリストから除名する．除名後に組織がプライバシー・シールド認証の主張を継続する場合，商務省はそれをFTC又は他の執行機関に照会する．

　第3に，個人は，国のデータ保護機関に苦情を申し立てることもできる．組織は，雇用状況下で収集された人事データの取扱いに関する場合，又は，組織が自主的にデータ保護機関の監督に応じた場合には，係る機関による苦情調査

及び解決への協力を義務づけられる．特に，組織は，救済的及び補償的措置を含め，データ保護機関の質問に回答し，その助言を遵守すべきであり，係る措置を講じたことの確認をデータ保護機関に文書で提供すべきである．

　データ保護機関の助言は，EU レベルで設立された同機関の非公式パネルを通じて提供され，係るパネルは，特定の苦情に対して調和的及び一貫したアプローチを保障する．助言は，紛争の両当事者が意見を述べ，希望する証拠を提供する機会を得た後に発せられる．パネルは，原則として苦情を受領してから 60 日以内に助言を提供しなければならない．助言の提供から 25 日以内に組織が遵守せず，その遅れについて納得のいく説明を行わない場合，パネルは，FTC 等の機関に事案を提出するか，又は，協力への重大な約束違反である旨の通知を発する．これは FTC 法第 5 条（又は類似の制定法）に基づく執行行為の対象となる．また，パネルは，商務省に対し，リストからの除名につながる継続的な遵守懈怠に当たる旨を商務省に通知する．

　苦情を受けたデータ保護機関が苦情に対処せず，又はそれが不十分であった場合，苦情申立者は，各加盟国の国内裁判所において，係る（不）作為への不服を申し立てることができる．

　個人はまた，データ保護機関のパネルが組織の紛争解決機関として指名されていない場合であっても，同機関に苦情を申し立てることもできる．この場合，データ保護機関は，係る苦情を商務省又は FTC に送付することができる．協力を促進するために，商務省は，専用連絡先を設け，データ保護機関の問い合わせを支援する．同様に，FTC はデータ保護機関に対し，U.S. SAFE WEB Act[72] に基づき，データ保護機関に調査支援を提供する．

　第 4 に，商務省は，諸原則に違反する組織について，苦情を受領し，審査し，解決するための最大限の努力を払う．そのために，商務省は，データ保護機関が指定の連絡先へ苦情を照会し，追跡し，企業に解決を促すべく詳細に調べるための特別な手続を提供する．連絡先は，各データ保護機関と直接に連携し，照会から 90 日以内に苦情の状況を更新する．これにより，データ主体は，苦情を国内のデータ保護機関に直接に申し立て，商務省へのルートを持つことができる．商務省は，プライバシー・シールドの機能に関する年次審査の中で，苦情を総合的に分析した報告書を毎年提供する．

　商務省は，職権調査，苦情等に基づき，諸原則への継続的な違反であると結論づけた場合，当該組織をプライバシー・シールド・リストから除名する．プ

ライバシーの自主規制，独立の紛争解決，又はデータ保護機関等を含む政府組織による最終決定への遵守拒否は，継続的な遵守拒否とみなされる．

　第5に，プライバシー・シールド組織は，米国の機関，特にFTCの調査及び執行権限に服さなければならない．

　FTCは，FTC法第5条違反の有無を決定するために，独立の紛争解決又は自主規制団体，商務省及びデータ保護機関から受領した諸原則違反の照会を優先的に検討する．FTCは，標準的な照会プロセスを設ける．加えて，FTCは，個人からの苦情を直接に受け，また，自発的にプライバシー・シールド調査を行う．

　FTCは，行政命令（同意命令）を通じて遵守を執行することができ，係る命令の遵守を組織的に監視する．組織が遵守を怠る場合，FTCは，民事的制裁等を求めて，事案を所管の裁判所に持ち込むことができる．あるいは，FTCは，暫定的若しくは永久的差止命令又は他の救済を求めて連邦裁判所に直接に申し立てることができる．各同意命令により，組織はFTCに提出した遵守又は評価報告書をプライバシー・シールド関連部門に公開するよう義務づけられる．FTCは，プライバシー・シールドの事案について，FTC又は裁判所の命令に服する企業のオンラインリストを保持する．

　第6に，他の救済手段のいずれも個人の苦情を満足に解決しない場合，EUのデータ主体は，「最終手段」の救済措置として，「プライバシー・シールド・パネル」による拘束的な仲裁を申し立てることができる．

　このパネルは，商務省及び欧州委員会が指名した少なくとも20名が集まる仲裁人で構成される．各事案において，当事者は，この集団から，1名又は3名の仲裁人によるパネルを選任する．手続は，商務省及び欧州委員会が合意した標準的な仲裁基準により管理される．係る基準には，仕組みへのアクセシビリティを促進するために，国のデータ保護機関によるデータ主体への支援，米国で仲裁手続が行われる際に，EUのデータ主体が無料でビデオ又は電話会議を通じて参加できること，通訳及び翻訳の無料提供，弁護士費用の支援等が定められている．

　プライバシー・シールド・パネルは，諸原則違反の救済に必要な「個人に固有の，非金銭的なエクイティ上の救済」を課す権限を有する．

　パネルは，他の仕組みによる救済を考慮に入れるが，個人は，これらの救済が不十分であると考える場合には，なお仲裁を求めることができる．それによ

り，EU のデータ主体は，満足に解決されないすべての苦情について，仲裁申立を行うことができる．ただし，組織が雇用状況において収集した人事データの取扱いに関して，データ保護機関の助言に協力及び遵守する義務を負う場合や，組織が自発的に協力する場合に，データ保護機関が，自己認証企業に関して事案を解決するための法的権限を有しているときには，仲裁申立は認められない．個人は，連邦仲裁法（Federal Arbitration Act）[73]に基づき米国裁判所において仲裁決定を執行することができ，それにより企業の違反事例において法的救済を確実にすることができる．

第7に，組織が諸原則及びプライバシーポリシーを尊重するという約束に違反した場合には，不法行為，詐欺的表示，不公正若しくは詐欺的行為若しくは実務，又は，契約違反に基づく司法の救済が提供される．

データ保護機関は，EU のデータ主体による苦情に基づき，個人データの米国への移転が EU のデータ保護法に違反していると考える場合は，データ移転者に関して権限を行使することができ，必要に応じてデータ移転の停止を命じることができる．

6.2.3 EU-U.S.プライバシー・シールドに基づき移転された個人データへの米国の公的機関によるアクセス及び利用[74]

セーフハーバー無効判決は，公的機関による個人データへのアクセス及び利用を制限するための米国の規律について，欧州委員会が何らの認定も行っていないことを批判した．プライバシー・シールドに関する欧州委員会実施決定は，米国の公的機関による移転データの収集及び利用について，次のように認定している．

　諸原則の遵守は，国家安全，公益又は法執行義務を満たすために必要な範囲で制限される．米国政府は，国家情報長官室（Office of the Director of National Intelligence, ODNI）[75]を通じて，詳細な表明及び保障を欧州委員会に提供した．米国政府は，国家安全のための干渉について，プライバシー・シールド・オンブズパーソンという，諜報機関とは独立した新たな監視の仕組みを創設することを約束した．

国家安全目的のための米国の公的機関によるアクセス及び利用[76]

　米国法は，プライバシー・シールドに基づき移転された個人データを国家安全目的のためにアクセス及び利用することに対し，いくつかの制限を含んでおり，同様に，違法な干渉及び濫用の危険に対してこれらのデータを効果的に保護するための十分な安全保護を提供する監視及び救済措置を含んでいる．

①制限[77]

　米国憲法に基づき，国家安全を保障し，外国諜報に関して米国の外交を行うことは，最高司令官としての大統領の権限に属する[78]．議会は制限をかける権限を有しているが，大統領は，特に大統領命令又は大統領指令を通じて，米国の諜報機関の活動を指示することができる．このことは，議会の指針が存在しない領域にも当てはまる．この点における2つの中心的な法的文書は，大統領命令第12333号（Executive Order 12333）[79]及び大統領政策指令第28号（Presidential Policy Directive 28, PBD-28）[80]である．

　2014年1月17日に発出されたPBD-28は，「電波情報」（signals intelligence）の運用への制限を課している[81]．この指令は，米国の諜報機関への拘束力を有し，米国の行政府が変更しても有効であり続ける．PBD-28は，次のことを明記し，EUデータ主体を含む非米国人を特に重要視している．

　（a）電波情報の収集は，制定法又は大統領の権限に基づかなければならず，また，米国憲法（特に修正第4条）及び米国法に基づき実施されなければならない．
　（b）何人も，国籍や居住地にかかわらず，尊厳及び尊重をもって扱われなければならない．
　（c）何人も，自らの個人情報の取扱いにおける適法なプライバシーの利益を有する．
　（d）プライバシーと市民的権利は，米国の電波情報収集活動計画において不可欠な考慮事項である．
　（e）そのため，米国の電波情報収集活動は，国籍又は居住地にかかわらず，すべての個人の個人情報のための適切な安全保護を含まなければならない．

　PBD-28によると，電波情報の収集は，国及び機関の責務を支援するための

第4章　セーフハーバーとEU-U.S.プライバシー・シールド

外国諜報又は対敵諜報目的がある場合に限り行うことができ，他の目的のため（例えば米国企業を競争上有利にするため等）には許されない．別添Ⅳの中で，ODNIは，諜報機関の構成要素において，「実行可能な場合はいつでも，判別値（特定の設備，選択された用語及び識別子など）の利用を通じて，特定された外国諜報の標的又は項目に焦点を当てた収集を行うべきであることを要求すべきである．」と述べている．さらに，情報収集に関する決定は，個々の諜報機関への裁量を残すものではなく，米国諜報機関の構成要素（当局）がPBD-28を実施するために策定を義務づけられる方針及び手続に服する．調査は「国家諜報優先事項枠組（National Intelligence Priorities Framework, NIPF）」全体の範囲内で行われ，同枠組みは，高位の政策決定者が述べた諜報の優先度を保障し，現実の国家安全への脅威への即時対応を継続するために規則的に見直され，プライバシー・リスクを含めたあり得るリスクを考慮に入れる．これに基づき，機関職員は，優先事項に迅速に対応する外国諜報を収集するために予測される個別の選択用語を調査し，かつ特定する．選択用語は，優先事項に沿って有益な諜報を提供しているか否かを見るために，規則的に見直されなければならない．

　さらに，PBD-28の要件によると，収集は常に「実現できるよう調整され」なければならず，諜報機関は，他の情報の利用可能性や適切かつ実現可能な代替手段を優先し，大量収集を標的とする場合の優先事項に関する一般原則をよく考慮しなければならない．ODNIによると，大量（bulk）収集が「膨大（mass）」でも「見境のないもの（indiscriminate）」でもなく，例外は原則を吸収しない．

　PBD-28は，緊急事態では大量の電波情報を収集しなければならないと説明する一方で，標的の電波情報収集を行える代替手段を優先するよう，諜報機関の構成要素に指示している．したがって，判別値――すなわち，特定の標的と識別子が関係する場合（標的の電子メールアドレス又は電話番号等）――の利用を通じた標的収集が「技術的又は運用上の考慮要素により」不可能な場合に限って，大量収集は認められる．これは，電波情報の収集方法と実際に収集されるものの両方に適用される．

　ODNIの表明に従い，諜報機関が標的収集のために特定の識別子を利用できない場合であっても，収集は「できる限り」限定する．そのために，諜報機関は，外国諜報を行う価値がある通信の収集を絞るために，フィルターその他の

技術的手段を適用する．結果として，大量収集は少なくとも2つの方法に焦点が絞られる．第1に，常に特定の外国諜報目的に関係し（例えば，特定地域でテロ集団が行っている活動に関する電波情報を得る場合等），また，係る関係性を有する通信の収集に焦点を当てる．「米国の」電波情報収集活動はインターネットを横断する通信のごく一部のみに触れる．第2に，フィルターその他の技術的手段は，「無関係な情報」の収集量を確実に最小限にするために「できる限り正確な」収集に焦点を当てるよう設計される．

米国が大量の電波情報収集の必要があると考えた場合でも，PBD-28は，係る情報の利用は，国家安全目的に関して列挙された6つの特定事項に限定している．これらの許容される目的は，軍隊又はその構成員へのスパイ，テロ，大量破壊兵器から生じる脅威，サイバーセキュリティへの脅威に加え，他の5つの目的に関連する国際的な犯罪への脅威を探知し抵抗する方法を構成するとともに，少なくとも年次で見直される．諜報機関の構成要素は，未評価の電波情報を問い合わせるための解析実務及び基準を強化してきた．

これらの制限は，プライバシー・シールドに基づき移転された個人データへのアクセスにも適用される．

最高司令官としての大統領が発した指令として，これらの要件は諜報機関全体を拘束し，実施されてきた．議会はPBD-28には拘束されないが，米国内での個人データの収集及びアクセスの標的を絞るための措置も講じてきた．

ひとたびデータが米国内の組織に移転され，その組織がプライバシー・シールドに基づき自己認証した場合，米国の諜報機関は，請求が外国諜報監視法（Foreign Intelligence Surveillance Act, FISA）を遵守している場合又はいわゆる国家安全書簡（National Security Letter, NSL）に基づき連邦捜査局が請求を行った場合にのみ，個人データを求めることができる．

プライバシー・シールドに基づき移転されたEUデータ主体の個人データの収集（及びその後の処理）に対しては，FISAが適用される．FISA第104条[82]に基づく伝統的な個別の電子的監視及びFISA第402条[83]に基づくペンレジスター又はトラップ＆トレース装置のインストールを除き，FISA第501条（米国愛国者法の旧第215条）[84]及びFISA第702条が中心規定である．

2015年6月2日に可決された合衆国自由法は，FISA第402条及び第501条，NSLの利用を通じた記録の大量収集を禁止しており，代わりに「特定用語選択」（specific selection terms）を利用するよう義務づけている．

第4章　セーフハーバーとEU-U.S.プライバシー・シールド

2つの重要な諜報計画（PRISM, UPSTREAM）の根拠となるFISA第702条に関しては，標的の電子メールアドレス又は電話番号のような，個別の通信設備を特定する個々の選択を利用することを通じて，対象を絞る方法で調査が行われている．キーワードや標的となる個人の氏名でさえ用いられない．そのため，プライバシー及び市民的自由監視委員会（Privacy and Civil Liberties Oversight Board, PCLOB）が注記したように，第702条の監視は，個別に決定が下された標的となる特定の（非米国）人で完全に構成されている．FISA第702条は，時限規定により，2017年に見直される必要があり，そのときに，欧州委員会はEUデータ主体が利用できる安全保護を再評価しなければならないであろう．

米国政府は，米国諜報機関において，「一般のEU市民を含め，あらゆる者に関する無差別な監視は行っていない．」ことを欧州委員会に対して明示的に保障した．

PBD-28は，アクセスは「権限を持つ職員がその責務を遂行するために情報を知る必要性がある場合に制限しなければならず」，当該個人情報は「機微情報のための適切な安全保護に沿って，適切な保護を提供し無権限者によるアクセスを防止する条件に基づき，取り扱われ，保存されなければならない．」ことを求めている．諜報員は適切かつ十分な訓練を受ける．

米国の諜報機関がEUデータ主体から収集した個人データを保存し移転することについて，PBD-28は，何人も（非米国人を含め），尊厳及び尊重をもって扱われるべきであり，何人も自らの個人データの取扱いにおける適法なプライバシーの利益を有し，それゆえに，諜報機関の構成要素は，係るデータが「移転と保存を最小限にするために合理的に講じられ」るための適切な安全保護を提供する政策を確立する必要があると述べている．

米国政府は，この合理性の要件によって，諜報機関の構成要素は「理論的に可能なあらゆる手段」を採用する必要はないが，「適法なプライバシーと市民的自由の利益を保護する努力と電波情報収集活動の実際上の必要性を衡量する」必要性が示唆されると説明した．この点において，司法長官が承認した手続に基づき，非米国人は米国人と同じ方法で扱われる．

データの保存は，ODNI長官において継続的保存が国家安全の利益になる旨を明示的に決定した場合を除き，一般に最大5年間に制限される．提供は，情報が根本的な収集目的と関連し，権限を与えられた外国諜報又は法執行要件に

十分に対応する場合に制限される.

当該個人が非米国人であり,「外国人の日常的活動に関する電波情報は外国諜報と考えられず,他に許可された外国諜報の要件に即応する場合を除き,その事実単独であれば提供し又は永久に保存できる.」ことを唯一の理由として,個人情報を提供してはならないとされている.

[解説] EU-U.S.プライバシー・シールドに登場する外国諜報監視法(FISA)は,ウォーターゲート事件[85]を受けて,1978年10月25日に成立した法律である.この法律は,政府機関が外国諜報情報を得るために実施する電子的監視や物理的捜索,ペン・レジスター及びトラップ&トレース装置の活用,特定の業務記録や他の有形物の取得に関して,FISCの裁判所命令(court order)を得るための手続等を定めている.構成は,第1節「電子的監視」[86],第2節「物理的捜索」[87],第3節「外国諜報目的でのペン・レジスター及びトラップ&トレース装置」[88],第4節「外国諜報目的による一定の業務記録へのアクセス」[89],第5節「監督」[90],第6節「国外にいる一定の人に関する追加手続」[91],第7節「政府を支援する人々の保護」[92]となっている.

FISAの規定は,2001年9月11日の同時多発テロを受け,同年10月26日,愛国者法(USA PATRIOT ACT),2007年合衆国保護法,2008年のFISA改正法等により改正され,現在の規定となった.いずれの改正も捜査権限を強化することを内容としている.

外国諜報監視裁判所(Foreign Intelligence Surveillance Court, FISC)への裁判所命令申請に当たっては,(1)申請者である連邦政府の行政官の身元,(2)電子的監視の対象者が判明しているときはその身元,又は対象者に関する説明,(3)監視対象者が外国勢力又はそのエージェントであること,及び,電子的監視を行う施設又は場所が,外国勢力又はそのエージェントに利用され,又は利用されようとしていることを正当に信じる事情の陳述,(4)最小化手続(minimization procedures)に関する陳述,(5)捜索すべき情報の特徴,及び,監視対象となる通信又は活動の種類に関する説明,(6)国家安全保障担当大統領補佐官等による証明,(7)監視の実施方法及び立入の必要性,(8)監視対象者,施設又は場所に関する過去の全申請に関する事実の陳述,(9)電子的監視の期間の陳述等を含めなければならない[93].

(6)の証明事項は,さらに,(A)証明者である行政官が捜索すべき情報を外国

第4章　セーフハーバーとEU-U.S.プライバシー・シールド

情報の取得にあること，(C)当該情報は，合理的に見て通常の捜査技術では取得できないこと，(D)「外国諜報情報」の定義するカテゴリに沿って捜索すべき外国諜報情報の種類が指定されていること，(E)捜索すべき情報が指定された外国諜報情報の種類に該当すること，及び，当該情報は，合理的に見て通常の捜査技術では取得できないことを根拠とする陳述を必要とする．

(B)は，愛国者法によって改正された重要部分である．改正前は，電子的監視により外国諜報情報を取得するためには，捜査の「目的」であることが必要とされていたが，改正によって，捜査の「重要な目的」の1つであればよいとされ，別に主たる目的があったとしても，電子的監視を行うことが認められるに至った．

FISCの裁判官は，連邦政府の行政官により申請され，その申請を司法長官が承認したこと，上記(3)の事情を信じるに足りる相当な理由（probable cause to believe）があること，最小化手続を満たしていること等の判断を下した場合には，申請された通りに又は修正を加えて，電子的監視を承認する一方的命令（ex parte order）を発しなければならない[94]．「一方的命令」は，FISCの裁判所命令が，監視対象者に告知されないことを意味しており，FISCは「秘密法廷」（secret court）といわれている[95]．

最小化手続とは，合衆国人の同意を得ずに秘密裏に入手する情報に関し，その収集及び保存を最小限度に止め，かつ提供を禁止すること等を内容とする手続をいう[96]．

捜査の実施は，大統領命令第12333号[97]に基づき司法長官によって承認された指針に従うこと等が条件づけられている．大統領命令第12333号について，その第2.3条は，諜報諸機関による，合衆国人に関する情報の収集，保有，提供権限，第2.4条は，諜報諸機関による，国内での，又は，国外の合衆国人に向けられた，侵襲性の最も少ない情報収集技術の利用，第2.5条は，司法長官による，国内での，又は，国外の合衆国人に対する，諜報目的の技術使用の承認権限を定めている．法執行目的で令状が必要な場合に，司法長官は，個々の事件で，外国勢力や外国勢力のエージェントに対して技術が向けられると信ずるに足りる理由があると結論づけない限り，当該技術に取りかかることは認められない．

②**効果的な法的保護**[98]

再び欧州委員会実施決定に戻ると，同委員会は，米国の諜報機関が，米国に移転された個人データに干渉することについて，米国内に存在する監視の仕組

みと，EUのデータ主体が個人の救済を求めるために利用可能な手段を評価した．

ⅰ) 監視[99]

米国諜報機関は，行政部門の内外の機関，議会の委員会，司法的監督に服する．

第1に，米国の機関の監視活動は，行政機関内からの広範な監視に服する．

PBD-28に基づき，諜報機関の構成要素による政策及び手続は「個人情報の安全保護を実施することへの監督を促進するために適切な措置を含めなければならず」，これらの措置には定期的な監査が含まれる．

この点，市民的自由又はプライバシー担当官，監察長官（Inspector Generals），ODNIの市民的自由及びプライバシー室，プライバシー及び市民的自由監視委員会（Privacy and Civil Liberties Oversight Board, PCLOB），及び，大統領の諜報監督員会を含め，複数の監視レイヤーが設けられてきた．

市民的自由又はプライバシー担当官は，諜報機関の様々な部門[100]での監督権限を有し，個人の苦情に対処するための適切な手続の監督を包含する．機関/局の長官は，担当官が必要とするすべてのものへアクセスできるよう保障する必要がある．担当官は，定期的に議会及びPCLOBに報告を行う．それには，受領した苦情の数と性質，苦情処理の要旨，実施された審査及び質問，職員が実施した活動の影響に関するものが含まれる[101]．国のデータ保護機関の評価に基づき，担当官による内部監視は，「かなり頑健」なものとして考えることができる．

諜報機関の構成要素は，外国諜報活動を監視する責任を負う監察長官を自機関に有している．監察長官室は，諜報機関全体にわたり，包括的に，苦情，又は，違法行為や権限濫用の主張に関する情報を調査する権限を有している．監察長官は，法的に独立した部門であり，濫用又は法律違反を含め，国家安全目的で各機関が実施する計画及び運用に関する監査及び調査に責任を負う[102]．彼らは，必要な場合には罰則付き召喚令状により，すべての記録，報告書，監査，審査，文書，書類，勧告又は他の関連するものにアクセスする権限を有しており，また，審問を行うことができる．

PCLOBは，上院の承認を得て大統領が6年の固定任期のために任命した，二党を代表する5人の委員[103]で構成される，行政機関内の独立部門であり，

第4章　セーフハーバーとEU-U.S.プライバシー・シールド

対テロ政策及びその実施の分野内で，プライバシー及び市民的自由を保護するための責任を担っている．諜報機関の活動審査において，同委員会は，機密情報を含め，すべての関連機関の記録等にアクセスし，インタビューを行い，証言を聴取することができる．同委員会は，連邦機関／局の市民的自由及びプライバシー委員からの報告書を受領し，彼らに勧告を発することができ，議会の委員会及び大統領に定期的に報告を行う[104]．PLCOBは，その委任の範囲内で，PBD-28の実施を評価する報告書を作成する．

前記の監視の仕組みは，大統領の諜報助言委員会（President's Intelligence Advisory Board）内で設立された諜報監視委員会（Intelligence Oversight Board）によって補完される．

諜報機関の構成要素は，個人情報のクエリ又は他の検索を監視し，記録し及び見直せるようにするための情報システムを設計するよう奨励される．監視及び遵守機関は，定期的に，電波情報を含む個人情報を保護するために，諜報機関の構成要素の実務を監視し，彼らの手続遵守を確認する．

これらの監督機能は，違反に関する幅広い報告義務によって，一層支援される．特に，機関は，電波情報の収集に関する重大な遵守問題が発生したときに，迅速に諜報機関の構成要素の長に報告しなければならず，それはPBD-28に基づき国家情報長官に通知され，同長官は矯正活動の要否を決定しなければならないという手続を保障する．さらに，大統領命令第12333号に従い，諜報機関の構成要素は，諜報監視委員会へ違反事案を報告しなければならない．これらの仕組みは，問題が諜報機関の最高レベルに宛てられたものであることを保障する．それが非米国人に関係する場合，国家情報長官は，国務長官及び通知部門又は局の長と相談し，情報源，手法及び米国職員の保護に沿って，関連する外国政府へ通知するための措置を講じるべきか否かを決定しなければならない．

第2に，米国議会のうち，特に下院及び上院の諜報及び司法委員会は，すべての米国の外国諜報活動に関する監督責任を負う．国家安全保障法（National Security Act）[105]に従い，「大統領は，議会の諜報委員会において，本節で義務づけられる重大な予測される諜報活動を含め，米国の諜報活動の情報を完全かつ現在進行形で受領し続ける．」ことを保障しなければならない[106]．また，「大統領は，あらゆる違法な諜報活動が迅速に議会の諜報委員会に報告されることとともに，係る違法活動に関して，講じられたあらゆる矯正活動又は予定されている矯正活動の報告も同様に保障しなければならない．」[107]これらの委

員会の構成員は，諜報手段及び計画とともに，機密情報へのアクセスを行う[108]．

　後者の諸法律は報告義務を拡大及び改善している．例えば，FISA は，司法長官に対し，FISA の一定の規定に基づく政府の活動について，上院並びに下院の諜報及び司法委員会に「すべて報告」することを義務づけている[109]．同法はまた，政府に対し，FISA の条項の「重要な解釈を含む，FISC 又は外国諜報監視審査裁判所（Foreign Intelligence Surveillance Court of Review, FISCR）のすべての決定，命令若しくは意見の写し」を議会の委員会へ提供することを義務づけている．特に，FISA 第702条に関しては，諜報及び司法委員会に対する法律上の義務的報告とともに，頻繁に行われる状況説明及び聴取を通じて，監督が行われる．これらには，第702条の利用に関する司法長官による年2回の報告，司法省及び ODNI の遵守報告書及び違反事案の説明を含む補足文書[110]，並びに，標的設定手続及び最小化手続の遵守を文書化する司法長官及び国家情報長官による年2回の個別評価が含まれる[111]．議会はまた，標的手続及び最小化手続，機関による司法長官の指針遵守を評価する権限を有する監察長官から，報告書を受領する．

　2015年合衆国自由法（USA FREEDOM Act of 2015）[112] に従い，米国政府は，議会（及び一般）に対し，FISA の命令及び指示，同様に，とりわけ監視の標的とされた米国人及び非米国人の推定数を毎年開示しなければならない[113]．同法は，米国人及び非米国人に関する NSL の発布数に関して，一般への報告を追加的に義務づけている．

　第3に，FISA に基づく米国の公的機関の監視活動は，FISC によって審査され，その措置は事前の許可に服する場合がある．FISC は独立の審査機関であり，その決定は，FISCR，最終的には合衆国最高裁判所への不服申立対象となる．事前許可の場合，請求機関（FBI, NSA, CIA 等）は，司法省の国家安全保障局（National Security Department）の弁護士に，申請書草案を提出し，弁護士は必要な場合には追加情報を請求しなければならない．申請が終局化した場合は，司法長官，司法副長官又は司法次官補から，国家安全目的による承認を受けなければならない[114]．その後，司法省は，FISC に申請を提出し，FISC は申請を評価して進め方を事前決定する．審問が行われる場合，FISC は専門家の助言を含む証言を聴取する権限を有する．

　FISC（及び FISCR）は，国家安全事項及び市民的自由における5名の専門家による常設委員会によって支援される[115]．裁判所は，プライバシーの検討を

十分に思案するために，原則として法廷助言者の役割を果たす個人を指名しなければならない[116]．裁判所は，技術的専門知識の提供を含め，法廷助言者の役割を果たす個人又は組織を指名し，係る助言者による法廷助言文書の提出を認めることができる[117]．

有体物（図書，記録，書類，文書及び他の物を含む）の収集を認める FISA 第501条[118]に基づく FISC への申請は，申請された有体物が，米国人に関係しない外国諜報を得るため，又は，国際テロ若しくは機密の諜報活動から保護するために実施される，（驚異の評価以外の）許可された調査に関係すると信じる相当な理由があることを示す事実の陳述を含まなければならない．また，申請は，収集された情報の保有及び提供のために司法長官が採択した最小化手続に関する一覧を含まなければならない[119]．

反対に，FISA 第702条[120]に基づき，FISC は個々の監視措置は許可せず，むしろ，司法長官及び国家情報長官が設けた年次の承認に基づく監視計画（PRISM, UPSTREAM など）に権限を与える．FISA 第702条[121]は，外国諜報情報を得るために，米国外にいると信じるに足りる相当な理由がある者を標的にすることを認めている．係る標的特定は，NSA により二段階に分けて実施される．第1に，NSA の分析は，外国にいる非米国人を特定し，その監視は，分析評価に基づき，承認（certification）の中で特定された関連する外国諜報に向けられる．第2に，一旦これらの個々の者が特定され，その標的が NSA 内の拡大審査手続により承認されたら，通信設備を特定する選択要素（selector）（例えば電子メールアドレスなど）で，標的が利用するものが任務の対象となる（すなわち展開され適用される）[122]．FISC の承認は，個々の標的となる人物の情報を含まず，むしろ，外国諜報情報の類型を特定する[123]．FISC は，個人が適切に標的にされていることを評価するものではないが，「取得の重要な目的が外国諜報情報を得ること」という条件を監督する[124]．実際，FISA 第702条に基づき，NSA は，与えられた通信手段が外国諜報情報（国際テロ，核拡散又は敵対的サイバー活動に関係するもの等）の通信を行うために使われていることを合理的に信じることができる場合に限り，米国外にいる非米国人の通信の収集が認められている．この効果の決定は，司法審査に服する．承認は，標的決定及び最小化手続を提供することも求めている[125]．司法長官及び国家情報長官は，遵守を確認し，機関は，あらゆる違反事案を FISC に報告する義務を負い，FISC はこれに基づき許可を修正することができる[126]．

米国行政府は，第702条の標的決定に関するFISCの文書を用意するために，PCLOBの勧告を実施する．同時に，米国の行政府は，標的設定手続のための外国諜報の根拠を文書化するために，NSAの標的設定手続を変更することを受諾し，そのための措置を講じてきた．

> [解説] PRISMが根拠としたのは，FISA改正法第702条であった．
>   同条は，国外にいる非米国人を標的にするための手続を定めている．司法長官と国家情報長官の共同許可により，個別の裁判所命令を経ることなく，最長1年の間，国外にいると合理的に信じられる非米国人を標的に，外国諜報情報の取得が認められる．共同許可は，司法長官と国家情報長官の共同認証（certification）を承認する裁判所命令，又は，緊急事態（exigent circumstances）が存在する旨の両長官の判断のいずれかに基づくことが必要である[127]．
>   そして，取得できる情報には，次のような制限が設けられている[128]．
>
> ・取得時に国内にいることがわかっている人物を故意に標的にしてはならない．
> ・当該取得の目的が，国内にいると合理的に信じられる特定かつ既知の人物を標的とすることにある場合に，国外にいると合理的に信じられる人物を故意に標的にしてはならない．
> ・国外にいると合理的に信じられる合衆国人を故意に標的にしてはならない．
> ・発信者及び意図された全受信者が，取得時に国内にいることがわかっている通信を故意に取得してはならない．
> ・合衆国憲法修正第4条に即した態様で行わなければならない．
>
>   共同許可を行うために，司法長官は，国家情報長官と協議の上，国外にいると合理的に信じられる人物を標的に限定して取得し，かつ，発信者と意図された全受信者が取得時に国内にいるとわかっている通信を故意に取得しないようにするための標的設定手続（targeting procedures）を採用しなければならない[129]．同に，司法長官は，国家情報長官と協議の上，情報取得に関する最小化手続を採用しなければならない[130]．標的設定手続と最小化手続は，FISCによる司法審査を受けなければならないが[131]，認証の中でなされた主張の裏付けを得る必様要はない．
>   司法長官と国家情報長官は，共同許可に先立ち，FISCに対し，書面による認

証及びそれを裏付ける宣誓供述書を，封をした状態で提出しなければならない[132]．この認証において証明すべき事柄は次の通りである．

- 国外にいると合理的に信じられる者を標的に限定して取得し，発信者と意図された全受信者が取得時に国内にいるとわかっている通信を故意に取得しないように，適切に設計された手続が存在しており，FISCから既に承認され，承認を得るため既に提出され，又は認証とともに今後提出されるものであること．
- 取得に関して，電子的監視又は物理的監視の規定に基づく最小化手続が用いられることになっており，FISCから既に承認され，承認を得るため既に提出され，又は認証とともに今後提出されるものであること．
- 取得の制限を遵守し，裁判所命令の申請を確実に行うためのガイドラインが採択されたこと．
- 上記手続及びガイドラインが，合衆国憲法修正第4条の要件を遵守すること．
- 取得の重要な目的が外国諜報情報の入手にあること．
- 取得は，電子通信サービスプロバイダから，又はその支援を受けて，外国諜報情報を収集することを伴うこと．
- 取得が上記の制限を遵守すること．

第702条が適用されるのは，次の2つのカテゴリであると考えられている．
　第1は，国内での国際有線通信の取得であって，FISAにより，捕捉される通信の一方の端（endpoint）が国内にある通信の場合である．この場合は，裁判所命令なしに，国内にいる人物（市民を含む）が一方の当事者である通信を国内で取得することが認められる．2008年FISA改正法以前は，緊急事態を除き，このような取得には裁判所命令が必要であった．
　第2は，人がプライバシーを合理的に期待し，法執行目的で令状が必要であろう状況で，国内で有線又は無線の通信以外から情報を得るための電子的，機械的又は他の監視装置の設置又は使用を行う場合である．この例には，隠しマイクなどがあり，蓄積された通信へのアクセスも含まれると考えられている．また，物理的捜索を通じて，電子的に蓄積された情報を取得する場合でも，当該情報が電子通信サービスプロバイダから，又はその支援を受けて取得される限り，第702条に基づく許可が認められる．第1のカテゴリの場合と同様，2008年FISA改正法以前は，個別の裁判所命令の取得を要する可能性が高いと考えられていた．

また，上記の改正以前は，個々の標的に対する裁判所命令が発せられた後でようやく，持続的な電子的監視や電子的に蓄積された通信へのアクセスが認められていた．しかし，改正に基づき，FISC が司法長官等の認証を承認することによって，個々の標的を特定することなく，持続的な電子的監視や電子的に蓄積された通信へのアクセスが認められることとなった．

　1986年電子通信プライバシー法には，「電話料金及び取引記録への対諜報目的のアクセス」(133)の規定が置かれている．これは，PRISM 計画で用いられた NSL(134) の根拠規定である．FBI 長官等は，国際テロリズム又は秘密諜報活動を防止するための捜査活動であることを書面により証明すれば，裁判所命令等を得ることなく，有線通信サービス又は電子通信サービスプロバイダに対し，氏名，住所，サービスの期間及び電話料金記録といった通信に係る情報の開示を要求する権限を有する(135)．FBI 長官等により発せられる罰則付召喚令状が NSL である．有線通信サービス又は電子通信サービスのプロバイダ又はその職員等は，FBI 長官等が，合衆国の国家安全，犯罪・テロ対策・諜報対策の捜査への不法な妨害等への危険が生じ得ることを証明した場合には，FBI が本条に基づく情報又は記録へのアクセスを試みていること，又はアクセスしたことを，他者に開示してはならない(136)．

　この規定に基づき開示を求めることができる範囲は，愛国者法第505条により大きく拡大された．改正前は，外国の諜報活動に対抗するための授権された捜査活動に関する情報であり，かつ，その人物又は組織が，FISA の定義する「外国勢力」又は「外国勢力のエージェント」に関係すると信じるに足りる理由がある場合に限られていたが，愛国者法による改正では，「国際テロリズム又は秘密諜報活動に対抗するための授権された捜査活動」に関連する情報の提供を求められるようになった(137)．しかし，NSL はその濫用的請求が問題視されてきた．

　また，愛国者法第215条は，FISA を改正し，「国際テロリズム又は秘密諜報活動の防止を目的とする捜査」に関する場合には，通信関連以外の記録を提出させられるようにした(138)．電子通信プライバシー法の改正と異なるのは，裁判所命令を経るという点である．同条は，FBI 長官等において，合衆国人が関係しない外国諜報情報を取得し，又は，国際テロリズム若しくは秘密諜報活動の防止を目的とする捜査のために，有形物（帳簿，記録類，書類，資料その他のものを含む．）の提出を求める裁判所命令を請求する権限を付与している．これにより，電話のメタデータ収集を行うことが認められる．

　2008年 FISA 改正法は，2012年12月31日に期限を迎える予定であったが，オバ

マ大統領は同年12月30日，2012年FISA改正法再授権法に署名し，同法の期間を2017年12月31日まで延長した(139)．

米国では，FISAや愛国者法等に基づく監視行為が認められてきたものの，PRISM問題への批判やセーフハーバー無効判決が下されたことなどを受け，2015年6月2日，監視行為を制限するための「合衆国自由法」（USA FREEDOM Act）が成立した(140)．正式名称は，「2015年監視行為に対する権利を満たし効果的な規律を保障することにより合衆国を統一し強化する法」(Uniting and Strengthening America by Fulfilling Rights and Ensuring Effective Discipline over Monitoring Act of 2015)である．プライバシー・シールドに関する欧州委員会実施決定文書では，主に，大量収集禁止，FISA改正，司法審査に関する改正事項が取り上げられている．

大量収集禁止

国家安全保障令状（NSL）改革として，1986年電子通信プライバシー法に基づく，電話料金及び取引記録へのアクセス(141)，1978年金融プライバシー権利法に基づく金融記録へのアクセス(142)，公正信用報告法に基づく消費者記録のFBIへの開示(143)について，対象者，事業者，電話番号やアカウントなど，対象情報等を特定することができ，これにより大量収集が制限される．

外国諜報及び国際テロ捜査のためのペン・レジスター及びトラップ＆トレース装置の使用に際しては，記録の大量収集を禁止しており，代わりに「特定用語選択」(selection term) を利用するよう義務づけている(144)．これは，人，アカウント，アドレス，個人のデバイスその他の特定識別子を指定する用語であり，ペン・レジスター及びトラップ＆トレース装置の利用目的に沿う形で，求める情報の範囲を合理的に実現可能な最大限の範囲に制限するために用いる用語をいう(145)．

外国諜報及び国際テロ捜査のための一定の業務記録へのアクセス(146)について，FBI長官又は同長官が指名した者は，米国人に関係しない外国諜報情報を得るために，又は，国際テロ捜査若しくは秘密諜報活動を防止するために，大統領命令第12333号に基づく司法長官の指針に従い，有体物の提出を求めて裁判所命令を請求することができる(147)が，請求に際しては，FISCの裁判官(148)又は一定条件を満たす治安判事に対して請求対象の根拠に用いるべき特定用語選択等を含まなければならない(149)．

FISA改正

合衆国自由法は，FISA 第702条も一部改正した[150]．司法長官及び国家情報長官は，非米国人の外国諜報情報の収集許可を得るに先立ち，確認書及び宣誓供述書を提出しなければならないが，それに不備があれば訂正しなければならず，FISC が不備を命令した場合には，監視活動により入手した米国人の情報を他に用いてはならない．

その他，FISC 及び FISCR による法廷助言者の指名[151]，司法長官による両院の司法委員会，下院の諜報活動に関する常任特別委員会及び上院の諜報活動に関する特別委員会に対し，諜報活動に関する報告を行わなければならない規定[152]が設けられた．

司法審査

FBI 等は上記の業務記録提出命令の請求を行う際には，司法審査に服さなければならず，最小化手続の要件を満たさなければならない[153]．対諜報活動の目的による電話料金及び取引記録の請求又は請求に関して課された非開示請求は，司法審査に服する[154]．

ⅱ）個人の救済[155]

欧州委員会実施決定に戻ると，同文書は，EU のデータ主体が利用できる救済手段として，3つの分野，すなわち FISA に基づく干渉，政府官僚による個人データへの違法な故意によるアクセス，情報自由法（Freedom of Information Act, FOIA）に基づく情報へのアクセスに言及している．

第1に，FISA は，非米国人にも利用可能な救済を提供している．個人は，自己の情報が違法かつ故意に利用され又は開示されたときに，米国に対して損害賠償を求めて民事訴訟を提起する[156]，米国政府官僚を相手取って（「表見責任に基づき」），損害賠償を求めて訴える[157]，米国政府が電子的監視から得た情報を利用又は開示しようとした場合に，監視の適法性を争う（そして情報の制限を求める）[158]ことができる．

第2に，EU のデータ主体は，国家安全目的を称することを含め，政府による個人データへの違法なアクセス，利用を理由に，政府官僚を相手取って法的救済を求める手段を有する（コンピュータ詐欺濫用法[159]，電子通信プライバシー法[160]，及び，金融プライバシー権利法[161]）．また，行政手続法はより一般的

な救済可能性を用意しており,「行政機関の違法行為により被害を受け,又は,行政機関により不利な影響若しくは侵害を受けた者は何人も」司法審査を求める権利を付与される[162]. 裁判所に対し,「行政機関の行為,認定及び結論を[略] 十分な理由なく,裁量を濫用し,又はその他法を遵守せずに行われたと認定し,違法と判断し,無効とする.」よう求めることができる[163].

　非米国人は,FOIAに基づき,既存の連邦政府の記録へのアクセスを求める手段を有する[164]. FOIAは,個人データ自体への干渉に対して個人に救済手段を与えるものではなく[165],この点に関してすら,機関は,機密の国家安全情報及び法執行調査に関する情報へのアクセスを制限することができる.例外の利用に対しては,行政上及び司法上の審査の両方を求めて個人が不服を申し立てることができる.

　EUデータ主体を含む個人は,国家安全目的による違法な(電子的)監視に対する救済手段を持つ一方で,米国の監視機関が利用できるいくつかの法的根拠(大統領命令第12333号等)は対象とされていない.FISAに基づく監視に対する司法救済の可能性が原則的に存在するとしても,非米国人にとって利用可能な方策は限られており,個人の申立(米国人を含む)は,「当事者適格」を証明できない場合は不適格と宣言され,通常の裁判所へのアクセスが制限される[166].

　すべてのEUデータ主体が利用できる追加的手段を提供するために,米国政府は,「プライバシー・シールド・オンブズパーソン」(以下「オンブズパーソン」という.)という新たな仕組みを設けることを決定した.この仕組みは,PBD-28に基づき,米国の電波諜報活動が本来の概念から著しく逸脱していることに関して外国政府が懸念を提起するための連絡先として,国務省内に上級コーディネーター(副長官級)を指名することにより設置される.

　特に,オンブズパーソンの仕組みは,個人の苦情の適切な調査及び対処,並びに,個人が,米国法の遵守又は違反是正に関する独立した確認を得る旨を保障する.特に,個人の要請が,監視の米国法適合性に関係するときに,オンブズパーソンは,調査権限を有する独立の監督機関(監察長官又はPCLOB等)に頼ることができる.係る場合,国務長官は,オンブズパーソンがすべての必要な情報に基づき個人の要請へ対応するための手段を有するよう保障する.

　この「複合型の構造」を通じて,オンブズパーソンの仕組みは,独立の監視及び個人の救済を保障する.他の監督機関との協力は,必要な専門知識へのアクセスを保障する.最終的に,オンブズパーソンに対して遵守又は違反是正を

確認する義務を課す．

　第1に，純粋な政府間の仕組みと異なり，オンブズパーソンは，個人の苦情を受領し対応する．係る苦情は，国家安全サービス及び/又は公的機関による個人データの取扱いを監督する加盟国の監督機関に宛てられ，中央化されたEUの機関に提出され，そこからオンブズパーソンに回付される．これにより，EUデータ主体は，「自宅近く」の国の機関に母国語を用いて助けを求めることができる．当該機関は，オンブズパーソンに申立を行う際に，申立を完成させるために個人を支援することを任務とする．個人は，自己の個人データが電波諜報活動を通じて実際に米国政府によってアクセスされていることを立証する必要はない．

　第2に，オンブズパーソンは，その機能を果たす際に，米国法に存在する他の監視及び遵守審査の仕組みの協力に頼ることができる．要請がFOIAに基づく文書へのアクセスを行うものと解釈される場合には，国の諜報機関に関わる．要請が監視の米国法適合性と関係する場合，係る協力は，独立の監督機関（例えば監察長官）が徹底調査を（特にすべての関連文書へのアクセス並びに情報及び陳述を求める権限を通じて）行い，違反に対処する責任を負う．オンブズパーソンは，検討を求めて事案をPCLOBに照会することができる．これらの監督機関の1つによって違反が認定された場合，諜報機関の構成要素は，違反を是正しなければならない．オンブズパーソンにおいて個人への「積極的な」対応を提供できるのは，このことのみである．オンブズパーソンは，調査結果の通知を受け，その対応を準備するために必要な全情報を確実に受領するための手段を有する．

　オンブズパーソンは独立しており，米国の諜報機関の指示に服さない．これは，オンブズパーソンにおいて，（ⅰ）苦情が適切に調査され，（ⅱ）関連する米国法——特に別添Ⅵで述べた制限及び安全保護を含め——が遵守されており，又は，違反の場合は係る違反が是正されたことを「確認」しなければならないことを考えると，特に重要である．オンブズパーソンは，正確な苦情対応にアクセスするために必要な情報を受領しなければならない．国務長官は，オンブズパーソンが客観的であり，あらゆる不適切な影響から自由であるよう，副長官が機能を果たせるよう保障する．

法執行及び公益目的による米国の公的機関によるアクセス及び利用[167]

　欧州委員会実施決定文書は，公的機関が公益目的による情報収集を行う場合について，次のように評価している．

　米国憲法修正第4条は，法執行機関による捜索及び差押に，原則として，「相当な理由」の証明に基づき裁判所が命令する令状を義務づける．特別に設けられた例外的な場合には，令状要件は適用されず，法執行は「合理性」テストに服する．捜索又は差押の合理性は，「一方では個人のプライバシーを侵害する程度，他方では，適法な政府利益を促進するために必要とされる程度を評価することにより決定される」．法執行が差押物件を証拠として必要としなくなった場合には，返還すべきである．

　修正第4条の権利が非米国人には及ばない一方で，法執行機関が司法権限を求めなければならない（又は合理性の要件を尊重する）という効果を伴う個人データを米国企業が保有していることを考えると，その保護からの間接的な利益がある．

　裁判所又は大陪審による司法の事前許可は，すべての事案で要求されるわけではないが，行政上の召喚令状は，特別な場合に限定されており，少なくとも政府が裁判所の執行を求める場合には，独立の司法審査に服する．同じことは，公益目的のための行政上の召喚令状の利用にも該当する．加えて，合理性の基準への尊重は，当該機関がデータを要求できる場面に適用される．

　さらに，米国法は，行政手続法（APA），情報自由法（FOIA）及び電子通信プライバシー法（ECPA）を含め，適用可能な条件に従い，国籍に関係なくすべての個人に救済手段を与えている．

　電子通信プライバシー法第2章は，制定法上のプライバシー権の制度を定めており，サービス提供者が保存する有線，口頭又は電子通信のコンテンツへの法執行機関のアクセスを規律している．同法は，係る通信への違法なアクセスを処罰し，個人に対し，米国の連邦裁判所への民事訴訟を提起し，現実的及び懲罰的損害賠償，並びに，係る違法行為を働いた政府官僚又は米国政府に対するエクイティ又は宣言的救済を求めるための救済を与えている．

　また，FOIAに基づき，何人も，連邦の政府記録へのアクセスを得る権利を有し，かつ，行政的救済を利用したことに基づき，係る権利を裁判所で行使することができる．ただし，例外が適用される場合を除く．加えて，1998年

電話盗聴法[168]，1999年コンピュータ詐欺及び濫用法[169]，連邦不法行為請求法[170]，金融プライバシー権法[171]，並びに，公正信用報告法[172]等，他のいくつかの制定法が，個人に対し，米国の公的機関又は職員を相手取って，彼らの個人データの取扱いに関する訴訟を提起する権利を与えている．

6.2.4　EU-U.S.プライバシー・シールドに基づく十分な保護レベル[173]

上記の認定に照らして，欧州委員会は，プライバシー・シールドに基づきEUから米国内の自己認証組織に移転される個人データに対して，米国が十分な保護レベルを保障していると考える．

特に，委員会は，米国商務省が発した諸原則は，全体として，指令95/46/ECに定められた基本的諸原則により保障されるものと本質的に同等な個人データ保護レベルを保障していると考える．

加えて，透明性の義務及び商務省によるプライバシー・シールドの運用により，諸原則の効果的適用は保障されている．

さらに，委員会は，全体的に，プライバシー・シールドにより提供される監視及び救済の仕組みは，プライバシー・シールド組織による諸原則違反を特定し，実際に処罰し，データ主体には自己に関する個人データへのアクセス，及び最終的には，当該データの修正又は消去を得るための法的救済を提供することを可能にしていると考える．

最後に，米国政府の表明及び保障を含めた米国の法秩序に関する上記の情報に基づき，委員会は，国家安全，法執行又は他の公益目的のために，プライバシー・シールドに基づき米国からEUデータを移転された個人の基本的権利への米国の公的機関によるあらゆる干渉，及び，諸原則への遵守に関して自己認証組織に課せられる確実な制限は，問題の適法な目的を達成するために厳格に必要なものに限定され，かつ，係る干渉に対する効果的な法的保護が存在すると考える．

欧州委員会は，このことは，シュレムス事件において特に司法裁判所が説明したように，EUの基本権憲章に照らして解釈した，指令95/46/ECの基準を満たすものであると結論づける．

6.2.5　データ保護機関の活動及び欧州委員会への通知[174]

この項目では，セーフハーバー無効判決の認定に沿って，欧州委員会の立場

第4章　セーフハーバーとEU-U.S.プライバシー・シールド

が次のように示されている．

　同判決では，申立人が欧州委員会の十分性決定の資格に疑問を呈した場合に，同委員会は指令95/46/EC 第28条に基づくデータ保護機関の権限（データ移転を停止する権限を含む）を制限する資格を持たない旨を判断した．プライバシー・シールドの機能を効果的に監視するために，欧州委員会は，データ保護機関の関連行為について，加盟国から情報を受けるべきである．
　同判決は，指令95/46/EC 第25条（6）項第2段落に沿って，加盟国及びその機関は，EU機関に関する法を遵守するために必要な措置を講じなければならないと考えた．なぜなら，EU機関に関する法は原則的に適法と想定されており，それゆえに，廃止又は無効と判断されるまでの間は法的効果を生じさせるからである．
　結果として，指令95/46/EC の第25条（6）項に基づき採択された委員会の十分性決定は，その独立監督機関を含め，名宛人とされた加盟国のすべての機関に関して拘束力を有する．係る機関において，欧州委員会の十分性決定に関する苦情を受領し，提出された異議に十分に根拠があると考えたとき，国内法は，これらの異議を国内裁判所に持ち込むための法的救済を与えなければならず，疑問がある場合には，手続を維持し欧州司法裁判所に暫定的判断を付託しなければならない．

6.2.6　十分性認定の定期審査[175]

　セーフハーバー・スキームには定期審査に不備が存在していたため，プライバシー・シールドでは，継続的かつ定期的な監督の仕組みが導入された．

　欧州委員会は，プライバシー・シールドによる個人データ移転のための全体的な仕組みとともに，本決定の添付文書に含まれる表明及び約束を米国の機関が遵守していることを継続的に監視する．さらに，この決定は，諸原則への国家安全及び法執行による例外の運用を含め，プライバシー・シールドの機能に関するすべての側面をカバーする年次の共同審査に服する．米国は，プライバシー・シールド，及び，公的機関による個人データへのアクセスに適用可能な制限及び安全保護に関連する，米国法の重要な展開について欧州委員会に通知する．加えて，欧州委員会は，GDPRの適用開始に伴い，プラ

イバシー・シールドが提供する保護レベルの評価を行う．

　年次の共同審査の枠組みにおいて，欧州委員会は，商務省に対し，プライバシー・シールドの機能に関連する全側面についての包括的な情報を提供するよう要請する．それには，データ保護機関から商務省が受け取った照会及び職権審査の結果が含まれる．また，欧州委員会は，あらゆる問題及び事項に関する説明を求めることができ，それには，米国自由法に基づき認められる透明性レポート，米国の国家諜報機関，データ保護機関，プライバシー・グループによる公開レポート，メディアレポート，又は他の可能な情報源が含まれる．さらに，加盟国は，諸原則を遵守しなければならない米国の組織がそれを怠り，また，国家安全又は刑事犯罪の予防，捜査，探知若しくは訴追の責任を負う米国の国家機関の行動が，求められる保護レベルを保障しないことを示唆する場合，欧州委員会に通知する．

　年次の共同審査に基づき，欧州委員会は，公の報告書を準備し，欧州議会及び閣僚理事会に提出する．

6.2.7　十分性決定の停止

　前文の最終項目は「十分性決定の停止」であり，十分な保護レベルの継続を維持することを目的とする[176]．

　欧州委員会は，プライバシー・シールドの保護レベルがもはやEUで保障されるものと本質的に同等ではないとみなした場合，又は，米国の諸原則の効果的な遵守がもはや保障されておらず，若しくは，国家安全又は刑事犯罪の防止，捜査等に責任を負う米国の公的機関の行動が要求される保護レベルを保障していないことが，明らかに示唆されると結論づけた場合，商務省にそれを通知し，諸原則違反の可能性に迅速に対処するための適切な措置を，特定の合理的な期間に沿って講じるよう要請する．係る期間が経過した後に，米国の機関において，プライバシー・シールドの効果的な遵守及び十分な保護レベルの保障を満足に証明できなかった場合，欧州委員会は，本決定の部分的又は完全な停止若しくは廃止を行うための決定を開始する．代わりに，欧州委員会は，追加的条件に服するデータ移転のみに十分性認定の範囲を制限することなどにより，本決定の修正を提案することができる．

　特に，欧州委員会は，次の場合に，停止又は廃止の手続を開始する．

(a) 法執行，国家安全及び他の公益目的のために，プライバシー・シールドに基づき移転された個人データへの米国の公的機関によるアクセスのための条件及び制限に関するものを含め，米国の機関が本決定に添付される文書内に含まれる表明及び約束を遵守していないことが示された場合；
(b) EUデータ主体による苦情に効果的に対処し損なった場合；この点において，委員会は，EUデータ主体の権利執行に影響を与える可能性のあるすべての状況を考慮に入れる．それには，特に，自己認証を行った米国企業がDPAsと協力し，その助言に従う自主的約束が含まれる；又は，
(c) プライバシー・シールド・オンブズパーソンにおいて，EUデータ主体からの要請に適時適切な対応を提供し損なった場合．

　欧州委員会は，プライバシー・シールドの機能に関する年次の共同審査等の状況において，商務省若しくはプライバシー・シールドの実施に関わる他の部門等，又は，国家安全に関わる問題の場合は，米国諜報機関の代表又はオンブズパーソンが，諸原則の遵守，苦情処理手続の効果，若しくは，米国の国家諜報機関の行動の結果として，特に，厳格に必要かつ適切なものに制限されない個人データの収集及び／又はアクセスの結果として，要求される保護レベルのあらゆる低下を評価するために必要な情報若しくは説明の提供を怠った場合には，本決定の修正，停止又は廃止を導く手続の開始を検討する．この点において，欧州委員会は，関連情報を他の情報源から得られる範囲を考慮に入れる．それには，米国の自己認証組織からの報告書であって，米国自由法に基づくものを含む．

　指令95/46/ECに基づき設立された個人データの取扱いに関する個人の保護についての作業部会は，プライバシー・シールドにより提供される保護レベルについての意見を公表し，本決定の準備においてそれは考慮された．

　欧州議会は，大西洋を横断するデータ流通に関する決議を採択した．

　本決定において提供された措置は，指令95/46/ECの第31条（1）項に基づき設立された委員会の意見に沿っている．

6.2.8　決定内容

　欧州委員会は，以上の前文を踏まえ，次に掲げる決定を採択した．

　第1条

1　指令95/46/EC 第25条（2）項の目的により，米国は，プライバシー・シールドに基づき米国内の組織にEUから移転される個人データに対して十分な保護レベルを保障している．

2　プライバシー・シールドは，米国商務省が別添Ⅱの中で述べた2016年7月7日付の諸原則，及び，別添Ⅰ，ⅢからⅦに掲げられた文書内に含まれる公の表明及び約束で構成される．

3　1項の目的のために，プライバシー・シールドに基づき移転される個人データが，EUから米国内の組織に移転される場合，その組織は「プライバシー・シールド・リスト」に列挙され，そのリストは，別添Ⅱに述べられた諸原則の第1条及び第3条に基づき，米国商務省が保持して公開する．

第2条

　本決定は，指令95/46/EC 第25条（1）項以外の規定であって，加盟国内の個人データの取扱いに関係するもの，特にその第4条の適用に影響しない．

第3条

　加盟国内の所管機関が，個人データの取扱いに関して個人を保護するために，指令95/46/EC 第28条（3）項に基づき，別添Ⅱに述べられた諸原則の第1条及び第3条に沿ってプライバシー・シールド・リストに列挙された米国内の組織へのデータ流通を停止し又は完全に禁止させる権限を行使する時はいつでも，関係する加盟国は，遅滞なく委員会に通知しなければならない．

第4条

1　委員会は，それに基づき EUから米国内の組織に移転された個人データの十分な保護レベルを米国が保障し続けているか否かを評価するために，プライバシー・シールドの機能を継続的に監視する．

2　加盟国及び委員会は，別添Ⅱに定められた諸原則を遵守させる制定法上の権限を持つ米国内の政府機関が，諸原則違反を特定し，実際に処罰することを可能にする効果的な探知及び監督の仕組みの提供を怠っていると思われる場合の事案について，相互に連絡を取る．

3　加盟国及び委員会は，国家安全，法執行又は他の公益に責任を負う米国の公的機関による個人データ保護のための個人の権利への干渉が，厳格に必

要なものを超えており，及び/又は，係る干渉に対する効果的な法的保護が存在しないことへのあらゆる示唆について，相互に連絡を取る．

4 本決定を加盟国に通知した日から1年以内に，また，その後1年ごとに，委員会は，別添Ⅰ，Ⅱ及びⅥで参照された年次共同審査の一部として受領した情報を含め，すべての利用可能な情報に基づき，第1条(1)項の認定を評価する．

5 委員会は，指令95/46/EC第31条に基づき設けられた委員会に，あらゆる関連する認定を報告する．

6 委員会は，次に掲げることが示された場合，とりわけ，本決定を停止し，修正し若しくは廃止し，又は，その範囲を制限するために，指令95/46/EC第31条(2)項に定める手続に沿って，措置案を提示する：

－米国の公的機関による法執行，国家安全及び他の公益目的のために，プライバシー・シールドに基づき移転された個人データにアクセスするための条件及び制限に関するものを含め，米国の公的機関が，本決定の別添文書に含まれる表明及び約束を遵守しない場合，

－EUデータ主体による苦情への効果的な対応を計画的に怠っている場合，又は，

－別添Ⅲの第4条(e)号によるEUデータ主体からの要請に対し，プライバシー・シールド・オンブズパーソンが時宜に適した適切な対応を計画的に怠っている場合．

欧州委員会は，米国内のプライバシー・シールドの機能を保障することに関係する機関の協力が欠如し，委員会において第1条(1)項の認定が影響を受けるか否かを決定することを妨げられた場合には，係る措置案も示す．

第5条

加盟国は，本決定を遵守するために必要なすべての措置を講じる．

第6条

本決定は，加盟国に送付される．

[解説] プライバシー・シールドとの関係では，司法救済法（Judicial Redress Act of 2016）⁽¹⁷⁷⁾が2016年2月24日に成立した．これは，1974年プライバシー法の救済範囲（アクセス権を求める民事訴訟の提起）について，司法長官が指定した外国の国民にも認める法律である．

注

（1） Commission Decision 520/2000/EC of 26 July 2000 pursuant to Directive 95/46 of the European Parliament and of the Council on the Adequacy of the Protection Provided by the Safe Harbour Privacy Principles and Related FAQs Issued by the US Department of Commerce, 2000 O.J. (L 215) 7-47.
（2） なお，金融事業者及び電気通信事業者は，スキームの対象外である．
（3） EUの十分性と非関税障壁との関係は，國見真理子「国際経済法の観点からみたEUデータ保護指令に関する検討」消費者庁「個人情報保護制度における国際的水準に関する検討委員会・報告書」（2012年3月）28－54頁参照．
（4） European Commission, *EU-U.S. Joint Statement on Data Protection by European Commission Vice-President Viviane Reding and U.S. Secretary of Commerce John Bryson* (Jul. 26, 2016), http://europa.eu/rapid/press-release_MEMO-12-192_en.htm?locale=en.
（5） Resolution of 12 March 2014 on the US NSA Surveillance Programme, Surveillance Bodies in Various Member States and their Impact on EU Citizens' Fundamental Rights and on Transatlantic Cooperation in Justice and Home Affairs, EUR. PARL. DOC. P7_TA (2014)0230.
（6） DOROTHEE HEISENBERG, NEGOTIATING PRIVACY: THE EUROPEAN UNION, THE UNITED STATES, AND PERSONAL DATA PROTECTION (2005).
（7） *Communication from the Commission to the European Parliament and the Council on the Functioning of the Safe Harbour from the perspective of EU Citizens and Companies Established in the EU*, COM(2013) 847 final (Nov. 27, 2013). 後述するセーフハーバー無効判決の(17)-(26)項参照．
（8） *NSA slides explain the PRISM data-collection program*, WASH. POST, Jun. 6, 2013, http://www.washingtonpost.com/wp-srv/special/politics/prism-collection-documents/; Barton Gellman & Laura Poitras, *U.S., British intelligence mining data from nine U.S. Internet companies in broad secret program*, WASH. POST, Jun. 7, 2013, http://www.washingtonpost.com/investigations/us-intelligence-mining-data-from-nine-us-internet-companies-in-broad-secret-program/2013/06/06/3a0c0da8-cebf-11e2-8845-d970ccb04497_story.html; Glenn Greenwald & Ewen MacAskill, *NSA Prism program taps in to user data of Apple, Google and others*, THE GUARDIAN, Jun. 7 2013, www.theguardian.com/world/2013/jun/06/us-tech-giants-nsa-data.

第4章　セーフハーバーとEU-U.S.プライバシー・シールド

(9) Foreign Intelligence Surveillance Act of 1978, Pub. L. No. 95-511, 92 Stat. 1783 (codified as amended in scattered sections of 8 U.S.C., 18 U.S.C., 47 U.S.C. and 50 U.S.C.).
(10) Glenn Greenwald, *NSA collecting phone records of millions of Verizon customers daily*, THE GUARDIAN, Jun. 6 2013, http://www.theguardian.com/world/2013/jun/06/nsa-phone-records-verizon-court-order.
(11) ただし，通話内容自体は含まれない．
(12) Siobhan Gorman et al. *U.S. Collects Vast Data Trove*, WALL ST. J., Jun. 7, 2013, http://online.wsj.com/article/SB10001424127887324299104578529112289298922.html.
(13) DIRECTOR OF NATIONAL INTELLIGENCE, *Facts on the Collection of Intelligence pursuant to Section 702 of the Foreign Intelligence Surveillance Act* (Jun. 8, 2013), http://www.dni.gov/files/documents/Facts%20on%20the%20Collection%20of%20Intelligence%20Pursuant%20to%20Section%20702.pdf.
(14) Protect America Act of 2007, Pub. L. No. 110-55, 121 Stat. 552.
(15) Uniting and Strengthening America by Providing Appropriate Tools Required to Intercept and Obstruct Terrorism Act of 2001, Pub. L. 107-56, 115 Stat. 272 (codified as amended in scattered sections of 18 U.S.C., 50 U.S.C.).
(16) Electronic Communications Privacy Act of 1986, 18 U.S.C. §§2510-2522, 2701-2712, 3121-3127 (2017).
(17) 18 U.S.C. §2709. NSLについては，岡本篤尚『《9・11》の衝撃とアメリカの「対テロ戦争」法制：予防と監視』（法律文化社，2008年）127頁以下．
(18) 50 U.S.C. §1861 (2017).
(19) *NSA whistleblower Edward Snowden: 'I don't want to live in a society that does these sort of things' - video*, THE GUARDIAN, Jun. 9, 2013, http://www.theguardian.com/world/video/2013/jun/09/nsa-whistleblower-edward-snowden-interview-video; Glenn Greenwald et al. *Edward Snowden: the whistleblower behind the NSA surveillance revelations*, THE GUARDIAN, Jun. 10, 2013, http://www.theguardian.com/world/2013/jun/09/edward-snowden-nsa-whistleblower-surveillance.
(20) The Federal Commissioner for Data Protection and Freedom of Information, *Conference of Data Protection Commissioners Says that Intelligence Services Constitute a Massive Threat to Data Traffic between Germany and Countries outside Europe* (Jul. 24, 2013), http://www.bfdi.bund.de/SharedDocs/Publikationen/Entschliessungssammlung/ErgaenzendeDokumente/PMDSK_SafeHarbor_Eng.pdf?__blob=publicationFile.
(21) *Communication from the Commission to the European Parliament and the Council Rebuilding Trust in EU-US Data Flows*, COM (2013) 846 final (Nov. 27, 2013).
(22) *Report on the Findings by the EU Co-chairs of the ad hoc EU-US Working Group on Data Protection* (Nov. 27, 2013), http://ec.europa.eu/justice/data-protection/files/report-findings-of-the-ad-hoc-eu-us-working-group-on-data-protection.pdf.
(23) 以上の主要部分の抜粋については，後述するセーフハーバー無効判決の(11)-(16)項参照．

(24) 2013年2月の段階で,商務省は,最大10%の自己認証企業がプライバシーポリシーを掲載していないことを認めている．また,2008年から2013年の間において,セーフハーバー加盟を宣言する企業の中でも10～20%近くが適格性を有しないとの調査結果が明らかにされている．

(25) Memorandum of Understanding between the United States Federal Trade Commission and the Office of the Data Protection Commissioner of Ireland on Mutual Assistance in the Enforcement of Laws Protecting Personal Information in the Private Sector（Jun. 26, 2013), https://www.ftc.gov/sites/default/files/attachments/international-antitrust-and-consumer-protection-cooperation-agreements/130627usirelandmouprivacyprotection.pdf.

(26) FTC, *Complaint Assistant,* https://www.ftccomplaintassistant.gov/#crnt&panel1-1; International Consumer Protection and Enforcement Network, http://www.icpen. org (last visited Dec. 30, 2016).

(27) Privacy Enforcement and Safe Harbor: Comments of FTC Staff to European Commission Review of the U.S.-EU Safe Harbor Framework（Nov. 12, 2013), http://www.ftc.gov/sites/default/files/documents/public_statements/privacy-enforcement-safe-harbor-comments-ftc-staff-european-commission-review-u.s.eu-safe-harbor-framework/131112europeancommissionsafeharbor.pdf.

(28) Case C-362/14, Maximillian Schrems v. Data Protection Commissioner, Digital Rights Ireland Ltd., [2015] ECLI:EU:C:2015:650.中西優美子「EUから第三国への個人データ移転と欧州委員会のセーフ・ハーバー決定（44）EU法における先決裁定手続に関する研究（18）Case C-362/14 Maximillian Schrems v. Data Protection Commissioner: ECLI:EU:C:2015:650（二〇一五年一〇月六日先決裁定）」自治研究第92巻9号（2016年9月）96-108頁参照．

(29) (26)-(36)項．

(30) Case C-362/14, Maximillian Schrems v. Data Protection Commissioner, opinion of Advocate General BOT（Sep. 23, 2015), http://eur-lex.europa.eu/legal-content/EN/TXT/?uri=CELEX%3A62014CC0362.

(31) (37)-(66)項．
(32) 前文(39)項．
(33) 主に,基本権憲章第8条(3)項及び欧州機能条約第16条(2)項に由来する．
(34) (49)-(50)項．
(35) (51)-(58)項．
(36) (59)-(66)項．
(37) (67)-(72)項．
(38) (73)項．
(39) (74)-(77)項．
(40) (78)項．
(41) (81)項．

(42) (82)-(87)項.
(43) (88)-(89)項.
(44) (90)項.
(45) (91)-(92)項.
(46) (93)項.
(47) (94)項.
(48) (95)-(98)項.
(49) (99)-(104)項.
(50) (105)-(106)項.
(51) Article 29 Working Party, *Opinion 01/2016 on the EU - U.S. Privacy Shield draft adequacy decision*, WP 238 (Adopted on Apr. 13, 2016), http://ec.europa.eu/justice/data-protection/article-29/documentation/opinion-recommendation/files/2016/wp238_en.pdf.
(52) European Data Protection Supervisor, *Opinion on the EU - U.S. Privacy Shield draft adequacy decision*, Opinion 4/2016 (May 30, 2016), https://secure.edps.europa.eu/EDPSWEB/webdav/site/mySite/shared/Documents/Consultation/Opinions/2016/16-05-30_Privacy_Shield_EN.pdf.
(53) Commission Implementing Decision of 12. 7. 2016 pursuant to Directive 95/46/EC of the European Parliament and of the Council on the adequacy of the protection provided by the EU-U.S. Privacy Shield, C (2016) 4176 final (Jul. 12, 2016).
(54) European Commission, Annexes to the Commission Implementing Decision pursuant to Directive 95/46/EC of the European Parliament and of the Council on the adequacy of the protection provided by the EU-U.S. Privacy Shield, C (2016) 4176 final Annexes I to VII (Jul. 12, 2016).
(55) 電子メールによる.
(56) 別添IIの19頁以下参照.
(57) 欧州委員会実施決定前文(22)項.
(58) 欧州委員会実施決定前文(27)項.
(59) 欧州委員会実施決定前文(28)項.
(60) 欧州委員会実施決定前文(24)項.
(61) この文脈において,合理的に利用される可能性が高い識別手段(とりわけ識別に求められる費用及び総時間,並びに取扱時に利用可能な技術を考慮に入れ),及び,データを保有する形態に鑑み,組織又はデータにアクセスするであろう第三者によって,個人が合理的に識別され得る場合には,その個人は「識別可能」となる(実施決定文書注2より).
(62) 欧州委員会実施決定前文(28)項.
(63) 欧州委員会実施決定前文(25)項.
(64) 平等信用機会法(Equal Credit Opportunity Act(15 U.S.C.§1691)),公正信用報告法(Fair Credit Reporting Act(15 USC§1681)),又は公正住宅法(Fair Housing Act(42 U.S.C.§3601))が挙げられている.

(65) EU内で収集された個人データを移転する状況において，個人（顧客）との契約関係は，ほとんどの場合においてEUデータ保護規則を遵守するEUの管理者と締結され，それゆえに，自動的処理に基づく決定は，典型的に係る管理者が行う．このことは，EUの管理者の代わりに行動するプライバシー・シールド組織が取り扱う場合の筋書きを含む．欧州委員会実施決定前文7頁注24より．
(66) 欧州委員会実施決定前文(25)項．
(67) 欧州委員会実施決定前文(29)項．
(68) 明示的同意を必要としない場合が列挙されている．
(69) 欧州委員会実施決定前文(30) - (37)項．
(70) 18 U.S.C. § 1001（2017）．
(71) 欧州委員会実施決定前文(38) - (63)項．本項では，関連する法令等の解説を一部に追加した．
(72) Undertaking Spam, Spyware, and Fraud with Enforces beyond Borders Act of 2006, Pub. L. 109-455 (2006). See also 15 U.S.C.§46（j）（3）(2017)．
(73) 9 U.S.C. §§ 1-16（2017）．
(74) 欧州委員会実施決定前文(64) - (135)項．
(75) ODNIは，諜報機関の長を務め，大統領及び国家安全保障会議（National Security Council, NSC）の主たる助言者として活動する．とりわけ，ODNIは，情報又は諜報がアクセスされ，利用され，共有される方法を定めた指針によるものを含め，諜報機関による国家諜報の任務，収集，分析，生成及び提供のための要件を決定し，運営し，指示する．
(76) 欧州委員会実施決定前文(67)項．
(77) 欧州委員会実施決定前文(68) - (90)項．この節の説明では，全体的に別添ⅣのODNI表明が参照されている．
(78) U.S. Const. art. II.
(79) Exec. Order No. 12,333, 40 Fed. Reg. 235（Aug. 12, 1981）．大統領命令は，米国の諜報活動の目的，方向性，義務及び責任を定義している（様々な諜報機関の構成要素の役割を含む）．また，それは，諜報活動を行うための一般的な限度（とりわけ，特別な手続的規則を発布する必要性）を述べている．同命令3.2によると，国家安全保障会議及び国家情報長官の支援を受け，命令を実施するために適切な指示，手続及び指針を発する．
(80) White House, *Presidential Policy Directive : Signals Intelligence Activities*（Jan. 17, 2014），https://www.whitehouse.gov/the-press-office/2014/01/17/presidential-policy-directive-signals-intelligence-activities.
(81) 大統領命令第12333号によると，国家安全保障局（National Security Agency, NSA）長官は，電波情報のための職務上の管理者であり，電波情報収集活動のための統合組織を運営する．
(82) 50 U.S.C.§1804（2017）．
(83) 50 U.S.C.§§1841（2），1842 and 18 U.S.C.§§3127（2017）．
(84) この規定を根拠に，FBIはFISCの許可に基づき「有体物」を請求することができる．

第 4 章　セーフハーバーと EU-U.S. プライバシー・シールド　　　359

(85)　1972年に，ニクソン大統領の再選を目指す米国共和党側の人物が，民主党全国委員会本部に盗聴器を仕掛けようとしたことに端を発する一連の不正行為事件である．ニクソン大統領はこの事件をきっかけに辞任に追い込まれた．
(86)　50 U.S.C. §§1801-1812（2017）．
(87)　50 U.S.C. §§1821-1829（2017）．
(88)　50 U.S.C. §§1841-1846（2017）．
(89)　50 U.S.C. §§1861-1863（2017）．
(90)　50 U.S.C. §1871（2017）．
(91)　50 U.S.C. §§1881-1881g（2017）．
(92)　50 U.S.C. §§1885-1885c（2017）．
(93)　50 U.S.C. §1804(a)（2017）．
(94)　50 U.S.C. §1805(a)（2017）．
(95)　岡本・前掲『《9・11》の衝撃とアメリカの「対テロ戦争」法制：予防と監視』180頁．
(96)　50 U.S.C. §1801(h)（2017）．
(97)　46 Fed. Reg. 59, 941（Dec. 4, 1981）．
(98)　欧州委員会実施決定前文(91)項．
(99)　欧州委員会実施決定前文(92) - (110)項．
(100)　42 U.S.C. §2000ee-1（2017）．国務省，司法省（FBIを含む），国土安全保障省，防衛省，NSA，CIA，ODNIが含まれる．
(101)　42 U.S.C. §2000ee-1 (f)（1），（2）（2017）．
(102)　Inspector General Act of 1978, *amended by* Pub. L. No. 113-126.
(103)　加えて，PCLOBは約20名の常勤職員を雇用している（https://www.pclob.gov/about-us/staff.html）．
(104)　42 U.S.C. §2000ee（2017）．
(105)　National Security Act, Pub. L. No. 235, 61 Stat. 496（1947）(codified as amended at 50 U.S.C. §401 *et seq.*)．
(106)　§501 (a)（1）of National Security Act（50 U.S.C. §3091 (a)（1）(2017)）．
(107)　§501 (b) of National Security Act（50 U.S.C. §3091 (b)(2017)）．
(108)　§501 (d) of National Security Act（50 U.S.C. §3091 (d)(2017)）．
(109)　50 U.S.C. §§1808, 1846, 1862, 1871, 1881f（2017）．
(110)　50 U.S.C. §1881f（2017）．
(111)　50 U.S.C. §1881a (l)（1）(2017)．
(112)　Uniting and Strengthening America by Fulfilling Rights and Ensuring Effective Discipline over Monitoring Act of 2015, Pub. L. No.114-23, 129 Stat. 268（codified as amended in scattered sections of 18 U.S.C., 50 U.S.C.）．
(113)　USA FREEDOM Act of 2015, §602 (a), 50 U.S.C. §1873（2017）．
(114)　50 U.S.C. §§1804 (a), 1801 (g)(2017)．
(115)　50 U.S.C. §1803 (i)（1），（3）(A)(2017)．
(116)　50 U.S.C. §1803 (i)（2）(A)(2017)．

(117) 50 U.S.C. § 1803 (i)(2)(B)(2017).
(118) 50 U.S.C. § 1861 (2017).
(119) 50 U.S.C. § 1861 (b)(2017).
(120) 50 U.S.C. § 1881 (2017).
(121) 50 U.S.C. § 1881a (a)(2017).
(122) 50 U.S.C. § 1881a (h)(2017).
(123) 50 U.S.C. § 1881a (g)(2017).
(124) 50 U.S.C. § 1881a (2017).
(125) 50 U.S.C. § 1881a (i)(2017).
(126) 50 U.S.C. § 1881 (l)(2017).
(127) 50 U.S.C. § 1881a(a),(c),(g),(i)(2017).
(128) 50 U.S.C. § 1881a(b)(2017).
(129) 50 U.S.C. § 1881a(d)(1)(2017).
(130) 50 U.S.C. § 1881a(e)(1)(2017).
(131) 50 U.S.C. § 1881a(d)(2), (e)(2)(2017).
(132) 50 U.S.C. § 1881a(g)(2017).
(133) NSLについては、岡本・前掲『《9・11》の衝撃とアメリカの「対テロ戦争」法制』127頁以下。
(134) 18 U.S.C. § 2709 (2017).
(135) 18 U.S.C. § 2709(a)(2017).
(136) 18 U.S.C. § 2709(c)(2017).
(137) 18 U.S.C. § 2709 (b)(2017).
(138) 50 U.S.C. § 1861 (2017).
(139) FISA Amendments Act Reauthorization Act of 2012, Pub. L. No. 112-238, 126 Stat. 1631.
(140) 鈴木滋「米国自由法：米国における通信監視活動と人権への配慮」国立国会図書館「外国の立法：立法情報・翻訳・解説」第267号（2016年）6頁以下。
(141) 18 U.S.C. § 2709 (b)(2017).
(142) 12 U.S.C. § 3414 (a)(2)(2017).
(143) 15 U.S.C. § 1681 (u)(2017).
(144) 50 U.S.C. § 1842 (c)(2017).
(145) 50 U.S.C. § 1842 (c)(2017).
(146) 50 U.S.C. § 1861 (2017).
(147) 50 U.S.C. § 1861 (a)(2017).
(148) 50 U.S.C. § 1803 (a)(2017).
(149) 50 U.S.C. § 1803 (c)(2017).
(150) 50 U.S.C. § 1881a (2017).
(151) 50 U.S.C. § 1803 (i)(2017).
(152) 50 U.S.C. § 1862 (b)(2017).

(153) 50 U.S.C. § 1861 (c)(2017).
(154) 18 U.S.C. § 2709 (d)(2017).
(155) 欧州委員会実施決定前文(111) - (124)項.
(156) 18 U.S.C. § 2712 (2017).
(157) 50 U.S.C. § 1810 (2017).
(158) 50 U.S.C. § 1806 (2017).
(159) 18 U.S.C. § 1030 (2017).
(160) 18 U.S.C. § § 2701-2712 (2017).
(161) 12 U.S.C. § 3417 (2017).
(162) 5 U.S.C. § 702 (2017).
(163) 5 U.S.C. § 706 (2)(A)(2017).
(164) 5 U.S.C. § 552 (2017). 類似の立法は州レベルでも存在する.
(165) See ACLU v. CIA, 710 F.3d 422 (D.C. Cir. 2014).
(166) See Clapper v. Amnesty Int'l USA, 133 S. Ct. 1138, 1144 (2013).
(167) 欧州委員会実施決定前文(125) - (135)項.
(168) 18 U.S.C. § § 2510 et seq. (2017).
(169) 18 U.S.C. § 1030 (2017).
(170) 28 U.S.C. § § 2671 et seq. (2017).
(171) 12 U.S.C. § § 3401 et seq. (2017).
(172) 15 U.S.C. § § 1681-1681x (2017).
(173) 欧州委員会実施決定前文(136) - (141)項.
(174) 欧州委員会実施決定前文(142) - (144)項.
(175) 欧州委員会実施決定前文(145) - (149)項.
(176) 欧州委員会実施決定前文(150) - (155)項.
(177) Judicial Redress Act of 2016, Pub. L. No. 114-126, 130 Stat. 282 (codified at 5 U.S.C. § 552a (2017)).

第5章　APEC越境プライバシー・ルール[1]

第1節　2004年APECプライバシー・フレームワーク

1　アジア太平洋経済協力

　越境データ流通との関わりでは，アジア太平洋経済協力（Asia-Pacific Economic Cooperation, APEC）の動きにも注目しなければならず，特に法執行協力への取組は，欧州のみならず日本にも影響を与えている．

　APECは，アジア太平洋地域の21の国と地域が参加する経済協力の枠組みをいい，1989年11月6日から7日にかけて，オーストラリアのキャンベラで開催された第1回閣僚会議において，正式に発足した．発足当初はASEAN6ヶ国（インドネシア，シンガポール，タイ，フィリピン，ブルネイ，マレーシア），韓国，ニュージーランド，オーストラリア，カナダ，米国，日本の12のメンバーで構成されていたが，1991年に中国・香港・台湾が同時参加し，1993年にメキシコとパプアニューギニア，1994年にチリ，1998年にロシア，ベトナム，ペルーがそれぞれ参加することにより，1998年11月14日から15日にマレーシアのクアラルンプールで開催された閣僚会議において，21エコノミーとなった．APECでは，非拘束原則，自発的自由化，開かれた地域主義（open regionalism）を独自の自由化方式としており，域内を共通かつ単一のマーケットとして，人，物，サービス，資本の自由移動を理念に掲げて創設されたEUとは大きく異なる[2]．首脳会議は，1993年にクリントン大統領により提唱され，年次会合として開催されるようになった．個人情報保護の問題を取り扱っているのは，貿易・投資委員会（Committee on Trade and Investment, CTI）傘下の電子商取引運営グループ（E-Commerce Steering Group, ECSG）が設置しているデータプライバシー・サブグループ（Data Privacy Subgroup, DPS）[3]で

ある.

　APECの個人情報保護への取組は,上記1998年の閣僚会議で合意された「電子商取引に関する行動のためのAPECの計画」(APEC Blueprint for Action on Electronic Commerce)に始まる.そこでは,政府及び事業者が,安全で,信頼できる通信,情報及び配送システムにおける信頼を構築する技術及び政策を協力して展開・実施すべきであり,プライバシー,認証及び消費者保護に対処すべきであることが合意された.その後,プライバシー・フレームワーク(2004年),パスファインダー計画(2007年),越境プライバシー執行協定(2010年),越境プライバシー・ルール(2011年)というように,越境データ流通に対応するための取組が順次進められてきた.

2　2004年プライバシー・フレームワーク[4]

　「APEC プライバシー・フレームワーク」(APEC Privacy Framework)は,2004年11月17日から18日にかけて,チリのサンディアゴで開催された閣僚会議で承認された(同フレームワーク第4章の国際実施の部分は,2005年11月16日に韓国・釜山の同会議で承認).

　プライバシー・フレームワークは,第1章「序文」(Preamble),第2章「適用範囲」(Scope),第3章「APEC情報プライバシー諸原則」(APEC Information Privacy Principles),第4章「実施」(Implementation)で構成されている.

　第1章「序文」は,「APECエコノミーは,APECの経済圏において,消費者の信頼を高め,電子的取引の成長を確実にするための主要な努力は,アジア太平洋地域における情報プライバシーの効果的な保護及び情報の自由な流れの双方に対する均衡及び促進に向けて協力することでなければならないことを認識する.」とし,そのために,「特に,個人情報に関する好ましくない侵害や誤用のもたらす有害な結果から,個人情報のための適切なプライバシー保護を展開させる.」,「情報の自由な流通が,先進国及び発展途上国の市場経済双方において,経済的及び社会的成長を維持させるために不可欠であることを認識する.」,「APECのメンバーエコノミー内で,国際的組織が,データを収集し,アクセスし,利用し,又は処理する際に,個人情報の国際的アクセス及び利用を当該組織内で行うための統一的なアプローチを展開・実践できるようにする.」,「執行機関が情報プライバシー保護のための自らの使命を果たせるようにする.」,「情報プライバシーを促進しかつ執行し,APECの経済圏及びその

取引相手間での継続的な情報流通を維持するための国際的仕組みを発展させる.」ことの重要性を掲げている (1-8項).

このフレームワークは, アジア太平洋地域にわたる電子商取引の推進を目的としているが, OECDプライバシー・ガイドラインの中心的価値に沿うものであり, 同ガイドラインに準拠した形でのプライバシー保護原則として, 第3章で9つの原則を挙げている.

第2章「適用範囲」では,「個人情報」(personal information),「個人情報管理者」(personal information controller),「公に入手可能な情報」(publicly available information) の定義が設けられた.「個人情報」とは,「識別された又は識別され得る個人に関するあらゆる情報」をいう.「個人情報管理者」とは,「個人情報の収集, 保有, 処理又は利用を管理する人又は組織」をいう. この概念には, 他の者又は他の組織に対し, 自らに代わって, 個人情報の収集, 保有, 処理, 利用, 移転又は開示をするよう指示する人又は組織が含まれる. しかし, 他者又は他の組織からの指示を受けて係る役割を果たす人又は組織は除外される. あわせて, 個人の私的な, 家族又は家庭内の事柄との関係で個人情報を収集, 保有, 処理又は利用する個人も除外される.「公に入手可能な情報」とは, 個人に関する情報であって, 当該個人が意図的に公開し若しくは公開を許可したもの, 又は, ①公に入手可能な政府の記録, ②新聞雑誌報道, 若しくは, ③法により公に入手できるよう義務づけられた情報から, 適法に収集及びアクセスされた情報をいう. 公に入手可能な情報は, 既に公開されており, 個人情報管理者が個人から直接に情報を取得するわけではないため, 特に, 通知や選択の原則から適用を除外される (9-11項).

また, 第2章では, 枠組みの適用に関する柔軟性と諸原則の例外を設けている. まず, 枠組みは, 各加盟エコノミーの社会的, 文化的, 経済的及び法的背景の違いを考慮に入れ, これらの諸原則を実施する際には柔軟であるべきであるとされる. また, 国家主権, 国家安全保障, 公共の安全及び公の秩序に関連するものを含め, 第3章に含まれる諸原則の例外は, (a)関連する例外の目的に見合う範囲に制限され, かつ, 均衡が取られるべきであること, (b)(ⅰ)一般に知らされるべきであり, 又は, (b)(ⅱ)法に基づくべきことが求められる (12-13項).

第3章「APEC情報プライバシー諸原則」は, 1980年OECDプライバシー・ガイドラインに準拠した形でのプライバシー保護諸原則として, 次の9原

則を挙げている（14-26項）.

図表5.1　APEC情報プライバシー諸原則

第1原則　損害の回避（Preventing Harm）
個人がプライバシーに関して抱く適法な期待の利益を認識し，個人情報保護は，当該情報の誤用を回避するために設計されるべきである．さらに，個人情報の当該誤用から生じ得る侵害のリスクを認識し，具体的な義務は係るリスクを考慮に入れるべきであり，当該リスク及び救済措置は，個人情報の収集，利用及び移転により直面する侵害の蓋然性及び深刻さと均衡を図るべきである（14項）.
第2原則　通知（Notice）
個人情報管理者は，個人情報に関する自らの実務及び方針についての明確かつ入手しやすい表明を提供すべきであり，それには次の事項が含まれるべきである（15項）： 　a）個人情報が収集されている事実； 　b）個人情報が収集される目的； 　c）個人情報が開示されるかもしれない人又は組織の種類； 　d）個人情報管理者の身元及び所在地であって，当該管理者の実務及び個人情報の取扱いに関する連絡方法についての情報を含む； 　e）その人物の個人情報の利用及び開示を制限するために，また，係る個人情報へのアクセス及び訂正を行うために，個人情報管理者が個人に提供する選択及び手段． 個人情報の収集前又は収集時のいずれかにおいて，当該通知を確実に提供するためのすべての合理的な実務的措置を講じるべきである．そうでない場合，当該通知は，実行可能な限り早期に提供されるべきである（16項）. 個人情報管理者が，公に入手可能な情報の収集及び利用に関する通知を提供することは，適切ではない可能性がある（17項）.
第3原則　収集制限（Collection Limitation）
個人情報の収集は，収集目的に関連する情報に制限されるべきであり，かつ，係るすべての情報は，適法かつ公正な手段により収集されるべきである．また，適切な場合は，当該個人へ通知し，又はその同意を得るべきである（18項）.
第4原則　個人情報の利用等（Uses of Personal Information）
収集された個人情報は，収集目的及び他の適合的な又は関連する目的を満たすためだけに利用されるべきである．ただし，次に掲げる場合はこの限りでない： 　a）自らの個人情報を収集される個人が同意を付与した場合； 　b）個人の要請したサービス若しくは商品を提供するために必要である場合；又は， 　c）法的権限及び他の法的文書，法的効果を有する公式宣言及び声明による場合（19項）.
第5原則　選択（Choice）

適切な場合には，個人は，その人物の個人情報の収集，利用及び開示との関連で，選択を行使するための，明確な，目に留まりやすく，理解しやすく，アクセス可能で，手頃な仕組みの提供を受けるべきである。個人情報管理者にとって，公に入手可能な情報を収集する際に，これらの仕組みを提供することは，適切ではないかもしれない（20項）。

第6原則　個人情報の完全性（Integrity of Personal Information）

個人情報は，利用目的のために必要な範囲において，正確で，完全であり，最新に保たれるべきである（21項）。

第7原則　安全保護措置（Security Safeguards）

個人情報管理者は，個人情報の紛失若しくは無権限アクセス，又は，情報の無権限破棄，利用，改変若しくは開示その他の誤用のようなリスクに対して，適切な安全保護措置により，その保有する個人情報を保護すべきである。係る安全保護措置は，直面する侵害の蓋然性及び深刻さ，情報の機微性及びそれが保有される状況と均衡を保つべきであり，かつ，定期的な審査及び再評価に服するべきである（22項）。

第8原則　アクセス及び訂正（Access and Correction）

個人は，次に掲げる事項ができるようにすべきである。
　a）自己に関する個人情報を個人情報管理者が保有しているか否かについて，その個人情報管理者から確認を得る。
　b）身元に関する十分な証明を提供した後，自己に関する個人情報の連絡を受ける：
　　（ⅰ）合理的な期間内に；
　　（ⅱ）もしあれば，過度でない費用で；
　　（ⅲ）合理的な方法で；
　　（ⅳ）一般的に理解できる書式で；かつ，
　c）自己に関する情報の正確性に異議を述べ，また，もし可能かつ適切な場合には，情報の訂正，完成，修正又は削除を得る（23項）。
　当該アクセス及び訂正の機会は，次に掲げる場合を除き，提供されるべきである：
　　（ⅰ）それを実施する負担又は費用が，問題の事例において個人のプライバシーに与えるリスクに対して不当であるか又は釣り合わない場合；
　　（ⅱ）法的若しくは安全保護上の理由により情報が開示されるべきではなく，又は，営利的情報の機密性を保護すべき場合；あるいは，
　　（ⅲ）その個人以外の人々の情報プライバシーが侵害される場合（24項）。
（a）号若しくは（b）号に基づく要請，又は，（c）号に基づく異議が拒否された場合，個人はその理由を提供されるべきであり，当該拒否に異議を述べられるようにすべきである（25項）。

第9原則　責任（Accountability）

個人情報管理者は，上記で述べた諸原則を実施する措置を遵守するための責任を負うべきである。個人情報が国内的又は国際的に，他者又は組織に移転される場合，個人情報管理者は，個人の同意を得るか，又は，相当な注意を払うべきであり，また，受領する人物又

は組織が諸原則に適合する形で情報を確実に保護するための合理的な措置を講じるべきである (26項).

　第4章「実施」は，国内実施と国際実施のための各指針として，加盟エコノミーへの考慮事項を明らかにしている．
　「A. 国内実施のための指針」は，「Ⅰ. プライバシー保護と情報流通の利益の最大化」，「Ⅱ. APEC プライバシー・フレームワークの実施」，「Ⅲ. 国内的なプライバシー保護の教育及び普及」，「Ⅳ. 公的部門及び民間部門間の協力」，「Ⅴ. プライバシー保護が損なわれた場合における適切な救済の付与」，「Ⅵ. APEC プライバシー・フレームワークの国内実施を報告するための仕組み」で構成される (28-39項).
　「B. 国際実施のための指針」は，「Ⅰ. 加盟エコノミー間での情報共有」，「Ⅱ. 調査及び執行における越境協力」，「Ⅲ. 越境プライバシー・ルールの協力的展開」で構成される (40-48項). Ⅰ及びⅡは，後述する「越境プライバシー執行協定」(Cross-Border Privacy Enforcement Arrangement, CPEA)，Ⅲは「越境プライバシー・ルール」(Cross Border Privacy Rules, CBPR) の基礎をなすものである．
　「Ⅰ. 加盟エコノミー間での情報共有」では，加盟エコノミーへの勧奨事項として，プライバシー保護に重大な影響を及ぼす事柄に関する加盟エコノミー間での情報共有や調査研究，プライバシー保護に関する事項の相互教育，プライバシー保護違反を調査する際の様々な手法に関する経験の共有や，苦情処理や ADR を含め，当該違反に関わる紛争解決における調整手段の共有，エコノミー間で執行協力や情報共有を促進することに責任を負う管轄内の公的機関の指名及び公表が挙げられている (40-43項).
　「Ⅱ. 調査及び執行における越境協力」では，加盟エコノミーは，プライバシー法の執行における越境協力を促進するための協力的取決めと手順の展開を検討すべきとされている．そして，プライバシー法の民事執行における越境協力取決めには，a) 調査又はプライバシー執行事例を他の加盟エコノミーで指名された公的機関へ迅速，体系的かつ効率的に通知する仕組み，b) 越境プライバシー調査及び執行事例における協力を成功させるために必要とされる効果的な情報共有を行う仕組み，c) プライバシー執行事例における支援を付与するための仕組み，d) 個人情報やプライバシー等への違法な侵害の深刻さに基

づき，他のエコノミーの公的機関と協力するために事例を列挙する仕組み，e) 協力的取決めに基づき交換される情報に関する適切なレベルの機密性を維持するための措置という各側面を含めることができる（44-45項）.

「Ⅲ. 越境プライバシー・ルールの協力的展開」では，次のように記されている.

「46. 加盟エコノミーは，組織が，すべての準拠法と同様に，地域のデータ保護義務を遵守することに，なお責任を負うことを認識し，APEC全域にわたる，組織の越境プライバシー・ルールの展開及び承認又は受諾を支援するための努力を払うであろう．係る越境プライバシー・ルールは，APECのプライバシー諸原則を遵守すべきである．」

「47. 当該越境プライバシー・ルールを実施するために，加盟エコノミーは，エコノミー間の当該越境プライバシー・ルールの相互承認又は相互受諾のための枠組み又は仕組みを展開するために，適切な利害関係者とともに，取組への努力を払うであろう．」

「48. 加盟エコノミーは，事業者及び消費者に対する不必要な管理的及び形式主義的な負担を含む，越境情報流通への不必要な障壁を作ることなく，当該越境プライバシー・ルール及び仕組みの承認又は受諾が，責任ある越境データ移転及び効果的なプライバシー保護を確実に促すための努力を払うべきである．」

なお，APECのウェブサイトには，プライバシー・フレームワークに対する各エコノミーの取組状況一覧が掲載されている[5].

第2節　2007年パスファインダー計画

2007年9月2日から3日にかけて，オーストラリアのシドニーで開催されたAPEC高級実務者会合において，APECプライバシー・パスファインダー計画[6]が策定された．同年9月5日から6日にかけて開催された閣僚会議で同計画は承認された[7].

パスファインダー計画とは，APEC域内で，責任ある越境データ流通を実

施するために，協力して制度展開に取り組む旨の試験的計画である．この計画は，事業者のニーズを支援し，遵守費用を削減し，消費者に効果的な救済を与え，規制者に効率的な運用をさせて規制の負担を最小化することを意図している．

この計画は，CBPR及びその前提としてのCPEAを確立・実施させるための礎を築いたものであり，次の5つの事項を目的としている．

図表5.2　パスファインダー計画の5つの目的

1　諸原則の概念枠組み：これらの基準を実施及び執行する際の行為者となるであろう様々な当事者と協議の上，越境プライバシー・ルールを，どのようにしてエコノミー全域にわたって機能させるべきかに関する，諸原則の概念枠組みを促進させる．
2　協議手順：基準及び手順の策定，並びに，その運用審査及び最適化の双方において，規制者，責任団体，立法機関，産業界，第三者としてのプライバシー解決者，及び，消費者代表を含む関係者をどのように関わらせるのが最善であるかに関する，協議手順の展開を支援する．
3　実施文書：例えば，自己認証書式，審査基準，承認／受諾手続及び紛争解決の仕組み等，越境プライバシー・ルールを支える実践的文書及び手続の策定を促進する．
4　実施：関係当事者の権限及び彼らが管理する法的枠組みを十分に考慮した上で，柔軟で，信頼性があり，執行可能，予測可能で，形式主義的ではない態様において，様々な文書及び手続の中で実際に実施できる方法を展開する．
5　教育及び支援：関係者及び潜在的な参加者が，参加エコノミー全域にわたり，責任あるデータ流通をどのように実現するかを検討できるようにするために必要な教育及び支援を促進する．

当初は，日本を含む13のエコノミー[8]がパスファインダーに参加し，その後，2008年12月までの間に，中国，フィリピン，シンガポールが新たに加わった．

パスファインダーの議論では，様々な利害関係人の参加を容認すべきとの立場が取られている．ここでは，各エコノミー内でのプライバシー・フレームワークの展開及び実施に関するレベルが異なること，及び，すべてのエコノミーが参加しなくとも，一部のエコノミーでプロジェクトを先行的に実施することが認められている．

また，パスファインダー計画の中では，CBPRに関する4つの要素——自己認証（self-assessment，要素1），遵守審査（compliance review，要素2），認証／受諾（recognition/acceptance，要素3），紛争解決及び執行（dispute resolution and enforcement, 要素4）が掲げられた.

2009年2月22日から23日にかけてシンガポールで高級実務者会合が開催された. そこで行われたセミナーでは,「APECデータプライバシー・パスファインダー計画実施の作業計画（改訂版）」[9]が公表され, 次の9つの計画が掲げられている.

図表5.3　9つの作業計画

計画1	組織のためのCBPR自己認証ガイダンス
計画2	CBPR制度に参加する責任団体の認定指針
計画3	組織のCBPRの遵守審査
計画4	遵守組織のリスト及び消費者への連絡情報
計画5	データ保護機関及びプライバシー連絡担当官リスト
計画6	執行協力協定のひな型
計画7	越境苦情処理書式のひな型
計画8	CBPR制度の範囲及びガバナンス
計画9	越境プライバシー・ルールの国際実施に関するパイロット計画

CBPRの4つの要素との関係では, 計画1は要素1の「自己認証」, 計画2及び3は要素2の「遵守審査」, 計画4は要素3の「認証／受諾」, 計画5から8は要素4の「紛争解決及び執行」, 計画9は, 様々な計画を実施する際のプラットフォームを提供するものとして位置づけられている.

第3節　2010年越境プライバシー執行協定

CPEAは, 2009年11月11日から12日かけてシンガポールで開催された閣僚会議において承認され, 2010年7月16日に開始された[10]. CPEAは, プライバシー執行機関の間での情報共有及び執行協力を促進するための協定である. これは, パスファインダー計画の1つの成果であるとともに, OECDの2007年越境執行協力勧告を背景に設けられた仕組みである.

CPEAを管理するのは, APEC事務局（APEC Secretariat）, ニュージーランド・プライバシー・コミッショナー事務所（Office of the Privacy Commissioner for New Zealand）, 米国FTC, 日本の消費者庁, オーストラリアのプライバシー・データ保護コミッショナーである.

参加エコノミーは, オーストラリア, ニュージーランド, 米国, 香港, カナ

第5章　APEC越境プライバシー・ルール

ダ，日本，韓国，メキシコ，シンガポールである．日本は，2011年11月に15省庁が参加し，その後に復興庁も参加した．

CPEAに関しては，2010年2月28日付の「APEC越境プライバシー執行のための協力的取決め」というDPSの会議資料が公表されており，その中で，具体的な指針が示されている．

それによると，CPEAは，次に掲げる4つの項目を目的としている．

- APECエコノミーにおけるプライバシー執行機関間の情報共有を促進させる．
- プライバシー法の執行において，プライバシー執行機関間の効果的な越境協力を促進する仕組みを設けること．それには，事柄の照会，及び，並行の若しくは共同の調査又は執行活動を通じることが含まれる．
- CBPRを執行する際のプライバシー執行機関の協力を促進すること，並びに，
- プライバシー調査及び執行に関して，APEC域外のプライバシー執行機関との情報共有及び協力を推奨すること．それには，この協力協定を，OECD勧告に基づき策定されたもののような類似の取決めとシームレスに協働できるよう約束することによる場合が含まれる．

そして，「プライバシー執行機関」（Privacy Enforcement Authority）及び「プライバシー法」（Privacy Law）については，次のような整理がなされている．

「プライバシー執行機関」とは，プライバシー法の執行に責任を負い，調査を実施し又は執行手続を行うための権限を有するあらゆる公的機関をいう．

「プライバシー法」とは，APECエコノミーの法及び規則であって，その執行がAPECのプライバシー・フレームワークに沿う個人情報保護の効果を有するものをいう．

例えば，エコノミーXのプライバシー執行機関が，調査の過程で，エコノミーYのプライバシー執行機関に対し，プライバシー違反と主張されているものの証拠を得るため，又は，調査対象の組織がYに置かれている場合に，その協力を求める際，Xの執行機関は，Yのコンタクト・ポイントに支援を要請することができる．要請を受けたYは，それを検討し，裁量に基づき支援を提

供することができる．

　具体的な援助要請の手続は，次の通りである．

　援助要請を出す参加機関は，（ⅰ）所定の援助要請書式を用いて，問題の事柄に関する主要な情報を提供すること，（ⅱ）要請に応じる過程で講じるべき特別な予防措置を特定する場合のように，受領機関が講じるべき措置に関する十分な追加的情報があれば，それを提供すること，（ⅲ）受領機関から求められた情報の利用目的，及び，その情報を受領する者を特定すること，（ⅳ）照会を受けた事柄に関する処理を支援するため，受領機関により要請された情報やその他の援助を提供することが求められる（第9.7項）．

　援助を要請された参加機関は，（ⅰ）' 援助要請を受領後，可及的速やかに援助要請を確認すること，（ⅱ）' 受領確認時又はその後の可及的速やかな時点で，当該要請の全部又は一部の受諾又は拒否を示唆すること，（ⅲ）' 当該要請の受諾又は拒否の決定を下すために，要請機関からのさらなる情報が必要とされる場合，そのことを速やかに確認し，要請機関に明確に助言すること，（ⅳ）' 援助要請を拒否する場合，当該決定の理由を提供し，また，実行可能かつ適切な場合は，当該要請を処理し得る組織に要請機関を差し向けること，（ⅴ）' 協力範囲を制限する場合，当該決定の理由を提供し，援助を与えるために課される条件を助言すること，（ⅵ）' 援助要請を受諾する場合，（ａ）通常の方針及び実務に従って当該要請を処理すること，（ｂ）実行可能かつ適切な場合，問題となっている事柄の処理の助けとなり得る事項について要請機関に連絡すること，（ｃ）実行可能かつ適切な場合，照会された事柄の進捗状況及び結果について要請機関に情報を継続的に提供することが求められる（第9.8項）．

　本執行協力に基づく参加機関間の協議，他の通信及び共有情報には守秘義務が課せられる（第10項）．各参加機関は，本協力協定に定められた目的のために連絡先を指定し，また，他のプライバシー執行機関のために，唯一ではなくとも，主要なコンタクト・ポイントを指定すべきとされる．その際，所定書式を用いることができる（第11.1項）．

　CPEAへの参加はCBPRに参加するための前提条件とされている．

第4節　2011年越境プライバシー・ルール[11]

　CBPRは，2011年11月11日にハワイのホノルルで開催された閣僚会議で承認

され，2012年7月31日に公表された．これは，企業等がAPECプライバシー・フレームワークの諸原則に適合しているか否かを認証する仕組みであり，認証された企業等は，エコノミー内での越境データ流通を行うことができる．CBPRに参加するための条件は，第1に，CPEAに参加していること，第2に，CBPRに参加表明通知を提出すること，第3に，APECが承認した責任団体（Accountability Agent, AA）を少なくとも1つ利用することとされている．AAは，APECから認定された認証機関のことをいう．

米国は，CBPRを積極的に推進する国であり，2012年7月26日，CBPR制度への最初の参加国として認められた．主たるプライバシー執行機関にはFTCが指名され，2013年6月25日，TRUSTeがAAとして認められた．同年8月12日には，IBMがTRUSTeからの認証を受け，CBPRにおける初の被認証企業となった．ECSGは，2013年1月16日，アメリカに次いで，メキシコの参加を認めた旨を公表した．

日本は，2013年6月7日，CBPRへの参加申請を行い，2014年4月28日，参加の承認を得た[12]．

その後，2016年1月19日，一般財団法人日本情報経済社会推進協会（JIPDEC）がAAとして認定された[13]．2016年12月20日，JIPDECは，CBPR認証事業者第1号として，インタセクト・コミュニケーションズを認証したことを公表した[14]．

最近では，カナダが2015年4月15日にCBPRに参加している[15]．

CBPRに関しては，主に次の文書が公表されている[16]．

・APECのCBPR制度共同監視パネル議定書（Protocols of the APEC Cross-Border Privacy Rules System Joint Oversight Panel）：エコノミーのCBPR参加やAAの認定申請，参加停止等において，共同監視パネルの果たす役割について説明する文書．

・APECのCBPR制度の方針，基準及び指針（APEC Cross-Border Privacy Rules System: Policies, Rules and Guidelines）：CBPR制度の概要及び要素，参加手順，ガバナンス構造，国内法及び規則との関係等を説明する文書．

・APECのCBPR受入質問票（APEC Cross-Border Privacy Rules System Intake Questionnaire）：組織のプライバシーポリシーが，APECのプライバシー・ルールに適合しているか否かの自己判断基準を示す文書．

・APECのCBPR制度の計画要件（APEC Cross-Border Privacy Rules System Program Requirements）：AAが申請組織を認証する際の基準を示す文書.
・AAのAPEC認定申請に係る手順書（Accountability Agent APEC Recognition Application）：AAのCBPR制度参加に係る申請手順書. この文書は，概要，認定手順及び附属書AからF（AA認定基準，AA認定基準チェックリスト，APECのCBPR計画要件概要，AAの事例記録／様式／FAQ，AAの苦情統計／様式／FAQ，署名及び連絡先情報）で構成される.
・APECのCBPR制度への参加表明通知のひな型（Template Notice of Intent to Participate in the APEC Cross Border Privacy Rules System）：エコノミーのCBPR制度参加に係る申請書面書式. この文書は，①CBPR制度共同監視パネル憲章に基づく参加表明通知書の様式，②付属書A：AAの活動に適用可能な国内法及び規則に関する記述説明用様式，③付属書B：APECのCBPR制度の計画要件に係る執行説明用様式により構成される.
・APECの越境プライバシー執行協力取決め（APEC Cooperation Arrangement for Cross-Border Privacy Enforcement）：CPEAに関する文書.
・取扱者のためのAPECプライバシー承認制度に係る方針，基準及び指針（APEC Privacy Recognition for Processors（PRP）System Policies, Rules and Guidelines）.

　最後のPRP制度は，CDPR制度が管理者のみに適用されることから，管理者のためにデータを取り扱う「取扱者」において，効果的な保護を提供している旨の承認を受けるための仕組みであり，2015年8月に開始された. 管理者は，PRP制度に参加する取扱者と契約を結ぶ必要はないものの，適切な取扱者を選任しやすくなるという利点を得ることができる. 中小事業者である取扱者も，グローバルなデータ処理ネットワークに参加する機会を得られる可能性が期待されている.
　CBPRの手順では，認証機関を認定する手続と，認証機関が企業等を認証する手続がある. それぞれの手順を図式化すると，次の通りである.
　CBPRの4つの要素に関して，まず，要素1「自己認証」では，①申請組織が受入質問票へ記載し，②質問票をAAに提出し，その質問票は，AAの審査手続の一部として，明確化するための追加の質問，文書又は要請によって補足され（遵守審査との関連性），③AAからCBPRに準拠していると認証された組

織は，その認証について，APECのウェブサイト上に関連情報とともに掲載されることとなる（遵守組織リストとの関連性）．

要素2「遵守審査」について，AAになるために，①エコノミーの定めた基準として，AAの計画要件，紛争解決手順，利益相反回避のための方針及び手順等を満たさなければならず（AAの認定基準），苦情処理が重要な要件となる．②組織の受入質問票に記載されたプライバシーポリシー及び実務を審査する際，AAは，最低基準を定めたCBPR計画要件に照らしてそれらを評価すべきである（CBPRの遵守審査手順）．

要素3「認証／受諾」では，エコノミーは，AAからCBPRを遵守した旨を認証された組織について，公に利用可能なリストを作成する（遵守組織のリスト及び連絡先情報）．そのリストには，消費者が連絡を取れるようにするための，当該組織の連絡先情報，当該組織を認証したAA，関連するプライバシー執行機関の情報が含まれる．

要素4「紛争解決及び執行」では，CBPRはAA及びプライバシー執行機

図表5.3 APEC/CBPRシステムの概念図

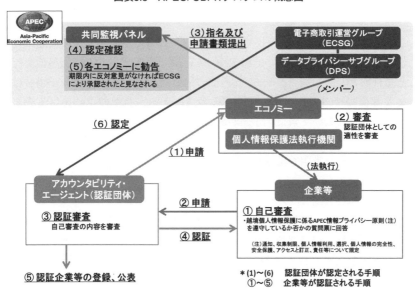

経済産業省「APEC/CBPRシステムの概念図」
(http://www.meti.go.jp/press/2015/01/2016012500j/20160125005-1.pdf)

関により執行可能とすべきとされる．AA は，法又は契約を通じて CBPR の計画要件を執行できるべきであり，プライバシー執行機関は，適用可能な国内法及び規則であって，CBPR の計画要件に沿う個人情報保護の効果を有するものに基づき，執行活動を行えるようにすべきである（CPEA）．

プライバシー執行機関は，CBPR の苦情／問題について，参加組織又は AA により解決できない場合に，その苦情／問題を精査し，適切な場合には，調査及び執行活動を行うことができなければならない．また，係る機関は，他のプライバシー執行機関による援助要請に対応するか否かを決定する裁量を有する．

エコノミーが共同監視パネル議定書の定める条件を満たして CBPR への参加を認められると，1 つ若しくは複数の AA となるべき組織を推薦し，又は，ECSG の議長に対し，AA 認定の申請を受けた旨を通知することとなる．

CBPR は，単純，透明，低価格で，かつ，エコノミーに対する責任を持つ仕組みであることを目指しており，EU の個人データ保護制度とはその発想を大きく異にするといえる．

第 5 節　CBPR-BCR の相互運用に向けた交渉

CBPR に関しては，EU の拘束的企業準則（BCR）との間で，相互運用性を探るための検討が行われた．CBPR と BCR は，個人データの越境移転を行うことを目的とした組織（グループ）内部の拘束的基準を設け，BCR の場合はデータ保護機関，CBPR の場合は APEC の AA から，事前の承認を得る必要があるという点において類似する面がある．

2011 年から 2012 年にかけての閣僚会議では，「越境個人情報保護規則」について，次のような声明が出されている．

・2011 年閣僚会議（ホノルル，ハワイ，2011 年 11 月 11 日）
「電子商取引に関する信頼性及び予見可能性の向上を通じて地域経済統合，規制協力，そして越境貿易は強化され得る．我々は，これらの重要な目的をサポートする APEC 個人情報保護パスファインダーに関する主要文書を承認した．越境個人情報保護規制を通じた APEC 個人情報保護枠組みの実施は，データ・個人情報保護慣行の強化や規制協力の効率化，共通原則の使用，調整された法的アプローチ，説明責任エージェントを通じた，より大きな説明

責任を可能とする一方で，イノベーションを支援し，世界的なデータ・個人情報保護管理体制における相互運用性を促進し，より多くの情報の流通を可能とする.」[17]

・2012年閣僚会議（ウラジオストク，2012年9月5-6日）
「我々は，情報流通の障壁を低減し，消費者プライバシーを高め，さらに地域のデータプライバシー体制を越えた相互運用性を促進するため，APEC 越境プライバシー・ルール（CBPR）制度を実施する2011年の APEC 首脳のコミットメントを実現させるための APEC の作業を歓迎する．我々は，EU・BCR（拘束的企業規則）と APEC・CBPR 間の同質性及び潜在的な相互運用可能性の課題に関する議論を通じたものを含む，CBPR の実施に期待する.」[18]

2013年閣僚会議（バリ，2013年10月5日）においても，CBPR 制度の促進に向けた協力強化を歓迎する旨が宣言されている．

相互運用性を検討するための作業チームは2012年に設置された．2013年1月31日，インドネシアのジャカルタで ECSG の会合が開催され，APEC と EU の作業チームの初めての検討が行われた．EU からは，フランスの情報処理・自由全国委員会（Commission Nationale de l'Informatique et des Libertés），ドイツの連邦データ保護・情報自由コミッショナー（Bundesbeauftragte für den Datenschutz und die Informationsfreiheit），欧州データ保護監察官（European Data Protection Supervisor）及び欧州委員会の代表が参加し，APEC からは，カナダ，台湾，日本，韓国，マレーシア，ニュージーランド，フィリピン，シンガポール，タイ，米国の10エコノミーの代表が出席した[19]．EU 側は，この会合で，BCR と CBPR を比較検討するため，両者の共通部分と相違部分について事前に調査した資料を提供した．この作業チームでは，今後も継続的に協議をしていくことで一致している．

2013年6月23日から27日にかけて，インドネシアのメダンで ECSG の会合が開催された際に，上記作業チームの第2回検討会が行われた．第29条作業部会は，BCR と CBPR の構造に関する参照文書を策定し，それをもとに，両者の共通要素を示す文書を作成する作業が進められてきた．しかし，BCR と CBPR の相互運用は，地域をまたいだ取組であり，双方の制度の違いを特定し，いずれの制度にも適用できる実務を展開することが課題とされた[20]．

筆者が 2013 年頃に CBPR の担当者から聞いた話によると，CBPR はセーフハーバーの拡張版であり，両者の違いは，セーフハーバーには AA が必要とされない，CBPR はより詳細な項目を定める必要があるとのことであった．また，BCR と CBPR の相互運用が成功することで，EU 一般データ保護規則提案が定める第三国移転制限の代案となることを期待しているとのことであった．
　2014 年 3 月 7 日には，「EU 加盟国のデータ保護機関に提出された BCR 要件と APEC-CBPR の AA に提出された CBPR 要件のための参照事項に関する第 29 条作業部会及び APEC エコノミーによる専門家間での共同の取組」[21] と題する文書が公表された．これは，企業が BCR 及び／又は CBPR へ申請する際に検討を求められる要件を示したチェックリストである．ただし，両制度の相互運用は実現していないため，企業にとっては，非公式の実用的なチェックリストとして，両方の認証を受ける際に役立つものとなっている．
　この文書は，同年 2 月 27 日から 28 日にかけて開催された APEC の高級実務者会合で承認され，第 29 条作業部会では，同年 2 月 27 日に同文書が採択された[22]．
　APEC のデータプライバシー・サブグループは，2015 年より，民間部門を交える形で BCR 制度と CBPR 制度に関する共同作業チームを設置し，検討を進めている[23]．短期及び中期的には，BCR と CBPR の共同申請フォームの作成，両制度の遵守を証明するための，企業の方針，関連する個人データ及びプライバシー計画の実務，効果的な手段のマッピングを行うこと，長期的には，BCR の取扱者と PRP の要件に関する共通参照事項を策定することを目指している．

注
（1）　経済産業省「APEC」(http://www.meti.go.jp/policy/trade_policy/apec/index.html)．山澤逸平「APEC と個人情報保護活動」，消費者庁「アジア太平洋地域等における個人情報保護制度の実態調査に関する検討委員会・報告書」(2013 年 3 月) 20-30 頁．加藤隆之「個人情報保護に関する APEC の取組」消費者庁・同報告書 31-47 頁．
（2）　山澤・前掲「APEC と個人情報保護活動」21 頁．
（3）　APEC, Electronic Commerce Steering Group, http://www.apec.org/Groups/Committee-on-Trade-and-Investment/Electronic-Commerce-Steering-Group.aspx (last visited Dec 30, 2016).
（4）　APEC, *Privacy Framework* (Nov. 2004), http://www.apec.org/Groups/Committee-on-Trade-and-Investment/~/media/Files/Groups/ECSG/05_ecsg_privacyframewk.ashx．各年の閣僚会議の決定事項については，APEC のウェブサイト (http://www.

apec.org/Meeting-Papers/Annual-Ministerial-Meetings.aspx) 参照.
(5) APEC, *Data Privacy Individual Action Plan*, http://www.apec.org/Groups/Committee-on-Trade-and-Investment/Electronic-Commerce-Steering-Group/Data-Privacy-Individual-Action-Plan.aspx (last visited Dec. 30, 2016).
(6) APEC Senior Officials' Meeting, *Data Privacy Pathfinder*, 2007/CSOM/019 (Sep. 2-3, 2007). 文書は, (http://starfish.apec.org/Home/Groups/Committee-on-Trade-and-Investment/Electronic-Commerce-Steering-Group) から入手することができる.
(7) APEC Ministerial Meeting, *Joint Statement – Strengthening Our Community, Building a Sustainable Future* (Sep. 5-6, 2007), http://www.apec.org/Meeting-Papers/Annual-Ministerial-Meetings/Annual/2007/2007_amm.aspx.
(8) オーストラリア, カナダ, チリ, 香港, 日本, 韓国, メキシコ, ニュージーランド, ペルー, 台湾, タイ, 米国, ベトナム.
(9) APEC, *Data Privacy Pathfinder Projects Implementation Work Plan – Revised*, 2009/SOM1/ECSG/SEM/027 (Feb. 22-23, 2009).
(10) APEC Data Privacy Subgroup, *APEC Cooperation Arrangement for Cross-Border Privacy Enforcement*, 2010/SOM1/ECSG/DPS/013 (Feb. 28, 2010), http://aimp.apec.org/Documents/2010/ECSG/DPS1/10_ecsg_dps1_013.pdf. 第6回個人情報保護関係省庁連絡会議(平成23年10月28日)参考資料2参照. 同文書の仮訳は, 個人情報保護委員会のウェブサイトに掲載されている (http://www.ppc.go.jp/files/pdf/APEC_CPEA.pdf).
(11) See APEC, Electronic Commerce Steering Group, http://www.apec.org/Groups/Committee-on-Trade-and-Investment/Electronic-Commerce-Steering-Group.aspx (last visited Dec. 30, 2016).
(12) 経済産業省ニュースリリース「日本国政府のAPEC越境プライバシールールシステムへの参加が認められました」(2014年4月28日) (http://www.meti.go.jp/press/2014/04/20140428003/20140428003.html).
(13) 経済産業省ニュースリリース「APEC域内の国境を越える個人情報の保護に認証が与えられるようになります〜我が国初のAPEC越境プライバシールールシステムの認証団体が認定されました〜」(2016年1月25日) (http://www.meti.go.jp/press/2015/01/20160125005/20160125005.html). APEC, *Cross Border Privacy Rules System for Accountability Agents*, http://www.cbprs.org/Agents/AgentDetails.aspx (last visited Dec. 30, 2016). JIPDECは, 2016年6月,「APEC/CBPR認証申請ガイドブック」(https://www.jipdec.or.jp/protection_org/JIPDEC_AOP_CBPR_008.pdf) を公表している.
(14) JIPDECニュースリリース「JIPDECがCBPR認証事業者第一号としてインタセクト・コミュニケーションズを認証」(2016年12月20日) (https://www.jipdec.or.jp/topics/news/20161220cbpr_1go.html).
(15) APEC, *Greater Protection for Consumers as Canada Joins Asia-Pacific Privacy Regime* (Apr. 15, 2015), http://www.apec.org/Press/News-Releases/2015/0415_CBPR.aspx.
(16) APEC, *CBPR system documents*, http://www.meti.go.jp/press/2014/04/20140428003/20140428003.html.

(17) 経済産業省「APEC閣僚会合ホノルル，ハワイ，2011年11月11日声明（仮訳）」(http://www.meti.go.jp/policy/trade_policy/apec/about/pdf/amm_statement_1111.pdf).

(18) 経済産業省「APEC閣僚会合ウラジオストク，9月5-6日共同声明（仮訳）」(http://www.mofa.go.jp/mofaj/gaiko/apec/2012/pdfs/amm_joint_statement.pdf).

(19) APEC, *Promoting Cooperation on Data Transfer Systems between Europe and the Asia-Pacific* (Mar. 6, 2013), http://www.apec.org/Press/News-Releases/2013/0306_data.aspx.

(20) *See also* APEC, Committee on Trade and Investment, 2013 Annual Report to Ministers 24-25 (Oct, 2013).

(21) APEC, *Joint Work between Experts from the Article 29 Working Party and from APEC Economies, on a Referential for Requirements for Binding Corporate Rules Submitted to National Data Protection Authorities in the EU and Cross Border Privacy Rules Submitted to APEC CBPR Accountability Agents*, 2014/SOM1/034 (Mar. 7, 2014), http://www.apec.org/~/media/Files/Groups/ECSG/20140307_Referential-BCR-CBPR-reqs.pdf.

(22) Article 29 Data Protection Working Party, *Opinion 02/2014 on a Referential for Requirements for Binding Corporate Rules Submitted to National Data Protection Authorities in the EU and Cross Border Privacy Rules Submitted to APEC CBPR Accountability Agents*, WP 212 (Adopted on Feb. 27, 2014), http://ec.europa.eu/justice/data-protection/article-29/documentation/opinion-recommendation/files/2014/wp212_en.pdf.

(23) *Supra* note 3.

第6章　米国の消費者プライバシー保護

第1節　消費者データプライバシー

1　消費者プライバシー権利章典と公正情報実務諸原則

　2012年2月23日，米国のオバマ大統領は，「ネットワーク社会における消費者データプライバシー：グローバル化したデジタル経済において，プライバシーを保護しイノベーションを促進するための枠組み」（以下「消費者データプライバシー」という．）[1]と題する政策大綱に署名するなど，米国では新たな動きが見られた．この政策大綱は，消費者プライバシー保護に対する米国の考え方を示すものとして重要である．

　「消費者データプライバシー」は，商務省インターネット政策タスクフォースの2010年12月16日付「インターネット経済における消費者データプライバシーとイノベーション：ダイナミックな政策枠組み」[2]の提案に基づき策定されたものであると同時に，連邦取引委員会（Federal Trade Commission, FTC）の消費者プライバシー保護への各取組と連動する形で公表されたものでもある．そして，この政策大綱は，「消費者プライバシー権利章典」（Consumer Privacy Bill of Rights）の7原則，執行可能な実施基準を定めるためのマルチステークホルダー・プロセス，「不公正若しくは欺瞞的行為又は慣行」に関するFTCの法執行権限，国際的相互運用性を主な要素に掲げており，とりわけ，消費者プライバシー権利章典は，米国が1970年代から各プライバシー保護立法の中に取り込んできた公正情報実務諸原則（Fair Information Practice Principles, FIPPs）を消費者プライバシー保護の中にも位置づけたものであって，立法化の基礎を構成する．

　「消費者プライバシー権利章典」とは，次の7つの原則のことをいう．政府

は，実施基準を通じてこの原則を関係者に実施させるよう促すとともに，議会と協力して，立法化を通じてこれらの権利を制定することを予定している．また，諸原則の実施方法は企業の裁量に委ねられる．こうした柔軟性は，イノベーションを促すとともに，単一の厳格な義務を企業に遵守させるよりも，消費者や利用者にとって最も重要となる可能性の高いプライバシー問題に対処するためには効果的であることを理由とする．

図表6.1　消費者プライバシー権利章典

第1原則 個人のコントロール	消費者は，企業が消費者からいかなる個人データを収集し，どのように利用するかについて，コントロールを行使する権利を有する．
第2原則 透明性	消費者は，プライバシー及びセキュリティの実務について，容易に理解でき アクセス可能な情報を得る権利を有する．
第3原則 状況の尊重	消費者は，企業において個人データを収集し，利用し，そして開示する際には，消費者がデータを提供する状況に適合した方法によることを期待する権利を有する．
第4原則 安全性	消費者は，安全かつ責任を持って個人データが取り扱われる権利を有する．
第5原則 アクセス及び正確性	消費者は，データの機微性及びデータが不正確な場合に消費者に不利な結果をもたらすリスクに適した態様において，利用可能な書式によって，個人データにアクセスし，訂正する権利を有する．
第6原則 制限的収集	消費者は，個人データを収集及び保有する企業に適切な制限を課す権利を有する．
第7原則 責任	消費者は，企業が個人データを取り扱う際に，消費者プライバシー権利章典を確実に厳守するための適切な措置とともに行わせる権利を有する．

　この諸原則が適用される「企業」は，あらゆる組織，法人，信託，組合，個人事業主，権利能力なき社団，営利目的で設立された投機的事業者，又は非営利事業者であって，係る組織が現行の連邦プライバシー法に服さない範囲において，州際通商の際に個人データを収集，利用，開示，蓄積又は移転させるものをいう．米国では，民間部門における包括的な連邦制定法は存在しない．そこで，消費者データプライバシーは，プライバシー権利章典を定めることにより，保護の空白部分を埋めることを意図している．他方，同権利章典は，児童

オンライン・プライバシー保護法，いわゆる HIPAA プライバシー・ルール，公正信用報告法等の法律に服する事業者に適用することは予定していない．

ところで，消費者プライバシー権利章典の諸原則は，いずれも1970年代以降の FIPPs から発展してきた重要な原則である．FIPPs は，プライバシー及び個人情報を保護するための諸原則のことをいい，米国では，保健教育福祉省（United States Department of Health, Education, and Welfare（当時））[3] の設置した「自動個人データ・システムに関する長官の諮問委員会」において，1973年7月，「記録，コンピュータ及び市民の権利」[4] という報告書を公表し，そこで掲げられた5原則が大きな影響を与えたとされている．この報告書は，コンピュータ時代にふさわしい記録保管業務の基準確立の必要性という理由等から，すべての自動個人データ・システムに対する，米国での「公正情報実務に関する法」（Code of Fair Information Practice）の制定を勧告した．そして，報告書は，自動個人データ・システムに対する「保護措置要件」（Safeguard Requirements）として法的効力が与えられることになるであろう5つの基本原則を掲げ，同原則は，1974年プライバシー法[5] の基礎となった．

「（1）その存在自体が秘密になっているいかなる個人データ記録保管システム（personal data record-keeping systems）も存在してはならない．
（2）個人は，自己に関するいかなる情報が記録の中にあり，またそれがどのように利用されているかを見いだす方法がなければならない．
（3）個人がある1つの目的のために取得された自己に関する情報がその承諾なしにその他の目的のために利用され，又は使用されることを防止する方法がなければならない．
（4）個人が自己に関する識別可能な情報の記録を訂正又は修正する方法がなければならない．
（5）識別可能な個人データの記録を作り出し，保有し，利用し，又は頒布するいかなる組織も，データの信頼性をその意図した用途のために確保しなければならず，また，そのデータの誤用を防止するための合理的な予防措置を講じなければならない．」

FIPPs は，米国のみならず，OECD，カナダ，欧州においても発展してきた．米国プライバシー保護研究委員会「情報社会における個人のプライバシー」

(1977年)[6]，OECDの1980年プライバシー・ガイドライン，米国情報基盤タスクフォースによる「プライバシーと国家情報基盤：個人情報の提供及び利用のための諸原則」(1995年)[7]，米国商務省「プライバシーとNII：電気通信に関連する個人情報の安全保護」(1995年)[8]，1995年EUデータ保護指令，カナダ規格協会の「個人情報保護のためのモデルコード：カナダの全国基準」(1996年)[9]，2010年の前記消費者データプライバシーとイノベーションに関する政府文書などがある．

2　諸原則の内容
2.1　第1原則・第2原則

　消費者プライバシー権利章典のうち，米国の考え方が最も顕著に表れているのは，第1原則及び第2原則であるといえる．

　第1原則の「個人のコントロール」については，次のように記されている．

「企業は，消費者に対し，消費者が他者と共有する個人データに対し，また，企業が個人データを収集，利用，開示する方法に対し，適切なコントロールを与えるべきである．企業は，企業が収集し，利用し，開示する個人データの規模，範囲及び機微性に対応するとともに，個人データに関する利用の機微性にも対応する形で，容易に利用されアクセス可能な仕組みを消費者に与えることによって，これらの選択を可能にするべきである．企業は，消費者に対し，個人データの収集，利用及び開示に関する意味のある決定を下せるような時期及び方法を提示し，明確で簡明な選択を与えるべきである．企業は，消費者に対し，最初に同意を付与する方法と同様に，同意を撤回し又は制限するための，アクセス可能で容易に利用できる方法を示すべきである．」

　この説明によると，個人データの収集，利用，開示に関する意味のある決定が「選択」と表現されており，企業には，そのための容易かつアクセス可能な仕組みを提供すべきことが求められている．同様に，同意の撤回又は制限も「選択」に含まれる．

　個人のコントロールには2つの側面が存在すると説明されている．第1は，企業によるデータの収集時に，問題の個人データに関して，データセットの中にその活動が含まれる個人の数（規模），データセットに反映された活動，興

味，期間の範囲（範囲），機微性に適した，データの共有，収集，利用，及び開示に関する「選択」を提供することである．例えば，サーチエンジン，広告ネットワーク，オンライン・ソーシャル・ネットワーク等，個人のインターネット利用履歴に関する大部分にアクセスする企業は，徐々に，個人の行動に関する詳細なプロフィールを蓄積することができる．これらのプロフィールは，範囲及び規模が大きくなり得るものであり，健康データ又は金融データのような機微情報を含むことがある．

また，オンライン上の行動ターゲティング広告を提供するために，第三者による個人データの収集も行われるが，この広告の仕組みは，異なるウェブサイトを超えて，個人の消費者——又は少なくともその装置——を追跡できる広告ネットワークを展開させる．固有識別子に従い構築されたデータによって，個人のインターネット利用を広範囲に観察することができる．しかし，係る追跡と広告実務は，個人のプライバシーへの期待を侵害する．このような第三者も，個人データ収集に関して，収集するデータの規模，範囲及び機微性に応じた「選択」を提供しなければならない．

米国では，「選択」のための仕組みとして，プライバシー促進技術としての「追跡拒否」（Do Not Track, DNT）の導入が進められてきた．消費者データプライバシーの中でも，DNTの仕組みは，第三者が個人データをどのように利用し，又は，第三者が個人データを受領するか否かに対して，消費者がコントロールを行使できるものとして，その取組が取り上げられている．

他方，データブローカーのような第三者は消費者との直接の接触を持たないため，データ収集への意味のあるコントロールは困難となる．消費者データプライバシーは，個人にコントロールを与えることが困難である場合，これらの企業に対し，透明性，アクセス及び正確性，責任等の他の諸原則を確実に実施することにより，十分な消費者プライバシー保護を提供すべきとしている．

コントロールの有するもう１つの側面は，選択に対する消費者の責任である．消費者データプライバシーによれば，消費者は，プライバシー設定の選択や個人データの他者との共有に対する自らの選択を評価し，その選択に責任を負うべきと記されている．その際，共有に関する最初の決定が重要となる．

また，第１原則は，消費者による個人データの利用への同意を撤回できることを含んでいる．ただし，①消費者が企業と継続的な関係を有している場合には同意の撤回は制限され，②同意の撤回を尊重する義務は，その企業の管理下

にあるデータの範囲に限られ，③消費者プライバシー権利章典実施前に収集したデータには，同意撤回権は及ばない[10]．

第2原則の「透明性」に関しては，次のように説明されている．「消費者がプライバシーのリスクを意味ある形で理解し，個人のコントロールを行使できるようにするために，企業は，自らがいかなる個人データを収集し，そのデータがなぜ必要であり，どのようにそれを利用し，そのデータをいつ消去し又は消費者のデータを匿名化するか，及び，第三者と個人データを共有する可能性の有無や共有する目的について，最も有用な時及び場所において，明確な説明を提供すべきである．」．企業・消費者間の取引又は関係の状況にそぐわない個人データの利用については，より一層，消費者の目に付きやすい開示を行うことが求められる．

この原則との関係では，モバイル機器が問題となる．そこで，企業には，モバイル利用者に対し，画面が小さいことやモバイル機器に特有のプライバシー・リスク等，モバイル機器の特質を考慮に入れた態様で，最も関連する情報を提供するよう努力することが求められる[11]．また，データブローカーのような企業は，個人データの収集，利用，開示方法に関する明示的な説明を行う必要があり，自らのウェブサイト上や他の一般にアクセス可能な場所に投稿することなどによって，その説明を入手可能な状態に置き，消費者と直接の関係がない点を補うべきである．

消費者と最初に関係を持つ企業においても，第三者の活動の性質を消費者が理解できるように，特に，第三者に個人データを提供する目的，そして，第三者がこれらの目的を達成するためのデータ利用制限に拘束されるか否かを開示するべきである．さらに，最初の当事者である企業は，第三者からいかなる種類の個人データを収集し，第三者が誰であって，最初の当事者がどのようにこのデータを利用するのかを開示することにより，より多くの透明性をもたらすことができる．

2.2 第3原則～第7原則

第3原則から第7原則までの要旨は次の通りである．

第3原則に関して，企業は，他の法的義務がある場合を除き，消費者との関係及び消費者が最初にデータを開示した状況の双方と合致する目的のために，個人データの利用及び開示を制限すべきである．企業は，他の目的のために個

人データを利用又は開示する場合には，データ収集時に，目立つ態様でかつ消費者が容易に行使できる方法で，これらの他の目的を開示することによって，透明性及び個人の選択をより一層提供すべきである．もし，収集の後に，企業がデータの開示を受けた状況とそぐわない目的のために個人データの利用又は開示を決定する場合，当該企業は，透明性及び個人の選択に関するさらなる措置を講じなければならない．最後に，企業と関わる消費者についての年齢及び技術との親和性が，状況に関する重要な要素である．企業は，消費者の年齢と知的素養に適した方法において，この原則に基づく義務を満たすべきである．特に，消費者プライバシー権利章典内の諸原則は，大人よりも，児童及び10代からの個人データの取得に対して，より厚い保護を求めることができる．

　第4原則に関して，企業は，自らの個人データ実務に関連するプライバシー及びセキュリティのリスクを評価し，紛失，無権限アクセス，利用，破壊又は修正，及び，不適切な開示のようなリスクを制御するための合理的な安全保護措置を講じるべきである．

　第5原則に関して，企業は，正確な個人データを確実に保持するための合理的な措置を利用すべきである．企業は，消費者に対し，不正確なデータを訂正し又はその消去若しくは利用制限の要請を行うための，適切な手段及び機会を提供するのと同様に，自らが収集し又は保持する個人データへの合理的なアクセスも提供すべきである．個人データを取り扱う企業は，表現の自由及び報道の自由に合致した態様で，この原則を解釈すべきである．正確性を維持し，かつ，アクセス，訂正，消去又は停止の能力を消費者に提供するために講じることのできる措置を決定する際に，企業は，自らが収集し又は保持する個人データの規模，範囲及び機微性，並びに，その利用が財政的，身体的又は他の物質的被害に消費者をさらす可能性もまた考慮することができる．

　第6原則に関して，企業は，状況の尊重に関する原則に基づき特定された目的を達成するために必要な量の個人データのみを収集すべきである．企業は，他の法的義務がある場合を除き，既に必要がなくなった個人データを安全に処分し又は匿名化すべきである．

　第7原則に関して，企業は，これらの原則を遵守するために，執行機関及び消費者に責任を負うべきである．企業は，これらの原則を遵守する責任を負う従業員も有するべきである．この目的を達成するために，企業は，これらの原則に沿った個人データの取扱いを行わせるために適した訓練を従業員に施し，

この点における彼らの業績を定期的に評価すべきである．適切な場合，企業は，全面監査を実施すべきである．個人データを第三者に開示する企業は，他の法的義務がある場合を除き，少なくとも，受領者をしてこれらの原則を遵守させるために，執行可能な契約上の義務に服させることを約束すべきである．

3　消費者データプライバシーの適用範囲

消費者データプライバシーは，適用範囲を柔軟に捉えた点でも注目される．そこでは，個人データは「データの集約を含むあらゆるデータであって，特定個人と結び付き得る（linkable）もの」であれば良く，「特定のコンピュータ又は他の装置と連結されるデータを含む」と定義されている．それによると，例えば，使用履歴（usage profile）を構築するために用いられるスマートフォンや家庭用コンピュータの識別子が該当する．この定義は，営利事業者が収集，利用及び開示する，消費者に関する多くの種類のデータを捉えるために，必要な柔軟性を提供している．保護範囲との関連で，「個人識別可能情報」（Personally Identifiable Information, PII）の定義は，行政管理予算局（Office of Management and Budget）が個人識別可能情報の侵害に対する安全保護措置を取り上げた2007年5月22日付の覚書の中で，次のように説明されている[12]．

「個人識別可能情報」とは，氏名，社会保障番号，生体記録など，単独で，又は，生年月日若しくは出生地，母親の旧姓など，特定の個人と結び付き若しくは結び付けられ得る他の個人情報若しくは識別情報と組み合わされた場合に，個人のアイデンティティを区別し又は追跡するために用いることのできる情報をいう．」．2010年6月25日付覚書は，この定義を引用し，「PIIの定義は情報又は技術に関する単一のカテゴリに固定されているわけではない．むしろ，この定義は，個人が識別され得るという特定リスクの評価をケースバイケースで要求する．」と述べている．消費者データプライバシーは，この説明を引用し，上記の定義づけを行っている[13]．

4　消費者プライバシー権利章典の実施方法

消費者データプライバシーは，消費者プライバシー権利章典の実施方法として，執行可能な実施基準を展開するためのマルチステークホルダー・プロセス，FTCの執行権限を伴う権利章典の連邦法による立法化に言及している．特に，基本的なプライバシー保護を定める立法化の実現は，セクトラル方式[14]を採

用する米国において，法政策上の大きな課題である．

　第2節で取り上げるように，FTCは，FTC法第5条の定める「不公正若しくは欺瞞的行為又は慣行」に基づき法執行を行っており，それが対欧州との関係でも重要な役割を果たしている．消費者データプライバシーの中でも，FTC及び州の司法長官による直接的法施行への言及がある．例えば，FTCは，権利章典違反に対し，民事制裁金を求める訴訟を司法省に付託することができるが，45日以内に司法省が提訴しない場合は，直接に提訴権を発動するといった制度を用いることなどである．

　これに連動する形で，セーフハーバーの制度も検討されている．複数利害関係人が策定手続に参加した実施基準について，FTCは，それを消費者プライバシー権利章典に照らして審査・承認する権限を有するが，実施基準を承認すれば，それに準拠している企業に対する法執行を制限されるというものである．一方，実施基準の採用を拒否した事業者，又は，FTCの審査を受けない実施基準を採用している事業者に対しては，法に基づくプライバシー権利章典が適用される．

　消費者データプライバシーでは，消費者プライバシー権利章典は，仮に立法化が実現しなかったとしても，マルチステークホルダー・プロセスを招集し，FTCによる執行可能な実施基準のためのプライバシー保護のひな型として利用されるであろうと記されている．このように，権利章典は，立法化を睨みつつ，FTCの法執行を背景とした自主規制の取組強化を目指すものといえる．

5　ビッグデータに関する報告書

　消費者データプライバシーの公表後，政府監査院（Government Accountability Office, GAO）[15]は，2013年9月，上院の通商科学運輸委員会（Committee on Commerce, Science, and Transportation, U.S. Senate）の議長であるジョン・D・ロックフェラー（John D. Rockefeller Ⅳ）氏あてに，「情報再販者：消費者プライバシーの枠組みに，技術及び市場の変化を反映させる必要あり」と題する報告書を提出した．この報告書は，「情報再販者」（Information Resellers）がマーケティング目的で個人に関する情報を収集し，転売する問題を捉え，FIPPsを踏まえた基本的なプライバシー保護法を制定すべきと勧告している[16]．情報再販者とは，「データブローカー」（Data Brokers），「データ収集者」（Data Aggregators），又は「情報解決事業者」（Information Solutions Providers）とも

いわれ，個人情報を収集し，集約し，第三者への販売を主な事業分野にする企業のことを意味する．その他，2014年2月には，30を超える消費者保護団体が立法化を促す文書をオバマ大統領宛に出す等，包括的プライバシー保護法の立法化を促す動きが見られた．

　このような状況の中，2014年5月1日，大統領行政府から「ビッグデータ：機会を捉え価値を維持する」[17]と題する報告書が公表された．この報告書は，ビッグデータ技術が政府，取引，社会に与える変化等に基づき，オバマ大統領から政府の政策方針を検討するよう指示を受け，大統領顧問（Counselor to the President）であるジョン・ポデスタ（John Podesta）氏を含む5名の高官の連名において，大統領に提出したものである．報告書は，「第1章　ビッグデータと個人」，「第2章　オープン・データとプライバシーに向けたオバマ政権のアプローチ」，「第3章　公的部門のデータ管理」，「第4章　民間部門のデータ管理」，「第5章　ビッグデータへの政策枠組みに向けて」，「第6章　結論及び勧告」で構成される．報告書は，全体的に消費者データプライバシーよりも広い範囲の問題を取り扱っており，多くの重要な示唆を含んでいるが，まず注目すべきは，次に揚げる報告書の政策提言の中で，消費者プライバシー権利章典の立法化が謳われている点である．

・消費者プライバシー権利章典の促進
　商務省は，ビッグデータの展開及びそれがどのように消費者プライバシー権利章典に影響を与えるかについて，利害関係人及び一般からの意見を求めるための適切な協議段階に入るべきである．そして，利害関係人が検討を行い，大統領から議会へ提出するための立法草案を起草すべきである．
・国のデータ侵害法の制定
　議会は，2011年5月の政府によるサイバーセキュリティ立法提案に従って，単一の国家データ侵害基準を定める立法を可決すべきである．
・米国人以外へのプライバシー保護の拡大
　行政予算管理局は，実現可能な場合には1974年プライバシー法を米国人以外にも適用するか，又は，国籍にかかわらず，適切かつ意味ある保護を個人情報に適用する代替的プライバシー政策を確立するよう，各省庁及び機関と協力すべきである．
・学校における生徒のデータ収集を確実に教育目的で行うようにすること

連邦政府は，プライバシー規制により，生徒自身のデータ，特に教育状況において集められたデータが不適切に共有されたり利用されることから生徒を確実に保護しなければならない．
・差別を阻止するための技術専門性の拡大
　公民権や消費者保護を主導する連邦政府の各機関は，ビッグデータ分析により促進される実務及び結果であって，保護される階級への差別的影響を有するものを特定できるように技術専門性を拡大すべきであり，また，違法行為の捜査及び解決のための計画を立てるべきである．
・電子通信プライバシー法の改正
　議会は，オンライン，デジタルコンテンツのための保護水準が実社会において与えられるもの──未読の電子メールや一定期間を経過したもののような，時代遅れの区別を撤廃することを含む──と確実に合致するよう，電子通信プライバシー法を改正すべきである．

　上記提案の中には，連邦レベルでのデータ侵害通知法の制定も謳われている．米国では，上記のサイバーセキュリティに関する立法提案（2011年5月12日にホワイトハウスが公表）が出されたほか，大手小売チェーンであるターゲット社から，2013年終わりに4,000万件のクレジット－カード及びデビットカードの情報が漏えいしたことが問題となり[18]，連邦議会に「2014年パーソナルデータ・プライバシー及びセキュリティ法案」[19]が提出されるなどの動きが見られた．
　また，上記提案は，公的部門を規律する1974年プライバシー法の見直しにも言及しており，これは消費者データプライバシーが射程に置いていなかった部分である．
　このように，ビッグデータに関する報告書は，米国のプライバシー保護法制の全般的な見直しを示唆している．商務省の国家電気通信情報庁（National Telecommunications and Information Administration）は，2014年6月4日，この報告書に関するパブリックコメントを求めるリリースを公表している．
　さらに，報告書の中では匿名化と再識別化の問題も取り上げられており，データ融合の実務は，表向きは匿名化されたデータからでさえも，個人を識別できる情報を明らかにできるという，いわゆる「モザイク効果」をもたらし得ることの問題が指摘された．また，報告書では，データが一旦収集されると，そ

の匿名性を維持することは極めて難しいというビッグデータの効果への言及もなされている．そしてこのことは，ユビキタスに情報が収集され，当初の収集意図を越えたデータ利用が強力に行われる傾向とともに，「通知 – 同意」（notice and consent）の枠組みに課題をもたらすと記されている．

その他，報告書は，メタデータの保護強化，ビッグデータ分析による弱者差別への対応，追跡拒否（DNT）の一致した取組を実現することの困難性にも触れている．

6 消費者プライバシー権利章典法の提案[20]

6.1 消費者プライバシー権利章典法の討議草案の公表

オバマ政権は，2015年2月27日，「2015年消費者プライバシー権利章典法」に関する討議草案を公表した[21]．長称は，「商業分野における個人のプライバシーのための基本的保護を確立し，様々な利害関係人が策定した執行可能な実施基準を通じて，これらの保護の適時かつ柔軟な実施を促進するための法案」である．議会に提出される法案そのものではなく，実質的には草案と呼ぶべきものであるが，消費者プライバシー保護に関する米国の考え方が示されている．その特徴を挙げると，①踏み込んだ定義，②諸原則の確立，③FTCによる法執行，④マルチステークホルダー・プロセスの4つである．構成は次の通りである．

第1条　短称
第2条　目次
第3条　認識事項
第4条　定義

第1編　プライバシー権利章典
第101条　透明性
第102条　個人のコントロール
第103条　状況の尊重
第104条　制限的収集及び責任ある利用
第105条　安全性
第106条　アクセス及び正確性

第107条　責任
　第2編　執行
　　第201条　連邦取引委員会による執行
　　第202条　州の司法長官による執行
　　第203条　民事的制裁
　第3編　消費者プライバシー権利章典を実施するための実施基準
　　第301条　執行可能な実施基準を通じたセーフハーバー
　第4編　雑則
　　第401条　先占
　　第402条　連邦取引委員会の権限の保持
　　第403条　私的提訴権
　　第404条　他の法律の適用
　　第405条　対象事業者の定義の例外
　　第406条　施行日
　　第407条　可分性[22]

第3条の認識事項には，次のようなことが記されている．

「（a）米国人はプライバシーを個人の自由の要素として大切にする．
（b）米国の法令及び執行機関は，消費者のために頑健なプライバシー保護を与える．
（c）生成，収集，蓄積及び分析される個人データの量が急速に増加し，また，多様性が急速に進展している．この進展は人知，技術革新及び経済成長に多大な恩恵を与える可能性がある半面，個人のプライバシーと自由を損なう可能性をも有する．
（d）法は技術と企業実務の発展に追随しなければならない．
（e）柔軟性と情報の自由な流通を支持する一方で，個人データが適切に保護されるであろうという個人の信頼と信用を保護することは，ネットワーク化した経済における持続的革新と経済成長を促進するであろう．
（f）法の一般原則を執行することは，技術及びビジネスモデルの進展に十分な柔軟性を付与する一方で，個人が意味のあるプライバシー保護を享受し続けることを保障するであろう．

（g）公開の，透明性ある手続を通じて策定された執行可能な実施基準は，企業に確信を与え，個人に強力なプライバシー保護を与えるであろう．
（h）議会の認識では，各対象事業者は，適切な場合には，コンピュータで読解可能な書式において，本法に基づき求められる通知の様式を提供すべきであり，それは，個人が対象事業者の個人データ実務を比較する際に助けとなるであろう情報技術手段の発展を促進するためのものである．」

6.2 定義

第4条の定義には，（a）個人データ，（b）対象事業者，（c）収集，（d）コントロールの手段，（e）消去，（f）年少者，（g）プライバシー・リスク，（h）委員会，（i）州，（j）慣例的業務記録，（k）状況，（l）個人データの取扱い，（m）不利益判断，（n）例外の一覧が定められている．これらのうち，保護対象である「個人データ」と適用除外される「匿名化データ」，規律の対象となる「対象事業者」，プライバシーに関する米国の考え方が示された「コントロールの手段」，他の立法例ではあまり見られない「プライバシー・リスク」，諸原則に定められている「状況」に触れることとする．

6.2.1 個人データ

「（a）個人データ

（1）総則：「個人データ」は，対象事業者の管理下にあるデータであって，他に公衆が適法な手段により一般に入手可能なものではなく，対象事業者が，特定の個人に結び付け，若しくは実際上結び付けることができるもの，又は，個人に関連し若しくは個人が日常的に使用する機器に結び付けられたあらゆるデータを意味し，次に掲げるものを含むが，それらには限定されない：

（A）ファーストネーム（又はイニシャル）及びラストネーム；
（B）住所又は電子メールアドレス；
（C）電話番号又はファックス番号；
（D）社会保障番号，納税者番号，旅券番号，運転免許証番号，又は他に政府が発行した固有識別番号；
（E）指紋又は声紋のような生体識別子；
（F）固有永続識別子であって，ネットワーク機器を個別に識別する一連の

第 6 章　米国の消費者プライバシー保護　　395

数字又はアルファベットを含むもの，銀行口座番号，クレジットカード又はデビットカード番号，ヘルスケア会員番号，小売店の会員番号など，商業用に発行された識別番号及びサービスアカウント番号，車両識別番号又はナンバープレートを含む，固有の車両識別子，又は，要求されるセキュリティコード，アクセスコード，又はパスワードであって，個人のサービスアカウントにアクセスするために必要なもの；
（G）個人のコンピュータ利用又は通信機器についての固有識別子又はその他固有に割り当てられ若しくは記述された情報；
（H）対象事業者が，収集[23]，生成，処理，使用，開示，保管若しくはその他維持及び連結し，又は，上記のいずれかに実際上結び付けることのできるデータ．」

　個人データの要件は，①対象事業者の管理下にあるデータであることに加え，②特定の個人に結び付けることができるもの，又は，②'個人に関連し若しくは個人が日常的に使用する機器に結び付けられたあらゆるデータであるとされており，相当程度広範囲な情報が例示列挙されている．それを前提に，第4条（a）項（2）号は，例外としての「匿名化データ」の定義を定めている．

「（2）例外
（A）匿名化データ
「個人データ」という用語は，（1）項に定めるものを除くデータであって，対象事業者が（直接に又は代理人を通じて），次に掲げる処理を施したデータを含まない：
（i）データを実際上特定の個人又は装置に結び付けることができないと期待する合理的な根拠を持つように変更し；
（ii）個人又は装置を識別しようとしないことを公に約束し，かつ，係る識別を防止するために適切な制御を取り入れ；
（iii）対象事業者がデータを開示する各事業者に対し，特定の個人又は装置にデータを結び付けようとしないこと，及び，同じことをすべての転送先に義務づけることを，契約上又は他の法的に執行可能な禁止によって課し；
（iv）対象事業者がデータを開示する各事業者に，特定の個人又は装置に結び付けようとしない旨を公に約束するよう義務づける．」

匿名化の要件は，いわゆる FTC 3 要件に沿った内容といえる．（i）は第 1 要件に，（ii）及び（iv）は第 2 要件に，（iii）は第 3 要件に相当する．

個人データから除外されるデータには，匿名化データ以外に，「消去データ」，「従業員情報」，「サイバーセキュリティデータ」が定められている．「個人データ」には，（1）項に定めたもの以外のデータであって，対象事業者が消去[24]したもの（消去データ），従業員の氏名，肩書き，職場の住所，職場の電子メールアドレス，職場の電話番号，職場のファックス番号，又は，公的資格又は記録であって雇用に関連するもの（従業員データ），サイバーセキュリティの脅威又は事象を調査し，低減し，又は他に対応する目的のために，収集，処理，生成，利用，保有又は開示されたサイバー脅威指標（サイバーセキュリティデータ）を含まない（（2）項（B）号～（D）号）．

6.2.2　対象事業者

対象事業者は，州際通商において又は州際通商に影響を与える形で，個人データを収集，生成，処理，保有，利用又は開示する者をいう．ただし，政府機関，その従業員や官吏，自然人，取り扱う個人データ数が一定以下の者[25]，従業員数が一定以下の者[26] 等を除く（第 4 条（b）項）．

本法は，民間事業者を対象とする旨の規定である．

6.2.3　コントロールの手段

「コントロールの手段」とは，個人が自らの個人データの取扱いについて，決定を下せることをいう．それには，同意取得，同意の撤回，不正確なデータの訂正，データへのアクセスの許可又は拒否，その他個人のプライバシー選好を特定し実施するための仕組みの提供を含むが，それらに限定されない（第 4 条（d）項）．

6.2.4　プライバシー・リスク

日本でプライバシー・個人情報保護関連の議論を行うときに「プライバシー・リスク」という用語が用いられるが，この草案では次のように定義されている．

「プライバシー・リスク」とは，個人データそれ自体が，又はそれが個人に

第6章　米国の消費者プライバシー保護

関する他の情報と結び付いたときに，精神的被害，又は，身体的，経済的，職業的，その他の被害を個人にもたらす可能性をいう（第4条(g)項）．

　これに関連する言葉として，「不利益判断」（Adverse action）という定義もある．これは，1974年公正信用機会法及び公正信用報告法の定義と同じであると定められており，信用貸しの拒否又は取消，既存の信用貸しの取決めに関する条件変更などをいう（第4条(m)項）．情報が不正確である場合などに，本人に不利益が及ぶという意味では，個人情報のもたらす二次的被害を意味するといえる．

6.2.5　状　況

　米国の消費者プライバシー権利章典法の草案では，諸原則の中に「状況の尊重」が定められており，対象事業者が適切な態様で個人データを取り扱っているか否かを判断する上で，「状況」は重要な用語である[27]．

「「状況」とは，対象事業者による個人データの取扱いをめぐる状況をいう．
　次に掲げるものを含むが，それらに限定されない（第4条(k)項）：
（1）もしあれば，個人と対象事業者間の直接的対話の程度及び頻度；
（2）（1）号で定める対話の性質と経緯；
（3）対象事業者が提供するあらゆる通知を介する場合を含め，対象事業者が収集する個人データをどのように取り扱うかについて，対象事業者の商品又はサービスの常識的な利用者が理解する程度；
（4）対象事業者が提供する商品又はサービスの範囲，個人による当該商品又はサービスの利用，当該商品又はサービスが個人に与える便益，対象事業者が当該商品又はサービスを提供するために用いるブランド名；
（5）対象事業者の商品又はサービスについての個人利用者のプライバシー選好に関して，対象事業者が知っている情報；
（6）個人が対象事業者から求められた個人データの種類であって，商品又はサービスを提供するために取り扱うことが予想されるもの；
（7）個人が対象事業者から求められた個人データの種類であって，商品又はサービスを改良し又は販売するために取り扱うことが予想されるもの；
（8）慣例的業務記録[28]として取り扱うことが予想される個人データの種類；

（9）対象事業者の商品又はサービスが年少者[29]又は年長者に向けられたか否かを含め，対象事業者の商品又はサービスを利用する個人の年齢及び知的素養；
(10) 対象事業者の管理する個人データが一般の閲覧に供される範囲；
(11) 対象事業者の管理する個人データが曖昧化される範囲.」

6.2.6　適用除外の一覧

消費者プライバシー権利章典法の草案には，適用除外の一覧に該当する場合は，諸原則の適用を除外する旨の定めが置かれている（第4条(n)項）．その一覧は次の7項目である．

「（1）詐欺の予防又は探知；
（2）児童の搾取又は重大な暴力犯罪の予防又は探知；
（3）装置，ネットワーク又は施設の安全保護；
（4）対象事業者の権利若しくは財産の保護，又は，対象事業者の顧客の同意に基づく，顧客の権利又は財産の保護；
（5）対象事業者と個人の間の合意の監督又は執行．サービス条件，利用条件，利用者の同意，又は犯罪活動の監視に関する同意を含むが，それらに限定されない；
（6）慣習的業務記録の処理（合理的期間内で，又は，法的義務に基づき，当該記録が保存される範囲で）；
（7）法的義務を遵守し又は権限ある政府の要請に対応する.」

6.3　プライバシー権利章典

第1編のプライバシー権利章典は，2012年の消費者データプライバシー[30]に倣う形で7原則を定めている．

6.3.1　透明性

透明性は第101条が定める．

「（a）総則
　各対象事業者は，個人に対し，対象事業者のプライバシー及びセキュリテ

第6章 米国の消費者プライバシー保護

ィ実務について，簡潔で理解しやすい言葉で，正確に，明確に，時宜に適った，目立つ通知を提供しなければならない．当該通知は状況に照らして合理的でなければならない．対象事業者は，その取り扱う個人データについて，当該通知及びその通知のあらゆる更新又は修正に対し，利用しやすく適切なアクセスを個人に提供しなければならない．

（b）通知内容（a）項が義務づける通知の内容は，次に掲げるものを含むが，それらには限定されない：

（1）対象事業者が取り扱う個人データ．個人から直接に収集されない場合には，データの情報源を含む；

（2）対象事業者が当該個人データを収集，利用及び保有する目的；

（3）対象事業者が当該個人データを開示する者又はその種類，及び開示の目的；

（4）個人データが破棄，消去又は匿名化される時期．対象事業者が個人データを破棄，消去又は匿名化しない場合は，通知の中にそのことを明記しなければならない；

（5）自己の個人データにアクセスし，かつ，個人データの取扱いのための同意を付与し，拒否し又は撤回するための意味ある機会を個人に与える仕組み；

（6）個人が，対象事業者の個人データの取扱いに関する質問又は苦情を伝えることのできる者；

（7）個人データを保護するために講じられる手段．」

6.3.2 個人のコントロール

個人のコントロールは第102条が定める．対象事業者は，個人が自らの個人データの取扱いを決定できる手段を与えなければならないが，その際には，プライバシー・リスクと状況が勘案される．実務又はサービスの重要な変更を行う場合には，事前の明示的な説明及び同意取得が求められる．

「（a）総則

各対象事業者は，個人に対し，個人へのプライバシー・リスクに対応し，かつ，状況に矛盾しないように，自らに関する個人データの取扱いをコントロールするための適切な手段を提供しなければならない．

（b）個人のコントロールを提供する態様

（a）項に基づきコントロールの手段を提供する際，対象事業者は，（1）個人が適切にアクセスし，理解し，利用することが可能で，かつ，(b)個人が自らの個人データの取扱いについて，適切に決定を下せる時期と態様において利用可能な仕組みを提供しなければならない．

（c）同意の撤回

各対象事業者は，（b）項に基づき付与された同意を撤回するために，個人に対し，当該同意を与えるために用いた手段に適切に相当する手段を与えなければならない．

（1）同意撤回に応じた消去

データの保有に対する個人の同意撤回を受領してから45日を要さない合理的期間内に，対象事業者は撤回された同意に関する個人データを消去しなければならない．

（2）代替的遵守手段

対象事業者は，当該個人に属する個人データを匿名化するよう請求する手段を個人に与えることにより，本項の義務を果たすことができる．

（3）対象事業者の義務の制限

本項に基づく対象事業者の義務は，次に掲げるものに制限される：

（A）対象事業者の法的義務，又は，対象事業者が個人データに関して有する適用可能な修正第1条の利益に適した態様において対応すること；

（B）（d）項に定めるもの以外で個人データを取り扱うこと；及び，

（C）対象事業者の管理下の個人データであること．

（d）適用除外

対象事業者は，列挙された適用除外に定める目的のために，個人データを収集，生成，処理，保存，利用又は開示する限り，（a）項，（c）項の義務，又は，第103条(b)項(1)に基づく強化された個人のコントロールを提供するための義務に服さない．

（e）重要な変更

対象事業者は，事前の又は継続的な個人データの収集，利用，拡散又は保持に影響を与える実務又はサービスへの重要な変更に基づき：

（1）変更に関して，事前に，明示的かつ目立つ形で説明を行うこと；かつ，

（2）事前に収集した個人データに関して，個人に対し，重要な変更から生

じ得るプライバシー・リスクを低減するために設けた補償的コントロールを提供すること．それには，個人に明示的な同意を求めることが含まれ得る．」

6.3.3 状況の尊重

　状況の尊重は，第103条が定める．透明性及びコントロールは，米国流のプライバシー保護スタイルを特徴づける原則であるが，状況の尊重も同様に，米国式の原則ということができる．

「（a）総則
　対象事業者が状況に照らして適切な態様で個人データを取り扱う場合は，本条は適用されない．個人の要請を満たす個人データの取扱いは，状況に照らして適切であると推定する．
（b）プライバシー・リスク管理
　対象事業者が状況に照らして適切ではない態様で個人データを取り扱う場合，対象事業者は，プライバシー・リスク分析を行わなければならない．それには，プライバシー・リスクの可能性を検証するための，情報源，システム，情報流通，提携事業者，並びに，データ及び分析手法の精査を含むが，それらに限定されるものではない．対象事業者は，強化された透明性及び個人のコントロールを提供すべく，特定されたプライバシー・リスクを低減するための適切な措置を講じなければならない．それには次のものを含むが，それらには限定されない．
（1）強化された透明性及び個人のコントロール
　　対象事業者は，個人に対し，状況に照らして適切ではない個人データ実務に関して，通知を提供しなければならない．その通知は，彼らがさらされる当該プライバシー・リスクを低減させるか否かを個人が決定できるようにするために適切に設けられた時期及び態様において提供しなければならず，同様に，個人が当該プライバシー・リスクを低減させるための選択を行使できるように適切に設けられたコントロールのための仕組みも提供しなければならない．コントロールのための当該通知及び仕組みが適切に設計されたか否かを決定することに関連する要素は，次のものを含むが，それらには限られない：
　　（A）通知を表示する装置の大きさと能力を考慮に入れ，当該通知の配置

及び見やすさ；
（B）個人データが収集，利用及び開示される時期に関係する当該通知の時期及び頻度；
（C）個人が個人データの取扱いに対してコントロールを行使できるようにするために，対象事業者が提供する手段と通知との関係.」

　この規定に関しては，FTCが承認したプライバシー審査委員会において，対象事業者による個人データ分析を監督する場合には，プライバシー・リスク管理に関する（b）項の適用を除外する旨の規定が置かれている（第103条（c）項）．プライバシー審査委員会の設置等は，FTCの規則で定められる（同条（e）項）．

6.3.4　制限的収集及び責任ある利用
　第104条は，制限的収集及び責任ある利用を定める.

「（a）総則
　各対象事業者は，状況に照らして適切な態様においてのみ，個人データを収集，保有及び利用することができる．対象事業者は，個人データの収集，保有及び利用の実務を決定する際に，プライバシー・リスクを最小化するための方法を検討しなければならない．
　（b）対象事業者は，当該個人データが最初に収集された目的を達した後，合理的期間内に，個人データを消去，破棄又は匿名化しなければならない．
　（c）適用除外
　次に掲げる目的に該当する場合は，対象事業者が，個人データの収集，生成，処理，保有，利用又は開示を禁止されるとは解釈されない：
　（1）列挙された適用除外に述べた目的である；
　（2）本法第103条（b）項の義務を満たす方法で，対象事業者が，強化された透明性と個人のコントロールを提供する場合に，個人データを取り扱う；
　（3）本法第103条（c）項に基づくプライバシー審査委員会の監督下で分析を実施する．」

6.3.5 安全性

第105条は，安全性を定める．

「（a）総則

各対象事業者は，次に掲げる事項を行わなければならない：

（1）無権限の開示，誤用，変更，破壊又は他に当該情報を危険にさらす結果となり得る，個人データのプライバシー及び安全性に及ぼす，合理的に予見可能な内外のリスクを特定すること；

（2）当該個人データの安全性を保障するために適切に立案された安全保護措置を構築し，実施し，維持すること．当該情報の無権限での紛失，誤用，変更，破棄，アクセス又は利用に対する保護を含むが，それらには限定されない；

（3）合理的に予見可能な内外のリスクをコントロールするための安全保護措置の十分性を定期的に評価すること；

（4）（3）号の評価，対象事業者の経営又は事業計画の重要な変更，対象事業者の管理下にある個人データのプライバシー又は安全性に重大な影響をもたらす他の状況に照らして，当該安全保護措置を検討し調整すること．

（b）安全保護の要素

対象事業者が（a）項に基づき採用する安全保護措置の合理性は，次に掲げる事項に照らして決定されるものとする：

（1）対象事業者の管理下にある個人データに関するプライバシー・リスクの程度；

（2）当該データの安全性への脅威の予見可能性；

（3）個人データ保護のための管理的，技術的，及び物理的な安全保護措置において広く受け入れられている実務；

（4）当該安全保護措置を実施し，かつ，定期的に審査する費用．」

6.3.6 アクセス及び正確性

第106条は，アクセス及び正確性を定める．この規定の中に，プライバシー・リスクや不利益判断のリスクが登場する．

「（a）アクセス

（1）総則

各対象事業者は，個人の請求に基づき，当該個人に属し，かつ，当該対象事業者の管理下にある個人データへの適切なアクセス又は正確な表示を個人に提供しなければならない．アクセスの程度及び手段は，個人データに関するプライバシー・リスク，データが不正確な場合に個人に与える不利益判断のリスク，及び，個人にアクセスを提供する対象事業者に係る費用にとって合理的かつ適切でなければならない．

（2）制限

次に掲げる場合，対象事業者は，当該アクセスを提供することを義務づけられない：

（A）アクセスを請求する個人が，個人データが帰属する者として，自らの身元を適切に証明できない場合；

（B）個人データへの個人のアクセスが，適用可能な法若しくは法的に承認された特権，又は，対象事業者が当該個人データにおいて有する適用可能な修正第1条の利益によって制限される場合；

（C）個人のアクセスが詐欺の捜査，法執行，諜報又は国家安全目的を危険にさらす場合；又は，

（D）当該アクセス請求が取るに足りないか濫用的である場合．

（b）正確性

（1）総則

各対象事業者は，当該個人データに関連するプライバシー・リスクにとって合理的かつ適切な態様で，その管理下にある個人データが正確であることを保障するために，手続を設け，実施し，維持しなければならない．当該手続を策定する際，対象事業者は，個人データの正確性を保障することに関する費用と利益を考慮しなければならない．

（2）制限

（1）項の義務は，対象事業者が取得する次に掲げる個人データには適用されない．

（A）連邦政府，州政府，アメリカインディアン種族の政府，又は州の政治的下位組織が公開した記録から取得した場合．ただし，対象事業者が当該情報源の現在のバージョンを適切かつ規則的な間隔で取得していること

を証明した場合とする；又は，
(B) 個人データが属する個人から直接に取得した場合．

(c) 訂正及び消去
(1) 総則
　各対象事業者は，個人から請求を受けたのち合理的期間内に，個人に対し，当該事業者の管理下にあり，当該個人に帰属する個人データの正確性又は完全性を争い解決するための手段を提供しなければならない．争いを解決する手段は，プライバシー・リスク，当該個人データに関連する個人に対する不利益判断のリスクにとって合理的かつ適切でなければならない．
(2) 訂正又は修正を拒否する選択
　対象事業者は，個人に対する不利益判断の結果をもたらす道理がない目的のために個人データを利用又は開示する場合には，個人データの訂正又は修正を拒否することができる．対象事業者が個人データの訂正又は修正を拒否する場合，対象事業者は，(b)項(2)号(A)で適用除外されるデータを除き，請求者の請求及び認証に基づき，45日を要さない合理的期間内に，対象事業者が保有する個人データの破棄又は消去を行わなければならない．
(3) 制限
　対象事業者は，訂正又は削除の請求を満たすことが，対象事業者の法的義務や，対象事業者が当該個人データにおいて有する修正第1条の利益に沿わない場合等，一定の場合には，本項の請求に応じる義務を負わない．」

6.3.7　責　任
第107条は，責任を定める．

(a) 総則
　各対象事業者は，本法に基づく義務の遵守を保障するために，個人データ実務に関連するプライバシー・リスクにとって適切な措置を講じなければならない．係る措置は次に掲げるものを含むが，それらには限定されない：
(1) 個人データへアクセスし，収集し，生成し，利用し，処理し，保持又は開示する従業員への教育の提供；
(2) プライバシー及びデータ保護に関する内部又は独立した評価の実施；

（3）システム及び実務の設計内部へのプライバシー及びデータ保護のための適切な要件の構築；

（4）対象事業者が個人データを開示する者に対し，個人データに関する対象事業者の約束及び本法第Ⅰ編に定める要件に沿う形で，当該データを利用するよう義務づけること．」

6.4　FTCによる法執行

FTC及び州の司法長官は，第Ⅱ編「執行」の規定に基づき，執行権限を付与されている．

第Ⅰ編に違反する行為は，FTC法第5条の執行対象となる（第201条）．州の司法長官には，住民に代わり民事訴訟を提起する権限が付与されている（第202条）．

さらに，本法第Ⅰ編違反に基づく差止命令に加えて，FTCが提訴した訴訟において，対象事業者が，本法違反に関する現実の認識を持っていた場合，又は，客観的状況に基づき本法違反の認識が相当程度推測される場合には，民事制裁金の責を負う（第203条（a）項）．

民事制裁金は，総額3万5,000ドルまでの金額に，対象事業者が本法に違反した日数を乗じることで算出される（同項（1）号）．委員会が本法違反を特記して対象事業者に通知を提供する場合には，総額5,000ドルまでの金額に，直接に影響を受けた消費者の数を乗じることで算出される（同項（2）号）．裁判所が認定する民事的制裁金の総額は，2,500万ドルを超えてはならない（同項（3）号）．

6.5　マルチステークホルダー・プロセス

第Ⅲ編は，執行可能な実施基準を遵守する場合のセーフハーバー，及び，実施基準を策定する際のマルチステークホルダー・プロセスを定めている．

FTC規則の施行後1日を経過した日から，何人も，FTCに対し，対象事業者による個人データの取扱いを規律する実施基準を承認するよう申請することができる（第301条（a）項（1）号）．申請には，提案された基準が，どのようにして，第Ⅰ編の関連条項が定める個人データ保護に匹敵し，又はそれよりも強い保護を提供しているかの説明（同号（A）），基準が適用対象とする事業者又は活動の説明（同号（B）），基準の策定手続の説明（同号（C）），予定する対象

事業者のリスト(同号(D)),委員会が適切と判断する追加情報(同項(E)号)を含めなければならない.

FTCの審査スケジュールの1つに,商務省のマルチステークホルダー・プロセスがある(第301条(a)項(2)号(A)).商務省長官は,公開の透明性ある手順を通じて実施基準を策定するために,産業界,市民社会,公共安全団体,学界のメンバー等の利害関係人を招集することができる.FTCは,商務省を通じて策定されたマルチステークホルダー・プロセスの申請を受領してから90日以内に承認又は拒否しなければならない.

FTCは,実施基準案を受領してから可及的速やかに,基準に関するパブリックコメントの機会を提供しなければならない(同項(3)号(A)).FTCは,文書によって,各実施基準案を承認又は拒否する理由を公に説明しなければならない(同項(3)号(B)).

FTCが設けた要件を満たし,(2)号(A)に基づくマルチステークホルダー・プロセスを通じて策定した実施基準は,本法第Ⅰ編の定める個人データ保護に匹敵するか,それよりも強い保護を提供すると推定される(同項(5)号).

FTCは,実施基準を承認してから3年以上5年を経過するまでの間に,基準を再評価しなければならない(同項(6)号).

実施基準の最大の効果は,セーフハーバーである.

本法第Ⅰ編違反の主張を理由に第Ⅱ編に基づき提訴された訴訟において,被告は,各主張された違反に関して,訴訟の原因となる実務を対象とする,FTCが承認した実施基準を遵守することの一般への約束を維持したこと,及び,当該実施基準を遵守していることを証明した場合には,第Ⅰ編違反の主張に対して完全に防御するものとする(第301条(d)項).

7　立法化の行方

消費者プライバシー権利章典法の草案が公表された後の関係者の反応は,好意的なものとはいいがたい.2015年3月3日,民主主義・技術センター(Center for Democracy and Technology)を含む13団体及び1名によって,草案は機微情報の定義を適切に定めておらず,係るデータに関する意味のある選択を消費者に提供していないなど,消費者保護の観点から数多くの修正点を求める書簡がオバマ大統領に提出された[31].他方,事業者側からは,イノベーションを阻害することや不必要な規制をかけることへの懸念が表明されるなどの

動きが見られた(32).

2015年4月30日,上院議員のパトリック・J・レーヒー(Patrick J. Leahy)氏より「2015年消費者プライバシー保護法案」(33)が提出された.ただし,この法案は,消費者プライバシー権利章典法の草案に必ずしも沿う内容ではなく,セキュリティ侵害が中心である.同年7月8日,下院議員のデイビッド・N・シシライン(David N. Cicilline)氏より,同内容の「2015年消費者プライバシー保護法案」(34)が提出された.いずれも未成立である.

この草案については,2017年1月20日にオバマ大統領からトランプ大統領へと政権が変更したことから,米国法として成立する見込みはなくなったが,米国のプライバシー規制の方針や手法が明確に示されているという点において,日本の法制度にとって示唆となり得るものである.

第2節　連邦取引委員会の法執行権限(35)

1　連邦取引委員会

米国において,民間部門のプライバシー保護は,金融,情報通信,医療分野等の特定分野で個別法が制定されていることを除けば,原則として自主規制に委ねられている.そのため,米国のプライバシー保護法制は緩やかであると理解されているが,特定分野の個別法においても,民間事業者の自主規制においても,連邦取引委員会(FTC)が消費者保護の立場から法執行権限を行使している.欧州に対する関係でも,FTCの果たす役割は大きく,データ保護・プライバシー・コミッショナー国際会議にもメンバーとして参加している.

連邦取引委員会法(FTC Act)(36)は,1914年9月26日,ウッドロー・ウィルソン(Woodrow Wilson)大統領が署名することにより成立した.2014年9月26日には100周年を迎える法律である.

FTCは,商取引における不公正な競争方法の防止を目的として,1914年に商務省(Department of Commerce)の企業局(Bureau of Corporations)から独立する形で創設され,1915年3月16日に第1回目の会合を開催した.FTC法第5条は,制定当初は「不公正な競争方法」(unfair methods of competition)のみを規定していたが,ホイーラー・リー法(Wheeler-Lea Act)により,1938年3月21日に改正され,「不公正若しくは欺瞞的行為又は慣行」(unfair or deceptive acts or practices)の禁止規定となった(37).現在では,消費者保護局

(Bureau of Consumer Protection), 競争局 (Bureau of Competition), 経済局 (Bureau of Economics) の3つの部門で構成される組織となっている.

　FTCは, 大統領の指名を受け, 上院の同意を得た5名の委員で構成され, 委員の任期は7年である. ただし, 初代委員の任期は, それぞれ, 1917年9月25日, 1918年9月25日というように, 3年から7年の間で, 1年ずつずらして設定され, 毎年1名が任期満了を迎えられるように調整されている. 前任者が任期途中で退任した場合は, 後任者の任期は, 前任者の残りの在任期間となる. 委員は, 新たな委員が選任されるまでは, 任期を超えてその職務に就くことができる. 不適格, 任務懈怠等があった場合には, 大統領がその委員を解任する権限を有する. なお, 委員に空席が発生しても, 残りの委員の職務執行権限が損なわれることはない.

　5名の委員のうち, 同じ政党のメンバーが3名を超えることは認められていない. 委員長は, 上院の助言と承認に基づき大統領に選任される. 2013年3月4日以降の委員長は, イーディス・ラミレズ (Edith Ramirez) 氏である. 委員には職務専念義務があり, 他の事業, 職業, 雇用に従事してはならないとされている. 委員は, 義務の懈怠や公務に関する不法行為等の場合以外は, その意に反して罷免されることはない[38].

　FTCは, 2014年5月30日現在, 全分野で71の法律を所管しており, その多くが消費者保護の分野に関わる法律である[39]. それぞれの法律は, FTCに規則制定権を付与するとともに, 違反行為を「不公正若しくは欺瞞的行為又は慣行」と位置づけることにより, FTC法第5条に基づく執行を可能にしている. また, 同条は, プライバシーポリシー違反やセーフハーバー原則違反等, 自主的取組の遵守を法的に担保する点で, プライバシー保護機能を発揮している. 第1節で取り上げた「消費者データプライバシー」も, 消費者プライバシー権利章典の執行をFTCに委ねることとしている.

2　FTC法第5条

　FTC法第5条は, FTCが消費者プライバシー保護を遵守させる際の根拠規定である. FTCの法執行権限には, 行政的な監督権限, 準立法的権限, 準司法的権限がある.

　監督権限に関しては, FTC法に基づく一般的な情報収集及び調査権限のほかに[40], サピーナ (subpoena) による証人喚問や証拠文書の提出[41], 民事審

査請求（civil investigative demands）[42]等の強制的な調査権限などがある．FTCは，調査の結果，法的措置を講じるべきと判断した場合には，審判手続によって排除命令を下すこととなるが，係る準司法的権限によらずとも，実際は，同意命令（consent order）により処理されることが多い．FTCは，審判開始決定書及び排除命令を通告し，それに基づき，当事者との間で交渉を行い，合意に達したときは，官報に掲載して30日間の意見募集期間を経て，同意命令を発出し，その後当該命令は確定する[43]．審判開始決定後であっても，同意命令の手続を行うことはできる．この場合，当事者との間で合意に達した同意命令案が，審判官を通じてFTCに付託される．FTCは，一般からの意見募集期間を経て，再審査を行い，同意命令を発出する．同意命令は，審判手続を経た命令ではないため，当事者は違反事実を認めたわけではなく，違法性を法的に確定するものでもない[44]．一種の和解手続に位置づけられる．

とはいえ，FTC法第5条の存在は，プライバシー関連法を執行する根拠規定として，非常に重要な役割を果たしている．

2.1　排除命令に関する審判手続
2.1.1　FTC法第5条の構成

FTC法第5条は，「不公正な競争方法の違法；委員会による防止」を定めており，次に掲げる（a）項から（n）項を設けている[45]．

「（a）違法の宣言；不公正な慣行を禁ずる権限；外国取引への不適用
（b）委員会による手続；命令の訂正及び無効化
（c）命令の再審査・再審理
（d）裁判所の管轄
（e）責任の免除
（f）審判開始決定書，命令及び他の処理の送達；返送
（g）命令の終局化
（h）最高裁判所による命令の訂正又は無効化
（i）控訴裁判所による命令の訂正又は無効化
（j）命令又は差戻に基づく再審理
（k）「命令」（mandate）の定義
（l）命令違反に対する制裁；差止命令及び他の適切なエクイティ上の救済

(m)不公正若しくは欺瞞的行為又は慣行に関する規則及び排除命令に対する故意の違反について,制裁金徴収のための民事訴訟;管轄権;制裁金の最高額;違反の継続;新たな決定(de novo determinations);和解手続
(n)証明の基準;公益の考慮」

2.1.2 違法の宣言

(a)項の定めは次の通りである.

「(a)違法の宣言;不公正な慣行を禁ずる権限;外国取引への不適用
(1)商取引における又は商取引に影響を及ぼす不公正な競争方法,及び,商取引における又は商取引に影響を及ぼす不公正若しくは欺瞞的行為又は慣行は,本法により違法と宣言する.
(2)委員会は本法により,銀行,本編第57a条(f)項(3)号で述べられた貯蓄貸付組合,本編第57a条(f)項(4)号で述べられた連邦信用組合,商取引を規制する法律に服する一般運送業者,第49編第Ⅶ節第A部に服する航空会社及び外国航空会社,並びに1921年パッカー・ストックヤード法(改正後,[7 U.S.C. 181以下参照])に服する人,パートナーシップ又は法人で同法第406条(b)項[7 U.S.C. 227(b)参照]に定められたものを除き,商取引における又は商取引に影響を及ぼす不公正な競争方法の利用,及び,商取引における又は商取引に影響を及ぼす不公正若しくは欺瞞的行為又は慣行から,人,パートナーシップ又は法人を保護する権限及び命令を与えられる.
(3)外国取引に関する不公正な競争方法への不適用(略)
(4)(A)(a)項の目的において,「不公正若しくは欺瞞的行為又は慣行」という用語は,外国取引に関する次に掲げる行為又は慣行を含む.
(ⅰ)合衆国内で合理的に予見可能な被害をもたらし若しくはもたらす見込みのあるもの;又は,
(ⅱ)合衆国内で生じる重大な行為と関わるもの.
(B)不公正若しくは欺瞞的行為又は慣行に関して委員会が利用できるすべての救済は,国内又は外国の被害者への補償を含め,本項で定める行為及び慣行に利用できるものとする.」

2.1.3 委員会による手続

手続に関しては，次のように定められている．

「(b)委員会による手続；命令の訂正及び無効化（抜粋）

　人，パートナーシップ又は法人が，商取引における又は商取引に影響を及ぼす不公正な競争方法あるいは不公正若しくは欺瞞的行為又は慣行を用いてきた又は用いていると，委員会が信じる合理的理由があるときはその都度，かつ，委員会にとって，自らがそれについて手続を取ることが公益に適うと思われる場合，委員会は，係る人，パートナーシップ又は法人に，その点の嫌疑を述べた審判開始決定書を発出及び送達し，その中に，上記審判開始決定書の送達から少なくとも30日後に定めた聴聞の日付及び場所の通知を含めるものとする．

　委員会が係る聴聞に基づき，問題となっている競争方法又は行為若しくは慣行が，本節により禁止されているとの見解に立つ場合，事実に関する認定を述べた通知を書面で行い，当該人，パートナーシップ又は法人に対し，当該人，パートナーシップ又は法人が係る競争方法又は行為若しくは慣行を排除するように求める命令を発し，かつ，送達するようにする．」

上記排除命令を受けた人，パートナーシップ又は法人には，当該命令の送達日から60日以内に，当該命令を無効にすべく，連邦控訴裁判所に再審査を求めることが認められている．控訴裁判所は，排除命令を支持，修正又は無効にする判決を下し，命令が認める範囲で同じ事項を執行する権限を有する．FTCの事実認定が証拠により裏付けられる場合には，決定的なものとして扱われる．排除命令が認める範囲で，控訴裁判所は，FTCによる当該命令の条件を遵守するよう義務づける独自の命令を発するものとする．控訴裁判所の判断に関しては，最高裁判所による審査を求めることができる（((c)項)．

　また，排除命令は，再審査の申立が許される期間内に，係る申立が正当に行われなかった場合に終局化される．また，係る命令は，委員会，連邦控訴裁判所，連邦最高裁判所によって停止されない限りは，送達されてから60日後に，同様に終局化される（((g)項).

2.1.4 違反に対する制裁

　FTC法第5条は，不公正若しくは欺瞞的行為又は慣行に対して，差止命令その他エクイティ上の救済，民事制裁金の各制裁を用意している．

「(1)命令違反に対する制裁；差止命令及び他の適切なエクイティ上の救済
　　委員会の命令に違反した人，パートナーシップ又は法人は，それが終局的となった後，かつ係る命令が有効であれば，それぞれの違反につき1万ドル以下の民事制裁金（civil penalty）を徴収され，合衆国に支払わなければならず，それは合衆国のものとなり，合衆国司法長官が起こす民事訴訟によって回収し得る．係る命令のそれぞれの違反は別個の違反とするが，委員会の最終命令に対する継続的な不遵守又は遵守の過怠による違反の場合は，不履行又は過怠が続いたそれぞれの日が，1つの個別の違反を働いたものとみなされる．このような訴訟で，連邦地方裁判所は，委員会の終局的命令の執行において適切とみなす義務的差止命令及び追加的なエクイティ上の救済を発する権限を有する．

(m) 不公正若しくは欺瞞的行為又は慣行に関する規則及び排除命令に対する故意の違反について，制裁金徴収のための民事訴訟；管轄権；制裁金の最高額；違反の継続；新たな決定；和解手続
　　(1)(A)委員会は，不公正若しくは欺瞞的行為又は慣行に関する本節の規則に違反し（解釈規定又は規則の違反で，委員会が本条(a)項(1)号に反する不公正若しくは欺瞞的行為又は慣行に当たらないと定めたものを除く．），係る行為が不公正若しくは欺瞞的で，規則により禁じられているとの現実の認識を持ち，又は客観的状況に基づき認識していたと相当に示唆される人，パートナーシップ又は法人を相手取り，民事制裁金を徴収するための民事訴訟を連邦地方裁判所に提起することができる．このような訴訟において，係る人，パートナーシップ又は法人は，各違反につき1万ドル以下の民事制裁金を負うこととする．
　　　(B)委員会が本条(b)項に基づく手続で，何らかの行為又は慣行が不公正又は欺瞞的であると判断し，係る行為又は慣行に関する終局的な排除命令（同意命令を除く．）を発するとき，委員会は次に掲げる場合に，係る行為又は慣行に携わった人，パートナーシップ又は法人を相手取り，

民事制裁金を徴収するための民事訴訟を連邦地方裁判所に起こすことができる.
　　（ⅰ）当該排除命令が終局的となった後（係る人，パートナーシップ又は法人が，当該排除命令の対象であったかどうかに関係なく）；かつ，
　　（ⅱ）係る行為又は慣行が不公正又は欺瞞的であり，本条（a）項（1）号に基づき違法であるとの現実の認識を持っている場合，
　このような訴訟において，係る人，パートナーシップ又は法人は，各違反につき1万ドル以下の民事制裁金を負うこととする.
　（C）規則又は本条（a）項（1）号の継続的な不遵守による違反の場合，（A）及び（B）の目的において，不遵守が継続したそれぞれの日を別個の違反として扱うこととする．裁判所は，民事制裁金の額を決定する際，有責性の程度，係る行為の前歴，支払能力，事業継続能力への影響，及び裁判官が求めるであろう他の事項を考慮することとする．
（2）行為又は慣行が不公正又は欺瞞的であると定めた排除命令が，（1）号（B）に基づく民事制裁金訴訟の被告に対して発せられたものでない場合，当該被告に対する当該訴訟の事実に関する争いは，覆審（trial de novo）とする．当該被告に対する当該訴訟の当事者の請求により，裁判所は，委員会が本条（b）項に基づく手続で下した，手続の対象の行為又は慣行が本条（a）項に違反する不公正若しくは欺瞞的行為又は慣行を構成するとの法的決定も，見直すこととする.
（3）委員会は，民事制裁金訴訟で和解することができる．ただし，和解に伴って理由が公開され，裁判所が和解を承認する場合とする.」

　1万ドルの制裁金は，対象行為が2016年8月1日以降に発生した場合には，違反行為ごとに4万ドル以下とされる[46]．
　本条に基づく「不公正」な行為とは，「その行為又は慣行が消費者に実質的な被害をもたらし又はもたらす見込みがあり，消費者自身によってはそれを合理的に回避することはできず，かつ，消費者又は競争への対抗利益が上回らないもの」をいうと定義されている（(n)項）．冒頭で述べた同意命令は，FTCが係る「不公正」があると判断した場合に，当該事業者に審判開始決定書を通告した後に，合意に到達した場合に認められるものである．

2.2　暫定的差止命令

　FTC法第5条以外にも，FTCは，人，パートナーシップ，法人が，FTCの執行する法の規定に違反し，又は違反しようとしていることを「信じるに足りる理由」(reason to believe) を有する場合には，審判手続を停止し，連邦地方裁判所に，係る行為又は慣行の停止を求める暫定的差止命令を申し立てることができる．適切な場合に，FTCは，終局的差止命令を申し立てることができ，適切な証拠が得られた後に，裁判所は，係る命令を下すことができる[47]．この手続では，裁判所が差止とエクイティ上の経済的救済の両方を一度に与えられることや，FTCの排除命令が発布後60日後に効力を生じるのに対して，司法上の差止は即時に効力を持つことにおいて，利点が認められる．他方，審判手続の場合，FTCは，その過程において事実を確認し，関連する法的基準を明確にするための最初の機会を得ることができる．また，審判手続では，FTCが証拠に基づいて行った事実認定は，控訴裁判所の審理を拘束し，裁判所は，FTC法その他の連邦法に関するFTCの解釈を尊重しなければならない．それに対し，裁判所に差止命令を求める手続では，他の政府機関が原告となった場合とFTCが原告となった場合で，裁判所に尊重される度合いに差が生じないという欠点もある．このことから，新たな法的論点や事例を含む事件について，FTCは行政的措置を選ぶ傾向にあるといわれている[48]．

2.3　規則制定権及び提訴権

　FTCの法執行権限の中では，準立法的手続としての規則制定権及びその違反に対する提訴権も重要である．

2.3.1　規則制定権[49]

「(a)規則及び一般政策声明を定める委員会権限
　(1)本条(h)項に定められたものを除き，委員会は，以下を定めることができる．
　　(A)商取引における又は商取引に影響を及ぼす不公正若しくは欺瞞的行為又は慣行（本条第45条(a)項(1)号の意味における）に関する解釈規定及び一般政策声明．
　　(B)商取引における又は商取引に影響を及ぼす不公正若しくは欺瞞的行為又は慣行（本条第45条(a)項(1)号の意味における）である行為又は慣行を

詳細に定義する規則．ただし，委員会は，本条に則した基準及び認証行為の策定及び活用の規制に関する取引規定又は規則を策定又は公布することはない．本号に基づく規則には，係る行為又は慣行を防ぐ目的で定められる要件が含まれ得る．
(2)委員会は，本条に基づく権限以外に，本節に基づき商取引における又は商取引に影響を及ぼす不公正若しくは欺瞞的行為又は慣行（本条第45条(a)項(1)号の意味における）に関する規則を定める権限を持たない．本号前段は，商取引における又は商取引に影響を及ぼす不公正な競争の方法に関して，規則（解釈規定を含む）及び一般政策声明を定める委員会権限に影響しないものとする．」

(a)項(1)号(B)の規則を定める場合には，FTCは，規則案の公表，関係者からの文書による意見集収を行い，非公式での意見聴取の機会を設け，最終規則を公布する等の手続を取るものとされている．また，FTCは，(a)項(1)号(A)に基づく規則制定手続を行う際には，不公正若しくは欺瞞的行為又は慣行が蔓延(prevalent)していると信じるに足る理由を有していなければならない((b)項)．

2.3.2 民事訴訟

規則違反，及び，不公正若しくは欺瞞的行為又は慣行に関する排除命令違反に対する民事訴訟[(50)]については，次のように定められている．

「(a)人，パートナーシップ，又は法人に対する委員会による提訴；管轄；不公正又は欺瞞的行為からの救済
(1)人，パートナーシップ，又は法人が，不公正若しくは欺瞞的行為又は慣行に関する本節に基づく規則（解釈規則，あるいは，委員会が定めた規則違反が本編第45条(a)項に違反する不公正若しくは欺瞞的行為又は慣行ではない場合を除く）に違反した場合，委員会は，係る人，パートナーシップ，又は法人を相手取り，連邦地方裁判所又は管轄を有する州の裁判所に対し，本条（b)項に基づく救済を求めて民事訴訟を提起することができる．
(2)人，パートナーシップ，又は法人において，委員会が係る人，パートナーシップ，又は法人に適用できる終局的な排除命令を発したこととの関

係で，(本編第45条(a)項(1)号の意味するところの) 不公正若しくは欺瞞的行為又は慣行を行っている場合，委員会は，係る人，パートナーシップ，又は法人を相手取り，連邦地方裁判所又は管轄を有する州の裁判所に対し，民事訴訟を提起することができる．もし，委員会において，排除命令に関する行為又は慣行が，通常人であれば，当該状況のもとでは不公正又は欺瞞的であると認識したであろうとの裁判所の心証を得た場合，裁判所は，本条(b)項に基づく救済を与えることができる．

(b)利用可能な救済の性質

本条(a)項に基づく訴訟において，裁判所は，適切な場合には，規則違反ないしは不公正若しくは欺瞞的行為又は慣行によって，消費者又は他の個人，パートナーシップ，及び法人へもたらす被害を回復するために，裁判所が必要と判断する救済を与える権限を有するものとする．係る救済は，契約の取消又は修正，返金又は財産の返却，損害賠償，及び，適切な場合には，規則違反あるいは不公正若しくは欺瞞的行為又は慣行であることに関する一般への通知を含むことができるが，それに限定されるものではない．ただし，本節のいかなる規定も，懲罰的損害賠償を課す権限を付与することは意図していない．」

提訴期間は，規則違反，あるいは，不公正若しくは欺瞞的行為又は慣行がなされた後，原則3年以内とされている（(d)項）．

また，規則制定権は，消費者プライバシー保護に関する各法令によっても認められている．例えば，迷惑メール防止法である「2003年キャン・スパム法」[51]，1998年児童オンライン・プライバシー保護法[52]，1970年公正信用報告法[53]，1999年金融サービス近代化法（グラムリーチブライリー法）[54]，1996年健康保険の移動性及び責任性に関する法律（HIPAA）[55]などがFTCの規則制定権を定めている．

これらの法律は，FTCに法執行権限を委ねており，違反行為を「不公正若しくは欺瞞的行為又は慣行」に該当すると定め，提訴権等を付与している．州の司法長官に提訴権等の法執行権限を認める規定を設けるものもある．他方，これらの法律の中には，規則を遵守している場合や，FTCが承認した業界のガイドラインを遵守していれば法の規定を遵守したとみなす「セーフハーバー」規定をあわせて置く場合があり，消費者データプライバシーと同様に，規

制と緩和がセットとなっている.

3　自主的取組と法執行

　FTC 法第 5 条が存在感を見せるのは，セクトラル方式の法律が適用されない分野において，民間事業者の自主的取組を担保する場面である．自主的取組には，事業者の掲げるプライバシーポリシー，EU と締結したプライバシー・シールド，次節で取り上げる追跡拒否（DNT）等がある．

　FTC のホームページには，2009 年以降の消費者プライバシー保護に関する FTC の法執行状況が公表されている[56]．2014 年 1 月 21 日には，セーフハーバーに違反したとされる 14 の事業者が明らかにされている[57]．同年 6 月 25 日には 14 の事業者が，2015 年 8 月 17 日には 13 の事業者が，セーフハーバー違反について FTC と合意に至ったと公表されている[58]．

　FTC の法執行が目立ったケースには，グーグル，フェイスブック，アップルに対するものがある[59]．いずれも同意命令の手法が用いられた．

　FTC は，2011 年 3 月 30 日，Google Buzz の同意命令に関する発表を行った．これは，グーグルにおいて，2010 年，Gmail の付随サービスである Google Buzz という SNS サービスを立ち上げた際，ネットワークへの加入は任意であると利用者に信用させる一方で，そのサービスを利用しないことや，サービスから離脱することへの選択肢を設けていなかった行為が，プライバシーポリシーに違反するとの問題を発生させたというものである．具体的には，Buzz の利用拒否者であってもその機能に組み込まれていたこと，Buzz に入った利用者は，自らの最も親しい連絡先をデフォルトで公開され，そのことに関する適切な説明を受けていなかったこと，Buzz を停止しても完全には離脱できないことが問題となった．グーグルのプライバシーポリシーには，収集時とは異なる目的で個人情報を用いる際には，事前同意を求める旨が記載してあったものの，グーグルは，消費者の事前同意を得ることなく，Gmail の情報をソーシャルネットワークに利用した．FTC は，係る行為は「不公正若しくは欺瞞的行為又は慣行」に該当し，FTC 法第 5 条違反を構成すると判断した．また，FTC は，グーグルの係る行為はセーフハーバー原則に違反するものであることも指摘した．

　同意内容は，①将来にわたるプライバシーの不実表示の禁止，②包括的なプライバシー計画の実施義務，③今後 20 年間にわたり，2 年ごとに定期的かつ

独立のプライバシー監査を受けることとなっている．本件は，セーフハーバー違反を指摘されたことに関する初の事例としても注目を集めた[60]．

その後，グーグルは，この同意命令に基づく監査がきっかけとなり，史上最高額の制裁金を支払うこととなった．同社は，アップルのSafari利用者に対し，サードパーティクッキーの拒否をデフォルト設定していると説明しながら，追跡クッキーを設定し，ウェブ閲覧履歴の追跡及び広告表示を行っていたことを指摘された．2012年8月9日，FTCは，グーグルが2,250万ドル（当時のレートで約18億円）の制裁金を支払うとの合意に応じた旨を公表した[61]．同年11月20日に同意命令の効力が生じた．

フェイスブックの関係では，2011年11月29日，プライバシーポリシー違反に対する同意命令案が公表され，2012年8月10日に最終的な同意命令が発出された[62]．

SNSサービスを提供するフェイスブックは，利用者にはフェイスブック上の情報を私的に保持できると伝えつつ，利用者の承諾を得ることなく情報の共有や公開を繰り返してきたことに基づき，FTCから，「不公正若しくは欺瞞的行為又は慣行」に該当すると指摘された．FTCとの間では，以下の条件で合意した．その内容は，フェイスブックが将来にわたってその約束を果たせるよう，何段階かの措置を講じることを義務づけるものとなっている．

・消費者の個人情報についてのプライバシー又はセキュリティに関する虚偽表示の禁止
・消費者のプライバシー選好を覆す変更を行う前に，消費者から積極的な明示的同意を得ること
・利用者がアカウントを削除してから30日を超えた利用者データに対する他者からのアクセスを防止すること
・①新規及び既存の製品又はサービスを展開・管理することとの関連で生じるプライバシー・リスクに対応するとともに，②消費者情報のプライバシー及び機密性を保護するために立案された包括的なプライバシー計画を策定・維持すること
・180日以内に，かつ，今後20年間にわたり2年ごとに，独立の第三者による監査を実施し，FTC命令の要件を満たし又はそれを超えるプライバシー計画が実施されていることの証明を得るとともに，消費者情報のプライバシーを確実に保護すること．

その他，命令には，FTCが命令の遵守を監督できるように，標準的な記録保持条項が含まれている．

その後，フェイスブックは，2014年5月22日，プライバシーポリシーを変更し，日本国内でもそのことが報じられた．今回の変更は，「忘れられる権利」に関する欧州司法裁判所の判決が影響したといわれている．

FTCは，2014年1月15日，アップルに関して，同社が，児童のアプリ内課金を親の同意なく行っていたことについて，少なくとも3,250万ドル（当時のレートで約34億円）を消費者に返金することで，同意命令に達した旨を発表した．これにより，アップルは，消費者に対する返金方法の通知を，同年4月15日までの間に行わなければならず，また，返金は，同意命令が確定した後12ヶ月の間に行うこととなっており，返金されなかった差額についてはFTCに送金することを義務づけられた[63]．

その同意条件の中で，アップルは，アプリ内課金に先立ち，消費者から，明示的かつ十分な情報に基づく同意を確実に得るようにすること，また，もし将来的な課金のために消費者の同意を得る場合には，消費者に対し，いつでも自らの同意を撤回する選択肢を与えなければならないことを義務づけられた．同社は，2014年3月31日までに課金実務を変更することとなった．

FTCが審判開始対象とみなしたアップルの違反行為は，アプリ内課金を行う際にパスワードを1度しか求めなかったことにより，親への通知を怠ったこと，さらに，その後も15分間は児童が親の同意なく無制限で課金アイテムを購入できるようになっていたことにある．加えて，アップルは，パスワードを入力すると購入が完了することを全く説明しないまま，親に対し，児童のアプリ内でのパスワード入力を促す画面を頻繁に表示させていたことも指摘された．同意命令は，2014年3月27日に確定した[64]．

FTCは，セキュリティ違反についても法執行を行ってきた[65]．例えば，2014年8月19日には，ファンダンゴ社（Fandango, Inc.）とクレジット・カルマ社（Credit Karma, Inc.）のモバイルアプリについて，SSL設定を怠ったことにより，クレジットカードや社会保障番号などの機微情報を第三者の傍受にさらす危険を生じさせたとして，包括的なセキュリティ計画の策定，今後20年間にわたる2年ごとの独立監査，プライバシー又はセキュリティのレベルに関する虚偽表示の禁止を内容とする同意命令が発出されている[66]．2015年12月9日には，ウィンダムホテル＆リゾート（Wyndham Hotels and Rogers）におい

て，大量の支払い情報を漏えいさせた事件に関して，FTC との間で，包括的な情報セキュリティ計画の設定，20年間にわたる年次のセキュリティ監査を内容とする合意に至っている(67)．2016年12月14日には，トロントに本拠を置くオンライン・デーティングサイトである AshleyMadison.com の運営者において，虚偽の女性プロフィールを用いて利用者を勧誘したこと，杜撰な安全管理体制であったにもかかわらずセキュリティレベルについて虚偽表示を行ったこと，46ヶ国に及ぶ3,600万人の利用者情報を漏えいしたことにより，FTC との間で，第三者評価を含む包括的な情報セキュリティ計画の実施，FTC 及び州の所管機関に対する合計160万ドルの支払いを内容とする合意に至った(68)．

以上のほか，モバイル広告ネットワークであるインモビ社（InMobi Pte Ltd.）において，消費者に虚偽の表示を行い，児童を含む多くの消費者の位置を追跡していたことについて，児童オンラインプライバシー法違反を問われたケースがある．同社は，2016年6月22日，FTC との間で，95万ドルの民事制裁金の支払いと包括的なプライバシー計画を内容とする合意を締結している(69)．

FTC の法執行権限は，排除命令，制裁金，提訴権のほか，同意命令のような形で，事業者との合意に基づき法の遵守を促す方法があり，広範かつ柔軟であるといえる．消費者プライバシー権利章典や DNT の法制化は実現されていないが，米国は，プライバシー・個人情報保護を消費者保護の一環として位置づけ，FTC には広い範囲での法執行権限を付与し，運用については柔軟な方法を認めつつ，効果的な形で事業者に遵守を促すべく取り組んでいる．FTC は，すべての事業者に権限を及ぼすことのできる機関ではないが，手法については参考にすべきところがあると考えられる．ただし，こうした権限が経済法に基づくものであり，日本では，独占禁止法に基づき公正取引委員会の有する権限がそれに相当するという点が課題となり得る．

第3節　FTC の取組

1　消費者プライバシー保護への取組

FTC は，電子商取引の登場に伴い，1990年代後半頃より，行動ターゲティング広告との関係で，オンライン環境における消費者プライバシーを保護するための調査，法執行，研究及びその他政策展開への取組を行ってきた．具体的には，1995年より多数のワークショップを開催し，2000年頃からは，消費者プ

ライバシー保護に関する多くの報告書を公表するようになった．FTC の報告書は，特に，個人識別可能性の考え方と FIPPs をどのように構成するかという点において重要性がある．

2000年頃からの主な報告書と保護範囲の関係は，図表6.2の通りである[70]．

2　PII と non-PII

PII と non-PII の区別は，日本では，最近注目を集めてきたが，米国では，FTC の「オンライン・プロファイリング：議会への報告書」（2000年6月）の段階で，既に不明確である旨が指摘されていた[71]．

「ネットワーク広告主により収集される情報は，匿名であることが多いが，必ずしもそうでない場合もある．すなわち，プロフィールは，特定人の氏名よりもむしろ，消費者のコンピュータに置かれた広告ネットワークのクッキーの識別番号と結び付けられることが多い．このデータは，一般的には個人識別可能情報ではない情報といわれる．しかし，ある状況下で，ウェブ上の消費者の行動を追跡することから生じるプロフィールは，個人識別可能情報と結び付き又は一体化する．これは一般に，ネットワーク広告企業がバナー広告を置いたウェブサイトで，消費者が自らを識別する際，2つの方法のいずれかにおいて生じる．第1は，個人情報の提供を受けるウェブサイトが，今度は，その情報をネットワーク広告主に提供する．第2は，ウェブサイトにより個人情報が検索され処理される方法によって，個人識別情報は，URL の文字列に組み込まれる可能性があり，それは，クッキーを通じてネットワーク広告主へと自動的に転送される．」

「以前は匿名であったプロフィールもまた，他の方法で個人識別可能情報と結び付けることができる．例えば，ネットワーク広告企業は，自らのウェブサイトを運営し，消費者に個人情報の提供を求めることができる．消費者がそれを提供した場合，係る個人情報は，当該企業によって，消費者のコンピュータ上に置かれたクッキーの識別番号と結び付けることができる．それにより，そのクッキーを通じて収集されたすべてのデータを個人識別可能とすることができる．」

その後，特に行動ターゲティング広告との関連で，FTC がオンライン上の

第6章 米国の消費者プライバシー保護　　　423

図表6.2　FTCの主な報告書と保護範囲[72]

報告書	保護範囲
1998年6月 「プライバシー・オンライン：議会への報告」[73]	個人情報の2つのカテゴリ ①「個人識別情報」（氏名，住所，電子メールアドレス等，消費者を識別するために用いることのできる情報） ②人口統計情報及び嗜好情報（年齢，性別，所得水準，趣味又は嗜好）であって，市場分析のような目的のために，集約した個人を識別しない形態で利用したり，消費者の詳細な個人プロフィールを作成するために個人識別情報と結び付けて利用することのできる情報
2000年5月 「オンライン上のプライバシー：電子商取引における公正情報実務：議会への報告書」[74]	個人情報には，個人を突き止め又は識別するために用いられる「個人識別可能情報」と，「非識別情報」が含まれる．前者には，氏名，電子メールアドレス，住所，電話・FAX番号，社会保障番号，クレジットカード番号等がある．後者は，年齢，性別，学歴，収入，趣味・嗜好等，それだけでは（他の情報と組み合わせることなく）個人を突き止めたり識別したりするためには利用できない情報をいう．
2000年6月「オンライン・プロファイリング：議会への報告書」[75] 2000年7月「オンライン・プロファイリング：議会への報告書　第2次提言」[76]	「個人識別可能データ」とは，特定の個人に結び付き得る（can be linked to）データであり，氏名，住所，電話番号，電子メールアドレス，社会保障番号，及び，運転免許証番号を含むが，それらに限られるものではない（2000年6月報告書）．
2007年12月 「オンライン上の行動広告：実行可能な自主規制諸原則に向けた議論の動向」[77]	（定義についての説明はないが，意見募集事項として）二次利用への懸念は，個人識別可能データの利用に限られるのか，非識別可能データにも拡大されるのかについてのさらなる情報が必要である．
2009年2月 「オンライン上の行動広告のための自主規制諸原則トラッキング，ターゲティング及び技術」[78]	オンライン上の行動広告のために収集されるあらゆるデータであって，特定の消費者又は特定のコンピュータ若しくは装置と合理的に関連づけられ得るもの．

消費者保護のための重要な報告書を公表し始めたのは，2007年終わり頃からである．

FTC は，2007年12月20日，「オンライン上の行動広告：実行可能な自主規制諸原則に向けた議論の動向」（以下「2007年報告書」という．）を公表した．この報告書は，2006年11月の公聴会（Tech-ade hearings）及び2007年11月の対話集会（Ehavioral Advertising Town Hall）等に基づき取りまとめられたものである．

2007年報告書では，関係者から，個人識別性に関する次のような問題提起がなされた[79]．

データが特定個人をたどる（trace back）ことができる場合に，機微データ（例えば，健康状態，性的嗜好，又はオンライン上の児童の活動）を用いたターゲティング広告が懸念される．情報が個人識別可能でない場合であっても，消費者は係る広告を歓迎せず，侵害的であるとみる可能性がある．あるいは，家庭内で1つのコンピュータに複数の利用者がアクセスする場合，広告は1人の個人に関する秘密情報を他の家族に明らかにするかもしれない．

FTC は，2007年報告書を受け，2009年2月12日，改訂版のオンライン行動広告諸原則（以下「2009年報告書」という．）[80]を公表した．2009年報告書では，2007年報告書に対して，87の関係者から寄せられた63の意見に基づき，改訂版の諸原則が公表されている．ここでは，個人を識別できない情報や，ファーストパーティ及びコンテンツ連動型広告モデルにも諸原則を適用すべきかという点への意見が多く寄せられた．

2009年報告書は，諸原則が適用される情報の範囲について，次のような FTC の認識を示した．

「スタッフは，オンライン行動広告の文脈において，non-PIIに対して何がPIIを構成するかに関する伝統的な概念が次第に意義を失ってきており，それだけで消費者データに与えられる保護を決めるべきではないと信じている．実際，この文脈では，委員会及び他の利害関係人が長い間，PIIも non-PII もプライバシー問題をもたらすと認識している．いくつかの理由から，近年一段と広まった見解である．

第1に，情報が収集及び蓄積される方法次第で，non-PII を PII と結び付ける又は統合することが可能となる．例えば，あるウェブサイトは，匿名の追跡データを収集し，そのデータを，消費者がサイトへの登録時に提供した

PII（氏名や住所など）と結び付けるかもしれない．

　第2に，新たなそしてより洗練された技術の開発に伴い，伝統的に non-PII と考えられてきた情報をもとに，個別の消費者を識別することが容易になる見込みがある．例えば，産業界は伝統的にほとんどの IP アドレスを non-PII と考えてきたが，まもなくより多くの IP アドレスを特定個人と結び付けることが可能になるだろう．

　第3に，情報のある項目がそれ自体匿名であっても，共通の識別子により結合及び連結された場合，識別可能になり得る．例えば，消費者のインターネット活動は，その人が食事をする近所のレストラン，買い物をする店，その居住区で最近販売された住宅の資産価値，調べている健康状態や処方薬を明らかにする可能性がある．それらを組み合わせると，その情報は，消費者を潜在的に追跡できる極めて詳細かつ機微なプロフィールを構成するであろう．係るデータの蓄積はまた，悪人の手に渡ったり，後により豊富で機微なデータと組み合わせて用いられたりするリスクをもたらす．

　第4に，1つの世帯内で複数の個人が単一のコンピュータを共有し又はアクセスするなど，一定の状況では，PII と non-PII の区別が，問題となっているプライバシー・リスクに何ら関係しないかもしれない．例えば，1人の利用者が，自分の健康問題や性的嗜好といった極めて個人的又は機微な項目に関する情報を見つけるためにウェブサイトを訪れるかもしれない．係る状況下で，当該利用者の検索に関連した広告を共有コンピュータに送れば，たとえ広告が利用者を識別しなくても，同じコンピュータの他の利用者に私的情報を暴露する可能性がある．

　最後に，利用可能な裏付けは，情報が PII と non-PII のいずれに特徴づけられるかに関係なく，消費者が自分のデータをオンライン上で収集されるのに懸念を抱いていることを示している．最近の調査データによると，かなりの割合の消費者は，収集されるデータが個人識別可能でなくても，自らのオンライン上の活動を広告送付目的で追跡されることに，不快感を覚えている．

　さらに，多くの消費者は，上記の AOL の事案──AOL が加入者のオンライン上の活動に関する匿名データを意図的に公開した──に強く反応した．消費者は，データがオンライン上に掲示されていたのを知り，自分のオンライン上の活動を同社が蓄積したこと──少なくともいくつかの場合に，データを特定個人と関連づけられる形で蓄積したこと──に，驚きと懸念を示し

た．

　スタッフの見解では，オンライン行動広告のために収集され，特定の消費者又は特定のコンピュータ若しくは装置と合理的に結び付き得るあらゆるデータを諸原則の対象に含めることが，最良のアプローチである．情報が特定の消費者又は装置と「合理的に結び付き得る」か否かは，事実の状況及び利用可能な技術に左右されるが，例えば次の場合が含まれよう．クリックストリームデータであって，適度に努力すれば，消費者のウェブサイト登録情報と結び付き得るもの，匿名データの個々の断片が，十分に詳細な1つのプロフィールに結合され，特定個人を識別し得るようになるもの，行動プロフィールであって，特定の消費者とは結び付かないが，個人向けの広告やコンテンツを特定の装置に提供するために蓄積及び利用されるものがある．

　係るアプローチは消費者データの保護を確実にし，データが真に匿名化されて，プライバシーへの懸念が最小限にとどまる場合に，不当に大きな費用を課すことなく，消費者のプライバシー上の利益を増進する．上記の通り，これは，業界の支配的な自主規制モデルで，PIIとnon-PIIの両方の保護を2000年から義務づけてきたNAI（Network Advertising Initiative）のアプローチとも整合する．」

3　FIPPs

次に，FIPPsに関して，FTCの各報告書では，次のような考え方が示されている．

図表6.3　FTCの主な報告書とFIPPs

報告書	FIPPs
1998年6月 「プライバシー・オンライン：議会への報告」	①通知/認識：消費者は，自らの個人情報が収集される前に，事業者の情報実務に関する通知を受けるべきである． ②選択/同意：選択は，収集された個人情報の利用方法に関して，消費者に選択を付与することをいう． ③アクセス/参加：個人が自らのデータへのアクセス—事業者のファイル内のデータの閲覧—を行い，データの正確性及び完全性に異議を述べる能力をいう． ④完全性/安全性：データが正確で安全であること．

第6章　米国の消費者プライバシー保護　　　　　　　　　　427

		⑤執行/救済：公正情報実務への違反に対する執行及び救済の仕組みを設けること.
2000年5月「オンライン上のプライバシー：電子商取引における公正情報実務：議会への報告書」		①通知：ウェブサイトは，消費者に対し，その情報実務に関する明確で目を引く通知を提供することを求められる. ②選択：ウェブサイトは，消費者に対し，情報提供時の利用目的を超えた個人識別情報の利用方法に関して，選択を提供することを求められる. この選択は，内部の二次利用と外部の二次利用を包含する. ③アクセス：ウェブサイトは，消費者に対し，ウェブサイトが収集した彼らの情報への合理的なアクセスを提供することを求められる. それには，情報を再検討し，不正確なものを訂正し又は情報を削除するための合理的な機会が含まれる. ④安全性：ウェブサイトは，消費者から収集する情報の安全性を保護するための合理的な措置を講じることを求められる.
2000年6月「オンライン・プロファイリング：議会への報告書」 2000年7月「オンライン・プロファイリング：議会への報告書第2次提言」		1998年6月報告書を踏襲しつつ，NAIの取組に言及.
2007年12月「オンライン上の行動広告：実行可能な自主規制諸原則に向けた議論の動向」		①透明性及び消費者のコントロール，②消費者データのための，合理的なセキュリティ及び制限的なデータ保存，③現行のプライバシーに関する約束の重要な変更に対する積極的な明示的同意，④行動広告のための機微データの利用に対する積極的な明示的同意（又はその禁止）.
2009年2月「オンライン上の行動広告のための自主規制諸原則：トラッキング，ターゲティング及び技術」		上記2007年の報告書を踏襲しつつ，一部修正.

　FIPPsの立法化に関しては，2000年の段階から提案がなされてきた．2000年5月の報告書は，自主規制の取組を継続しつつも，議会に対し，オンライン上の消費者プライバシー保護のための公正情報実務を内容とする立法化を提案し

ている．この立法の位置づけは，消費者向けの商用ウェブサイトのための基本的なプライバシー保護レベルを明らかにするものとされている．2000年7月の報告書は，自主規制の重要性を認識しつつも，オンライン・プロファイリングに対処するための「防波堤となる立法」(backstop legislation) の制定が必要であると勧告した．

FIPPsに関して，FTCの2007年報告書は，上記4つの原則（図表6.3参照）を提案するとともに，消費者を追跡したデータを二次利用することに関する意見を募集した．また，DNTの仕組みは，非営利団体のCDT（Center for Democracy and Technology）等の提案により，この報告書の中で取り上げられている．なお，この報告書については，2007年4月13日，グーグルがダブルクリックを吸収合併したことにより，新たなプライバシーへの懸念が生じたことも影響したようである[81]．

2009年報告書は，2007年報告書を踏襲しつつ，次のように，部分的な修正を加えている（2009年変更部分はゴシック体で表示)[82]．

第1原則　透明性及び消費者のコントロール
　行動広告のためにデータを収集するすべてのウェブサイトは，次に掲げる事項について，明瞭，簡潔で，消費者に親切で，目立つ形での記載を提供すべきである．
　（1）消費者のオンライン上の活動に関するデータは，サイトが個々の消費者の興味に向けた製品及びサービスに関する広告を提供する際の利用に供するために収集していること，並びに，
　（2）消費者は，係る目的のために自らの情報を収集されるか否かを選択できること．
　ウェブサイトは，消費者に対し，この選択を行使するための，明瞭で，利用しやすく，アクセス可能な方法も提供すべきである．**データが，伝統的なウェブサイトの状況外で収集される場合，企業は，上記基準を満たす開示及び消費者の選択に関して，代替的方法を講じるべきである（すなわち，明瞭で，わかりやすく，利用しやすい等)．**

第2原則　消費者データのための，合理的なセキュリティ及び制限的なデータ保存

第6章　米国の消費者プライバシー保護

消費者データを行動広告のために収集し，及び／又は蓄積するすべての企業は，当該データのために合理的なセキュリティを提供すべきである．データセキュリティ法及びFTCのデータセキュリティ執行活動に合致する形で，当該保護は，データの機微性，企業の事業活動の性質，企業が直面するリスクの類型，及び，企業が利用できる合理的保護に基づくべきである．**企業はまた，適法な事業又は法執行の要求を満たすために必要な限りにおいて，データを保存すべきである．**

第3原則　現行のプライバシーに関する約束の重要な変更に対する積極的な明示的同意

　FTCがその法執行及びさらなる努力の中で明らかにした通り，企業は，後日にその方針を変更する決定を下す場合であっても，消費者データをどのように取り扱い又は保護するかに関して行う約束を維持しなければならない．そこで，企業は，データを収集したときに行った約束とは実質的に異なる態様において，**以前に収集したデータを利用できるようになる前に**，影響を受ける消費者から，積極的な明示的同意を取得すべきである．この原則は，企業がデータを収集，利用，及び共有する方法において，企業合併が重要な変更をもたらす範囲で，係る合併の状況にも適用される．

第4原則　行動広告のための機微データの利用に対する積極的な明示的同意（又はその禁止）

　企業は，行動広告を受け取る消費者から積極的な明示的同意を取得した後に限り，行動広告のための機微データを収集すべきである．

4　プライバシー・レポート
4.1　プライバシー枠組み
4.1.1　**全体構成**

　これまでの取組をもとに，2010年12月1日，事業者及び政策立案者向けの枠組み案としての「急変する時代の消費者プライバシー保護」と題するスタッフ中間報告が公表され，2012年3月26日，勧告としてのFTCの最終報告書が取りまとめられた[83]．最終報告書は，「プライバシー・レポート」と呼ばれている．

プライバシー・レポートは，事業者において，消費者の私的情報を保護するための最良の実務を提案することを内容とし，議会がプライバシー法を検討する際の助けとなることも意図している[84]．また，同レポートは，消費者データプライバシーを受けた内容となっている．

プライバシー・レポートの目次は次の通りである．

要旨（Executive Summary）
最終的なFTCのプライバシー枠組み及び実施に関する勧告（Final FTC Privacy Framework and Implementation Recommendations）
Ⅰ．はじめに（Introduction）
Ⅱ．背景（Background）
　A．FTCの円卓会議とスタッフ中間報告
　　（FTC Roundtables and Preliminary Staff Report）
　B．商務省のプライバシー提案
　　（Department of Commerce Privacy Initiatives）
　C．立法提案と利害関係人による取組
　　（Legislative Proposals and Efforts by Stakeholders）
　　1．追跡拒否（Do Not Track）
　　2．他のプライバシー保護の動き（Other Privacy Initiatives）
Ⅲ．意見提出者による主な論題（Main Themes From Commenters）
　A．プライバシー侵害に関する意見（Articulation of Privacy Harms）
　B．国際的な相互運用性（Global Interoperability）
　C．自主規制の取組を推進する立法
　　（Legislation to Augment Self-Regulatory Efforts）
Ⅳ．プライバシー枠組み（Privacy Framework）
　A．範囲（Scope）
　　1．企業は，第三者と共有しない少量の非機微データのみを扱う場合を除き，枠組みを遵守すべきである（Companies Should Comply with the Framework Unless They Handle Only Limited Amounts of Non-Sensitive Data that is Not Shared with Third Parties）．
　　2．枠組みは，優良実務を掲げ，現行のプライバシー及びセキュリティ法と併せて機能し得る（The Framework Sets Forth Best Practices and

Can Work in Tandem with Existing Privacy and Security Statutes）．
　３．枠組みは，オンラインデータとともにオフラインデータにも適用される（The Framework Applies to Offline As Well As Online Data）．
　４．枠組みは，特定の消費者，コンピュータ又は装置と合理的に結び付けることができるデータに適用される（The Framework Applies to Data That is Reasonably Linkable to a Specific Consumer, Computer, or Device）．
　Ｂ．プライバシー・バイ・デザイン（Privacy by Design）
　　１．実体的原則：データセキュリティ，合理的な収集制限，健全な保存実務，及びデータの正確性（The Substantive Principles: Data Security, Reasonable Collection Limits, Sound Retention Practices, and Data Accuracy）
　　２．企業は，実体的諸原則を実施するための手続的保護を講じるべきである（Companies Should Adopt Procedural Protections to Implement the Substantive Principles）．
　Ｃ．単純化された消費者の選択（Simplified Consumer Choice）
　　１．選択を求めない実務（Practices That Do Not Require Choice）
　　２．消費者とのやりとりの状況にそぐわない実務に対し，企業は消費者に選択を与えるべきである（For Practices Inconsistent with the Context of their Interaction with Consumers, Companies Should Give Consumers Choices）．
　Ｄ．透明性（Transparency）
　　１．プライバシー通知（Privacy Notices）
　　２．アクセス（Access）
　　３．消費者教育（Consumer Education）
Ｖ．結論（Conclusion）

　このレポートは，スタッフ中間報告に寄せられた 450 を超える意見を踏まえ，個人識別可能な情報（personally identifiable information）との関係で適用範囲を検討したこと，「プライバシー・バイ・デザイン」，「単純化された消費者の選択」，「透明性」という３つの柱を枠組みに据えたこと，消費者選択の１つとして DNT の仕組みを提案したこと等において，米国の個人情報保護に関する考え方を示した重要な報告書である．また，同レポートは，FTC が向こう１

年間で主眼を置く5つの領域も掲げている.

4.1.2 枠組みと勧告事項

プライバシー・レポートの示した枠組みと勧告事項は，次の通りである．このレポートに含まれる最終的なプライバシー枠組みは，議会がプライバシー立法を検討する際の助けとなることも意図している．ただし，この枠組みが現行の法的義務を超える範囲について，FTCの現在の法執行活動や規制のひな形としての役割を果たすことまでは意図していない．

図表6.4　プライバシーの枠組みと勧告事項

範囲
最終的範囲：枠組みは，特定の消費者，コンピュータ又は装置と合理的に結び付けることができる消費者データを収集又は利用するすべての営利事業者に適用される．ただし，当該事業者が，年間5,000人未満の消費者の非機微データのみを収集し，第三者との間でそのデータを共有しない場合は，この限りではない．
プライバシー・バイ・デザイン
基本原則：企業は，組織全体並びに製品及びサービス開発の各段階で，消費者プライバシーを促進すべきである．
A．実体的諸原則
最終原則：企業は，データセキュリティ，合理的な収集制限，健全な保存及び破棄の実務，並びにデータの正確性など，実体的なプライバシー保護を実務に組み込むべきである．
B．実体的諸原則を実施するための手続的保護
最終原則：企業は，製品及びサービスのライフサイクル全体にわたって，包括的なデータ管理手順を整備すべきである．
単純化された消費者の選択
基本原則：企業は，消費者の選択を単純化すべきである．
A．選択を要しない実務
最終原則：企業は，取引若しくは企業と消費者の関係についての状況に即した実務，又は，法により義務づけられ若しくは個別に権限を与えられた実務のために消費者データを収集及び利用する前に，選択を提供する必要はない．
B．企業は，他の実務のために消費者に選択を与えるべきである．
最終原則：選択が要求される実務のために，企業は，消費者が自らのデータに関する決定を下す時期及び状況において，選択を提供すべきである．企業は，（1）データ収集時に主張されたものと実質的に異なる態様で消費者データを利用する，又は，（2）一定の目的のために機微データを収集する前に，積極的な明示的同意を得るべきである．

第6章 米国の消費者プライバシー保護　　　433

透明性 基本原則：企業はデータ実務の透明性を高めるべきである．
A．プライバシー通知 最終原則：プライバシー通知は，プライバシー実務をより良く理解し比較できるようにするために，より明瞭，簡潔かつ標準化したものにすべきである．
B．アクセス 最終原則：企業は，自社が保有する消費者データへの合理的なアクセスを提供すべきであり，アクセスの範囲は，データの機微性及びその利用の性質に見合うようにすべきである．
C．消費者教育 最終原則：すべての関係者は，商業的データプライバシー実務に関して消費者を教育する努力を拡大すべきである．
立法面の勧告 議会は，基本的なプライバシー法の制定を検討すべきであり，データセキュリティ及びデータブローカーの立法化も必要である．同時に，産業界は，自主規制への取組を加速すべきである．
今後1年間にわたる5つの主要分野 1　DNTの仕組みの推進 2　携帯電話サービス提供事業者によるプライバシー保護の改善 3　データブローカーによる消費者情報の収集利用をコントロールするための立法化提案 4　ISP（Internet Service Provider）やOS（Operating System）提供者等の大規模プラットフォーム事業者による消費者行動の追跡への対応 5　FTC法第5条に基づく執行可能な自主規制基準の推進

4.2　論点

4.2.1　保護範囲

　プライバシー・レポートが掲げた事項のうち，重要性を有するのは，保護範囲及び3つの枠組みである．FTCの各報告書では，少なくとも2000年頃の段階から保護範囲を緩やかに捉える考え方が示されてきた．プライバシー・レポートもその流れを汲んでおり，かつ，消費者データプライバシーを受けたものでもある．

　プライバシー・レポートでは，「枠組みは，特定の消費者，コンピュータ又は装置と合理的に結び付けることができる消費者データを収集又は利用するすべての営利事業者に適用される．ただし，当該事業者が，年間5,000人未満の

消費者の非機微データのみを収集し，第三者との間でそのデータを共有しない場合は，この限りではない．」とする旨の最終提案がなされた．適用除外の要件は，中間報告では設けられていなかったが，プライバシー・レポートの段階で，小規模事業者への負担軽減を主張する見解，それに対して，係る事業者から広告ネットワークやデータブローカー等の第三者にデータが販売されるのではないかとの懸念を主張する見解を受け，新規に追加された．また，同レポートでは，機微データに含まれ得る例として，社会保障番号，信用，健康，児童，位置情報が挙げられている．

　中間報告が「特定の消費者，コンピュータ又は他の装置と合理的に結び付けることができる消費者データ」を適用対象とすべきと提案したことは多くの注目を集め，消費者やプライバシー保護団体のみならず，産業界からも賛成する意見が多数寄せられた．①消費者による追跡への異議は，追跡者が消費者の氏名を明らかに知っているか否かとは無関係であること，②オンライン上のブラウザ閲覧履歴に基づき差別的な値踏みを行うといった侵害可能性は，PIIの利用がなくても行われること，③PIIを含まない公開データから個人を再識別することができる例があること，④一定の事業者は，マーケティング目的で広範にデータを調査しており，再識別化は商業的な事業経営のやり方であること，⑤集約又は匿名化したデータ，ブラウザフィンガープリント（browser fingerprint）[85]，他のnon-PIIについて，企業がどのように収集及び利用するかをコントロールする際に，消費者は適法な利益を有すること，⑥いかなるデータを保護すべきかを決定する方法として，PIIとnon-PIIの間を区別する考えには疑問があることなどが指摘された．

　こうした意見を受け，FTCは，特定の消費者，コンピュータ，デバイスとはまだ連結していなくとも，合理的に結び付き得るものであれば枠組みを適用することに関して，十分な支援が得られたと結論づけた．とりわけ，FTCは，無関係なデータの破片を連結させる能力は，個々のデータの破片がPIIを構成するものでなくとも，消費者，コンピュータ又は装置の識別へと導くことが可能であり，さらに，事業者は，様々な手段でnon-PIIを再識別化する可能性があるだけでなく，再識別化する強いインセンティブを持つという立場を明らかにした．

　他方，反対意見も複数寄せられた．具体的には，①PIIの含まれていないデータの収集及び利用に関するリスクは，含まれているものと比較して単純に同

じとはいえず，消費者がPIIとnon-PIIの収集・利用に対して有するプライバシーの利益が同等である旨の裏付けがないことから，non-PIIに枠組みを適用する代わりに，委員会はデータの匿名化への努力を支援すべきであるという意見があった．他の意見は，②時間とリソースをかければいかなるデータでも個人と結び付けられることから，枠組みの「連結可能性」(linkability) 基準は，実際上は無制限となる可能性があること，③すべてのデータに同じ保護レベルを要求すると，識別しやすいデータの収集を回避し，収集及び利用するデータの匿名化措置を講じるための企業のインセンティブを阻害すること，④消費者に効果的な通知，選択又はアクセスを提供するために，企業はより多くの消費者情報を収集するよう強いられることから，連結可能なデータへの枠組みの適用は，プライバシー・バイ・デザインの概念にそぐわないことなどを指摘する声などが挙がった．

そこで，FTCは，適用範囲を明確化し，企業が連結可能性を最小化するための適切な手段を講じる方法を示すべく，次に掲げる3つの重要なデータ保護措置を講じた場合には，特定の消費者又は装置に合理的には結び付かないという解釈基準を示した．この3つの要件は，日本では「FTC3要件」等といわれていた．

第1に，企業は，当該データを確実に匿名化するための合理的な措置を講じなければならない．企業は，特定の消費者，コンピュータ若しくは他の装置に関する情報を推測し，又は，特定の消費者，コンピュータ若しくは他の装置と結び付けるために，データを合理的に用いることは不可能であると正当に信頼されるに足りる合理的なレベルを達成していなければならない．

「正当に信頼されるに足りる合理的なレベル」は，利用可能な手段及び技術を含め，特定の状況に依存する．問題となっているデータの性質及びデータの利用目的とも関連する．

状況によって，匿名化のための種々の技術的アプローチは合理的となり得る．例えば，データ領域の削除又は修正，データへの十分な「ノイズ」の付加，統計的サンプリング，集約又は合成データの利用などがある．

第2に，企業は，匿名化された態様でのデータの保持及び利用を公に約束しなければならず，データの再識別化を行おうとしてはならない．企業が当該データの再識別化を行うための措置を講じた場合，FTC法第5条に基づく提訴対象の行為となる．

第3に，企業は，当該匿名化データを他の企業——サービスプロバイダであろうと第三者であろうと——の利用に供する場合，当該事業者にデータを再識別化しないよう契約上禁ずるべきである．データを移転しその他利用に供する企業は，これらの契約上の規定遵守を監視するための合理的な監督を行い，契約違反に対処するための適切な措置を講じるべきである．

　以上のように，FTC は，オンライン行動ターゲティングの場面において，個人識別性は意味を失っているとの考えに基づき，プライバシー・レポートでは，識別性に依存しない幅広い適用範囲を設定した．それと同時に，適用除外を受けるための3要件を掲げることによって，不必要な適用範囲の拡大を防止するための配慮を示している．

　第3要件との関係では，オンライン DVD レンタル企業であるネットフリックス（Netflix）の事例が紹介されている[86]．同社は，映画推奨アルゴリズムを向上させるために，顧客の映画視聴データを公開することを計画しており，同社のアルゴリズムは，各加入者の過去の視聴習慣及び映画の好みを考慮に入れていた．

　同社は，2006年10月にも，48万人の顧客が格付けした映画とその格付けがなされた日付を公開し，その際，顧客の氏名を固有の番号に置き換え，住所，電話番号又は他の直接的な識別子を取り除いた形で匿名化していた．これに対し，テキサス大学の2人の研究者が，ネットフリックスの公開データは他のデータと組み合わせることで再識別化できるとの調査結果を公表して話題となった．しかし，同社は，2009年8月に，映画視聴データの公開予定を再び発表した．今回のデータセットには，顧客の映画視聴習慣及び好みに加え，顧客人口の動態統計データも含まれていた．そこで，FTC は，同年11月3日付の文書において，係るデータの再識別化への懸念と，情報開示に関する過去の消費者への表示が FTC 法第5条の懸念をもたらしていること等に言及した．ネットフリックスは，これを受けて当初の計画を変更して情報の公開を停止し，もし将来的に第三者へデータを提供する場合は，「その利用に関する特別の制限について契約で合意した研究者のみに」限定することとした．また，いくつかの「消費者を再識別化するためにデータが利用されることを防止するための運用上の安全保護措置」を実施することを約束している[87]．

　プライバシー・レポートの適用範囲及び匿名化の3要件は，日本の個人情報保護法改正議論にも影響を与えた．

4.2.2 3つの枠組み:「プライバシー・バイ・デザイン」

プライバシー・レポートでは,「プライバシー・バイ・デザイン」(PbD),「単純化された消費者の選択」,「透明性」という3つの枠組みが示された.

PbD は,カナダで提案された発想であるが,OECD プライバシー・ガイドラインの改正や EU の一般データ保護規則に取り入れられており,世界標準となりつつある.

実体的諸原則のうち,合理的な収集制限に関しては,「企業は,個別の取引の状況若しくは消費者と当該企業との関係に整合するもの,又は,法が義務づけ若しくは具体的に許可したものに,データ収集を限定すべきである.こうした状況に整合しないデータ収集においては,企業は消費者に対し,適時かつ目立つ形で,プライバシーポリシー又は他の法的文書以外で,適切な開示を行うべきである.この収集制限原則の明確化は,データ収集が消費者の予見するであろうものに即しているかどうかについて,企業が評価することに役立てる趣旨である.即していない場合,企業は,目立つ通知と選択を提供すべきである.」[88]と説明されている.

4.2.3 3つの枠組み:「単純化された消費者の選択」

「単純化された消費者の選択」について,プライバシー・レポートは,自らのデータに対してより一層コントロールをしようとする消費者の負担を減らすべく,企業に対し,利用しやすい選択の仕組みを提供することを求めている.選択の仕組みは,適時に——一般的には消費者情報を収集する時点で——係る仕組みを提供することが,最も効果的であるとされている.それと同時に,データの収集及び利用がもたらす様々な種類の便益を認め,選択を要しない実務が提案されている.

「選択を要しない実務」について,プライバシー・レポートは,事業者と消費者の間の「やりとりの状況(経緯と訳されることもある)」(context of the interaction)に焦点を当てる旨を述べている[89].この「やりとりの状況」については,事業者に具体的な指針を与えるという観点から,消費者の予見という主観的な基準よりも,消費者と事業者の関係という客観的な要素が重視されている.

ところで,プライバシー・レポートは,日本の議論にも影響を与えた.総務省の「パーソナルデータの利用・流通に関する研究会」(座長・堀部政男一橋大

学名誉教授）が，2013年6月12日に取りまとめた報告書[90]は，パーソナルデータ利活用のための7原則の1つに「取得の際の経緯（コンテキスト）の尊重」を掲げ，「パーソナルデータの利用は，本人がパーソナルデータを提供した際の経緯（コンテキスト）に沿って，本人の期待と合致する形態で行うこと」と記している．

プライバシー・レポートに戻ると，選択を要しない実務の具体例として，ファーストパーティによるマーケティングが挙げられている．他方，ファーストパーティであっても，他者のサイトを超えて消費者の活動をトラッキングするとき[91]，関連会社がデータ収集をするとき（ただし，関連会社との関係性が消費者にとって明らかである場合を除く．），機微データを収集する前などの場面では選択が必要とされている．

企業が，直接取得した情報に，第三者の情報源から得たデータを追加すること等によってデータを強化する場合については，事業者と消費者の取引データである場面と，事業者同士のデータ移転の場面に分けて，考え方が整理されている．前者は，オンライン小売業者が，消費者の購入商品や閲覧商品をトラッキングすることで，消費者から直接に情報を収集する場合などである．後者は，消費者と対面しないデータブローカーから小売業者が消費者データを購入する場合などが該当する．

プライバシー・レポートは，前者の場面において，ファーストパーティがサードパーティと情報を共有せず，サードパーティのウェブサイトを介して消費者を追跡しない場合，その実務には選択の提供は必要ないという考えを示した．それに対し，同レポートは，後者の場面では，データ収集は，事業者同士のデータ移転を伴い，消費者とは直接の関係を持たず，消費者は，通常はデータ収集を知らないことから，消費者とファーストパーティの間の取引又は関係には適合しない可能性が高いと指摘した．しかし，同レポートは，このような場合にもファーストパーティに選択の提供を義務づけることは現実的ではなく，費用及び業務支援上の問題があるとして，次の各事項の実施を求めることとしている．

第1に，企業は，データの収集制限やデータ保存期間の制限，合理的な安全保護措置を含む，PbDの考え方を取り入れること．

第2に，企業は，データ強化に従事していることを開示し，その実務を消費者に教育し，データに関するサードパーティの情報源を特定し，消費者がサー

ドパーティの情報源と直接に連絡を取れるように，リンクその他の連絡情報を提供することにより，実務に関する透明性を高めること．

　第3に，データを強化するためにマーケティングデータを取得するファーストパーティは，サードパーティであるデータブローカーの情報源に対し，自身の透明性を高めるよう推奨するための措置を講じること．それには，消費者がデータブローカーに関するより多くの情報を得て選択を行使できるように，中央化されたデータブローカーのウェブサイトに参加することが含まれる．

　「選択を要する実務」に関しては，「適時の選択」の具体的時期，「同意するか断るか」(take it or leave it) のアプローチが妥当する場合，DNT の仕組みの提供，大規模プラットフォーム事業者がもたらす懸念，積極的な明示的同意が必要とされる場合についての検討が行われた．

　「適時の選択」に関して，プライバシー・レポートは，消費者が自らのデータの収集又は利用を認めるか否かの決定を下す時期及び状況において選択を提供すべきであるとした．1つの取組として，オンライン行動広告業界が標準化アイコンや文章をターゲティング広告に組み込んでいることなどが紹介されている．

　「同意するか断るか」に関して，プライバシー・レポートは，企業のデータ実務に同意することを条件に商品又はサービスを提供するというアプローチは，消費者が他の選択肢をほとんど有さない場合には，プライバシーの観点から問題がある旨を指摘している．例えば，特許権の付された医療機器を販売する場合に，消費者が機微な個人情報を提供することを交換条件とする場合や，サービスプロバイダが，ブロードバンドアクセスのサービスを提供する際に，マーケティング目的で顧客のすべてのオンライン活動をトラッキングすることを条件づけ，一方的にプロバイダを利する場合などが挙げられている．

　DNT については，恒久的なクッキーに似た設定を消費者のブラウザに取り入れ，ブラウザが訪れたサイトにその設定を伝え，消費者が追跡されたりターゲティング広告を受け取ったりするのを望むか，そうでないかの信号を送信することを伴うものであると説明されてきた．この仕組みは，オプトアウトではあるが，「統一的」(uniform) かつ「恒久的」(persistent) に選択を与えることが特徴であり，また，DNT には強制可能な要件が必要とされている．

　プライバシー・レポートは，DNT の仕組みを効果的にするための要素として，次の5項目を掲げている．

・DNT の仕組みは，消費者を追跡するであろう全当事者を対象にするために，一様に実施すべきである．
・選択の仕組みは，見つけやすく，理解しやすく，そして利用しやすいものであるべきである．
・与えられるすべての選択は，永続的であるべきで，例えば，消費者がクッキーを消去したり，ブラウザを更新したりしても，無効にされるべきではない．
・DNT の仕組みは，包括的，効果的，かつ，執行可能であるべきである．いかなる手段を通じても，消費者を行動追跡から外すべきであり，技術的な抜け穴を許すべきでない．
・効果的な DNT の仕組みは，消費者を個人向け広告の受領から単に外すということを超えるべきである．その仕組みは，やりとりの状況と適合する目的以外のすべての目的のための行動データの収集から，消費者を外すべきである（例えば，クリック詐欺を防止し，又は，分析目的で匿名データを収集する場合）．

プライバシー・レポートでは，インターネットを通じてデータを包括的に収集できる大規模プラットフォーム事業者への特別な懸念が示された．特に，マーケティング目的での DPI（Deep Packet Inspection）が論点となった．同レポートは，ISP がインターネット上の主なゲートウェイとしての役割を果たしており，顧客の極めて詳細で包括的なプロフィールを目に見えない形で作り出せる立場に立つことを指摘し，積極的な同意ないしは強固な保護がない限り，ISP と消費者のやりとりに沿わない DPI の利用は強く懸念される旨の立場を明らかにした．同時に，プライバシーの枠組みは技術的に中立であるべきとも述べている．

積極的な明示的同意を要求する実務に関しては，企業がプライバシーの説明に重要かつ遡及的変更をする場合，及び，機微データを収集する場合に求められるとの立場が示された．「重要な変更」は，例えば，データを収集するときに，他者と共有しないと約束していた場合に，後に共有することなどが該当する．機微データについて，あるデータの破片が機微であるか否かは，見る人次第（eye of the beholder）であり，主観的考慮によるという認識も示されている．

4.2.4 3つの枠組み:「透明性」

「透明性」に関しては,プライバシー通知及びアクセスが論点とされた.

プライバシー通知に関して,プライバシー・レポートは,産業界に対し,プライバシー・ステートメントをより明確に,簡潔に,そしてより標準化することを求めている.標準化の関連では,消費者が異なる企業のプライバシー実務を比較できるようにすること等から,データ実務に,書式及び用語等の標準化要素を含めるべきことを提言した.意見を出した者の中には,「栄養表示」(nutrition label) のアプローチを提案する者があった.

プライバシー実務をわかりやすく表示することは,日本のパーソナルデータ論議の中でも検討されてきた.経済産業省「IT融合フォーラム パーソナルデータワーキンググループ」(座長・松本恒雄一橋大学教授(当時))は,2013年5月10日,「パーソナルデータ利活用の基盤となる消費者と事業者の信頼関係の構築に向けて」を公表し,その中で食品表示を参考にした情報共有標準ラベルなどを紹介している[92].

アクセスについては,消費者のアクセスの範囲がデータの機微性及びその利用の性質に見合うようにすべきとされている.具体的には,①マーケティング目的でデータを保有する事業者,②公正信用報告法に服する事業者,③同法の対象外で,他に非マーケティング目的でデータを保有する事業者の3つに分けて検討がなされている.特に問題となるのはデータブローカーである.消費者データプライバシーもデータブローカーに言及しているが,プライバシー・レポートは,データブローカーへのアクセス権の立法化,業界に対する中央化されたウェブサイトの構築を勧告している.

4.3 DNTの取組

プライバシー・レポートは,力を入れる分野として,DNT,モバイルプライバシー,データブローカー,大規模プラットフォーム事業者,FTC法第5条に基づく執行可能な自主規制基準を挙げている.特にDNTの状況を取り上げると,同レポートでは,グーグルなど約400社が加盟するDAA (Digital Advertising Alliance) と,W3C (World Wide Web Consortium) の取組が紹介されていたものの,両者の協力的取組はうまくいかなかったようである.DAAは,W3Cのトラッキング保護作業グループ (Tracking Protection Working Group, TPWG) 内でのDNT標準化に向けた検討に参加してきたが,TPWGが

DAA の提案を否決するなどしたため，2013年9月17日，DAA は，TPWG の検討から脱退することを公表した[93]．DAA は，最も基本的かつ重要な事項である「避けようとする害又は問題」及び「トラッキング」の定義や，固有識別子の利用に対する制限の特定，利用者の選択による効果の決定について，まだ TPWG 内で合意に達していないことや，TPWG の手続面での不備があることを批判した．そして，今後は，自ら公開討論会を開催し，消費者プライバシーに対処するために，ブラウザベースの信号をどのようにすれば意味のある形で利用できるかを評価すると述べた．立法化との関連では，特にスタッフ中間報告の後に，DNT 法案が提出されるようになった．第112連邦議会（2011年〜2012年）では，下院議員のジャッキー・スパイアー（Jackie Speier）氏による「オンライン追跡拒否法案」[94]，上院議員のジョン・ロックフェラー（John Rockefeller Ⅳ）氏による「オンライン追跡拒否法案」[95]などが提出された．その後も，リチャード・ブルメンタール（Richard Blumenthal）氏による「オンライン追跡拒否法案」[96]が第114議会に提出されたが，成立には至っていない．これに対し，カリフォルニア州は，2013年9月27日，セキュリティ侵害通知に関する法律改正と同時に，DNT に関する法を制定させた．同法に基づき，商用ウェブサイト又はオンラインサービスの運営者は，州内に居住し，商用ウェブサイト又はオンラインサービスを利用し又は訪問する個人消費者に関して，その個人識別可能情報をインターネットを通じて収集する場合，ウェブサイト上に，目立つ形でプライバシーポリシーを載せる義務を負う．そのポリシーの中に，DNT の方法を含めることが義務づけられている．運営者は，第三者のウェブサイトやオンラインサービスを介して，個人消費者のオンライン上の活動に関する個人識別可能情報を徐々に収集する場合，消費者に対し，その収集に関する選択を行使する能力を与える方法を開示しなければならない[97]．

4.4 プロファイリングに関する問題意識

消費者データプライバシー及び FTC の報告書を通じて見ると，着目すべきプライバシー侵害の側面として，「プロファイリング」がある．

「プロファイリング」は，消費者プライバシー権利章典の第1原則の説明でも言及されているところであるが，より遡ると，FTC が2000年6月に公表した「オンライン・プロファイリングに関する報告書」において，次のように，詳細なプロフィールが形成されることによるプライバシー問題が検討されてい

第6章 米国の消費者プライバシー保護

る．

「一旦収集されると，消費者データは解析され，第三者の情報源からの人口統計データ及び「サイコグラフィック」[98]なデータ，消費者のオフラインの購買データ，又は，調査及び登録書式を通じて消費者から直接収集した情報と結び付けることができる．この強化されたデータにより，広告ネットワークは，各消費者の興味や嗜好について様々な推論を行えるようになる．その結果が，個々の消費者の好み，ニーズ，及び購買習慣を予想しようと試みる詳細なプロフィールで，それにより広告企業のコンピュータは，消費者の個別の興味を直接狙った広告をどのように提供するかを瞬時に決定できる．広告ネットワークが作成したプロフィールは，極めて詳細なものとなり得る．

ネットワーク広告企業が置いたクッキーは，その企業が提供するウェブサイト上で消費者を追跡することができ，その結果，全く共通点のない無関係なウェブサイトにまたがってデータを収集できるようになる．また，広告ネットワークが用いるクッキーは一般的に無期限であるため，その追跡は，長期にわたって行われ，個人がインターネットにログオンするたびに再開される．この「クリックストリーム」情報が第三者のデータと結び付くとき，こうしたプロフィールが数百もの異なるデータフィールドを含むこともあり得る．

ネットワーク広告企業とそのプロファイリング活動は，ほぼどこでも行われるが，消費者には見えないことがほとんどである．消費者が訪れるウェブサイトで目にするものは，ウェブページ上に表示される，そのシームレスで不可欠な部分として表れるバナー広告であるが，消費者には何ら通知をせずにクッキーが置かれている．消費者の訪問するウェブサイトが，広告ネットワークの存在とデータ収集を通知しない限り，消費者は，オンライン上の活動が監視されていることに全く気付かないであろう．」

「プロファイリング」は，ここ数年の間に，EUの一般データ保護規則や欧州評議会の閣僚委員会勧告などでも取り上げられている．

5 IoTレポート

FTCは，2015年1月27日，「モノのインターネット：接続する世界における

プライバシーとセキュリティ」⁽⁹⁹⁾と題するスタッフレポートを公表した.

モノのインターネット（Internet of Things, IoT）は，デバイス又はセンサーなどの「モノ」－コンピュータ，スマートフォン又はタブレット以外－であって，それらがインターネットに接続し，通信し若しくは情報を送信すること，又は，相互に接続し，通信し若しくは情報を送信することをいう.

オンラインに接続されたカメラを利用した写真の投稿，仕事で外出中に正面玄関のポーチライトを付けるホーム・オートメーション・システム，1日の間に自転車又は走行でどの程度移動したかを共有するブレスレットなどがある．2015年時点で，250億台の接続機器が存在しており，2020年には500億台の接続機器が利用されると推測されている.

FTCは，こうした状況を踏まえ，2013年11月19日にIoTとプライバシー・セキュリティに関するワークショップを開催した．この報告書は，ワークショップでの議論を要約し，スタッフの勧告を述べたものである.

本報告書の対象は，消費者に販売され又は消費者に利用されるIoT機器に限定しており，事業者間取引は含まれない.

ワークショップでは，IoTのもたらす便益とリスクが議論された．便益には実用化されたものが多く，例えば，医療分野では，接続された医療機器によって，深刻な病状の消費者が医師と協力して病気を管理できること，家庭では，スマートメーターにより，エネルギー供給者は消費者のエネルギー使用状況を分析し，家電製品の問題を特定し，消費者にエネルギーへの配慮を促せること，路上では，車のセンサーが危険な道路状況を運転者に通知することができ，また，ソフトウェアの更新が無線で行われるため，消費者は販売店を訪問する必要がないことなどが挙げられた．リスクに関しては，（1）不正アクセス及び個人情報の不正利用，（2）他のシステムへの攻撃の容易化，（3）個人の安全へのリスクをもたらすことなどが議論された．ワークショップの参加者からは，時間をかけて個人の情報，習慣，位置及び身体状態が収集されることによるプライバシーリスク，特に，このデータを用いて信用，保険，雇用に関する決定が下される危険も指摘された.

そして，FTCスタッフは，ワークショップでの議論を踏まえ，データセキュリティ，データの最小化，通知及び選択について，FIPPsを実装するための最良の実務を提言した.

セキュリティに関しては，企業に対し，①セキュリティ・バイ・デザイン，

②セキュリティに関する従業員教育，③サービスプロバイダによる合理的なセキュリティの維持及びこれらのプロバイダに対する合理的な監視，④システム内で重大なリスクを特定した際には，複数の階層で防衛的な安全保護策を実施すること，⑤合理的なアクセス制御措置，⑥ライフサイクルを通じた製品監視及び脆弱性の修正を提言した．①のアプローチには，プライバシー及びセキュリティのリスク評価，収集及び保有するデータの最小化，製品発売前の安全保護措置の評価をなどが含まれている．

　FTCスタッフは，データ最小化，すなわち，収集及び保有するデータを制限し，必要がなくなれば処分するという概念を提言した．それによると，データ最小化は，プライバシー関連の２つのリスクに役立つとのことである．第１のリスクは，データの大規模保存が，企業の内外でデータ窃盗の興味を引くこととなり，そうした事象の可能性を高めるという点である．第２のリスクは，企業が大規模なデータを収集及び保有すれば，消費者の合理的期待を逸脱する態様で利用されるリスクが高まるという点である．このリスクを下げるために，企業は，データ実務及びビジネスニーズを見直し，消費者データの収集及び保有に合理的な制限をかけるためのポリシー及び実務を展開するよう奨励された．ただし，FTCスタッフは，この提言について，企業に多くの選択肢を与える柔軟なものであると位置づけており，企業はデータを全く収集しないこと，製品又はサービスを提供するに必要な範囲のみのデータを収集すること，機微性の低いデータを収集すること，収集データを匿名化することなどの選択肢が許容されている．

　通知及び選択について，FTCスタッフは，消費者の選択の重要性を認識しつつ，すべてのデータ収集に選択を求めてもプライバシー保護には役立たないため，係る選択を求めるわけではないとした．スタッフは，2012年のプライバシー・レポートにおいて，取引状況や企業と消費者の関係に沿った実務のために消費者データを収集及び利用する場合には，事前の選択を義務づけるべきではないとした点は，IoTにも当てはまると述べている．また，スタッフは，消費者とのインターフェイスがない場合に選択を付与することの現実的困難性や，すべてに当てはまるアプローチが存在しないことを認識している．企業がいかなるアプローチを取るとしても，選択は明確でわかりやすく，長い文書の中に埋没させてはならない．

　また，スタッフは，潜在的な社会的便益のためにデータを新たに利用できる

ようにするため，利用ベースのアプローチを取り入れた．これは，例えば，もし利用がやりとりの状況に沿っている場合，言い換えると予想される利用である場合には，消費者に選択を付与する必要はないという考え方である．予想を超える利用を行う場合には，企業は明確かつ目立つ選択を提供すべきである．加えて，企業が消費者のデータを収集し，直ちにかつ効果的に匿名化した場合，その収集について消費者に選択を提供する必要はない．

　また，スタッフは，公正信用報告法の執行や消費者データの侵害的利用に対して不公正の権限を行使するが，IoT に純粋な利用ベースのモデルを適用することには懸念を示した．その理由は，①利用ベースの制限が法律，規則又は広く適用される行動規範の中で完全には形成されていないため，追加的利用について，利便性があるか侵害的であるかを判断する者がいないこと，②利用制限のみでは，広範なデータ収集及び利用から生じるプライバシー及びセキュリティのリスクに対処しないこと，③純粋な利用ベースのモデルは，機微情報の収集に関する消費者の懸念を考慮に入れないことにある．そこで，スタッフは，立法上又は広範に受容されたマルチステークホルダーの枠組みによって，これらの懸念に対処できる可能性があるとしている．例えば，枠組みは許可された又は禁止された利用を定めることができる．ただし，スタッフは，係る枠組みに関する合意が形成されていないため，消費者に自己のデータに関する情報及び選択を提供するというアプローチが，予見可能な未来において，IoT にとって最も実行可能なものであり続けると結論づけている．

　最後に，IoT に関する立法化も議論された．ワークショップでは賛成と反対に分かれたものの，スタッフは，現段階での IoT に特有の法律は時期尚早であると判断した．また，スタッフは，特定業界向けの自主規制プログラムの開発がプライバシー及びセキュリティに敏感な実務を促進するのに有用であるとも述べている．しかし，データセキュリティへの脅威のリスクが IoT によって増大することに照らし，スタッフは，従前の FTC による議会への勧告－連邦レベルで，既存のデータセキュリティ執行手段を強化する，強力，柔軟かつ技術中立的な法，及び，データ侵害通知法の制定が必要である－を繰り返した．加えて，スタッフは，IoT による情報収集及び利用の普及によって，2012年のプライバシー・レポートで提案された基本的なプライバシー基準の必要性が高まると述べている．FTC は，欺瞞的又は不公正さがない限り，プライバシー開示や消費者の選択などの一定のプライバシー実務を要求することができない．

そこで，スタッフは，IoT に特化した立法には反対しつつ，広範な基礎を持つプライバシー法の制定を提言した．

当面の間，スタッフは，既存の手段，特に，FTC 法を始めとする法執行，消費者及び事業者への普及啓発，マルチステークホルダーの会合への参加，他の機関や州の立法府，裁判所等との共同提言の機会の模索に従事すると述べている．

6 ビッグデータ・レポート

FTC は，2016年1月6日，「ビッグデータ・レポート：包含又は除外のための手段？ 課題の理解」[100] を公表した．この報告書は，2014年9月15日に実施したワークショップでの議論に基づいたものであり，消費者情報で構成されるビッグデータの商業利用のみを取り扱い，低所得及び十分なサービスを受けていない人口に関するビッグデータの影響に焦点を当てている．ビッグデータのライフサイクルには，①収集，②編集及び統合，③分析及び④利用という4つの段階があるが，この報告書が着目しているのは④である．

ビッグデータ分析を用いることによる便益には，教育，信用の獲得，個々人向け医療の提供，がんに関する特定の治療の提供，雇用の機会均等などが挙げられる．他方，一定の集団に関する偏見又は不正確さから生じ得る潜在的リスクとして，その顧客の支払履歴ではなく，他の低所得者層の返済履歴の分析によって低い信用評価を受けることや，格差の発生又は増大，機微情報の暴露，脆弱な消費者を詐欺の標的にすることの支援，新たな排除の正当化，低所得のコミュニティにより高い商品又はサービスを提供すること，効率的な消費者選択の弱体化などが挙げられた．

次に，報告書は，公正信用報告法，FTC 法及び平等機会法を含め，差別又は排除に関する潜在的問題について，ビッグデータに適用できる法制度の概要を整理している．

最後に，報告書は，便益を最大化し害を制限すべく，企業が考慮すべき4つの問題－データセットがいかなる典型を示しているか，データモデルは偏見の原因となっているか，ビッグデータに基づく予想はどの程度正確か，ビッグデータへの依拠が倫理上又は公正上の懸念をもたらすか－を提示した．

この報告書は，射程範囲は狭いものの，プロファイリングの問題を検討した新たな成果である．

注

（1） White House, Consumer Data Privacy in a Networked World: A Framework for Protecting Privacy and Promoting Innovation in the Global Digital Economy (Feb. 23, 2012), http://www.whitehouse.gov/sites/default/files/privacy-final.pdf.
（2） Dep't of Commerce Internet Policy Task Force, Commercial Data Privacy and Innovation in the Internet Economy: A Dynamic Policy Framework (Dec. 16, 2010), https://www.ntia.doc.gov/files/ntia/publications/iptf_privacy_greenpaper_12162010.pdf
（3） 1979年に，教育省が独立し，米国保健教育福祉省は，新たに，米国保健社会福祉省（United States Department of Health and Human Services）に改組された。
（4） Secretary's Advisory Committee on Automated Personal Data Systems, HEW, Records, Computers, and the Rights of Citizens (1973).
（5） Privacy Act of 1974, 5 U.S.C. §552a (2017).
（6） Privacy Protection Study Commission, Personal Privacy in an Information Society (1977).
（7） Information Infrastructure Task Force, Privacy and the National Information Infrastructure: Principles for Providing and Using Personal Information (1995).
（8） U.S. Dep't of Commerce, Privacy and the NII: Safeguarding Telecommunications-Related Personal Information (1995).
（9） Canadian Standards Association, Model Code for the Protection of Personal Information: A National Standard of Canada (1996).
（10） 収集時に約束をした場合は除かれる。
（11） FTCは，2013年2月1日，「モバイルプライバシー開示：透明性を通じた信頼の構築」と題するスタッフ報告を公表している。FTC, Mobile Privacy Disclosures: Building Trust through Transparency (Feb. 1, 2013), http://www.ftc.gov/os/2013/02/130201mobileprivacyreport.pdf.
（12） Office of Mgmt. & Budget, Exec. Office of the President, M-07-16, Safeguarding against and Responding to the Breach of Personally Identifiable Information (2007), www.whitehouse.gov/sites/default/files/omb/memoranda/fy2007/m07-16.pdf, cited in Office of Mgmt. & Budget, Exec. Office of the President, M-10-23, Guidance for Agency Use of Third-Party Websites and Applications (2010), http://www.whitehouse.gov/sites/default/files/omb/assets/memoranda_2010/m10-23.pdf.
（13） 以上のほか，2012年12月19日，1998年児童オンラインプライバシー保護法（Children's Online Privacy Protection Act of 1998, 15 U.S.C. §§ 6501-6506）に基づくFTC規則の改正が行われ，個人情報の範囲に変更が加えられた（Children's Online Privacy Protection Rule, 16 C.F.R. pt. 312）。改正規則は，2013年7月1日に施行された。改正過程の詳細は，入江晃史「オンライン上の児童のプライバシー保護の在り方について：米国，EUの動向を踏まえて」情報通信政策レビュー第6号（2013年3月）。学界からは，ジョージワシントン大学のダニエル・J・ソロブ教授とカリフォルニア大学バークレー

校のポール・M・シュワルツ教授によって，PII概念の再検討・再構築が必要であるとの主張が展開された（Paul M. Schwartz & Daniel J. Solove, *The PII Problem: Privacy and a New Concept of Personally Identifiable Information*, 86 N.Y.U.L. REV. 1814（2011）．）．この論文は，個人が識別された情報（identified），識別され得る情報（identifiable），個人が識別されない匿名化情報（non-identifiable）を区別し，FIPPsに関する7原則の適用範囲を変えるべきことを内容とする．解説は，樋口範雄「個人情報保護とプライヴァシー：個人を識別しうる情報の意義 Paul M. Schwartz & Daniel J. Solove, The PII Problem : Privacy and a New Concept of Personally Identifiable Information, 86 N.Y.U. L. REV. 1814-1894（2001）」アメリカ法2012年2号（2013年5月）347-353頁参照．

(14) 民間部門のプライバシー保護を原則として自主規制に委ね，機密性の高い分野で，分野ごとに個別法を制定する立法形式をいう．
(15) 政府監査院は，2004年7月に，会計検査院（General Accountability Office）から名称を変更した．連邦予算の支出，政府機関の内外での活動を監査し，議会に報告することを職責とする．
(16) U.S. GOV'T ACCOUNTABILITY OFFICE, GAO-13-663, INFORMATION RESELLERS: CONSUMER PRIVACY FRAMEWORK NEEDS TO REFLECT CHANGES IN TECHNOLOGY AND THE MARKETPLACE (2013), http://www.gao.gov/assets/660/658151.pdf.
(17) EXECUTIVE OFFICE OF THE PRESIDENT, BIG DATA: SEIZING OPPORTUNITIES, PRESERVING VALUES (2014), http://www.whitehouse.gov/sites/default/files/docs/big_data_privacy_report_may_1_2014.pdf.
(18) 2014年1月には，さらに7,000万件の情報漏えいが発覚している．
(19) Personal Data Privacy and Security Act of 2014, S.1897, 113th Cong.(2014).
(20) 拙稿「米国の消費者プライバシー保護：最近の論点を中心に」堀部政男編著『情報通信法制の論点分析』別冊NBL第153号（2015年）79-117頁．
(21) WHITE HOUSE, ADMINISTRATION DISCUSSION DRAFT; CONSUMER PRIVACY BILL OF RIGHTS ACT (Feb. 27, 2015).
(22) 本法のある規定又はある者若しくは状況への本法の適用が違憲又は無効とされても，残りの規定や他の者及び状況への適用は影響を受けないことをいう．
(23) あらゆる手段により取得することを意味する．個人との直接的又は間接的な対話，購入，貸与を含めるが，それらに限定されない（第4条(c)項）．
(24) 通常の方法ではデータを回復し得ないことを期待する合理的な根拠があるように，（直接に又は代理人を通じて）データを除去し又は破棄することをいう（第4条(e)項）．
(25) (ⅰ)12ヶ月の間に，個人データを収集，生成，処理，利用，保有又は開示する件数が10,000件より少ない場合，又は，5名以下の従業員を抱える者であって，(ⅱ)個人データに結び付く情報，及び，当該個人の病歴，出身国，性的指向，性同一性，宗教的信念又は宗教への加入，収入，資産又は信用，正確な位置情報，固有の生体データ，又は社会保障番号を含み，又はそれらと直接関係する情報を意図的に収集，利用，保有又は開示しない者．
(26) 25人以下の従業員を雇う者等．

(27) 吉田智彦「パーソナルデータ取引における本人同意取得の際の経緯に関する考察」情報ネットワークローレビュー13巻2号（2014年10月）90-102頁参照。
(28) 業務を実施する通常の過程で典型的に収集され，その事業のために一般に許容された目的――会計，監査，税，詐欺防止，保証の履行，請求その他の慣例的業務目的を含む――のために保有される個人データを含むデータをいう（第4条(ｊ)項）。
(29) 18歳未満の個人をいう（第4条(ｆ)項）。
(30) WHITE HOUSE, *supra* note 1.
(31) 書簡は次のウェブページ（http://www.consumerwatchdog.org/resources/ltrobamagroups030315.pdf）参照。
(32) 消費者電子機器協会のウェブページ（http://www.ce.org/News/News-Releases/Press-Releases/2015-Press-Releases/CEA-Government-Must-Not-Stifle-Innovation-While-Pr.aspx），インターネット協会のウェブページ（http://internetassociation.org/022715privacy/）参照。
(33) Consumer Privacy Protection Act, S.1158, 114th Cong. (2015).
(34) Consumer Privacy Protection Act, H.R. 2977, 114th Cong. (2015).
(35) Federal Trade Commission, http://www.ftc.gov/ (last visited, Dec 30, 2016). 小向太郎「米国FTCにおける消費者プライバシー政策の動向」情報通信政策レビュー第8号（2014年）参照。
(36) Federal Trade Commission Act, 15 U.S.C. §41 *et seq.* (2012).
(37) Wheeler-Lea Amendments of 1938, Pub. L. No. 75-447, 52 Stat. 111.
(38) 15 U.S.C. §41.(2017)
(39) FTC, *Statutes Enforced or Administered by the Commission*, http://www.ftc.gov/enforcement/statutes (last visited Dec 30, 2016).
(40) 15 U.S.C. §46(a)(2017).
(41) 15 U.S.C. §49(2017).
(42) 15 U.S.C. §57b-1(2017).
(43) Consent Order Procedure, 16 C.F.R. §§2.31-2.34 (2017).
(44) FTC, *A Brief Overview of the Federal Trade Commission's Investigative and Law Enforcement Authority* (revised Jul. 2008), http://www.ftc.gov/about-ftc/what-we-do/enforcement-authority. 小向・前掲「米国FTCにおける消費者プライバシー政策の動向」3-4頁，公正取引委員会「世界の競争法」「米国」（http://www.jftc.go.jp/kokusai/worldcom/kakkoku/abc/allabc/u/america.html）.
(45) 15 U.S.C. §45(2017).
(46) 16 C.F.R. §1.98(2017).
(47) 15 U.S.C. §53(b)(2017).
(48) FTC, *supra* note 44. 小向・前掲「米国FTCにおける消費者プライバシー政策の動向」4-5頁。
(49) 15 U.S.C. §57a(2017).
(50) 15 U.S.C. §57b(2017).
(51) Controlling the Assault of Non-Solicited Pornography and Marketing Act of 2003, 15

第 6 章　米国の消費者プライバシー保護

U.S.C. §§ 7701-7713（2017）; Can Spam Rule, 16 C.F.R. pt. 316（2017）.
(52)　*Supra* note 13.
(53)　Fair Credit Reporting Act of 1970, 15 U.S.C. §§ 1681-1681x（2017）; Fair Credit Reporting Act Rules, 16 C.F.R. pts. 602-698（2017）.
(54)　Financial Services Modernization Act of 1999, Pub. L. No. 106-102, 113 Stat. 1338（codified in relevant part at 15 U.S.C. §§ 6801-6809 and §§ 6821-6827）; Privacy of Consumer Financial Information, 16 C.F.R. pt. 313（2017）; Standards for Safeguarding Customer Information, 16 C.F.R. pt. 314（2017）.
(55)　Health Insurance Portability and Accountability Act of 1996, Pub. L. No. 104-191, 110 Stat. 1936(codified in relevant part at 26 U.S.C., 29 U.S.C., and 42 U.S.C.); Health Breach Notification Rule, 16 C.F.R. pt. 318（2017）.
(56)　FTC, *Enforcing Privacy Promises*, http://www.ftc.gov/news-events/media-resources/protecting-consumer-privacy/enforcing-privacy-promises（last visited Dec 30, 2016）. 2010年から2013年までの事例は, 小向・前掲「米国FTCにおける消費者プライバシー政策の動向」6-7頁の表にまとめられている.
(57)　FTC, *FTC Settles with Twelve Companies Falsely Claiming to Comply with International Safe Harbor Privacy Framework*（Jan. 21, 2014）, http://www.ftc.gov/news-events/press-releases/2014/01/ftc-settles-twelve-companies-falsely-claiming-comply.
(58)　FTC, *FTC Approves Final Orders Settling Charges of U.S.-EU Safe Harbor Violations Against 14 Companies*（Jun. 25, 2014）,https://www.ftc.gov/news-events/press-releases/2014/06/ftc-approves-final-orders-settling-charges-us-eu-safe-harbor; FTC, *Thirteen Companies Agree to Settle FTC Charges They Falsely Claimed To Comply With International Safe Harbor Framework*（Aug. 17, 2015）, https://www.ftc.gov/news-events/press-releases/2015/08/thirteen-companies-agree-settle-ftc-charges-they-falsely-claimed.
(59)　モバイル関係では, アプリ開発者が, プライバシーポリシーに違反して, 個人情報を無断収集した事例として, パスのケースがある（http://www.ftc.gov/news-events/press-releases/2013/02/path-social-networking-app-settles-ftc-charges-it-deceived）.
(60)　FTC, *FTC Charges Deceptive Privacy Practices in Googles Rollout of Its Buzz Social Network*（Mar. 30, 2011）, http://www.ftc.gov/news-events/press-releases/2011/03/ftc-charges-deceptive-privacy-practices-googles-rollout-its-buzz.
(61)　FTC, *Google Will Pay $22.5 Million to Settle FTC Charges it Misrepresented Privacy Assurances to Users of Apple's Safari Internet Browser*（Aug. 9, 2012）, http://www.ftc.gov/news-events/press-releases/2012/11/statement-ftc-bureau-consumer-protection-director-david-vladeck.
(62)　FTC, *Facebook Settles FTC Charges that it Deceived Consumers by Failing to Keep Privacy Promises*（Nov. 29, 2011）, http://www.ftc.gov/news-events/press-releases/2011/11/facebook-settles-ftc-charges-it-deceived-consumers-failing-keep; FTC,

FTC Approves Final Settlement with Facebook (Aug. 10, 2012), http://www.ftc.gov/opa/2012/08/facebook.shtm.
(63) FTC, *Apple Inc. Will Provide Full Consumer Refunds of At Least $32.5 Million to Settle FTC Complaint It Charged for Kids' In-App Purchases Without Parental Consent* (Jan. 15, 2014), http://www.ftc.gov/news-events/press-releases/2014/01/apple-inc-will-provide-full-consumer-refunds-least-325-million.
(64) FTC, *FTC Approves Final Order in Case About Apple Inc. Charging for Kids' In-App Purchases Without Parental Consent* (Mar. 27, 2014), http://www.ftc.gov/news-events/press-releases/2014/03/ftc-approves-final-order-case-about-apple-inc-charging-kids-app.
(65) *See also* Kaori Ishii and Taro Komukai, A Comparative Legal Study on Data Breaches in Japan, the U.S., and the U.K., IN TECHNOLOGY AND INTIMACY: CHOICE OR COERCION 86-105 (David Kreps, Gordon Fletcher, and Marie Griffiths ed., 2016).
(66) FTC, *FTC Approves Final Orders Settling Charges Against Fandango and Credit Karma* (Aug. 19, 2014), https://www.ftc.gov/news-events/press-releases/2014/08/ftc-approves-final-orders-settling-charges-against-fandango.
(67) FTC, *Wyndham Settles FTC Charges It Unfairly Placed Consumers' Payment Card Information At Risk* (Dec. 9, 2015), https://www.ftc.gov/news-events/press-releases/2015/12/wyndham-settles-ftc-charges-it-unfairly-placed-consumers-payment.
(68) FTC, *Operators of AshleyMadison.com Settle FTC, State Charges Resulting From 2015 Data Breach that Exposed 36 Million Users' Profile Information* (Dec. 14, 2016), https://www.ftc.gov/news-events/press-releases/2016/12/operators-ashleymadisoncom-settle-ftc-state-charges-resulting.
(69) FTC, *Mobile Advertising Network InMobi Settles FTC Charges It Tracked Hundreds of Millions of Consumers' Locations Without Permission* (Jun. 22, 2016), https://www.ftc.gov/news-events/press-releases/2016/06/mobile-advertising-network-inmobi-settles-ftc-charges-it-tracked.
(70) 児童の保護、携帯無線、RFID、スパム等に関する報告書も公表されている。
(71) FTC, ONLINE PROFILING: A REPORT TO CONGRESS 4-5 (Jun. 2000), https://www.ftc.gov/sites/default/files/documents/reports/online-profiling-federal-trade-commission-report-congress-part-2/onlineprofilingreportjune2000.pdf
(72) 保護範囲をめぐるFTCの議論は、松前恵環「個人識別性／識別可能性といわゆる「FTC 3 要件」：個人識別性を巡る米国の議論動向を踏まえて」第 9 回堀部政男情報法研究会シンポジウム（2013年12月22日 ）（http://www.horibemasao.org/horibe9_Matsumae2.pdf）参照。
(73) FTC, PRIVACY ONLINE: A REPORT TO CONGRESS (Jun. 1998).
(74) FTC, PRIVACY ONLINE: FAIR INFORMATION PRACTICES IN THE ELECTRONIC MARKETPLACE: A REPORT TO CONGRESS (May 2000), http://www.ftc.gov/reports/privacy-online-fair-information-practices-electronic-marketplace-federal-trade-commission.

(75) FTC, *supra* note 71.
(76) FTC, ONLINE PROFILING: A REPORT TO CONGRESS: PART 2 RECOMMENDATIONS (Jul. 2000). 閲覧できるウェブサイトには，(http://www.steptoe.com/assets/attachments/934.pdf) などがある．
(77) FTC, ONLINE BEHAVIORAL ADVERTISING: MOVING THE DISCUSSION FORWARD TO POSSIBLE SELF-REGULATORY PRINCIPLES (Dec. 20, 2007), http://www.ftc.gov/sites/default/files/documents/public_statements/online-behavioral-advertising-moving-discussion-forward-possible-self-regulatory-principles/p859900stmt.pdf.
(78) FTC Staff Report, SELF-REGULATORY PRINCIPLES FOR ONLINE BEHAVIORAL ADVERTISING : TRACKING, TARGETING, & TECHNOLOGY (Feb. 12, 2009), http://www.ftc.gov/sites/default/files/documents/reports/federal-trade-commission-staff-report-self-regulatory-principles-online-behavioral-advertising/p085400behavadreport.pdf.
(79) FTC, *supra* note 77, at 5.
(80) FTC, *supra* note 78, at 21-26.
(81) GOOGLE, Google to Acquire DoubleClick (Apr. 13, 2007), http://googlepress.blogspot.jp/2007/04/google-to-acquire-doubleclick_13.html.
(82) 2009年報告書は，ファーストパーティによる行動広告及びコンテンツ連動型広告モデルに関しては，他の行動広告のモデルと比べて，消費者に与える侵害性が低いことから，諸原則の適用対象外とした．
(83) FTC, PROTECTING CONSUMER PRIVACY IN AN ERA OF RAPID CHANGE, RECOMMENDATIONS FOR BUSINESSES AND POLICYMAKERS (Mar. 26, 2012), http://ftc.gov/os/2012/03/120326privacyreport.pdf.
(84) ただし，現行法に基づく法執行又は規制のための枠組みではない．
(85) システムフォント，ソフトウェア，インストールされたプラグインなど，ブラウザから送信される特徴を組み合わせたものをいう．
(86) 松前・前掲「個人識別性／識別可能性といわゆる「FTC3要件」：個人識別性を巡る米国の議論動向を踏まえて」9頁参照．
(87) Letter from Maneesha Mithal, Assoc. Dir., Div. of Privacy & Identity Prot., FTC, to Reed Freeman, Morrison & Foerster LLP, Counsel for Netflix, 2 (Mar. 12, 2010), http://www.ftc.gov/os/closings/100312netflixletter.pdf.
(88) FTC, *supra* note 83, at 27.
(89) FTC, *supra* note 83, at 36-48.
(90) 総務省「パーソナルデータの利用・流通に関する研究会報告書：パーソナルデータの適正な利用・流通の促進に向けた方策」(2013年6月) (http://www.soumu.go.jp/menu_news/s-news/01ryutsu02_02000071.html)．
(91) トラッキングを行う方法が，DPI (Deep Packet Inspection), フェイスブックのソーシャル・プラグイン機能，httpクッキー，ウェブビーコンその他の技術による場合でも，選択の必要性に影響は与えない．
(92) 経済産業省IT融合フォーラム パーソナルデータワーキンググループ報告書「パーソ

ナルデータ利活用の基盤となる消費者と事業者の信頼関係の構築に向けて」(2013年5月10日)(http://www.meti.go.jp/press/2013/05/20130510002/20130510002-2.pdf).

(93) Lou Mastria, *DAA Leaves W3C Tracking Protection Working Group to Convene A New Process on Browser-Based Signals and Consumer Privacy*, DAA, Sep. 17, 2013, http://www.aboutads.info/blog/daa-leaves-w3c-tracking-protection-working-group-convene-new-process-browser-based-signals-and-.

(94) Do Not Track Me Online Act, H.R. 654, 112th Cong. (2011).

(95) Do-Not-Track Online Act, S.913, 112th Cong. (2011).

(96) Do Not Track Online Act of 2015, S. 2404, 114th Cong. (2015).

(97) CAL. BUS. & PROF. CODE § 22575.

(98) 潜在顧客を分類する際に用いられる消費者のライフスタイル,態度,価値観,信条などの測定技術,消費者の価値観を意味する.

(99) FTC, INTERNET OF THINGS: PRIVACY & SECURITY IN A CONNECTED WORLD (Jan. 27, 2015), https://www.ftc.gov/system/files/documents/reports/federal-trade-commission-staff-report-november-2013-workshop-entitled-internet-things-privacy/150127iotrpt.pdf.

(100) FTC, BIG DATA: A TOOL FOR INCLUSION OR EXCLUSION? UNDERSTANDING THE ISSUES (Jan. 6, 2016), https://www.ftc.gov/system/files/documents/reports/big-data-tool-inclusion-or-exclusion-understanding-issues/160106big-data-rpt.pdf.

終　章　個人情報保護法の将来像

　終章では，第6章までの内容をもとに，個人情報保護法改正法の全体的な評価と課題を述べる[1]．

第1節　個人情報保護法の改正とその概要

1　個人情報保護法の改正

　個人情報保護法の改正法は，2015年9月3日に成立し，同年9月9日に公布された．同法の施行は公布日から2年以内の政令で定める日とされており，施行日は2017年5月30日である．行政機関個人情報保護法の改正法は，2016年5月20日に成立し，同年5月27日に公布された．施行日は，公布日から1年6ヶ月以内の政令で定める日とされている．

　法改正全体の背景には，情報通信技術の発展により，制定当時には想定されなかったパーソナルデータの利活用が可能になったことがある．具体的には，①個人情報に該当するかどうかの判断が困難ないわゆる「グレーゾーン」が拡大したこと，②パーソナルデータを含むビッグデータの適正な利活用ができる環境の整備が必要となったこと，③事業活動がグローバル化し，国境を越えて多くのデータが流通したことである．

　個人情報保護法の改正過程では様々な議論が交わされたが[2]，成立した改正法のポイントは次のように整理されている．

図表　個人情報保護法の改正のポイント

項目	内容
定義の明確化等	・個人情報の定義の明確化（身体的特徴等が該当） ・要配慮個人情報（いわゆる機微情報）に関する規定の整備 ・個人情報データベース等から権利利益を害するおそれが少ないものを除外 ・取り扱う個人情報が5,000人分以下の事業者に対しても法を適用
適切な規律の下で個人情報等の有用性を確保	・利用目的の変更を可能とする規定の整備 ・匿名加工情報に関する加工方法や取扱い等の規定の整備 ・個人情報保護指針の作成や届出、公表等の規定の整備
個人情報の流通の適正さを確保	・本人同意を得ない第三者提供（オプトアウト規定）の届出、公表等厳格化 ・トレーサビリティの確保（第三者提供に係る確認及び記録の作成義務） ・不正な利益を図る目的による個人情報データベース等提供罪の新設
個人情報保護委員会の新設及びその権限	・個人情報保護委員会を新設し、現行の主務大臣の権限を一元化
個人情報の取扱いのグローバル化	・国境を越えた適用と外国執行当局への情報提供に関する規定の整備 ・外国にある第三者への個人データの提供に関する規定の整備
請求権	・本人の開示、訂正等、利用停止等の求めは請求権であることを明確化

首相官邸ウェブサイトの「政策会議」のうち、「個人情報の保護に関する法律及び行政手続における特定の個人を識別するための番号の利用等に関する法律の一部を改正する法律」(http://www.kantei.go.jp/jp/singi/it2/pd/pdf/gaiyou.pdf) より。

第1の「定義の明確化等」[3]は、ビッグデータを利活用したいというニーズと、「個人情報」の範囲の曖昧さ（グレーゾーンの存在）による利活用の阻害を解消するための改正である．消費者にとっても，事業者によって個人情報として保護されるか否かに違いが生じると，自己の情報提供に心理的抑制が働くという点が指摘されていた．

そこで，定義の明確化を図るべく，「個人識別符号」が新たに定められ，その範囲は政令に委任された（全面改正後の個人情報保護法第2条1項，2項）．個人情報の保護に関する法律施行令第1条によると，身体的特徴の一部又は行動をデジタル化した情報，及び，旅券番号，年金番号，免許証番号，マイナンバー等が列挙されている．また，いわゆるセンシティブ情報に該当する「要配慮個人情報」（本人の人種，信条，社会的身分，病歴，犯罪の経歴，犯罪により害を被

終章　個人情報保護法の将来像

った事実等）の規定も新設され，本人の事前同意を得ない取得が原則禁止されることとなった（全面改正後の個人情報保護法第2条3項，第17条2項）．

　以上のほか，5,000人分以下の個人情報を取り扱う事業者に対しても個人情報保護法が適用されることとなった．改正前は，取り扱う個人情報の量及び利用方法からみて個人の権利利益を害する恐れが少ないものとして政令で定める者は個人情報取扱事業者から除外されていた（いわゆる5,000件要件）．そのため，主に中小規模事業者は法の適用対象外であったところ，改正によりこの要件が撤廃されたため，こうした事業者にも義務の適用範囲が拡大されることとなった（同法第2条5項）．

　第2の「適切な規律の下で個人情報の有用性を確保」は，個人情報保護法の目的に含まれる「個人情報の有用性に配慮しつつ，個人の権利利益を保護すること」の有用性を図るための改正である．具体的には，特定の個人を識別することができないように個人情報を加工して得られる個人に関する情報であって，当該個人情報を復元することができないようにした「匿名加工情報」，及び，匿名加工情報データベース等を事業の用に供している「匿名加工情報取扱事業者」の定義規定を整備し，個人情報の取扱いよりも緩やかな規律のもと，自由な流通・利活用を促進するための規定が新設された．あわせて，匿名加工情報取扱事業者等の義務として，匿名加工情報の作成等，匿名加工情報の提供，識別行為の禁止，安全管理措置等に関する規定が新設された（同法第2条9項〜10項，第36条〜39条）．

　この改正は，「個人情報」と「非個人情報」の間に，所定の加工手段を施した「匿名加工情報」という概念を設け，一定の保護措置のもとで，本人同意なく，当該匿名加工情報の利活用（当初の利用目的にない利用や第三者提供等）を認めたものである[4]．

　個人情報保護委員会のガイドラインによると，「特定の個人を識別することができる」とは，情報単体又は複数の情報を組み合わせて保存されているものから社会通念上そのように判断できるものをいい，一般人の判断力又は理解力をもって生存する具体的な人物と情報の間に同一性を認めるに至ることができるかどうかによるものである．匿名加工情報に求められる「特定の個人を識別することができない」という要件は，あらゆる手法によって特定することができないよう技術的側面からすべての可能性を排除することまでを求めるものではなく，少なくとも，一般人及び一般的な事業者の能力，手法等を基準として

当該情報を個人情報取扱事業者又は匿名加工情報取扱事業者が通常の方法により特定できないような状態にすることを求めるものである．また，「当該個人情報を復元することができないようにしたもの」とは，通常の方法では，匿名加工情報から匿名加工情報の作成の元となった個人情報に含まれていた特定の個人を識別することとなる記述等又は個人識別符号の内容を特定すること等により，匿名加工情報を個人情報に戻すことができない状態にすることをいう．「当該個人情報を復元することができないようにしたもの」という要件は，あらゆる手法によって復元することができないよう技術的側面からすべての可能性を排除することまでを求めるものではなく，少なくとも，一般人及び一般的な事業者の能力，手法等を基準として当該情報を個人情報取扱事業者又は匿名加工情報取扱事業者が通常の方法により復元できないような状態にすることを求めるものである[5]．

　匿名加工情報の規律に関しては，立法過程の中で最も関心を集めた論点である．本書ではその詳細には立ち入らないが，結果として，改正法は，個人識別符号を含まない個人情報を加工元情報とする場合，個人識別符号を含む個人情報を加工元情報とする場合に分け，それぞれについての加工方法を定めた（同法第2条9項）．そして，匿名加工情報を自ら作成する個人情報取扱事業者等の義務（同法第36条），及び，その提供を他人から受けて取り扱う匿名加工情報取扱事業者の義務（同法第37条〜第39条）がそれぞれ定められている．

　改正法第36条1項に基づく匿名加工情報の作成基準に関する個人情報保護委員会規則[6]第19条には，特定の個人を識別できる記述等の全部又は一部削除，個人識別符号の全部の削除，情報を相互に連結する符号の削除，特異な記述等の削除，個人情報データベース等の性質を踏まえたその他の措置が定められており，詳細は個人情報保護委員会のガイドラインで説明されている[7]．

　また，個人情報取扱事業者が特定した利用目的を，本人の同意なくして変更できる範囲を広げるための改正も行われた．具体的には，「変更前の利用目的と相当の関連性を有すると合理的に認められる範囲」から「変更前の利用目的と関連性を有すると合理的に認められる範囲」へと変更された（同法15条2項）．

　第3の「個人情報の流通の適正さを確保」する改正は，いわゆる名簿業者の問題が発端となっている．2014年7月に発覚したベネッセコーポレーションからの大量情報漏えい事件により，名簿業者の規制を意図した改正が導入された．ただし，「名簿業者」を定義することが困難であることや，名簿の販売行為を

規制することで過度な規制になるとの懸念が生じたことから，①オプトアウトにより個人データを第三者に提供する際の個人情報保護委員会への届出，公表等（同法第23条2項～4項），②個人データを第三者に提供する際に，提供者は提供先等の記録を作成・保管し，受領者は個人データ取得の経緯等を確認し，その記録を作成・保管する旨の義務規定を置くことによるトレーサビリティの確保（同法25条，26条），③個人情報データベース等提供・盗用罪（同法第83条）の新設によって対応することとなった．

　第4の個人情報保護委員会の新設及びその権限は，国際的な観点からは個人情報保護法の最大の課題を解決するための改正といえる．改正前は，基本的に，当該個人情報取扱事業者が行う事業を所管する大臣を主務大臣とすることによる緩やかな監督体制が敷かれていた．主務大臣には，報告聴取，助言，勧告及び命令権限が付与されており，命令違反や虚偽報告等には刑事罰が科される仕組みであった．しかし，主務大臣には，全体としての執行実績が乏しいこと，主務大臣による能力のばらつき，主務大臣の不明確さ及び隙間事案の存在，執行機関が複数にまたがることの煩雑さ，国際的不整合，日本のプレゼンスの低下といった数々の問題点が存在してきた[8]．独立監督機関は，EUや米国のみならず，シンガポール，韓国，香港などでも設けられてきたことから，日本が大きく立ち遅れる原因となってきた．そこで，今回の改正により，特定個人情報保護委員会を改組する形で，内閣府の外局として個人情報保護委員会を新設し，分野横断的な監督体制を構築することとした（同法第59条，内閣府設置法第49条3項）．個人情報同委員会には職権行使の独立性が保障されている（同法第62条）．監督権限についても，これまで主務大臣が持っていたものに加え，立入検査権等も付与されている（同法第40条～第46条，第59条～第74条）．

　今回の法改正により主務大臣制は廃止されるが，各省庁の専門的知見や事業者を監督する体制を有効に活用するため，報告聴取及び立入検査については，事業所管大臣への委任が認められている（同法第44条）．

　第5の「個人情報の取扱いのグローバル化」は，国際的なデータ流通に対応するための改正である[9]．企業活動や物流がグローバル化し，外国に活動の拠点を有しつつ，日本向けのビジネス（電子商取引や音楽配信等）を行うことによって日本の居住者等から個人情報を取得する事業者が増加してきた．このような状況のもと，日本の居住者等の権利利益の保護を図る観点からは，外国事業者に対しても日本として適切な個人情報の取扱いを求める必要性がある．し

かし，法の適用は属地主義が原則であるため，標的規準の法理を参照し，日本の居住者等を標的とした個人情報の取扱いに対して個人情報保護法を適用することとした[10]．

具体的には，個人情報取扱事業者が外国で個人情報を取り扱う場合の域外適用（同法第75条），個人情報保護委員会から外国執行当局への情報提供に関する規定（同法第78条）が新設された．域外適用規定により，個人情報取扱事業者の義務のほぼすべての規定が適用され，また，個人情報保護委員会の監督権限の一部も個人情報又は匿名加工情報の取扱いに及ぶ．ただし，監督権限は，指導及び助言並びに勧告にとどまり，外国の主権との関係から，報告の徴収，資料提出要求，立入検査，命令等は含まれない．このように，個人情報保護委員会が国境を越えて直接監督を行うことには限界があるため，外国の事業者における個人情報の取扱いに関して日本国内の本人の権利利益を保護するべく，外国執行当局による執行を促すための情報提供規定が設けられた[11]．

外国にある第三者への個人データ提供制限も新設規定である（同法第24条）．

個人情報取扱事業者は，個人データを外国にある第三者に提供するに当たっては，法第24条に従い，次の①から③までのいずれかに該当する場合を除き，あらかじめ「外国にある第三者への個人データの提供を認める旨の本人の同意」を得る必要がある．

①当該第三者が，我が国と同等の水準にあると認められる個人情報保護制度を有している国として個人情報の保護に関する法律施行規則（平成28年個人情報保護委員会規則第3号．以下「規則」という．）で定める国にある場合[12]
②当該第三者が，個人情報取扱事業者が講ずべき措置に相当する措置を継続的に講ずるために必要な体制として規則で定める基準に適合する体制を整備している場合
③法第23条第1項各号に該当する場合[13]

個人情報の保護に関する法律施行規則第11条は，②について，個人情報取扱事業者と個人データの提供を受ける者との間で，当該提供を受ける者における当該個人データの取扱いについて，適切かつ合理的な方法により，法第4章第1節の規定の趣旨に沿った措置の実施が確保されていること（同規則第11条1項），個人データの提供を受ける者が，個人情報の取扱いに係る国際的な枠組みに基づく認定を受けていること（同規則第11条2項）を定めている．そして，1項及び2項のいずれについても，APECのCBPR認証を受けている事業者

を認めている.

1項に関するガイドラインの説明は次の通りである.

「また，アジア太平洋経済協力（APEC）の越境プライバシールール（CBPR）システムの認証を取得している事業者は，その取得要件として，当該事業者に代わって第三者に個人情報を取り扱わせる場合においても，当該事業者が本人に対して負う義務が同様に履行されることを確保する措置を当該第三者との間で整備している必要があることとされている.したがって，提供元の個人情報取扱事業者が CBPR の認証を取得しており，提供先の「外国にある第三者」が当該個人情報取扱事業者に代わって個人情報を取り扱う者である場合には，当該個人情報取扱事業者が CBPR の認証の取得要件を充たすことも，「適切かつ合理的な方法」の一つであると解される.」[14]

2項に関しても，ガイドラインには「提供先の外国にある第三者が，APEC の CBPR システムの認証を取得していることが該当する.」と記載されている[15].

第6の「請求権」は，個人情報保護法の解釈に争いがあった部分を解消し，個人の権利救済を効果的に行えるようにするものである.改正前の個人情報保護法は，本人が，個人情報取扱事業者が取り扱っている保有個人データについて，①開示，②保有個人データの内容が事実でない場合の訂正，追加又は削除，③利用目的制限や不正取得制限に違反した場合の利用停止又は消去，④第三者提供制限違反の場合の提供停止を求めることができ，求めを受けた個人情報取扱事業者は，原則としてその求めに応じる義務があると規定していた.しかし，これらの規定について，裁判上の請求権としての根拠となり得るか否かについての疑義があったため[16]，今回の改正により，「請求することができる」と明文化し，請求権の存在に争いが生じないようにした（同法第28条〜第30条）.あわせて，提訴の要件として，被告となるべき者に対してあらかじめ請求を行う手続を取らなければならない規定も導入された（同法第34条）.

第1から第6に含まれない重要な改正として，認定個人情報保護団体の規定が変更された.これは，技術革新等の環境変化に柔軟に対応するための自主規制の枠組みとして，従前から存在する認定個人情報保護団体の権限と同団体への個人情報保護委員会の関与を強化する改正である[17].この改正では，認定個人情報保護団体が作成の努力義務を負う個人情報保護指針について，指針の内容に匿名加工情報に係る作成の方法や安全管理等が追加され，作成過程で消費者の意見を代表する者その他の関係者の意見を聴取することとされた（同法

第53条1項）．認定個人情報保護団体は，同指針遵守のため必要な指導・勧告等を対象事業者に対して行わなければ「ならない」とされ，その実効性が強化された（同条4項）．認定個人情報保護団体は，個人情報保護指針を作成・変更したときには個人情報保護委員会に届け出なければならず，同委員会は同指針を公表しなければならない（同条2項・3項）．認定個人情報保護団体を認定し，監督する機関は主務大臣から個人情報保護委員会に変更された（同法第47条，第56条～第58条）．

その他，データ内容の正確性確保等の条文の中に，利用する必要がなくなった個人データを遅滞なく消去する努力義務が新設された（同法第19条）．

2　行政機関個人情報保護法の改正[18]

行政機関個人情報保護法の主な改正事項は，①行政機関，独立行政法人等における行政機関非識別加工情報制度を導入する，及び，②行政機関非識別加工情報の取扱いについて，官民を通じて個人情報保護委員会が一元的に所管するという内容である．

この改正においても，個人情報の定義に個人識別符号が追加され（改正後の行政機関個人情報保護法第2条2項～3項），要配慮個人情報が新設された（同法第2条4項）．

①は，行政機関等において，民間事業者の提案を受けて適切に審査を行い，提案者（行政機関非識別加工情報取扱事業者になろうとする者）との間で利用契約を締結し，行政機関非識別加工情報の作成・提供を行えること，及び，個人の権利利益を侵害することにならないよう，民間事業者と行政機関等の双方に必要な規律（目的外利用の禁止，個人情報保護委員会規則に基づく行政機関非識別加工情報の作成，安全確保の措置等）を課すことを内容とする（改正後の行政機関個人情報保護法第2条8項～11項，第4章の2「行政機関非識別加工情報の提供」（第44条の2～第44条の16））．②について，個人情報保護委員会は，行政機関の長に対し，報告要求，資料の提出要求及び実地調査，指導及び助言，勧告の権限を有する（同法第51条の4項～8項）．

3　国際的な取組に関する個人情報保護委員会の活動方針

個人情報保護法改正により発足した個人情報保護委員会は，国際的な取組について，2018年7月29日，「個人データの円滑な国際的流通の確保のための取

組について」を公表した[19]．それによると，国際的な動向変化等を踏まえ，当面，以下の方針により取組を進めるとされている．

「個人情報保護委員会において，個人情報の保護を図りつつ，その円滑な越境移転を図るため諸外国との協調を進めることとし，当面，これまでに一定の対話を行ってきている米国，EU（英国の EU 離脱の影響についてその動向を注視．）については，相互の円滑なデータ移転を図る枠組みの構築を視野に定期会合を立ち上げる方向で調整する．」

2018年10月28日に閣議決定された「個人情報の保護に関する基本方針」では，「個人情報保護委員会において，個人情報の保護を図りつつ，国際的なデータ流通が円滑に行われるための環境を整備するため，国際的な協力の枠組みへの参加，各国執行当局との協力関係の構築等に積極的に取り組むものとする．」と記されている[20]．

その後，同委員会は，2018年11月8日，「国際的な取組について」を公表し，米国及び EU との対話について，次のような立場を明らかにした[21]．

米国

定期的な会合を続けていくこと及び緊密に連携することの重要性について認識を共有した．加えて，自国のステークホルダーと共に，APEC 越境プライバシールール（CBPR）システムに関する周知活動及び，APEC 加盟エコノミーに対する参加促進を協力して行っていくことで一致している．

➢ 引き続き，グローバルな展開を念頭に，個人データ移転の枠組みである APEC 越境プライバシールール（CBPR）システムの活性化等の取組を進める．

EU

日 EU 間で個人データの保護を図りながら越境移転を促進することが重要であることを強調し，その目標に向かって，日 EU 間で協力対話を続けていくことで一致している．

➢ 引き続き，グローバルな個人データ移転の枠組みとの連携も視野に置きつつ，以下の点を踏まえた議論を推進する．

・日EU間での個人データ移転は，改正個人情報保護法（独立機関である個人情報保護委員会の設置など）を前提として相互の個人データ流通が可能となる枠組みを想定するものとする．
・また，EUにおいては，本年採択されたEU一般データ保護規則（GDPR）が平成30年5月に適用されることから，その運用に向けた動きも注視していく必要がある．

　上記各文書は，後に述べるプライバシー外交とも関係する部分であり，日本の個人情報保護法の将来を考える上では重要である．上記各文書によると，国際流通の場面において，個人情報保護委員会は，CBPR制度の展開に努力しつつ，対EUとの間では，今回の改正法を軸に，十分性決定の申請を含め，慎重な姿勢で対話を進める方針であるように読むことができる．同委員会は，米国の商務省幹部，EU司法総局等と継続的な対話を行っている旨を公表している[22]．

第2節　プライバシー・個人情報保護法の国際的動向と改正個人情報保護法の課題

　本節では，第1章から第6章の内容について，個人情報保護法改正法や筆者の見解を含め，若干の整理を行う．

1　OECDプライバシー・ガイドラインの改正

　第1章では，OECDの2013年プライバシー・ガイドラインについて，改正の背景，越境執行協力の重要性，改正ガイドラインの概要を論じた．1980年ガイドラインが制定された契機は，元々，欧州の法律が個人データの国外処理を制限する条項を設け，米国との利害対立を生んだために，情報の自由な流れと個人のプライバシー保護を調和させるよう委ねられたことにある．OECDには，EU加盟国のうち21ヶ国のほか，米国，カナダ，日本等も加盟しており，利害調整の役割を果たす機関であるといえる．

　改正ガイドラインは，欧州式でもなければ米国式でもなく，最も中立的又は妥協的な立場でルールをとりまとめている．プライバシー・個人情報保護制度

を考える上では，OECD プライバシー・ガイドラインが何を取り決めたかを把握しておく必要性は大きい．

　プライバシー・ガイドラインの改正は，膨大な個人データが収集・蓄積・利用されるようになり，個人のプライバシーに与えるリスクが増大したこと，EU，CoE 等の国際機関や，各国レベルでプライバシーの枠組みが見直されていること，APEC が新たな越境執行協力の取組を行っていることなどが影響した．改正ガイドラインの内容面では，「プライバシー保護法」，「プライバシー執行機関」の定義が新設され，越境執行協力の重要性が強調されるとともに，プライバシー管理プログラムが設けられた．

　1980年の時代と比べると，データ流通の量や規模は比べものにならないほどに増大しており，越境データ流通は，プライバシー・個人情報保護と情報の自由な流通を調和させるための最大の課題となっている．越境執行協力は，その課題に対処するための取組の1つである．改正ガイドラインは，2007年の越境執行協力勧告を踏まえてプライバシー執行機関による効果的な執行の仕組みを設け，情報共有を強化するよう求めている．GPEN はその1つである．

　プライバシー管理プログラムは，「プライバシー・バイ・デザイン」(PbD) の考え方，「プライバシー影響評価」(PIA) 及び「セキュリティ侵害通知」の制度を導入している．これらの考え方や制度は，カナダや米国を発祥とするものであるが，EU の一般データ保護規則でも取り入れられていることから，国際的な共通事項になってきたといえる．また，OECD のプライバシー・ガイドラインは，最低限の基準を示したものであり，その中でこれらの制度が導入されたことにも留意しなければならない．

　他方，このような新制度を設ける傍ら，改正ガイドラインは，柔軟性にも配慮している．同ガイドラインの解釈に際しては，異なる種類の個人データに異なる保護措置を適用すること，表現の自由を妨げてはならないこと，越境データ流通に関しても，データ管理者に継続的な責任を負わせつつ，加盟国は，他国において実質的にガイドラインを遵守し，又は，効果的な執行の仕組み等を含めた十分な保護措置が講じられている場合には，流通の制限を控えるべきことが定められている．

　越境データ流通の制限は，データの受領国を経由して保護レベルの低い国にデータが流れることを防止することにあり，この認識は EU においても共通している．しかし，OECD では，リスクベースのアプローチが用いられ，流通

制限は顕在するリスクと均衡を図るべきとされた点が注目される．

また，ガイドラインは，その履行方法として，分野別のプライバシー保護法を認め，実施基準又はその他の形式による自主規制を奨励及び支援し，プライバシー管理プログラムを認証制度等に用いる可能性を示唆している．さらに，同ガイドラインは，プライバシー執行機関に独立性を求めず，その範囲を幅広く捉えており，EU式の考えは採用されていない．

8原則については，人権保障を主張する立場とそれに反対する立場の調和点を見いだすことができなかったこと等から，変更は加えられなかった．欧州は，人権を盾にプライバシー外交を積極的に打ち出す傾向にあるが，各国の利害調整の役割を果たすOECDでは受け入れられなかったと見ることができる．

2 EU一般データ保護規則 (GDPR)

2.1 GDPRの各制度と論点

第2章では，日本で高い関心を集めたEU一般データ保護規則（GDPR）について，1995年データ保護指令との比較，採択までの手続，規則の内容を整理した．

EUは，域内を共通かつ単一のマーケットとして，人，物，サービス，資本の自由移動を理念に掲げて創設された欧州石炭鉄鋼共同体から発展した国際機関であり，データ保護制度も一貫性や統一性を重視している．GDPRは欧州式の発想を具体化するものであり，個人データ保護の権利を基本的権利であると謳い，個人による自らの個人データのコントロール，保護レベルの同一性・均一性の重要性を強調している．他方，GDPRは，個人データ侵害通知，PbDやPIAのように，域外の新制度も導入した．GDPRを個人情報保護法制の理想型と見るかどうかは評価の分かれるところであるが，少なくとも，世界の個人情報保護制度の集約版であるということができる．

条文数を見ると，1995年データ保護指令が，前文72項，全7章，34条であるのに対し，GDPRは，前文173項，全11章，99条で構成されており，大幅に増加した．GDPRは，その第1条において，個人データの取扱いに関する自然人の保護と個人データの自由な移動を謳っているが，全体的には重厚な保護強化制度を設けている．

まず，GDPRは，規則として成立すると加盟国に直接に適用される効果を有する．規定内容についても，GDPRは，越境適用，明示的同意の原則化，特別

な種類の個人データの取扱いに関するルール，消去権（「忘れられる権利」），データ・ポータビリティの権利，プロファイリングを含む，自動処理による個人に関する決定，データ保護・バイ・デザイン及びバイ・デフォルト，個人データ侵害の通知／連絡制度，データ保護影響評価，「十分な保護レベル」を決定する際の独立監督機関の必要性，行政上の制裁金制度等，極めて多くの保護措置を設けた．執行の関係では，監督機関の協力及び一貫性の制度を導入し，欧州データ保護会議の権限を強化して中央集権化を図っている．

　他方，GDPR には例外ないしは適用除外規定も置かれている．まず，①「実体的範囲」（GDPR 第 2 条）に基づき，EU 法の適用範囲外の活動，加盟国が共通安全外交政策を行う場合，自然人の個人的又は家庭内の活動，所管機関による犯罪予防・捜査等に関する取扱いについて，規則全体からの適用除外が認められる．②「諸制限」（同第23条）に基づき，国家安全や国防等の所定の目的に該当する場合に，EU 法又は加盟国法に基づき，特定の規定についての権利義務を制限することができる．さらに，③ EU 法又は加盟国法に基づき，表現の自由や公文書への一般のアクセスを保護し，アーカイブ，研究，統計目的に配慮するため，特定の章又は規定から適用除外する場合がある（同第 9 章）．上記は，いずれも実体的な要件に基づく適用除外規定である．日本の個人情報保護法に基づく共同利用やオプトアウトが，手続的要件を設けていることとは異なる．

　ところで，日本では，個人識別性及び匿名化が重要な論点として議論されてきた．この点，GDPR は，①「個人データ」該当性について，識別可能性により決せられること，②識別可能性は，選別（singling out）される場合に認められること，③識別可能か否かは，当該人物を識別するために合理的に実施することが見込まれるあらゆる手段を考慮すること，④匿名化データには係る識別可能性が認められないデータであること，という理解で概ね一致している（同第 4 条（1）項，前文(26)項）．この理解はデータ保護指令を引き継ぐものであり，第29条作業部会では，識別は，人の集団の中で，その人物が集団の他のすべての構成員から「選び出された」ときに認められること，識別可能性や匿名化は特定の状況に左右されること，データ管理者において個別事象レベルではもはや識別できない段階までデータを集約させた場合に限り匿名化されたといえることなどが説明されている．

　GDPR には「仮名化」に関する規定が設けられた．「仮名化」は，追加情報

を別に管理し，個人データをデータ主体に帰属させないようにするための技術的及び組織的措置に服することを条件に，追加情報を利用しないと，個人データを特定のデータ主体に帰属させられない方法による個人データの取扱いである（同第4条(5)項）．第29条作業部会文書によると，リトレース可能な仮名データには間接的な識別性が認められるとされており，GDPRでも，追加情報を利用すれば自然人に帰属させられる仮名データには個人識別性があると説明されている．GDPRでは，仮名化は，データ主体へのリスクを低減し，管理者及び取扱者においてデータ保護義務を遵守する際に役立つものであって，仮名化を導入してもデータ保護措置の義務は阻害されないとの立場が取られている．また，仮名化は，安全保護措置の一環として捉えられている（同第25条「データ保護・バイ・デザイン及びバイ・デフォルト」，同第32条「取扱いの安全性」，同第33条「監督機関への個人データ侵害の通知」等）．

　また，GDPRは，定義を広く取りつつも，実際の適用範囲を絞るという方法，すなわち，自動処理データと，ファイリングシステムを構成するマニュアルデータを適用対象とする旨が定められており，これにより，実際の適用範囲には限定が加えられている（同第2条）．

　次に，「取扱いの適法性」について，GDPRは，慎重な解釈ながらも，取扱いに対する「データ主体の合理的な予見」という要素を取り入れた．この考え方は，管理者に対して諸原則遵守の義務を課す一方で，管理者又は第三者が適法な利益を追求する場合には，適法性原則を充足させるものである．「適法な利益」には営利目的も含まれ，それを解釈する際には，データ主体が，個人データ収集時とその状況において，当該目的のための取扱いが行われ得ることを合理的に予測できるか否かを含め，慎重に解釈すべきとされている（同第6条(1)項(f)号，前文(47)項）．日本の改正個人情報保護法と比較するならば，第15条2項の利用目的変更の解釈に関わると考えられる．

　機微情報に関して，改正個人情報保護法及び改正行政機関個人情報保護法の中で，要配慮個人情報の規定が新設された．GDPRは，人種又は民族的出自，政治的思想，宗教又は信念，労働組合への加入を明らかにする個人データの取扱い，及び，遺伝データ，自然人を固有に識別することを目的とする生体データ，健康関連データ又は自然人の性生活若しくは性的嗜好に関するデータの取扱いを原則として禁止する一方で，データ主体が明示的な同意を与えた場合を含む10項目の適用除外を設けた（同第9条）．適用除外の中には，政治，哲学，

宗教，労働組合の活動等憲法上保護される権利に関わる場合や，公益を理由とする複数の場合も含まれている．有罪判決及び犯罪に関する個人データは，いわゆる機微情報ではないものの，公的機関の管理下又は法が認める場合に限り取り扱うことが認められる（同第10条）．

　日本の個人情報保護法では，要配慮個人情報の原則取得禁止，要配慮情報に関するオプトアウトに基づく第三者提供からの除外規定を設けた．保護される情報の範囲，取扱いが許される範囲はGDPRが広く，例外もGDPRの方が多岐にわたっているという違いはあるが，欧州の制度から見た場合には，要配慮個人情報は重要な保護措置の追加であるといえる．

　GDPRの中で最も話題になったのは，「消去権（「忘れられる権利」）」である．GDPRでは，一定の要件を満たす場合におけるデータ主体の消去請求権及び管理者の消去義務，管理者においてその個人データを公開していた場合，同じデータを取り扱う第三者に対して，データ主体の消去請求を通知するための合理的な措置を講じる義務が定められた．

　データ保護指令の時代から「消去権」の規定は存在していたが，それをより発展させたのが「忘れられる権利」である．この権利に対しては，EU関係者からは立法段階の時点で実現可能性を疑う声があり，政治的スローガンであると指摘する意見もあったところではあるが，GDPRの採択に先立ち，2014年5月13日，欧州司法裁判所判決が下され，特に検索エンジン事業者（グーグル）への消去請求権に関するEUの立場が鮮明に示された．また，EUは，対米国との関係では，より一層個人の権利を強調する姿勢を明らかにしたともいえる．それとともに，米国の大規模インターネット事業者は，EU域内で個人データを取り扱っていないことを理由とする適用除外を主張できなくなった．そのため，域内に事業所を設けている第三国の事業者は，EUの規律を受ける可能性を意識せざるを得ない．

　上記判決については，その後も同判決の解釈及び実施方法をめぐり，グーグルとEU側で見解の対立が見られ，CNILやICOによるグーグルに対する法執行も行われている．また，加盟国の国内裁判所によるその後の判決には，表現の自由を重視してグーグルに対する消去請求を認めなかった事案や，オンラインニュースアーカイブ運営者において，検索結果をインデックス化しない技術的措置を講じるべきとの判断が下された事案が登場した．

　インターネット上の情報の消去が争われる事案では，必ず表現の自由との調

整が問題となる．GDPRでは，表現の自由と調和させるために，加盟国法による諸権利からの適用除外を定めなければならないとし，加盟国による相違が生じることを認めている．特に視聴覚分野並びにニュースアーカイブ及び報道資料における個人データの取扱いに適用すべきであり，ジャーナリズムの範囲を広く理解すべきと解釈されている（同第85条（1）項，前文(153)項）．

　日本の裁判所でも，ここ数年の間に，検索結果からの消去請求に関する事案が注目を集めるようになった．

　これに関しては，2017年1月31日の最高裁決定により，一応の決着を見た．同裁判所は，「検索結果の提供は検索事業者自身による表現行為という側面を有する」こと，「検索事業者による検索結果の提供は公衆による情報の発信及び入手を支援するものであり，現代社会においてインターネット上の情報流通の基盤として大きな役割を果たしていること，検索結果の削除を余儀なくされることは，表現行為及び上記役割を制約するものであること」を述べ，諸事情を考慮に入れることを前提に，「当該事実を公表されない法的利益が優越することが明らかな場合には，検索事業者に対し，当該ＵＲＬ等情報を検索結果から削除することを求めることができるものと解するのが相当である．」と判断した．

　この基準によると，個人の権利保護に過度に傾いた欧州司法裁判所判決とは異なる立場に基づく判断であると見ることができる．他方，本件事案は，児童買春という，社会的に強く非難される公共の利害に関する事実であること，検索結果が削除請求者の県の名称及び氏名を条件とした検索結果の一部であることから，事実の伝達範囲に制限があることを理由に，最高裁判所は，削除請求者の請求を退ける判断を下している．条件が変われば判断も変わりうることが示唆される．

　加えて，GDPRは，個人に関する諸権利の強化を実現した．忘れられる権利に限らず，アクセス権，データ・ポータビリティの権利，異議申立権，プロファイリングを含む，自動処理による個人に関する決定，異議申立権といった諸権利が個別に用意されている（同第16条〜第22条）．

　プロファイリングは，EUに限らず，CoEや米国FTCでも登場する問題である．インターネットに関する技術が高度に発達した現在では，注目すべきプライバシー侵害の側面であり，日本でも議論されるようになっている[23]．

　GDPRでは，行政的制裁金も注目を集めた．監督機関は，違反行為の一覧に

応じて，段階的に行政的制裁を課す権限を有する．最高額の制裁金は，最大2,000万ユーロ，又は企業の場合は前会計年度の全世界の年間総売上の4％までの，いずれか高い方と定められ，形式的には，域外適用規定に基づき日本の事業者にも適用され得る．ただし，GDPRは，行政的制裁金以外にも，監督機関への苦情申立権，監督機関を相手取って司法的救済を求める権利，管理者又は取扱者を相手取って司法的救済を求める権利，違法な取扱いによる損害賠償請求権を用意している．行政的制裁は，各種救済・制裁制度の1つに位置づけられている（同第77条～第83条）．

個人情報保護法の改正法では，課徴金制度の導入は見送られた．課徴金は，経済法で利用されてきた制度であることから，事業者が得た不当な利益をどのように評価するかが課題となる．また，導入する場合には，同じ行為で刑事罰と行政的制裁を二重に科さないようにするための調整が求められる．

GDPRに関して注目すべきは，行動規範，認証及びデータ保護シール又はマークの制度が導入された点である（同第40条～第43条）．これらはいずれも中小零細事業者へ配慮するものであり，GDPRの規律に服さない第三国の管理者又は取扱者であっても，GDPRに即した行動規範を遵守し，又はデータ保護認証制度，シール若しくはマークを用いれば，越境データ移転を受けることが可能になる．また，これらの仕組みは，GDPRの定める様々な義務を遵守していることの証明に用いることもできる．

認証業務について，GDPRが想定する制度とは異なるものの，日本ではプライバシーマーク制度が広く普及しており，2017年1月6日現在，取得事業者数が1万5,000社を越えている．

GDPRの行動規範には，監督機関の認定を受けた監督団体による義務的監督の仕組みを取り入れなければならず，認証についても，監督機関等により認定を受けた認証機関が行うなどの要件を満たさなければならない．しかし，日本が国として十分性決定を受けていない以上，EUと取引のある事業者は，行動規範，認証，データ保護シール又はマークの仕組みの活用も視野に入れる必要がある．なお，プライバシーに関するシールプログラムや認証は，OECDの改正プライバシー・ガイドラインにも言及がある．

日本の個人情報保護法には認定個人情報保護団体の制度があり，係る団体は個人情報保護委員会の認定を受け，その監督権限に服する．また，認定個人情報保護団体は，個人情報保護指針の作成に関する努力義務を負い，同指針を作

成したときには同委員会に届け出なければならない．しかし，GDPRの上記制度とは，特に監督の点で異なっている．

ところで，GDPRの認証制度とは異なるが，APECのCBPRは認証をベースにした制度であり，BCRと相互運用の交渉がなされてきた．個人データ保護に関する欧州ルールと米国ルールには相違点が多いものの，BCR-CBPR交渉は，その中でも共通性を見いだすための取組といえる．ただし，進展は緩やかなようである．

EUが域外から輸入した制度には，セキュリティ侵害通知（EUでは「データ侵害通知」と呼ぶ．）と，PbD及びPIAがあり，他の国際機関の文書にも導入されている．データ侵害通知に関しては，2009年電子通信プライバシー指令で既に規定されていたが，GDPRにも取り込まれた．GDPRは，個人データ侵害が発生した場合，管理者に対し，過度に遅滞することなく，実現可能であれば侵害に気づいてから72時間以内に，個人データ侵害を所管の監督機関に通知する義務を課している．欧州委員会提案では24時間以内とされていたが，採択版では72時間以内に変更された（同第33条）．自然人の権利及び自由に高リスクをもたらす可能性が高い場合には，過度に遅滞することなくデータ主体にも通知しなければならない．

PbDの7原則の中には，プライバシー・バイ・デフォルトの原則が掲げられており，GDPRでもそれが取り入れられている．

2.2 プライバシー外交
2.2.1 十分な保護レベル

プライバシー外交という観点から見ると，EUは，人権保障を盾に，EUのデータ保護ルールを第三国に遵守させようという姿勢を見せている．その特徴は，域外適用と「十分な保護レベル」に表れている．

域外適用に関して，GDPRは，域外のデータ管理者であっても，有償無償にかかわらずEU内のデータ主体に商品又はサービスを提供したり，データ主体の行動を監視する場合には規則を適用すると定めている（同第3条）．その場合，当該管理者又は取扱者は，代理人をEU内に設立する義務を負う（同第27条）．

十分性決定に関して，EUデータ保護指令は，「十分なレベルの保護」を満たしていない第三国への個人データ移転を原則として禁止するという規定を置

き，世界的に有名になった．日本の個人情報保護制度は，独立監督機関を有しないこと，5,000件要件が存在すること，センシティブデータの保護規定を持たないこと，日本からの第三国移転制限規定を置いていないこと等から，十分性を満たさないであろうと考えられており，そのことが以前から課題となってきた．今回の改正により，個人情報保護委員会が設置され，5,000件要件が撤廃され，要配慮個人情報及び日本から外国へのデータ移転制限規定が導入され，上記の課題に対処したということができる．独立監督機関の必要性を明文化するEUとは異なり，OECDプライバシー・ガイドラインやAPECのCPEAでは，監督機関の独立性を求めてはいない．しかし，第三国に規律を及ぼし得る欧州ルールに対応するためには，独立監督機関の存在が必須の要件ということになる．これについて，米国FTCは，消費者プライバシー保護の観点から独立した立場で監督権限を行使し，欧州を中心とするデータ保護・プライバシー・コミッショナー国際会議でも存在感を見せている．シンガポールは個人データ保護委員会，韓国は個人情報保護委員会，香港はプライバシー・コミッショナーをそれぞれ設けている点を見ても，既に日本はアジア諸国の中でも出遅れてきた．そのような中，今回の法改正により個人情報保護委員会が設置された意義は大きく，日本も，ようやく国際的に保護レベルの足並みを揃える一歩を踏み出したといえる．

　第三国である日本にとって，法改正の際には，いかなる制度を設ければ十分性を満たしたと評価されるのかが大きな関心事項となってきた．今回の改正により一定の対応がなされたとはいえる．しかし，まず基本的に，全体的な法の建付けとして，個人情報保護に関する基本原則を掲げ，それを法執行で担保するという仕組みが重要である．基本原則を掲げるという点は，OECD，EU，CoE，APEC，米国のすべてで共通しており，世界的スタンダードとなっている．日本では，個人情報保護法を制定する過程の中で，5つの基本原則（利用目的による制限，適正な取得，正確性の確保，安全性の確保，透明性の確保）が一旦定められたものの，最終的には削除された経緯がある．日本の法制度の基本的考えを国外に分かりやすい形で発信するためにも，文言上明確な形で諸原則を掲げることを基本に据えるべきではないかと考えられる．

　GDPRは，他の重要な特徴として，監督機関間の相互支援や共同運用の制度，欧州データ保護会議の権限を強化する形での「一貫性の仕組み」が導入された．個人データの越境移転の場面では，主監督機関と関係監督機関の間の協力の仕

組みを適用すべきであると解釈されている．執行協力の重要性は，OECD，APECでも共通的に認識されている．個人情報保護委員会は，2016年6月にアジア太平洋プライバシー執行機関フォーラムの正式メンバーになった．外国執行当局への情報提供に関する規定（改正個人情報保護法第78条）を生かしつつ，国際的場面へより一層関与することが期待される．

　十分性に話を戻すと，データ保護指令は，十分なレベルの保護に関する原則とその例外を設けるというシンプルな枠組みであったのに対し，GDPRは，データ移転を行うための3段階の規律を設けている．第1は，欧州委員会が十分な保護レベルを決定することにより，第三国等へのデータ移転を認めるという原則である．そのための要件が詳細化したことは第2章で述べた通りである．第2は，欧州委員会が十分性の決定を下していない場合に，適切な安全保護措置を講じるという方法である．この措置には，データ保護指令の解釈上認められていたBCRや標準データ保護条項（標準契約条項），行動規範や認証制度が含まれる．第3は，欧州委員会の十分性決定が下されておらず，適切な安全保護手段がないときの例外に基づく場合である．それには，データ主体の明示的同意がある場合，データ主体及び管理者間の契約の履行等のために必要である場合，公益に関する重要な理由がある場合等，データ保護指令の例外規定を概ね踏襲した定めが置かれている．

　以上のように，GDPRは，「十分なレベルの保護」を満たしていない第三国や国際機関等への個人データ移転を原則禁止し，そのための要件として，独立監督機関の必要性等を明確化した．それをとともに，データ保護指令に基づき認められていたBCRや標準データ保護条項，行動規範や認証制度を「適切な安全保護措置」に含め，さらには例外に基づき移転が認められる場合を掲げ，厳格な規律と柔軟性のバランスを図っているといえる．ただし，ここで注意すべきは，第3の例外規定が厳格に解釈されるという点である．これは，個別の移転に対して特定の理由がある場合に限られる．そのため，大量，構造的，反復的な移転には適用されず，筆者が関係者から聞く限りでは，第3の要件を満たすケースは極めて限定的に解釈されている．そのため，前述の行動規範や認証制度，BCR，標準契約条項等に依拠するか，日本が正式に十分性決定を得ることが，越境データ流通を行うために利用できる法的なスキームとなる．

　日本が第三国として十分性決定を受けるためには，EUの求める要件を充足しなければならないが，実際には，交渉力によるところが大きいとの話もある．

米国がセーフハーバー協定を締結したのはもとより，他の第三国が十分性の決定を受ける際にも，水面下での話し合いが影響しており，十分性決定を受けるまでの期間も様々である．このように，EUの実務が話し合いで進められる場面は，EU法の制定過程にも表れている．EUの通常立法手続は，第1読会から第3読会までで構成されるが，実際は非公式の三者対話での合意により，約8割の立法は第1読会で成立している．GDPRが採択される過程でも三者対話が行われている．こうした実務的な慣行は，柔軟である一方，不透明さが残される．

　第三国にとっては，十分性の決定を受けられず，越境データ流通を違法と評価されることは脅威であり，そう思わせることがEUのプライバシー外交戦略と見ることもできる．とはいえ，個人情報保護法の分野で国際的に大幅な遅れを取ってきた日本としては，越境データ流通を円滑に行うために，十分性を満たすことが理想ではある．そのためには，今回の個人情報保護法改正に関する課題を整理し，あわせてプライバシー外交の交渉力を備える必要がある．その際には，日本の国内的事情をいかに説明するかという点が問題である．日本は，個人情報保護法の全面施行直後に過剰反応という特異現象を発生させ，また，罰則等による強制力を伴わないガイドラインであっても，真摯な事業者は過度なまでに遵守するという，いわば奇異な側面を持つ国である．しかし，十分性決定の場面では，日本は，EUの尺度で評価を受けることとなるため，これまでの国内的取組にはそぐわない要求をされる可能性もある．

　国際的な取組について，個人情報保護委員会は，EUとの間では協力対話を続けることにより越境移転の促進を図ることを目指している．他方，同委員会は，米国との間では，CBPR制度の活性化を進めることとしている．そして，CBPRとの関係では，個人情報保護法第24条の「外国にある第三者への提供の制限」に基づく規則の中で，提供元ないし提供先がCBPRの認証を受けていることを許容するための要件に掲げている．外国にある第三者への提供制限は，十分性決定を評価する上でも要点の1つである．これらの点について，EUが個人情報保護委員会の方向性をどのように捉えるかは不透明といわざるを得ず，協力対話によって風向きが大きく変わることも予想される．

　仮にCBPRに基づく認証をEUに納得させるとするならば，様々な理由付けが必要になると思われる．例えば，セーフハーバーを無効と判断した欧州司法裁判所判決は，自主規制に基づく仕組みを否定するものではないという立場

を取ったこと，プライバシー・シールドは，セーフハーバーよりも大幅に実質化され，かつ監督や救済も強化されたが，基本は包括的立法がない中での自主規制に基づく仕組みであること，GDPR の中に行動規範や認証制度が導入されたことなどが考えられる．また，十分性決定を得るために，米国は自主規制に基づく仕組みが認められ，それ以外の国は認められないとすれば，逆にその不公平さを EU 側に説明させる必要があるようにも思われる．

2.2.2　欧州委員会伝達文書

　欧州委員会は，2017年1月10日，欧州議会及び理事会への伝達文書として，「グローバル化した世界における個人データの交換と保護」[24] を発表した．それによると，グローバルなデジタル経済により提供される機会を生かし，より強力なデータセキュリティ及びプライバシー保護の必要性の高まりに対応すべく，EU 近隣諸国，アジア，ラテンアメリカ，アフリカがデータ保護法を制定又は改正していること，国ごとのアプローチや法的展開のレベルに違いが存在することを認識しつつ，特に世界の一定地域では重要なデータ保護諸原則に向けて上向きに収束する兆候が存在することなどが述べられている[25]．その上で，欧州委員会は，「十分性決定」及びデータ移転の他の手段，並びに国際的なデータ保護文書のための戦略枠組みを述べることとしている．

　この文書の中で日本に言及があるのは，「3．民間部門における国際データ移転：プライバシー保護による取引の促進」という項目である．そのうち，「3.1　十分性決定」の中では，次のようなことが記されている[26]．

　十分性決定は，EU のデータ移転者が何らの追加的保護措置も講じることなく，又はさらなる条件に服することなく，EU からの個人データの自由な移転を認めるものである．その法秩序が十分な保護レベルを提供する旨の判断の中で，決定は，その国の制度が EU 加盟国のものと類似することを認める．結果として，問題の国への移転は，EU 内部のデータ移転に同化し，それにより，EU 事業者のための商業的チャネルを開きつつ，EU の単一市場への特権的アクセスを提供する．上記で説明した通り[27]，この認識は，必然的に EU が保障するものに匹敵する（又は「本質的に同等な」）保護レベルを要求する．それは，第三国の制度の包括的評価と関係し，法執行，国家安全及び他の公益目的のための公的機関による個人データへのアクセスに関する規則を含む．

終章　個人情報保護法の将来像

　同時に，2015年のシュレムス判決において司法裁判所が確認したように，十分性の基準はEUの規則を次から次へと複製することを求めるものではない．むしろ，審査は，プライバシー権の実体及びその効果的な実施，執行可能性及び監督を通じ，当該外国の制度が全体として高い保護レベルを要求しているか否かによる．これまでの十分性決定の採択が示すように，欧州委員会は，異なる法的伝統を表す，様々な範囲のプライバシー制度を十分なものとして承認することができる．これらの決定は，EU及びその加盟国と緊密に一体化した国（スイス，アンドラ，フェロー諸島，ガーンジー，ジャージー，マン島），重要な取引パートナー（アルゼンチン，カナダ，イスラエル，米国），及び，その地域でのデータ保護法展開に先駆者としての役割を果たしてきた国（ニュージーランド，ウルグアイ）が関係している．

　カナダ及び米国に関する決定は「部分的な」十分性判断である．カナダに関する決定は，カナダの個人情報保護及び電子文書法の範囲に含まれる民間事業者のみに適用される．最近採択されたEU-U.S.プライバシー・シールドは，米国内に一般的なデータ保護法が存在しないという中で，この取り決めが定める高いデータ保護基準を適用する参加企業の表明に依拠し，それにより米国法に基づく執行が可能という点で，特殊な事例である．さらに，プライバシー・シールドは，国家安全目的のためのアクセス関して米国政府が行った特別な表明及び保障に基づいており，それらが十分性判断を支えている．これらの約束への遵守は，欧州委員会及び枠組みの機能に関する年次審査の一部によって，注意深く監視される．

　近年，世界のより多くの国がデータ保護及びプライバシーの領域で新たな立法を採択し，又はその過程にある．2015年，データプライバシー法を制定した国数は109ヶ国に及び，2011年半ばの76ヶ国から大幅に増加している．さらに，現在，約35ヶ国が現在データ保護法を起草している．これらの新たな又は近代化した法は，中心となる一群の共通諸原則に基づいており，とりわけ，データ保護が基本的権利であるという認識，この分野における包括的立法の採択，執行可能な個人のプライバシー権の存在，及び，独立監督機関の設置を含んでいる．このことは，特に十分性判断を通じて，継続的な高い個人データ保護レベルを保障しつつ，データ流通をさらに促進するための新たな機会を提供する．

　EU法に基づき，十分性判断は，EUのものと同程度のデータ保護規則の存在を要求する．このことは，個人データに適用される実体的保護，及び，第三

国で利用可能な関連する監視及び救済措置と関係する．十分性判断による枠組みに基づき，欧州委員会は，第三国との対話で十分性に関する評価が求められるべきときに，次の基準を考慮に入れるべきと考えている．

（ⅰ）自由貿易協定又は継続的交渉の存在を含め，当該第三国とEUの（実際上又は潜在的な）商業的関係が存在すること
（ⅱ）地理的及び／又は文化的関係を考慮した，EUからの個人データ流通の程度
（ⅲ）プライバシー及びデータ保護の分野において第三国の果たす先駆者的役割が，その地域での他国の模範としての役割を果たせること，及び，
（ⅳ）特に，国際レベルでの共通価値及び共通目的を促進することとの関係で，当該第三国との全体的な政治的関係

　これらの考慮に基づき，欧州委員会は，2017年の日本及び韓国を皮切りに，東アジア及び東南アジアにおける主要な取引パートナーと積極的に関わりを持ち，そして，そのデータ保護法の近代化に向けた進展によってはインド，それのみならず，「十分性判断」の取得への関心を示したラテンアメリカの国々，特にメルコスール，並びに，欧州の近隣諸国とも関わりを持つ．
　加えて，欧州委員会は，これらの問題に厭わず従事する他の第三国からの関心の表明を歓迎する．十分性判断の可能性に関する議論には二方向の対話があり，EUデータ保護規則に関する，あらゆる必要な明確化を提供するものと，第三国の法及び実務の収斂を高めるための方法を模索するものを含む．
　ある状況では，国全体のアプローチを取るよりもむしろ，特定の第三国の経済の重要部分を構成する地理的領域又は産業に関係し得る，部分的又は分野特定（例えば金融サービス又はIT分野など）の十分性など，他の選択肢の利用がより適切かもしれない．これは，例えば，プライバシー制度（単一の法，複数又は分野別法など）の展開に関する性質及び状態，第三国の憲法構造又は一定の経済分野が特にEUからのデータ流通にさらされているかなどの要素に照らして考える必要がある．十分性決定の採用は，当該第三国との特定の対話及び緊密な協力体制の確立に関わる．十分性決定は，欧州委員会によって注意深く監視する必要があり，当該第三国の保障する保護レベルに影響を与える展開がある場合に採択される「生きた」文書である．その目的のために，緊密なパートナーの間で生じた問題に対処し，最善の実務を交換するために，少なくとも

4年間ごとに定期的審査が行われる．この動的アプローチはまた，1995年指令に基づき採択された，既存の十分性決定にも適用され，適用可能な基準をもはや満たさない場合に，見直しが必要となる．そこで，問題の第三国は，自らに関する十分性決定の採択から生じた法及び実務のあらゆる関連する変更を欧州委員会に通知することを奨励される．これは，新たな見直し基準に基づくこれらの決定の継続性を保障するために不可欠である．

EUのデータ保護基準は，自由貿易協定における交渉に服することはできない．第三国との間でのデータ保護と貿易協定に関する対話は，別の道を辿るべきであるが，十分性決定は，部分的又は分野特定のものを含め，相互の信頼を構築するための最良の手段であり，抑制なき個人データ流通を保障し，それにより当該第三国への個人データ移転に関する商業取引を促進する．そのため，当該決定は取引交渉を容易にするか，又は，既存の取引合意を補完し，それによりその利益を増大させる．同時に，EUと第三国の保護レベルの収斂を促進することにより，十分性判断は，当該国が個人データ保護を根拠に不当なデータローカライゼーション又は保存要件を課すことの実施リスクを減少させる．この先，取引におけるすべての通知に示したように，欧州委員会は，EUデータ保護規則を完全に遵守し，それを妨げることなく，電子商取引及び越境データ流通のための規則を定めるためのEU取引合意の利用を要求し，新たな形態のデジタル保護主義に立ち向かう．

3　CoE第108号条約

第3章では，CoEの第108号条約とその現代化案を取り上げた．現代化案は，2016年7月に特別委員会が最終案を発表しており，閣僚委員会の承認を待つ状況になっている．

CoEは，欧州統合の理想を実現することを目的とし，EUの28ヶ国を含む47ヶ国で構成されている．日本では，EUのデータ保護指令やGDPRは有名であるが，CoEの第108号条約はあまり知られてこなかった．しかし，第108号条約は，1980年OECDプライバシー・ガイドライン及びEUのデータ保護指令・GDPRと深い関係を有しており，データ保護の国際水準を発展させる上で，各国際機関の架け橋ともいえる重要な役割を果たしてきた．同条約は，1980年OECDプライバシー・ガイドラインが採択される1週間前の1980年9月17日に採択されている．その際，OECDとCoEは緊密な接触を保ち，2つの機関

が作成する文書間に不必要な相違が生じないようにする努力が払われた．また，CoE は，欧州人権条約の中でプライバシー権を保障する規定を設け，かつ，欧州の「データ保護基本権」に関する最初の法的枠組みである第108号条約を締結した国際機関でもある．第108号条約は，EU のデータ保護指令を制定する際のモデルと位置づけられ，CoE と EU は，同じ価値を共有し，相互補完的な役割を果たしている．

　プライバシー外交の観点から見ると，CoE は，EU とは異なる方法で欧州ルールの拡大を図っている．第108号条約は，CoE 非加盟国に対して，同条約への加入を招請できることを定めており，実際，ウルグアイは，2012年に初めて条約第108号に加入した．2016年にはモーリシャス及びセネガルも加入した．モロッコ，チュニジア，カーボヴェルデも閣僚委員会から加入を招請されている．ウルグアイ以外はアフリカの国々の加入が進んでいるようである．CoE は，加入国を欧州評議会の非加盟国にも広げ，拘束力を持つ条約によって欧州ルールを浸透させようとしている．

　第108号条約の内容に関して，1981年条約は全7章・27条で構成される．現代化案は，2001年の追加議定書を受けるなどして，枝番の付された3つの条項を追加したため，実際は全30条で構成されている．EU の GDPR が大部であるのに対し，全体のボリュームはその3分の1程度で，修正事項も必ずしも多くはない．しかし，第108号条約には欧州ルールのエッセンスが含まれており，かつ，現代化案には国際ルールとなりつつある新制度が盛り込まれている．1981年の段階から，第108号条約には，プライバシー・データ保護が基本的権利であることのほか，データ保護のための基本原則，特別な種類のデータ（機微データ）への保護措置が設けられてきた．2001年追加議定書では，独立監督機関及び「十分な保護レベル」の規定が追加され，今回の現代化案には，基本原則や機微データの見直し，2001年追加議定書の規定に加え，OECD や EU でも採用された PbD やデータ侵害通知に関する規定が設けられた．機微データに関して，現代化案では，「遺伝データ，犯罪・刑事手続及び有罪判決及び関連する保安上の措置に関わる個人データ，個人を一意に識別する生体データ，人種又は民族的出自，政治的意見，労働組合の加入，宗教又は他の信条，健康又は性生活に関して明らかにする情報のための個人データ」と定められ，EU の GDPR と同様に，生体データが追加されている．

　現代化案の基本原則では，透明性の観点が追加される一方で，保護措置を講

じることにより，公益目的，研究目的，統計目的を達成するためのさらなる取扱いを認めている．また，データ侵害通知義務，データ取扱いの透明性，データの自動処理のみに基づく決定に服さない権利（プロファイリングに相当），異議申立権，監督機関の援助を受ける権利，PbD 等が導入された．プロファイリングについては，2010年に閣僚委員会勧告が出されており，EU の規則提案の段階ではそれが参照されている．

適用除外は，国家安全保障，公共の安全，国の経済的利益，犯罪予防，表現の自由，統計又は学術研究目的等の場合に認められる．現代化案では表現の自由が明記された．また，第108号条約の見直しの過程では，セーフハーバー無効判決や国家監視に関する欧州人権裁判所の判決が考慮されている．特別委員会の最終案では，国家安全保障の場合に，個人データの越境流通及び監督機関の権限行使に対する例外が一部追加された．

越境データ流通との関係では，独立監督機関及びその権限・責務，締約国外の国又は国際機関にデータを流通させる際に「適切なレベルの個人データ保護」を求める規定等が導入された．これらは欧州ルールに沿った内容といえる．特に，監督機関の規定が充実した点は注目される．

EU の GDPR との関係では，第三国は，十分性決定を受けるか，BCR や標準データ保護条項等の安全保護措置を講じるか，例外の適用を受けるかの方法によって，越境データ流通を適法化しなければならないが，CoE 条約については，条約に加入することで，締約国としてデータ移転を適法に行う方法もある．特に，GDPR に基づく十分性決定との関係では，十分性決定を受けようとする第三国等において，欧州評議会の第108号条約に加盟していることが積極的に評価される可能性がある点には注目する必要がある．ただし，現代化案の解説草案が GDPR に大きく倣っているため，第108号条約の加盟には多くの課題を伴う可能性がある．

また，現代化案は，監督機関相互の協力規定を設けており，執行協力の重要性が認識されている．

4　セーフハーバーとプライバシー・シールド

第4章は「セーフハーバーとプライバシー・シールド」と題し，米国が EU と締結した2000年のセーフハーバー協定の締結，その見直し，セーフハーバー無効判決，プライバシー・シールド決定までの過程について，順を追って整

理した.

　プライバシーに関する米国ルールは，欧州が手厚い保護措置を設けて一律の保護レベルを講じようとするのに対して，柔軟性・個別性を重視することに特徴を有する．世界の個人情報保護法制は，1970年代に各国が法整備を進める段階から欧州が主導的な役割を担ってきたが，米国はそれには倣わず独自路線を歩んできた．他方，統一ルールを好むEUであっても，加盟国のみならず第三国や国際機関にも影響を与えようとする規則の制定手続には難航し，その採択は当初予定より遅れた．そして，採択後まもなく英国のEU離脱が決定し，そのことは，GDPRの統一性，一貫性という理想に水を差す事態をもたらした．2018年5月の適用開始時点で英国がEU加盟国であったとしても，離脱後の法的効果は不透明のようである[28]．このように，データ保護への取組については，必ずしも欧州が圧倒的に優勢であり，安定的地位を保っているというわけではない．EUのデータ保護制度は，主として米国の状況を意識していると見ることができるものの，2000年の段階から，EUは，セーフハーバー協定を締結して政治的妥協に屈している．

　セーフハーバー交渉は，米国にとっても厳しい過程をたどった．商務省の交渉担当者は，データ保護指令の重要性を強調する欧州委員会と，企業の強いロビー活動の板挟みとなり，難航する交渉を細い線をたどるように進めざるを得なかったようである．協定は，米国側の主張を通す形でまとめられたが，EU関係者からは不満の声が上がり，十分性決定後も，評価は向上しなかった．EU関係者からは「セーフハーバーはセーフではない．」との声を聞くこともあり，無効判決が下るまで同様の協定に成功した国は存在しなかった．セーフハーバー協定は，米国のみを特別扱いするルールとして機能することとなった．

　セーフハーバー協定は，2000年の締結から10年以上にわたり運用され，一般データ保護規則提案も，特段の事情がない限りはセーフハーバーを継続する旨の規定を設けていた．しかし，2013年6月に発覚したPRISM問題等を契機に見直し論議が高まり，欧州委員会は，同年11月27日，13の改善事項を記した伝達文書を公表するなど，見直しに向けた検討を進めていた．そのような状況の中，欧州司法裁判所大法廷は，2015年10月6日，セーフハーバーを無効と判断する判決を下し，米国に衝撃を与えた．同判決において，「十分な保護レベル」は，第三国に対して，その国内法又は国際約束を理由に，基本権憲章に照らして読まれる指令95/46/ECによりEU内で保障されるものと本質的に同

等な基本的権利及び自由の保護レベルを実際に保障するよう求めるものとして理解しなければならないと判断された．同判決は自主規制に基づく仕組み自体を否定するものではないが，データ保護侵害を特定し，実際に処罰することのできる，効果的な探知及び監督する仕組みを確立する必要性を述べた．

　この判決を受け，EU と米国間でプライバシー・シールドに関する交渉が進められ，2016年7月12日，欧州委員会はプライバシー・シールドに関する委員会決定を下した．この仕組みは，同年8月1日に開始した．

　プライバシー・シールドについて，事業者が諸原則を遵守したことを自己認証するという基本的な仕組みは，セーフハーバーと同様である．しかし，プライバシー・シールドの諸原則は，セーフハーバーよりもはるかに詳しい内容へと発展している．

　第1原則（通知）には，苦情処理のためのデータ保護機関により設けられたパネル又は EU 若しくは米国による代替的紛争解決機関，国家安全目的による公的機関への情報開示等が含まれる．第2原則（選択）はセーフハーバー原則と大きな違いはなく，機微情報の範囲にも変更はない．第3原則（転送に対する責任）は，セーフハーバーの「転送」の原則から責任が追加された．セーフハーバー原則では，第三者が諸原則等に違反した場合におけるセーフハーバー組織の免責が設けられていたが，プライバシー・シールドではその免責は認められず，むしろ，第三者との契約締結義務等が追加されている．第3原則の趣旨は，EU のデータ主体の個人データを第三者に渡すことにより，そのデータに保障される保護を脅かさず，また，巧みに回避させないよう保障することにあると説明されている．第4原則（安全性）との関連では，下請処理者にも諸原則と同じ保護レベルを保障することが求められている．第5原則（データの完全性及び目的制限）は，セーフハーバーの「データの完全性」の原則を敷衍したものである．両者は，収集目的による取扱い制限及びその範囲でのデータの完全性を保つという基本的な原則に変更はない．それに加えて，プライバシー・シールドでは，個人を識別できる状態で取り扱える範囲を取扱目的に資する範囲に限る旨を明確化し，他方，公益，ジャーナリズム，文学及び芸術，研究，及び統計目的の場合に，長期間にわたる個人情報の取扱いを認めている．第6原則（アクセス）について，両者に大きな違いはないが，アクセス権は例外的状況の場合にのみ制限され，係る制限を正当化する責任はプライバシー・シールド組織が負うと説明されている．

第 7 原則（救済，執行及び責任）は，セーフハーバーの「執行」原則よりも範囲が拡大された．苦情に対処する独立救済措置，プライバシー実務と組織の証明が真実であるかを追跡する手続，違反に対する厳格な制裁，EU 加盟国による照会への対応，拘束的仲裁，転送先への責任等が定められている．この原則との関係で，商務省は，遵守問題に関して EU のデータ保護機関からの問い合わせ等を受けるために，DPA リエゾンのウェブページを開設している[29]．FTC は諸原則違反に関する照会を優先的に検討し，照会をかけた国の機関との情報交換を行うこととなっている．

セーフハーバー無効判決で問題視された点の1つに，データ主体に救済手段が用意されていない点が挙げられた．この点について，プライバシー・シールドでは，組織が指定した独立紛争解決機関（米国又は EU），国の監督機関又は FTC への苦情申立，いずれによっても解決されない場合のプライバシー・シールド・パネルの仲裁申立が用意されている．プライバシー・シールド組織は，特に FTC の調査及び執行権限に服さなければならない．

商務省のウェブサイトを見ると，プライバシー・シールド・リストに掲載されているのは，2017年1月9日時点で1,391社であり，各社について，現在有効か否か，プライバシーポリシー，疑問及び苦情申立のための連絡先などが表示されている．プライバシー・シールドでは，商務省において，組織の参加から脱退に至るまで，リストの実効的な管理及び組織の監視を行うよう求められており，組織の認証及び再認証の際に，プライバシーポリシーと諸原則の適合性を体系的に確認することとされている．

プライバシー・シールドに関する欧州委員会決定では，米国の公的機関によるアクセス及び利用について，米国の国内法や大統領命令を詳細に検討し，結論として十分性を認めている．この中では，独立の監視及び個人の救済を保障するために，プライバシー・シールド・オンブズパーソンという，諜報機関とは独立した新たな監視の仕組みを創設することを約束した点が注目される．

プライバシー・シールドに関する欧州委員会決定は，自己認証の仕組みを認めつつ，米国に対しては，商務省及び FTC の積極的な関与を求め，個人が救済を得る道をできる限り用意させたものと見ることができる．

他方，米国では，セーフハーバー無効判決を受け，2015年6月2日，監視行為を制限するための「合衆国自由法」（USA FREEDOM Act）を成立させ，大量収集の禁止，FISA 第702条の改正，FBI 等が司法審査に服する仕組みが導

入された．米国の監視自体は継続するが，この法律は，EU 側との対立関係に対して一定の調整を図るためのものである．

5 APEC 越境プライバシー・ルール

　第5章では，「APEC 越境プライバシー・ルール」を整理した．APEC の CBPR は，アジア太平洋地域の越境データ流通に関する重要な国際的取組であり，米国が主導的に進めてきた．これは，企業等が APEC のプライバシー・フレームワークの原則に適合しているか否かを認証する仕組みであり，越境プライバシー執行協定（CPEA）に参加していること，CBPR に参加表明通知を提出すること，APEC が承認した責任団体（AA）を利用することが条件となる．AA は企業等を認証する機関であり，日本では，プライバシーマークの認証機関等がその対象となる．日本は，2014年4月28日に参加を認められ2016年1月には JIPDEC が責任団体としての承認を受けた．同年12月には最初の認定事業者が公表された．

　CBPR とセーフハーバーは，認証制度の有無という点では異なっているが，諸原則の遵守を執行協力により担保するという点で共通しており，2013年に筆者が関係者に行ったインタビューでは，CBPR 関係者からは，セーフハーバーの拡大版であるとの話があった．プライバシー・シールドも，同様の仕組みの中で執行が強化された．認証の仕組みは，EU の GDPR が規定を設け，かつ，執行協力の重要性は国際機関の枠組みを超えた共通認識となっている．

　他方，APEC は，非拘束的な緩やかな結合体であり，欧州の国際機関とはその性格を大きく異にする．執行機関についても独立性は求められないため，日本からは，16省庁が CPEA に参加するという特異な形であっても認められている．CBPR 関係者からは，BCR との相互運用を成功させれば，EU の規則提案の代案にできると期待しているとの話があったが，BCR-CBPR の相互運用は徐々に進められているようである．CBPR への参加国も4ヶ国にとどまっている．日本は，CBPR の仕組みにも参加しつつ，欧州にも受け入れられる制度設計を両にらみで模索することが必要となる．

6 米国の消費者プライバシー保護

　第6章では，米国の民間部門における消費者プライバシー保護への取組を取り上げた．米国には，グーグル，フェイスブック，ツイッター等，巨大インタ

ーネット企業が多く存在する．EUのGDPRが手厚い保護と第三国への越境適用を設けたのは，これらの企業が世界中の情報を大量収集している事態に対抗するためであったと考えられる．特に，世界最大手のインターネット企業であるグーグルについては，様々なサービスとの関係で多くの問題を提起してきた．同社は，前記の「忘れられる権利」に関する欧州司法裁判所判決への対応も求められることとなった．

　しかし，米国における民間部門向けの法制度は，自主規制を基本としており，特に機密性が高い情報を扱う分野において，規制対象を限定して個別領域ごとに立法措置を講じるというセクトラル方式が採用されている．連邦法レベルでは，1970年代から今日に至るまで，パッチワーク的な法制度が維持されている．

　米国の公的部門では，テロ対策を目的に個人データが継続的に収集・利用され，民間部門では，営利目的での個人データの利用を直接に規律する法制度は存在しない．そのような中，2012年以降，消費者プライバシー保護を目的とした政策文書が発表されてきた．

　2012年2月23日，オバマ大統領は，「消費者データプライバシー」と題する政策大綱に署名した．この政策大綱は，「消費者プライバシー権利章典」と題する7つの諸原則（個人のコントロール，透明性，状況の尊重，安全性，アクセス及び正確性，制限的収集，責任），法的に執行可能な実施基準，「不公正若しくは欺瞞的行為又は慣行」に関するFTCの法執行権限，国際的相互運用性を主な要素に掲げている．とりわけ，消費者プライバシー権利章典は，米国が1970年代から各プライバシー保護立法の中に取り込んできた公正情報実務諸原則（FIPPs）を基礎とするものである．米国の発想が最も良く表れているのは，個人のコントロールと透明性の原則である．

　消費者データプライバシーは，権利章典の実施方法として，連邦法による立法化にも言及した．保護の空白部分を埋めるために，包括的なプライバシー保護法を実現することは，セクトラル方式を採用する米国において，法政策上の大きな課題といえる．

　その後，2014年5月1日には，大統領行政府から「ビッグデータ：機会を捉え価値を維持する」と題する報告書が公表された．その中でも消費者プライバシー権利章典の立法化推進が謳われた．また，報告書は匿名化と再識別化にも言及しており，いわゆる「モザイク効果」の問題や，一旦収集されたデータの匿名性維持が極めて困難であることなどを指摘している．

立法化は実現しなかったが，オバマ政権は，2015年2月27日，「2015年消費者プライバシー権利章典法」に関する討議草案を公表した．その特徴は，①踏み込んだ定義，②諸原則の確立，③FTC による法執行，④マルチステークホルダー・プロセスの4点にある．①の中では，いわゆる FTC 3 要件（後述）に沿うような匿名化の定義が導入された．②の原則は，透明性，個人のコントロール，状況の尊重，制限的収集及び責任ある利用，安全性，アクセス及び正確性，責任で構成される．消費者データプライバシーに沿う内容である．④では，FTC に対し，対象事業者による個人データの取扱いを規律する行動規範を承認するよう申請することができることを内容としている．

③との関係では，特定分野の個別法においても，業界団体の自主規制においても，消費者プライバシー保護への取組において最も重要な役割を果たすのは FTC である．対欧州の関係でも，FTC は重要な立場に立つ．

FTC の法執行権限には，監督権限，準立法的権限，準司法的権限がある．監督権限に関しては，FTC 法に基づく一般的な情報収集及び調査権限のほかに，サピーナによる証人喚問や証拠文書の提出，民事審査請求等の強制的な調査権限などがある．FTC は，調査の結果，法的措置を講じるべきと判断した場合には，審判手続によって排除命令を下すこととなる．FTC 法第5条は，排除命令を下す規定であり，その権限は準司法的権限に属する．また，FTC は，消費者保護の分野で多数の法律を所管しており，プライバシー保護については，金融分野，情報通信分野，医療分野をカバーしている．各法律は，FTC に準立法権限としての規則制定権を付与するとともに，違反行為を「不公正若しくは欺瞞的行為又は慣行」と位置づけることにより，FTC 法第5条に基づく執行を可能にしている．ただし，実際は，同意命令により処理されることが多い．規則や排除命令違反に対しては，差止命令その他エクイティ上の救済，民事制裁金等を求めて提訴することが認められている．FTC 第5条は，プライバシー・シールドの諸原則に関する執行の場面でも重要な役割が期待されている．

以上の FTC の権限は，独占禁止法に由来しており，欧州の独立監督機関の権限と比べると，個人の提訴権は用意されていない．

FTC の活動は法執行のみではない．FTC は，1990年代後半頃より，消費者プライバシー保護への取組を積極的に行うようになり，2007年頃からは，行動ターゲティング広告に関する重要な報告書をいくつか公表している．その1つ

として,2012年3月26日,プライバシー・レポートが発表され,日本でも注目を集めた.このレポートは,PbD,単純化された消費者の選択,透明性を枠組みとして掲げた.同レポートの掲げた3つの枠組みは,消費者プライバシー保護のためのFIPPsであり,OECD,EU,CoEの各文書の中でも共通的な要素として採用されている.消費者の「選択」は,消費者プライバシー保護の文脈では,「コントロール」と表現されている.

　プライバシー・レポートは,保護範囲との関係で,関係者からの賛成・反対意見を踏まえ,適用範囲を明確化するための例外要件を明らかにした.それは,企業において,①データを確実に匿名化するための合理的な措置を講じること,②匿名化データの保持及び利用を公に約束すること,③匿名化データを他の企業の利用に供する場合に,再識別化しないよう契約上禁ずることという,3つの重要なデータ保護措置を講じた場合には,保護範囲から除外するという解釈基準である.

　日本の個人情報保護法改正の過程でも,「FTC 3要件」ないしは「FTC 3条件」と呼ばれ,議論されてきた.結果として,匿名加工情報の規定に帰着した.

第3節　改正個人情報保護法の評価と将来像

　日本の個人情報保護制度は,国際的には20年以上の遅れを取り,国内的には「過剰反応」を生じさせる等,理解されにくい制度であった.今回の法改正は,それを望ましい形に近づけることを意図していたものと考えられる.

　日本の個人情報保護法改正は,国際水準に見合う制度設計を目指している.しかし,OECDは利害調整の役割を果たし,EUはデータ保護基本権による手厚い保護措置を求めつつも英国の離脱が決定し,CoEは欧州ルールに則って,EU規則に足並みを揃える形で条約の現代化を進め,米国は自主規制ベースの制度設計を崩さないながらも,セーフハーバー無効判決を受けて一定の対応を余儀なくされ,APECも自主規制を基本に越境データ流通に関する制度を運用するものの,その進捗は緩やかである.このように,一律の「国際水準」なるものは存在せず,むしろ混沌とした状況の中で,それぞれに課題を抱えながら,個人データ保護を図ってきたと考えられる.

　その中でも1つの国際的基準と見られるのが,EUの十分性であり,今回の改正もそれを意識したものであった.特に,GDPRの個別の例外規定の解釈が

厳格に行われるのであれば，十分性決定を得る必要性は高くなり，第108号条約への加盟がそれにプラスに働くのであれば，前向きに検討すべきといえる．ただし，第108号条約の現代化案及び解説草案がGDPRに大きく倣っているのは前記の通りである．

また，日本の個人情報保護法改正には論者から多くの課題が指摘されており，まずはそれを解決する必要がある．

中でも最も問題となったのは，匿名加工情報である．

「個人情報」は個人を識別できる情報でありであり，状況依存性の高い概念であるという点について，欧州と米国の立場に顕著な差はない．米国の消費者プライバシー権利章典草案は，情報の項目を列挙するものの，それは例示にすぎない．日本の改正法は，個人識別符号が含まれるものを個人情報とする旨を定め，それを政令で定めることとしたが，国際的にはやや珍しい法制のように思われる．また，政令及び規則を見る限りでは，個人識別符号は限定的に列挙されており，個人情報の概念の明確化に資するといえるか否かには疑問が残る．他方，幅広く定めると，過度な規律になりかねない．個人情報の概念は，個人識別符号を含まない個人情報（第2条1項一号）と個人識別符号を含む個人情報（第2条1項二号）に二分されたが，結局は一号の適用場面が多いとも考えられ，事業者は，改正前と同様，特定個人の識別可能性，他の情報との容易照合性の判断を行うことになると思われる．

匿名加工情報については，義務の軽減を認めるというアプローチの妥当性，「匿名加工情報」の曖昧さ及びその規律方法に課題があるといえる．この点，EUの「匿名データ」は，利用することが合理的に見込まれるすべての手段を考慮しても，間接的にすら個人を識別し得ない情報であり，匿名データに含まれるものは極めて限られている．EUの考え方は，匿名化には様々な技術があるものの，個人識別性をなくすことは保障できず，ケースバイケースで判断すべきであり，定期的に新たなリスクを発見し，残余リスクを再評価すべきである，というものといえる．仮名データは個人情報に含まれるが，安全保護措置の場面で用いられる．第108号条約の現代化案には匿名化に関する規定はないものの，解説草案に類似の説明がある．

米国は，例えば前述のプライバシー権利章典法草案の中で，①データを実際上特定の個人又は装置に結び付けられないと期待する合理的な根拠を持つように変更し，②再識別しようとしないことを公に約束し，かつ，そのための適切

な制御を取り入れ，③対象事業者がデータを開示する各事業者に対し，再識別を禁じる法的制約を課し，④対象事業者がデータを開示する各事業者に，再識別しようとしないことを公に約束するよう義務づけたものを「匿名化データ」とし，個人データから除外している（そのため，匿名化データに追加的義務はない）．①を見る限りでは，完全に匿名化されたものではないデータを容認しているようである．仮に立法化が実現していれば柔軟な規律になっていたと思われる．日本の改正法では，再識別禁止規定は共通的ではあるものの，匿名加工情報は合理的期待を含まないため，草案の発想とも異なる．そして，状況依存性の高い個人情報を処理することで，どのようにすれば中間形態の情報を作り出すことができるのか，個人情報保護委員会の規則やガイドラインをもってしても一義的に定めることは容易ではない．

　加えて，匿名加工情報の義務に対しては，個人情報取扱事業者が自ら作成する場合も，匿名加工情報取扱事業者が取り扱う場合も，様々な義務を加重されるため，萎縮効果を招くとの批判がある[30]．この批判とは趣旨を異にするが，PbD を提唱し，普及させてきたカナダのアン・カブキアン博士の論文の中では，適切に匿名化を行えば1％未満に再識別のリスクを下げることは可能であり，そのような情報に義務を課すことは無意味であることが主張され，リスク評価の重要性が強調されている[31]．

　詰まるところ，匿名加工情報は，玉虫色の制度であり国際的な理解を得ることには困難を伴うように思われる．行政機関個人情報保護法の非識別加工情報も同様であり，その規律自体の必要性に疑問がないわけではない．

　個人情報保護法については，3年ごとに必要な制度の見直しを行うこととなっている（改正個人情報保護法附則第12条3項）．匿名加工情報の規定を見直す場合には，関連する規定自体を削除するか，あるいは，匿名化を安全管理措置の一環に位置づけ，専門家グループを公式な形で設置し匿名化の手法評価や定期的なリスク評価を義務づけるなどの方策を検討する案も考えられる．

　以上のほか，残された課題を整理しておきたい．

　第1は，個人情報保護委員会の権限範囲である．個人情報保護委員会は，2016年1月1日に設置された．民間部門では分野横断的に個人データの取扱いを監督する独立監督機関の発足であり，そのこと自体は大きな前進である．国際的には執行協力への参加が期待されるが，権限の範囲に課題が残される．行政機関に対する権限は，番号利用法及び行政機関個人情報保護法の中でも非識

別加工情報の取扱いに制限されており，公的部門への監督権限が限定的である（なお，独立行政法人等個人情報保護法の中にも非識別加工情報に関する規律が加わった．）．権限範囲の見直しが必要であると考えられる．

第2は，基本原則である．OECD プライバシー・ガイドライン，EU の GDPR，CoE の第108号条約，APEC のプライバシー・フレームワーク，プライバシー・シールドを含む米国の FIPPs のいずれもすべて，プライバシーないしはデータ保護のための基本原則を掲げている．プライバシー・個人情報のルール遵守は，基本原則に基づかせることが世界的スタンダードになっているといえる．日本では，現行の個人情報保護法制を制定する過程で，基本原則は削除され，今回の法改正にも導入されなかった．繰り返しになるが，日本がプライバシー・個人情報保護に関してどのような理念を持ち，いかなる諸原則に基づき制度を構築しているか，という点を法文上明らかにし，それに対する執行権限を付与することで，国際的に受け入れられやすい制度になると考えられる．

第3は，PbD と PIA である．OECD 改正プライバシー・ガイドラインは，プライバシー管理プログラムの規定を設け，リスク評価やガバナンス体制への組み入れ等を定めている．EU の GDPR は，データ保護・バイ・デザイン及びバイ・デフォルトやデータ保護影響評価の制度を設け，CoE 第108号条約の現代化案は，PbD の考え方を取り入れた規定を新設している．日本では，番号利用法が特定個人情報保護評価の規定を設け，2015年5月20日衆議院内閣委員会及び，2015年8月27日参議院内閣委員会の各「個人情報の保護に関する法律及び行政手続における特定の個人を識別するための番号の利用等に関する法律の一部を改正する法律案に対する附帯決議」の中では，PbD 及び PIA への言及がなされている．PbD や PIA は必ずしも法制化を前提とした概念ではないが，個人情報保護法に PbD 及び PIA の規定を設けることも検討の余地はある．PbD の立法化はカナダでも議論の俎上に載っている．ただし，PIA については，形式的手続に終始しない工夫が必要である．

第4は，データ侵害通知ないしはセキュリティ侵害通知制度である．セキュリティ侵害通知法を初めて定めたのは，米国カリフォルニア州である．2014年5月のビッグデータに関する報告書は，連邦レベルのセキュリティ侵害通知の立法化を勧告している．OECD 改正プライバシー・ガイドラインでは，プライバシー管理プログラムのインシデント対応計画の中に，セキュリティ侵害通

知が含まれると解釈されている．EU の GDPR では，個人データ侵害の通知／連絡制度を設け，欧州評議会第108号条約の現代化案では，データ侵害通知の規定が新設された．本書では検討しなかったが，2015年6月に発生した日本年金機構からの情報漏えいを受け，番号利用法の中に，特定個人情報の漏えい等に関する個人情報保護委員会への報告義務が盛り込まれた（改正後の番号利用法第29条4項）．国際的に共通して導入されていることに鑑みると，データ侵害通知制度を個人情報保護法にも取り入れることが考えられるが，これについても形式的な報告や通知に終始しないようにすることが重要である．

　また，上記5つの共通事項の他にも考慮すべき事項がある．それは，欧州と米国の共通性である．世界の個人情報保護法制の潮流は，欧州対米国の視点で語られることが多いものの，両者に共通する要素がある点にも言及しておきたい．

　第1は，「透明性」である．「透明性」は，プライバシー・個人情報保護への取組を行う際に，EU も米国も重視している．EU の GDPR では，諸原則の最初に「透明性」を取り入れ，データ主体の権利の最初にも，透明性に関する規定を設けた．CoE の第108号条約現代化案では，「取扱いの透明性」の規定が新設された．米国の消費者プライバシー権利章典法草案や FTC レポートにも，透明性の原則が置かれている．

　第2は，情報の蓄積・連携が高度化したことによる「プロファイリング」の問題である．

　欧州では，2010年の CoE による「プロファイリングの状況における個人データの自動処理に関する個人の保護についての閣僚委員会の加盟国に対する CM/Rec(2010)13勧告」が，プロファイリングの問題を正面から検討した．EU の GDPR は，「プロファイリングを含む，自動処理による個人に関する決定」の規定を設けた．プライバシー・シールドにおける欧州委員会の認識の中でも，プロファイリングへの言及がある．CoE の第108号条約の現代化案には，プロファイリングに基づく措置に相当する規定が設けられた．その他，2013年9月23日から26日にかけて，ワルシャワで行われた「データ保護・プライバシー・コミッショナー国際会議」では，採択された9つの決議の中に，「プロファイリングに関する決議」が存在する．

　米国では，2012年の消費者プライバシー権利章典の説明部分の中で，プロファイリングへの言及がなされている．遡ると，FTC が2000年6月の「オンラ

イン・プロファイリングに関する報告書」や，2007年12月の「オンライン上の行動広告：実行可能な自主規制諸原則に向けた議論の動向」の中でも取り上げられている．

ネットワークが急速に発展し，ビッグデータ時代を迎えた現在，個人に関する情報は大量に集積・解析され，実在の本人とは異なる人物像が，デジタルデータのみで形成されるようになってきている．こうしたプライバシー侵害の問題を捉えるのが「プロファイリング」である．

プロファイリングは，本人の認識しないところで，デジタルデータを集積することで個人のプロフィールを形成し，その人物に関する決定を下したり，個人的嗜好，行動及び態度を分析又は予想するために用いられる．ビッグデータ時代には，プロファイリングの規模や用途が急速に拡大し得るが，個人にとっては，無断で生成されたプロフィールに基づく決定に服さないことや，プロファイリングされないための選択肢を与える仕組みが必要となる．日本でも論稿が発表されるようになっているため，一層の議論の深化が期待される．

最後に，EUやCoEからの示唆であるが，公益目的や研究・統計目的による例外を柔軟に認めることも重要性がある．

望ましい個人情報保護制度は，国際的に通用するわかりやすい制度であり，国内的には保護と利用のバランスが取れた実効性の伴う制度のことをいうと筆者は考えている．それを実現するには様々な難題を伴い，今回の改正にも課題が残される．個人情報保護の分野は常に変化があるため，国際動向を俯瞰的に見た上で，過度な規制とならないよう，継続的に見直しを行うことを期待したい．

注

(1) 本改正に関しては，特に匿名加工情報を中心に多くの議論が交わされているが，本書の趣旨に照らして，個別の改正事項の詳細には立ち入らず，全体的な評価を行うこととした．
(2) 改正法の概要は，主に，個人情報保護委員会「個人情報保護法について」(http://www.ppc.go.jp/personalinfo/)，宇賀克也『個人情報保護法の逐条解説』(有斐閣，第5版，2016年)，瓜生和久編著『一問一答 平成27年改正個人情報保護法』(商事法務，2015年)，岡村久道『個人情報保護法の知識』(日本経済新聞出版社，2016年)，関啓一郎『ポイント解説 平成27年改正個人情報保護法』(ぎょうせい，2015年)，辻畑泰喬『Q&Aでわかりやすく学ぶ 平成27年改正 個人情報保護法』(第一法規，2016年)，日置巴美・板倉陽一郎『平成27年改正個人情報保護法のしくみ』(商事法務，2015年)を参

（3） 個人情報データベース等から権利利益を害するおそれがある者の除外については，改正個人情報保護法施行令第3条．
（4） 辻畑・前掲『Q&Aでわかりやすく学ぶ 平成27年改正 個人情報保護法』101頁．
（5） 個人情報保護委員会「個人情報の保護に関する法律についてのガイドライン（匿名加工情報編）」(2016年11月) 4頁 (http://www.ppc.go.jp/files/pdf/guidelines04.pdf)．
（6） 平成28年10月5日個人情報保護委員会規則第3号．
（7） 個人情報保護委員会・前掲「個人情報の保護に関する法律についてのガイドライン（匿名加工情報編）」8-15頁．
（8） 辻畑・前掲『Q&Aでわかりやすく学ぶ 平成27年改正 個人情報保護法』123-125頁．
（9） 域外適用及び外国執行当局への情報提供以外に，国外犯処罰の範囲が拡大されている（個人情報保護法改正法第86条）．
（10） 日置・板倉・前掲『平成27年改正個人情報保護法のしくみ』134-140頁．
（11） 同書134-138頁．
（12） 現時点で規則で定めている国はない．
（13） 個人情報保護委員会「個人情報の保護に関する法律についてのガイドライン（外国にある第三者への提供編）」(2016年11月) 2頁 (http://www.ppc.go.jp/files/pdf/guidelines02.pdf)．
（14） 同ガイドライン7頁．
（15） 同ガイドライン32頁．
（16） 拙著『個人情報保護法の理念と現代的課題：プライバシー権の歴史と国際的視点』（勁草書房，2008年）502，564頁．東京地判平成19年6月27日判時1978号27頁（否定），東京高判平成27年5月20日判例集未搭載（結論として否定しつつも，法制上の不明瞭さがあるとしている．）参照．
（17） 関・前掲『ポイント解説 平成27年改正個人情報保護法』107-116頁参照．同書は，消費者の意見を代表する者など関係者の意見を聴取する努力義務を「マルチステークホルダー（利害関係者）の関与」と表現している（113頁）．
（18） 宇賀・前掲『個人情報保護法の逐条解説』395頁以下，同「行政機関個人情報保護法等の改正」ジュリスト第1498号（2016年10月号）78頁以下．総務省「行政機関個人情報保護法等改正法案の概要」(http://www.soumu.go.jp/main_content/000402389.pdf)．
（19） 個人情報保護委員会「個人データの円滑な国際的流通の確保のための取組について」(2016年7月29日) (http://www.ppc.go.jp/files/pdf/2811_kokusai.pdf)．
（20） 個人情報の保護に関する基本方針（2004年4月2日閣議決定，2008年4月25日，2009年9月1日，2016年10月28日にそれぞれ一部変更）(http://www.ppc.go.jp/files/pdf/290530_personal_basicpolicy.pdf)．
（21） 個人情報保護委員会「国際的な取組について」(2016年11月8日) (http://www.ppc.go.jp/files/pdf/torikumi_kokusai.pdf)．
（22） 個人情報保護委員会「各国機関との連携」(http://www.ppc.go.jp/enforcement/cooperation/cooperation/)．

(23) 慶應義塾大学の山本龍彦教授による論稿が複数発表されている．山本龍彦「インターネット時代の個人情報保護：個人情報の「定義」とプロファイリングを中心に」松井茂記・長谷部恭男・渡辺康行編『自由の法理：阪本昌成先生古稀記念論文集』（成文堂，2015年）539-572頁，同「インターネット上の個人情報保護」松井茂記・鈴木秀美・山口いつ子編『インターネット法』（有斐閣，2015年）274-300頁，同「ビッグデータ社会とプロファイリング」論究ジュリスト No.18（2016年8月）34-44頁など．
(24) European Commission, *Communication from the Commission to the European Parliament and the Council Exchanging and Protecting Personal Data in a Globalised World*, COM (2017) 7 final (Jan. 10, 2017), http://europa.eu/rapid/press-release_IP-17-16_en.htm.
(25) *Id* at 2.
(26) *Id* at 6-9.
(27) シュレムス判決に言及する行がある．
(28) 英国の専門家へのインタビューによる．
(29) DPA Liaison at Department of Commerce, https://www.privacyshield.gov/article?id=DPA-Liaison-at-Department-of-Commerce.
(30) 岡村久道・前掲『個人情報保護法の知識』221-240頁．
(31) *See* Ann Cavoukian & Khaled El Emam, *Dispelling the Myths Surrounding De-identification: Anonymization Remains a Strong Tool for Protecting Privacy*, JUN. 2011, https://www.ipc.on.ca/wp-content/uploads/Resources/anonymization.pdf; Ann Cavoukian & Khaled El Emam, *De-identification Protocols:Essential for Protecting Privacy*, JUN. 2014, https://www.ipc.on.ca/wp-content/uploads/Resources/pbd-de-identifcation_essential.pdf.

索　引

■アルファベット
AA　→　責任団体
ADR　302, 303
APEC　→　アジア太平洋経済協力
BCR　→　拘束的企業準則
Brexit　40
CBPR　→　越境プライバシー・ルール
CBPR-BCR　376
　──の相互運用　376, 485
CJEU先決裁定　90
CNIL　→　情報処理及び自由に関する国家委員会
CoE　→　欧州評議会
COM846　300, 315
COM847　297, 310, 315
CPEA　→　越境プライバシー執行協定
DNT　→　追跡拒否
ECPA　→　電子通信プライバシー法
EU-U.S.プライバシー・シールド　312, 316
EU一般データ保護規則（GDPR）　37, 466
EU機能条約（欧州機能条約，欧州連合の機能に関する条約）　44, 51, 214, 227
EU基本権憲章　→　基本権憲章
FBI　→　連邦捜査局
FIPPs　→　公正情報実務諸原則
FISA　→　外国諜報監視法
FISC　→　外国諜報監視裁判所
FISCR　→　外国諜報監視審査裁判所
FTC（Federal Trade Commission）　293, 408
　──3要件　435
　──法第5条　409
GDPR　→　EU一般データ保護規則
GPEN（Global Privacy Enforcement Network）　11
ICCP　→　情報・コンピュータ及び通信政策委員会
JIPDEC　→　一般財団法人日本情報経済社会推進協会

LIBE委員会（市民的自由・司法・内務委員会）　40, 295
NSA　→　国家安全保障法
non-PII　422, 425
NSL　→　国家安全保障令状
ODNI　→　国家情報長官室
OECD　→　経済協力開発機構
　──プライバシー・ガイドライン　464
PbD　→　プライバシー・バイ・デザイン
PIA　→　プライバシー影響評価
PII　→　個人識別可能情報
PIPEDA　162
PRISM計画　298, 342, 289, 482
WPISP　→　情報セキュリティ及びプライバシーに関する作業部会

■ア　行
アーカイブ　224, 260
愛国者法（USA PATRIOT ACT）　299, 334
　──第215条　342
アクセス　83, 320, 382, 403, 483
　──及び訂正　366
　──権　85
　──・訂正・異議申立の権利　159
アジア太平洋経済協力（Asia-PacificEconomic Cooperation, APEC）　362
　──情報プライバシー諸原則　365
　──プライバシー・フレームワーク　363
アジア太平洋プライバシー執行機関フォーラム　474
アルゴリズム論理　266
暗号化　137
安全性　137, 319, 382, 403, 483
　──の原則　159
安全保護　262
　──措置　366, 403
　──の原則　15
域外適用　460
異議申立権　120, 266

一貫性の仕組み　144, 174, 204, 473
一般財団法人日本情報経済社会推進協会
　　（JIPDEC）　485, 373
一般データ保護規則　→　EU一般データ保護
　　規則
遺伝データ　63
委任行為　227
ウェブサイト管理者　97
ウェブマスター　98, 100
ウェルベリー，バーバラ　290
英国情報コミッショナー（Information
　　Commissioner）　95, 102
エクイティ　328, 413
越境協力　367
越境執行協力　16, 465
越境データ移転　272
越境的取扱い　71
越境プライバシー執行協定　370, 485
越境プライバシー・ルール（CBPR）　372,
　　472, 485
援助要請　372
欧州委員会実施決定　313
欧州機能条約（欧州連合の機能に関する条約）
　　→　EU機能条約
欧州人権条約　126, 254
欧州データ保護会議　208
欧州データ保護監察官　209
欧州評議会（Council of Europe, CoE）　243
公の秩序　364
公の利益（公益）　65, 72, 74, 80, 88, 104, 120,
　　145, 176, 178, 224, 260, 300, 304, 319, 347,
　　483
オプトアウト　317, 459, 469
オプトイン　318

■カ　行
外国執行当局　460
外国諜報監視裁判所（Foreign Intelligence
　　Surveillance Court, FISC）　334, 338
外国諜報監視審査裁判所（Foreign Intelligence
　　Surveillance Court of Review, FISCR）
　　338
外国諜報監視法（Foreign Intelligence
　　Surveillance Act, FISA）　298, 332, 334

——改正　344
——第702条　299, 340
科学的若しくは歴史的研究目的又は統計目的
　　（科学研究目的，統計目的，科学的又は歴
　　史的研究）　70, 77, 80, 224, 319, 481, 483
過剰反応　488
課徴金　471
合衆国自由法（USA FREEDOM Act of 2015）
　　338, 343
カブキアン，アン　127
仮名化（仮名データ）　62, 131, 137, 139, 151,
　　256, 260, 467
勧告付属文書　21
完全性　319, 366, 483
——及び機密性　73
完全な独立性　182, 311
監督機関　67, 248, 274
——への個人データ侵害の通知　138
　　関係——　67, 194, 201
管理者　64, 126, 255
企業グループ　67
規則（EC）No 45/2001　55
機能的独立性　190
既判力（force of res judicata）　90
機微データ（機微情報）　159, 317, 322, 468,
　　480
基本権憲章（EU基本権憲章）　51, 97, 126,
　　214, 223, 255, 307, 315
——第7条（私生活及び家庭生活の尊重）
　　94
——第8条（個人データの保護）　94
基本原則　473
救済　160, 213, 214, 270, 302, 311, 321, 325,
　　484
行政機関非識別加工情報　462
行政上の制裁金　217
行政的制裁　471
共通相互運用基準　119
共同運用　203
共同監視パネル　373
緊急拘束決定　203
均衡　76, 216, 221, 258, 271, 364
——性　30, 259
——性及び必要性　225

索　引

――の原則　52
グーグル諮問委員会　98
苦情処理　325
苦情申立権　213
クラウド・コンピューティング　57
グレーゾーン　455
グローバリゼーション　272
経緯（context）　437
経済協力開発機構（Organisation for Economic Co-operation and Development, OECD）　9
健康関連データ　63
検索エンジン　96
――事業者　91
現代化（modernisation）　249
――案　251, 479
公益　→　公の利益
公開の原則　15
公正情報実務諸原則（Fair Information Practice Principles, FIPPs）　383, 426
拘束的企業準則（Binding Corporate Rules, BCR）　70, 164, 167, 173, 174
拘束的決定　206
拘束力　165
行動監視　144, 257
行動規範　150, 173, 258
――及び認証　150
――，認証及びデータ保護シール又はマークの制度　471
行動広告（行動ターゲティング広告）　385, 421, 424
合理的期待（合理的な予見）　445, 468
国際機関　67
国際協力　18
個人参加の原則　16
個人識別可能情報（Personally Identifiable Information, PII）　388, 422, 425
個人識別符号　456, 489
個人情報　364
――管理者　364
――データベース等提供・盗用罪　459
――保護委員会　459, 462, 490
個人データ　22, 59, 255, 388, 394, 467
――侵害　70, 139, 151

――侵害の通知／連絡制度　492
――の取扱いに係る個人の保護に関する作業部会　→　第29条作業部会
――ファイリングシステム　64
個人的又は家庭内の活動　55, 257
個人のコントロール　382, 384, 399
5,000件要件　457, 473
国家安全保障　364
――法（National Security Act, NSA）　298, 337
――令状（National Security Letter, NSL）　299, 332
国家情報長官室（Officof the Director of National Intelligence, ODNI）　329, 331
国家的プライバシー戦略　15
コミッショナー　275
ゴンザレス，マリオ・コステハ　90
コントロール　396, 428

■サ　行

サードパーティ　438
再委託先　133
再移転の制限　159
再識別　256
最小化手続　335, 338
差止命令　410, 413
三者対話　40, 46
暫定的差止命令　415
識別可能　61, 256
識別子　60, 62
事業者　66
事業所　56
自己認証　374
――企業　302
事前遵守　186, 191, 192
自然人　51
執行　321, 325, 484
――協力　485
実施行為　226
自動処理（プロファイリングを含む）　320
――による個人に関する決定　160
司法救済法　354
ジャーナリズム　223, 319, 483
収集制限　365

――の原則　15
十分性決定　168, 489
十分な保護レベル　157, 308, 467, 472, 474
主監督機関　66, 194, 201
主たる事業所　66
主務大臣　459
受領者　65, 255
シュレムス，マキシミリアン　306
遵守審査　375
消去　405
消去権（「忘れられる権利」）　87, 110, 265, 469
状況　437
――の尊重　382, 387, 397, 401
常駐代表委員会（Permanent Representatives Committee, Coreper）　40, 46
消費者データプライバシー　486
消費者プライバシー権利章典　381, 390
消費者プライバシー保護　485
情報源　399
情報コミッショナーの事務所（Information Commissioner's Offic ICO）　103
情報自己決定権　129
情報処理及び自由に関する国家委員会（Commission Nationale de l'Informatique et des Libertés, CNIL）　101, 140
情報セキュリティ及びプライバシーに関する作業部会（Working Party on Information Security and Privacy, WPISP）　13
情報セキュリティマネジメントシステム適合性評価　150
商務省　290, 323
条約委員会　280
初期設定（by default）　128, 130
人格権　114
スニペット　111, 112
スノーデン，エドワード　300
正確性　72, 382, 403
請求権　461
制限的収集　382, 402
制裁　303
――金　166
生体データ　63
セーフハーバー　407, 417, 481

――協定　288
――・スキーム　288, 297
――無効判決　305, 484
責任　24, 321, 366, 382, 402, 405
――団体（Accountability Agent, AA）　373, 485
――の原則　16
セキュリティ　387, 428
――侵害　25
――侵害通知　27, 465, 472
――侵害通知制度　491
――侵害通知法　70
セキュリティ・バイ・デザイン　444
セクトラル方式　486
説明責任　73
1986年電子通信プライバシー法　342
1995年データ保護指令　466
センシティブデータ　79, 473
選択　317, 365, 384, 432, 437, 483
選別（singling out）　61, 256, 467
相互援助　278
相互支援　202
相当な理由　347
損害の回避　365

■タ行
体系的な概要　92
体系的な大規模監視　143, 147
第三国移転制限　156
第三者　65
大統領政策指令第28号（Presidential Policy Directive 28, PBD-28）　330
大統領命令第12333号（Executive Order 12333）　330, 335
第29条作業部会　59, 96, 158, 291
第108号条約　170, 246, 480
代理人　57, 65
大量，構造的，反復的な移転　176
大量収集禁止　343
ダイレクト・マーケティング　120, 160, 318
中小零細事業者　54, 151, 154
地理的範囲　55, 101
追加議定書　248
追跡拒否（Do Not Track, DNT）　385, 433,

索　引　　501

439, 441
通常立法手続　44
通知　316, 365, 483
　──及び選択　318
訂正　405
　──権　86
データ管理者　22
データ最小化　72, 224, 445
データ主体への個人データ侵害の連絡　141
データ侵害　263
　──通知　472
データセキュリティ侵害通知　15
データ内容　258
　──及び均衡の原則　159
　──の原則　15
データの自動処理　264
データの取扱い　255
　──の適法性　258
データプライバシー・サブグループ（Data Privacy Subgroup, DPS）　362
データブローカー　386, 389
データ・ポータビリティ・ツール　268
データ・ポータビリティの権利　117
データ保護
　──影響評価　142
　──機関　326
　──権　274
　──シール及びマーク　150, 154
　──指令　157
　──責任者　146, 268
　──に関する特別委員会（Ad hoc Committee on Data Protection, CAHDATA）　251
　──認証制度　154
　──・バイ・デザイン及びバイ・デフォルト　127, 173, 268, 491
　──・プライバシー・コミッショナー国際会議　125
適正手続　221
適切な安全保護措置　172
適切な保護レベル　271
適法性　270
　──，公正性及び透明性　72
適法な根拠　259

デジタル経済　52
デジタル単一市場　37
電子商取引運営グループ（E-Commerce Steering Group, ECSG）　362
電子通信プライバシー法（Electronic Communications Privacy Act of 1986, ECPA）　299
転送　483
　──に対する責任　318
伝達文書　300, 310, 315
電波情報　330
同意　69, 74, 259
　──撤回権（の撤回）　266, 385, 400
　──の条件　77
　──命令　328, 418, 487
統計目的　→　科学的若しくは歴史的研究目的又は統計目的
透明性　82, 263, 270, 302, 304, 323, 382, 386, 398, 428, 433, 441, 488, 492
　──の原則　159
時の経過　100
特定多数決（qualifie majority）　45
特定用語選択　332
特別な種類の個人データ　122, 143, 147, 261
　──の取扱い　79
匿名　256
　──化　260
　──化データ　395
　──加工情報　457, 489
　──加工情報データベース等　457
　──加工情報取扱事業者　457
　──データ　489
独立監督機関　179, 473
独立性　181, 275, 473
取扱者　64, 126, 133, 255
取扱制限への権利　116
取扱いの適法性　73, 468
トレーサビリティ　459

■ナ　行

2002年EU電子通信プライバシー指令　138, 229
2007年合衆国保護法　299
2008年FISA改正法　299

2015年消費者プライバシー権利章典法　392
ニュースアーカイブ　107, 109, 223, 270
認証　154
　　——及びシール計画　32
　　——機関　155
　　——／受諾　375
　　——制度　173
認定個人情報保護団体　461

■ハ 行

パーソナルデータ　455
賠償請求権　215
排除命令　410
パスファインダー計画　368
罰則　216
パブリックアクセス　223
非加盟国　283
非公式パネル　327
ビッグデータ　389, 456, 486
必要性及び（又は）均衡性　144, 304
ビデオ監視　143
非米国人　330, 333
表現の自由　23, 88, 222, 254, 270
標準データ保護条項（標準契約条項）　164, 167, 173
標的設定手続　338, 340
ファーストパーティ　438
ファイリングシステム　54
不公正若しくは欺瞞的な行為又は慣行　389, 408, 414, 418
プライバシー影響評価（PIA）　24, 26, 267, 465, 472
プライバシー及び市民の自由監視委員会（Privacy and Civil Liberties Oversight Board, PCLOB）　336
プライバシー外交　289, 472, 480
プライバシー管理プログラム　15, 25, 491
プライバシー権利章典　398, 489
プライバシー・シールド　481
　　——・オンブズパーソン　345, 484
　　——・パネル　325, 328, 484
　　——・リスト　323
プライバシー執行機関　17, 22, 30, 371
プライバシー諸原則　316

プライバシー促進技術　32
プライバシー・バイ・デザイン（Privacy by Design, PbD）　24, 26, 127, 267, 431, 432, 437, 465, 472, 488
プライバシー・バイ・デフォルト　472
プライバシー法　371
プライバシー保護法　17, 22, 30
プライバシーポリシー　324
プライバシーマーク付与適格性審査制度　150
プライバシー・リスク　331, 396, 399, 405, 425
　　——管理　401
プライバシー・レポート　429, 488
不利益判断　397
プロファイリング　57, 68, 122, 266, 320, 422, 442, 470, 481, 492
　　——を含む，自動処理による個人に関する決定　119, 121
文書保管義務　135
紛争解決及び執行　375
米国憲法修正第4条　347
ベネッセコーポレーション　458
貿易・投資委員会（Committee on Trade and Investment, CTI）　362
忘却権（le droit à l'oubli: the right of oblivion）　89
法執行　304, 418, 487
法的一貫性　53
法の執行可能　165
法の透明性　53
保存制限　72
本質的に同等　309, 315, 476, 482

■マ 行

マーケティング　438
　　——目的　266
マルチステークホルダー・プロセス　388, 406, 446, 487
民事制裁金　413
明示的な同意　69, 79, 176
名簿業者　458
目的制限　72, 319
　　——原則　159

目的明確化の原則　15
モザイク効果　391, 486
モノのインターネット（Internet of Things, IoT）　444

■ヤ　行
ヤフー・ジャパン　113
要配慮個人情報　456, 462, 468
抑止的　216, 221, 271

■ラ　行
ライフサイクル　129
リスク　30, 143, 263, 320, 386
　――評価　144, 491
　――分析　261
　――ベース　465
　――マネジメント　14

リソース　276
利用制限の原則　15
零細事業者　→　中小零細事業者
歴史的研究目的　→　科学的若しくは歴史的研究目的又は統計目的
連結可能性　435
連邦捜査局（Federal Bureau of Investigation, FBI）　298, 342
連邦取引委員会　→　FTC
ロックイン　118

■ワ行
忘れられる（the "derecho al olvido"（the "right to be forgotten"））　93
忘れられる権利　→　消去権
ワン・ストップ・ショップ　196, 197

著者略歴

1996年11月 司法試験（二次）合格．
1997年3月 東京都立大学（現 首都大学東京）法学部法律学科卒業
2007年3月 中央大学大学院法学研究科国際企業関係法専攻博士後期課程修了，博士（法学）．
 2004年11月以降，情報セキュリティ大学院大学助手，助教，講師，准教授を経て，
現　在 筑波大学図書館情報メディア系准教授
主　著 『個人情報保護法の理念と現代的課題―プライバシー権の歴史と国際的視点』(勁草書房, 2008, 単著)
 『プライバシー・個人情報保護の新課題』(商事法務, 2010, 共著)
 『インターネットの法律問題―理論と実務』(新日本法規, 2013, 共著)
 『情報通信法制の論点分析』(商事法務別冊NBL第153号, 2015年, 共著)

新版 個人情報保護法の現在と未来
―世界的潮流と日本の将来像―

2014年7月30日　第1版第1刷発行
2017年4月30日　新　版第1刷発行

著　者　石　井　夏生利
　　　　　　　　いし　い　か　お　り

発行者　井　村　寿　人

発行所　株式会社　勁　草　書　房
　　　　　　　　　　　　けい　そう

112-0005　東京都文京区水道2-1-1　振替 00150-2-175253
（編集）電話 03-3815-5277／FAX 03-3814-6968
（営業）電話 03-3814-6861／FAX 03-3814-6854
堀内印刷所・牧製本

Ⓒ ISHII Kaori 2017

ISBN978-4-326-40335-6　　Printed in Japan　　

JCOPY　＜(社)出版者著作権管理機構　委託出版物＞
本書の無断複写は著作権法上での例外を除き禁じられています．
複写される場合は，そのつど事前に，(社)出版者著作権管理機構
（電話 03-3513-6969, FAX 03-3513-6979, e-mail: info@jcopy.or.jp）
の許諾を得てください．

＊落丁本・乱丁本はお取替いたします．
http://www.keisoshobo.co.jp

石井夏生利
個人情報保護法の理念と現代的課題
プライバシー権の歴史と国際的視点

A5判／8,000円
40245-8

生貝直人
情報社会と共同規制
インターネット政策の国際比較制度研究

A5判／3,600円
40270-0

成原　慧
表現の自由とアーキテクチャ

A5判／5,200円
40320-2

林紘一郎
情報法のリーガル・マインド

A5判／3,600円
40334-9

松尾剛行
最新判例にみるインターネット上の名誉毀損の理論と実務

A5判／4,400円
40314-1

田中辰雄・山口真一
ネット炎上の研究
誰があおり、どう対処するのか

A5判／2,200円
50422-0

松尾　弘
開発法学の基礎理論
良い統治のための法律学

A5判／3,600円
40280-9

———— 勁草書房刊

＊表示価格は2017年4月現在。消費税は含まれておりません。